TROISIÈME RACE.

BRANCHE DES BOURBONS.

RÈGNE DE LOUIS XIV

PUBLIÉ PAR MM. DECRUSY ET TAILLANDIER.

TOME TROISIÈME DU RÈGNE.

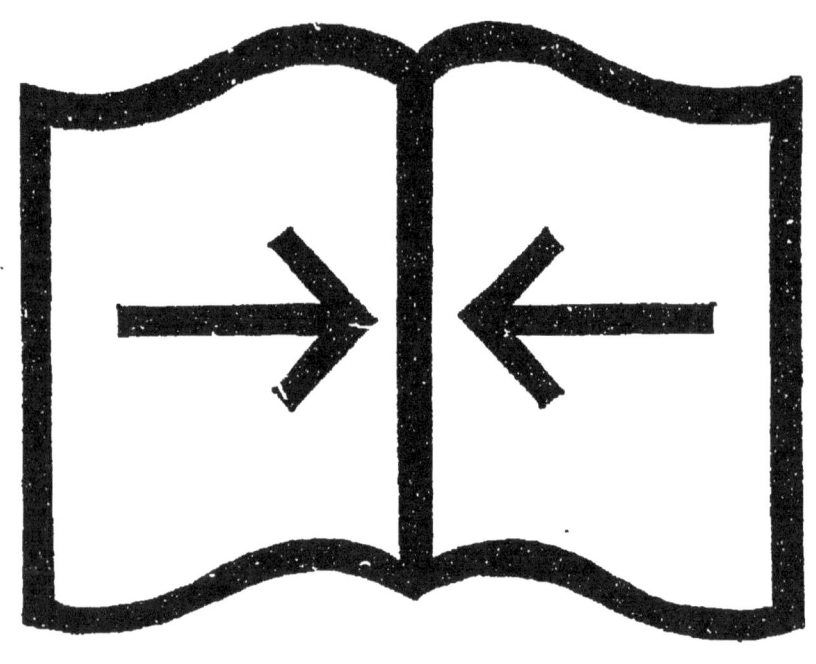

**RELIURE SERRÉE
ABSENCE DE MARGES INTÉRIEURES**

VALABLE POUR TOUT OU PARTIE DU DOCUMENT REPRODUIT

PARIS, IMPRIMERIE DE E. POCHARD,
RUE DU POT-DE-FER, n° 14.

RECUEIL GÉNÉRAL

DES

ANCIENNES LOIS FRANÇAISES,

DEPUIS L'AN 420, JUSQU'A LA RÉVOLUTION DE 1789;

PAR MM.

ISAMBERT, Avocat aux Conseils du Roi et à la Cour de cassation;
DECRUSY, Avocat;
TAILLANDIER, Avocat aux Conseils du Roi et à la Cour de cassation, Membre de la Société royale des Antiquaires de France.

« Voulons et Ordonnons qu'en chacune Chambre de nos Cours de
« Parlement, et semblablement ez Auditoires de nos Baillifs et Sé-
« néchaux y ait un livre des Ordonnances, afin que si aucune
« difficulté y survenoit, on ait promptement recours à icelles. »
(Art. 79 de l'Ordonn. de Louis XII, mars 1498, 1re de Blois.)

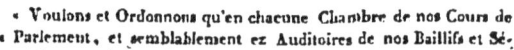

TOME XIX.

JANVIER 1672. — MAI 1686.

PARIS,

BELIN-LEPRIEUR, LIBRAIRE-ÉDITEUR,
RUE PAVÉE-SAINT-ANDRÉ-DES-ARTS, N° 5.

VERDIÈRE, LIBRAIRE, QUAI DES AUGUSTINS, N° 25.

1829.

ORDONNANCES DES BOURBONS.

SUITE DU RÈGNE DE LOUIS XIV.

N° 669. — LETTRES-PATENTES *pour l'établissement du collége des Irlandais.*

Saint-Germain-en-Laye, janvier 1672. (Ord. 16, 4 A, 547.)

N° 670. — ÉDIT *portant règlement pour l'âge et le service requis pour les offices de judicature, avec injonctions aux curés ou vicaires des paroisses, de porter au greffe du siége les registres des baptêmes, mortuaires, etc.*

Saint-Germain-en-Laye, février 1672. (Ord. 15, 3 Z, 220. — Archiv. — Néron, II, 109.)

LOUIS, etc. Comme la réformation principale de la justice dépend particulièrement de celle des juges qui la distribuent à nos sujets; aussi nous n'avons rien omis pour les régler, et empêcher qu'aucun ne fût reçu dans les offices de judicature qu'il n'eût l'âge, l'expérience et la capacité requise pour soutenir avec créance et dignité dans le public, le poids et la grandeur d'un si saint ministère. Mais comme les abus prévalent aisément aux meilleures lois; aussiquelques, précautions qui ayent été apportées par les anciennes ordonnances, confirmées par nos édits des mois de décembre 1665, et juillet 1669, pour régler avec certitude l'âge, le temps du service et les autres qualités nécessaires aux principaux magistrats, l'on n'a pas laissé d'en éluder l'exécution. A quoi étant important de pourvoir, et de contenir par la rigueur des peines ceux qui, oubliant leur devoir, se voudroient porter à de semblables entreprises.

A ces causes, etc., voulons et nous plaît que nos édits des mois de décembre 1665 et juillet 1669, soient exécutés selon leur forme et teneur; ce faisant, qu'aucun ne puisse être pourvu, reçu ni admis dans les offices de présidens des cours et compagnies supérieures, qu'il n'ait l'âge de quarante années, et qu'il n'ait été pourvu d'office de judicature en nos cours, et n'en ait actuellement et assidûment fait les fonctions pendant dix années entières; en ceux de maîtres des requêtes, qu'il n'ait été pourvu d'office de judicature en nos cours, n'en ait actuellement et assidûment fait les fonctions pendant dix années entières, et n'ait trente-sept années, ou qu'il n'ait fait la profession d'avocat et plaidé avec réputation en l'une de nos cours pendant vingt années; dans les offices de nos avocats et procureurs généraux, qu'ils n'ayent atteint l'âge de trente années; et en ceux de conseillers esdites cours, maîtres, correcteurs, et auditeurs des comptes, l'âge de vingt-sept ans. Voulons pareillement que les baillifs, sénéchaux, lieutenans généraux et particuliers, civils et criminels, présidens aux siéges présidiaux, ne puissent être admis auxdits offices, qu'ils n'ayent atteint l'âge de trente années; et les conseillers, nos avocats et procureurs esdits siéges, celui de vingt-sept ans accomplis; le tout à peine de nullité des provisions qu'ils pourroient avoir obtenues, réceptions faites en conséquence d'icelle, privation de leurs offices qui demeureront acquis à notre profit de plein droit, pour en disposer ainsi qu'il nous plaira, et sans qu'ils puissent être pourvus d'aucun autre office de judicature, qu'après avoir obtenu nos lettres signées en commandement, portant permission et dispense expresse; et sans que ladite dispense puisse être insérée dans les provisions qui seront accordées, voulant qu'il en soit expédié des lettres séparées; et ne pourront, lesdites peines, être censées ni réputées comminatoires, nous réservant à notre personne la connoissance et jugement des contraventions qui seront faites à la présente déclaration, par ceux qui auront été pourvus des offices de nos cours; et à l'égard de celles des officiers subalternes, nous en avons renvoyé et renvoyons la connoissance à nos cours, chacune dans son ressort. Ordonnons néanmoins à nos procureurs généraux de nous informer, par chacun an, des diligences qu'ils y auront faites, et des arrêts qui seront intervenus; et à cet effet seront tenus ceux qui poursuivront des provisions d'aucuns desdits offices, de rapporter deux extraits de leurs batistaires collationnés sur le registre dont ils seront tirés, par les lieutenans généraux de nos baillifs et sénéchaux des lieux, légalisés et certifiés conformes audit registre par lesdits juges, à peine de suspension de leurs charges, en cas que lesdits certificats ne se trouvent conformes audit registre, et de quinze cents livres d'amende contre les curés, leurs vicaires ou clercs qui auront délivré lesdits extraits, au payement de laquelle amende ils seront contraints par saisie de leurs temporels; desquels extraits batistaires ceux qui poursuivront des provisions desdits offices, seront tenus de mettre l'un ès mains de nos chancelier ou garde de nos sceaux, avec la déclaration par laquelle ils se soumettront à la perte desdits offices à notre profit, en cas que le contenu auxdits extraits ne se trouve véritable; et attacheront l'autre à leurs provisions et requête. Comme aussi seront tenus ceux pour les provisions desquels il est requis un temps de service, de rapporter l'arrêt de réception en l'office qu'ils auront exercé, et les certificats de nos procureurs généraux, qu'ils certifieront véritables, aux peines ci-dessus.

Et pour prévenir les fraudes qui pourroient être commises dans lesdits registres, et en interprétant les articles 8, 9, 10 et 11 du titre 20 de notre ordonnance du mois d'avril 1667, voulons que les curés ou vicaires des paroisses soient tenus de rapporter au greffe du siége principal du ressort dans lequel elles sont situées, les registres des batêmes et mortuaires tenus par eux ou leurs prédécesseurs depuis quarante années, pour être paraphés par ledit juge; et sans que les certificats qui seront rapportés puissent faire foi ni être réputés valables, si les registres dont ils auront été tirés n'ont été paraphés en la forme ci-dessus, dont le juge sera tenu de faire mention dans les extraits, sous les mêmes peines.

Et d'autant qu'il arrive que les père et mère font donner même nom à plusieurs de leurs enfans, voulons que dans les extraits, celui qui voudra s'en servir soit tenu de déclarer s'il est seul enfant de ses père et mère, auquel le nom qu'il porte aura été donné; et en cas qu'il y en ait plusieurs, déclarera s'ils sont vivans ou décédés, le jour de leur naissance, et la paroisse en laquelle ils ont été batisés, et en rapportera les certificats. Enjoignons à tous curés et vicaires d'interpeller ceux qui présenteront des enfans mâles aux batêmes, de déclarer si desdits père et mère il y en a eu d'autres de même nom, le jour de leur naissance, et les lieux où ils ont été batisés, et d'en faire mention sur leurs registres, sur les peines ci-dessus. Seront tenus nos procureurs généraux de recevoir, chacun à leur égard, les dénonciations qui leur seront faites des falsifications et autres fraudes qui pourroient avoir été commises dans lesdits registres ou extraits; lesquelles dénonciations seront écrites sur leurs registres, pour la preuve desquelles leur sera loisible de compulser toutes les pièces qu'ils estimeront nécessaires, même les contrats de mariage, partages et autres actes de famille, même de se faire raporter les registres des batêmes, et en tirer des copies qui seront collationnées par un huissier de la cour en présence de celui qui poursuivra pour être reçu, s'il a été batisé dans le lieu où ladite cour est établie; sinon envoyeront commission au juge royal du lieu pour faire ladite collation, et ce avant que nosdits procureurs généraux puissent donner aucunes conclusions.

Et à l'égard de ceux qui seront reçus dans les bailliages et sénéchaussées, seront tenus nos procureurs èsdits siéges d'envoyer par chacune année à nos procureurs généraux les noms de ceux qui y auront été reçus, les actes de leurs réceptions, avec les copies collationnées des registres de leurs batêmes. Enjoignons à nos procureurs généraux d'y tenir la main, de faire pour raison de ce toutes les diligences nécessaires, et de nous en rendre compte pour y être par nous pourvu ainsi que de raison; et en cas que lesdits certificats soient déclarés nuls sur les dénonciations qui en auront été faites, le tiers du prix des offices qui nous seront acquis en conséquence desdites dénonciations, sera délivré au dénonciateur, sur le pied de la fixation portée par notre édit du mois de décembre 1665, par le trésorier de nos revenus casuels, sur l'extrait des registres de nos procureurs généraux, qui sera signé d'eux par forme de certification; et à l'égard des offices non fixés par ledit édit, le tiers du prix porté par le contrat de l'acquisition sera délivré au dénonciateur par celui qui sera par nous pourvu dudit office.

Si voulons que ces présentes soient lues et publiées en notre présence, le sceau tenant, et registrées ès registres de l'audience de France. Mandons en outre à nos amés et féaux conseillers, les gens tenant notre cour de parlement à Paris, gens de nos comptes et cour des aides audit lieu, etc.

N° 671. — ARRÊT *du conseil portant défenses aux réformés d'avoir dans leurs temples, bancs et siéges élevés pour les magistrats, consuls et échevins, fleurs de lys et armes du roi et des villes et communautés ; et auxdits magistrats, consuls et échevins de porter dans lesdits temples aucune marque de magistrature et de consulat.*

Saint-Germain-en-Laye, 9 février 1672. (Nouv. rec. de Lefèvre. — Hist. de l'édit de Nantes.)

N° 672. — EDIT *portant réduction des trésoriers de France, au nombre de quatorze, avec un seul procureur du roi, en chacun des bureaux.*

Saint-Germain-en-Laye, février 1672. (Rec. av. Cass.)

N° 673. — EDIT *qui fixe au denier 18 les intérêts des sommes prêtées au roi.*

Saint-Germain-en-Laye, février 1672. (Ord. 15, 3 Z, 280. — Rec. Cass.)

N° 674. — ORDONNANCE *portant défenses aux capitaines de faire nourrir leurs bestiaux, ni les passagers, par le munitionnaire, ni de faire fournir de doubles rations au-delà du nombre porté par les états du roi.*

4 mars 1672. (Cod. nav., p. 176.)

N° 675. — ORDONNANCE *portant qu'il n'y aura que quinze trompettes dans chaque compagnie de cavalerie française et étrangère, et qu'un tambour en chaque compagnie d'infanterie française.*

Versailles, 10 mars 1672. (Réglem. et ordon. sur la guerre.)

N° 676. — RÈGLEMENT *pour le commandement des lieutenans généraux et des chefs d'escadres dans les ports.*

12 mars 1672. (Cod. nav., p. 111.)

N° 677. — ORDONNANCE *portant défenses d'embarquer aucun volontaire sans ordre par écrit.*

18 mars 1672. (Bajot.)

N° 678. — EDIT *portant que les offices de notaires, procureurs, huissiers, sergens et archers seront héréditaires.*

Versailles, 23 mars 1672. (Archiv. — Rec. cass. — Rec. av. cass.)

LOUIS, etc. Les fonctions des charges de notaires, gardenottes et tabellions, et des procureurs, huissiers, et sergens de notre royaume, regardans le repos des familles et la sûreté publique, les uns étant les dépositaires du secret desdites familles, et les autres ayant entre leurs mains la conduite de leurs affaires les plus importantes, nous avons cru être obligé de veiller que ces charges fussent remplies de personnes de probité et capacité suffisante pour s'en bien acquitter. C'est ce qui nous auroit porté à faire expédier notre édit du mois d'avril 1664, pour retrancher un nombre surnuméraire qui s'étoit introduit en l'exercice desdites charges, sans choix et sans expérience. Nous n'aurions pas seulement supprimé les inutiles qui étoient à charge au public, et qui prêtoient leur ministère pour quantité d'abus et de malversations qui se commettoient tous les jours, mais encore réglé leur qualité et résidence; et ayant reconnu que ce remède ne faisoit pas tout le bon effet que nous en avions espéré, et même que les sommes que lesdits notaires, procureurs, huissiers et sergens étoient obligés de payer, tant pour le droit annuel que pour les droits de résignation, marc d'or, et autres frais pour l'expédition de leurs provisions aux mutations, les incommodoient beaucoup; pour leur donner moyen de s'attacher avec plus d'assiduité à notre service et à celui du public, nous avons résolu de confirmer l'hérédité desdits offices de notaires, tabellions, et la rétablir aux procureurs, que nous leur avions ôtée par notre édit de l'année 1664, et leur donner la faculté d'en pouvoir disposer par contrats volontaires, et jugé nécessaire d'obliger les huissiers, sergens et archers de notre royaume de prendre des provisions en notre grande chancellerie, pour les autoriser dans l'exercice d'un emploi si important, et empêcher qu'aucuns les exercent sur de simples matricules, commissions de juges ou autrement. A ces causes, etc. Voulons et nous plaît que tous les notaires, procureurs, huissiers et sergens réservés en conséquence de notre édit du mois d'avril 1664, demeurent conservés en la fonction et exercice de leurs offices, sans qu'ils puissent y être troublés par quelques personnes que ce soit; et qu'à l'avenir tous les offices de notaires, gardenottes et tabellions royaux, et les procureurs de nos cours et justices soient et demeurent héréditaires, pour en jouir par les pourvus d'iceux, eux, leur successeurs et ayant cause, héréditairement, à toujours et perpétuellement, en faire et disposer par contrats de ventes volontaires, ainsi que de leurs propres, sans que lesdits offices puissent être déclarés à l'avenir domaniaux ni sujets à aucune revente, pour quelque cause que ce soit, à la charge, par les nouveaux acquéreurs, de prendre des lettres de confirmation en la grande chancellerie sur lesdits contrats de ventes volontaires, et avant que de pouvoir exercer lesdits offices, à peine de pure perte d'iceux. Voulons que le sceau desdites lettres de confirmation purge les hypothèques, tout ainsi que si c'étoit des provisions, pour tous les droits duquel sceau il sera payé seulement la somme de vingt livres aux officiers de notre chancellerie, pour être partagées comme une demi-chartre, et dix livres au secrétaire qui dressera lesdites lettres et en sollicitera l'expédition; et à l'égard des audienciers, huissiers, sergens, archers et autres ayant pouvoir d'exploiter de toutes les cours et justices royales de notre royaume, nous avons réduit et modéré les frais du sceau des provisions de leurs offices, savoir : pour les huissiers audienciers des cours supérieures, présidiaux, principaux bailliages, sénéchaussées, élections, greniers à sel et amirautés qui résident dans les villes où lesdits sièges sont établis, à quarante livres, et pour les autres à vingt livres qui seront aussi partagées sur le pied d'une chartre ou d'une demi-chartre, et dix livres au secrétaire pour chacune desdites lettres; faisons très expresses défenses aux officiers de notre chancellerie d'en exiger davantage, à peine de restitution du quadruple, et jouiront les pourvus desdits offices de notaires, gardenottes, tabellions, procureurs, audienciers huissiers, sergens, archers et autres, des grâces ci-dessus, en payant les sommes auxquelles ils seront modérément taxés en notre conseil, sur les quittances du trésorier de nos revenus casuels, et les deux sols pour livre d'icelles, dans un mois après la publication des présentes, en notre grande chancellerie et aux sièges et justice royales de leurs résidences; et à faute par eux d'y satisfaire dans ledit temps, et icelui passé, permettons aux officiers de pareille nature, qui n'ont été réservés en conséquence audit édit de 1664, d'entrer au lieu et place des refusans ou dilayans, en payant par eux lesdites sommes et deux sols pour livre. Quoi faisant, nous les avons maintenus et conservés, maintenons et conservons dans lesdits offices, pour lesquels il leur sera expédié des lettres de confirmation ou de provision sur les quittances du trésorier de nos revenus casuels, sans que ceux qui n'auront payé et qui seront dépossédés puissent les inquiéter en quelque sorte et manière que ce soit en la jouissance, possession, exercice et fonctions desdits offices, à peine de 500 livres d'amende contre chacun contrevenant, et de tous dépens, dommages et intérêts; et où il ne se trouvera nombre suffisant de supprimés pour remplir les places de ceux qui pourroient être refusans ou dilayans de payer, nous voulons que leurs offices soient vendus pardevant les commissaires départis en chacune généralité, ou juges des lieux qui seront à ce commis, au plus offrant et dernier enchérisseur, où toutes personnes seront reçues à enchérir, et sur le prix d'iceux lesdites sommes seront préalablement prises, et le surplus payé, ainsi qu'il sera par nous ordonné : et comme il s'est trouvé plusieurs lieux où il n'a pas été réservé nombre suffisant desdits offices pour le service et la commodité de nos sujets, nous voulons que, sur les avis desdits commissaires départis et des juges des lieux, il en soit établi la quantité nécessaire, et iceux vendus à notre profit, et le prix payé sur les quittances du trésorier desdits revenus casuels.

Défendons très expressément à tous nos juges et officiers de toutes nos cours et justices de recevoir ni admettre aucuns notaires, tabellions, procureurs, huissiers, sergens et autres pour faire la fonction d'aucuns offices, de quelque nature et qualité qu'ils soient, ni le souffrir, sous quelque prétexte que ce soit, que sur nos lettres de provisions ou de confirmations, et qu'il ne leur en soit apparu bien et dûment scellées de notre grand-sceau, et signées de l'un de nos amés et féaux conseillers et secrétaires, à peine de pure perte des offices desdits juges, et à toutes personnes d'exercer lesdites charges sans provisions ou lettres de confirmations, à peine de faux et de six cents livres tournois d'amende, un tiers à notre profit, un tiers au dénonciateur, et l'autre tiers à l'hôpital général de Paris, sans qu'il en puisse être fait aucune remise ou modération.

Si donnons, etc.

N° 679. — EDIT *pour l'établissement de l'académie royale de musique à Paris.*

Versailles, mars 1672. (Ord. 15. 3 Z, 345.)

N° 680. — ORDONNANCE *pour la modération des tables des officiers généraux et majors et autres servant dans les armées.*

Versailles, 24 mars 1672. (Réglem. et ordon. sur la guerre.)

Sa majesté voulant par toutes voies ôter les moyens aux officiers généraux de ses armées de se constituer en des dépenses inutiles et superflues, comme celles qui se font en leurs tables, s'étant introduit une méchante coutume de faire dans les armées des repas plus magnifiques et somptueux qu'ils ne font ordinairement dans leurs maisons, ce qui non seulement incommode les plus riches, mais ruine entièrement les moins accommodés qui, à leur exemple et par une fausse application, croient être obligés de les imiter; et S. M. voulant empêcher que dans les armées qu'elle fait état de mettre en campagne au premier jour cet abus ne soit continué, S. M. a ordonné et ordonne que dorénavant aux tables des généraux de ses armées, lieutenans généraux en icelles, maréchaux de camp, intendans et autres officiers, même des volontaires de quelque qualité et condition qu'ils soient, il ne pourra y avoir plus de deux services de viandes, et un de fruits, qui feront trois services en tout; qu'il n'y aura nulles assiettes volantes, que les plats d'un même service seront de pareille grandeur et qu'il n'y aura en aucun d'iceux, soit de viande ou de fruits, des mets différens, mais seulement d'une même sorte, à la réserve des plats de rôts où il pourra être mis des différentes espèces de viandes pourvu qu'il n'y en ait point qui soient l'une sur l'autre, et sans qu'aucun, pour quelque cause, occasion et sous quelque prétexte que ce soit, puisse excéder ce qui est ainsi réglé, à peine de désobéissance et d'encourir la disgrâce de S. M., laquelle veut que la présente soit notifiée à tous les officiers de ses armées, à la diligence des intendans en icelles, auxquels elle ordonne d'y tenir exactement la main et d'avertir S. M. des contraventions qui pourroient y être faites, à peine d'en répondre.

N° 681. — RÈGLEMENT *pour le commandement entre les anciens lieutenans de vaisseaux et les capitaines en second.*

24 mars 1672. (Cod. nav., p. 111.)

N° 682. — ORDONNANCE *portant défenses aux officiers des troupes et autres servant dans les armées, de porter sur leurs habits aucun passement d'or ou d'argent, sur les peines y contenues.*

Versailles, 25 mars 1672. (Réglem. et ordon. sur la guerre. — Rec. cass.)

N° 683. — Déclaration *portant réglement pour l'établissement du droit de marque pour l'or et l'argent fabriqués.*

Versailles, 31 mars 1672. (Ordon. 15. 3 Z, 278. — Rec. cass. — Archiv.)

N° 684. — Lettres-patentes *pour le recouvrement des francs-fiefs, nouveaux acquêts et affranchissemens.*

Versailles, mars 1672. (Néron, II, 111.)

PRÉAMBULE.

LOUIS, etc. Le repos et le soulagement de tous nos sujets nous a toujours été si cher, que nous n'avons négligé aucunes occasions de les leur procurer autant qu'il nous a été possible, et que le bien de nos affaires l'a pu permettre; et désirant leur donner des nouvelles marques du soin que nous en prenons dans la levée qui se doit faire des droits de francs-fiefs et nouveaux acquêts; le temps destiné par l'usage de ce royaume pour en faire le recouvrement étant prêt à expirer, nous avons recherché avec beaucoup d'application les moyens les plus faciles et qui leur seroient moins à charge pour en faire le recouvrement; et voulant prévenir les abus qui se sont commis dans les recouvremens précédens; considérant aussi que ce droit si ancien et si légitime, et dont les rois nos prédécesseurs ont autrefois tiré de grands secours lorsqu'ils prenoient enfin de vingt années, trois années des revenus des fiefs et autres bien nobles qui y étoient sujets, et le double au bout de quarante années, comme il est justifié par les anciennes instructions tirées de notre chambre des comptes de Paris, a été beaucoup diminué par la modération dont nous avons usé en la perception d'icelui, à l'exemple d'aucuns des derniers rois nos prédécesseurs; nous avons résolu d'y remédier et faire cesser les mauvais effets que ces taxes et recouvrement desdits droits ont produit, en ôtant les causes et l'origine de ce mal; dans le dessein que nous avons de pourvoir pour toujours au repos et à la sûreté de nos sujets, nous n'avons point trouvé d'expédient plus juste, plus prompt et plus certain que d'accorder à tous nos sujets roturiers, communautés et gens de mainmorte, possédans à présent fiefs et biens nobles et autres biens pour lesquels ils nous doivent les droits de francs-fiefs et nouveaux acquêts, la faculté de les posséder et d'en jouir à l'avenir sans qu'ils puissent être tenus de les mettre hors de leurs mains, ni qu'ils demeurent sujets dorénavant auxdits droits, lesquels seront, par ce moyen, déchargés pour toujours du principal des frais qui sont inévitables en ces sortes de recouvremens. Nous avons déjà expliqué notre intention sur ce sujet par notre édit de l'année 1656, registré dans nos parlemens de Paris et de Rouen, du bénéfice duquel plusieurs de nos sujets demeurans dans les ressorts de ce parlement, ont déjà joui; mais n'ayant pas été envoyé dans les autres parlemens de notre royaume, nous ne voulons pas que nos sujets des ressorts d'iceux demeurent plus long-temps privés de cette grâce. Pour leur faire connoître que notre volonté est de préférer leur utilité particulière aux avantages que nous aurions à l'avenir, de ce que nous pourrions de temps en temps leur faire payer pour raison de ces droits, et afin que notre domaine ne se trouve point altéré pour l'affranchissement que nous en faisons, notre intention est que les deniers qui en pourront provenir soient employés au rachat de nos autres domaines, en fonds et offices domaniaux aliénés; ou aux dépenses pressantes de la guerre, au lieu des notables sommes de nos revenus ordinaires que nous avons fait payer de notre trésor royal pour en retirer plusieurs.

A ces causes, etc.

N° 685. — ORDONNANCE *concernant la manière selon laquelle les peuples de Hollande auront à se gouverner pour éviter d'être ruinés par les armées du roi.*

Versailles, 7 avril 1672. (Réglem. et ordon. sur la guerre.)

N° 686. — RÈGLEMENT *pour l'aliénation des petits domaines du roi jusqu'à concurrence de quatre cent mille livres de revenu.*

Versailles, 8 avril 1672. (Ordon. 15, 3 Z, 270. — Archiv. — Rec. cass. — Néron, II, 112.) Reg. C. des C., 11 avril.

PRÉAMBULE.

LOUIS, etc. Nous aurions, par nos édits des mois d'avril 1667 et août 1669, pourvu à la réunion de nos domaines, et réglé la forme des remboursemens de ceux qui s'en trouvoient engagistes; et quoique par les mêmes édits nous ayons ordonné que les petits domaines y mentionnés de peu de valeur, ensemble les fours, pressoirs, étangs et autres portions de domaines dont les réparations annuelles consomment la meilleure partie du revenu; seroient délaissés à titre de propriété incommutable à ceux qui s'en trouveroient en possession et qui les voudroient acquérir; nous aurions fait exécuter entièrement lesdits édits dans nos provinces de Languedoc, Provence, Guienne et Bretagne, par le rachat et remboursement entier des domaines de notre couronne qui étoient aliénés dans l'étendue desdites provinces, auxquels nous avons employé plusieurs millions des deniers de notre trésor royal. Et comme dans les réunions qui ont été faites il s'est trouvé quelques-uns de ces domaines moins considérables, nous les avons conservés à dessein de les aliéner incommutablement dans les occasions d'une guerre ou de quelqu'autre dépense plus pressée de l'état, suivant la faculté que nous nous sommes réservée par les susdits édits; de laquelle désirant user, nous avons fait expédier notre présente déclaration pour l'exécution desdits édits à cet égard.

A ces causes, etc.

N° 687. — ORDONNANCE *portant que tous les ports du royaume seront fermés jusqu'à nouvel ordre.*

8 avril 1672. (Bajot.)

N° 688. — ORDONNANCE *portant défenses de courir la poste sur la route de Paris aux armées commandées par le roi, et pays étrangers, sans passeport.*

St-Germain-en-Laye, 15 avril 1672. (Lequien, p. 284.—Réglem. et ordon. sur la guerre.)

N° 689. — ORDONNANCE *portant injonction aux Hollandois qui sont dans le royaume, d'en sortir dans six mois.*

Saint-Germain-en-Laye, 15 avril 1672. (Réglem. et ordon. sur la guerre.)

N° 690. — ORDONNANCE *portant injonction aux Français qui sont en Hollande de revenir dans le royaume quinze jours après la publication d'icelle, sous les peines y contenues.*

Saint-Germain-en-Laye, 15 avril 1672. (Réglem. et ordon. sur la guerre.)

N° 691. — DÉCLARATION *portant pouvoir à la reine de commander dans le royaume pendant l'absence du roi.*

Saint-Germain-en-Laye, 25 avril 1672. (Ord. 15, 3 Z-263, 288. — Archiv.— Rec. Cass. Reg. P. P., 3 mai.)

LOUIS, etc. L'obligation que nous avons de prévoir tout ce qui peut être contraire à la dignité de notre couronne, et au bien et repos des peuples que Dieu a soumis à notre obéissance, nous ayant obligés de déclarer la guerre aux états-généraux des provinces unies des Pays-Bas, pour prévenir les sinistres impressions qu'ils s'efforcent de donner de nos intentions dans toutes les cours des princes de l'Europe, et les diligences qu'ils faisoient pour former des ligues contre nous, sous de faux et vains prétextes, nous avons résolu, pour donner plus d'application à leur faire ressentir les suites de leur ingratitude pour tant de bienfaits qu'ils ont reçus des rois nos prédécesseurs et de nous-même, de marcher en personne, à la tête de nos armées; et jugeant que, pendant le temps que nous serons hors de notre royaume pour l'exécution d'un dessein si juste et si utile à notre état, il pourra survenir des affaires auxquelles il sera nécessaire de pourvoir, nous avons estimé qu'il étoit nécessaire d'y laisser une personne d'autorité pour y commander en notre absence, et ayant jeté les yeux pour cette fin sur la reine, notre très chère et très amée épouse et compagne, comme la personne qui nous est la plus chère et à laquelle nous avons une entière confiance, tant pour l'affection qu'elle fait paroître en toutes les rencontres pour la gloire et les avantages de cette couronne, que pour les grandes et vertueuses qualités qu'elle possède; sçavoir faisons, que nous, pour ces causes et autres bonnes et grandes considérations à ce nous mouvant, avons la reine notredite très chère et très amée épouse et compagne, constitué, ordonné et établi, constituons, ordonnons et établissons par ces présentes signées de notre main, pour représenter notre personne en toute l'étendue de notre royaume, pays et terres de notre obéissance, pendant le temps que nous en serons absent; y avoir la direction de nos affaires et commander en toutes les occasions qui se pourront présenter, selon que notre service le pourra requérir, en attendant que sur les avis qui nous en seront donnés, nous puissions envoyer nos ordres et y pourvoir par notre autorité; assembler ceux de notre conseil que nous laissons auprès d'elle, lorsqu'elle le jugera à propos, pour avoir leurs avis sur les affaires importantes et pressées, lever des troupes, tant de cavalerie que d'infanterie, en cas qu'elle l'estime nécessaire pour le bien de nos affaires; avoir la connaissance, disposition et ordonnance de nos finances, et pour cet effet assembler et tenir le conseil royal de nosdites finances, suivant le réglement que nous en avons fait expédier de ce jourd'hui; mander et ordonner à nos cours de parlement, et autres cours de notre royaume, gouverneurs et nos lieutenans généraux en nos provinces, chefs et officiers de nos troupes et autres nos justiciers et officiers, tout ce qu'elle verra être de notre service, avec la même autorité et pouvoir que nous ferions ou pourrions faire, si nous y étions présent en personne, encore que le cas requît mandement plus spécial qu'il n'est porté par cesdites présentes. Voulons que toutes les ordonnances, ordres et expéditions de quelque nature qu'elles soient, soient mises en notre nom, signées par la reine, datées du lieu où elle se trouvera, et contresignées par l'un de nos amés et féaux secrétaires d'état et de nos commandemens, chacun dans leur département.

Si donnons, etc.

N° 692. — RÈGLEMENT *général pour les officiers de la grande chancellerie et des autres chancelleries du royaume, en 78 art.*

Versailles, 24 avril 1672. (Hist. chancel., I. 691. — Rec. cass. — Archiv.)

N° 693. — DÉCLARATION *portant délaissement à Monsieur, frère du roi, et à ses enfans mâles, des duchés de Nemours, comtés de Dourdan et de Romorantin, et marquisat de Coucy et Follembray, et ce, à titre de supplément d'apanage.*

24 avril 1672. (M. Dupin, Des apanages en général, et en particulier de l'apanage d'Orléans.) Reg. P. P., 5 septembre.

N° 694. — RÈGLEMENT *sur la police et la discipline des troupes en marche et dans les quartiers.*

Saint-Germain-en-Laye, 25 avril 1672. (Archiv. — Rec. av. cass.)

S. M. voulant pourvoir à ce que les bagages de ses armées marchent avec l'ordre nécessaire pour leur conservation, et prévenir les inconvéniens qui pourroient arriver s'ils continuoient à marcher avec désordre, comme ils ont fait par le passé, S. M. a ordonné et ordonne que dans chaque brigade, tant de cavalerie que d'infanterie de l'armée qu'elle commandera en personne, les aides-majors feront tour-à-tour la charge de vaguemestre.

Que dans chaque régiment d'infanterie et de cavalerie, les officiers subalternes feront aussi tour-à-tour la charge de vaguemestre particulier du régiment, et que dans chaque aile de cavalerie et dans chaque ligne d'infanterie les majors feront à tour de rôle, l'un la charge de vaguemestre général de l'aile de cavalerie, et un autre de la ligne d'infanterie, desquels les vaguemestres particuliers des brigades recevront les ordres de ce qu'il y aura à faire, et les donneront aux vaguemestres particuliers des régimens.

Que les vaguemestres généraux de chaque aile de cavalerie et de chaque ligne d'infanterie, un commissaire d'artillerie pour l'artillerie, et un commis des vivres pour les vivres, viendront toutes les veilles des jours de marche à l'ordre au vaguemestre général de l'armée.

Que chaque vaguemestre particulier des régimens fera atteler et charger tous les bagages à l'heure qui lui aura été ordonnée par son vaguemestre de brigade, et les conduira lui-même au lieu qui lui aura été ordonné, à la tête ou à la queue de la brigade.

Que les vaguemestres des brigades ne souffriront point qu'aucun bagage de leur brigade se mette en marche que le vaguemestre général de l'aile ou de la ligne ne le soit venu ordonner, et que le vaguemestre général de l'aile ou ligne ne fera point marcher que le vaguemestre général de l'armée ne lui en ait envoyé l'ordre.

Qu'en ce temps-là il fera mettre chaque bagage en marche, suivant le rang que le régiment tiendra dans la brigade, et dans chaque régiment par bataillon, et dans chaque bataillon suivant le rang que tiendra chaque compagnie dans icelui; l'intention de S. M. étant que le bagage du colonel marche le premier, puis celui du lieutenant de la compagnie colonelle, ensuite celui de l'enseigne.

Qu'après cela celui du capitaine qui commandera le bataillon sous lui, quand le lieutenant colonel sera à un second bataillon, puis celui de son lieutenant, celui de son sous-lieutenant et de son enseigne, et ainsi des autres.

Que chaque vaguemestre particulier du régiment qui sera de jour, sera assidu pendant toute la marche auprès du bagage de son régiment, et tiendra la main à faire avancer et suivre tous les bagages dans les rangs qu'il les aura mis.

Que le vaguemestre de chacune brigade veillera à ce que chaque vaguemestre particulier fasse son devoir, et de même les vaguemestres généraux de chaque aile de cavalerie et ligne d'infanterie, à ce que ceux qui sont sous eux, s'employent comme ils doivent à l'exécution des intentions de S. M.

Veut S. M. que tout bagage qui se mettra en marche auparavant que d'être commandé, soit pillé sur-le-champ, à qui que ce soit qu'il appartienne.

Veut aussi S. M. que le rang des bagages pour la marche soit observé ainsi qu'il est marqué ci-après :

Premièrement, que l'argent dont le trésorier général de l'extraordinaire de la guerre et cavalerie légère est chargé, marche à la tête de tout.

Qu'après icelui marche le bagage de sa majesté, puis celui de M. le duc d'Orléans.

Celui de M. le vicomte de Turenne.

Celui des officiers de la couronne.

Celui des secrétaires d'état étant à la suite de S. M.

Celui du grand-prévôt de son hôtel.

Et après, celui des officiers de la maison de S. M., chacun suivant le rang qu'ils ont dans le logement.

Celui du maréchal général des logis des camps et armées.

Celui du prévôt général de l'armée.

Ceux des commissaires de guerre étant au quartier du roi.

Qu'après cela marchera l'équipage des vivres.

Ensuite celui de l'artillerie, si elle ne peut pas aller sur une colonne à part.

Et puis le bagage du corps des troupes de la maison de S. M., commandé par le sieur marquis de Rochefort.

Ensuite celui de l'aile de cavalerie qui aura l'avant-garde.

Et après celui de l'infanterie et la cavalerie, suivant l'ordre et rang que chaque troupe tiendra dans la marche ce jour-là.

Puis celui des volontaires.

Et après tous ceux des vivandiers du quartier du roi et autres marchands suivant l'armée.

Défend S. M. à ceux qui auront le soin de la conduite des bagages de quelques troupes, de couper celui d'un autre, sous quelque prétexte que ce puisse être, à peine à tout valet qui fera quelqu'effort ou violence pour cela, d'être fustigé sur-le-champ par les mains de l'exécuteur.

Quand le terrain le permettra, l'intention de S. M. est que le bagage de l'armée marche sur deux colonnes.

Qu'à la tête de la première, l'argent, les bagages de S. M. et les vivres y soient.

Et à la tête de la seconde, l'artillerie, et puis les équipages de la seconde ligne.

Que s'il y a quelque pont ou passage où les deux colonnes de bagages ne se puissent maintenir, qu'alors chacun reprenne le rang marqué ci-dessus, sans que personne puisse faire difficulté de laisser reprendre à chacun le rang qui lui est ordonné, pourvu que pour y aller on ne coupe point le bagage d'une brigade, mais que l'on passe dans l'intervalle du bagage d'une brigade à celui d'une autre.

Veut S. M. qu'à chaque aile de cavalerie, et à chaque ligne d'infanterie, il y ait un fanion pour les menus bagages, lequel sera porté par quelqu'un des valets de la brigade, qui sera choisi par le major-général pour l'infanterie et par le maréchal-des-logis de la cavalerie pour la cavalerie, d'entre les plus sages, auquel le major-général de l'infanterie pour l'infanterie, et le maréchal-des-logis de la cavalerie pour la cavalerie, donnera 20 francs par chacun jour de marche.

Que ledit fanion sera conduit par un officier subalterne de chacune aile de cavalerie et ligne d'infanterie, qui ramassera tous les valets de bagages de son aile ou ligne et aura soin de les conduire, de manière qu'ils ne tombent pas dans la marche des troupes, ni des bagages, ni qu'ils n'aillent point devant les gardes.

Défend S. M. aux valets de chaque brigade de quitter ledit fanion à peine de fouet.

Veut S. M. que les équipages des lieutenans généraux et maréchaux de camp de ses armées marchent chacun à la tête du bagage de l'aile de cavalerie, ou ligne d'infanterie à laquelle S. M. lui a fixé son poste; celui du lieutenant-général marchera le premier, puis celui du maréchal de camp et ensuite ceux des brigadiers suivant leur rang, et après cela celui des régimens, les équipages de chaque colonel marchant avec les bagages de son régiment.

Veut enfin S. M. que la présente soit gardée et observée dans les autres armées.

Mande et ordonne S. M. à ses lieutenans-généraux en ses armées, maréchaux et maîtres de camp, colonels, capitaines, chefs et officiers de ses troupes, comme aussi aux intendans de sesdites armées et aux commissaires ordinaires de ses guerres ordonnés à la conduite et police de sesdites troupes de tenir la main chacun à son égard à l'exacte observation de la présente, enjoint aussi très expressément sa majesté au prevôt-général de la connétablie et maréchaussée de France et aux autres prévôts généraux en sesdites armées de faire punir sur-le-champ les contrevenans à ladite ordonnance des peines portées par icelle sans autre ordre de sa majesté ni de ses lieutenans-généraux, à peine d'en répondre en leurs propres et privés noms. Voulant, comme dit est, que la présente soit lue et publiée à la tête de chaque corps et compagnie, et affiché partout où besoin sera, à ce qu'aucun n'en prétende cause d'ignorance.

N° 695. — RÉGLEMENT *pour la nouvelle enceinte de Paris et la construction d'édifices publics.*

Saint-Germain-en-Laye, 26 avril 1672. (Ord. 15, 3 Z, 272. — Néron II, 113.)

PRÉAMBULE.

LOUIS, etc. Les rois nos prédécesseurs, ayant toujours considéré notre bonne ville de Paris comme la capitale de leur royaume, et le lieu ordinaire de leur séjour, ils ont cherché tous les moyens de la rendre non seulement la plus belle, la plus riche et la plus peuplée de la France; mais ils l'ont élevée, par leurs grâces et par leurs libéralités, jusques à ce point, qu'elle a surpassé en toutes choses les plus fameuses villes du monde : ils avoient sagement prévu qu'en cet état de grandeur où ils l'avoient portée, elle devoit craindre le sort des plus puissantes villes, qui ont trouvé en elles-mêmes le principe de leur ruine; et étant difficile que l'ordre et la police se distribuent dans toutes les parties d'un si grand corps, cette raison les auroit portés de la réduire et les faubourgs d'icelle dans les limites justes et raisonnables, faisant défenses très-expresses de les étendre au delà de celles qu'ils avoient prescrites.

Le roi Henry II, s'étant particulièrement appliqué à ce soin, en a fait des dispositions si formelles par son édit du mois de novembre 1548, sous des peines très-rigoureuses, qu'il a depuis renouvelées par son ordonnance de 1554, qu'elles devoient avoir retenu ceux qui ont eu la hardiesse d'y contrevenir : mais les désordres des guerres presque continuelles depuis son règne, ayant fait négliger une police si importante; le feu roi notre très-honoré seigneur et père d'heureuse mémoire, ayant voulu arrêter le cours d'un mal qui s'augmentoit tous les jours, et qui pouvoit être préjudiciable au repos de ses sujets et au bien de son état, a, par des déclarations réitérées, la première du dernier août 1627, et la seconde du 20 mars 1633, redoublé les défenses de ses prédécesseurs, ordonnant des peines très-sévères contre ceux qui entreprendroient de bâtir au delà desdites limites.

Mais ayant appris qu'au mépris de toutes ces inhibitions, et au préjudice d'icelles, il s'étoit fait plusieurs et considérables bâtimens, enclos et maisons, non-seulement au delà des anciennes limites, mais même au delà de celles qui furent mises en l'année 1638, nous avons cru qu'il nous seroit inutile d'avoir pris tant de soin pour l'ornement, la commodité et la sûreté de notredite ville de Paris, que nous avons établie par notre autorité, et que nous faisons entretenir par nos libéralités et par la vigilance de nos principaux magistrats, si nous abandonnions celui qui paroît le plus s deconséquence. C'est pourquoi nous aurions ordonné, par l'arrêt de notre conseil du 8 janvier 1670, que procès-verbal seroit dressé tant de l'état des bornes, que des entreprises et contraventions aux édits et ordonnances des rois nos prédécesseurs : ce qui ayant été fait, nous avons résolu de pourvoir contre les contrevenans, et de remédier pour l'avenir à un abus si préjudiciable, en établissant de nouvelles limites au dehors des fauxbourgs, pour empêcher qu'il leur soit donné une plus vaste étendue, en laissant néanmoins la liberté aux propriétaires des fonds et héritages, qui se trouveront au dedans d'icelles, d'en disposer à leur volonté, aux conditions qui leur seront par nous ordonnées. Voulant aussi continuer les soins que nous avons pris d'embellir notredite ville de Paris, par la construction de plusieurs édifices publics, qui puissent contribuer à son ornement et à la commodité de ses habitans : et considérant la bonté d'aucuns rois nos prédécesseurs, qui ont abandonné leurs palais et leurs demeures ordinaires pour y établir le siége de la justice, voulant les imiter, même, s'il se peut, les surpasser en un œuvre si louable; ayant appris le mauvais état où est à présent le Châtelet de Paris, qui est le siége de la première justice des bailliages et présidiaux de notre royaume, et où elle ne peut être exercée avec décence; et étant d'ailleurs touché des misères que souffrent ceux qui sont détenus dans les prisons de ce lieu, tant pour le peu d'espace, n'y ayant pas de place pour les loger, que pour l'humidité et obscurité des logemens, infection et mauvais air des cachots, ce qui cause beaucoup de maladies fâcheuses à ceux qui les habitent quelque temps, qui leur sont plus insupportables que la perte de leur liberté. Désirant laisser à la postérité des marques de la considération que nous avons pour la justice et pour ceux qui la rendent en notre nom : nous avons résolu de faire construire de nouveau le siége dudit Châtelet, à la place de l'ancien, avec toute l'étendue et magnificence convenable à un ouvrage de cette qualité; pourquoi nous avons fait visiter les lieux par le maître-général de nos œuvres et bâtimens, nos architectes, et par des personnes intelligentes et bien entendues, et les environs d'iceux, qui pourroient servir à la construction et embellissement de cet édifice du grand Châtelet, et qui peuvent entrer dans l'exécution du dessein de cet ouvrage. Et ayant été aussi informé que les habitans de notre bonne ville de Paris, et ceux qui sont obligés d'y venir aux jours de marché pour y apporter les bleds, pain et poisson et autres denrées, souffrent de grandes incommodités, parce que toutes ces choses abordent et se débitent en un même lieu duquel la halle aux draps et aux toiles occupe la meilleure partie : ce qui fait que les avenues sont tellement embarrassées, qu'elles se trouvent ordinairement bouchées, et qu'il est impossible d'y aborder. Outre que ladite halle est située en un endroit très-incommode et obscur, l'élévation des maisons voisines construites autour de ladite halle en ayant ôté les jours, lesquelles l'on ne pourroit faire démolir sans ruiner les propriétaires : à quoi nous avons bien voulu remédier, en transférant ladite halle aux draps et aux toiles en un lieu plus commode pour le soulagement du public, en laissant aux propriétaires desdites maisons, la place de ladite halle qu'ils ont mise hors d'état de servir.

A ces causes, etc.

N° 696. — DÉCLARATION *portant réglement pour la qualité et le poids de la vaisselle d'or et d'argent.*

Saint-Germain-en-Laye, 26 avril 1672. (Ord. 15, 3 Z, 291. — Delamare. — Archiv.)

N° 697. — ARRÊT *du conseil qui ordonne que ceux qui formeront des inscriptions de faux au greffe du conseil privé, seront tenus de consigner la somme de cent livres ès mains du fermier du domaine, et fait défenses aux avocats dudit conseil de signer aucunes requêtes que ladite consignation n'ait été faite.*

Saint-Germain-en-Laye, 10 mai 1672. (Néron II, 764.)

N° 698. — ORDONNANCE *portant que les ports de Picardie et*

de Normandie seront fermés jusqu'après l'expédition de l'armée navale.

29 mai 1672. (Bajot.)

N° 699. — RÉGLEMENT *sur la procédure des prises faites en mer.*

Saint-Germain-en-Laye, 6 juin 1672. (Valin. — Lebeau, I, 47.)

Art. 1ᵉʳ. Aussitôt que les vaisseaux appartenant aux ennemis de l'état, pris par les vaisseaux de S. M., ou par ceux qui sont armés par sa permission sur les commissions de M. l'amiral, seront arrivés aux rades, ports et havres du royaume, le lieutenant de l'amirauté ou autres officiers qui en feront la fonction, accompagnés du procureur du roi et du greffier, recevront la déclaration du capitaine qui aura fait la prise, s'il y est en personne, sinon de celui qu'il en aura chargé.

2. La déclaration contiendra le lieu, le jour et l'heure que le vaisseau a été pris; si le capitaine a fait refus d'amener les voiles, de faire voir sa commission ou son congé; s'il a attaqué ou s'il s'est défendu; quel pavillon il portoit: ce qui s'est passé lors de la prise; si dans la chambre du capitaine il a été trouvé quelques papiers, chartes-parties et connoissemens, et autres circonstances de tout ce qui s'est passé lors de la prise; s'il n'a été rien jeté à la mer, et si le capitaine a satisfait à tout ce qu'il doit faire en ces occasions, suivant les réglemens et ordonnances.

3. Après la déclaration reçue, le lieutenant de l'amirauté donnera l'ordre pour faire entrer le vaisseau dans le port; et en cas qu'il soit demeuré dans la rade, le lieutenant, avec le procureur du roi et greffier, se transporteront sur le vaisseau pris, et feront procès-verbal de l'état auquel ils le trouveront, dans lequel ils feront mention si les écoutilles, chambres, caisses et ballots ont été ouverts ou non; si le fond de cale aura été pillé, visité ou endommagé en quelque sorte et manière que ce soit; ensuite il fera ouverture de la chambre du capitaine, fera ouvrir ses coffres et armoires pour trouver les pièces justificatives concernant le chargement du vaisseau.

4. En cas que le capitaine ou maître du vaisseau pris ait été amené avec la prise, les officiers feront la procédure entière en sa présence; ou en son absence, en la présence de deux principaux officiers ou matelots de l'équipage dudit vaisseau, ensemble du

capitaine ou autre officier du vaisseau preneur, auquel ils feront signer le procès-verbal.

5. Les officiers ne quitteront point le vaisseau pris, qu'après avoir fait fermer et sceller du sceau de l'amirauté les écoutilles et chambres, et qu'ils n'aient mis sous le sceau tout ce qui peut être pris et enlevé, et établi des gardiens qui en seront responsables, dont ils feront mention dans ledit procès-verbal.

6. S'il se trouve des réclamateurs, ils feront la procédure en leur présence et les feront signer.

7. Après que le procès-verbal aura été clos et arrêté, les officiers feront l'information, dans laquelle ils entendront les capitaines, propriétaires, ou officiers et matelots qui se trouveront sur le vaisseau pris, ensemble ceux qui seront trouvés sur le vaisseau preneur.

8. Ils procéderont incessamment à l'inventaire de toutes les marchandises qui se trouveront sur le vaisseau ; se feront représenter les livres du capitaine, maître ou écrivain, sur lesquels ils vérifieront les quantités et qualités desdites marchandises ; et en cas qu'ils y trouvent quelques différences, ils s'informeront d'où elles pourroient provenir.

9. L'inventaire fait, ils remettront le tout sous la charge d'un gardien qui sera établi par eux, en donnant bonne et suffisante caution. La procédure achevée, l'expédition en sera promptement faite en forme et envoyée au secrétaire général de la marine, à la diligence du procureur du roi, qui y tiendra soigneusement la main.

10. En cas que par l'inventaire il se trouve des marchandises qui ne puissent être conservées, le procureur du roi en requerra la vente, qui sera ordonnée par ledit lieutenant, qui y procédera ensuite en présence du procureur du roi et des réclamateurs, s'il s'en trouve, et des maîtres de l'équipage dudit vaisseau preneur, dans laquelle vente il observera d'en faire les publications, et de poser les affiches aux endroits ordinaires, en la forme accoutumée. Les enchères seront reçues à trois remises consécutives, de trois en trois jours, pour en être l'adjudication publiquement faite dans le lieu et à l'heure de l'audience du siége de l'amirauté.

11. La prise sera jugée au conseil, et en cas que les réclamateurs en obtiennent main-levée, les officiers enregistreront l'arrêt, et le feront exécuter sans aucun retardement, sous quelque prétexte que ce soit.

12. Si la prise est déclarée bonne, ils feront la délivrance des

marchandises en nature aux armateurs, s'ils en font la demande, sinon ils en feront faire la vente, ainsi qu'il est dit ci-dessus, et sera la distribution des deniers faite aux intéressés en la manière et sous la condition de leurs traité ou sociétés en cas qu'ils ne le pussent faire volontairement de gré à gré.

13. Le dixième de l'amiral sera premièrement pris et mis ès mains du receveur de ses droits, ensuite les frais de justice, suivant le réglement fait par S. M., et le surplus sera partagé en trois égales portions, dont le tiers sera délivré au propriétaire du vaisseau, un autre tiers aux armateurs, et le tiers restant à l'équipage. En cas que le vaisseau preneur appartienne au roi, toute la prise sera adjugée à S. M., déduction faite du dixième de l'amiral et des frais de justice.

14. Les officiers observeront étroitement les défenses portées par les ordonnances et réglemens, de ne se rendre adjudicataire des marchandises des vaisseaux pris, ni sous leurs noms, ni sous celui des personnes interposées.

15. Il sera mis au greffe, en dépôt, des échantillons des marchandises qui auront été vendues, pour y avoir recours en cas de besoin.

16. Les gardiens établis ès dites marchandises, et qui en auront le prix de la vente, n'en pourront faire restitution et délivrance que sur les ordonnances du juge, et conclusions du procureur du roi.

Fait, etc.

N° 700. — ORDONNANCE *portant défenses de défoncer les futailles vides.*

12 octobre 1672. (Cod. nav., p. 171.)

N° 701. — RÉGLEMENT *sur la forme des états du munitionnaire qui doivent être arrêtés par les intendans et commissaires généraux de la marine.*

14 octobre 1672. (Cod. nav., p. 170.)

N° 702. — ORDONNANCE *pour former les équipages et régler le payement de la table des capitaines de vaisseaux.*

20 octobre 1672. (Cod. nav., p. 144.)

N° 703. — ORDONNANCE *portant défenses de souffrir des tavernes sur les vaisseaux.*

20 octobre 1672. (Cod. nav., p. 187.)

N° 704. — RÉGLEMENT *portant que les officiers commandans les vaisseaux seront tenus de représenter, au désarmement, les officiers, mariniers et matelots qui leur auront été confiés, et ne pourront les échanger ni leur donner congé pendant tout le temps de l'armement.*

20 octobre 1672. (Bajot.)

N° 705. — ORDONNANCE *portant défenses au munitionnaire de fournir des vivres en argent, et aux capitaines d'en recevoir.*

26 octobre 1672. (Cod. nav., p. 177.)

N° 706. — ORDONNANCE *portant que les matelots seront payés chez eux par les commissaires après le désarmement.*

28 octobre 1672. (Cod nav., p. 144.)

N° 707. — DÉCLARATION *portant confirmation des brevets de don des places où sont et seront bâties les maisons de Versailles, et que ces maisons ne seront sujettes à aucunes hypothèques, et ne pourront être saisies et adjugées par décret.*

Versailles, 24 novembre 1672. (Ord. 16, 4 A. 72. — Rec. cass. — Archiv.)

N° 708. — ORDONNANCE *portant défenses aux matelots d'abandonner le service sous prétexte de désarmement.*

5 décembre 1672. (Cod. nav., p. 145.)

N° 709. — ORDONNANCE *portant que les vaisseaux corsaires ennemis qui seront pris par les armateurs français leur appartiendront entièrement, et qu'en outre il leur sera payé 500 livres pour chaque pièce de canon.*

Versailles, 5 décembre 1672. (Cod. nav., p. 192. — Lebeau I, 52.)

N° 710. — ARRÊT *du parlement qui ordonne que tous bourgeois, marchands et artisans de Paris seront tenus de faire faire par leurs femmes ou filles* (1), *s'ils en ont, sinon par*

(1) Suivant un ancien usage confirmé par arrêts de la cour de 1599 et 1641.

personnes de condition égale, les quêtes accoutumées des paroisses lorsqu'ils y rendent les pains bénits, leur faisant défenses d'y envoyer leurs servantes à peine de 10 liv. d'amende applicables aux pauvres.

Paris, 23 décembre 1672. (Néron II, 769.)

N° 711. — EDIT *portant confirmation des priviléges, ordonnances et réglement sur la police de l'Hôtel-de-Ville de Paris, et réglement sur la juridiction des prevôts et échevins* (1).

Versailles, décembre 1672. (Archiv.)

EXTRAIT.

LOUIS, etc. L'affection singulière que nous portons à nos fidèles sujets, bourgeois et habitans de notre bonne ville de Paris, nous ayant obligé de procurer en toutes choses la décoration, commodité et avantage de cette capitale de notre état, en même temps que nous nous sommes appliqué à renouveler et rétablir les ordonnances et réglemens sur le fait de la justice et police dans tout notre royaume; nous avons fait rédiger de nouveau les ordonnances, coutumes, statuts et réglemens de la prevôté des marchands et échevinage de ladite ville, concernant le régime et administration d'icelle, la police et vente des marchandises qui y arrivent par les rivières, et qui se distribuent sur les ports, places et étapes; ce que nous aurions estimé d'autant plus nécessaire et utile à ladite ville, que les ordonnances anciennes faites dès l'année 1415, n'ayant été revues ni réformées, étoient hors d'usage en plusieurs choses, et conçues en des termes de police et de navigation qui ne sont plus usités; joint que l'agrandissement de ladite ville auroit apporté plusieurs changemens dans la police et distribution de toutes les provisions nécessaires à la subsistance du grand nombre de ses habitans.

A ces causes, etc.

---

(1) M. Peuchet annonce, dans son Recueil des réglemens de police, qu'une partie de cette ordonnance est encore en vigueur. Nous en avons extrait les dispositions qui ne nous ont point paru abrogées et celles qui peuvent donner une idée de la science de l'économie publique à cette époque. Il est curieux, en effet, de voir comment un gouvernement, célèbre surtout par l'administration qu'il avoit organisée dans l'intérieur du royaume, avoit entendu assurer l'approvisionnement de Paris.

CHAPITRE Ier. — *Concernant les rivières et bords d'icelles, pour la commodité de la navigation.*

ART. 1er. Pour faciliter le commerce par les rivières, et le transport des provisions nécessaires à la ville de Paris, défenses sont faites à toutes personnes de détourner l'eau des ruisseaux et des rivières navigables et flottables, affluantes dans la Seine, ou d'en affoiblir ou altérer le cours par tranchées, fossés, canaux ou autrement : et en cas de contravention, seront les ouvrages détruits réellement et de fait, et les choses réparées immédiatement aux frais des contrevenans.

2. Ne sera loisible de tirer ou faire tirer terres, sables, ou autres matériaux, à six toises près du rivage des rivières navigables, à peine de cent livres d'amende.

3. Seront, tous propriétaires d'héritages aboutissans aux rivières navigables, tenus laisser le long des bords, vingt-quatre pieds pour le trait des chevaux, sans pouvoir planter arbres, ne tirer clôture son haies plus près du bord que de trente pieds; et en cas de contravention, seront les fossés comblés, les arbres arrachés, et les murs démolis aux frais des contrevenans.

4. Ne seront pareillement mis ès rivières de Seine, Marne, Oise, Yonne, Loing, et autres y affluantes, aucuns empêchemens aux passages des bateaux et trains de bois montans et avalans; et si aucuns se trouvent, seront incessamment ôtés et démolis, et les contrevenans tenus de tous dépens, dommages et intérêts des marchands et voituriers.

5. Enjoint à ceux qui par concessions bien et dûment obtenues, auront droit d'avoir arches, gors, moulins et pertuis construits sur les rivières, de donner auxdits arches, gors, pertuis et passages, vingt-quatre pieds au moins de largeur. Enjoint aussi aux meuniers et gardes des pertuis de les tenir ouverts en tout temps, et la barre d'iceux tournée en sorte que le passage soit libre aux voituriers montants et avalants leurs bateaux et trains lorsqu'il y aura deux pieds d'eau en rivière, et quand les eaux seront plus basses, de faire l'ouverture de leurs pertuis toutes fois et quantes qu'ils en seront requis; laquelle ouverture ils feront lorsque les bateaux et trains seront proches de leursdits pertuis, qui ne pourront être refermés, ni les équilles remises, que lesdits bateaux et trains ne soient passés, et seront lesdits meuniers tenus de laisser couler l'eau en telle quantité que la voiture desdits bateaux et trains puisse être facilement faite

d'un pertuis à un autre : défenses auxdits meuniers, gardes desdits pertuis, et à leurs garçons de prendre aucuns deniers ou marchandises des marchands ou voituriers pour l'ouverture ou fermeture desdits pertuis, à peine du fouet, et de restitution du quadruple de ce qui aura été exigé.

6. Lorsqu'il conviendra faire quelques ouvrages aux pertuis, vannes, gors, écluses et moulins sur les rivières de Seine et autres navigables et flottables, et y affluantes, qui pourroient empêcher la navigation et conduite des marchandises nécessaires à la provision de Paris, seront les propriétaires d'iceux tenus d'en faire faire aux paroisses voisines la publication un mois auparavant que de commencer lesdits ouvrages et rétablissemens; sera aussi déclaré le temps auquel lesdits ouvrages seront rendus parfaits, et la navigation rétablie; à quoi les propriétaires seront tenus de satisfaire ponctuellement, à peine de demeurer responsables des dommages-intérêts et retards des marchands et voituriers.

7. Seront ôtés et démolis toutes barrières, digues, chaînes, et autres empêchemens mis aux chemins, levées, ponts, passages, écluses et pertuis, pour la perception des droits et péages qui ne sont établis avant cent ans, ou réservés par les déclarations du roi, et arrêts.

8. Seront les huissiers ou sergens de ladite ville, établis pour le fait de ladite marchandise, et les buissonniers, tenus donner avis aux prevôt des marchands et échevins des contraventions, si aucunes sont faites aux ordonnances et réglemens, rapporter de six mois en six mois, au greffe de ladite ville, les procès-verbaux de visites qu'ils auront faits, contenant l'état des rivières; s'il s'est fait aucun attérissement; si les vannes, gors, pertuis et arches sont de largeur convenable; si les ponts, moulins et pieux sont en bon état; s'il n'y a aucuns orbillons et coursons en fonds d'eau qui puissent blesser les bateaux; s'il ne se fait point d'entreprise sur les bords et dans le lit des rivières; et faute de justifier par lesdits officiers des diligences par eux faites, sera par lesdits prevôt des marchands et échevins, pourvu de personnes capables ès lieux où il en sera besoin.

9. Défenses à toutes personnes de jeter dans le bassin de la rivière de Seine, le long des bords d'icelle, quais et ports de ladite ville, aucunes immondices, gravois, pailles et fumiers, à peine de punition corporelle contre les serviteurs, et d'amende arbitraire, au paiement de laquelle pourront être les maîtres contraints; et enjoint aux propriétaires des maisons bâties sur les

ponts, le long des quais et bords de ladite rivière, et aux entrepreneurs qui auront travaillé ou travailleront à la construction et rétablissement des ponts et arches, ou murs des quais, de faire incessamment enlever les décombres provenans des bâtardeaux qu'ils auront fait faire pour lesdits ouvrages, à peine d'amende, et de répétition contre eux des peines d'ouvriers employés à l'enlèvement desdits décombres. Et à ce que le présent réglement soit plus ponctuellement gardé, sera affiché à la diligence du procureur du roi et de la ville, et renouvelé de six mois en six mois.

10. Enjoint aux marchands et voituriers de faire incessamment enlever de la rivière les bateaux étant en fonds d'eau, et de faire ôter de la rivière, et de dessus les ports et quais, les débris desdits bateaux, et ce à peine d'amende et de confiscation; à cet effet seront lesdits bateaux et débris, marqués du marteau de la marchandise, pour être vendus dans la huitaine, sans autre formalité de justice, et les deniers en provenants appliqués aux hôpitaux de ladite ville.

11. Et pour l'entière exécution de ce que dessus, maintenir la liberté du commerce et facilité de la navigation, les prévôt des marchands et échevins auront soin de visiter les rivières de Marne, Yonne, Oise, Loing, Seine, et autres navigables et flottables y affluantes, pour recevoir les plaintes des marchands et voituriers, informer des exactions, si aucunes sont faites sur lesdites rivières, empêcher toutes les levées de droits qui ne seront établies en vertu des lettres-patentes bien et dûment vérifiées; faire faire sommations et injonctions nécessaires : et seront les ordonnances desdits prevôt des marchands et échevins, et jugemens par eux sur ce rendus, exécutés par provision, comme pour fait de police, nonobstant oppositions ou appellations quelconques, et sans préjudice d'icelles.

CHAP. II. — *Concernant la conduite des marchandises par eau.*

ART. 1. Pourront les voituriers aller par les rivières, et conduire les bateaux chargés de marchandises pour la provision de Paris, aux jours fériés et non fériés, à l'exception seulement des quatre fêtes solennelles, de Noël, Pasques, Pentecôte et Toussaints : défenses à tous seigneurs hauts-justiciers, ecclésiastiques ou laïques, et à leurs officiers, d'empêcher le passage desdits baleaux ès autres jours, ni d'exiger des marchands ou voituriers aucunes sommes de deniers, sous quelque prétexte que ce soit, à peine de concussion, et de demeurer responsables des dommages et intérêts causés pour les retards.

2. Défenses à tous voituriers d'aller par rivières qu'entre soleil levant et couchant, et de se mettre en chemin en temps de vents ou tempête, à peine de demeurer responsables de la perte des marchandises, et dommages et intérêts des marchands, sans qu'il soit loisible aux voituriers de contrevenir au présent réglement, sous prétexte de jour nommé, ou d'avoir ordre du marchand de venir en diligence, sauf à eux, en ce cas, à renforcer les courbes des chevaux pour hâter la voiture, posé qu'elle se puisse faire sans risque ni péril.

3. Pour éviter les naufrages qui pourroient arriver aux passages des ponts et pertuis, les voituriers conduisant bateaux et trains aval la rivière, seront tenus, avant que de passer les pertuis, d'envoyer un de leur compagnons pour reconnoître s'il n'y a point quelque bateaux ou trains montants, embouchés dans les arches desdits ponts, ou dans lesdits pertuis, et si les cordes ne sont point portées pour les monter au-dessus desdits ponts, auquel cas l'avalant sera tenu de se garer jusques à ce que le montant soit passé, et que les arches et pertuis soient entièrement libres, à peine de répondre par le voiturier avalant du dommage qui pourroit arriver aux bateaux et traits montans.

4. Quand aucuns voituriers seront chargés de la conduite de plusieurs bateaux, et que pour plus grande commodité ils les auront accouplés, arrivant nécessité de les découpler, soit au passage des ponts et pertuis, ou autres endroits difficiles, sera le principal voiturier tenu de les passer séparément, et les compagnons de rivière aussi tenus de faire le travail, et se joindre ensemble à cet effet, à peine de demeurer les uns et les autres responsables de la perte desdites marchandises, dommages et intérêts des marchands.

5. Voituriers de bateaux montans, venant à rencontrer en pleine rivière des bateaux avalans, seront tenus se retirer vers terre pour laisser passer lesdits avalans, à peine de demeurer responsables du dommage causé, tant aux bateaux que marchandises.

6. Pour prévenir les accidens qui peuvent arriver par la rencontre des bateaux descendans, avec les coches et traits des bateaux montans, seront tenus tous conducteurs de traits de ba-

taux montans, pour faciliter le passage desdits coches et bateaux descendans, faire voler par dessus lesdits bateaux montans, la corde appelée cincenelle, et empêcher que les bascules accouplées en fin desdits traits ne s'écartent et empêchent le passage desdits coches et autres bateaux; et seront tenus les conducteurs desdits coches descendans, pour faciliter le passage desdits coches et bateaux montans, de lâcher leur cincenelle, en sorte qu'elle passe pardessous le bateau montant, à peine aussi de toutes pertes, dommages et intérêts.

7. Naufrage arrivant par fortune de temps, d'aucun bateau chargé de marchandises, sera le voiturier reçu dans les trois jours à faire abandonnement de son bateau et ustenciles; quoi faisant il ne pourra être plus avant poursuivi pour la perte de la marchandise, qui sera cependant pêchée et tenue en justice, à la conservation et aux frais de qui il appartiendra; et où ledit naufrage seroit arrivé par le fait et faute dudit voiturier, ou qu'il eût disposé à son profit particulier de son dit bateau et ustenciles depuis le naufrage, en ce cas demeurera ledit voiturier déchu du bénéfice, et tenu de toutes pertes, dommages et intérêts du marchand.

8. Défenses aux voituriers de partir des ports de charge, sans avoir lettres de voitures, à peine d'être déchus du prix d'icelles; et si le voiturier allègue que le marchand a fait refus, en ce cas justifiant par ledit voiturier de sommation en bonne forme, par lui faite au marchand ou commissionnaire, de lui fournir lettres avant son départ, sera ledit voiturier cru, tant sur la quantité des marchandises que du prix de la voiture d'icelles.

9. Les lettres de voitures contiendront la quantité et qualité des marchandises, et le prix fixé de la voiture d'icelles, et feront mention, tant du lieu où les marchandises auront été chargées, que du lieu de la destination, et du temps du départ.

10. Les marchandises destinées pour la provision de Paris, ne pourront être arrêtées sur les lieux, ni en chemin, sous quelque prétexte que ce soit, même de saisie faite d'icelles, soit par les propriétaires ou créanciers particuliers du marchand, soit aussi pour salaires et prix de la voiture, nonobstant lesquelles saisies, lesdites marchandises seront incessamment voiturées et amenées à la garde des gardiens établis à icelles, pour être vendues et débitées sur les ports, et les deniers de la vente tenus en justice, à la conservation de qui il appartiendra; à cet effet les saisissans

seront aussi tenus d'avancer les frais de garde, sauf à les répéter, faute de quoi seront lesdites saisies déclarées nulles.

11. Pour empêcher le monopole et les mauvaises pratiques d'aucuns marchands, qui pour causer disette et augmenter le prix des marchandises, s'entendent ensemble sous prétexte de sociétés, et affectent de ne point faire charger et voiturer en cette ville, celles qu'ils ont extantes sur les ports, et achetées dans les provinces; défenses sont faites à tous marchands de contracter telles sociétés, sous peine de punition corporelle, et pourront les prevôt des marchands et échevins, en cas de besoin, faire voiturer lesdites marchandises en cette ville, aux frais de la chose, pour être vendues au public, ou octroyer permission à autres marchands de les faire voiturer pour leur compte, aux soumissions de rembourser par eux les propriétaires du prix de leurs marchandises.

CHAP. III. — *Concernant l'arrivée des bateaux et marchandises aux ports de la ville de Paris.*

Art. 1er. Pour laisser l'entière liberté au commerce, et exciter d'autant plus les marchands trafiquant sur les rivières d'amener en cette ville de Paris toutes les provisions nécessaires, seront et demeureront les droits de Compagnie françoise éteints et supprimés, sans préjudice du droit de hance, et sans qu'il soit fait autre distinction entre marchands, que de forains et de marchands de Paris, ès cas portés par les réglemens.

2. Défenses à tous marchands d'aller au-devant des marchandises destinées pour la provision de Paris, et de les acheter en chemin, à peine contre les marchands vendeurs, de confiscation de la marchandise, et de perte du prix contre l'acheteur; et en cas de récidive, d'interdiction du commerce.

3. Seront les marchandises amenées par les voituriers aux ports destinés pour en faire la vente, et au cas que lesdits ports se trouvent remplis, les voituriers feront arrêter et garer leurs bateaux ès lieux qui leur seront désignés par les prevôt des marchands et échevins, d'où ils seront ensuite descendus en leurs ports, suivant l'ordre de leur arrivée, qui sera justifiée par les quittances des fermiers du roi, extrait des déclarations faites par les marchands et voituriers au greffe de l'hôtel de ville, et exhibitions des lettres de voitures aux bureaux des officiers de police.

4. Sera loisible aux bourgeois de Paris non trafiquans, de faire décharger au port Saint-Paul, ou autre qui leur sera le plus commode, les marchandises et denrées provenans de leur cru, ou qu'ils auront achetées pour leur provision, en prenant permission des prevôt des marchands et échevins, qui sera accordée sur un simple certificat.

5. Pour débarrasser les ports, et les rendre capables de contenir plus grande quantité de bateaux et marchandises, enjoint aux voituriers et marchands, aussitôt que leurs bateaux auront été fermés d'en ôter les gouvernaux, lesquels ils seront tenus mettre dans leurs bateaux, ou le long des bords d'iceux, à peine d'amende.

6. Les bateaux et marchandises étant arrivés en cette ville au port de leur destination, seront les voituriers tenus d'en donner avis dans vingt-quatre heures au plus tard, aux marchands-propriétaires d'icelles, ou à leurs commissionnaires, et leur exhiber leurs lettres de voitures, en marge desquelles lesdits marchands et commissionnaires seront obligés de coter le jour de l'exhibition, et en cas de refus, leur sera fait sommation à la requête des voituriers; et à l'égard des marchandises qui ne doivent tenir ports, lesdits marchands les feront incessamment conduire en leurs maisons et magasins, sans que les voituriers soient tenus à autre chose, sinon à l'égard de celles qui arrivent au port du guichet de Saint-Thomas du Louvre, que de délivrer les marchandises de la quantité et qualité portées par la lettre de voiture, sans être tenus de payer la décharge qui sera faite par les compagnons de rivière pour le prix que les marchands ont accoutumé d'en donner, et sans que les voituriers demeurent garants de la conduite et enlèvement desdites marchandises ès maisons des marchands; et à l'égard de ceux qui arriveront au port Saint-Paul, délivrer les marchandises des quantités et qualités portées par ladite lettre de voiture, pour être déchargées par les officiers-forts, ainsi qu'il se pratique.

7. En cas de négligence par les marchands ou commissionnaires de faire enlever leurs marchandises, pourront les voituriers, après une sommation bien et dûment faite aux marchands ou commissionnaires auxquels la lettre de voiture sera adressante, faire décharger ladite marchandise du bateau à terre, soit par les officiers-forts au port Saint-Paul, ou compagnons de rivière ès port du guichet de Saint Thomas du Louvre, en faisant néanmoins par lesdits voituriers mention par écrit sur leur registre de

voiture, des quantités et qualités desdites marchandises ainsi déchargées, et faisant attester ledit registre par lesdits officiers-forts, ou par deux personnes dignes de foi; et demeureront, ce faisant lesdits voituriers, ensemble lesdits forts et compagnons de rivière, déchargés desdites marchandises.

8. Et où les marchands ou commissionnaires, après une sommation à eux faite, feroient refus d'accepter les lettres de voitures et marchandises à eux adressées, pourront lesdits voituriers se pourvoir pardevant les prevôt des marchands et échevins pour obtenir le sequestre desdites marchandises, même si besoin est en faire ordonner la vente avec le procureur du roi et de la ville, pour éviter au dépérissement, et faciliter le paiement de la voiture, et en justifiant par le voiturier, de la permission desdits prevôt des marchands et échevins, du procès-verbal de vente ou sequestre desdites marchandises, et de la décharge d'icelles, attestées en la forme que dessus, en demeureront lesdits voituriers bien et valablement quittes et déchargés : et en cas de vente desdites marchandises, les deniers seront tenus en justice à la conservation de qui il appartiendra, sur iceux préalablement pris les frais ordinaires, ceux de décharge, garde, prix de voitures, retards et séjours desdits voituriers s'il y échet.

9. Défenses aux officiers-forts qui déchargent les marchandises au port Saint-Paul, et aux compagnons de rivière qui ont accoutumé de décharger celles qui arrivent au guichet, port Saint Thomas du Louvre, et autres ports, de s'entremettre à la décharge desdites marchandises, avant qu'ils en soient requis et préposés par lesdits marchands propriétaires ou leurs commissionnaires, sous peine de punition corporelle, et de tous dépens, dommages et intérêts, si ce n'étoit que le voiturier leur eût fait apparoir de sommation bien et dûment faite au marchand ou commissionnaire de faire faire la décharge desdites marchandises; ou qu'elle eût été ordonnée par justice.

10. Défenses aussi aux charretiers, crocheteurs et gagne-deniers de s'ingérer au transport et voiture des marchandises de dessus les ports, dans les maisons et magasins, s'ils n'en sont requis, ou y sont expressément préposés par les marchands ou les commissionnaires, sans que les officiers-forts du port Saint-Paul, ni compagnons de rivière, puissent être responsables du fait desdits charretiers, crocheteurs ou gagne-deniers, sinon en cas qu'il y eût convention entre lesdits forts ou compagnons de rivière et les marchands propriétaires ou leurs commissionnaires pour le

transport, voiture et conduite desdites marchandises ès maisons et magasins desdits marchands.

11. Les voituriers qui auront amené en cette ville des marchandises de grains, vins, foins, bois, charbons et autres qui doivent tenir port, seront tenus, après avoir donné avis de leur arrivée au port de destination, et exhibé leurs lettres de voitures, de laisser leurs bateaux sur les ports pendant quinze jours au moins, à compter du jour que lesdits bateaux seront à port, et pour le vin, un mois; et où la vente desdites marchandises ne seroit faite pendant ledit temps, seront lesdits voituriers payés des loyers et semaines de leurs bateaux par les marchands ou leurs commissionnaires jusques à la restitution du bateau en bon état, eu égard à sa grandeur et qualité, au dire de gens à ce connoissans, ou qui seront nommés d'office, s'il n'y a convention contraire.

12. Le voiturier qui aura amené des marchandises, ne sera obligé de les rendre par compte et mesure, si ce n'est que par lettres de voitures il soit fait mention que la marchandise a été délivrée au voiturier par compte et mesure, et que le voiturier soit chargé par icelles de rendre la marchandise aussi par compte, ou que le marchand mette en fait que le voiturier en a mesusé; et si le marchand a mis gourmet ou garde sur le bateau pour la conservation de sa marchandise, le voiturier ne sera tenu de la rendre par compte.

13. Si le principal voiturier est en demeure de payer les compagnons de rivière, pourront lesdits compagnons s'adresser aux marchands, et à leur refus à la marchandise, même au bateau dans lequel elle aura été voiturée, qu'ils pourront faire saisir et vendre pour leurs salaires, frais, dépens et séjour, sauf le recours du marchand contre le principal voiturier.

14. Demeurera tout marchand responsable des bateaux qui auront servi à la voiture de ses marchandises, dès l'instant qu'ils auront été mis à port, et tant qu'il restera de ses marchandises dans lesdits bateaux.

15. Le bateau répond de la marchandise, en sorte que si le voiturier défaut au marchand en la livraison de la quantité dont il a été chargé, ou si la marchandise se trouve endommagée par le défaut du soustrait, ou faute par le voiturier d'avoir couvert les marchandises de qualité à périr par l'injure du temps, en tous ces cas le marchand peut procéder par voie de saisie et vente du bateau.

16. S'il se trouve dans les bateaux plus grande quantité de

marchandise que celle portée par la lettre de voiture, elle appartiendra au marchand, en augmentant le prix de la voiture, à proportion de ce qu'il s'est trouvé de bon.

17. Arrivant que les marchandises étant sur les ports de cette ville, soient saisies sur le marchand, et les bateaux sur le voiturier, ne pourront lesdites marchandises être enlevées desdits ports par lesdits propriétaires ou saisissans, sous quelque prétexte que ce soit, au préjudice de ladite saisie, ni les bateaux emmenés, à peine contre les contrevenans d'amende arbitraire, et d'emprisonnement de leurs personnes.

18. Ne sera néanmoins sursis, sous prétexte de ladite saisie, à la vente desdites marchandises; mais seront celles sujettes à la taxe vendues aux prix de ladite taxe : et à l'égard de celles dont le prix n'est point fixé, seront vendues au prix courant, et les deniers provenans desdites ventes reçues par les gardiens établis auxdites saisies, ou tenus en justice à la conservation de qui il appartiendra.

19. Ne sera amené ni exposé en vente, en cette ville, aucunes marchandises, qu'elles ne soient bonnes, loyales, et non-défectueuses; à peine de confiscation.

20. Défenses aux marchands de triquier ni mêler les marchandises de différentes qualités et prix, et d'en exposer la montre d'autre et de meilleure qualité, à peine de confiscation.

21. Lorsque la vente d'aucune marchandise aura été commencée à certain prix, il ne pourra être augmenté; et si, dans la suite le marchand s'est trouvé nécessité de diminuer le prix de la marchandise, la vente sera continuée au dernier et moindre prix, sans pouvoir par le marchand augmenter ni revenir au prix de la première vente, à peine d'amende, et de confiscation de la marchandise.

22. Pour éviter les surventes, ne pourront les marchandises une fois exposées en vente dans un port, être transportées en un autre, sous quelque prétexte que ce soit : défenses aux officiers de police d'en souffrir le transport, sans permission des prévôt des marchands et échevins, à peine de suspension de leurs charges.

23. Défenses à toutes personnes d'acheter des marchandises sur les ports et places de cette ville, pour les y revendre; et à tous regrattiers d'acheter plus grande quantité de marchandise que celle réglée ès chapitres particuliers de chacune espèce de marchandise.

24. Ne pourront les marchands forains mettre en magasins, chantiers, greniers, caves ou celliers, leurs marchandises, à l'exception des bois flottés à brûler, soit sous leurs noms, soit sous celui de personnes interposées, à peine de confiscation des marchandises contre le marchand, et d'amende arbitraire contre le bourgeois qui aura ainsi prêté son nom. Pourront néanmoins lesdits forains, en cas de nécessité, pour éviter la perte ou dépérissement de leurs marchandises, et avec la permission des prévôt des marchands et échevins, faire décharger leursdites marchandises, en déclarant le lieu où ils les feront conduire, et faisant les soumissions de les faire rapporter sur les ports pour y être vendues.

CHAP. IV. — *Concernant les fonctions des Maîtres des ponts, leurs Aides, Chableurs, Maîtres des pertuis, Gardes de nuit, Boueurs, Planchéeurs, Débacleurs, Chargeurs et Déchargeurs de fardeaux, Gagne-deniers et Charretiers.*

ART. 1ᵉʳ. Enjoint aux maîtres des ponts, chableurs et maîtres des pertuis, de faire résidence sur les lieux, de travailler en personne, et d'avoir à cet effet flettes, cordes et autres équipages nécessaires pour passer les bateaux sous lesdits ponts et par les pertuis, avec la diligence requise, faute de quoi, et en cas de retard, seront lesdits maîtres des ponts et pertuis, et chableurs, tenus des dommages et intérêts des marchands et voituriers, même demeureront responsables de la perte des bateaux et marchandises, naufrages arrivant auxdits ponts et pertuis, faute de bon travail.

2. Défenses à tous marchands ou voituriers, sous quelque prétexte que ce soit, de passer eux-mêmes les bateaux sous les ponts, ou par lesdits pertuis où il y a des maîtres établis, à peine de cent livres d'amende; et seront les marchands et voituriers tenus s'arrêter aux garres ordinaires, et d'avertir les maîtres des ponts, lesquels seront tenus passer lesdits bateaux suivant l'ordre de leur arrivée, sans user de préférence, à peine de dommages et intérêts des marchands et voituriers, et d'amende arbitraire.

3. Ne sera loisible aux maîtres des ponts, pertuis ou chableurs, de faire commerce sur la rivière, entreprendre voiture, ni tenir taverne, cabaret ou hôtellerie sur les lieux, à peine

d'amende pour la première fois, et d'interdiction de leurs charges, en cas de récidive.

4. Seront les droits attibués aux maîtres des ponts, pertuis, et chableurs, inscrits sur une plaque de fer blanc, laquelle sera posée au lieu le plus éminent des ports et garres ordinaires.

5. Seront tous les maîtres des ponts et chableurs, tenus d'énoncer aux prévôt des marchands et échevins les entreprises qui seront faites sur les rivières, par constructions de moulins, pertuis, gors et autres ouvrages qui pourroient empêcher la navigation.

6. Enjoint aux aides des maîtres des ponts de faire résidence actuelle au lieu de leurs établissemens, et d'obéir ponctuellement aux ordres qui leur seront donnés par les maîtres des ponts, à peine de demeurer responsables de toutes pertes causées par leur désobéissance: et seront tenus pareillement dénoncer auxdits prévôt des marchands et échevins les entreprises faites sur les rivières.

7. Enjoint aux gardes de nuit de faire leurs fonctions en personne, et de faire sur les ports bonne et sûre garde, pour la conservation des marchandises y étant, à peine d'en répondre en leurs propres et privés noms, et d'interdiction de leurs charges : à l'effet de quoi par chacun jour, après l'heure de vente, leur seront données par comptes, les marchandises qui se pourront compter; et les autres marchandises qui ne se pourront compter, leur seront confiées au même état qu'elles auront été reconnues le soir, par deux marchands qui en auront au lieu le plus proche, pour être lesdites marchandises le lendemain rendues au même compte et état qu'elles leur auront été données en garde ; et en cas de contestation sur la quantité desdites marchandises, en seront crus les deux marchands qui auront été présens à la reconnoissance faite le soir précédent; et sur leur déclaration, lesdits gardes de nuit condamnés à indemniser les marchands de la perte de leurs marchandises, au dire d'experts : et où les gardes de nuit seroient accusés d'avoir abusé de la garde desdites marchandises, et icelles appliquées à leur profit, en ce cas pourront les marchands intenter leur action dans les vingt-quatre heures, pour être contre lesdits gardes de nuit procédé extraordinairement, après lequel temps les marchands déclarés non-recevables.

8. Enjoint aux planchéeurs de mettre sur les bateaux de fortes planches, portées sur tel nombre de tréteaux qu'il con-

viendra, depuis le bord de la rivière, jusques sur les bateaux chargés de marchandises, et d'en mettre de travers sur les bateaux qui se trouveront vides auxdits ports : autrement demeureront lesdits planchéeurs déchus et privés des droits à eux attribués, et condamnés aux dommages et intérêts des bourgeois, marchands, officiers ou gagne-deniers travaillans sur lesdits ports : enjoint aussi aux planchéeurs du port au vin, de fournir et mettre des planches pour aller du bord de la rivière dans les bateaux, par autres endroits que ceux où les déchargeurs de vins auront fait leurs chemins et posé leurs chantiers, sous les peines ci-dessus, et d'amende arbitraire.

9. Seront les boueurs des ports de ladite ville tenus, chacun à leur égard, de faire nettoyer et enlever par chacun jour, les boues, ordures et immondices qui seront sur lesdits ports, sans qu'il leur soit loisible de les jeter dans le lit de la rivière, ni les y pousser avec le rabot : seront aussi tenus les marchands, dans l'étendue de la place que chacun occupe sur les ports, de mettre en tas les boues et immondices, pour être incessamment enlevées par les boueurs ; faute de quoi y seront mis ouvriers aux dépens desdits marchands ou boueurs, à la diligence du procureur du roi et de la ville, et pour ce exécutoire délivré.

10. Les débâcleurs feront ôter incessamment des ports, les bateaux vides, sans prétendre autres droits que ceux à eux attribués ; et payeront de leurs deniers les compagnons de rivières, ou gagne-deniers, dont ils se serviront pour le débâclage, sans souffrir qu'ils prennent aucune chose des marchands, soit en argent, soit en marchandises, dont ils seront responsables en leurs noms, et solidairement condamnés à la restitution.

11. Si les débâcleurs, pour faciliter leur travail, se trouvent nécessités de déplacer aucuns bateaux chargés, ils seront tenus, après le débâclage, remettre lesdits bateaux en même place d'où ils auront été tirés, à peine des dommages et intérêts des marchands, sans qu'ils puissent, pour ce, exiger aucuns droits, à peine de privation de leurs offices, et de punition corporelle.

12. Quand les bateaux chargés de marchandises se trouveront en telle quantité qu'ils ne pourront être contenus dans le port de leur destination, et anticiperont sur le port prochain, en sorte que le débâclage ne se puisse faire que difficilement, seront lesdits officiers tenus de le dénoncer aux prévôt des marchands et échevins, pour y être pourvu.

13. Défenses aux marchands, voituriers et compagnons de ri-

vière, de troubler lesdits débacleurs en leur travail, et de lâcher leurs bateaux au temps et lieu qu'ils feront la débacle, à peine de cent livres d'amende.

14. Et afin de donner aux bateaux chargés plus de commodité d'arriver au port de leur destination, enjoint aux marchands, voituriers et leurs gardes de bateaux, de faire, incontinent après la débacle, remonter les bateaux vides le long du quai de l'île Notre-Dame, du côté de la Tournelle, et autres lieux qui seront destinés par lesdits prévôt des marchands et échevins, faute de quoi et après une simple sommation d'y satisfaire, permis au débacleur de faire ledit remontage aux frais des marchands et voituriers, et à cette fin sera exécutoire délivré.

15. Pourront les gardes de nuit, boueurs, planchéeurs et débacleurs, intenter action pour leurs droits et salaires, dans la quinzaine seulement, à compter du jour que le bateau sera vide, après lequel temps non-recevables.

16. Défenses à tous gagne-deniers et autres, de s'associer pour raison de leur travail, à peine d'amende arbitraire.

17. Seront tenus les voituriers par terre se trouver sur les ports aux heures de vente, avec leurs charrettes et haquets, attelés et prêts à faire les voitures, au prix de la taxe faite par les prévôt des marchands et échevins : défenses auxdits voituriers d'exiger plus grands salaires, à peine du fouet; et ne pourront lesdits charretiers, pendant le jour, laisser sur les ports aucunes charrettes ni haquets qui ne soient attelés et en état de travailler, à peine d'amende, pour le paiement de laquelle seront lesdites charettes et haquets vendus sur-le-champ.

18. Seront pareillement tenus les voituriers par terre, et leurs charretiers et garçons, décharger eux-mêmes les marchandises qui leur seront données à voiturer sur leurs charrettes et haquets, à peine d'amende, à l'exception seulement des marchandises de bois, grains, foin et charbon, à la charge et décharge desquelles marchandises il y a officiers préposés; fait défenses à tous gagne-deniers, et notamment à ceux qui travaillent ès ports Saint-Paul, Tournelle et Saint-Nicolas-du-Louvre, vulgairement appelé Tireurs-de-Moulins, de s'immiscer à charger aucunes marchandises sur les charrettes et haquets, et d'exiger aucunes choses des marchands et bourgeois, à peine du fouet.

19. Et pour ce que lesdits charretiers, pour éluder l'effet des réglemens, et dans l'espérance de se faire payer plus grands salaires que ceux portés par la taxe, s'associent et établissent entre

eux de ne travailler que par rang; défenses sont faites auxdits charretiers de s'associer entre eux, et garder aucun rang pour faire leurs voitures, et refuser de travailler pour les bourgeois qui les auront choisis et offert le prix de taxe, à peine du fouet.

20. A ce qu'il ne soit fait aucune exaction sur les ports par les voituriers, sera la taxe faite par les prevôt des marchands et échevins, pour le salaire desdits voituriers, affichée de six en six mois sur lesdits ports, à la diligence du procureur du roi et de la ville.

21. Défenses aux charretiers d'entrer dans le lit de la rivière pour charger les marchandises, à peine d'amende.

22. Demeureront lesdits charretiers responsables de la perte des marchandises arrivée par leurs fautes, et les maîtres charretiers pareillement responsables du fait de leurs domestiques et garçons.

23. Pour empêcher que les regrattiers n'enlèvent plus grande quantité de marchandises que celles portées par les réglemens, ne pourront lesdits charretiers charger aucunes marchandises, si le bourgeois pour qui elles seront achetées n'est présent, à peine d'amende.

24. Ne pourront lesdits charretiers partir du port où la marchandise aura été chargée, sans avoir su, au préalable, que le marchand ait été payé, ou ait agréé, à peine de répondre en leur nom de la marchandise.

25. Sera loisible à tous bourgeois de faire décharger par leurs domestiques, du bateau à terre, les denrées et marchandises qu'ils auront fait arriver, et d'en faire faire la voiture dans leurs charriots, si bon leur semble : défenses aux charretiers et gagnedeniers de troubler lesdits bourgeois en cette liberté, et d'entreprendre de faire aucun travail sur les ports, qu'ils n'aient été choisis et mis en besogne par les bourgeois, à peine du fouet.

26. Seront les ventes des marchandises ouvertes depuis Pâques jusques à la Saint-Remi, à six heures du matin jusques à midi, et de relevée, depuis deux heures jusques à sept heures; et depuis le premier octobre, à sept heures du matin jusques à midi, et de relevée, depuis deux heures jusques à cinq heures; auxquelles heures les officiers seront tenus se rendre ponctuels aux fonctions de leurs offices et charges.

27. Ne pourront les officiers de police trafiquer par eux ou par autres, de la marchandise sur laquelle ils auront fonction, à peine

d'interdiction pour la première fois, et de privation de leurs offices en cas de récidive.

28. Très expresses inhibitions et défenses sont faites à tous gens travaillant sur les ports, de jurer et blasphêmer le saint nom de Dieu, sur les peines portées par les ordonnances, qui seront à cet effet renouvellées et affichées de six en six mois, à la diligence du procureur du roi et de la ville, et en cas qu'il se présente des soldats, et autres personnes de toutes conditions, pour travailler sur lesdits ports, ils y seront reçus, en s'abstenant néanmoins lesdits soldats d'y apporter leurs épées et autres armes, à peine d'être procédé contre eux extraordinairement.

29. Et afin que ces présentes ordonnances soient plus exactement gardées et observées, seront tous officiers de police tenus de dénoncer au procureur du roi et de la ville les contraventions, sous peine d'interdiction de leurs charges: seront aussi toutes personnes reçues à dénoncer, et sera le tiers des amendes ordonnées contre les contrevenans, adjugé auxdits officiers et dénonciateurs.

CHAP. V. — *Concernant les bateaux-coches par eau et les maîtres Passeurs d'eau.*

ART. 1er. Seront les maîtres des bateaux-coches tenus aux jours de leur départ d'avoir leurs bateaux prêts, tant au port Saint-Paul qu'à celui de la Tournelle, pour y recevoir les personnes qui y voudront entrer ; savoir, au port Saint-Paul depuis le soleil levant jusques à l'heure à laquelle ils doivent démarer, et au port de la Tournelle, jusques à ce que leurs chevaux soient billés, et auront planches suffisantes portées sur tréteaux, depuis le bord de la rivière jusques en leursdits bateaux, pour l'entrée et sortie de ceux qui se serviront desdits coches, à peine de cent livres d'amende.

2. Seront lesdits maîtres et conducteurs des coches par eau, tenus d'avoir des registres en bonne forme, sur lesquels ils se chargeront des marchandises ou hardes qui leur seront données à voiturer, et en demeureront responsables en cas de perte.

3. Ne sera pris par les maîtres des coches par eau, plus grand droit que la taxe faite par les prévôt des marchands et échevins pour la voiture des personnes, hardes et marchandises, eu égard à la distance des lieux et prix desdites marchandises, laquelle taxe sera inscrite sur une plaque de fer-blanc, et attachée au mât du bateau: seront aussi lesdits maîtres de bateaux-coches

tenus avoir en iceux des fléaux pour peser les hardes, sans qu'ils puissent rien prétendre pour le sac et hardes que chacune personne voudra porter avec soi, qui n'excéderont le poids de six livres, le tout à peine de cent livres.

4. Pour prévenir les accidens qui sont souvent arrivés à l'abord des petits bateaux qui apportent ceux qui veulent entrer dans les coches, ou reçoivent ceux qui en veulent sortir, enjoint aux maîtres et conducteurs desdits coches, d'arrêter aux ports et aux villages commodes pour recevoir ou décharger ceux qui, pendant la route, voudront entrer ou sortir desdits coches, et défenses de recevoir ou laisser sortir personne en pleine rivière, et pendant que les chevaux tirent.

5. Pour remédier aux abus qui se commettent par aucuns compagnons de rivière, qui, sous prétexte de commodité publique, et d'aller au-devant des bateaux-coches arrivant en cette ville, pour descendre en leurs petits bateaux les personnes du quartier de l'Université, exigent telles sommes que bon leur semble desdits particuliers, et aident à l'exaction de certains gagne-deniers qu'ils font entrer avec eux dans leurs bateaux, pour se charger des paquets et hardes desdits particuliers; défenses sont faites à tous compagnons de rivière et gagne-deniers d'aller au-devant desdits coches pour descendre des personnes ou hardes y étant, sous quelque prétexte que ce soit, à peine d'amende et de punition corporelle, et aux maîtres des coches, ou voituriers conducteurs d'iceux, de s'arrêter en chemin pour faire lesdites descentes; ains seront lesdits maîtres des coches tenus de continuer leur chemin, et se rendre aux ports de leur destination ordinaire, à peine d'amende arbitraire.

6. Pour aussi empêcher le désordre qui se commet à l'arrivée des coches par aucuns des gagne-deniers, crocheteurs et autres, lesquels entrent d'abord dans les bateaux-coches, et se saisissent de force et violence des hardes et paquets, sous prétexte de les vouloir porter ès maisons des particuliers, ne leur laissant pas la liberté de porter eux-mêmes leurs hardes et paquets, et par telles voies commettent souvent des vols et font des exactions, défenses sont faites à tous gagne-deniers, crocheteurs et autres, à peine du fouet, d'entrer dans lesdits bateaux, ni de se saisir d'aucunes hardes ou paquets, s'ils ne sont appelés ou à ce faire préposés par lesdits particuliers, ni de prendre plus grand salaire que celui qui aura été convenu; et sera le présent réglement publié

et affichées ès ports et places de six en six mois, à la diligence du procureur du roi et de la ville.

7. Ne sera reçu aucun au métier de maître passeur d'eau, qu'il n'ait fait apprentissage chez un maître pendant deux ans, et ne seront reçus audit métier qu'après avoir fait expérience devant les maîtres du métier, ce qui sera par eux attesté aux prevôt des marchands et échevins, lors de la réception desdits maîtres passeurs.

8. Seront tenus les maîtres passeurs d'eau, d'avoir flettes garnies de leurs avirons et crocs en nombre suffisant, aux endroits qui leur seront désignés par les prevôt des marchands et échevins, pour passer sur la rivière ceux qui se présenteront depuis le soleil levant jusques au couchant; à eux fait défenses de passer de nuit, à peine d'amende, pour le paiement de laquelle seront leursdites flettes saisies, et s'il est ordonné, vendues.

9. Seront lesdits passeurs d'eau tenus de passer, quand il se trouvera dans leurs bateaux le nombre de cinq personnes, sans qu'ils puissent faire attendre les passagers; à eux fait défenses de prendre plus grands salaires que ceux qui leur auront été attribués par les prevôt des marchands et échevins, à peine de concussion; et seront toutes personnes reçues à dénoncer telles exactions, et le tiers des amendes adjugé aux dénonciateurs.

10. Demeureront lesdits maîtres passeurs d'eau responsables de toutes pertes arrivées en leurs bateaux conduits par leurs compagnons de rivière, et solidairement tenus avec eux de la restitution et des amendes, en cas d'exaction au-delà de la taxe, qui sera de six en six mois affichée sur les ports.

CHAP. VI. — *Concernant la marchandise de grains.*

Art. 1. Les marchands trafiquans par la rivière pour la provision de Paris, ne pourront acheter les bleds en vert, et avant la récolte, à peine contre le vendeur de confiscation de la marchandise, et d'amende contre l'acheteur.

2. Ne pourront les marchands acheter grains, ni farines dans l'étendue des dix lieues des environs de ladite ville de Paris, à peine de confiscation desdites marchandises, et d'amende arbitraire.

3. Les marchands, leurs commissionnaires, ou les voituriers, se transporteront à l'instant de l'arrivée des marchandises de grains et farines, en la chambre des jurés mesureurs de ladite

marchandise, et y représenteront les lettres de voitures dont lesdits mesureurs tiendront bon et fidèle registre, duquel ils seront tenus apporter les extraits au greffe de la ville, tous les lundis matin de chacune semaine, pour y être enregistrés.

4. Seront les marchandises de grains et farines conduites au port de leur destination, et y demeureront jusqu'à ce qu'elles aient été entièrement vendues, sans qu'elles puissent être descendues à terre, ni mises en greniers. Si toutefois la dite marchandise se trouvoit tellement échauffée ou mouillée, qu'il fut nécessaire, pour en éviter la perte, de la décharger, la manier sur bannes, ou la mettre en greniers, ou que le bateau fût en péril, en ce cas pourront les propriétaires se pourvoir devers les prevôt des marchands et échevins, qui, après visite faite de la marchandise par deux jurés mesureurs, et sur leur rapport, accorderont les permissions, en faisant par les marchands leurs soumissions de rapporter sur les ports lesdits grains et farines dans le temps qui leur sera prescrit, et déclarant les lieux où ils feront resserrer lesdites marchandises.

5. Les bourgeois de Paris non-trafiquans desdites marchandises de grains, pourront décharger du bateau à terre, et faire conduire en leurs greniers les grains et farines provenans de leur cru, ou qu'ils auront fait acheter pour leur provision, et qu'ils feront arriver sur les ports de cette ville.

6. Ne sera exposée en vente sur les ports aucune marchandise de grains et farines, qui ne soit bonne, loyale et marchande, sans aucun mélange, aussi bonne dessous que dessus, nette de toutes ordures et pailles; seront même les avoines vannées, et ce à peine d'amende pour la première fois, et d'interdiction de commerce pour la seconde.

7. Ne sera loisible aux meuniers, boulangers, pâtissiers, brasseurs, maîtres grainiers et regrattiers, d'aller au devant des marchands et laboureurs, pour arrher leurs grains, ni acheter ailleurs que sur les ports.

8. Afin que les bourgeois soient préférablement fournis des grains dont ils auront besoin, et éviter que les ports soient dégarnis, défenses à tous hôteliers, maîtres grainiers et regrattiers, de faire acheter des grains et farines sur les ports, par eux ou par personnes interposées, qu'aux jours de marché, et après midi; et ne pourront enlever à la fois plus grande quantité que six septiers d'avoine et deux septiers des autres grains : et ne leur sera permis avoir dans leurs maisons plus de deux muids d'avoine à

la fois, et huit septiers de chacune sorte des autres grains et légumes, le tout à peine de confiscation du surplus desdites marchandises : et ne pourront lesdits regrattiers vendre et débiter grains qu'à la petite mesure du boisseau, demi boisseau, et au dessous.

9. Pour empêcher que le public ne soit trompé dans le débit des grains à petites mesures, ne pourront les regrattiers avoir en leurs maisons aucuns picotins et mesures d'osier, et seront tenus se servir, pour la distribution des grains, de mesures de bois étalonnées et marquées à la lettre courante de l'année, à peine pour la première fois de cinq cents livres d'amende, et d'interdiction de pouvoir faire regrat de ladite marchandise pour la seconde fois : et ne pourront aussi les maîtres grainiers se servir, pour la distribution des grains, que de la mesure du boisseau, et au dessous aussi étalonnée ; et quand ils voudront distribuer à plus grande mesure, seront tenus d'appeler les jurés mesureurs, sous les mêmes peines.

10. Ne pourront aussi les boulangers de gros et petit pain, enlever de dessus les ports par chacun jour, plus grande quantité que deux muids de blé, et un muid de farine, et les pâtissiers plus de six septiers de blé, et trois septiers de farine, à peine de confiscation de ce qu'ils auront acheté au pardessus desdites quantités.

11. Pour empêcher la survente des grains, les jurés mesureurs tiendront registre exact du prix auquel les marchands, à l'ouverture de leur bateau, auront commencé la vente de leurs grains et farines, lequel prix ne pourra être augmenté, et en apporteront au greffe de la ville, les lundis de chacune semaine, extrait d'eux, signé et certifié ; même exposeront dans leur chambre pareil extrait, pour donner à connoître au public, et à leurs compagnons qui entreront de rang sur les ports, le prix desdites marchandises ; et sur leurs déclarations lesdits prevôt des marchands et échevins feront le prix desdits grains et farines vendues sur les ports, dont sera fait registre : enjoint aussi auxdits jurés mesureurs de dénoncer aux acheteurs le dernier et plus bas prix des grains, quand le marchand aura fait rabais depuis l'ouverture de son bateau, à peine d'être responsable, en leurs noms de la survente, et de cent livres d'amende.

12. Les prevôt des marchands et échevins de ladite ville, pourront en cas de disette de grains, députer l'un d'entr'eux pour se transporter ès lieux assis sur les rivières, où il y aura

abondance de grains; y faire faire ouverture des greniers, et en faire vendre aux marchands de Paris, au prix des deux marchés précédants leur arrivée, en laissant les lieux suffisamment pourvus; et à cet effet tous gouverneurs, maires et échevins, et magistrats des villes, donneront toute liberté et facilité à la conduite et voiture desdites marchandises : et afin qu'il ne soit fait aucune fraude, seront tous les marchands qui acheteront en temps de disette, grains pour être conduits à Paris par eau, tenus faire leurs déclarations au greffe des lieux, de la quantité qu'ils auront achetée, aux soumissions de rapporter bons certificats desdits prevôt des marchands et échevins, que les grains auront été conduits sur les ports de ladite ville.

CHAP. VIII. — *Concernant la marchandise de vins et cidres.*

ART. 1. Les bourgeois et habitans de la ville de Paris, qui voudront faire marchandise de vin, seront tenus en faire déclaration au greffe; en conséquence pourront ouvrir tavernes, et faire encaver les deux tiers des vins qu'ils feront arriver sur les ports et places, et les vendre en détail, à la charge de laisser l'autre tiers sur l'étape et vente, pour y être vendu en gros : et ne sera loisible à homme de métier de faire ledit trafic de vin, qu'il n'ait renoncé à son métier.

2. Sera permis aux bourgeois de Paris, de vendre en détail et à pot, le vin de leur crû; et où il seroit justifié qu'aucun eût fait achat d'autres vins, pour les vendre en détail et mêler avec le vin de son cru, en ce cas demeurera le bourgeois déchu de son privilége, et sera tout le vin trouvé en ses caves, tiré, pour être conduit et vendu sur les ports et places, et sur les deniers provenans de la vente, seront les frais et droits des officiers payés par préférence, et en cas de récidive, tous les vins trouvés ès caves des bourgeois seront confisqués.

3. Toutes personnes, même les bourgeois de ladite ville, à l'exception des jurés vendeurs et contrôleurs de vins, courtiers, jaugeurs et tonneliers, peuvent amener et faire vendre en gros sur les ports et étapes, les vins qu'ils auront achetés au-delà des vingt lieues, sans pouvoir faire mettre lesdits vins en caves et celliers, si ce n'étoit en cas de nécessité, et avec la permission des prevôt des marchands et échevins, qui sera accordée sur le rapport de deux jurés courtiers de vins nommés d'office.

4. Ne pourront, les deux tiers des vins encavés par les mar-

chands de Paris, être vendus en gros, à peine d'amende, et d'être les contrevenans contraints au paiement des droits des officiers, si ce n'est en vertu de permission par écrit des prevôt des marchands et échevins.

5. Afin que les bourgeois et habitans de Paris, puissent se fournir plus commodément, et à meilleur marché, de vins nécessaires pour leur provision, défenses à tous marchands de Paris, privilégiés et non privilégiés, d'acheter des vins dans l'étendue des vingt lieues des environs de ladite ville, à peine de confiscation de la marchandise, et de cinq cents livres d'amende; et pour connoître lesdites contraventions, seront lesdits marchands tenus, outre la lettre de voiture, de justifier, s'ils en sont requis, d'acquits et congés des fermiers des lieux où les achats auront été faits.

6. N'est loisible à aucuns marchands, privilégiés ou non privilégiés, aller acheter ou arrher les vins sur le cep, ni aussi aller au-devant des vins chargés pour ladite ville, les marchander, retenir ou acheter, à peine de confiscation des vins, à l'égard du marchand vendeur, et du prix de l'achat à l'égard de l'acheteur.

7. Défenses aux hôteliers et cabaretiers, aller acheter ni faire acheter par personnes interposées, aucuns vins, soit dans l'étendue des vingt lieues, soit au-delà : mais seront tenus se fournir sur les ports ou étapes, de la quantité des vins nécessaires pour leur commerce, à peine de confiscation et d'amende arbitraire.

8. Seront les vins arrivés par rivière, pour les marchands de Paris, déchargés ès ports Saint-Paul, Tournelle et Saint-Nicolas, à la charge, comme dit est, d'en faire conduire le tiers sur l'étape en Grève, ou le laisser en vente dans les bateaux, où lesdits marchands de Paris seront tenus d'avoir banderoles à la distinction des forains qui seront obligés de faire descendre au port de vente en Grève ou à la halle, la totalité de leurs vins, pour y être vendus.

9. Les vins et cidres que les marchands forains feront arriver par terre en ladite ville, seront conduits sur l'étape, et y sera aussi amené le tiers des vins que les marchands de Paris auront fait venir par charriots ou charretes, pour y être lesdits vins vendus, à peine confiscation.

10. Les marchands de Paris, aussitôt l'arrivée de leurs vins, feront déclaration au greffe de ladite ville, de la quantité dudit vin, du nom du voiturier, s'il est destiné, le tout pour être vendu en gros, ou le tiers seulement, et s'ils veulent mettre ledit tiers

en vente ou à l'étape : et sera la lettre de voiture représentée par lesdits marchands, et paraphée par le greffier de ladite ville, suivant et conformément aux arrêts; et à faute de ce, sera tout le vin vendu en gros sur le port.

11. Marchands ou autres ne pourront acheter vins aux ports de vente, halle ou étape, en gros, pour les y revendre, à peine de confiscation.

12. Pour remédier à l'abus qui se commet par aucuns marchands et vendeurs qui avertissent secrètement les cabaretiers et leurs vendent les meilleurs vins, de sorte qu'au commencement de la vente publique, ne se trouve rester que le rebut : défenses sont faites aux marchands et vendeurs, d'entamer la battelée avant l'heure de la vente ouverte et publique, à peine de confiscation des vins et d'amende arbitraire.

13. Sera le marchand vendeur tenu, sous les mêmes peines, déclarer à l'acheteur la qualité de son vin, si de Bourgogne, si vin français, sans lui donner autre nom que celui du pays où il sera cru.

14. Défenses aux marchands de changer les vins de bateau en autre, et de mêler les restans de bateaux, soit ensemble ou avec autre bateau nouvellement entamé, sous mêmes peines.

15. Si toutefois aucun marchand s'étoit trouvé obligé de se servir d'allèges et mettre son vin en plusieurs bateaux, et qu'il voulût remettre lesdits vins en même bateau, faire le pourra avec congé des prévôt des marchands et échevins.

16. Seront les vins amenés en cette ville, sitôt qu'ils auront pris port, mis en vente, et ne sera discontinuée jusqu'à ce qu'elle soit parachevée, et se fera ladite vente par chacun jour aux heures ci dessus ordonnées.

17. Pour prévenir aussi la malice d'aucuns vendans vins en détail, qui prévoyant la stérilité, affectent de fermer leurs caves, et cessent la vente de leurs vins pour causer cherté, défenses aux taverniers de fermer leurs caves et discontinuer de vendre jusqu'à ce que les vins étant en icelle, ayent été entièrement vendus, à peine de confiscation et d'amende arbitraire.

18. Défenses à tous marchands, tant en gros qu'en détail, de faire mixtion de vins, comme du vin blanc avec du vermeil, soit par remplages ou autrement, à peine d'amende pour la première fois, et de confiscation en cas de récidive.

19. Pour empêcher les surprises qui pourroient être faites aux acheteurs, par les mixtions et remplages de vins, ou défectueux,

ou d'autre qualité : défenses à tous marchands, sur peine de punition corporelle, d'amener aucuns vins sur l'étape, halle et port de vente, qui soient mélangés, mixtionnés ou défectueux : enjoint aux jurés courtiers de goûter les vins desdits remplages, et de tenir la main à ce qu'il ne soit contrevenu à la présente ordonnance, à peine d'amende, et de suspension de leurs charges.

20. Et d'autant que souvent, en fraude des réglemens, les marchands de vins achètent les uns des autres le tiers des vins destinés pour être vendus en gros au public; défenses à tous marchands d'acheter les vins destinés pour être vendus en gros sur les ports et places, à peine d'amende pour la première fois, et d'interdiction du commerce en cas de récidive.

21. Défenses auxdits marchands de retirer par personnes interposées, ou faire conduire en leurs maisons, le tiers des vins qu'ils auront mis en vente sur les ports et places, à peine de confiscation desdits vins, 1,500 livres d'amende, et d'interdiction du commerce.

22. Défenses à tous cabaretiers et taverniers de vendre dans leurs cabarets, et distribuer en tavernes, aucuns vins par bouteilles; à eux enjoint de fournir leursdits vins dans des pots d'étain et pintes étalonnées, à peine de 100 livres d'amende pour la première fois, et d'interdiction de pouvoir tenir tavernes ou cabarets, en cas de récidive.

23. Pour donner à connoître les lieux où se vendent les vins en détail, et si les réglemens y sont observés, nul ne pourra tenir taverne en cette dite ville et faubourgs, sans mettre enseigne et bouchon.

24. Ne pourront les vins étrangers être exposés en vente, que le prix n'en ait été fixé par les prevôt des marchands et échevins, eu égard aux lieux d'où lesdits vins auront été voiturés, du prix de l'achat, dont ils justifieront à cet effet, et dont mention sera faite par l'acte d'assurage.

25. Seront lesdits marchands tenus de déclarer le lieu où ils voudront faire le débit et vente desdits vins, et d'avoir enseignes contenant le prix qui aura été mis par lesdits prevôt des marchands et échevins.

26. Pour remédier aux fréquens abus qui se commettent par les marchands de vins étrangers, qui, par mélange d'autres liqueurs, altèrent les vins et trompent le public; défenses auxdits marchands d'avoir en leurs caves aucunes liqueurs ni vins d'autre qualité; à cette fin seront les tonneaux, sitôt que lesdits vins

auront été mis à prix par les prévôt des marchands et échevins, scellés sur les bondons par les sergens de la ville à ce proposés.

27. Défenses aux regrattiers de ladite marchandise de vendre lesdits vins étrangers à plus haut prix que la taxe, à peine de 100 livres d'amende pour la première fois, et d'interdiction de ce commerce en cas de récidive.

CHAP. XV. — *Concernant la marchandise de poisson d'eau douce.*

ART. 1. Les pêcheurs, tant de ladite ville que des environs, à deux lieues de distance, seront tenus d'apporter ou envoyer leurs poissons aux marchés publics de cette ville, sans les pouvoir vendre à marchand de poisson.

2. Défenses aux marchands de Paris d'acheter des forains aucunes marchandises de poisson, soit en gros ou en détail, pour les revendre, à peine de confiscation desdites marchandises et d'interdiction du commerce.

3. Ne pourront les regrattiers faire achat de marchandise de poisson ès boutiques, qu'après neuf heures du matin, à peine de confiscation.

4. Lesdits marchands de poisson forains feront arriver leurs boutiques à poisson au port de l'Arche-Beaufils, à commencer quatre toises au dessus de la descente de pierre joignante la dernière maison de l'aile du pont Marie, jusqu'audit pont. Enjoint au débacleur dudit port de tenir la main à ce que ledit espace soit laissé libre pour lesdits forains, et à cet effet d'ôter à leur première réquisition les bateaux chargés d'autres marchandises, aux dépens des marchands à qui elles appartiendront, contre lesquels sera exécutoire délivré.

5. Les marchands de poisson de Paris pourront faire arriver leurs marchandises de poisson aux ports destinés aux boutiques, l'un étant depuis le pont Marie jusqu'au port au foin, et l'autre depuis le pont aux Changes jusqu'à l'abreuvoir-Pepin. Et afin que lesdites boutiques n'incommodent point le chemin de la navigation, seront tenus de faire survider dans leurs grandes boutiques et réservoirs, les poissons qui leur arriveront, quand lesdites grandes boutiques les pourront contenir, sans laisser lesdites petites boutiques auxdits ports, à peine d'amende.

CHAP. XVI. — *Concernant la marchandise de foin.*

Art. 1. Les foins destinés pour la provision de Paris, y seront incessamment conduits et amenés, savoir : ceux qui viendront d'aval-l'eau, au port étant depuis l'abreuvoir St-Nicolas-du-Louvre jusques au port au grain de l'École, et dans celui qui sera destiné à cet effet le long du nouveau quai, bâti du côté du fauxbourg Saint-Germain : et ceux qui viendront d'amont, au port au foin en Grève, ou au port de la Tournelle dans la place désignée pour y placer les bateaux de ladite marchandise.

2. Défenses à tous les marchands de foin de faire mettre aucuns bateaux sous les ponts, et d'en faire arriver plus grand nombre dans les ports, qu'ils n'en peuvent contenir. Enjoint auxdits marchands, lorsque lesdits ports seront remplis, de garrer et soutenir les bateaux qu'ils amèneront sous l'île de Quinquengrogne, ou au port de la Rapée, jusqu'à ce qu'il y ait place dans les ports : et s'ils étoient fermés et arrêtés dans le cours de la rivière depuis ladite île de Quinquengrogne, ou dans des ports destinés pour d'autres marchandises que celles de foin, ils seront contraints d'en sortir, et de remonter aux lieux ci-dessus destinés pour la garre, et condamnés en l'amende.

3. Pour empêcher qu'il ne se fasse aucun atterrissement dans le lit de la rivière, ne pourront les marchands de foin en jeter aucuns dans la rivière, à peine de cent livres d'amende, dont le tiers sera adjugé au dénonciateur : et seront en outre contraints à faire ôter et enlever celui qu'ils auront jeté.

CHAP. XVII. — *Concernant la marchandise de bois neuf, flotté, et d'ouvrages.*

Art. 1. Seront tous marchands trafiquans de bois pour la provision de Paris, tenus de faire façonner tous les bois à brûler, de trois pieds et demi de longueur, et des grosseurs suivantes ; savoir les bois de moule, de dix-huit pouces au moins de grosseur ; et les bois de cordes de quartier, de dix-huit pouces au moins de grosseur ; les bois de taillis, de six pouces aussi au moins de grosseur ; les fagots, de trois pieds et demi de long, et de dix-sept à dix-huit pouces de tour, garnis de leurs paremens, remplis au dedans de bois et non de feuilles : les cotterets de quartier ou de taillis, de deux pieds de long, et de dix-sept à dix-huit pouces de tour. Et seront lesdits marchands venticrs tenus de fournir auxdits bucherons des chaînes et mesures desdites longueurs et grosseurs : défenses auxdits marchands de faire façonner des bois qui ne soient des échantillons ci-dessus spécifiés, à peine de confiscation.

2. Les menus bois étant au dessous de six pouces, seront convertis en charbon, ou débités en cotterets et fagots ès lieux d'où la voiture en peut être commodément faite : à l'égard des menus bois provenant de l'exploitation des forêts dont les bois viennent par flottages, lesdits marchands pourront s'en servir pour façonner leurs trains, et les faire venir avec autres bois, à la charge néanmoins de ne les mêler avec lesdits bois d'échantillon, et de ne les vendre qu'au prix de la taxe qui y sera mise par les prevôt des marchands et échevins de ladite ville.

3. Pourront aussi les bois Dandelles et autres venans par les rivières de Somme et d'Oise, quoiqu'ils ne soient pas des longueurs ci-dessus, être amenés en cette dite ville, pour y être vendus au prix et en la manière qui sera réglée lors de l'arrivage qui en sera fait.

4. Pour faciliter à la ville de Paris la provision desdits bois, pourront les marchands, trafiquans desdites marchandises, faire tirer et sortir des forêts, passer les charrettes et harnois sur les terres et chemins étant depuis lesdites forêts jusques aux ports flottables et navigables, en dédommageant les propriétaires desdites terres au dire d'experts et gens à ce connoissans, dont les parties conviendront, sans que pour raison desdits dommages les propriétaires desdits héritages puissent faire saisir lesdits bois, chevaux et charrettes, et empêcher la voiture sur lesdits ports, en faisant par les marchands leurs soumissions de payer lesdits dommages tels que de raison.

5. Et d'autant que les marchands de bois flottés ne pourroient souvent exploiter lesdits bois sans faire de nouveaux canaux, et se servir des eaux des étangs, sera permis auxdits marchands de bois de faire lesdits canaux, et de se servir des eaux desdits étangs, en dédommageant lesdits propriétaires desdites terres et desdits étangs, au dire d'experts et gens à ce connoissans, dont les parties conviendront.

6. Les marchands de bois flotté pourront faire jeter leurs bois à bois perdu, sur les rivières et ruisseaux, en avertissant les seigneurs intéressés, par publications qui seront faites dix jours avant que de jeter lesdits bois, aux prônes des messes des paroisses

étant depuis le lieu où les bois seront jetés, jusques à celui de l'arrêt, et à la charge de dédommager les propriétaires des dégradations, si aucunes étoient faites aux ouvrages et édifices construits sur lesdites rivières et ruisseaux.

7. Afin que le flottage desdits bois puisse être plus commodément fait, seront tenus les propriétaires des héritages étant des deux côtés desdits ruisseaux, de laisser un chemin de quatre pieds, pour le passage des ouvriers préposés par les marchands, pour pousser aval l'eau desdits bois.

8. Pourront aussi les marchands de bois, les faire passer par les étangs et fossés appartenans aux gentils-hommes et autres, lesquels seront tenus à cet effet de faire faire ouverture de leurs basses-cours, et parcs, aux ouvriers proposés par lesdits marchands, à la charge de dédommager lesdits propriétaires, s'il y échet.

9. Sera loisible auxdits marchands de faire pêcher par telles personnes que bon leur semblera, les bois de leur flot qui auront été à fonds d'eau, pendant quarante jours après que ledit flot sera passé : et si, durant lesdits quarante jours, autres marchands jettent un autre flot, lesdits quarante jours ne commenceront de courir que du jour que le dernier flot sera entièrement passé : et ne pourront ceux qui se prétendent seigneurs des rivières et ruisseaux, se faire payer aucune chose, sous prétexte de dédommagement de la pêche, ou autrement, pour raison desdits bois-canards.

10. Si les marchands sont négligens de faire pêcher lesdits bois-canards durant les quarante jours, les seigneurs ou autres ayant droit sur les rivières, le pourront faire après lesdits quarante jours, à la charge toutefois de laisser lesdits bois sur les bords desdites rivières, pour les frais de laquelle pêche et occupation des terres, leur sera payé par les marchands à qui les bois se trouveront appartenir, ce qui sera arbitré par gens à ce connoissans, dont les parties conviendront, eu égard aux lieux et revenu des héritages, et temps de l'occupation : fait défenses auxdits seigneurs et autres, de faire enlever en leurs châteaux et maisons, lesdits bois, à peine d'être déchus de tout remboursement pour ladite pêche, et de restitution du quadruple du prix desdits bois qu'ils auront ainsi enlevés, dont lesdits marchands pourront faire faire recherche.

11. Pour prévenir les contestations fréquentes d'entre les marchands et les seigneurs, et autres propriétaires des moulins, vannes, écluses et pertuis, établis et construits sur lesdites ri-

vières et ruisseaux, pour prétendues dégradations causées par le passage des bois; seront lesdits marchands tenus, avant que de jeter leur flot, de faire visiter par le premier juge ou sergent sur ce requis, partie présente, ou dûment appelée aux domiciles de leurs meuniers, lesdites vannes, écluses, pertuis et moulins, et de faire faire le récolement de ladite visite, après le flot passé, par le même juge ou sergent, à peine d'être tenus de toutes les dégradations qui se trouveront auxdites vannes, écluses, moulins et pertuis.

12. Si par la visite faite avant le flot, il paroît qu'il y ait aucune réparation à faire auxdites vannes, écluses, pertuis et moulins, les propriétaires seront tenus de les faire incessamment rétablir, après une simple sommation faite auxdits propriétaires, à leurs personnes, ou domiciles de leurs meuniers, sinon permis auxdits marchands d'y mettre ouvriers, et d'avancer pour ce les deniers nécessaires qui leur seront déduits et précomptés sur ce qu'ils pourront devoir pour le chômage desdits moulins, causé par le passage de leurs bois, et le surplus sera porté par lesdits propriétaires, et pris par préférence sur le revenu des moulins, qui demeurera par privilége affecté auxdites avances.

13. Quand aucuns moulins construits par titres authentiques sur les rivières et ruisseaux flottables, tournans et travaillans actuellement, chômeront au sujet du passage des bois flottés, sera payé pour le chômage d'un moulin, pendant vingt-quatre heures, de quelque nombre de roues que le corps du moulin soit composé, la somme de quarante sous, si ce n'est que les marchands ne soient en possession de payer moindre somme auxdits propriétaires desdits moulins, où leurs meuniers; auquel cas sera payé suivant l'ancien usage : défenses auxdits meuniers, à peine du fouet, de se faire payer aucune autre somme, si ce n'étoit pour leur travail particulier, et dont ils seront convenus de gré à gré avec les marchands ou leurs facteurs.

14. Pourront lesdits marchands de bois se servir des terres proches des rivières navigables et flottables, pour y faire les amas de leurs bois, soit pour les charger en bateaux, soit pour les mettre en trains, en payant pour l'occupation desdits héritages; savoir: dix-huit deniers par chacune corde qui sera empilée sur les terres étant en pré, et un sol pour chacune corde empilée sur les terres étant en labour; lesquelles sommes seront payées pour chacune année que lesdits bois demeureront empilés sur lesdits lieux d'entrepôt; et moyennant lesdites sommes, seront tenus

lesdits propriétaires de souffrir le passage des ouvriers sur leurs héritages, tant pour faire lesdits empilages, que pour façonner les trains; ensemble laisser passer harnois et chevaux, portant les rouettes, chantiers et autres choses nécessaires pour la construction desdits trains.

15. Et afin que lesdits propriétaires puissent être payés par chacun des marchands qui auront des bois dans un flot, seront tenus lesdits marchands de faire marquer leurs bois de leurs marques particulières, de les faire triquer et empiler séparément sur lesdits ports flottables, et de faire faire les piles de huit pieds de haut, sur la longueur de quinze toises, ne laissant entre les piles que deux pieds de distance; et ne pourront lesdits marchands faire travailler à la confection de leurs trains, qu'après avoir payé ladite occupation, à l'effet de quoi seront tenus de faire compter à mesure lesdites piles par les compteurs des ports, en présence des propriétaires desdits héritages et prés, ou eux dûment appelés.

16. Pour procurer l'abondance de la marchandise de bois, pourront tous marchands, tant de cette ville que forains, faire mettre en chantier les bois flottés qu'ils feront arriver; et tiendront lesdits prevôt des marchands et échevins, la main à ce que lesdits forains soient pourvus de chantiers en lieux convenables, pour la distribution de leurs bois.

17. Afin que le chemin de la navigation soit laissé libre, ne pourront les marchands de bois flottés, faire descendre au-devant de leurs chantiers plus de quatre trains à la fois; et seront tenus de faire garrer avec bonnes et sûres cordes les autres trains qui leur arriveront au-dessus du port de la Tournelle, depuis la dernière maison, en tirant vers le ponceau de la rivière des Gobelins au-dessus.

18. Enjoint aux marchands de bois flottés faire triquer leurs bois et les faire empiler dans leurs chantiers, séparément, selon leurs différentes qualités, à peine de confiscation de leurs marchandises, et sera chacune pile mise à telle distance qu'elle puisse être entièrement vue et visitée par les officiers à ce préposés.

19. Pour éviter mélange de bois de différentes qualités, qui en pourroit causer la survente, les marchands qui feront arriver des bois neufs de différentes qualités, en même bateau, seront tenus les y faire mettre par piles séparées, à peine de confiscation.

20. Seront lesdits marchands tenus, aussitôt l'arrivée de leurs bois, se transporter ès bureaux des jurés mouleurs, et leur exhiber les lettres de voiture, dont sera tenu registre, pour y avoir recours quand besoin sera.

21. Lesdits marchands, avant que de mettre en vente leur bois de compte, cordes ou taillis, fagots ou cotterets, seront tenus d'en faire apporter au bureau de la ville la montre de chacune espèce, pour, sur le rapport des officiers mouleurs qui auront fait la visite du bateau ou chantier, y être mis taxe par les prevôt des marchands et échevins, et en être fait registre par l'un desdits échevins.

22. Défenses à tous marchands de vendre les bois à brûler à plus haut prix que la taxe : et pour prévenir la survente, sera apposé par chacun jour de vente, à chacune pile ou bateau, une banderole contenant le prix et la qualité de la marchandise ; défenses aux marchands et tous autres, d'ôter lesdites banderoles, à peine de punition.

23. Les gros bois à brûler seront distribués, tant sur les ports que dans les chantiers, par la mesure de l'anneau, et ne sera vendu pour bois de compte que celui dont soixante-deux bûches au plus se trouveront remplir les trois anneaux qui composent la voie de bois : enjoint aux jurés mouleurs de rejeter les bois qui se trouveront au-dessous de dix-huit pouces de grosseur, pour être remis dans les piles de bois de corde, et vendus au prix des bois de cette qualité.

24. Tous bois qui n'auront dix-sept pouces de grosseur, au moins, seront réputés de corde ou taillis, et vendus par membrure, qui aura quatre pieds de haut, sur quatre pieds de large ; et demeureront les marchands qui auront fourni les membrures, et les mouleurs qui s'en seront servis, responsables de la continence d'icelles.

25. Défenses aux aides, aux mouleurs de bois, de mettre en membrures des bois qui soient si tortus que la mesure en soit notablement diminuée, et aux jurés mouleurs de le souffrir, ni aussi qu'il y ait plus du tiers de bois blanc dans les bois, à peine d'être responsables des dommages et intérêts des acheteurs.

26. La voie du bois Dandelles, et autres bois de mesure extraordinaire, sera réglée pour la quantité des bûches qui la composeront, par les prevôt des marchands et échevins, lorsque la montre en sera apportée au bureau de la ville, sur le rap-

port des officiers mouleurs, dont sera fait mention sur les registres par l'un desdits échevins.

27. Les fagots et cotterets seront vendus par compte, par cent, et seront fournis, suivant l'usage, les quatre au par-dessus de cent.

28. Tous bois à brûler, même les fagots et cotterets, seront livrés aux acheteurs à terre, et en état d'être chargés en charrettes, sans qu'ils soient tenus de payer autre chose que le prix de la taxe.

29. Ne sera loisible aux marchands, ni à leurs domestiques, de s'immiscer au compte ou à la mesure des bois, ni de les mettre dans les membrures, à peine d'amende.

30. Pourront les chandeliers et fruitiers, faire regrat de ladite marchandise à la pièce et au-desous du demi-quarteron, sans qu'ils puissent avoir en leurs maisons plus grande provision que d'un millier de fagots et autant de cotterets, et seront lesdits regratiers sujets aux visites des mouleurs, qu'ils feront gratuitement et sans frais, sauf à leur être pourvu sur le tiers des amendes ordonnées sur leurs dénonciations.

31. Et d'autant que contre l'esprit des réglements qui n'ont souffert le regrattage que pour le soulagement des pauvres, les regratiers, au contraire, ne l'exercent que pour revendre à un prix excessif; défenses auxdits regratiers de vendre lesdites marchandises de fagots et cotterets, à plus haut prix que la taxe qui y aura été mise à leur égard par les prevôt des marchands et échevins; de laquelle ils seront tenus avoir pancarte en leurs boutiques.

32. Pour aussi remédier à l'abus qui se commet par lesdits regratiers, lesquels altèrent journellement lesdites marchandises, défenses auxdits regratiers et gagne-deniers d'exposer en vente aucuns fagots ou cotterets diminués ou altérés, à peine de confiscation desdites marchandises, et de punition corporelle.

33. Seront les marchands de bois carrés, sciage, charronnage, merrain et d'ouvrages, soit de cette ville ou forains, tenus de laisser lesdits bois sur les ports pendant trois jours, à ce que les bourgeois s'en puissent fournir, et après lesdits trois jours les artisans les pourront lottir dans vingt-quatre heures, et ledit temps passé, seront tenus les marchands de Paris de faire enlever lesdits bois dans leurs chantiers; et à l'égard des forains, les laisseront sur les ports jusqu'à ce qu'ils aient été actuellement vendus.

34. Pour empêcher le monopôle, défenses aux marchands de Paris d'acheter aucuns bois à brûler, ou d'ouvrages étant sur les

ports de Paris, et auxdits forains de leur vendre, à peine de confiscation contre le marchand vendeur, et du prix de l'achat.

CHAP. XVIII. *Merrain à treilles, osier et ployon.*

ART. 1. Les échalas servant aux vignes, auront quatre pieds et demi de long au moins, et sera chacune botte ou javelle, composée de cinquante échalas; et ceux servant à faire palissades, auront onze pieds de long, et seront pareillement chacunes bottes composées de cinquante.

2. Ne seront exposés échalas en vente, s'ils n'ont été visités par deux huissiers en présence du procureur du roi et de la ville, et de deux jurés mouleurs de bois, qui auront été par lui appelés, si besoin est, et sur les échantillons représentés, sera la marchandise d'échalas mise à prix par les prevôt des marchands et échevins, et les huissiers payés des droits à eux attribués.

3. Les perches servant aux treilles auront, savoir : celles dont les bottes ne seront composées que de quatre perches, dix pouces de tour, depuis le gros bout, sur la longueur de six pieds de haut; et celles dont la botte sera composée de six perches, auront pareille grosseur de dix pouces, jusques à trois pieds et demi de haut; et les perches dont la botte sera composée de douze, auront au moins huit pouces au gros bout, et reviendront à deux pouces au moins de grosseur par le haut; celles dont il y en aura vingt-six à la botte, auront au moins six pouces au gros bout et à l'extrémité au moins un pouce : et à l'égard des bottes de perches composées de cinquante, elles auront au moins quatre pouces par le gros bout, et un pouce à l'extrémité, et pourront y être mêlées treize perches de moindre grosseur, pour servir de losange des jardins.

4. Les gerbes d'osier, soit de celui qui est rond et rouge, ou de l'osier des rivières, seront chacune de quatre pieds de lien, ou de deux pieds, sans qu'elles soient mélangées d'osier sec ou de branches de saules surannées : pareillement seront les gerbes de ployon de la même moison : et seront les marchands tenus de faire tenir port auxdites marchandises pendant trois jours, pour la fourniture et provision des bourgeois, après lesquels les pourront faire enlever.

CHAP. XXI. *Concernant la marchandise de charbon, tant de bois que de terre.*

ART. 1. Seront les marchandises de charbon de bois et de terre conduites ès ports et places à ce destinés, et les marchands tenus à l'instant de l'arrivée d'icelles, exhiber aux jurés mesureurs et contrôleurs de ladite marchandise, leurs lettres de voitures, dont sera fait registre par lesdits mesureurs, pour y avoir recours quand besoin sera.

2. Lesdits mesureurs seront tenus à l'instant de l'arrivée desdites marchandises, les aller visiter ès bateaux et places, et de venir déclarer au bureau de la ville le nom du marchand, la quantité et la qualité de la marchandise, pour être le prix mis au charbon de bois sur l'échantillon qui en sera apporté, dont sera fait registre par l'un des échevins à ce commis.

3. Tous charbons amenés par rivière, seront entièrement vendus dans les bateaux qui les auront voiturés, et ceux amenés par charrettes et bannes, incessamment conduits ès places à ce destinées, sans qu'il soit loisible de faire aucuns entrepôts ou magasins de ladite marchandise, sans permission expresse des prevôt des marchands et échevins, ni faire séjourner lesdites charrettes et bannes dans les hôtelleries et autres lieux de cette ville et faubourgs, à peine de confiscation.

4. Pourront les marchands forains qui amènent charbon à somme et sur chevaux, le vendre aux bourgeois et artisans non regrattiers, par les rues et sur leurs chevaux, dans des sacs qui seront de la moison et continence de mine, minot, ou demi minot, et aux prix qu'il y sera mis par les prevôt des marchands et échevins; et afin que le public en puisse avoir connoissance, seront tenus de ne charger leurs chevaux que de sacs qui soient de même continence, et d'avoir sur le bât de leurs chevaux des plaques de fer blanc sur lesquelles seront inscrits la continence des sacs, et le prix du charbon; à peine de confiscation de ladite marchandise pour la première fois, et d'interdiction du commerce pour la seconde. Et au cas que l'acheteur prétende qu'il y ait défaut en la quantité, pourra appeler les jurés mesureurs pour en faire faire la mesure, dont sera dressé procès-verbal, sur lequel sera pourvu par lesdits prevôt des marchands et échevins ainsi qu'il appartiendra.

5. Ne sera la marchandise de charbon vendue sur les ports et places, à plus haut prix que la taxe, et pour la donner à connoître aux acheteurs, seront les jurés mesureurs tenus apposer par chacun jour à chacun bateau qui sera en vente, et aux places publiques, quand il s'y fera débit de ladite marchandise, une banderole contenant ladite taxe, à peine d'amende contre lesdits

jurés mesureurs départis pour la mesure desdits charbons, et d'être responsables, en leurs noms, des dommages et intérêts de l'acheteur, en cas de survente.

6. Les chandeliers, fruitiers, femmes des gagnes-deniers, vulgairement appelés les garçons de la Pelle, et tous autres, à l'exception des plumets des jurés porteurs de charbon et de leurs femmes, pourront vendre du charbon à petites mesures, à la charge qu'ils ne pourront avoir en leurs maisons plus grande quantité que de six mines à la fois, y compris leur provision, à l'exception des femmes desdits garçons de la Pelle, qui se trouveront avoir récemment vuidé quelque bateau-foncet, chargé de charbon, qui leur aura été donné en paiement de leurs salaires, pour le débit de laquelle quantité ils auront un mois, après lequel ce qui se trouvera excéder les six mines à eux ci-dessus accordées, sera rapporté sur les places publiques pour y être vendu.

7. Ne pourront lesdits regrattiers vendre aucuns charbons à plus grande mesure que le boisseau ; à eux enjoint de se servir de mesures étalonnées, et marquées à la lettre de l'année, et d'avoir en leurs boutiques et étalages, une pancarte contenant le prix de chacune desdites mesures dans lesquelles ils débiteront lesdites marchandises, à peine d'amende pour la première fois, et d'être exclus de pouvoir continuer le regrat de ladite marchandise pour la seconde.

8. Le charbon de terre amené tant d'amont que d'aval-l'eau en cette ville, sera conduit aux ports à ce destinés, pour y demeurer, savoir, celui qui appartiendra aux marchands forains, jusques à ce qu'il ait été entièrement vendu : et seront tous artisans et forgerons préférés en l'achat de ladite marchandise, aux marchands de Paris qui en font trafic : et à l'égard du charbon qui se trouvera appartenir aux marchands de Paris, tiendra port pendant trois jours pour être pareillement vendu aux artisans et forgerons qui en auront besoin, sans que pendant ledit temps lesdits marchands de Paris en puissent acheter, et ledit temps passé, sera loisible auxdits marchands de Paris, propriétaires dudit charbon, de faire conduire ladite marchandise en leurs maisons, sans néanmoins qu'elle puisse y être vendue à plus haut prix que celui auquel la vente s'en fera sur les ports.

9. Quand le prix aura été mis au charbon de terre, à l'ouverture de la vente, ledit prix ne pourra être augmenté, sous quelque prétexte que ce soit ; et si, dans le cours de la distribution, le marchand fait rabais, il sera en ce cas tenu de continuer la

vente au dernier et moindre prix, à peine de confiscation desdites marchandises, et d'amende arbitraire : et les jurés mesureurs tiendront registre du prix auquel la vente du charbon de terre aura été commencée, et aussi du rabais, pour y avoir recours quand besoin sera.

CHAP. XXXIII. — *Concernant les principales fonctions des prevot des marchands et échevins, procureur du roi, greffier, receveur et autres officiers de la ville de Paris.*

ART. 1. Les prevôt des marchands et échevins tiendront la main à ce que les édits, arrêts et réglemens intervenus sur le fait de la police à eux commise, soient ponctuellement gardés et observés; et sera le procureur du roi et de la ville tenu faire toutes diligences sur les dénonciations qui lui seront faites des contraventions.

2. La présence des magistrats sur les ports étant le moyen le plus assuré pour y faire observer la police, les prevôt des marchands et échevins s'y transporteront tous les jours de lundi de chacune semaine, pour y recevoir les plaintes desdites contraventions aux réglemens, y pourvoir sur-le-champ, et faire exécuter leurs ordonnances par les huissiers et archers dont ils seront assistés; et par chacun des autres jours de la semaine, l'un des échevins, à ce député, fera la visite à même fin sur lesdits ports avant dix heures du matin, pour venir ensuite faire son rapport au bureau de ce qu'il aura observé, et y être statué ainsi qu'il appartiendra.

3. Seront aussi départis, par chacune semaine, deux des huissiers de la ville, pour visiter le matin et de relevée lesdits ports, et dresser procès-verbaux des contraventions, lesquels seront attestés des officiers de la marchandise, ou du port, ou bourgeois qui auront été présens, et mis dans le jour ès mains du procureur du roi et de la ville pour donner ses conclusions. Défenses auxdits huissiers de donner aucune assignation à la requête du procureur du roi, pour fait de police ou autrement, sans en avoir eu ordre de lui et s'en être chargé sur son registre, excepté en cas de flagrant délit et urgente nécessité, èsquels cas ils seront tenus mettre lesdits exploits entre les mains dudit procureur du roi, aussi dans le jour, à peine d'interdiction.

4. Sera tenu l'ancien des huissiers de ladite ville, d'apporter chacun jour de lundi au bureau de la ville deux rôles, l'un con-

tenant les noms des huissiers destinés pour la visite des ports pendant la semaine, et l'autre des huissiers de service pour le bureau; et seront lesdits huissiers de service pour le bureau tenus de se trouver en leur chambre par chacun jour de la semaine, à huit heures précises du matin, pour y recevoir les ordres qui leur seront donnés par le prevôt des marchands et échevins, et procureur du roi et de la ville, donner sur-le-champ les assignations, comme aussi de se rendre au nombre de trois ou de deux au moins à la porte du grand bureau, dix heures précises du matin, à peine de trois livres d'amende payable sans déport.

5. Celui des échevins commis pour recevoir les déclarations et arrivages des marchandises, se rendra par chacun jour au bureau, neuf heures précises du matin, pour écrire sur le registre lesdits arrivages et la taxe des marchandises dont le prix est certain et fixé par les réglemens, posé qu'elles se trouvent de l'échantillon de l'ordonnance sur les chaînes et mesures qui seront gardées au bureau à cet effet.

6. Les prevôt des marchands et échevins s'assembleront tous les jours non fériés au bureau de la ville, dix heures du matin, et pourvoiront d'abord à ce qu'ils auront remarqué en la visite des ports et au paiement des rentes.

7. Les quartiniers, cinquanteniers et dizainiers, et officiers de police, ne pourront être reçus qu'ils n'ayent les qualités requises et l'âge suffisant; sera tenu, le greffier de la ville, rendre compte auxdits prevôt des marchands et échevins de la ville, des oppositions, si aucunes ont été formées auxdites réceptions, pour y être pourvu, à peine d'en demeurer, par ledit greffier, responsable en son propre et privé nom; et seront lesdits officiers reçus, et feront le serment après qu'ils auront été dûment certifiés de bonne vie, mœurs, religion et conversation catholique, apostolique et romaine, affectionnés au service du roi, et n'être pourvus d'aucune autre charge, office ou emploi incompatible, et avoir satisfait aux réglemens et statuts des officiers de police; lequel acte de prestation de serment sera registré par ledit greffier dans le registre à ce destiné, dont les feuillets seront cotés par le prevôt des marchands, et contiendra l'attestation desdits témoins, ensemble ce qui aura été prononcé sur lesdites oppositions; et sur ledit acte visé dudit prevôt des marchands ou de celui des échevins qui, en son absence, aura reçu le serment des témoins et de l'officier, seront les lettres de provision expédiées par ledit gref-

fier et scellées du scel de la prevôté et échevinage, étant ès mains dudit prevôt des marchands.

8. Es jours non fériés lesdits prevôt des marchands et échevins donneront audience pour l'expédition des causes pendantes pardevant eux : et seront les contestations des forains réglées par préférence.

9. Pour empêcher que le temps de l'audience soit consommé en plaidoiries inutiles, seront les procureurs du siége tenus, avant l'ouverture de l'audience, de communiquer entre eux les pièces dont ils entendront se servir, à peine d'amende, et ne pourront s'absenter sans cause légitime, dont ils seront tenus d'informer les prevôt des marchands et échevins ou le procureur du roi et de la ville ; et en cas de maladie ou autre empêchement, remettront, lesdits procureurs, dans les trois jours, à l'un de leurs confrères ou d'un avocat les dossiers et pièces, à peine des dommages et intérêts des parties.

10. Pour accélérer l'expédition des jugemens, lesdits procureurs se rendront au greffe à l'issue de l'audience, quand elle sera finie avant midi, ou à trois heures de relevée quand elle sera finie plus tard, pour arrêter sur les feuilles les qualités des causes qui y auront été terminées, à peine de cent sols d'amende, d'être tenu des retards et séjours des parties.

11. Le greffier de ladite ville sera tenu, le jour de la prononciation, faire viser la feuille de l'audience par le prevôt des marchands, ou par celui des échevins qui aura présidé en son absence.

12. Ne pourront les huissiers de ladite ville retenir, sous quelque prétexte que ce soit, les exploits qu'ils auront donnés, et seront tenus de les remettre ès mains des parties avant leur échéance, ou de les donner aux procureurs cotés par lesdits exploits ; à peine d'amende, et d'être tenus des séjours des parties.

13. Et d'autant que les matinées ne peuvent qu'à peine suffire aux audiences, à l'expédition des affaires des particuliers, et qu'il est nécessaire de pourvoir assidûment à ce qui regarde les ouvrages publics, le commerce, la navigation, les contestations entre les officiers de police, le fait des rentes, et autres affaires ; lesdits prevôt des marchands et échevins s'assembleront en l'hôtel de ladite ville avec le procureur du roi et de ladite ville, de relevée, au moins un jour de chacune semaine pour vaquer auxdites affaires.

14. Pour garder ordre en la dépense du receveur de la ville, et la régler sur le fonds, sera tenu, par l'un des échevins, registre

exact de tous les mandemens ou ordonnances qui auront été expédiés au bureau; et sera fait mention ; de l'enregistrement sur lesdits mandemens et ordonnances : défenses aux receveurs d'acquitter aucuns mandemens qui ne soient enregistrés.

15. L'un desdits échevins à ce commis par le prevôt des marchands, aura soin particulier des biens patrimoniaux de ladite ville, veillera à la conservation de ses domaines, perception de ses revenus, à ce que ceux qui ont pris à baux emphitéotiques les places et héritages appartenant à ladite ville, exécutent les conditions de leurs baux, fassent faire les constructions des bâtimens dont ils sont chargés, et entretiennent les maisons de toutes réparations, en sorte qu'à l'échéance desdits baux elles se trouvent en bon état; et à cet effet sera tenu ledit échevin de se transporter avec le procureur du roi et de la ville sur les lieux, et de faire visiter lesdites maisons par le maître des œuvres de ladite ville, dont sera dressé procès-verbal pour être rapporté au bureau, sans qu'à l'avenir il puisse être fait aucun bail d'héritage appartenant à ladite ville ; qu'après visitation des lieux bien et dûment faite par les prevôt des marchands et échevins, ou par ledit échevin en présence du procureur du roi et de la ville, et seront les procès-verbaux de visitation représentés lors de la passation de chacun bail.

16. Afin que le procureur du roi et de la ville et le receveur puissent faire les diligences nécessaires à ce que les amendes soient payées, et les contrats, titres nouvels, déclarations et autres actes concernant les domaines de la ville soient exécutés, et les baux renouvelés à leur échéance, sera le greffier tenu, trois jours après que lesdits actes auront été expédiés, d'en fournir copie au procureur du roi et de la ville, et un extrait au receveur, et de délivrer extraits des sentences et jugemens portant condamnation d'amendes.

17. L'un desdits échevins à ce commis par le prevôt des marchands aura l'inspection sur les fontaines publiques, quais, ports, abreuvoirs et bateaux à lessives, et ne seront expédiés aucuns mandemens pour dépenses faites pour lesdites fontaines, ports, quais, abreuvoirs, que sur des mémoires visés dudit échevin.

18. Les prevôt des marchands et échevins mettront au greffe de la ville, en fin de chacune prevôté, un procès-verbal des choses par eux faites et entreprises pendant leur magistrature pour la décoration de la ville, police des ports, commodité du commerce, navigation, et affaires de la juridiction; et seront

aussi laissés au greffe les mémoires instructifs de ce qu'ils jugeront être à faire pour le bien de la ville et utilité publique.

19. Le procureur du roi et de la ville sera tenu de faire faire registre de toutes les oppositions formées à sa requête, et de celles qui lui auront été signifiées, concernant les domaines, revenus, dons et octrois de ladite ville, et juridiction d'icelle, de toutes poursuites qui seront faites en son nom, touchant la police, navigation, et priviléges de la prevôté et échevinage, et des appellations interjetées des jugemens du bureau, sur lesdites matières, et où lesdits prevôt des marchands et échevins seront parties; et sera tenu aussi faire enregistrer les conclusions préparatoires ou définitives, les baux des héritages dépendant du domaine de ladite ville, renouvellement d'iceux, titres nouveaux, et reconnoissances, contrats et déclarations qui seront passés sur ses conclusions pour lesdits domaines, et faire pour la conservation d'icelui toutes diligences nécessaires, ensemble pour la perception des droits et revenus, paiement des amendes et exécutions, des confiscations et condamnations ordonnées par lesdits prevôt des marchands et échevins, tous lesquels registres demeureront par forme de dépôt au parquet.

20. Le greffier de la ville sera tenu faire soigneusement des registres distincts et séparés, des édits et déclarations, réglemens et ordonnances, qui seront enregistrés au greffe, des baux, agrémens, transports et concessions d'héritages, places, loyers de maisons dépendantes du domaine de ladite ville, des devis d'ouvrages, publications, enchères et adjudications et procès-verbaux, et visites des ouvrages publics, des provisions d'offices, oppositions et main-levées sur les offices dépendans de l'hôtel-de-ville, qui seront faites au greffe; de tous les actes, titres et états ou réglemens concernant le paiement des rentes constituées sur ledit hôtel-de-ville; des délibérations et résultats des assemblées générales et particulières de ladite ville, et de toutes les sentences et jugemens, ordonnances et réglemens qui seront rendus par les prevôt des marchands et échevins, soit pour le fait de police, navigation, flottage des bois, et toutes autres choses concernant la provision de ladite ville, et étant de la juridiction des prevôt des marchands et échevins.

21. Sera le greffier de ladite ville tenu de donner au prevôt des marchands, en fin de chaque mois, extraits de toutes les expéditions du greffe pour être par lui pourvu à l'exécution de ce qui aura été ordonné.

22. Lors du décès ou changement du greffier de ladite ville, sera fait inventaire et description par les prévôt des marchands et échevins, en présence du procureur du roi et de la ville, de toutes les minutes, registres, titres et papiers étant au greffe, pour être remis au greffe à la garde du greffier qui entrera en charge.

23. Sera tenu le receveur de la ville faire toutes diligences pour la recette et perception des revenus de la ville, faire faire exploits et significations nécessaires à la requête du procureur du roi et de la ville, avertir les prévôt des marchands et échevins des échéances des baux, et veiller à la conservation des domaines et droits de ladite ville, et ne fera aucun paiement sans retirer des acquits et décharges valables, à peine de nullité desdits paiemens, sera tenu de compter exactement de deux en deux ans, tant des revenus des domaines de la ville, que des deniers d'octrois.

24. Sera tenu le colonel des trois compagnies des archers de la ville les tenir complettes, et en bon état, et d'exécuter et faire exécuter ponctuellement tous les ordres qui lui seront donnés par les prévôt des marchands et échevins, soit pour les cérémonies, ou autres occasions publiques et particulières, pour lesquelles lesdits archers seront commandés.

Si donnons, etc.

N° 712. — DÉCLARATION *confirmant les priviléges des secrétaires du roi et officiers établis près les cours supérieures.*

Saint-Germain-en-Laye, 7 janvier 1673. (Hist. chanc. I, 72c. — Rec. cass.).

N° 713. — DÉCLARATION *portant que les démonstrateurs du jardin des plantes continueront leurs leçons et exercices sur la vertu des plantes médicinales, qu'ils y feront toutes dissections et démonstrations anatomiques gratuitement, et qu'à cet effet le premier corps exécuté leur sera délivré par préférence même aux docteurs de la faculté de médecine.*

Saint Germain-en-Laye, 20 janv. 1673. (Archiv. — Rec. cons. d'état.) — Reg. P. P., et C. des C., 23 mars.

PRÉAMBULE.

LOUIS, etc. Le feu roi, de glorieuse mémoire, notre très honoré seigneur et père, ayant, par son édit du mois de janvier 1626, établi un jardin royal au faubourg Saint-Victor de notre bonne ville de Paris, pour la culture des plantes médicinales; cet établissement auroit été confirmé par autres lettres du mois de mai 1635, et par icelles ordonné, que non seulement la démonstration extérieure des plantes médicinales seroit faite audit jardin royal, mais encore celle de leurs vertus, usages, faculté, et propriétés, ensemble de toute sorte de matière de médecine et opérations pharmaceutiques; et pour la plus grande perfection et utilité dudit établissement, et plus facile instruction des écoliers étudians en médecine, le feu roi, par autres lettres du mois de juin audit an 1635, auroit ordonné que l'un des trois docteurs institués pour faire lesdites démonstrations, seroit particulièrement employé pour faire la démonstration oculaire et manuelle de toutes et chacune les opérations de chirurgie, de quelque nature qu'elles puissent être. En conséquence de quoi nous aurions, par notre déclaration du mois de décembre 1671, réglé la forme de l'administration dudit jardin et pourvu de personnes de capacité et suffisance connue, tant en médecine, chirurgie, que pharmacie, pour faire les exercices et leçons publiques sur toutes les parties de la médecine, et opérations d'icelle. Et comme cet établissement est d'une grande utilité au public, d'autant plus que les exercices s'y font gratuitement; aussi notre intention est de le perfectionner, en y ajoutant tous les avantages, commodités et privilèges nécessaires; et même, afin que ceux que nous avons préposés pour la direction desdites écoles puissent en toute liberté faire les opérations chirurgicales, dissections et démonstrations anatomiques, et que les sujets propres à cet effet leur soient administrés, sans qu'ils soient troublés ni inquiétés, nous avons bien voulu y pourvoir par nos lettres à ce nécessaires.

A ces causes, etc.

N° 714. — DÉCLARATION *portant que le droit de régale s'étend sur tous les diocèses du royaume, à l'exception de ceux qui en étoient exempts à titre onéreux* (1).

St-Germain-en-Laye, 10 février 1673. (Ord. 16, 4 A. 248. — Archiv. — Rec. cass. — Néron, II, 116.) Reg. P. P. 18 avril.

LOUIS, etc. Encore que le droit de régale que nous avons sur toutes les églises de notre royaume, soit l'un des plus anciens de

---

(1) « La régale étoit un droit dont jouissoient, depuis plusieurs siècles, les rois de France, et qui consistoit à percevoir les revenus des évêchés vacans et à nom-

notre couronne, et que sur ce fondement, ce droit a été déclaré nous appartenir universellement par arrêt de notre parlement de Paris, de l'année 1608. Néanmoins les archevêques, évêques et chapitres des églises de quelques provinces et particulièrement de celles de Languedoc, Guyenne, Provence et Dauphiné, s'en prétendans exempts, auroient pour raison de ce, fait des demandes en notre conseil, où elles auroient été pendantes et indécises pendant plusieurs années, et cependant les églises prétendues exemptes du droit de régale, sont demeurées sans être desservies avec la dignité requise, par l'absence des contendans, occupés à solliciter leurs procès pour les bénéfices contentieux : même sous prétexte que le litige donne ouverture à la régale, il est souvent arrivé que des particuliers ont pris occasion de la maladie des archevêques et évêques, pour intenter des procès contre les possesseurs des bénéfices, pour en cas de décès desdits archevêques et évêques, se faire un titre de ce litige artificieux, à l'effet de surprendre nos provisions en régale des bénéfices, pour raison desquels ils avoient fait naître les contestations, pour troubler les légitimes titulaires. D'autres ont été pareillement inquiétés, faute d'avoir obtenu par les archevêques et évêques nos lettres de main-levée, et icelles fait enregistrer en notre chambre des comptes de Paris. Et comme il importe d'arrêter le cours de ces abus, et d'y pourvoir par un règlement convenable, nous aurions ordonné que tous les titres et mémoires, tant généraux que particuliers concernans lesdites exemptions, seroient communiqués à nos avocats et procureurs généraux de notre cour de parlement de Paris, pour sur iceux nous donner leurs avis. En conséquence de quoi, et sur le rapport qui nous en auroit été fait par les commissaires de notre conseil à ce député, le droit de régale auroit été jugé inaliénable, imprescriptible, et nous appartenir dans tous les

---

mer aux bénéfices qui dépendoient de l'évêque. Quelques églises ayant essayé de s'affranchir de ce droit, Louis XIV, par un édit de 1673, déclara que la régale s'appliquoit à tous les évêchés du royaume. Deux évêques protestèrent contre cet édit ; c'étoient ceux de Pamiers et d'Aleth, connus par leur opposition au formulaire d'Alexandre VII. Ces deux prélats, réfractaires aux décrets des papes, furent soutenus par le pape Innocent XI dans leur résistance à la volonté et aux droits de leur souverain. Une assemblée du clergé de France ayant adhéré à l'édit du roi, et le pape ayant condamné cette adhésion, la chaleur de la dispute entraîna les esprits à un examen des droits et des prétentions du pape lui-même, et l'on fit les quatre célèbres articles de 1682. »

(M. Daunou, *Essai sur la puissance temporelle des papes*, I, p. 353.)

archevêchés et évêchés de notre royaume, terres et pays de notre obéissance. Et notre intention étant que notre droit soit universellement reconnu.

A ces causes, etc., disons et déclarons le droit de régale nous appartenir universellement dans tous les archevêchés et évêchés de notre royaume, terres et pays de notre obéissance, à la réserve seulement de ceux qui en sont exempts à titre onéreux : et ne pourra le litige donner à l'avenir aucune atteinte à la régale, s'il n'est formé entre les parties contestation en cause, six mois auparavant le décès des archevêques et évêques. Et en conséquence voulons et nous plaît que les archevêques et évêques soient tenus dans deux mois, du jour du serment de fidélité qu'ils nous prêteront, d'obtenir nos lettres-patentes de main-levée, et de les faire enregistrer en notre chambre des comptes de Paris ; et que ceux qui nous ont prêté ci-devant serment de fidélité, et n'ont pas obtenu nos lettres de main-levée, soient tenus de les obtenir, et de les faire enregistrer dans deux mois, en notredite chambre des comptes ; après lesquels et faute d'y satisfaire dans ledit temps et icelui passé, les bénéfices sujets au droit de régale, dépendans de leur collation à cause desdits archevêchés et évêchés seront déclarés vacans et impétrables en régale.

Voulons néanmoins que ceux qui sont en possession et jouissance paisible des bénéfices dont ils ont été pourvus en régale, ou qui y ont été maintenus par arrêts de notre conseil contradictoire, ou sur requêtes, et de nos cours de parlement et grand conseil, dans l'étendue des archevêchés et évêchés desdites provinces de Languedoc, Guyenne, Provence et Dauphiné, comme aussi ceux qui en sont en possession, en conséquence des provisions de cour de Rome ou des archevêques et évêques desdites provinces de Languedoc, Guyenne, Provence et Dauphiné, depuis leur serment de fidélité, ou des chapitres, le siège vacant, et qui en ont joui jusqu'au jour de ces présentes, y soient et demeurent définitivement maintenus. Voulons que la connaissance de toutes les contestations et différends mus et à mouvoir pour raison dudit droit de régale, circonstances et dépendances, demeure et appartienne à la grand'chambre de notre cour de parlement de Paris ; à laquelle nous en avons, en tant que besoin seroit, attribué toute cour, juridiction et connoissance, et icelle interdite à tous autres juges.

Si donnons, etc.

N° 715. — LETTRES-PATENTES *portant réglement sur l'enregistrement dans les cours supérieures des édits, déclarations et lettres-patentes relatives aux affaires publiques de justice et de finances, émanées du propre mouvement du roi* (1).

Versailles, 24 février 1673. (Archiv. — Rec. Cass. — Néron, II, 116.) Reg. P. Dijon, 8 mai.

LOUIS, etc. Comme il importe à notre service et au bien de notre état, que nos ordonnances, édits, déclarations et lettres-patentes concernant les affaires publiques, émanées de notre autorité et propre mouvement, soient incessamment registrées en nos cours, pour y être publiées et exécutées, nous aurions, pour prévenir les longueurs desdits enregistremens, entr'autres choses ordonné par les articles deux et cinquième du titre premier de notre ordonnance du mois d'avril 1667, que nos cours qui se trouveroient dans le lieu de notre séjour, seroient tenues de nous représenter ce qu'elles jugeroient à propos sur le contenu desdites ordonnances, édits, déclarations et lettres patentes, dans la huitaine après leur délibération; et les compagnies qui en

---

(1) « Cette déclaration, dit d'Aguesseau, réduisit les parlemens à ne pouvoir faire éclater leur zèle par leurs remontrances, qu'après avoir prouvé leur soumission par l'enregistrement pur et simple des lois qui leur seroient adressées.

« Il seroit inutile de parler ici des célèbres remontrances que le parlement de Paris fit en cette occasion, et qui furent regardées alors comme le dernier cri de la liberté mourante.

« En effet, depuis cette déclaration, les remontrances furent non seulement différées, mais par la même abolies. On n'en trouve plus aucun exemple jusqu'à la mort du feu roi; et pendant le reste de son règne, c'est-à-dire pendant quarante deux ans, l'enregistrement de tous les édits et de toutes les déclarations devint tellement de style, que les conseillers au parlement ne prenoient pas même la peine d'opiner sur ce sujet.....

« Si le feu roi (Louis XIV), a eu la gloire de faire des ordonnances solides et durables, telles que l'ordonnance de 1667 sur la procédure civile, et celle de 1670 sur la procédure criminelle, c'est parce qu'en faisant ces ordonnances il a suivi l'exemple des rois ses prédécesseurs, en prenant l'avis de son parlement et l'associant, en quelque manière, à son conseil avant que d'y donner la dernière main. Il n'y a qu'à comparer les autres codes qu'il a faits sans prendre cette précaution, et en usant de sa puissance absolue, pour reconnoître combien il y a de différence entre des lois examinées et revues, et des lois faites sur les seuls avis de ceux qui, n'ayant pas la même expérience dans les affaires et n'étant pas chargés de leur exécution, se persuadent aisément que la volonté du prince et la suprême autorité tiennent lieu de tout examen et de toute délibération. »

(*Œuvres de d'Aguesseau*, t. 14, p. 145 et 155.)

seroient les plus éloignées dans six semaines, après lequel temps elles seroient tenues pour publiées et registrées : et d'autant que les différentes interprétations qui seroient données aux dispositions desdits articles pourroient être préjudiciables à notre service et au bien de notre royaume, par le retardement de l'exécution de nos ordres, nous avons estimé à propos d'expliquer sur ce nos intentions par nos lettres de déclarations à ce nécessaires.

A ces causes, de l'avis de notre conseil, qui a vu lesdits articles 2 et 5 du titre premier de notre ordonnance du mois d'avril 1667, et de notre certaine science, etc., voulons et nous plaît que nos procureurs-généraux qui recevront nosdites ordonnances, édits, déclarations et lettres-patentes expédiées pour affaires publiques, soit de justice ou de finance, émanées de notre seule autorité et propre mouvement, sans parties, avec nos lettres de cachet, portant nos ordres pour l'enregistrement d'icelles, soient tenus de s'en charger sur le registre du maître des courriers, ou d'en donner leur certification en forme, à ceux qui leur rendront les dépêches de notre part ; comme aussi qu'incontinent que nos procureurs généraux auront reçu nos lettres, ils en informeront le premier président, ou celui qui présidera en son absence, et lui demanderont, si besoin est, l'assemblée des chambres ou des semestres, laquelle le premier président convoquera dans trois jours, où nos procureurs généraux présenteront les édits, ordonnances, déclarations et lettres-patentes dont ils seront chargés, avec nos lettres de cachet : le premier président distribuera sur-le-champ nos lettres-patentes, sur lesquelles le conseiller-rapporteur mettra *le soit montré*, et les rendra à notre procureur-général avant la levée de la séance : nos procureurs-généraux les donneront, dans vingt-quatre heures après, au conseiller-rapporteur; trois jours après, ledit conseiller-rapporteur en fera son rapport, et à cet effet, celui qui présidera assemblera les chambres ou semestres à la manière accoutumée, et fera délibérer sur icelle, toutes affaires cessantes, même la visite et jugement des procès criminels, et les propres affaires des compagnies.

Défendons à nos cours de recevoir aucunes oppositions à l'enregistrement de nosdites lettres-patentes, aux greffiers d'icelles de les enregistrer, et à tous huissiers d'en faire la signification, à peine de suspension de leur charges, soit qu'elles soient faites de la part des corps, communautés ou particuliers, de quelque qualité qu'ils puissent être, ou par les syndics et procureurs-généraux, ou assemblées des communautés, sauf à eux de se retirer par devers nous pour leur être pourvu.

Voulons que nos cours ayent à enregistrer purement et simplement nos lettres-patentes sans aucune modification, restriction, ni autres clauses qui en puissent surseoir ou empêcher la pleine et entière exécution ; et néanmoins où nos cours, en délibérant sur lesdites lettres, jugeroient nécessaires de nous faire leurs remontrances sur le contenu, le registre en sera chargé, et l'arrêté rédigé, après toutefois que l'arrêt d'enregistrement pur et simple aura été donné, et séparément rédigé ; et en conséquence celui qui aura présidé pourvoiera à ce que les remontrances soient dressées dans la huitaine, par les commissaires des compagnies qui seront par lui députés, pour être délivrées à notre procureur-général, avec l'arrêt qui les aura ordonnées, dont il se chargera au greffe : les remontrances nous seront faites ou présentées dans la huitaine par nos cours de notre bonne ville de Paris, ou autres qui se trouveront dans le lieu de notre séjour ; et dans six semaines par nos autres cours des provinces ; en cas que sur le rapport qui nous sera fait des remontrances, nous les jugions mal fondées et n'y devoir avoir aucun égard, nous ferons savoir nos intentions à notre procureur-général pour en donner avis aux compagnies et tenir la main à l'exécution de nos ordonnances, édits et déclarations qui auront donné lieu aux remontrances ; et où elles nous sembleront bien fondées, et que nous trouverons à propos d'y déférer en tout ou partie, nous enverrons à cet effet nos déclarations aux compagnies, dont nos procureurs-généraux se chargeront comme dessus, et provoqueront l'assemblée desdites chambres ou semestres, les présenteront avec nos lettres de cachet au premier président en pleine séance, et en requerront l'enregistrement pur et simple ; ce que nos cours seront tenues de faire, sans qu'aucun des officiers puisse avoir aucun avis contraire, ni nos cours ordonner aucunes nouvelles remontrances sur nos premières et secondes lettres, à peine d'interdiction, laquelle ne pourra être levée sans nos lettres signées de notre exprès commandement, par l'un de nos secrétaires-d'état, et scellées de notre grand sceau, nous réservant d'user de plus grandes peines s'il y échet, et sans que la présente clause puisse être comminatoire ni éludée pour quelque cause et sous quelque prétexte que ce puisse être. Les greffiers tiendront leurs feuilles des avis et de toutes les délibérations qui seront prises sur le sujet desdites lettres, lesquelles ils feront parapher avant la levée des séances par celui qui aura présidé, et remettront lesdites feuilles ès mains de nos procureurs-généraux pour nous être envoyées; et à cet effet les greffiers assisteront à la présentation qui sera faite de nosdites lettres par nos procureurs-généraux et à toutes les délibérations qui seront prises sur icelles, nonobstant tous usages à ce contraires: n'entendons néanmoins comprendre aux dispositions ci-dessus nos lettres-patentes expédiées sous le nom et au profit des particuliers à l'égard desquels les oppositions pourront être reçues, et nos cours ordonner qu'avant y faire droit, elles seront communiquées aux parties. Si donnons, etc.

N° 716. RÈGLEMENT *sur les récompenses des capitaines de brûlots qui brûleront les vaisseaux ennemis.*

13 mars 1673. (Cod. nav., p. 187.)

N° 717. — EDIT *portant rétablissement des présidens, trésoriers de France, avocats et procureurs des bureaux des finances des généralités du royaume.*

Versailles, mars 1673. (Archiv.)

N° 718. — EDIT *portant établissement de greffes pour l'enregistrement des oppositions des créanciers hypothécaires.* (1)

Versailles, mars 1673. (Néron, II, 118. — Archiv. — Rec. cass.) Reg. P. P. 25 mars.

LOUIS, etc. L'amour paternel que nous avons pour nos sujets nous obligeant de pourvoir à leurs intérêts particuliers, et l'application que nous y avons apportée, nous ayant fait connoître que la conservation de leurs fortunes dépend principalement d'établir la sûreté dans les hypothèques et d'empêcher que les biens d'un débiteur solvable ne soient consumés en frais de justice, faute de pouvoir faire paroître sa solvabilité : nous n'avons point trouvé de meilleur moyen que de rendre publiques toutes les hypothèques, et de perfectionner, par une disposition universelle, ce que quelques coutumes de notre royaume avoient essayé de faire par la voie des saisines et des nantissemens. C'est pourquoi nous avons résolu d'établir des greffes d'enregistremens, dans lesquels ceux qui auront des hypothèques, pourront

---

(1) Révoqué en avril 1674.

former et faire enregistrer leurs oppositions; et ce faisant, seront préférés à ceux qui auront négligé de le faire; et par ce moyen on pourra prêter avec sûreté et acquérir sans crainte d'être évincé; les créanciers seront certains de la fortune de leurs débiteurs et ne seront, ni dans la crainte de les voir périr, ni dans l'inquiétude d'y veiller; et les acquéreurs seront assurés de n'être plus troublés dans leur possession par des charges ou hypothèques antérieures.

A ces causes, ect., voulons et nous plaît ce qui en suit :

Art. 1. Il sera établi un greffe en chacun bailliage et sénéchaussée des lieux où il y a présidial, et dans les principaux bailliages et sénéchaussées des provinces où il n'y a point de présidiaux, dans lesquels tous ceux qui prétendront hypothèque pourront s'opposer pour la sûreté et la conservation de leurs droits; et sera nommé greffe des enregistremens.

2. Les greffiers seront par nous pourvus et seront reçus sans aucuns frais par les baillis et sénéchaux ou leurs lieutenans, dans la juridiction desquels ils seront établis, après information de vie et mœurs, et qu'ils auront prêté le serment.

3. Ils tiendront un registre dont les feuillets seront cotés par premier et dernier, et paraphés par le juge, avant qu'il puisse y être fait aucun enregistrement.

4. Les feuillets du registre seront divisés par une ligne droite par moitié du feuillet du haut en bas.

5. Il sera fait un procès-verbal par le juge, en la première page du registre, qui contiendra le nombre des feuillets, et le jour que le paraphe aura été fait; et sera le procès-verbal signé du juge et du greffier.

6. Les juges recevront du greffier, pour tous droits d'avoir coté et paraphé les feuillets du registre, de quelque grosseur et volume qu'il puisse être, et pour leur procès-verbal, la somme de cinq livres; leur faisons défenses d'exiger ni recevoir plus grande somme, encore qu'elle leur fût volontairement offerte, à peine de concussion.

7. Il ne sera laissé aucun blanc entre les enregistremens, à peine d'être procédé contre le greffier comme faussaire, et de quinze cents livres d'amende, dommages et intérêts des parties.

8. Le registre sera représenté au juge et par lui arrêté au bas du dernier article par chacun mois, avec mention du nombre des feuillets dans lesquels les oppositions auront été faites depuis le dernier arrêté; et s'il s'y trouve aucun blanc, il en sera dressé

par lui procès-verbal pour y être pourvu ; lequel arrêté sera daté et signé de lui et du greffier, et recevra, le juge, quarante sols du greffier pour l'arrêté, signature et procès-verbal énoncé au présent article.

9. Il sera fait un procès-verbal par le juge, en la dernière page du registre, qui fera mention de l'état d'icelui ; et sera, le procès-verbal, signé du juge et du greffier, sans frais.

10. Le greffe sera établi dans le lieu de la juridiction du bailliage ou sénéchaussée qui sera trouvé le plus sûr et le plus commode, auquel lieu les enregistremens seront faits, et les registres déposés sans qu'ils en puissent être tirés, même en cas de changement et décès des greffiers.

11. Défendons aux greffiers de faire aucuns enregistremens en autres lieux que dans les greffes, ni d'en tirer les registres, sous quelque prétexte et pour quelque occasion que ce soit, le tout à peine de privation de leurs offices et de quatre mille livres d'amende.

12. Ceux qui auront hypothéqué en vertu de quelque titre que ce soit, même de sentences, jugemens ou arrêts sur héritages, rentes foncières ou constituées par nous sur les hôtels-de-ville, domaines engagés, offices domaniaux et autres immeubles qui ont une situation certaine, pourront former leurs oppositions aux greffes des enregistremens des bailliages et sénéchaussées de la situation des immeubles sur lesquels ils auront hypothèque.

13. L'opposition sera libellée et contiendra les sommes ou droits pour lesquels elle sera formée, avec mention du nom du créancier et de celui du débiteur, ensemble des titres sur lesquels la créance ou droit seront établis ; comme aussi seront énoncés la date et les noms des notaires, tabellions et autres personnes publiques qui les auront reçus, et s'il y en a minute ou non ; et si ce sont sentences, jugemens ou arrêts, sera fait mention de la juridiction en laquelle ils auront été rendus.

14. L'opposition contiendra aussi élection de domicile pour l'opposant dans le lieu où se fera l'enregistrement ; elle sera datée et fait mention si c'est devant ou après midi, et signée de l'opposant ou du porteur de sa procuration et du greffier.

15. Le créancier sera tenu de déclarer, par son opposition, la ville, le bourg, le village ou hameau, la paroisse et terroir où l'immeuble sera situé, sa dénomination, s'il en a aucune, et le nom du propriétaire ; et si c'est une maison qui soit située dans une ville ou bourg, la rue sera désignée.

16. La procuration sera passée par devant notaire qui retiendra la minute, et en sera laissé copie au greffe.

17. Le contenu aux quatre articles précédents sera observé, à peine de nullité.

18. Ceux qui n'ayant point de titres valables, auront formé et enregistré des oppositions, seront condamnés en cinq cents livres d'amende, sans qu'elle puisse être remise ni modérée, et aux dommages et intérêts de celui sur les biens du quel les oppositions auront été enregistrées.

19. Le greffier sera tenu de délivrer, quand il en sera requis, les extraits de son registre, et d'y coter, le jour de l'opposition, le registre et le feuillet où elle aura été enregistrée, à peine de quinze cents livres d'amende, et des dommages et intérêts des parties.

20. Le domicile élu par l'acte d'opposition demeurera, nonobstant tous changemens, s'il n'en est fait nouvelle élection, et qu'elle ne soit enregistrée à la marge de l'opposition, datée et signée par l'opposant, ou par le porteur de sa procuration, ensemble par le greffier ; et elle sera paraphée par le juge au premier arrêté qu'il fera du registre.

21. Les créanciers dont les oppositions auront été enregistrées, seront préférés sur les immeubles, sur lesquels ils auront formé leurs oppositions, à tous autres créanciers non opposans, quoiqu'antérieurs et privilégiés.

22. Néanmoins ceux dont les créances ou droits n'excéderont la somme ou valeur de deux cents livres, ou de dix livres de rente, seront conservés dans leurs hypothèques et privilèges, encore qu'ils n'aient fait enregistrer aucune opposition ; pourvu néanmoins que toutes les sommes pour lesquelles l'opposition aura été formée, accumulées ensemble, n'excèdent la somme de deux cents livres.

23. Les oppositions qui auront été enregistrées dans les quatre mois, pour ceux qui sont dans le Royaume, et dans les six mois pour ceux qui en sont absens ; c'est à savoir, pour les contrats, donations, et autres actes du jour qu'ils auront été passés ; et pour les jugemens, sentences et arrêts, du jour qu'ils auront été rendus, auront un effet rétroactif au jour que les actes auront été passés, et à celui que les sentences, jugemens, et arrêts auront été rendus, et en conséquence prendront leur hypothèque du jour des contrats, sentences, jugemens, et arrêts.

24. Les créanciers privilégiés qui se seront opposés dans les

quatre mois du jour de leurs contrats, obligations, ou autres titres, seront conservés dans leurs priviléges.

25. Si l'opposition, soit pour hypothèque ou privilége, n'est enregistrée qu'après les quatre mois, elle n'aura effet que du jour de l'enregistrement.

26 Ceux qui aliéneront des héritages, rentes foncières, où par nous constituées sur les hôtels-de-villes, domaines engagés, offices domaniaux, et autres immeubles qui ont une situation certaine, ou qui emprunteront des deniers par contrats et actes portant hypothèque, seront tenus, à peine de stellionat, de déclarer les contrats et actes portant hypothèque, qu'ils auront passés dans les quatre mois précédens, et pareillement les sentences, jugemens et arrêts, portant hypothèque sur leurs biens qui leur auront été signifiés, ou qui auront été rendus contradictoirement à l'audience, pendant le même temps des quatre mois précédents.

27. Les créanciers qui se seront opposés sur les biens dont leurs débiteurs seront devenus propriétaires, depuis l'hypothèque créée à leur profit, seront préférés aux autres créanciers non opposants, où qui se seront opposés après les quatre mois, pourvu qu'ils aient fait registrer leur opposition dans les quatre mois, du jour que les biens auront été acquis par leurs débiteurs, ou qu'ils leur seront échus.

28. L'ordre d'hypothèque des contrats et actes sera gardé entre ceux qui se seront opposés dans les quatre mois.

29 Si les oppositions ne sont formées qu'après les quatre mois, elles n'auront effet que du jour de l'enregistrement.

30. Les créanciers d'un défunt qui auront fait enregistrer leur opposition avant son décès, sur les immeubles à lui appartenant, ne seront obligés de la former de nouveau après son décès.

31. Ceux qui n'auront point fait enregistrer leur opposition avant le décès de leur débiteur, le pourront faire dans les quatre mois, à compter du jour de son décès, auquel cas ils seront préférés aux créanciers de l'héritier sur les biens du défunt, auxquels ils auront formé leur opposition; et si elle n'est enregistrée qu'après les quatre mois, ils n'entreront en ordre que du jour de l'enregistrement, pour raison des mêmes biens.

32. Le créancier du défunt, auquel l'héritier aura passé titre nouvel, ou qui l'aura fait déclarer exécutoire contre lui, et qui aura fait enregistrer son opposition dans les quatre mois du ju-

gement ou titre nouvel, aura hypothèque sur les biens de l'héritier, du jour du jugement ou titre nouvel.

33. Si le créancier du défunt n'a point fait enregistrer son opposition avant son décès, ni dans les quatre mois, à compter du jour de son décès, les créanciers de l'héritier, qui auront fait enregister leurs oppositions, lui seront préférés, tant sur les biens du défunt, que sur ceux de l'héritier, sur lesquels ils auront fait enregistrer leurs oppositions.

34. Ceux qui s'opposeront en sous ordre dans le temps et en la manière ci-dessus prescrite sur les biens hypothéqués à leurs débiteurs, seront préférés aux autres créanciers de leurs débiteurs qui ne se seront point opposés.

35. L'ordre des enregistremens sera gardé entre les opposans en sous ordre, comme il le seroit entre les principaux opposans.

36. Si le créancier originaire est négligent de s'opposer et de faire enregistrer son opposition sur les biens de son débiteur, son créancier pourra le faire, sans qu'il soit besoin de le faire ordonner, et l'enregistrement ne vaudra que pour lui, et jusqu'à la concurrence de la dette pour laquelle il aura formé son opposition.

37. Celui qui aura transport d'une dette pour laquelle son cédant aura fait enregistrer son opposition sera tenu dans les temps ci-dessus prescrits, de faire mention du transport à côté de l'enregistrement de l'opposition; autrement il n'aura aucune préférence.

38. Le même sera observé pour toutes les dettes échues par succession, donation, ou autrement.

39. Le créancier pourra former et faire enregistrer son opposition par un même acte, pour différentes dettes, et sur plusieurs immeubles appartenans au même débiteur, pourvu qu'ils soient situés en même bailliage et sénéchaussée.

40. Les créanciers qui auront fait registrer leurs oppositions après les quatre mois en même jour et heure, devant ou après midi, seront mis en ordre entr'eux suivant la priorité et privilège de leurs hypothèques.

41. Ceux qui n'auront point fait enregistrer leurs oppositions, seront mis en ordre entr'eux suivant leurs hypothèques et priviléges, après ceux toutefois qui seront enregistrés.

42. Ceux qui acquerront des immeubles, ou auxquels ils écherront à autre titre que de succession ou legs universel, seront tenus de faire signifier les titres de leur propriété à ceux qui

auront fait enregistrer leurs oppositions, soit qu'ils soient principaux opposans, ou seulement en sous ordre, aux domiciles par eux élus; autrement ils ne pourront acquérir aucune prescription au dessous de celle de trente ans.

43. Les significations seront faites par un huissier, sergent, ou autre officier ayant pouvoir d'exploiter, assisté de deux témoins ou recors qui signeront avec lui l'original et la copie des exploits, avec les autres solennités prescrites par notre ordonnance du mois d'avril 1667, au titre des ajournemens, lesquelles significations seront aussi contrôlées.

44. Il sera fait mention sommaire sur le registre en la marge de chacune opposition, tant du titre du nouveau possesseur, que des significations qui en auront été faites aux opposans, ensemble de leurs dates, et du nom du sergent qui les aura faites.

45. Le contenu aux deux articles précédens sera observé, à peine de nullité.

46. Aucune prescription, au dessous de celle de trente ans, ne commencera à courir au profit du nouveau possesseur, que du jour de l'enregistrement de la signification faite en la forme ci-dessus prescrite.

47. En tous décrets forcés ou volontaires, ceux qui feront saisir réellement les immeubles, seront tenus de faire signifier avant le congé d'adjuger leur saisie réelle à ceux qui auront formé leur opposition sur le registre aux domiciles par eux élus par l'acte d'opposition, à peine de nullité de la procédure, et du décret, et de tous dépens, dommages et intérêts des parties.

48. La signification sera faite suivant les formalités prescrites par l'article 43, et contiendra le nom, qualité et domicile du saisissant, celui du procureur par lui constitué pour la poursuite des criées, comme aussi le nom de celui sur qui l'héritage aura été saisi, la paroisse dans laquelle les héritages sont situés, et le nom de la rue, si c'est une maison qui soit située dans une ville ou bourg, ensemble la jurisdiction en laquelle le décret sera poursuivi.

49. Aucun ne pourra être approprié d'un immeuble situé dans la province de Bretagne, qu'auparavant de commencer les bannies, il n'ait fait signifier son contrat d'acquisition à ceux qui auront fait enregistrer leurs oppositions, ensemble la jurisdiction en laquelle il entend poursuivre l'appropriance, et le nom de son procureur.

50. Les significations concernant les appropriances seront faites suivant les formalités prescrites par l'art. 45.

51. Sera fait mention sommaire sur le registre, en la marge de chacune opposition, des significations qui auront été faites aux opposans pour raison desdits décrets et appropriances, ensemble de leurs dates et du nom des sergens qui les auront faites.

52. Le contenu ès articles 48, 49, 50 et 51, sera observé à peine de nullité.

53. N'entendons, par notre présent édit, dispenser de l'exécution des ordonnances concernant l'insinuation des donations et publications des substitutions, qui demeureront en leur force et vigueur, et ne pourront les insinuations et publications valoir pour enregistremens, ni en suppléer le défaut.

54. Aucune sentence, jugement et arrêt ne pourront suppléer le défaut d'enregistrement. Défendons à tous juges, même à nos cours de l'ordonner, à peine de nullité, et à tous procureurs de le requérir, à peine de cinq cents livres d'amende en leurs noms, laquelle ne pourra être remise ni modérée.

55. Les créanciers qui ont des hypothèques et priviléges acquis avant notre présent édit, y seront conservés, pourvu qu'ils forment et fassent enregistrer leurs oppositions dans trois ans, à commencer du premier jour du mois de juillet prochain; autrement et à faute de l'avoir fait dans les trois ans, ils n'auront préférence que du jour que leurs oppositions auront été enregistrées.

56. Exceptons de notre présent édit les hypothèques et priviléges que nous avons sur les biens de nos fermiers comptables, et autres qui ont eu maniement de nos deniers, lesquelles hypothèques et priviléges auront lieu comme auparavant, sans que pour les conserver il soit besoin d'aucun enregistrement.

57. N'entendons aussi comprendre en notre présent édit les hypothèques des mineurs sur les biens de leurs tuteurs, protuteurs ou curateurs comptables, sans néanmoins que ceux qui jouissent du privilége des mineurs, soient dispensés de former et faire registrer leurs oppositions sur les biens des administrateurs, syndics, et autres qui ont eu le maniement de leurs biens.

58. Les mineurs seront néanmoins tenus dans l'an après leur majorité de former leurs oppositions sur les biens de leurs tuteurs, protuteurs, ou curateurs comptables, et de là faire enregistrer en la manière ci-dessus, auquel cas ils seront conservés

dans leurs hypothèques du jour de l'acte de tutelle; et si leur opposition n'est registrée qu'après l'année de leur majorité, elle n'aura effet que du jour de l'enregistrement.

59. Les tuteurs, protuteurs et curateurs comptables seront tenus de former et faire enregistrer leurs oppositions sur les biens des débiteurs de leurs mineurs, pour la conservation de leurs hypothèques, à peine de payer en leurs noms les sommes que les mineurs auroient perdues à faute d'avoir fait les enregistremens.

60. Exceptons pareillement les hypothèques des femmes sur les biens de leurs maris, pour dot, douaire, et autres droits procédant de leurs mariages.

61. Elles auront aussi indemnité et hypothèque du jour de leur contrat de mariage sur les biens de leurs maris, pour les obligations dans lesquelles elles seront entrées avec eux, encore qu'elles n'aient formé ni fait enregistrer aucune opposition.

62. Les créanciers qui auront formé et fait enregistrer leur opposition sur les biens du mari dans les quatre mois du jour du contrat ou obligation en laquelle la femme sera entrée conjointement avec son mari, et pour lui, auront aussi hypothèque sur les biens du mari du jour du contrat de mariage; autrement l'indemnité ne pourra avoir aucun effet rétroactif au contrat de mariage, et ils n'auront hypothèque que du jour de l'enregistrement.

63. Les femmes séparées de biens d'avec leurs maris, seront tenues de former et faire enregistrer leurs oppositions sur les biens de leurs maris, pour la conservation des hypothèques à elles appartenant, dans les quatre mois de l'acte ou jugement de séparation; autrement, et les quatre mois passés, elles ne seront mises en ordre avec les créanciers qui auront fait enregistrer leurs oppositions, que du jour de l'enregistrement par elles fait.

64. Les veuves seront aussi tenues de former et faire enregistrer leurs oppositions dans l'année du jour du décès de leurs maris; autrement, elles n'auront hypothèque sur les biens que du jour qu'elles auront fait registrer leur opposition.

65. Exceptons pareillement de la nécessité des enregistremens le douaire des enfans ès coutumes où il leur est propre; néanmoins ceux qui seront majeurs seront tenus de former leur opposition, et la faire enregistrer dans les quatre mois du décès du père, autrement, ils n'auront hypothèque sur les biens que du jour de l'enregistrement.

66. Les biens des receveurs des consignations et des commissaires aux saisies réelles, acquis depuis qu'ils ont été reçus en leurs charges, demeureront affectés et hypothéqués aux créanciers des consignations et des saisies réelles par préférence, sans qu'il soit besoin d'enregistrer aucune opposition; et à l'égard des biens que les receveurs des consignations et commissaires aux saisies réelles auront acquis avant leur réception et prestation de serment, les créanciers des consignations et des saisies réelles y auront hypothèque du jour de leur réception et prestation de serment, sans qu'ils soient tenus de faire aucun enregistrement.

67. Les seigneurs féodaux ou censiers ne seront tenus pour la conservation de leurs droits, soit qu'ils soient échus ou non, de faire aucune opposition ni enregistrement sur les héritages, fiefs, et droits, étant en leur censive et mouvance; mais à l'égard des autres biens, ils seront tenus de faire leur opposition, et la faire enregistrer, comme tous les autres créanciers.

68. Il ne sera point aussi nécessaire de faire aucun enregistrement sur les héritages chargés d'un usufruit, établi par les ordonnances, le droit et les coutumes; mais à l'égard des autres biens de celui qui sera obligé à l'usufruit, l'usufruitier sera tenu d'y former son opposition, et de la faire enregistrer comme tous les autres créanciers.

69. Si l'usufruit est constitué par convention seulement, il sera sujet à l'enregistrement, sans néanmoins déroger à l'article 60, concernant les conventions des femmes.

70. Voulons que les bénéficiers soient maintenus dans le privilége à eux appartenant pour les dégradations et réparations des bâtimens et lieux dépendans de leurs bénéfices, sur les biens des précédens titulaires, du jour de leur prise de possession, sans qu'ils soient tenus de faire aucune opposition ni enregistrement pour la conservation de leur privilége.

71. Abrogeons l'usage des saisines et nantissement pour acquérir hypothèque et préférence, dérogeant pour cet effet à toutes coutumes contraires.

72. Néanmoins ceux dont les contrats ont été nantis ou ensaisinés, seront conservés dans leurs préférences, pourvu qu'ils forment leur opposition et qu'ils la fassent registrer dans les six mois, à commencer du premier jour du mois de juillet de la présente année, autrement, et à faute de l'avoir fait dans les six mois,

ils n'auront préférence que du jour que leurs oppositions auront été enregistrées.

73. Les greffiers seront tenus de délivrer à ceux qui les en requerront, des extraits des enregistremens qui seront sur leurs registres, ou des certificats qu'il n'y en a aucun, aux peines portées par l'article 11.

74. Ils seront responsables de la vérité de leurs certificats, s'il se trouve des oppositions, lorsqu'ils auront certifié qu'il n'y en a point, ou s'il s'en trouve d'autres que celles mentionnées dans l'extrait qu'ils auront délivré.

75. Il seront tenus de comprendre dans les extraits qu'ils délivreront toutes les oppositions qui auront été faites sur l'immeuble, sur lequel les oppositions, dont on demandera l'extrait, auront été faites.

76. Les greffiers ne prendront que trente sous pour chacun enregistrement, et pareille somme pour chacun extrait qu'ils délivreront; leur faisons défense d'exiger ni recevoir plus grands droits, encore qu'ils leurs fussent volontairement offerts, à peine de concussion.

77. Les oppositions, enregistremens, et autres actes énoncés en notre présent édit, seront faits conformément aux formules mises sous le contre-scel d'icelui, sans néanmoins que l'omission d'aucuns des mots qui y sont employés puisse induire la nullité des actes.

78. Voulons que notre présent édit soit ponctuellement gardé et observé dans tout notre royaume, terres et pays de notre obéissance, à commencer au premier jour du mois de juillet de la présente année, nonobstant toutes ordonnances, lois, coutumes ou statuts, réglemens, styles et usages différens ou contraires aux dispositions y contenues, qui demeureront abrogées.

Si donnons, etc.

N° 719. — EDIT *portant réglement pour la conservation de l'hypothèque des rentes constituées sur les domaines du roi.*

Versailles, mars 1673. (Néron, II, 123.—Archiv.) Reg. P. P.—C. des C. 25 mars.

LOUIS, etc. Les plaintes que nous recevons depuis long-temps de nos sujets, que les rentes que nos prédécesseurs rois et nous, avons constituées sur nos tailles, gabelles, aides, entrées, décimes et clergé, dons gratuits et autres nos revenus sont hors de tout commerce à cause de la difficulté qu'il y a de les acquérir avec sûreté sans les formalités d'un décret qui ne se peut faire qu'avec de très grands frais, qui consomment le plus souvent la plus grande partie du principal, mais encore un temps infini par la nécessité de pratiquer toutes les formalités, sans lesquelles les propriétaires ne peuvent les vendre, ni les acquéreurs en jouir avec sûreté, ce qui nous auroit porté à faire rechercher toutes sortes de moyens pour y remédier, en donnant à ceux qui ont desdites rentes des moyens aisés et faciles de les vendre, et en disposer dans leurs besoins ; et à ceux qui les voudront acheter, des assurances de la propriété, sans crainte d'y être troublés et sans être obligés aux dépenses et longueurs des adjudications par décret.

A ces causes, etc., voulons et nous plaît, que pour conserver à l'avenir les hypothèques sur les rentes qui ont été constituées par les rois nos prédécesseurs et nous, ou pourront l'être ci-après sur nos domaines, tailles, gabelles, aides, entrées, décimes et clergé, dons gratuits, et autres nos biens et nos revenus de quelque nature ou condition qu'elles soient, et en quelque lieu et manière que le paiement en soit fait. Les créanciers ou autres qui prétendront sur les propriétaires et vendeurs desdites rentes, seront tenus de former leurs oppositions entre les mains de l'officier ci-après, qui sera établi à cet effet, lesquelles oppositions conserveront pendant une année les hypothèques et droits prétendus sur lesdites rentes, sans qu'il soit besoin de faire autres diligences ; et pour sûreté de ceux qui demeureront propriétaires desdites rentes par acquisitions, partages, ou autres titres, ils seront seulement tenus à chaque mutation de prendre sur leurs contrats ou extraits d'iceux, des lettres de ratification scellées en notre grande chancellerie, et si avant le sceau desdites lettres il ne se trouve point d'opposition de la part des créanciers ou prétendans droit, et après qu'elles seront expédiées et signées par l'un de nos amés et féaux conseillers et secrétaires, maison et couronne de France et de nos finances, et scellés sans opposition, lesdites rentes seront purgées de tous droits et hypothèques, et les acquéreurs d'icelles en demeureront propriétaires incommutables sans être sujets aux dettes de ceux qui les auront vendues en quelque sorte et sous quelque prétexte que ce soit, tout ainsi et en la même manière qu'il se pratique pour les oppositions au sceau sur les offices de notre royaume, ni que les acquéreurs aient besoin de les faire décréter pour avoir plus grande assurance : faisons très-expresses inhibitions et défenses à toutes personnes de faire à l'avenir aucunes poursuites pour faire décréter lesdites rentes, à peine de tous dépens, dommages et intérêts; déclarons dès à présent nul et de nul effet tout ce qui pourroit être fait pour raison de ce. Et pour recevoir les oppositions qui pourront être formées au sceau d'icelles par les créanciers et autres prétendans droit sur lesdites rentes pour la conservation de leurs hypothèques, délivrer des extraits desdites oppositions à ceux qui en auront besoin : nous avons par le même présent édit créé et érigé, créons et érigeons en titre d'office formé et héréditaire, quatre nos conseillers, greffiers conservateurs des hypothèques desdites rentes, et à chacun un commis, lesquels greffiers conservateurs auront entrée au sceau, et exerceront lesdits offices par quartier, tiendront de bons et fidèles registres des oppositions qui auront été faites entre leurs mains, sur lesquels ils seront tenus d'écrire les oppositions qui leur auront été signifiées, et en garder les exploits pour y avoir recours quand besoin sera, lesquels registres seront à la fin de chaque quartier délivrés par celui qui sortira de service à son compagnon d'office, qui y entrera pour continuer l'enregistrement desdites oppositions, et avant que les lettres soient présentées au sceau, ils seront tenus de vérifier sur leurs registres s'il y aura des oppositions faites sur les rentes, pour lesquelles lesdites lettres de ratification seront présentées, et s'il ne s'en trouve point, ils mettront au bas du repli desdites lettres, *Vérifié, il n'y a point d'oppositions* avec la date du jour, ce qu'ils signeront; et lorsqu'il y aura des oppositions, ils mettront les noms des opposans, la quantité des oppositions, et le jour, ce qu'ils signeront; et après cette formalité les lettres seront scellées, ainsi qu'il s'observe pour le sceau des offices; et si les lettres sont scellées, et qu'il se trouve qu'auparavant le sceau il ait été fait des oppositions qui ne soient point rapportées, lesdits greffiers conservateurs demeureront responsables en leurs privés noms des sommes auxquelles pourront monter lesdites oppositions jusqu'à concurrence de la valeur de la rente, sur laquelle on aura opposé : n'entendons toutefois qu'il soit rien changé ni innové à la qualité et nature desdites rentes qui demeureront meubles ou immeubles, et seront partagées entre les héritiers selon la disposition des coutumes, et sans y déroger, ni sans que lesdites rentes puissent être réputées casuelles, perdues, ni éteintes, faute d'avoir par les nouveaux propriétaires pris des lettres de ratification, et pour donner moyen auxdits greffiers conservaleurs des hypothèques sur lesdites rentes, et à leurs commis de subsister dans leurs charges, veiller à la conservation des droits et hypothèques des créanciers; et en considération de ce que les officiers présentement créés demeureront responsables vers les créanciers de leurs hypothèques, si lesdites lettres étoient scellées au préjudice des oppositions qui seront formées entre leurs mains, nous avons attribué et attribuons auxdits greffiers conservateurs quarante sols, et à leurs commis dix sols pour l'enregistrement de chacune opposition, qui leur seront payés lors de la signification pour chacun opposant, et pareils droits pour la vérification des oppositions, et expéditions du certificat qu'ils mettront sur le repli desdites lettres, et encore pareils droits pour la délivrance de chacun extrait de leurs registres qu'ils délivreront à ceux qui en auront besoin, outre lesquels droits jouiront lesdits conservateurs de pareille survivance, franc-salé, priviléges et immunités dont jouissent nos conseillers, secrétaires et officiers de notre grande chancellerie de France, quoiqu'ils ne soient ici particulièrement exprimés; et pour gratifier ceux qui seront les premiers pourvus desdits offices, nous avons accordé et accordons la survivance desdits offices sur leurs premières résignations, sans pour ce nous payer aucune finance. Nous voulons que pour le sceau de chacune desdites lettres de ratification, il soit seulement taxé la somme de douze livres, quelques rentes qui y soient comprises, et à quelques sommes qu'elles puissent monter pour tous les droits de notre chancellerie, et augmentation d'iceux, et trois livres au secrétaire pour l'expédition, signature et présentation des lettres. Faisons très-expresses inhibitions et défenses aux payeurs desdites rentes de changer les matricules d'icelles, ni de payer aucune chose aux nouveaux propriétaires, qu'il ne leur soit apparu de leurs contrats et lettres de ratification scellées, à peine de payer deux fois et de radiation des parties qui seront employées dans leurs comptes.

Si donnons, etc.

N° 720. — EDIT *pour les épices et vacations des commissaires et autres frais de justice.*

Versailles, mars 1673. (Néron, II, 124.— Archiv.—Rec. cass.) Reg. P. P.— C. des C. 25 mars.

EXTRAIT.

LOUIS, etc. La justice devant être rendue gratuitement, l'usage des siècles précédens a néanmoins introduit en faveur des juges quelque rétribution au delà des gages que nous leur avons accordés, dont nous avons intention de nous charger à l'avenir, lorsque l'état de nos affaires le permettra; cependant nous avons résolu d'y pourvoir par un tempérament convenable.

A ces causes, etc.

ART. 1er. Voulons que par provision, et en attendant que l'état de nos affaires nous puisse permettre d'augmenter les gages de nos officiers de judicature, pour leur donner moyen de rendre gratuitement la justice à nos sujets, aucuns de nos juges ou autres, même nos cours, ne puissent prendre d'autres épices, salaires ni vacations, pour les visites, rapports et jugemens des procès civils ou criminels, que celles qui seront taxées par celui qui aura présidé, sans qu'on puisse prendre ni recevoir aucuns autres droits, sous prétexte d'extrait de *sciendum* ou d'arrêt.

17. Voulons que tous procès, tant civils que criminels, soient jugés à l'ordinaire en toutes nos cours, siéges et justices ; même en celles des seigneurs, défendons d'en juger par commissaires, ni de commettre par les juges aucuns d'entre eux pour, aux jours et heures extraordinaires, faire les calculs, voir les titres, et arrêter les dates et autres points et articles de fait.

20. Permettons à nos cours seulement de juger par commissaires les procès et instances où il y a plus de cinq chefs de demandes au fonds justifiées par différens moyens, sans que les demandes concernant la procédure puissent être comptées; les procès et instances d'ordre et de distribution de deniers, procédant de vente d'immeubles, et de contributions d'effets mobiliaires entre des créanciers; ceux de liquidation de fruits, de dommages et intérêts, de débats de comptes, d'oppositions à fin de charges et de distraire des taxes de dépens excédans dix croix; le tout pourvu que ce dont il sera question au procès excède la somme de mille livres, sans que sous ce prétexte l'on y puisse comprendre les appellations de simples saisies réelles d'immeubles, criées, congés d'adjuger, adjudications par décret, et des poursuites et procédures d'un décret, saisies d'effets mobiliers, de sentences de condamnation de rendre compte, de restitution de fruits, et de dommages et intérêts, et tous autres en quelque cas que ce puisse être; ni que nos cours qui n'ont point accoutumé de juger par commissaires puissent en introduire l'usage ; et sera le contenu au présent article observé; à peine de nullité des jugemens, restitutions des épices et consignations, et des dommages et

intérêts des parties contre les juges, pour raison desquels leur permettons de se pourvoir par devers nous.

21. Pourront néanmoins les officiers de notre grand conseil seulement, continuer de voir par commissaires, outre les cas mentionnés au précédent article, les procès et instances pour raison des bornes et limites des terres et seigneuries quand il y aura descente et figure, combat de fief, blâme d'aveu et dénombrement, commise et dépiés de fief, droits honorifiques entre seigneurs prétendant justice, patronages ecclésiastiques ou laïcs entre patrons, dîmes entre les décimateurs, les procès pour raison des communes ou entre deux seigneurs, ou entre un seigneur et la comunauté, ceux pour la bannalité entre la commuauté et le seigneur, ou entre deux seigneurs; ceux de substitution, retrait lignager, quand les degrés, lignes et descentes seront contestées, et ceux concernant le domicile en cas de succession et partage conjointement; sans qu'ils puissent juger par grands commissaires aucuns autres procès ni instances, aux peines portées par l'article précédent.

26. Ne pourront nos cours quitter les audiences, ni la visite et jugement des procès de l'ordinaire, pour travailler aux procès de commissaires, ni ès jours de fêtes et dimanches, ni ès maisons particulières des présidens et conseillers.

28. Les avocats seront tenus de mettre au pied de leurs écritures le reçu de leurs salaires, à peine de restitution, et de rejet de la taxe des dépens.

N° 721. — DÉCLARATION *portant règlement sur les appointemens des appellations.*

Versailles, 15 mars 1673. (Néron, II. — Archiv. — Rec. cass.) Reg. P. P. 24 mars.

N° 722. — RÈGLEMENT *sur la table des officiers de marine servant sur les vaisseaux.*

16 mars 1673. (Cod. nav. p. 151.)

N° 723. — ORDONNANCE *portant défenses aux capitaines de marine d'embarquer aucun volontaire sans ordre par écrit.*

18 mars 1673. (Cod. nav., p. 103.)

N° 724. — DÉCLARATION (1) *pour l'impression sur papier au timbre royal, et l'usage forcé des formules dressées en exécution des ordonnances d'avril 1667, août 1669 et 1670, pour les actes civils, judiciaires et autres.*

Versailles, 19 mars 1673. (Archiv. — Rec. cons. d'état.) Reg. P. P., et C. des C. 23 mars.

PRÉAMBULE.

LOUIS, etc. La longueur des procédures, et les grands frais qui se font dans la poursuite des procès, causant de très notables préjudices, et souvent la ruine de nos sujets, nous avons donné bien volontiers nos soins à la recherche des moyens qui pourroient davantage contribuer à l'abréviation des formes judiciaires, et à la diminution des frais : mais quelqu'application que nous ayons apportée par nous-mêmes à la composition de nos dernières ordonnances pour régler les instructions des procédures civiles et criminelles, quoiqu'elles aient été universellement approuvées, et que l'observation qui s'en est ensuivie dans nos premières et principales cours, en ait fait connoître l'utilité : néanmoins ces ordonnances ayant été portées dans tous sièges et justices de notre royaume, quelque bonne intention que les juges aient eu de les exécuter, chaque tribunal ayant son style particulier, et les huissiers, procureurs, et autres ministres de justice, qui donnent la première forme aux procès, s'étant trouvés instruits et habitués dans des usages différens ou contraires aux formes prescrites par nos dernières ordonnances, l'exécution en a été retardée dans plusieurs sièges ; et d'autres confondant les nouvelles dispositions avec leurs styles anciens, les procédures ont été faites avec moins d'ordre et de régularité : mais comme il importe de rendre la procédure uniforme dans toute l'étendue de notre royaume, et que nos ordonnances soient universellement exécutées, nous avons estimé nécessaire de faire dresser en formules les actes et procédures les plus communes et ordinaires, en conformité des dispositions desdites ordonnances, pour être portées dans toutes nos cours, sièges et justices de notre royaume, et y être suivies, gardées et observées, sans aucune innovation ni changement; même pour disposer les greffiers, procureurs, huissiers, sergens et autres ministres de la justice, à se départir avec

---

(1) Révoquée par édit d'avril 1674.

plus de facilité de leurs anciens usages, styles et formes contraires à nos ordonnances, et leur ôter tout prétexte d'équivoque, d'erreur, ou de défaut de connoissance, nous avons résolu de faire imprimer lesdites formules, pour être les blancs des imprimés remplis, et par eux employés à leurs usages; en quoi les officiers et les parties recevront d'autant plus de commodité qu'il arrive souvent que les procédures étant écrites par des copistes sans intelligence, peu corrects, et qui écrivent mal, elles sont peu lisibles et remplies de fautes qui en ôtent le sens, ce qui se fait même quelquefois à dessein, en sorte que les procureurs qui les reçoivent sont obligés d'en demander d'autres copies plus lisibles, et d'offrir de les faire faire à leurs dépens; et le refus qui leur en est artificieusement fait, produit des incidens entre eux qui consomment le temps, augmentent les frais, et empêchent le jugement des procès, à la surcharge des parties; au lieu que par le moyen de l'impression qui sera faite des formules, les procureurs et autres officiers ayant chacun à son égard telle quantité d'imprimés qu'il aura besoin, l'instruction sera plus facile, l'expédition plus prompte, et avec bien moins de dépense que lorsqu'elles sont écrites à la main; ce qui a été reconnu d'une si grande commodité, que ces imprimés sont en usage dans l'instruction de différentes affaires et procès, dont néanmoins le soulagement ne tourne point au profit des parties qui en paient la même taxe que s'ils étoient écrits à la main. Et d'autant que, par notre ordonnance du mois d'août 1669, nous avons prescrit la forme et réglé les clauses principales avec lesquelles doivent être dressées les lettres de chancellerie les plus en usage pour l'administration de la justice, et qu'il importe que lesdites lettres, aussi bien que les procédures judiciaires soient d'un style uniforme, et même que les actes les plus usités qui sont reçus et expédiés par les notaires et tabellions, et par toutes autres personnes qui ont un ministère nécessaire et public, aient pareillement de l'uniformité, nous avons encore jugé à propos de faire dresser et imprimer des formules desdites lettres et actes pour le soulagement des officiers, et la plus prompte expédition des parties.

A ces causes, etc.

N° 725. — Déclaration *portant que les droits de quint, requint, lods et ventes et autres de mutation établis par les coutumes, seront payés pour les échanges contre rentes consti-*

tuées, comme pour les ventes faites à prix d'argent, et que les échanges d'héritage à héritage en seront seuls exempts.

Versailles, 20 mars 1673. (Néron, II, 128. — Archiv.) Reg. P. P.—C. des C. 25 mars.

N° 726. — RÉGLEMENT *générale pour les tailles, en 19 art.*
Versailles, 20 mars 1673. (Archiv.— Code des tailles.)

N₀ 727. — EDIT *portant que ceux qui font profession de commerce, denrées ou arts qui ne sont d'aucune communauté, seront établis en corps, communautés et jurandes, et qu'il leur sera accordé des statuts* (1).

Versailles, mars 1673. (Archiv. — Rec. cons. d'état.) Reg. P.P. et C. des C., 25 mars.

PRÉAMBULE.

LOUIS, etc. Les rois Henri III et Henri IV, nos prédécesseurs, de glorieuse mémoire, connoissant la licence et les abus qui s'étoient introduits par ceux qui faisoient commerce de marchandises et denrées, et profession d'arts et métiers dans notre bonne ville et faubourgs de Paris, et autres de notre royaume, pour les tenir dans les règles et dans la discipline nécessaires au maintien des états, auroient, par leurs édits du mois de décembre 1581, et avril 1597, vérifiés où besoin a été, fait plusieurs réglemens de tout ce qui devoit être observé à cet égard; et particulièrement ordonné que tous marchands, négocians, gens de métier et artisans, résidant et faisant leur profession dans notre royaume, seroient établis en corps, maîtrise et jurande, de tous ceux qui s'y trouveroient de chacun commerce, art et métier qui en seroien capables, sans qu'aucun s'en pût dispenser, pour quelques causes que ce soit, pour faire et exercer leurs fonctions suivant les statuts qui seroient expédiés à cet effet pour chacun corps et communauté: néanmoins que dans notredite ville et faubourgs

---

(1) « Cet édit bursal soumit au régime des réglemens les branches d'industrie et les localités qui ne se trouvoient pas encore atteintes. Toutes les fabriques du royaume furent assujetties aux réglemens; on institua partout des jurandes, et l'on établit des droits sur toutes les professions. Ce qui, toutefois, est bien digne de remarque, c'est le jugement que Colbert lui-même a porté dans son testament politique (chap. 15), sur ces entraves, par lesquelles on étoit accoutumé à embarrasser l'industrie, et auxquelles leur longue existence avoit presque acquis la force d'un droit. »

(M. Renouard, *Traité des brevets d'invention*, p. 91.)

de Paris, et autres de notre royaume où il y a maîtrise et jurande, il y a plusieurs personnes qui s'ingèrent de faire commerce de diverses sortes de marchandises et denrées, et d'exercer plusieurs arts et métiers sans avoir fait chef-d'œuvre, être reçus à maîtrise, ni être d'aucun corps ou communauté ; pourquoi d'un côté ils sont journellement troublés dans leurs fonctions par les maîtres, gardes et jurés des métiers qui ont quelque sorte de relation à ceux qu'ils professent; et d'autre côté ils font ce que bon leur semble dans leurs susdites professions n'étant point sujets à aucunes visites ou examen de leurs marchandise ou ouvrage, en quoi le public souffre un notable préjudice : à quoi nous avons résolu de pourvoir, pour empêcher la continuation de ces désordres ; et même d'accorder des renouvellemens de statuts pour chacun corps et communauté, tant de notre ville et faubourgs de Paris que des autres de notre royaume, pour éclaircir les ambiguités qui se trouvent dans ceux qui ont été ci-devant expédiés, qui causent souvent de très grands procès entre lesdites communautés ; l'expérience ayant fait connoître les choses qu'il est nécessaire d'observer pour faire que tous ceux de chacune profession s'en acquittent fidèlement ; et comme nous avons reconnu, dès il y a long-temps, que l'usage de faire le poil et de tenir des bains et étuves, et les soins que l'on apporte à tenir le corps humain dans une propreté honnête, étant autant utile à la santé que pour l'ornement et la bienséance, par notre édit du mois de décembre 1659, nous aurions ordonné l'établissement d'un corps et communauté de barbiers, baigneurs, étuvistes et perruquiers, réduits à deux cents, pour en faire profession particulière, distincte et séparée de celles des maîtres chirurgiens-barbiers, et être ledit état et métier exercé avec statuts, maîtrise et jurande, ainsi que les autres de notre ville et faubourgs de Paris; et comme l'exécution dudit édit a été traversée, nous avons cru être obligé d'y pourvoir, et de régler lesdits barbiers, baigneurs, étuvistes et perruquiers, à un nombre proportionné à l'étendue de notre ville et faubourgs de Paris, et les faire établir en corps et communauté, sans aucuns retardemens, pour les avantages que nos sujets en peuvent recevoir.

À ces causes, etc.

N° 728. — ORDONNANCE *du commerce.*

Versailles, mars 1673. Reg. P. P. — C. des C. — C. des A. — 23 mars.

LOUIS, etc. Comme le commerce est la source de l'abondance publique, et la richesse des particuliers, nous avons depuis plusieurs années appliqué nos soins pour le rendre florissant dans notre royaume. C'est ce qui nous a porté premièrement à ériger parmi nos sujets plusieurs compagnies, par le moyen desquelles ils tirent présentement des pays les plus éloignés, ce qu'ils n'avoient auparavant que par l'entremise des autres nations. C'est ce qui nous a engagé ensuite à faire construire et armer grand nombre de vaisseaux pour l'avancement de la navigation, et à employer la force de nos armes par mer et par terre, pour en maintenir la sûreté. Ces établissemens ayant eu tout le succès que nous en attendions, nous avons cru être obligé de pourvoir à leur durée, par des réglemens capables d'assurer parmi les négocians la bonne foi contre la fraude, et de prévenir les obstacles qui les détournent de leur emploi, par la longueur des procès, et consomment en frais le plus liquide de ce qu'ils ont acquis.

A ces causes, etc., ordonnons et nous plaît ce qui en suit.

TITRE Ier. — *Des Apprentis, Négocians et Marchands, tant en gros qu'en détail.*

ART. 1er. Es lieux où il y a maîtrise de marchands, les apprentis marchands seront tenus d'accomplir le temps porté par les statuts: néanmoins les enfans de marchands seront réputés avoir fait leur apprentissage lorsqu'ils auront demeuré actuellement en la maison de leur père ou de leur mère, faisant profession de la même marchandise, jusqu'à dix-sept ans accomplis.

2. Celui qui aura fait son apprentissage, sera tenu de demeurer encore autant de temps chez son maître, ou un autre marchand de pareille profession : ce qui aura lieu pareillement à l'égard des fils de maître.

3. Aucun ne sera reçu marchand, qu'il n'ait vingt ans accomplis, et ne rapporte le brevet et les certificats d'apprentissage, et du service fait depuis. Et en cas que le contenu ès certificats ne fût véritable, l'aspirant sera déchu de la maîtrise; le maître d'apprentissage qui aura donné son certificat, condamné en cinq cents livres d'amende, et les autres certificateurs chacun en trois cents livres.

4. L'aspirant à la maîtrise sera interrogé sur les livres et registres à partie double et à partie simple, sur les lettres et billets de change, sur les règles d'arithmétique, sur la partie de l'aune, sur la livre et poids de marc, sur les mesures et les qualités de la

marchandise, autant qu'il conviendra pour le commerce dont il entend se mêler.

5. Défendons aux particuliers et aux communautés de prendre ni recevoir des aspirans aucuns présens pour leur réception, ni autres droits que ceux qui sont portés par les statuts, sous quelque prétexte que ce puisse être, à peine d'amende, qui ne pourra être moindre de cent livres. Défendons aussi à l'aspirant de faire aucun festin, à peine de nullité de sa réception.

6. Tous négocians et marchands en gros et en détail, comme aussi les banquiers, seront réputés majeurs pour le fait de leur commerce et banque, sans qu'ils puissent être restitués sous prétexte de minorité.

7. Les marchands en gros et en détail, et les maçons, charpentiers, couvreurs, serruriers, vitriers, plombiers, paveurs, et autres de pareille qualité, seront tenus de demander le paiement dans l'an, après la délivrance.

8. L'action sera intentée dans six mois pour marchandises et denrées vendues en détail par boulangers, pâtissiers, bouchers, rôtisseurs, cuisiniers, couturiers, passementiers, selliers, bourreliers et autres semblables.

9. Voulons le contenu ès deux articles ci-dessus avoir lieu, encore qu'il y eût eu continuation de fourniture ou ouvrage; si ce n'est qu'avant l'année ou les six mois, il y eût eu compte arrêté, sommation, ou interpellation judiciaire, cédule, obligation ou contrat.

10. Pourront néanmoins les marchands et ouvriers, déférer le serment à ceux auxquels la fourniture aura été faite, les assigner, et les faire interroger. Et à l'égard des veuves, tuteurs de leurs enfans, héritiers et ayans cause, leur faire déclarer s'ils savent que la chose est due, encore que l'année ou les six mois soient expirés.

11. Tous négocians et marchands, tant en gros qu'en détail, auront chacun à leur égard, des aunes ferrées par les deux bouts, et marquées, et des poids et mesures étalonnés. Leur défendons de s'en servir d'autres, à peine de faux, et de cent cinquante livres d'amende.

TITRE II. — *Des Agens de banque et Courtiers.*

Art. 1. Défendons aux agens de banque et de change de faire le change, ou tenir banque pour leur compte particulier, sous leur nom, ou sous des noms interposés, directement ou indirectement, à peine de privation de leur charge, et de quinze cents livres d'amende.

2. Ne pourront aussi les courtiers de marchandise en faire aucun trafic pour leur compte, ni tenir caisse chez eux, ou signer des lettres de change par aval. Pourront néanmoins certifier que la signature des lettres de change est véritable.

3. Ceux qui auront obtenu des lettres de répit, fait contrat d'atermoiement, ou fait faillite, ne pourront être agens de change ou de banque, ou courtiers de marchandise.

TITRE III. — *Des Livres et Registres des négocians, marchands et banquiers.*

ART. 1. Les négocians et marchands, tant en gros qu'en détail, auront un livre qui contiendra tout leur négoce, leurs lettres de change, leurs dettes actives et passives, et les deniers employés à la dépense de leur maison.

2. Les agens de change et de banque tiendront un livre journal, dans lequel seront insérées toutes les parties par eux négociées, pour y avoir recours en cas de contestation.

3. Les livres des négocians et marchands, tant en gros qu'en détail, seront signés sur le premier et dernier feuillet, par l'un des consuls dans les villes où il y a juridiction consulaire; et dans les autres, par le maire ou l'un des échevins, sans frais ni droits, et les feuillets paraphés et cotés par premier et dernier de la main de ceux qui auront été commis par les consuls ou maire et échevins, dont sera fait mention au premier feuillet.

4. Les livres des agens de change et de banque seront cotés, signés et paraphés par l'un des consuls sur chaque feuillet, et mention sera faite dans le premier, du nom de l'agent de change ou de banque, de la qualité du livre, s'il doit servir de journal ou pour la caisse; et si c'est le premier, second ou autre, dont sera fait mention sur le registre du greffe de la juridiction consulaire, ou de l'hôtel-de-ville.

5. Les livres journaux seront écrits d'une même suite, par ordre de date sans aucun blanc, arrêtés en chaque chapitre et à la fin, et ne sera rien écrit aux marges.

6. Tous négocians, marchands, et agens de change et de banque, seront tenus dans six mois après la publication de notre présente ordonnance, de faire de nouveaux livres journaux et re-

gistres, signés, cotés et paraphés, suivant qu'il est ci-dessus ordonné; dans lesquels ils pourront, si bon leur semble, porter les extraits de leurs anciens livres.

7. Tous négocians et marchands, tant en gros qu'en détail, mettront en liasse les lettres missives qu'ils recevront, et en registre la copie de celles qu'ils écriront.

8. Seront aussi tenus tous les marchands de faire, dans le même délai de six mois, inventaire sous leur seing, de tous leurs effets mobiliers et immobiliers, et de leurs dettes actives et passives, lequel sera récolé et renouvelé de deux ans en deux ans.

9. La représentation ou communication des livres journaux, registres ou inventaires, ne pourra être requise ni ordonnée en justice, sinon pour succession, communauté et partage de société en cas de faillite.

10. Au cas néanmoins qu'un négociant ou un marchand voulût se servir de ses livres-journaux et registres, ou que la partie offrît d'y ajouter foi, la représentation pourra être ordonnée, pour en extraire ce qui concernera le différend.

TITRE IV. — *Des Sociétés.*

Art. 1. Toute société générale ou en commandite sera rédigée par écrit, ou pardevant notaires, ou sous signatures privées, et ne sera reçue aucune preuve par témoins, contre et outre le contenu en l'acte de société, ni sur ce qui seroit allégué avoir été dit, avant, lors, ou depuis l'acte, encore qu'il s'agît d'une somme ou valeur moindre de cent livres.

2. L'extrait des sociétés entre marchands et négocians, tant en gros qu'en détail, sera registré au greffe de la juridiction consulaire, s'il y en a, sinon en celui de l'hôtel commun de la ville; et s'il n'y en a point, au greffe de nos juges des lieux, ou de ceux des seigneurs; et l'extrait inséré dans un tableau exposé en lieu public; le tout à peine de nullité des actes et contrats passés, tant entre les associés, qu'avec leurs créanciers et ayans cause.

3. Aucun extrait de société ne sera enregistré, s'il n'est signé, ou des associés, ou de ceux qui auront souffert la société, et ne contient les noms, surnoms, qualités et demeures des associés, et les clauses extraordinaires, s'il y en a pour la signature des actes, le temps auquel elle doit commencer et finir : et ne sera réputée continuée, s'il n'y en a un acte par écrit, pareillement enregistré et affiché.

4. Tous actes portant changement d'associés, nouvelles stipulations ou clauses pour la signature, seront enregistrés et publiés, et n'auront lieu que du jour de la publication.

5. Ne sera pris par le greffier, pour l'enregistrement de la société, et la transcription dans le tableau, que cinq sols, et pour chaque extrait qu'il en délivrera, trois sols.

6. Les sociétés n'auront effet à l'égard des associés, leurs veuves et héritiers, créanciers et ayans cause, que du jour qu'elles auront été enregistrées et publiées au greffe du domicile de tous les contractans, et du lieu où ils auront magasin.

7. Tous associés seront obligés solidairement aux dettes de la société, encore qu'il n'y en ait qu'un qui ait signé, au cas qu'il ait signé pour la compagnie, et non autrement.

8. Les associés en commandite ne seront obligés que jusqu'à la concurrence de leur part.

9. Toute société contiendra la clause de se soumettre aux arbitres pour les contestations qui surviendront entre les associés; et encore que la clause fût omise, un des associés en pourra nommer, ce que les autres seront tenus de faire; sinon en sera nommé par le juge pour ceux qui en feront refus.

10. Voulons aussi qu'en cas de décès ou de longue absence d'un des arbitres, les associés en nomment d'autres, sinon il y sera pourvu par le juge pour les refusans.

11. En cas que les arbitres soient partagés en opinions, ils pourront convenir de surarbitre, sans le consentement des parties: et s'ils n'en conviennent, il en sera nommé un par le juge.

12. Les arbitres pourront juger sur les pièces et mémoires qui leur seront remis, sans aucune formalité de justice, nonobstant l'absence de quelqu'une des parties.

13. Les sentences arbitrales entre associés pour négoce, marchandise ou banque, seront homologuées en la juridiction consulaire, s'il y en a; sinon ès sièges ordinaires de nos juges ou de ceux des seigneurs.

14. Tout ce que dessus aura lieu à l'égard des veuves, héritiers et ayans cause des associés.

TITRE V. — *Des Lettres et Billets de change, et promesses d'en fournir.*

Art. 1. Les lettres de change contiendront sommairement le

nom de ceux auxquels le contenu devra être payé, le temps du paiement, le nom de celui qui en a donné la valeur, et si elle a été reçue en deniers, marchandises ou autres effets.

2. Toutes lettres de change seront acceptées par écrit purement et simplement. Abrogeons l'usage de les accepter verbalement, ou par ces mots, *vu sans accepté*, ou *accepté pour répondre à temps*; et toutes autres acceptations sous condition, lesquelles passeront pour refus; et pourront les lettres être protestées.

3. En cas de protêt de la lettre de change, elle pourra être acquittée par tout autre que celui sur qui elle aura été tirée; et au moyen du paiement, il demeurera subrogé en tous les droits du porteur de la lettre, quoiqu'il n'en ait point de transport, subrogation ni ordre.

4. Les porteurs de lettres qui auront été acceptées, ou dont le paiement échet à jour certain, seront tenus de les faire payer ou protester dans dix jours après celui de l'échéance.

5. Les usances pour le paiement des lettres, seront de trente jours, encore que les mois aient plus ou moins de jours.

6. Dans les dix jours acquis pour le temps du protêt, seront compris ceux de l'échéance et du protêt, des dimanches et des fêtes, même des solennelles.

7. N'entendons rien innover à notre réglement du second jour de juin 1667, pour les acceptations, les paiemens et autres dispositions concernant le commerce dans notre ville de Lyon.

8. Les protêts ne pourront être faits que par deux notaires ou un notaire et deux témoins, ou par un huissier ou sergent, même de la justice consulaire, avec deux records, et contiendront le nom et le domicile des témoins ou records.

9. Dans l'acte de protêt, les lettres de change seront transcrites avec les ordres et les réponses, s'il y en a; et la copie du tout signée sera laissée à la partie, à peine de faux, et des dommages-intérêts.

10. Le protêt ne pourra être suppléé par aucun autre acte.

11. Après le protêt, celui qui aura accepté la lettre, pourra être poursuivi à la requête de celui qui en sera le porteur.

12. Les porteurs pourront aussi, par la permission du juge, saisir les effets de ceux qui auront tiré ou endossé les lettres, encore qu'elles aient été acceptées; même les effets de ceux sur lesquels elles auront été tirées, en cas qu'ils les aient acceptées.

13. Ceux qui auront tiré ou endossé les lettres, seront pour-

suivis en garantie dans la quinzaine, s'ils sont domiciliés dans la distance de dix lieues, et au-delà, à raison d'un jour pour cinq lieues, sans distinction du ressort des parlemens; savoir: pour les personnes domiciliées dans notre royaume; et hors icelui, les délais seront de deux mois pour les personnes domiciliées en Angleterre, Flandre ou Hollande; de trois mois pour l'Italie, l'Allemagne et les cantons suisses; de quatre mois pour l'Espagne, de six pour le Portugal, la Suède et le Danemarck.

14. Les délais ci-dessus seront comptés du lendemain des protêts, jusqu'au jour de l'action en garantie inclusivement, sans distinction des dimanches et jours de fêtes.

15. Après les délais ci-dessus, les porteurs des lettres seront non-recevables dans leur action en garantie, et toute autre demande contre les tireurs et endosseurs.

16. Les tireurs ou endosseurs des lettres seront tenus de prouver, en cas de dénégation, que ceux sur qui elles étoient tirées, leur étoient redevables ou avoient provisions au temps qu'elles ont dû être protestées; sinon ils seront tenus de les garantir.

17. Si depuis le temps réglé pour le protêt, les tireurs ou endosseurs ont reçu la valeur en argent ou marchandise, par compte, compensation ou autrement, ils seront aussi tenus de la garantie.

18. La lettre payable à un particulier, et non au porteur, ou à ordre, étant adirée, le paiement en pourra être poursuivi et fait en vertu d'une seconde lettre, sans donner caution, et faisant mention que c'est une seconde lettre, et que la première, ou autre précédente, demeurera nulle.

19. Au cas que la lettre adirée soit payable au porteur, ou à ordre, le paiement n'en sera fait que par ordonnance du juge, et en baillant caution de garantir le paiement qui en sera fait.

20. Les cautions baillées pour l'événement des lettres de change, seront déchargées de plein droit, sans qu'il soit besoin d'aucun jugement, procédure ou sommation, s'il n'en est fait aucune demande pendant trois ans, à compter du jour des dernières poursuites.

21. Les lettres ou billets de change seront réputés acquittés après cinq ans de cessation de demande et poursuites, à compter du lendemain de l'échéance ou du protêt, ou de la dernière poursuite. Néanmoins les prétendus débiteurs seront tenus d'af-

firmer, s'ils en sont requis, qu'ils ne sont plus redevables; et leurs veuves, héritiers ou ayans cause, qu'ils estiment de bonne foi qu'il n'est plus rien dû.

22. Le contenu ès deux articles ci-dessus aura lieu à l'égard des mineurs et des absens.

23. Les signatures au dos des lettres de change ne serviront que d'endossement et non d'ordre, s'il n'est daté, et ne contient le nom de celui qui a payé la valeur en argent, marchandise, ou autrement.

24. Les lettres de change endossées dans les formes prescrites par l'article précédent, appartiendront à celui du nom duquel l'ordre sera rempli, sans qu'il ait besoin de transport, ni de signification.

25. Au cas que l'endossement ne soit pas dans les formes ci-dessus, les lettres seront réputées appartenir à celui qui les aura endossées, et pourront être saisies par ses créanciers, et compensées par ses redevables.

26. Défendons d'antidater les ordres, à peine de faux.

27. Aucun billet ne sera réputé billet de change, si ce n'est pour lettres de change qui auront été fournies, ou qui le devront être.

28. Les billets pour lettres de changes fournies feront mention de celui sur qui elles auront été tirées, qui en aura payé la valeur, et si le paiement a été fait en deniers, marchandises ou autres effets, à peine de nullité.

29. Les billets pour lettres de change à fournir feront mention du lieu où elles seront tirées; et si la valeur en a été reçue, et de quelles personnes, aussi à peine de nullité.

30. Les billets de change payables à un particulier y nommé ne seront réputés appartenir à autre, encore qu'il y eût un transport signifié, s'ils ne sont payables au porteur, ou à ordre.

31. Le porteur d'un billet négocié sera tenu de faire ses diligences contre le débiteur dans dix jours, s'il est pour valeur reçue en deniers, ou en lettres de change qui auront été fournies, ou qui le devront être; et dans trois mois, s'il est pour marchandise, ou autres effets. Et seront les délais comptés du lendemain de l'échéance, icelui compris.

32. A faute de paiement du contenu dans un billet de change, le porteur fera signifier ses diligences à celui qui aura signé le billet ou l'ordre; et l'assignation en garantie sera donnée dans les délais ci-dessus prescrits pour les lettres de change.

33. Ceux qui auront mis leur aval sur des lettres de change, sur des promesses d'en fournir, sur des ordres, ou des acceptations, sur des billets de change, ou autres actes de pareille qualité, concernant le commerce, seront tenus solidairement avec les tireurs, prometteurs, endosseurs et accepteurs, encore qu'il n'en soit pas fait mention dans l'aval.

TITRE VI. — *Des intérêts du change et du rechange.*

Art. 1. Défendons aux négocians, marchands, et à tous autres, de comprendre l'intérêt avec le principal, dans les lettres ou billets de change, ou aucun autre acte.

2. Les négocians, marchands, et aucun autre, ne pourront prendre l'intérêt d'intérêt, sous quelque prétexte que ce soit.

3. Le prix du change sera réglé suivant le cours du lieu où la lettre sera tirée en égard à celui où la remise sera faite.

4. Ne sera dû aucun rechange pour le retour des lettres, s'il n'est justifié par pièces valables, qu'il a été pris de l'argent dans le lieu auquel la lettre aura été tirée; sinon le rechange ne sera que pour la restitution du change avec l'intérêt, les frais du protêt et du voyage, s'il en a été fait, après l'affirmation en justice.

5. La lettre de change, même payable au porteur, ou à ordre, étant protestée, le rechange ne sera dû par celui qui l'aura tirée, que pour le lieu où la remise aura été faite, et non pour les autres lieux où elle aura été négociée: sauf à se pourvoir par le porteur contre les endosseurs, pour le paiement du rechange des lieux où elle aura été négociée, suivant leur ordre.

6. Le rechange sera dû par le tireur des lettres négociées pour les lieux où le pouvoir de négocier est donné par les lettres, et pour tous les autres, si le pouvoir de négocier est indéfini, et pour tous les lieux.

7. L'intérêt du principal et du change sera dû du jour du protêt, encore qu'il n'ait été demandé en justice. Celui du rechange, des frais du protêt et du voyage, ne sera dû que du jour de la demande.

8. Aucun prêt ne sera fait sous gage, qu'il n'y en ait un acte pardevant notaire, dont sera retenue minute, et qui contiendra la somme prêtée, et les gages qui auront été délivrés, à peine de restitution des gages, à laquelle le prêteur sera contraint par corps, sans qu'il puisse prétendre de privilège sur les gages, sauf à exercer ses autres actions.

9. Les gages qui ne pourront être exprimés dans l'obligation, seront énoncés dans une facture ou inventaire, dont sera fait mention dans l'obigation; et la facture ou inventaire contiendra la quantité, qualité, poids et mesure des marchandises, ou autres effets donnés en gage, sous les peines portées par l'article précédent.

TITRE VII. — *Des Contraintes par corps.*

Art. 1. Ceux qui auront signé des lettres ou billets de change, pourront être contraints par corps; ensemble ceux qui y auront mis leur aval, qui auront promis d'en fournir, avec remise de place en place, qui auront fait des promesses pour lettres de change à eux fournies, ou qui le devront être; entre tous négocians ou marchands qui auront signé des billets pour valeur reçue comptant, ou en marchandise, soit qu'ils doivent être acquittés à un particulier y nommé, ou à son ordre, ou au porteur.

2. Les mêmes contraintes auront lieu pour l'exécution des contrats maritimes, grosses aventures, chartes-parties, ventes et achats de vaisseaux, pour le fret et le naulage.

TITRE VIII. — *Des Séparations de biens.*

Art. 1. Dans les lieux où la communauté de biens d'entre mari et femme est établie par la coutume ou par l'usage, la clause qui y dérogera dans les contrats de mariage des marchands grossiers ou détailleurs, et des banquiers, sera publiée à l'audience de la juridiction consulaire, s'il y en a, sinon dans l'assemblée de l'hôtel commun des villes, et insérée dans un tableau exposé en lieu public, à peine de nullité; et la clause n'aura lieu que du jour qu'elle aura été publiée et enregistrée.

2. Voulons le même être observé entre les négocians et marchands, tant en gros qu'en détail, et banquiers, pour les séparations de bien d'entre mari et femme, outre les autres formalités en tel cas requises.

TITRE IX. — *Des Défenses et Lettres de répit.*

Art. 1. Aucun négociant, marchand ou banquier, ne pourra obtenir des défenses générales de le contraindre, ou lettres de répit, qu'il n'ait mis au greffe de la juridiction, dans laquelle les défenses ou l'entérinement des lettres devront être poursuivis, de la juridiction consulaire, s'il y en a, ou de l'hôtel commun de la ville, un état certifié de tous ses effets, tant meubles qu'immeubles, et de ses dettes; et qu'il n'ait présenté à ses créanciers, ou à ceux qui seront par eux commis, s'ils le requièrent, ses livres et registres, dont il sera tenu d'attacher le certificat sous le contrescel des lettres.

2. Au cas que l'état se trouve frauduleux, ceux qui auront obtenu des lettres ou des défenses, en seront déchus, encore qu'elles aient été entérinées, ou accordées contradictoirement; et le demandeur ne pourra plus en obtenir d'autres, ni être reçu au bénéfice de cession.

3. Les défenses générales et les lettres de répit seront signifiées dans huitaine aux créanciers, et autres intéressés qui seront sur les lieux; et n'auront effet qu'à l'égard de ceux auxquels la signification en aura été faite.

4. Ceux qui auront obtenu des défenses générales, ou des lettres de répit, ne pourront payer ou préférer aucun créancier, au préjudice des autres, à peine de décheoir des lettres et défenses.

5. Voulons que ceux qui auront obtenu des lettres de répit, ou des défenses générales, ne puissent être élus maires ou échevins des villes, juges ou consuls des marchands, ni avoir voix active ou passive dans les corps et communautés, ni être administrateurs des hôpitaux, ni parvenir aux autres fonctions publiques; et même qu'ils en soient exclus, en cas qu'ils fussent actuellement en charge.

TITRE X. — *Des Cessions de biens.*

Art. 1. Outre les formalités ordinairement observées pour recevoir au bénéfice de cession de biens les négocians et marchands en gros et en détail, et les banquiers, les impétrans seront tenus de comparoir en personne à l'audience de la juridiction consulaire, s'il y en a, sinon en l'assemblée de l'hôtel commun des villes, pour y déclarer leur nom, surnom, qualité et demeure, et qu'ils ont été reçus à faire cession de biens; et sera leur déclaration lue et publiée par le greffier, et insérée dans un tableau public.

2. Les étrangers qui n'auront obtenu nos lettres de naturalité, ou de déclaration de naturalité, ne seront reçus à faire cession.

TITRE XI. — *Des Faillites et Banqueroutes.*

Art. 1. La faillite ou banqueroute sera réputée ouverte du jour que le débiteur se sera retiré, ou que le scellé aura été apposé sur ses biens.

2. Ceux qui auront fait faillite seront tenus de donner à leurs créanciers un état certifié d'eux de tout ce qu'ils possèdent et de tout ce qu'ils doivent.

3. Les négocians, marchands et banquiers, seront encore tenus de représenter tous leurs livres et registres cotés et paraphés en la forme prescrite par les articles I, II, IV, V, VI et VII du titre III ci-dessus, pour être remis au greffe des juges et consuls, s'il y en a, sinon de l'hôtel commun des villes, ou ès mains des créanciers, à leur choix.

4. Déclarons nul tous transports, cessions, ventes et donations de biens meubles ou immeubles, faits en fraude de créanciers. Voulons qu'ils soient rapportés à la masse commune des effets.

5. Les résolutions prises dans l'assemblée des créanciers, à la pluralité des voix, pour le recouvrement des effets ou l'acquit des dettes, seront exécutées par provision, et nonobstant toutes oppositions ou appellations.

6. Les voix des créanciers prévaudront, non par le nombre des personnes, mais eu égard à ce qu'il leur sera dû, s'il monte aux trois quarts du total des dettes.

7. En cas d'opposition ou de refus de signer les délibérations par les créanciers, dont les créances n'excéderont le quart du total des dettes, voulons qu'elles soient homologuées en justice, et exécutées comme s'ils avoient tous signé.

8. N'entendons néanmoins déroger aux priviléges sur les meubles, ni aux priviléges et hypothèques sur les immeubles, qui seront conservés, sans que ceux qui auront privilége ou hypothèque, puissent être tenus d'entrer en aucune composition, remise ou atermoiement, à cause des sommes pour lesquelles ils auront privilége ou hypothèque.

9. Les deniers comptans et ceux qui procéderont de la vente des meubles et des effets mobiliers, seront mis ès-mains de ceux qui seront nommés par les créanciers à la pluralité des voix, et ne pourront être vendiqués par les receveurs des consignations, greffiers, notaires, huissiers ou sergens, ou autres personnes

publiques, ni pris sur iceux aucun droit par eux, ou les dépositaires, à peine de concussion.

10. Déclarons banqueroutiers frauduleux ceux qui auront diverti leurs effets, supposé des créanciers, ou déclaré plus qu'il n'étoit dû aux véritables créanciers.

11. Les négocians et les marchands, tant en gros qu'en détail, et les banquiers, qui, lors de leur faillite, ne représenteront pas leurs registres et journaux, signés et paraphés, comme nous avons ordonné ci-dessus, pourront être réputés banqueroutiers frauduleux.

12. Les banqueroutiers frauduleux seront poursuivis extraordinairement, et punis de mort.

13. Ceux qui auront aidé ou favorisé la banqueroute frauduleuse, en divertissant les effets, acceptant des transports, ventes, ou donations simulées, et qu'ils sauront être en fraude des créanciers, ou se déclarant créanciers, ne l'étant pas, ou pour plus grande somme que celle qui leur étoit due, seront condamnés en quinze cents livres d'amende, et au double de ce qu'ils auront diverti ou trop demandé au profit des créanciers.

TITRE XII. — *De la Juridiction des consuls.*

Art. 1. Déclarons communs pour tous les siéges des juges et consuls, l'édit de leur établissement dans notre bonne ville de Paris, du mois de novembre 1563, et tous autres édits et déclarations touchant la juridiction consulaire, enregistrés en nos cours de parlement.

2. Les juges et consuls connoîtront de tous billets de change faits entre négocians et marchands, ou dont ils devront la valeur; et entre toutes personnes, pour lettres de change ou remises d'argent faites de place en place.

3. Leur défendons néanmoins de connoître des billets de change entre particuliers, autres que négocians et marchands, ou dont ils ne devront point la valeur. Voulons que les parties se pourvoient pardevant les juges ordinaires, ainsi que pour de simples promesses.

4. Les juges et consuls connoîtront des différends pour ventes faites par des marchands, artisans et gens de métier, afin de revendre ou de travailler de leur profession : comme à tailleurs d'habits, pour étoffes, passemens et autres fournitures : boulangers et pâtissiers, pour bled et farine; maçons, pour pierre,

moëllon et plâtre; charpentiers, menuisiers, charrons, tonneliers et tourneurs, pour bois; serruriers, maréchaux, taillandiers et armuriers, pour fer; plombiers et fontainiers, pour plomb et autres semblables.

5. Connaitront aussi des gages, salaires et pensions des commissionnaires, facteurs ou serviteurs des marchands, pour le fait du trafic seulement.

6. Ne pourront les juges et consuls connaitre des contestations pour nourritures, entretiens et ameublemens, même entre marchands, si ce n'est qu'ils en fassent profession.

7. Les juges et consuls connaîtront des différends à cause des assurances, grosses aventures, promesses, obligations et contrat, concernant le commerce de la mer, le fret et le naulage des vaisseaux.

8. Connaîtront aussi du commerce fait pendant les foires tenues ès lieux de leur établissement, si l'attribution n'en est faite aux juges conservateurs du privilége des foires.

9. Connaîtront pareillement de l'exécution de nos lettres, lorsqu'elles seront incidentes aux affaires de leur compétence, pourvu qu'il ne s'agisse pas de l'état ou qualité des personnes.

10. Les gens d'église, gentilshommes et bourgeois, laboureurs, vignerons et autres, pourront faire assigner pour ventes de bleds, vins, bestiaux et autres denrées procédant de leur cru, ou pardevant les juges ordinaires, ou pardevant les juges et consuls, si les ventes ont été faites à des marchands ou artisans, faisant profession de revendre.

11. Ne sera établi dans la jurisdiction consulaire, aucun procureur, syndic, ni autre officier, s'il n'est ordonné par l'édit de création du siége, ou autre édit dûment registré.

12. Les procédures de la jurisdiction consulaire seront faites suivant les formes prescrites par le titre XVI. de notre ordonnance du mois d'avril mil six cent soixante-sept.

13. Les juges et consuls dans les matières de leur compétence, pourront juger nonobstant tout déclinatoire, appel d'incompétence, prise à partie, renvoi requis et signifié, même en vertu de nos lettres de *Committimus* aux requêtes de notre hôtel ou du palais, le privilége des universités, des lettres de garde-gardienne, et tous autres.

14. Seront tenus néanmoins, si la connaissance ne leur appartient pas, de déférer au déclinatoire, à l'appel d'incompétence, à la prise à partie, et au renvoi.

15. Déclarons nulles toutes ordonnances, commissions, mandemens pour faire assigner, et les assignations données en conséquence pardevant nos juges, et ceux des seigneurs, en révocation de celles qui auront été données par devant les juges et consuls. Défendons, à peine de nullité, de casser ou surseoir les procédures et les poursuites en exécution de leurs sentences, ni faire défenses de procéder par devant eux. Voulons qu'en vertu de notre présente ordonnance, elles soient exécutées, et que les parties qui auront présenté leurs requêtes pour faire casser, revoquer, surseoir, ou défendre l'exécution de leurs jugemens, les procureurs qui les auront signées, et les huissiers ou sergens qui les auront signifiées, soient condamnés chacun en cinquante livres d'amende, moitié au profit de la partie, et moitié au profit des pauvres, qui ne pourront être remises ni modérées : au paiement desquelles la partie, les procureurs et les sergens seront contraints solidairement.

16. Les veuves et héritiers des marchands, négocians et autres, contre lesquels on pourroit se pourvoir pardevant les juges et consuls, y seront assignés, ou en reprise, ou par nouvelle action. Et en cas que la qualité, ou de commune, ou d'héritier pur et simple, ou par bénéfice d'inventaire, soit contestée, ou qu'il s'agisse de douaire, ou de legs universel ou particulier, les parties seront renvoyées pardevant les juges ordinaires, pour les régler; et après le jugement de la qualité, douaire ou legs, elles seront renvoyées pardevant les juges et consuls.

17. Dans les matières attribuées aux juges et consuls, le créancier pourra faire donner l'assignation à son choix, ou au lieu du domicile du débiteur, ou au lieu auquel la promesse a été faite, et la marchandise fournie, ou au lieu auquel le paiement doit être fait.

18. Les assignations pour le commerce maritime seront données pardevant les juges et consuls du lieu où le contrat aura été passé. Déclarons nulles celles qui seront données pardevant les juges et consuls du lieu d'où le vaisseau sera parti, ou de celui où il aura fait naufrage.

Si donnons, etc.

N° 729. — EDIT *portant création de banquiers expéditionnaires en la cour de Rome, de greffiers des arbitrages et compromis;*

syndicats et direction de créanciers, avec attribution de la qualité de notaire.

Versailles, mars 1673. (Rec. cass. — Rec. avoc. cass.) Reg. P. P., 25 mars.

PRÉAMBULE.

LOUIS, etc. Les abus qui se sont commis et commettent journellement dans les expéditions concernant l'obtention des signatures, bulles et provisions de bénéfices, et des autres actes apostoliques qui s'expédient pour nos sujets en cour de Rome et en la légation d'Avignon, étant montés à tel point, qu'on a vu débiter publiquement plusieurs rescrits de cour de Rome, faux ou altérés, et fort souvent les dispenses de mariages fausses, ce qui, non-seulement a causé de grands procès, mais même troublé le repos des consciences et renversé tellement l'état et la sûreté des familles, que nous aurions cru être obligés de nous employer sérieusement à rechercher la cause du mal, pour ensuite y appliquer les remèdes convenables. Et ayant trouvé que le désordre provenoit de ce que plusieurs particuliers, sous prétexte de matricules obtenues de nos juges et officiers, et même des personnes sans qualité ni caractère, se sont ingérés de faire cette fonction, qui s'étend aux affaires les plus importantes de notre royaume, et pour leurs peines, salaires ou vacations, exigent impunément tels et si grands droits que bon leur semble, au grand dommage et préjudice de nos sujets, tant ecclésiastiques que laïques, nous aurions cru que nous ne pouvions y apporter un remède plus certain, que de créer en titre d'offices des banquiers expéditionnaires de cour de Rome; pourquoi nous aurions fait expédier notre édit du mois de mars 1655, et icelui fait enregistrer en notre parlement, portant création de douze desdits officiers dans notre bonne ville de Paris; mais cet édit n'a point été exécuté. Ce nombre n'étant pas suffisant, et ayant été jugé nécessaire d'en établir dans les principales villes du royaume, pour sous notre autorité faire seuls, à l'exclusion de tous autres, lesdites fonctions, nous aurions aussi travaillé depuis que nous avons pris la conduite de nos affaires, à retrancher la longueur des procédures qui se faisoient en nos cours de justice, à la ruine de nos sujets, et à rechercher les moyens de faciliter promptement la discussion des biens de ceux qui par malheur de leurs affaires, se trouvent obligés de les abandonner à leurs créanciers : nous aurions reconnu que les désordres introduits par la chicane, consomment les parties en frais, et que les directeurs ou syndics, de la manière qu'il en est usé, ne servent qu'à avancer la ruine du débiteur, et celle de beaucoup de créanciers; à quoi nous prétendons pourvoir dans la suite. Mais en attendant que nous puissions parvenir à l'exécution d'un dessein si juste et si salutaire à nos sujets, nous avons résolu de rendre plus solide et plus certain l'avantage qu'ils reçoivent des arbitrages, par le moyen desquels les procès les plus embarrassés sont terminés, et la paix et l'union conservée dans les familles; et comme les arbitres se servent souvent pour greffiers de telles personnes que bon leur semble, qui, pour l'ordinaire, n'ont aucun caractère public, ni aucune fonction réglée; il arrive souvent que les parties ou leurs héritiers ne savent à qui s'adresser pour avoir les expéditions des jugemens rendus par les arbitres et pour retirer leurs productions, qui étant déposées en diverses mains, sans ordre et sans sûreté, se trouvent quelquefois égarées, diverties ou supprimées, ce qui pourroit, dans la suite, détruire l'usage des arbitrages si utile et si nécessaire au public. Les mêmes inconvéniens se rencontrent encore dans les comptes de tutelles, liquidations et autres expéditions qui se font pardevant les commissaires de nos cours en dernier ressort et autres juridictions inférieures. A quoi voulant remédier, nous avons jugé à propos de créer des offices de notaires, gardenottes, greffiers des arbitrages et syndicats et directions, avec les fonctions de notaires, gardenottes et tabellions, pour la commodité de nos sujets, lesquels seront dépositaires des pièces, procédures et productions des parties, ensemble des minutes, des sentences rendues par lesdits arbitres, des comptes, liquidations et autres actes faits et expédiés par lesdits commissaires, et des registres de délibérations des directeurs et syndics de créanciers et autres pièces des directeurs et syndicats. A ces causes, etc.

N° 730. — ORDONNANCE *qui permet l'ouverture des ports du royaume défendue par celle du 8 avril précédent.*

27 avril 1673. (Bajot.)

N° 731. — ARRÊT *du parlement portant défenses aux juges de rendre la justice sous les porches des églises, dans les cimetières et dans les cabarets.*

Paris, 28 avril 1673. (Néron, II, 770.)

N° 732. — ORDONNANCE *qui règle le nombre des musiciens et de joueurs d'instrumens que les comédiens peuvent avoir.*

Saint-Germain-en-Laye, 30 avril 1673. (De Lamare, I, 474.)

Sa majesté ayant été informée que la permission qu'elle avoit donnée aux comédiens, de se servir dans leurs représentations de musiciens jusqu'au nombre de six, et de violons ou joueurs d'instrumens jusqu'au nombre de douze pouvoit apporter un préjudice considérable à l'exécution des ouvrages de musique pour le théâtre du sieur Baptiste Lully, surintendant de la musique de la Chambre de S. M., dont le public a déjà reçu beaucoup de satisfaction ; et voulant qu'elle ait toute la perfection qu'elle en doit espérer, S. M. a révoqué la permission qu'elle avoit donnée auxdits comédiens de se servir sur leur théâtre de musiciens et de douze violons ou joueurs d'instrumens ; et leur permet seulement d'avoir deux voix et six violons ou joueurs d'instrumens ; fait S. M. très expresses défenses à toutes les troupes des comédiens françois et étrangers établies ou qui s'établiront ci-après dans sa bonne ville de Paris de se servir d'autres musiciens externes, et de plus grand nombre de violons pour les entr'actes, même d'avoir aucun orchestre, ni pareillement de se servir d'aucuns danseurs, le tout à peine de désobéissance ; veut S. M. que la présente ordonnance soit signifiée aux chefs desdites troupes, à la diligence dudit Lully, à ce qu'ils n'en ignorent, lui enjoignant S. M. de l'informer des contraventions à la présente ordonnance.

N° 733. — ÉDIT *concernant les droits de tiers et danger sur les bois de Normandie.*

Saint-Germain-en-Laye, avril 1673. (Néron, II, 129.)

PRÉAMBULE.

LOUIS, etc. Le désir que nous avons eu de procurer à nos peuples, sujets aux impositions ordinaires de notre royaume, tout le soulagement que le bon ordre et l'état de nos affaires nous a pu permettre, à cause des grandes charges qu'ils avoient supportées pendant les longues guerres que le feu roi notre très-honoré père (d'heureuse mémoire) et nous, avons été obligé de soutenir contre les ennemis de notre couronne, nous ayant porté à faire une exacte recherche des usurpations faites sur les droits et revenus de notre ancien domaine, pendant les troubles de notre royaume ; nous avons reconnu que le recouvrement et perception des droits de tiers et danger, que nous prétendions sur tous les bois de la province de Normandie, même sur ceux possédés par les bénéficiers et communautés séculières et régulières, a été tellement négligé, qu'il ne s'en trouve plus qu'un très petit nombre qui y soient assujétis, plusieurs des possesseurs desdits bois n'ayant payé aucune chose desdits droits depuis plus d'un siècle, soit par autorité ou par connivence avec les officiers de nos forêts ; de sorte que la prescription ayant lieu contre nous, comme contre nos sujets, il ne nous reviendroit chacune année aucune chose de ce droit, ou qu'une très modique somme : pourquoi nous aurions fait employer dans notre ordonnance sur le fait de nos eaux, bois et forêts, du mois d'août 1669, un chapitre de ce que nous aurions cru nécessaire au sujet desdits droits sur lesdits bois de notre province de Normandie, et par l'article VI déclaré le droit de tiers et danger, domanial, général et universel, et que tous les bois de ladite province y sont sujets, s'il n'y a titre et usage contraire, ayant prétendu que la chartre du roi Louis Hutin, de l'année 1315, l'avoit ainsi décidé ; et en conséquence, nous aurions nommé des commissaires, qui ont rendu nombre de jugemens, sur les pièces et titres produits par aucuns des possesseurs desdits bois, et par notre procureur général en la dite commission, ou ses substituts, et sur leurs conclusions, par plusieurs desquels lesdits bois ont été déclarés sujets auxdits droits, et les possesseurs condamnés à nous en restituer la jouissance de vingt-neuf années, suivant les arpentages, visites et estimations qui en seroient faites par experts ; par d'aucuns, les possesseurs ont été déchargés ; par d'autres, les instances ont été interloquées ; et par les autres, ils ont renvoyé les parties pardevers nous, pour obtenir nos lettres de confirmation de l'exemption desdits droits, sur les concessions que les rois nos prédécesseurs en avoient accordées. De tous lesquels jugemens il a été interjetté appellations, savoir par ledit procureur général, de ceux qu'il a cru blesser nos intérêts, et par les possesseurs desdits bois, de ceux par lesquels ils ont été déclarés sujets auxdits droits ; lesquels possesseurs nous ayant porté leurs plaintes desdits jugemens, qui sont fondés sur notre ordonnance du mois d'août 1669, par laquelle nous avons déclaré lesdits droits de tiers et danger, généraux et universels, quoique la chartre de Louis Hutin n'ait jamais été expliquée, entendue, ni exécutée en ce sens par nos officiers de ladite province, soit du temps de l'échiquier, et depuis l'établissement du parlement; mais au contraire que lorsqu'il est arrivé quelques contestations sur cette matière, les questions ont été toujours décidées en faveur de ceux qui rapportoient des preuves d'une possession constante, ainsi qu'il s'est toujours pratiqué avant et depuis ladite chartre, comme il est justifié par plusieurs chartres des rois nos prédécesseurs, et jugemens de nos officiers de ladite province : et ayant fait examiner cette affaire en notre conseil, nous avons reconnu, que quand même lesdits droits de tiers et danger nous appartiendroient, même la restitution d'iceux du passé, la recherche d'iceux causeroit de grands désordres dans ladite province, et la ruine entière de plusieurs familles, attendu que beaucoup desdits bois ont été donnés par les rois nos prédécesseurs, ou aumônés par des particuliers, aux évêchés, abbayes, et autres bénéfices et communautés, pour fondations et dotations d'iceux, et les autres qui sont demeurés entre les mains des particuliers, ont été partagés entr'eux, et plusieurs fois changés de main comme le reste de leur bien, sans avoir fait état de la sujétion d'iceux auxdits droits de tiers et danger; en conséquence desquels titres, les possesseurs en ont joui depuis plusieurs siècles de bonne foi, et sans y avoir jamais été troublés; que ledit recouvrement ne peut être fait qu'avec de très-grands frais et dépenses, pour l'instruction et jugement des procès pardevant les commissaires de la province, appellations en notre conseil, visite, mesurage et arpentage, estimation des bois, payement de commis, et autres employés, garde d'iceux, droits d'officiers pour les assiettes, ventes et adjudications, et plusieurs autres indispensables. Et mettant en considération les grands et notables secours que nous tirons de nos sujets de ladite province de Normandie, par les impositions ordinaires et levées extraordinaires, et voulant favorablement les traiter et leur donner des marques de notre justice et bonté royale, nous avons résolu d'accorder la décharge générale et universelle desdits droits de tiers et danger, à tous ceux qui nous les peuvent devoir, et encore du droit de stipe, qui est une maille pour livre des sommes contenues dans les contrats et obligations, dont la levée et perception n'a été établie qu'en peu de lieux, et souvent interrompue : en faisant néanmoins payer pour une fois seulement, par tous les possesseurs des bois de ladite province, sans aucun excepter, même les bénéficiers et communautés régulières et séculières, une certaine somme par chacun arpent, pour le rachat et amortissement dudit droit de tiers et danger, par ceux qui y sont sujets, et par forme de prêt par les autres, le tout pour nous aider à subvenir aux dépenses pressantes de la guerre, sans la nécessité de laquelle, nous aurions remis gratuitement à nos sujets de ladite province, lesdits droits de tiers et danger, et de stipe.

A ces causes, après avoir fait voir en notre conseil, la déclaration du roi Louis Hutin, de l'année 1315; celles de Charles V, de l'année 1376; de Charles VI de l'année 1388; de François I*er* de 1515; de Charles IX de 1571; de Henri III de 1575 et de 1583, et de Louis XIII de 1619; le chapitre concernant lesdits droits de tiers et danger, de ladite ordonnance du mois d'août 1669, et particulièrement ledit article VI; les arrêts de notre conseil, et procédures faites en conséquence; les jugemens des commissaires départis dans les généralités de ladite province et autres pièces, cahiers et mémoires qui nous ont été présentés.

De l'avis de notredit conseil, etc.

N° 754. — ARRÊT *du conseil qui supprime la chambre royale établie en faveur des médecins provinciaux à Paris* (1).

17 juin 1673. (M. Dubarle, hist. de l'université de Paris, II, 226.)

N° 755. — DÉCLARATION *sur l'édit de mars précédent portant réglement sur la conservation des hypothèques assises sur les rentes dues par le roi.*

Au camp de Maëstricht, 30 juin 1673. (Rec. cass. — Archiv.)

---

(1) De tout temps la Faculté de médecine de Paris s'étoit opposée à ce que les médecins qui n'avoient pas été reçus par elle, exerçassent dans cette ville avant d'avoir justifié, par de nouveaux examens, qu'ils en étoient dignes. Cette condition leur avoit toujours parue humiliante; ils s'étoient sans cesse efforcés de s'y soustraire, et il avoit fallu de nombreux arrêts du parlement pour les y astreindre. Cependant cet usage avoit été suivi avec peu de rigueur, et les médecins provinciaux, pour ne pas être soumis à l'examen d'une Faculté qu'ils considéroient comme leur égale, avoient établi, à Paris, une chambre à laquelle ils avoient donné le nom de *royale*, et qui étoit chargée de prononcer sur le mérite et la réception des candidats : ils avoient même obtenu, à cet effet, la sanction royale. La Faculté parisienne, alarmée de cet établissement qui lui enlevoit tout droit

N° 736. — DÉCLARATION *sur l'édit du 19 mars précédent, concernant l'usage du papier timbré.*

Au camp de Maëstricht, 2 juillet 1673. (Ord. 16, 4 A. 355.)

N° 737. — ORDONNANCE *portant défenses aux capitaines d'abandonner leurs vaisseaux sans congé pour aller coucher à terre.*

26 juillet 1673. (Cod. nav. p. 188.)

N° 738. — RÉGLEMENT *des droits et salaires des officiers des siéges de l'amirauté.*

20 août 1673. (Cod. nav., p. 192.)

N° 739. — EDIT *pour l'enrôlement des matelots dans toutes les provinces maritimes du royaume.*

Nancy, août 1673. (Ord. 16., 4 A. 458. —Valin, I, 527.) Reg. P. P. 2 septembre.

LOUIS, etc. L'établissement que nous avons fait de l'enrôlement général des matelots dans la plupart des provinces maritimes de notre royaume, et particulièrement en nos provinces de Bretagne et Provence, ayant eu tout le succès que nous en avions espéré, en sorte que nous avons à présent la satisfaction de voir que les armemens de nos vaisseaux de guerre se font avec facilité, et sans qu'il soit nécessaire de fermer les ports et d'interrompre le commerce de nos sujets, ainsi que nous étions obligés de faire avant ledit établissement, et désirant continuer à faire ledit enrôlement général dans toutes les provinces maritimes de notre royaume, afin d'être assuré du nombre des matelots et gens de mer dont nous pourrons faire état, pour servir sur nos armées navales, escadres et vaisseaux de guerre que nous mettrons en mer contre nos ennemis, ou pour assurer le commerce de nos su-

---

de contrôle, fit entendre ses plaintes, représenta la responsabilité qui pesoit sur elle, les dangers que trop d'indulgence pourroit causer, et l'arrêt du conseil du 17 juin 1673 vint supprimer la chambre royale. M. Dubarle, à qui nous empruntons ces détails, ajoute : « Cet arrêt, qui se fondoit sur ce que cette chambre étoit contraire aux articles 87 de l'ordonnance de Blois et 53 du statut universitaire de 1598, fut renouvelé en 1694 avec défenses à tout médecin étranger à l'université de Paris d'y exercer, à moins d'être approuvé par elle ou d'être attaché à la personne du roi ou des membres de la famille royale. » V. ci-après la déclaration de 1711.

jets, et tenir les mers libres de tous corsaires, pirates et forbans.

A ces causes, etc., voulons et nous plaît que l'enrôlement général des pilotes, maîtres, contre-maîtres, canoniers, charpentiers, calfats et autres officiers mariniers, matelots et gens de mer, sera incessamment fait dans toutes les provinces maritimes de notre royaume, pays, terres et seigneuries de notre obéissance, par les commissaires qui seront par nous nommés à cet effet, et en conséquence tous les officiers mariniers et matelots résidans dans les villes, bourgs et paroisses desdites provinces maritimes, seront tenus de se représenter pardevant lesdits commissaires, pour être compris dans les rôles qui en seront par eux faits et dressés. Lesdits rôles contiendront les noms de chacun desdits officiers, mariniers et matelots, leur âge, leur taille, poil et autres signes, leur demeure et profession. Lesdits officiers mariniers et gens de mer compris auxdits rôles, entreront incessamment à notre service alternativement de trois années l'une, suivant la division qui sera faite par lesdits rôles. Pendant le temps qu'ils serviront actuellement sur nos vaisseaux, ils seront payés de leur solde entière, suivant les états et rôles d'armement que nous ferons expédier, et lorsqu'ils seront à terre ils seront payés de la moitié de leur solde. Le service actuel qu'ils rendront sur nos vaisseaux sera au moins de six mois par chacun an. Voulons et entendons que le service de chacune desdites classes commence au premier jour de chaque année. Lesdites provinces maritimes seront divisées en divers départemens, en chacun desquels il y aura un commissaire de marine porteur des rôles dudit département, et quelques officiers pour prendre soin de l'exécution desdits rôles, et avertir tous les gens de mer de chaque classe lorsqu'ils seront appelés pour monter sur nos vaisseaux. Lesdits commissaires et officiers de marine auront soin de composer les équipages complets de chacun des officiers mariniers et matelots qui se trouveront dans l'étendue de leur département, en sorte que l'équipage complet d'un vaisseau se trouve dans les communautés les plus prochaines. Lors du désarmement des vaisseaux, lesdits commissaires prendront soin de faire les comptes de chacun desdits officiers mariniers, matelots et gens de mer, et les feront payer à la banque de tout ce qui leur sera dû ; et en cas que nous fussions obligés de faire passer nos vaisseaux de levant en ponant, ou de ponant en levant, et les y faire désarmer, nous leur ferons donner un mois de solde pour leur retour. Enjoignons à tous officiers mariniers, matelots et gens de mer ainsi enrôlés, de se rendre dans l'année de leur service, au port ou arsenal de marine où ils seront appelés, dix jours après la convocation qui sera faite aux prônes des messes paroissiales de leurs communautés, sinon à faute de ce faire, et ledit temps passé, voulons qu'ils soient punis comme déserteurs. Faisons défenses sous les mêmes peines à tous officiers mariniers, matelots et gens de mer enrôlés, d'aller, ni s'engager pour quelque cause que ce soit, en aucune autre navigation, ni fonction de marin pendant l'année de leur service. Défendons aussi très expressément à tous nos sujets, de quelque qualité qu'ils soient, capitaines et propriétaires de tous bâtimens de mer, d'engager aucuns desdits officiers mariniers, matelots et gens de mer, pour aucune navigation ou autre fonction de marine, dans l'année de leur service, à peine de 500 livres d'amende, pour la première fois, et de punition corporelle en cas de récidive. Voulons que les extraits desdits rôles soient envoyés dans les siéges des amirautés desdites provinces et aux greffes des communautés où lesdits officiers mariniers, matelots et gens de mer, sont habitans et domiciliés, et qu'ils soient tenus de prendre du commissaire de marine qui sera destiné pour chacun département, un billet en parchemin, contenant son nom, son âge et signal, et les années de son service, lequel lui sera délivré gratis et servira pour justifier en tous lieux les années pendant lesquelles il aura la liberté de s'engager à tout autre service qu'à celui de nos vaisseaux. Enjoignons auxdits capitaines, maîtres et propriétaires des vaisseaux, barques et autres bâtimens, de remettre aux greffes des siéges de l'amirauté desdites provinces, avant le départ de leurs bâtimens, un rôle exact de leurs équipages, à peine de 500 livres d'amende. Enjoignons pareillement à tous consuls et marguilliers des communautés et paroisses maritimes de nosdites provinces, de représenter auxdits commissaires de marine les rôles de leurs habitans, et de leur déclarer les noms de ceux qui s'appliquent à la navigation et qui en font profession, et de porter en chacun des greffes desdits siéges de l'amirauté, à la fin de chaque année, un rôle des matelots décédés dans l'étendue de leurs paroisses et communautés, et de ceux qui s'y seront nouvellement établis ou adonnés à la navigation, et aux greffiers de leur en donner une reconnoissance sans frais, et d'envoyer ensuite lesdits rôles aux commissaires de marine, résidans dans lesdits départemens, à peine de 500 livres d'amende contre les contrevenans.

Voulons aussi que les commissaires et officiers de marine de chacun département fassent une nouvelle vérification desdits rôles pendant le mois de mars de chacune année, pour en ôter les morts et les invalides, et enrôler ceux qui seront en âge, ou auront pris de nouveau quelques unes des professions servant à la marine. Défendons très expressément à tous officiers mariniers, matelots et autres gens de mer de toutes sortes de métiers et professions servant à la marine, de travailler ni agir pour quelque cause que ce soit, même à tous capitaines, maîtres ou propriétaires des vaisseaux et bâtimens de mer, de les employer avant que d'être enrôlés, à peine de cent livres d'amende pour la première fois, et de punition corporelle en cas de récidive. Et pour augmenter le nombre desdits officiers mariniers, matelots et gens de mer, nous voulons qu'à la diligence des officiers des siéges de l'amirauté de nosdites provinces maritimes, les capitaines, maîtres ou propriétaires de tous bâtimens de mer, dont l'équipage sera moindre de dix hommes, prennent en chacun voyage un jeune garçon de 15 ans et au dessous, et à l'égard des bâtimens dont l'équipage sera de plus de dix hommes, qu'ils en prennent deux, et à proportion de dix en dix qu'ils augmentent toujours d'un, à peine de cent livres d'amende contre chacun des contrevenans. Et pour donner moyen auxdits gens de mer enrolés, de vaquer à notre service avec plus de liberté, et leur départir nos grâces, nous voulons que pendant les années qu'ils seront par nous employés et seront à notre solde, ils jouissent de l'exemption du logement des gens de guerre, de guet, gardes aux portes des villes et châteaux, tutelles, curatelles, collecte de tailles, sequestres et gardes de biens et régimes de fruits, tant à l'égard de nos affaires que de celles des particuliers; faisant défenses à tous officiers, échevins et consuls des villes de les y comprendre; comme aussi nous voulons que pendant l'année de service et qu'ils recevront notre solde, ils jouissent de la surséance et suspension de toutes poursuites en leurs procès et différends civils et de toutes contraintes en leurs personnes et biens pour raison de dettes, soit qu'ils se trouvent obligés solidairement ou autrement comme cautions. Défendons à tous lesdits officiers de marine, matelots et autres gens de mer, tant des classes qu'à ceux qui seront sur nos vaisseaux, d'abandonner notre service pendant ladite année, sans congé en bonne forme de ceux qui auront pouvoir de le leur donner, à peine d'être punis comme déserteurs, suivant la rigueur de nos ordonnances.

Si donnons en mandement, etc.

N° 740. — ARRÊT *du conseil portant défenses aux greffiers, notaires, huissiers et autres, d'expédier aucuns actes si ce n'est sur papier ou parchemin timbré.*

Paris, 26 août 1673. (Archiv.)

N° 741. — ARRÊT *du conseil portant règlement général pour l'âge des juges consuls du royaume, fixé pour le premier juge consul à 40 ans, pour les autres consuls à 27 ans.*

Paris, 9 septembre 1673. (Code marchand.)

N° 742. — RÈGLEMENT *sur la manière de construire les vaisseaux de guerre.*

15 septembre 1673. (Cod. nav., p. 27.)

N° 743. — RÈGLEMENT *sur la récompense des estropiés et l'établissement des hôpitaux de la marine.*

25 septembre 1673. (Cod. nav., p. 160.)

N° 744. — ORDONNANCE *pour la punition des matelots déserteurs.*

25 septembre 1673. (Cod. nav. p. 157.)

N° 745. — RÈGLEMENT *sur la tenue du conseil de guerre de marine pour le jugement des crimes.*

25 septembre 1673. (Cod. nav., p. 156.)

N° 746. — ORDONNANCE *portant défenses d'avoir commerce avec les Espagnols et ordre de leur courir sus.*

Versailles, 19 octobre 1673. (Rec. cass.)

N° 747. — DÉCLARATION *portant règlement des audiences de la cour des aides et rétablissement des appointemens au conseil.*

Versailles, 17 novembre 1673. (Archiv.) Reg. C. des A. 7 décembre.

LOUIS, etc. Nous avons été informé que le nombre des affaires qui se portent à l'audience de notre cour des aides de Paris, est si grand qu'elles ne peuvent pas être terminées aux seuls jours ordinaires et accoutumés des audiences de notre dite cour, et que la plus grande partie demeure sans expédition ; ce qui cause de grands frais à nos sujets, et empêche que la justice ne leur soit rendue si promptement que nous le souhaiterions : et comme nous n'avons rien en plus singulière recommandation que leur soulagement et le bien de la justice, nous avons cru être obligé d'y pourvoir.

A ces causes, etc., voulons et nous plaît, que suivant l'usage de notre cour des Aides de Paris, il soit fait des rôles où seront mises toutes les appellations verbales, tant simples que comme d'abus, prises à partie des juges, et requêtes civiles, tant en matière civile que criminelle, pour être plaidées les mercredis et vendredis matin et mardis de relevée de chacune semaine, dans lesquels rôles des mardis de relevée ne pourront néanmoins être mises les requêtes civiles, appellations comme d'abus, prises à parties des juges, ni les matières qui concernent l'état des personnes durant les deux années prochaines 1674 et 1675, après le temps de chaque rôle fini, les causes qui resteront à plaider, à l'exception toutefois des appellations comme d'abus, appellations en matière criminelle, requête civile, prises à partie des juges, appellations de simples appointemens en droit, soit qu'il y ait requête à fin d'évocation du principal ou non, ou des causes qui doivent être terminées par expédient, demeureront appointées au conseil et en droit, par un réglement général, à moins que par arrêt il soit ordonné qu'elles seront mises en un rôle, si ce n'est à l'égard des requêtes civiles, que les demandeurs requièrent qu'elles fussent appointées, ce qu'ils seront tenus de faire dans le mois, auquel cas elles seront comprises dans l'appointement général, autrement elles seront mises dans le rôle suivant, sans qu'il soit fait pour raison de ce aucune interpellation ou sommation, à la charge que les requêtes civiles qui auront été ainsi appointées, soient renvoyées aux chambres où les arrêts contre lesquels elles seront obtenues, auront été rendus pour y être jugées et terminées, les appointemens seront expédiés au greffe sur les qualités du rôle, pour lesquels ne pourra être prise plus grande somme que dix sols ; pour ensuite l'instruction en être faite, et suivant la forme prescrite par notre ordonnance du mois d'avril 1667. Les audiences des mercredis et vendredis matin et mardis de relevée, seront tenues nonobstant qu'il soit veille de fête, et si les jeudis précédens sont jours de fête, l'audience du vendredi se tiendra le samedi suivant ; les audiences des mercredis et vendredis du matin, et mardis de relevée, s'ouvriront immédiatement après le jour de la Saint-Martin, et après que la première audience de notre parlement aura été ouverte, et continueront sans aucune interruption jusques à la Notre-Dame de septembre. Défendons d'interrompre l'ordre des rôles, soit par placet, avenir, ou autrement en quelque sorte que ce soit, sinon le vendredi matin seulement, que le premier président, ou celui qui présidera en son absence, pourra donner des audiences sur placets dans les affaires qu'il jugera requérir célérité, et lorsque les causes n'auront point été mises aux rôles. Voulons que les mardis matin et vendredis de relevée de chaque semaine, encore qu'il fût veille de fête, il soit donné des audiences à huis-clos en la première chambre, et les mercredis et vendredis matin aussi de chacune semaine, aux autres chambres de notredite cour, après que l'audience publique sera finie, pour toutes les demandes principales ou d'exécution d'arrêt, les affaires provisoires et d'instruction, oppositions à l'exécution des arrêts, défenses, et autres qui se trouveront requérir célérité, lesquelles pourront être plaidées par les procureurs, sans aucun ministère d'avocat, si ce n'est qu'il en ait été autrement ordonné. Seront notre ordonnance du mois d'avril 1667 et notre déclaration du mois d'août 1669 exécutées; ce faisant défendons de prendre aucuns appointemens à mettre, s'ils n'ont été prononcés à l'audience avec connoissance de cause, et après avoir été contradictoirement plaidés et non par défaut, et seulement sur les matières dont on plaidera aux audiences à huis-clos, à peine de cent livres d'amende contre le procureur qui l'aura requis, et de pareille somme contre le greffier qui l'aura expédié.

Enjoignons à nos avocats et procureurs généraux de nous donner avis des contraventions qui y seront faites; et en conséquence faisons défenses de prononcer aucuns appointemens à mettre aux audiences publiques, si ce n'est incidemment, lorsqu'en appointant au conseil ou en droit sur le principal, il y aura demande pour quelque provision. La réception d'appointement dont on sera demeuré d'accord au parquet ou à l'expédient, et dont les avocats et procureurs seront convenus, ou qu'ils auront signée sur les appellations, prises à parties et autres matières sujettes à être plaidées en l'audience publique, sera poursuivie aux audiences publiques des mercredis et vendredis matin seulement; à l'égard de ceux sur les autres matières, la réception en sera provisoire aux audiences à huis-clos des mardis matin et vendredis de relevée, si ce n'est qu'il y ait un conseiller rapporteur, qui soit de service dans une autre chambre que la première, auquel cas on se pourvoira en la chambre où le rapporteur sera de service : défendons aux procureurs de poursuivre aux audiences publiques aucunes demandes principales, requêtes, instructions, provisions ou autres matières qui doivent être plaidées ès audiences à huis-clos, si elles ne sont incidentes et connexes avec les appellations et autres matières qui doivent être plaidées ès audiences publiques, ni aussi de poursuivre ès audiences à huis-clos aucunes appellations, requêtes civiles, prises à partie des juges, et autres causes qui doivent être plaidées ès audiences publiques ; pendant le mois de septembre, depuis la Notre-Dame, et le mois d'octobre, seront données des audiences à huis-clos les mercredis et vendredis matin de chaque semaine ; pourra néanmoins le premier président ou celui qui présidera, donner aussi audience à d'autres jours suivant l'affluence des affaires, dans lesquelles audiences seront plaidées les causes et les matières seulement qui ont accoutumé d'y être portées, suivant l'usage de notredite cour. Si donnons, etc.

N° 748. — RÈGLEMENT *pour les dispenses d'âge, de service et de parenté, nonobstant les édits de décembre* 1665, *et juillet* 1669.

Versailles, 30 novembre 1673. (Néron, II, 132. — Archiv.)

PRÉAMBULE.

LOUIS, etc., Nous étant fait représenter les diverses raisons qui nous ont été déduites par les officiers de nos cours, et autres nos sujets, qui élèvent leurs enfans dans le dessein de les rendre capables d'exercer la magistrature et de rendre la justice à nos peuples, sur les réglemens que nous avons faits par nos édits des mois de décembre 1665 et août 1669, concernant l'âge pour être admis dans les offices de judicature, et les degrés de parentés et alliances, qui rendent les offices incompatibles dans une même cour et siége ; contenant que l'exécution desdits réglemens pourroit être contraire au dessein que nous avons eu de faire rendre la justice à nos peuples, avec plus de pureté qu'il n'a été fait, en n'y admettant que les officiers d'âge et d'expérience, en ce que les jeunes gens destinés à entrer dans les charges n'ayant point d'occupation pendant un nombre considérable d'années de leur jeunesse, au lieu d'acquérir la capacité et l'expérience nécessaires, peuvent se débaucher, et prendre de mauvaises habitudes, dont ils ont peine à se défaire lorsqu'ils ont l'âge nécessaire. Et considérant d'ailleurs les prodigieuses dépenses que nous sommes obligé de soutenir dans la présente guerre, pour lesquelles nous avons évité jusqu'à présent d'augmenter les impositions des tailles sur nos peuples, nous avons résolu de nous départir de l'exécution de nos réglemens et ordonnances pour un temps, et en tirer quelques secours dans l'état présent de nos affaires.

A ces causes, etc.

N° 749. — DÉCLARATION *sur l'édit de juin 1671, portant qu'il s'étendra à tous les bénéfices qui requièrent résidence.*

Saint-Germain-en-Laye, 9 décembre 1675. (Ord. 16., 4 A. 547. — Rec. cass. — Néron, II, 133.) Reg. grand conseil, 25 décembre.

LOUIS, etc. salut. Nous aurions par notre édit du mois de juin 1671 ordonné que les titulaires pourvus de cures ou de prébendes ordinaires ou théologales, dans les églises cathédrales ou collégiales ne pourront les résigner avec réserve de pensions, qu'après les avoir actuellement desservies pendant le temps et espace de quinze années, si ce n'est pour cause de maladie, et d'infirmité connue : sans que lesdites pensions puissent excéder le tiers du revenu desdites cures et prébendes, sans diminution de la somme de trois cents livres qui demeurera au titulaire, franche et quitte de toutes charges. Et quant aux pensions qui se trouveront avoir été ci-devant créées, qu'elles soient aussi réduites au tiers sans diminution desdits trois cents livres. Et quoique le motif principal de cette déclaration ait été d'empêcher que les bénéfices qui requièrent une résidence et service actuel et continuel, ne soient chargés de pensions excessives, et beaucoup au-delà d'une légitime proportion ; en sorte que les titulaires les puissent desservir avec l'assiduité et la décence convenable ; néanmoins nous avons été informés que sous prétexte que les dignités, personnats, et autres bénéfices sujets à des fonctions personnelles et réglées dans les églises cathédrales et collégiales, ne sont pas nommément compris dans ledit édit, quelques pensionnaires sur lesdites dignités prétendent que leurs pensions ne sont pas réductibles aux termes dudit édit, et empêchent par ce moyen que l'église n'en reçoive le fruit que nous avons entendu lui procurer.

A ces causes et autres considérations à ce nous mouvans; de l'avis de notre conseil qui a vu notre édit du mois de juin 1671, dont copie collationnée est ci-attachée sous le contre-scel de notre chancellerie, et de notre certaine science, pleine puissance et autorité royale, nous avons dit et déclaré, et par ces présentes signées de notre main, disons et déclarons en interprétant ledit édit, que notre intention a été qu'il ait lieu, tant pour les prébendes ordinaires ou théologales, que pour toutes les autres dignités, personnats, semi-prébendes, vicaireries, chapelles et autres bénéfices des églises cathédrales et collégiales, qui requièrent résidence, de telle dénomination et qualité qu'ils puissent être : ce faisant que les pensions ci-devant créées, et qui le seront ci-après sur les bénéfices de la qualité susdite, seront réduites au tiers des revenus, sans diminution de la somme de trois cents livres, qui demeurera aux titulaires desdits bénéfices pour leur subsistance, franche et et quitte de toutes charges. Comme aussi que les résignans ne pourront se réserver lesdites pensions qu'ils n'aient desservi lesdits bénéfices l'espace de quinze années, suivant, et au désir dudit édit du mois de juin 1671, lequel nous voulons être exécuté selon la forme et teneur.

Si donnons, etc.

N° 750. — DÉCLARATION *sur l'édit d'août 1669, portant que l'hypothèque sur les biens des comptables sera restreinte aux débets de Clair et de quittance.*

Saint-Germain-en-Laye, 11 décembre 1673. (Ord. 17. 4 B., 29. — Rec. cass. — Néron, II, 134.)

LOUIS, etc. L'abus et les désordres que nous avons trouvés dans l'administration de nos finances, lorsque nous avons bien voulu en prendre la conduite, nous ayant obligé de recourir à des moyens extraordinaires pour surmonter les mauvaises voies dont ceux qui avoient eu part à leur administration s'étoient servis pour en cacher la dissipation et la soustraire à la justice; nous avons, par notre déclaration du mois de juillet 1665, ordonné que nous serions payé des sommes auxquelles ils avoient été taxés, sur leurs biens meubles par préférence à toutes dettes et sur leurs immeubles, du jour qu'ils étoient entrés dans le maniement de nos deniers.

Mais depuis que nous avons établi nos affaires de finances dans un si bon ordre, qu'il servira d'exemple à la postérité ; que nous avons réduit les remises des recettes générales à neuf deniers pour livre, et les intérêts des prêts et avances qui nous sont faites au denier dix-huit ; nous avons remarqué que l'hypothèque établie par notre déclaration du mois de décembre 1665, pour raison des taxes volontaires, étoit entièrement contraire à la jurisprudence établie de tout temps, et empêchoit le rétablissement du crédit de nos fermiers, receveurs généraux et autres officiers engagés dans le maniement et recette de nos deniers.

Et comme nous avons déjà par notre édit du mois d'août 1669 expliqué l'hypothèque qui nous est acquise sur les biens meubles et immeubles de nos officiers comptables, et autres chargés du maniement de nos deniers ; nous avons estimé nécessaire de déclarer de nouveau sur ce point nos intentions, pour lever toutes les difficultés, et les doutes qui pourroient rester à cause de notre déclaration du mois de juillet 1665.

A ces causes, etc.

N° 751. — DÉCLARATION *pour l'établissement et hérédité de* 200 *barbiers, baigneurs, étuvistes et perruquiers de la ville et faubourgs de Paris.*

Saint-Germain-en-Laye, 14 décembre 1673. (Rec. cass.)

N° 752. — ORDONNANCE *portant que les vaisseaux anglais, suédois et danois, et ceux de toutes les autres nations neutres, seront libres dans leur navigation, aux conditions portées par ladite ordonnance.*

Saint-Germain-en-Laye, 19 décembre 1673. (Bajot. — Rec. cass. — Lebeau, I, 57.)

N° 753. — LETTRES-PATENTES *portant légitimation du duc de Maine et autres enfans naturels du roi.*

St-Germain-en-Laye, décembre 1673. (Ord. 4 A. 478.— Rec. cons. d'état.) Reg. P. P. 20 décembre.

LOUIS, etc. La tendresse que la nature nous donne pour nos enfans, et beaucoup d'autres raisons qui augmentent considérablement en nous ces sentimens, nous obligent de reconnoître Louis-Auguste, Louis-César, et Louise-Françoise, et leur donner des marques publiques de cette reconnoissance pour assurer leur état. Nous avons estimé nécessaire d'expédier à cet effet nos lettres-patentes pour déclarer notre volonté; à quoi nous nous portons d'autant plus volontiers, que nous avons lieu d'espérer qu'ils répondront à la grandeur de leur naissance, et aux soins que nous faisons prendre de leur éducation. A ces causes, etc., déclarons lesdits Louis-Auguste, Louis-César, et Louise-Françoise, nos enfans naturels : voulons et entendons qu'ils soient nommés, savoir, ledit Louis-Auguste, *duc du Maine*; Louis-César, *comte de Vexin*; et ladite Louise-Françoise, *de Nantes*. Et de notre même puissance et autorité, nous les déclarons légitimés et légitimons, et du titre de légitimation décoré et décorons lesdits Louis-Auguste du Maine, Louis-César comte de Vexin, et Louise-Françoise de Nantes. Voulons, ordonnons et nous plaît, que cy-après tant en jugement que hors icelui, et en tous actes particuliers et publics, ils soient tenus, censés et réputés, comme nous les tenons, censons et réputons pour légitimés; et qu'à cet effet ils puissent et leur soit loisible de tenir et posséder en notre royaume toutes charges, états, dignités et bénéfices, ensemble tous et chacun les biens meubles et immeubles qu'ils pourront cy-après acquérir ou qui leur pourront être donnés et délaissés, soit par nous ou par tous autres, par donation, testament, institution ou autrement; et disposer de tout, soit en faveur de leurs héritiers ou autres, en quelque sorte et manière que ce soit ou puisse être, tout ainsi que s'ils étoient nés en vrai et loyal mariage; et jouir nosdits enfans naturels de tous et semblables droits, facultés et priviléges dont les enfans naturels et légitimés des rois nos prédécesseurs ont accoutumé de jouir et user dans notre royaume. Si donnons en mandement à nos amés et féaux conseillers les gens tenant notre cour de parlement à Paris, et aussi nos amés et féaux les gens tenant la chambre des comptes audit lieu, que les présentes ils aient à registrer, et du contenu en icelles faire jouir nosdits enfans naturels nonobstant tous édits, ordonnances, déclarations, arrêts et réglemens, coutumes et usages à ce contraires, auxquels nous avons dérogé et dérogeons par ces présentes : car tel est notre plaisir. Et afin que ce soit chose ferme et stable à toujours, nous avons fait mettre notre scel à nosdites présentes. Donné à, etc.

N° 754. — ARRÊT *du conseil qui permet aux étrangers d'ac-*

quérir des rentes sur l'*Hôtel-de-Ville*, et d'en disposer comme les Français.

Saint-Germain-en-Laye, décembre 1673. (Archiv.)

N° 755. — LETTRES-PATENTES *portant érection de la seigneurie de Charost en duché-pairie, sous le nom de Béthune-Charost.*

1673. (Hen. Abr. Chr.)

N° 756. — RÈGLEMENT *sur le nombre des chaloupes et canots que chaque vaisseau doit avoir.*

12 janvier 1674. (Cod. nav. p. 104.)

N° 757. — DÉCLARATION *portant que tous les officiers qui sont compris en l'état de la maison du roi jouiront des priviléges à eux affectés.*

Saint-Germain-en-Laye, 22 janvier 1674. (Code des Commensaux.)

N° 758. — LETTRES *de provision de la charge de colonel général des Suisses, en faveur du duc du Maine.*

Saint-Germain-en-Laye, 1ᵉʳ février 1674. (Ord. 34. 4 Z. 315.)

N° 759. — DÉCLARATION *pour la marque de la vaisselle d'étain.*

Versailles, 9 février 1674. (Rec. cass. — Archiv.)

N° 760. — ORDONNANCE *portant règlement sur la procédure, vente et adjudication des prises adjugées au roi.*

Versailles, 23 février 1674. (Cod. nav. p. 196. — Lebeau, I, 60.)

Sa Majesté voulant prévenir les difficultés qui se rencontrent aux procédures et adjudications des prises faites sur les ennemis par ses vaisseaux de guerre, ou qui sont adjugées à son profit, par arrêt de son conseil, entre les intendans et commissaires généraux de marine, contrôleurs d'icelle et les officiers des siéges de l'amirauté, en ce que lesdits intendans et commissaires généraux prétendent faire les procédures des prises faites par ses vaisseaux de guerre, et les officiers de l'amirauté, au contraire, qu'ils les doivent faire, et même la vente des vaisseaux et marchandises, sans la participation desdits intendans, commissaires généraux et contrôleurs de marine; à quoi étant nécessaire de pourvoir, S. M. a ordonné et ordonne, veut et entend qu'à l'avenir les vaisseaux appartenant aux ennemis de S. M. qui seront pris par ses vaisseaux de guerre, sous le pavillon d'une armée navale, ou escadre composée au moins de quatre vaisseaux, les procédures, ventes et adjudications des vaisseaux et marchandises seront faites par les intendans et commissaires généraux de marine, servant dans les six principaux ports et arsenaux de marine de S. M., savoir: Toulon, Marseille, Rochefort, Brest, le Hâvre et Dunkerque; et à l'égard des vaisseaux qui seront pris par les vaisseaux de S. M. ou par ceux de ses sujets qui seront armés en course, les procédures en seront faites par les officiers des siéges de l'amirauté des lieux où lesdites prises seront amenées; veut S. M. que lesdits officiers de l'amirauté donnent communication des procédures auxdits intendans, commissaires généraux et contrôleurs de marine, à la première demande qui leur en sera faite; et après que les prises auront été jugées au conseil de S. M., et qu'elles auront été confisquées à son profit; elle veut pareillement que lesdits officiers de l'amirauté délivrent les vaisseaux et marchandises en espèces qui leur seront demandées par lesdits intendans et commissaires généraux ou contrôleurs de marine, sur les reçus des gardes-magasins; et à l'égard de celles qui seront vendues, que les publications en soient faites conformément aux ordonnances de S. M., en présence du contrôleur de la marine, et que l'adjudication n'en puisse être faite sans son consentement, dont il sera fait mention dans le procès verbal de vente qui sera signé par ledit contrôleur.

N° 761. — ORDONNANCE *portant que les armateurs en course donneront caution et certificateurs, et en cas qu'ils se trouvent saisis de plusieurs pavillons, seront traités comme forbans.*

Versailles, 25 février 1674. (Cod. nav. p. 197. — Lebeau, I, 59.)

N° 762. — ORDONNANCE *qui défend de convertir des étapes en argent.*

Versailles, 25 février 1674. (Réglem. et ordonn. pour la guerre.)

N° 763. — EDIT *portant que les contrats d'échange paieront les mêmes droits que ceux de vente.*

Versailles, février 1674. (Néron, II, 154.)

PRÉAMBULE.

LOUIS, etc. Quoique les abus qui se sont introduits peu à peu, et que la longueur du temps a enfin autorisés dans le public, ne soient pas moins sujets à la censure, et soient même souvent plus dangereux que les autres, toutefois il est difficile de les réformer tout d'un coup : pour ce sujet nous ayant été remontré que les contrats d'échange n'étoient devenus si fréquens entre les particuliers de notre royaume, que pour nous frustrer, aussi bien que les seigneurs féodaux et censiers des droits qui sont légitimement dus, à cause des aliénations des biens tenus en fief et en censive ; et que la pratique d'exempter des droits seigneuriaux ces sortes de contrats étoit si invétérée et devenue si universelle, que même dans quelques lieux on l'avoit fait passer en forme de loi contre notre intention et toute équité, y ayant encore plusieurs provinces et lieux de notre royaume où les échanges sont assujettis aux mêmes droits seigneuriaux que les ventes : pourquoi nous aurions commencé d'y mettre ordre par ceux d'entre lesdits contrats, que leur facilité avoit rendus plus ordinaires, où les rentes de toute nature tenoient lieu de contre-échange, que nous aurions par notre édit du mois de mai 1645 assujettis à mêmes droits que les contrats de vente, duquel édit ayant depuis ordonné l'exécution par arrêt de notre conseil du 16 juillet 1655, nous l'aurions pour certaines raisons différée pendant plusieurs années, jusqu'à ce que le nombre des fraudes s'augmentant nous aurions été obligé de faire expédier notre déclaration du vingt mars dernier, pour faire observer ledit édit, par lequel nous espérions avoir entièrement retranché les causes du mal.

Mais nous avons reconnu que ceux qui veulent acquérir s'appliquent de plus en plus à chercher de nouveaux moyens de fraude, en déguisant presque tous les contrats de vente sous le nom et l'apparence de contrats d'échange d'héritages contre d'autres héritages, quoique le vendeur qui a touché son argent, restitue par de longs circuits au véritable propriétaire les héritages qu'il a feint lui avoir été donnés par l'acquéreur, d'où naissant une infinité de procès entre nos sujets qui les consomment en frais, souvent bien plus grands que les droits qu'ils nous devroient payer et aux seigneurs dont les héritages relèvent ; nous avons cru qu'il étoit temps d'y apporter le dernier remède, en ôtant toute la différence qui reste au sujet des droits seigneuriaux entre ces deux espèces de contrats, d'où nous espérons tirer un secours considérable des seigneurs de fiefs, qui sont ceux de nos sujets les plus accommodés, qui seront récompensés des sommes qu'ils nous payeront, par la jouissance desdits droits; et par ce secours, nous soulagerons nos peuples des nouvelles levées que nous serions obligé de faire sur eux pour les dépenses pressantes et indispensables de la guerre. A ces causes, etc.

N° 764. — Edit *portant création d'un nouveau Châtelet en la ville de Paris.*

Versailles, février 1674. (Rec. cass.) Reg. C. des C., le 12 mars.

LOUIS, etc. Le désir que nous avons de faire administrer la justice dont nous sommes redevables à nos sujets, avec le plus de diligence, et le moins de frais qu'il nous est possible, nous ayant fait considérer les incommodités que le grand nombre de justices subalternes, qui sont dans notre bonne ville de Paris, cause à ses habitans, pour les conflits que l'incertitude de leurs limites, et la prévention des officiers de notre Châtelet, font souvent naître, et les longueurs qu'apportent les différens degrés de juridiction qu'il faut essuyer avant que les affaires puissent être portées en notre cour de parlement pour y être terminées, nous avons estimé n'y pouvoir apporter de remède plus utile, que de réunir toutes ces justices et même celle de notre bailliage du Palais, au siège présidial, et de la prevôté et vicomté de Paris, tenu au Châtelet, en donnant aux seigneurs ecclésiastiques qui les possèdent, des biens dont la jouissance leur soit plus utile, et réparant avantageusement la perte de ces marques d'honneur, devenues onéreuses à plusieurs d'entre eux par les sommes qu'ils sont obligés de payer pour la nourriture des enfans trouvés, et les autres frais nécessaires pour les faire exercer, indemnisant leurs officiers de ce qu'ils peuvent raisonnablement prétendre, et procurant par ce moyen l'avantage à la ville capitale de notre royaume, que la justice n'y soit rendue qu'en notre nom, et par nos seuls officiers. Mais comme elle se trouve si considérablement augmentée, particulièrement depuis notre règne, qu'il seroit impossible que les officiers de notre Châtelet pussent expédier seuls toutes les affaires qui s'y présenteront après cette réunion, nous avons trouvé à propos de créer un autre siége présidial, et de la prevôté et vicomté de Paris, avec pareil pouvoir, autorité, juridiction, que celui qui est déjà établi, pour ne faire tous deux ensemble qu'un seul et même corps, qui tiendra ses séances séparées, pour une expédition plus prompte de la justice et dont les territoires soient bornés de telle manière, qu'ils ne puissent avoir aucun sujet de contestation. A ces causes, etc. Nous avons, par le présent édit perpétuel et irrévocable, réuni et incorporé, réunissons et incorporons à la justice de notre Châtelet de Paris, le baillage de notre Palais, et toutes les justices des seigneurs qui sont dans notre bonne ville et fauxbourgs de Paris, et s'étendent dans la banlieue, sans qu'à l'avenir elles en puissent être désunies, ni rétablies pour quelque cause et sous quelque prétexte que ce soit, en remboursant tous les officiers dudit bailliage du palais, et indemnisant les possesseurs desdites justices, et leurs officiers titulaires pourvus et jouissant de leurs offices à titre onéreux de ce qui se trouvera leur être dû, suivant la liquidation qui en sera faite par les commissaires de notre conseil, qui seront par nous à ce députés; n'entendons néanmoins comprendre dans la présente réunion le dedans et enclos de notre palais et galerie d'icelui seulement; et par ce même présent édit, nous avons créé, institué, établi et ordonné, créons, instituons, établissons et ordonnons dans notre ville et faubourgs de Paris, un siége présidial et de la prevôté et vicomté de Paris, avec même pouvoir, autorité, prérogatives et prééminences que celui qui y est déjà établi, lequel siége présentement créé, sera composé d'un prevôt, d'un lieutenant-général civil, d'un lieutenant-général de police, d'un lieutenant-général criminel et d'un lieutenant particulier civil, de police et criminel, un conseiller honoraire, trente-quatre conseillers, deux clercs et trente-deux laïques, deux avocats et un procureur pour nous, cinq substituts de notredit procureur un juge-auditeur, dix-neuf commissaires, cent procureurs postulans, un commissaire des saisies réelles, un commis, un premier huissier-audiencier, dix autres huissiers audienciers, un médecin, un chirurgien, soixante huissiers à cheval et soixante sergens à verge, douze autres sergens gardes pour ledit prevôt de Paris, nouvellement créé, un concierge et garde des clefs du logement destiné pour y tenir ledit siége, et un concierge et garde des prisons, que nous avons créés et érigés, créons et érigeons en titres d'offices formés; et encore un lieutenant-général et un procureur pour nous et un greffier auquel nous attribuons en première instance la connoissance des affaires du dedans et enclos de notredit palais et galeries d'icelui, plus un receveur-payeur des gages et un receveur-payeur des épices, et pareil nombre de greffiers, clercs et commis qu'il y en a de créés et établis audit Châtelet, et conformément à notre édit du mois de mars 1673, et déclarations intervenues en interprétation d'icelui ; lesquels receveurs-payeurs, greffiers, clercs et commis, nous avons aussi créé et créons en titres d'offices formés et héréditaires, pour être auxdits offices par nous pourvu de personnes capables et suffisantes. Voulons que le siège et les officiers présentement créés ne fassent qu'un seul et même corps avec le siège et les officiers déjà établis, et jouissent des mêmes dignités, privilèges, honneurs, prérogatives, prééminences, franchises, libertés, avec les mêmes fonctions, pensions, appointemens, vacations, taxations, droits, émolumens et autres choses dont jouissent les officiers dudit Châtelet, sans qu'il y ait aucune différence entre eux, quoique le tout ne soit plus particulièrement exprimé par le présent édit, et aux gages de cinquante mille livres par chacun an, dont sera fait fonds de trois quartiers à prendre sur la recette générale de nos finances de Paris, qui sera employée dans nos états pour être distribuée à tous lesdits officiers suivant les rôles qui en seront par nous arrêtés dans notre conseil, dont les pourvus desdits offices seront payés de quartier en quartier sur leurs simples quittances. Ordonnons que, lorsque les deux sièges seront assemblés, pour quelque cérémonie ou autre occasion, les prevôt de Paris et les lieutenans déjà établis, ceux présentement créés, et les autres officiers garderont entre eux le rang de leurs réceptions, et pour les entretenir dans l'union où nos officiers doivent être pour notre service et le bien de la justice, voulons que lesdits lieutenans civil de police, criminels ou particuliers, et nos procureurs et avocats et les substituts servent alternativement et d'année en année en chacun desdits sièges, et les autres officiers dans ceux de leur établissement, et que les officiers dudit siège présentement créé, soient reçus en la forme et manière qui s'observe pour ceux du siège déjà établi. Seront les territoires desdits sièges divisés pour ladite ville, fauxbourgs et banlieue, et limités par le grand courant de la rivière de Seine ; ensorte que ce qui se trouvera du côté de notre château du Louvre et du lieu où est à présent le Châtelet et l'Arsenal, sera du territoire du siège déjà établi ; et ce qui se trouvera de l'autre côté, avec les îles du Palais, de Notre-Dame et autres îles, les ponts et les maisons étant sur iceux, jusques et compris celles bâties sur les culées desdits ponts, sera du territoire du siége présentement créé. Et à l'égard de ce qui est hors ladite ville, faubourgs et banlieue, il sera partagé par des commissaires qui seront à ce commis, également et par moitié entre les deux siéges, auxquels chacun, à son égard, nous avons attribué et attribuons toute cour et juridiction dans lesdits territoires, soit en première instance ou par appel, lorsqu'il y échéra, sans que l'un desdits siéges puisse rien entreprendre au préjudice et sur le territoire de l'autre. Voulons que les substituts de nos procureurs, commissaires, procureurs postulans, huissiers audienciers et à cheval, et sergens à verge de l'un et l'autre siége, soient distribués par moitié, pour servir à chacun desdits siéges, pour éviter la confusion et que les réglemens faits, et ceux que nous ferons ci-après pour les fonctions des officiers et administration de la justice et discipline dudit Châtelet soient communs auxdits deux siéges, et y soient gardés et observés; et en attendant qu'il ait été bâti un palais pour rendre la justice par les officiers dudit siége présentement créé, ils tiendront leurs séances et juridictions dans le lieu qui leur sera par nous destiné. Si donnons, etc.

N° 765. — ÉDIT *pour le rétablissement des officiers de police.*

Versailles, mars 1674. (Rec. cass.) Reg. P. P., 19 mars.

N° 766. — DÉCLARATION *qui fixe à 400 le nombre des procureurs du parlement de Paris.*

Versailles, 31 mars 1674. (Rec. cass.) Reg. P. P. 16 avril.

N° 767. — ARRÊT *du conseil portant que les prêteurs de deniers pour les offices des procureurs et autres, auront hypothèque spéciale et privilége sur le prix des offices, de préférence à toutes autres dettes.*

Versailles, 31 mars 1674. (Archiv.)

N° 768. — ARRÊT *du conseil portant fixation des bornes pour la nouvelle enceinte de Paris, avec défenses de bâtir au-delà, à peine de démolition et de fouet contre les entrepreneurs et ouvriers.*

28 avril 1674. (Archiv.)

N° 769. — EDIT *portant révocation de celui de mars 1673 sur les hypothèques* (1).

Versailles, avril 1674. (Rec. cons. d'état. — Rec. cass. — Archiv.) Reg. P. P. •, 16 avril.

PRÉAMBULE.

LOUIS, etc. Par notre édit du mois de mars 1673, et pour les considérations y contenues, nous aurions ordonné qu'il seroit établi en chacun bailliage et sénéchaussée des greffes des enregistremens, dans lesquels ceux qui prétendroient hypothèque pourroient former leurs oppositions pour la sûreté et conservation de leurs droits. Mais quoique nos sujets pussent recevoir de très considérables avantages de son exécution, néanmoins comme il arrive ordinairement que les réglemens les plus utiles ont leurs difficultés dans leurs premiers établissemens, et qu'il s'en rencontre dans celui-ci qui ne peuvent être surmontés dans un temps où nous sommes obligés de donner notre application principale aux affaires de la guerre, nous avons résolu de le révoquer et de faire expédier nos lettres à ce nécessaires. A ces causes, etc.

N° 770. — EDIT *portant l'établissement de l'hôtel des Invalides* (2).

Versailles, avril 1674. (Réglem. et ordon. pour la guerre.)

PRÉAMBULE.

LOUIS, etc. La paix qu'il plut à Dieu de nous donner vers la fin de l'année 1659, et qui fut conclue aux Pyrennées entre nous et le roi catholique, ayant rétabli pour lors le repos presque dans toute la chrétienté, et nous ayant délivré des soins que nous

---

(1) Voy. sur les motifs qui firent révoquer l'édit de mars 1673, les œuvres de d'Aguesseau, t. 9, p. 279. (Ed. in-8 de M. Pardessus.)
(2) D'après le P. Henault, le commencement de l'institution des Invalides eut lieu en 1671. « Le roi, dit-il, par un édit de 1674, y annexa les pensions que l'on faisoit aux oblats : ces oblats sont anciens dans l'église ; c'étoit des moines lais que le roi mettoit dans chaque abbaye de sa nomination, pour y être nourris et entretenus ; et ces oblats, pour l'ordinaire, étoient des soldats estropiés. Cet entretien fut converti en pensions que payoient les abbayes, et ces pensions, comme il vient d'être dit, furent appliquées à l'hôtel des Invalides. »

étions obligé de prendre pour la conservation de notre état, et de veiller au dehors à nous opposer aux entreprises que nos ennemis y pouvoient faire, nous n'aurions eu d'autre application pendant que ladite paix a duré, que de songer à réparer au-dedans d'icelui les maux que la guerre y avoit causés, et de corriger les abus qui s'étoient introduits dans la plupart de tous les ordres, ce qui a eu tout le succès que nous en pouvions espérer. Et comme pour accomplir un dessein si utile et si avantageux, nous avons estimé qu'il n'étoit pas moins digne de notre pitié que de notre justice de tirer de la misère et de la mendicité les pauvres officiers et soldats de nos troupes, qui ayant vieilli dans le service ou qui dans les guerres passées ayant été estropiés, étoient non-seulement hors d'état de continuer à nous en rendre, mais aussi de rien faire pour pouvoir vivre et subsister, et qu'il étoit bien raisonnable que ceux qui ont exposé librement leur vie, et prodigué leur sang pour la défense et le soutien de cette monarchie, et qui ont si utilement contribué au gain des batailles que nous avons remportées sur nos ennemis, aux prises de leurs places et à la défense des nôtres, et qui, par leur vigoureuse résistance et leurs généreux efforts, les ont réduit souvent à nous demander la paix, jouissent du repos qu'ils ont assuré à nos autres sujets, et passent le reste de leurs jours en tranquillité. Considérant aussi, que rien n'est plus capable de détourner ceux qui auroient la volonté de porter les armes d'embrasser cette profession que de voir la méchante condition où se trouveroient réduits la plupart de ceux qui s'y étant engagés et n'ayant point de bien, y auroient vieilli, ou été estropiés, si l'on n'avoit soin de leur subsistance et entretenement, nous avons pris la résolution d'y pourvoir. Et quoique nous y ayons ci-devant, à l'exemple des rois nos prédécesseurs, tâché d'adoucir la misère desdits estropiés, soit en leur accordant des places de religieux lais dans les abbayes et prieurés de notre royaume, qui de tout temps leur ont été affectées, soit en les envoyant, comme nous avons fait, dans nos places frontières pour y subsister et y être entretenus au moyen de la solde que nous leur avions ordonnée ainsi qu'aux autres soldats de nos troupes. Néanmoins comme il est arrivé que la plupart desdits soldats, préférant la liberté de vaquer à tous ces avantages après avoir les uns composé et traité desdites places de religieux lais dont ils étoient pourvus, les autres quitté et déserté lesdites places frontières, sont retombés dans leur première misère, nous aurions jugé à propos, pour apporter remède à ce mal de recourir à d'autres moyens; et, après en avoir fait examiner plusieurs qui nous ont été proposés sur ce sujet, nous n'en avons pas trouvé de meilleur que celui de faire bâtir et construire en quelque endroit commode, et proche de notre bonne ville de Paris, un hôtel royal d'une grandeur et espace capable d'y recevoir et loger tous les officiers et soldats, tant estropiés que vieux et caducs de nos troupes, et d'y affecter un fonds suffisant pour leur subsistance et entretenement; à l'effet de quoi, et pour suivre un si pieux et louable dessein et mettre la dernière main à un ouvrage si utile et important, nous avons donné nos ordres pour faire bâtir et édifier ledit hôtel royal au bout du faubourg Saint-Germain de notre bonne ville de Paris, à la construction duquel l'on travaille incessamment, au moyen du fonds de deux deniers par livre que par arrêt du conseil d'état du 12 mars 1770, nous avons ordonné aux trésoriers, tant de l'ordinaire que de l'extraordinaire de la guerre et cavalerie légère, de retenir par leurs mains, sur toutes les dépenses généralement qu'ils feront du maniement des deniers de leurs charges, pour être ce fonds de deux deniers pour livre employé, tant à la construction dudit hôtel, qu'à le meubler convenablement; de sorte que ledit hôtel étant déjà fort avancé et presqu'en état de loger lesdits officiers et soldats estropiés, vieux et caducs, il ne reste plus qu'à pourvoir à les y faire subsister commodément et aux autres choses concernant le bon ordre et discipline que nous désirons être gardés dans ledit hôtel.

Savoir faisons que pour ces causes, etc.

N° 771. — Edit *portant révocation des déclarations des 19 mars et 2 juillet 1673, concernant les formules et établissement d'un droit sur le parchemin et le papier qui se fabriquent dans le royaume.*

Versailles, avril 1674. (Rec. cass.)

N° 772. — Déclaration *portant révocation des permissions générales d'imprimer.*

Au camp devant Dôle, 4 juin 1674. (Archiv. — Rec. cass.) Reg. P. P. 5 juillet.

LOUIS, etc. L'abus que l'on a fait en plusieurs occasions de la liberté que nous avons accordée à certaines communautés et à quelques particuliers de faire imprimer les livres dont ils auroient besoin, ou qu'ils pourroient composer, nous obligeant d'en arrêter le cours ainsi que le bien de l'Eglise, celui de notre service et l'honneur des sciences le désirent. A ces causes, etc., révoquons toutes lettres patentes, arrêts de notre conseil et autres donnés en faveur de toutes communautés et personnes ecclésiastiques et séculières, de quelque qualité et dignité qu'elles puissent être, et sous quelque prétexte que ce soit, portant permissions générales de faire imprimer les livres dont ils auront besoin, ou qu'ils auront composé, leur défendons de s'en aider à l'avenir, et à tous imprimeurs d'imprimer aucuns livres en conséquence desdits priviléges, à peine de cinq cents livres d'amende, et d'être déclarés incapables de leur profession, et à tous marchands libraires de les débiter, à peine de confiscation et de même amende, applicable, moitié aux hôtels-Dieu, et l'autre moitié aux hôpitaux généraux des lieux où lesdits livres seront débités. Voulons qu'à l'avenir il ne soit expédié aucunes permissions générales pour faire imprimer toutes sortes de livres, en faveur de quelque communauté ou personne particulière que ce puisse être; défendant à nos cours de parlement, bailiis, sénéchaux et autres nos officiers auxquels la connoissance de la police appartient d'en donner aucunes : ordonnons que chaque permission portera nommément le titre du livre, pour l'impression duquel elle sera expédiée ; n'entendons néanmoins déroger par ces présentes aux priviléges que nous avons ci-devant accordés aux archevêques et évêques de notre royaume pour l'impression des missels, bréviaires et autres livres d'église dont ils ordonnent l'usage dans leurs diocèses, et aux ordres et communautés religieuses, qui seront exécutés et pourront être renouvelés ou accordés à ceux qui en auront besoin, ainsi qu'il s'est ci-devant pratiqué pour lesdits livres d'église seulement.

Si donnons, etc.

N° 773. — RÈGLEMENT *sur la tenue du conseil de guerre maritime pour le jugement des crimes.*

5 juin 1674. (Archiv.)

N° 774. — ORDONNANCE *portant défenses aux capitaines commandant les vaisseaux de l'état de laisser ou envoyer aucune prise faite, dans les ports étrangers.*

Au camp devant Dôle, 6 juin 1674. (Lebeau, I, 62.)

N° 775. — RÉGLEMENT *sur les fonctions du prevôt général de la marine et ses lieutenans.*

7 juin 1674. (Cod. nav., p. 158.)

N° 776. — LETTRES-PATENTES *portant rétablissement du parlement à Dôle* (1).

Au camp de Loye, 17 juin 1674. (Rec. d'édits parlem. de Besançon.)

N° 777. — LETTRES-PATENTES *portant érection d'une académie royale des belles-lettres à Soissons* (2).

Au camp devant Dôle, juin 1674. (Blanchard, 2274.— Hen. Abr. Chr.) Reg. P. P.. 27 juin 1675.

N° 778. — ORDONNANCE *portant que toutes les procédures concernant les prises seront faites à la requête des procureurs du roi des amirautés, et à la diligence des contrôleurs de la marine.*

25 août 1674. (Code nav. p. 198.— Lebeau, I, 65.)

---

(1) Transféré à Besançon par lettres-patentes du 22 août 1676. Au retour de la conquête de la Franche-Comté, le parlement étant venu complimenter le roi, l'avocat général Talon, après la harangue du premier président, au lieu de saluer simplement le roi en passant, comme c'étoit l'usage, le harangua. Les gens du roi se sont maintenus dans cette possession. (Hen:, *Abr. Chr.*)

(2) Nous croyons que cette académie fut la première établie en province par lettres-patentes. Voici les dates d'érection des diverses académies du même genre, d'après une note de M. Villenave insérée dans la Revue Encyclopédique (t. XLI, p. 793) :

Soissons, 1674; Nimes, 1682; Angers, 1685; Villefranche en Beaujolais, 1695; Caen, 1705; Montpellier, 1706; Bordeaux, 1712; Pau, 1720; Lyon, 1724; Béziers, 1725; Marseille, 1726; La Rochelle, 1732; Arras, 1737; Dijon, 1740; Montauban, 1744; Rouen, 1744; Toulouse, 1746; Clermont-Ferrand, 1747; Auxerre, 1749; Amiens, 1750; Nancy, 1750; Besançon, 1752; Châlons-sur-Marne, 1759; Metz, 1760; Cherbourg, 1775.

Académies de peinture, sculpture et architecture : Bordeaux, 1696; Toulouse, 1750; Poitiers, Besançon.

Sociétés royales d'agriculture: Alençon, Beauvais, Lyon, Le Mans, Nantes, Orléans, Rouen, Soissons, Villefranche, etc.

Académie royale de Marine : Brest.

Sociétés académiques sous diverses dénominations : Arles, Carentan, Milhau, Mortain, Rhodez, etc.

Quant aux académies française, des sciences, des inscriptions et belles-lettres, etc. établies à Paris, nous avons rapporté à leur date les actes de leur fondation.

N° 779. — LETTRES-PATENTES *pour la convocation du ban et arrière-ban.*

Versailles, 11 août 1674. (Rec. cass.)

LOUIS, etc. Les heureux succès que nos armes ont eus contre les états-généraux des provinces unies des Pays-Bas, nos ennemis déclarés, ayant donné de la jalousie au roi catholique, il les auroit non seulement assisté de tout son pouvoir, bien qu'il n'eût aucun intérêt de se mêler dans cette guerre, mais aussi il auroit recherché et sollicité l'empereur, et quelques princes de l'empire d'y prendre part avec lui; et ensuite, après les y avoir engagé et s'être ligué avec eux et avec lesdits états généraux, il nous auroit ouvertement déclaré la guerre, dans l'espérance, sans doute, que, rompant ainsi les traités de paix faits entre la France et l'Espagne, et nous suscitant en même temps de si puissans ennemis, il arrêteroit le cours des progrès de nos armes contre lesdits états-généraux, et tireroit lui même de grands avantages de cette guerre; et quoique jusqu'ici nous ayons, avec nos seules forces, assistées de la puissance divine, non seulement résisté à leurs efforts et empêché les entreprises qu'eux et ceux qui sont ligués avec eux ont tenté de faire sur notre état, mais aussi remporté sur eux des victoires considérables, soit par la défaite d'aucunes de leurs troupes, soit par la prise de quelques places, même par la conquête d'une province entière, par le moyen de laquelle ils pouvoient nous faire le plus de mal, s'ils l'eussent pu conserver; néanmoins quoique des succès si glorieux, joints à la justice de notre cause, nous dussent faire espérer de continuer à résister à tant de forces unies ensemble, ayant été bien avertis que plusieurs princes de l'empire, sous prétexte de la liberté d'icelui et du repos de l'Allemagne, et au préjudice du traité de paix de Westphalie et de ceux que nous avons avec eux en particulier, se mettent en devoir de lever des troupes pour les joindre à celles de l'empereur, et faire irruption dans nos états, nous nous trouvons obligés de recourir aux moyens les plus assurés pour nous y opposer; et comme le meilleur et le plus prompt que nous puissions trouver dans un besoin si pressant est celui d'employer notre noblesse, nous avons résolu de la convoquer dans notre province de..... par la forme accoutumée du ban et arrière-ban, étant bien persuadé par l'intérêt qu'elle doit avoir pour la gloire de cette monarchie et le maintien de notre autorité, ainsi que pour son avantage particulier, qu'elle ne se portera pas avec moins de zèle et d'affection pour notre service en cette rencontre qu'il a été fait pour celui de feu roi, notre très honoré seigneur et père, et des rois nos prédécesseurs, qui ont été toujours assistés et servis par la noblesse en de pareilles occasions, et tout ainsi qu'a fait la noblesse de nos provinces de Guyenne, Poitou, Aunis et Bretagne, depuis le commencement de cette campagne, pour garantir nos côtes desdites provinces des descentes et entreprises que les Hollandois avoient médité d'y faire faire par leur flotte. Savoir faisons que pour ces causes, etc., nous mandons et ordonnons, et très expressément enjoignons par ces présentes, signées de notre main, à tous nobles, barons, chevaliers, écuyers, vassaux et autres tenant de nous des fiefs et arrières fiefs sujets à notre ban et arrière-ban, de notredite province de.... qu'ils aient, toutes excuses cessantes, sur peine de saisie et confiscation de leursdits fiefs, à se mettre en armes, monter et équiper selon qu'ils sont tenus et obligés de faire pour notre service, et se trouver prêts aux jours et aux lieux qui leur seront désignés par le gouverneur et notre lieutenant général en ladite province pour, sous le chef qui sera choisi d'entre eux pour les commander suivant la forme accoutumée, aller joindre le corps de troupes que commande le sieur marquis de Rochefort, sur la Meuse, et nous y servir, tant sous son autorité que celle des autres officiers généraux sous lui dans ledit corps de troupes, et ce, durant le temps de deux mois, du jour qu'ils y seront arrivés, pour après, et selon les ordres que nous leur en donnerons ou ferons donner, s'en retourner dans ladite province de..... et se retirer chacun chez soi en bon ordre et sans être à charge au peuple, le tout à peine aux défaillans d'y être contraints (comme dit est) par la saisie et confiscation de leur fief, et en outre d'être procédé contre eux selon la rigueur des ordonnances; et par ce qu'il y a apparence, vu la mauvaise volonté de nos ennemis, envieux de nos propriétés, que se voyant en grand nombre ils pourront, dans l'espérance de réparer leurs pertes, et de tirer de leur union de grands avantages, faire durer long-temps la guerre, et que pour cette considération nous désirons épargner notre noblesse et ne la pas faire marcher toute entière chacune des années que pourroit durer cette guerre. Nous voulons et entendons qu'il n'y ait que la moitié de ceux qui sont sujets audit ban et arrière-ban qui soit convoquée pour marcher incessamment et joindre ledit corps de troupes; nous contentant que l'autre moitié de notredite noblesse se prépare et soit en état de marcher seulement la cam pagne qui vient, au premier ordre qu'elle en recevra. Si donnons, etc.

N° 780. — DÉCLARATION *portant réglement pour le partage des deux Châtelets.*

Versailles, août 1674. (Rec. cass.) Reg. P. P., 27 août.

LOUIS, etc. Par notre édit du mois de février dernier, nous avons réuni à la justice de notre châtelet de Paris, celle du bailliage de notre palais, et toutes les autres justices qui étoient dans notre bonne ville et faubourgs de Paris et s'étendent dans la banlieue d'icelle, et par le même édit, nous avons créé et érigé un siége présidial de la prevôté et vicomté de Paris, avec même pouvoir, autorité, prérogatives et prééminences que celui qui y est déjà établi; mais bien que par l'établissement qui a été fait dudit siége, nos sujets habitans de notre bonne ville, faubourgs et banlieue de Paris, trouvent bien plus de facilité d'avoir justice, et plus prompte expédition que par le passé, ce ne seroit pas satisfaire entièrement à nos intentions, si nous ne procurions les mêmes avantages dans tout le ressort de la prevôté et vicomté de Paris et à tous ceux qui ont droit de plaider au Châtelet ; et comme il est important pour la commodité et le repos de nos sujets et même pour empêcher toutes contestations entre les officiers des deux sièges, de régler et partager entr'eux toutes les affaires dont la connoissance appartient à notre Châtelet de Paris. A ces causes, etc. Nous avons déclaré, statué et ordonné, déclarons, statuons et ordonnons le réglement qui suit.

ART. 1er. Que les territoires des deux siéges du Châtelet de Paris, pour la campagne, et pour toute la prevôté et vicomté de Paris, Ile-de-France, et la province de Normandie seront divisés par le courant de la rivière de Seine, ainsi qu'il est porté par le dit édit, pour la ville et faubourgs de Paris, en sorte que ce qui est du côté du Louvre, de l'Arsenal et du lieu ou est à présent établi l'ancien Châtelet, sera de son territoire et de sa juridiction ; et ce qui est de l'autre côté de l'eau avec les îles et les ponts, maisons bâties sur les dits ponts, et sur les culées d'iceux, sera du territoire et juridiction d'un nouveau Châtelet, le tout tant pour le civil que pour le criminel et pour quelque matière que ce puisse être.

2. Les appellations des prevôtés, châtellenies, et autres justices qui ressortissent au Châtelet de Paris, seront portées à celui des Châtelets, dans l'étendue du quel les principaux siéges desdites prevôtés, châtellenies et autres justices se trouveront situées.

3. Pour éviter la confusion que pourroit causer le concours du privilége du scel du Châtelet, attributif de juridiction, voulons que le territoire soit pareillement divisé et que toutes les assignations qui seront données en vertu du scel du Châtelet de Paris à des personnes domiciliées dans les provinces de l'Ile-de-France, et de Normandie, pour ce qui est du côté de la rivière de Seine, du ressort de l'ancien Châtelet, Soissonnais, Champagne, Picardie, Artois, Flandre, Bourgogne, Lionnois, Forêz, Auvergne, ressort des cours de parlement de Provence, Dauphiné et Metz, soient données au siége de l'ancien Châtelet; et *que les assignations qui seront données dans l'autre portion de* l'Ile-de-France et de la Normandie, qui sont de l'autre côté de la rivière, les provinces de Beauce, Orléannois, le Perche, Touraine, Anjou, le Maine, Poitou, Angoumois, Bourbonnais, Nivernois, Berry, et les ressorts des cours de parlement de Toulouse, Bordeaux, Pau et Bretagne soient données au siége du nouveau Châtelet.

4. La qualité de conservateur des priviléges de l'université de Paris appartiendra pareillement aux deux prevôts de Paris et maîtres officiers desdits siéges, voulons à cet effet que l'ordre établi par le précédent article, soit observé pour les causes qui sont attirées au Châtelet en vertu des priviléges des écoliers jurés et autres suppôts de l'université.

5. Les communautés et autres qui ont titre de garde-gardienne au Châtelet de Paris, les officiers et autres personnes qui y ont leurs causes commises seront tenus d'employer dans les assignations qu'ils y feront donner, auquel des deux siéges du Châtelet, la personne qu'ils feront assigner aura à comparoir, qui sera celui du domicile de la partie assignée.

6. Ce que dessus aura lieu en toutes assignations en première instance qui seront données, dans lesquelles le défendeur originaire sera assigné au Châtelet, dans le territoire duquel sera son domicile, soit dedans ou dehors la ville de Paris. N'entendons néanmoins comprendre dans le présent article les demandes en sommation et autres incidens, à l'égard desquels la disposition de notre ordonnance de 1667 sera suivie.

7. Quand celui qui auroit droit de plaider au Châtelet aura été assigné devant un autre juge, et qu'il voudra user de son privilége et venir plaider au Châtelet, le renvoi de la cause se fera au siége du Châtelet dans le ressort duquel il sera demeurant.

8. Tout ce que dessus aura lieu, non seulement quand les deux parties seront domiciliées hors la ville de Paris, mais aussi quand l'une des parties sera demeurante dans la ville de Paris, ou en quelqu'autre lieu du royaume que ce soit.

9. Si des cohéritiers dans une même succession sont demeurans dans l'un et l'autre des territoires desdits deux siéges, les assignations pour demandes en partages et pour autres demandes en qualité d'héritier, seront données, et la connaissance appartiendra au châtelet dans le territoire duquel étoit le domicile de celui de la succession duquel il s'agira; si toutefois les héritiers étoient tous demeurans dans un même territoire, et la succession ouverte de l'autre, on suivra le domicile des héritiers.

10. Les contestations qui naîtront en conséquence des saisies et arrêts faits entre les mains de divers débiteurs, locataires, fermiers ou autres demeurans dans les territoires des deux siéges, et les instances de préférence seront portées au siége du châtelet dans le territoire duquel sera domicilié le débiteur sur lequel lesdites saisies mobilières auront été faites.

11. Toutes les saisies réelles d'héritages, offices, rentes sur la ville, ou autres immeubles qui seront saisis en vertu d'une sentence, seront poursuivies, et l'adjudication par décret en sera faite au siége dans lequel ladite sentence aura été rendue, et le prix en provenant distribué audit siége entre les créanciers.

12. Les saisies réelles de maisons, ou héritages, faites en vertu d'obligations, contrats, ou autres actes passés pardevant notaire seront poursuivis dans celui des siéges du châtelet dans le territoire duquel les héritages sont situés; et à l'égard des offices, rentes sur la ville de Paris, ou autres rentes constituées qui seront saisies réellement en vertu de contrats ou obligations, la vente et adjudication par décret en sera faite à celui des siéges dans le territoire duquel la partie saisie se trouvera avoir eu son domicile au temps de la saisie réelle.

13. La connaissance des affaires pendantes à l'ancien Châtelet, lesquelles, aux termes de la présente déclaration, sont du ressort et compétence du nouveau Châtelet, appartiendra audit siége du nouveau Châtelet, et en conséquence voulons que l'arrêt de notre conseil du 18 avril dernier soit exécuté selon sa

forme et teneur, pour la ville, faubourgs et banlieue, ressort de la prevôté et vicomté de Paris, et tout le reste du royaume suivant le partage ci-dessus, sous les peines contenues audit arrêt.

14. Les officiers qui servent dans les deux siéges et qui n'ont été reçus que dans l'un d'iceux, occuperont comme s'ils avoient été reçus dans lesdits deux siéges; et afin de conserver l'égalité et empêcher la confusion qui pourroit naître à l'avenir à cause des réceptions desdits officiers, voulons qu'il soit fait deux listes de tous lesdits officiers, chacune de nombre égal, pour être les uns reçus à l'ancien et les autres au nouveau Châtelet; et quand lesdits offices viendront à vaquer, ceux qui en seront pourvus seront reçus aux siéges auxquels ils auront été destinés; et néanmoins, que tous ceux qui seront pourvus des charges nouvellement créées par notre édit du mois de février dernier, soient reçus pour la première fois au nouveau Châtelet seulement, et ceux créés par notre déclaration du. . . . . jour . . . . dernier seront reçus au siége pour lequel ils sont destinés.

15. Les lieutenans civil, criminel et particuliers, nos procureurs et avocats du nouveau Châtelet, serviront au siége de l'ancien Châtelet, et y entreront le lundi 22 octobre de la présente année 1674, jour de l'ouverture de la plaidoirie après les vacations, et le même jour, les semblables officiers de l'ancien Châtelet entreront au siége du nouveau, dans lequel ils serviront jusqu'à pareil jour de l'année suivante qu'ils retourneront à l'ancien, et ainsi successivement d'année en année; le changement desdits officiers se fera au jour de l'ouverture du Châtelet.

16. Les lieutenans civil, criminel et particulier en changeant de siége ne pourront plus demeurer rapporteurs d'aucuns procès dont la connoissance appartenoit audit siége, ni continuer l'instruction d'aucuns procès civils ou criminels, et le tout sera remis au greffe, en quelque état que les affaires se trouvent.

17. La connoissance de tout ce qui concerne les corps des marchands, arts et métiers, maîtrises, jurandes, et de la police générale et particulière, appartiendra à nos deux procureurs dans lesdits siéges du Châtelet, concurremment dans toute l'étendue de la ville, faubourgs et banlieue de Paris; et néanmoins toutes les fonctions qui en dépendent seront faites par l'un d'eux seulement, lesquelles fonctions ils exerceront alternativement de

mois en mois, conformément à l'arrêt de notre conseil du 15 mai dernier.

18. Toutes les audiences des causes qui doivent être plaidées en la chambre de notre procureur seront portées devant celui qui sera en mois, en quelque lieu que les saisies aient été faites, lequel tiendra cette audience dans la chambre du siége dans lequel il servira.

19. Les procès criminels et autres intentés pardevant notre lieutenant général de police, seront poursuivis à la diligence de celui de nos procureurs à la requête duquel ils auront été commencés, bien que l'instruction en fût continuée durant les mois qu'il ne fut plus en fonction de la police; et au surplus, sera ledit arrêt exécuté selon sa forme et teneur.

Si donnons, etc.

N° 781. — DÉCLARATION *sur l'édit du 16 juillet 1669, contenant réglement pour la consignation du prix des ventes qui se font dans les directions pour les dépôts, etc.*

Versailles, 1ᵉʳ septembre 1674. (Rec. cass.)

N° 782. — LETTRES *de cachet pour l'exemption accordée aux bourgeois de Paris de la convocation du ban et arrière-ban.*

Versailles, 9 septembre 1674. (Rec. cass.)

Très chers et bien amés, ayant eu bien agréables les très humbles remontrances que vous nous avez faites, à ce qu'en conséquence des priviléges qui vous ont été accordés par les rois nos prédécesseurs, et que nous avons confirmés par nos lettres-patentes du mois de mars 1669, il nous plût vous exempter du ban et arrière-ban convoqué en diverses provinces de notre royaume en vertu de nos lettres-patentes du 12 août dernier, et étant bien aise de vous gratifier et traiter favorablement en toutes occasions, nous ordonnons à notre prevôt de Paris ou en son absence à ses lieutenans, et à nos amés baillifs et sénéchaux et autres nos justiciers et commissaires de notre ban et arrière-ban, de vous faire jouir de ladite exemption du ban et arrière-ban et d'empêcher qu'à l'occasion d'icelui aucuns de vous ne soient inquiétés ni troublés, en quelque sorte et manière que ce soit, et qu'en cas que pour raison de ce, il eut été fait quelques saisies sur vos fiefs ou arrières fiefs, ils vous en fassent pleine et entière main-levée, ce que nous avons bien voulu vous faire savoir par cette lettre et vous assurer en même temps de la continuation de notre affection.

N° 783. — ORDONNANCE *portant règlement pour le rang que les compagnies de la noblesse et autres convoquées au ban et arrière-ban devront garder entre elles.*

Versailles, 12 septembre 1674. (Réglem. et ordonn. pour la guerre.)

N° 784. — ARRÊT *du conseil portant qu'il sera sursis au jugement de toutes affaires et procès civils de ceux appelés dans le ban et l'arrière-ban.*

Versailles, 12 septembre 1674. (Archiv.)

N° 785. — DÉCLARATION *pour la vente et distribution du tabac dans le royaume.*

Versailles, 27 septembre 1674. (Archiv.) Reg. C. des A., 29 novembre.

LOUIS, etc. L'usage du tabac étant devenu si commun dans tous les états, qu'il a donné lieu à la plupart des princes voisins de faire de ce commerce l'un de leurs principaux revenus, nous avons cru que nous pouvions nous en établir un semblable dans nos états par le débit de tabac : et nous avons trouvé la proposition qui nous a été faite d'autant plus raisonnable, que ce n'est point une denrée nécessaire pour la santé ni pour l'entretien de la vie, et que c'est toujours un moyen de soulager nos peuples d'une partie des dépenses extraordinaires de la présente guerre, par le secours que nous espérons tirer du privilége de vendre cette marchandise, outre que le prix n'en sera point augmenté par la vente en détail, et que d'ailleurs le commerce au dehors en demeurant libre, nos sujets seront toujours en état de faire valoir leurs établissemens, tant dedans le royaume que dans les îles françaises de l'Amérique, et de tirer par leurs mains l'utilité de ce commerce. A ces causes, etc. Voulons et nous plaît : que tout tabac du crû de notre royaume, îles françaises de l'Amérique, tabac mastiné du Brésil, et autres venant des pays étrangers, en feuille, rouleau, corde, en poudre, parfumé et non parfumé, ou autrement, de quelque sorte et manière que ce soit, sera à l'avenir vendu et débité, tant en gros qu'en détail, par ceux qui seront par nous préposés au prix que nous avons fixé ; savoir, celui du crû du royaume à vingt sous, et celui du Brésil quarante sous la livre. En conséquence, faisons très expresses inhibitions et défenses à tous autres, de quelque qualité et condition qu'ils soient, de vendre ni débiter, trois mois après la publication des présentes, aucun tabac en feuille, poudre, corde, ou autrement, soit en gros ou en détail, à peine de mille livres d'amende pour la première fois, et de punition corporelle pour la seconde. Permettons néanmoins à nos sujets marchands, et à toutes autres personnes d'apporter dans le royaume toutes sortes de tabacs, à condition d'en payer les droits d'entrée, et de les vendre à ceux qui seront par nous préposés, à peine de confiscation et de deux mille livres d'amende. Voulons que tous les marchands, tant en gros qu'en détail qui se trouveront chargés de tabac, soient tenus trois jours après ladite publication, de faire leurs déclarations aux bureaux qui seront établis, de leur quantité et qualité, pour être lesdits tabacs marqués, pesés et inventoriés : et passé lesdits trois mois, la quantité qui leur restera dudit tabac en corde et en feuille seulement, sera prise par les préposés sur le pied de l'achat sans fraude, moyennant qu'il soit bon, loyal et marchand. à l'exception toutefois du tabac qui se trouvera dans les ports de mer lors de la publication des présentes, que les marchands seront tenus de vendre de gré à gré aux préposés ou leurs commis, si bon leur semble, sinon leur sera loisible de le transporter hors du royaume. Révoquons tous les priviléges que nous pourrions avoir ci-devant accordés pour la vente dudit tabac et mastinage d'icelui, tant en gros qu'en détail, même l'imposition de cinq sous pour livre sur ledit tabac, accordée en faveur des hôpitaux d'Aix, Marseille et Toulon, sauf à leur être par nous pourvu pour le temps qui leur reste encore à jouir dudit privilége.

Si donnons, etc.

N° 786. — EDIT *portant établissement de bureaux publics dans tout le royaume pour le dépôt des meubles et autres effets mobiliers saisis et déplacés faute de gardiens capables d'en répondre,*

Versailles, septembre 1674. (Ord. 17, 4 G. 200.— Rec. cass. — Archiv.)

PRÉAMBULE.

LOUIS, etc. L'application si particulière que nous avons apportée depuis plusieurs années à empêcher qu'il ne se glissât des abus dans l'exécution des ordres de la justice, nous ayant donné lieu d'examiner les plaintes réitérées qui nous ont été faites en divers temps des désordres que commettent très fréquemment les huissiers, sergens et archers, dans l'enlèvement des chevaux, bestiaux, marchandises et généralement tous autres effets mobiliers qui sont saisis et mis sous notre main par ordonnance de justice, et ensuite déplacés et transportés faute de gardiens suffisans et capables d'en répondre, nous avons reconnu que tout ce désordre provient principalement de l'affectation qu'ont souvent lesdits huissiers ou sergens de choisir pour séquestre ou commissaire à la garde des choses saisies des gens de néant, qui se trouvent presque toujours leurs parens ou amis, inconnus aux parties, et pour l'ordinaire sans biens, sans domicile et entièrement insolvables : ainsi les parties saisies n'ayant aucune sûreté ni aucun lieu certain où elles puissent recourir pour retirer les choses exécutées, il arrive, non-seulement que leurs chevaux et bestiaux dépérissent, faute de nourriture, entre les mains de ces sortes de gardiens, mais même que par cette insolvabilité des séquestres, elles demeurent exposées à l'entière perte, ou du moins au changement et divertissement de tous autres effets mobiliers sur eux saisis, attendu qu'ils ne sont représentés qu'à la dernière extrémité et au moyen des contraintes qu'il faut obtenir contre lesdits sergens ou gardiens; en sorte que tous ces frais extraordinaires, joints aux prétentions exorbitantes qu'ont lesdits séquestres pour leur droit de garde, absorbent ordinairement la valeur desdites choses saisies, au grand préjudice de la partie saisissante et de la partie saisie, qui souffre d'ailleurs très souvent des garnisons ès quelles lesdits huissiers et sergens s'établissent eux-mêmes, ou se font établir par les juges sous des prétextes spécieux. Pour mettre fin à une vexation si générale et si préjudiciable à nos sujets, nous avons ci-devant donné communication desdites plaintes à nos amés et féaux les lieutenans-généraux, civil et de police, et à notre procureur au Châtelet de Paris, pour nous donner leurs avis sur les moyens d'y remédier ; et ayant unanimement estimé, suivant les avis qu'ils auroient pris de plusieurs anciens conseillers dudit Châtelet, échevins, juges et consuls, anciens gardes marchands et notables bourgeois de notredite ville de Paris, qu'il seroit très utile et très commode pour le public, d'établir des bureaux dans toutes les villes, bourgs et autres lieux du royaume que besoin sera, pour mettre en sûreté toutes les saisies mobiliaires, et les déposer ès mains de commis fidèles et capables d'en répondre, pour les représenter toutes fois et quantes qu'il leur sera ordonné par justice ; nous serions entrés volontiers dans un sentiment si avantageux au public, dont l'effet ayant été suspendu jusqu'à présent, nous avons eu bien agréable la proposition que nous en a faite notre amé et féal conseiller en tous nos conseils, secrétaire d'état et de nos commandemens et finances, Simon Arnauld, chevalier, seigneur de Pomponne, de faire non seulement à ses frais et dépens l'établissement desdits bureaux, et de préposer des commis fidèles et capables de répondre du dépôt public qui leur sera confié, pour le représenter toutes fois et quantes qu'il leur sera ordonné par justice, mais même d'avoir l'œil, et tenir soigneusement la main à ce que tout le bon ordre que nous voudrons établir en cette rencontre pour le soulagement et la sûreté publique, soit ponctuellement suivi et observé. Et voulant y procéder de notre part avec circonspection et entière connoissance, nous aurions renvoyé à nos amés et féaux conseillers en nos conseils les lieutenans-généraux, civils et de police, et à nos procureurs à l'ancien et nouveau Châtelet de Paris le placet qui nous a été présenté sur ce sujet par ledit sieur de Pomponne, pour nous donner un second avis sur la nécessité ou utilité dudit établissement ; à quoi ayant été respectivement satisfait par les avis qu'ils nous ont envoyés séparément : à cet effet nous aurions reconnu de plus en plus l'avantage et la commodité que les particuliers recevront de cet établissement, comme pareillement les tempéramens et les précautions qu'il conviendra prendre afin que nos sujets en ressentent le soulagement que nous nous proposons en cette rencontre. Sur ce fondement nous nous portons d'autant plus volontiers à accepter l'offre que nous a faite ledit sieur de Pomponne de donner tous les soins et l'application que requière un si louable établissement : outre le bien général qui en reviendra à nos pauvres sujets, ce nous sera un moyen de donner en cette occasion audit sieur de Pomponne des marques particulières de la satisfaction que nous avons des importans et laborieux services qu'il nous a rendus et à notre état, dans les diverses ambassades qu'il a si dignement exercées, et de ceux qu'il continue journellement à nous rendre avec tant d'assiduité près de notre personne, en lui donnant moyen de s'indemniser de tous les grands frais et avances qu'il lui conviendra faire à cet effet, par la jouissance que nous avons résolu de lui laisser pendant quelques années de tout ce qui pourra provenir dudit établissement. Pour ces causes, etc.

N° 787. — RÉGLEMENT *sur les conditions auxquelles les vaisseaux de l'état pourront être donnés à armer en course aux armateurs particuliers.*

Versailles, 5 octobre 1674. (Cod. nav., p. 199.—Lebeau, I, 64.)

Sur la très-humble supplication qui a été faite à S. M. par plusieurs particuliers à ce qu'il lui plût ordonner que quelques-uns des vaisseaux de S. M. leur fussent donnés aux conditions ordinaires, pour les armer et courre sus à ses ennemis, S. M. a bien voulu faire savoir ses intentions sur ce sujet par le présent réglement.

ART. 1. Les vaisseaux des quatre premiers rangs ne pourront être donnés auxdits armateurs; S. M. voulant qu'ils soient conservés dans les ports, et prêts à être armés lorsqu'elle en enverra les ordres.

2. Lorsque quelques armateurs se présenteront pour demander à armer quelques uns des vaisseaux du cinquième rang, ou quelque frégate légère, brûlot ou barque longue, les intendans et commissaires généraux en donneront avis, et attendront les ordres de S. M. avant de remettre entre les mains desdits armateurs les bâtimens qu'ils auront demandés.

3. Après avoir reçu l'ordre de S. M., lesdits intendans et commissaires généraux délivreront auxdits armateurs lesdits vaisseaux, en l'état qu'ils se trouveront dans le port, avec les agrès ordinaires, armes, canons de fer, poudres, munitions, apparaux et ustensiles nécessaires; et en cas qu'il fût besoin de les radouber, la dépense en sera faite par lesdits armateurs, suivant les ordres desdits intendans et commissaires généraux, qui en arrêteront la dépense, pour en être lesdits armateurs remboursés sur les prises qu'ils feront; comme aussi lesdits armateurs pourvoiront de même aux agrès et apparaux de rechange.

4. Les armateurs fourniront les vivres et feront la levée de l'équipage aux conditions ordinaires et accoutumées, ou ainsi qu'ils aviseront; lequel équipage ils pourront composer de tel nombre de matelots et soldats qu'ils estimeront nécessaire, sans en pouvoir prendre aucun des classes de service, sans ordre exprès de S. M.

5. Les armateurs donneront les assurances nécessaires pour ramener lesdits vaisseaux de S. M. dans les mêmes ports où ils auront été armés, et lorsqu'ils auront fait des prises à la mer, qu'elles auront été jugées au conseil de S. M., si elles sont confisquées, S. M. veut qu'avant toute autre dépense, ledit vaisseau soit radoubé, et remis au même état qu'il aura été donné, toutes les consommations remplacées, et les armateurs remboursés de la première dépense qu'ils auront faite, soit pour le radoube, ou pour les rechanges; qu'ensuite les frais de justice, et le dixième de l'amiral soient pris sur le total du provenu desdites prises.

6. Le reste de ce qui sera provenu desdites prises, sera partagée en trois portions égales, l'une desquelles appartiendra à S. M. pour son vaisseau, l'autre aux armateurs pour l'armement, les vivres et le reste de leurs avances, et la troisième à l'équipage.

N° 788. — RÉGLEMENT *pour la police générale des arsenaux de marine.*

6 octobre 1674. (Cod. nav., p. 42.)

N° 789. — RÉGLEMENT *pour les maîtres des requêtes de l'hôtel en 9 articles.*

Saint-Germain-en-Laye, 27 octobre 1674. (Rec. cass.)

N° 790. — ARRÊT *du conseil qui défend aux ministres des religionnaires de demeurer ni de prêcher hors le lieu de leur résidence.*

Saint-Germain-en-Laye, 6 novembre 1674. (Hist. de l'édit de Nantes.)

N° 791. — DÉCLARATION *portant que les actes d'abjuration seront mis ès mains du procureur du roi du siége royal où est situé le siége de l'archevêché où l'abjuration sera faite.*

20 novembre 1674. (Nouv. rec. de Lefèvre.)

N° 792. — LETTRES-PATENTES *contenant bail et adjudication au plus offrant, de la ferme du tabac et marque de l'étain, et les conditions du bail.*

Saint-Germain-en-Laye, 30 novembre 1674. (Archiv.)

N° 793. — ARRÊT *du parlement de Rouen, portant que dans ladite cour les avocats faisant profession de la religion réformée ne pourront pas y excéder le nombre de dix, ni celui de deux dans les cours subalternes.*

3 décembre 1674. (Nouv. rec. de Lefèvre.)

N° 794. — ORDONNANCE *portant que les capitaines de frégates légères commanderont aux capitaines de brûlots, à la mer et dans les ports.*

14 décembre 1674. (Cod. nav. p. 113.)

N° 795. — DÉCLARATION *portant que les archevêques et autres ecclésiastiques et gens de main-morte fourniront à la chambre des comptes l'état de leur temporel.*

Saint-Germain-en-Laye, 29 décembre 1674. (Archiv. — Néron, II, 136.)

N° 796. — ÉDIT *portant permission aux étrangers d'acquérir et de disposer des rentes sur les aides et gabelles, sans qu'il soit besoin ni de lettres de naturalité, ni de résidence dans le royaume.*

Saint-Germain-en-Laye, décembre 1674. (Ord. 17, 4 G. 224. — Rec. cass. — Archiv.)

N° 797. — ÉDIT *portant création d'un million de rentes et d'augmentation de gages.*

Saint-Germain-en-Laye, décembre 1674. (Rec. cass.)

PRÉAMBULE.

LOUIS, etc. Après les grands et signalés avantages qu'il a plu à Dieu de nous donner sur nos ennemis, depuis le commencement de la guerre, et généralement pendant la dernière campagne, nous avions espéré qu'ils seroient enfin réduits à consentir à une bonne et solide paix. Mais leur résistance augmentant tous les jours, nous nous trouvons obligés de redoubler nos efforts et de leur opposer de nouvelles forces pour surmonter leur opiniâtreté. Et comme des armées aussi nombreuses que celles que nous tenons sur pied demandent de très grandes dépenses pour leur subsistance, et que nous avons tiré de grands secours de l'aliénation de nos revenus, nous estimons ne pouvoir rien faire de plus avantageux pour le soulagement de nos peuples que de recourir aux mêmes moyens. Pour cet effet, nous avons résolu d'aliéner 200,000 livres de rentes à nos amés et féaux les prevôt des marchands et échevins de notre bonne ville de Paris, pour faire, avec les 800,000 livres de rentes dont nous avons pareillement ordonné l'aliénation par nos édits des mois de mars 1673 et janvier 1674, 1,000,000 de livres effectif, et de créer encore 500,000 livres d'augmentation de gages, outre et par dessus les 500,000 livres que nous avons attribuées aux officiers de nos cours et aux particuliers qui les voudront acquérir, par nos édits des mois de janvier et mars dernier, pour porter jusqu'à un million de livres toutes les augmentations de gages que nous avons résolu d'aliéner particulièrement aux officiers de nos cours, pour être admis au droit annuel, conformément à notre déclaration du 17 octobre dernier; et nous espérons tirer présentement de ces aliénations un secours d'autant plus prompt que tous les officiers de notre conseil, et plusieurs de ceux de nos cours ont déjà pris des augmentations de gages pour un revenu assez considérable, et que nous sommes bien informés que les particuliers acquerront volontiers les rentes que nous avons constituées sur l'hôtel de notre bonne ville de Paris; c'est aussi la raison qui nous oblige à faciliter le commerce de cette nature de biens entre les particuliers, et pour cet effet établir un ordre à l'avenir tel, que les créanciers des propriétaires conservent leurs hypothèques, et les acquéreurs trouvent une sûreté entière, sans être assujétis aux formalités des discussions et des décrets, et qu'enfin les particuliers qui prêteront leurs deniers à nos officiers pour lever les augmentations des gages nécessaires pour être admis au droit annuel aient une hypothèque assurée pour le principal et les arrérages. Sur quoi nous avons jugé nécessaire de déclarer nos intentions.

A ces causes, etc.

N° 798. — EDIT *portant suppression de la compagnie des Indes Occidentales, et confirmation du contrat relatif à la compagnie du Sénégal.*

Saint-Germain-en-Laye, décembre 1674. (Rec. cass. — Archiv. — Moreau de Saint-Méry, 1, 285.)

PRÉAMBULE.

LOUIS, etc. La situation de notre royaume entre la mer océane et la Méditerranée facilitant l'enlèvement et la décharge des marchandises de toutes espèces a donné lieu à plusieurs entreprises pour le commerce des pays éloignés. Mais quoique le succès n'ait pas toujours répondu à l'attente que l'on en avoit, parce que la plupart des armemens se faisant par des particuliers, ils n'étoient pas soutenus des forces nécessaires pour y réussir; nous aurions été invités par l'affection que nous avons pour nos peuples, d'entreprendre de nouveau le commerce dans les îles et dans les terres fermes de l'Amérique pour conserver à nos sujets les avantages que leur courage et leur industrie leur avoient acquis, par la découverte d'une grande étendue de pays en cette partie du monde, dont les étrangers tiroient tout le profit depuis soixante ans. Pour cet effet, nous avons, par nos lettres en forme d'édit, du mois de mai 1664, formé une compagnie des Indes occidentales, à laquelle nous avons accordé, à l'exclusion de tous autres, la faculté de faire seule le commerce durant quarante ans dans la terre ferme de l'Amérique, depuis la rivière des Amazones jusqu'à celle d'Orénoc dans les îles appelées Antilles, Canada ou nouvelle France, l'Accadie, dans les îles de TerreNeuve et autres depuis le nord du Canada jusqu'à la Virginie et la Floride; ensemble dans la côte d'Afrique, depuis le Cap-Vert jusqu'au cap de Bonne-Espérance, tant et si avant que la compagnie pourroit s'étendre dans les terres. Ce dessein, également utile et glorieux, a eu le succès que nous pouvions espérer, et cette compagnie s'est mise heureusement en possession des terres que nous lui avons concédées, et ces pays, qui sont d'une vaste étendue, sont habités à présent de plus de 45,000 personnes, qui sont gouvernées par deux de nos lieutenans généraux en nos armées, par huit gouverneurs particuliers et par quatre conseils qui jugent souverainement et en dernier ressort. Plusieurs droits utiles qui produisent un revenu très considérable y ont été établis, et ce commerce occupe aujourd'hui près de cent navires françois, depuis cinquante jusqu'à trois cents tonneaux de port; ce qui donne de l'emploi à grand nombre de pilotes, matelots, cannoniers, charpentiers et autres ouvriers, produit le débit et consommation des denrées qui croissent et se recueillent en notre royaume. Cependant, comme nous avons bien su que les difficultés qui se sont présentées dans l'établissement de cette compagnie l'ont engagée à de très grandes et nécessaires dépenses, à cause de la guerre qu'elle a été d'abord obligée de soutenir contre les Anglais, nous aurions bien voulu nous informer de l'état présent de ses affaires; et par les comptes qui en ont été arrêtés par nos ordres, nous avons reconnu qu'elle est en avance de la somme de trois millions cinq cent vingt-trois mille livres; et bien que la compagnie pût se dédommager à l'avenir de cette avance, tant par son commerce que par la possession de tant de pays où elle jouit déjà de plusieurs revenus qui augmenteront tous les jours à mesure que le pays se peuplera, néanmoins, comme nous avons jugé que la plupart de ces droits et de ces revenus conviennent mieux à la première puissance de l'état qu'à une compagnie qui doit tâcher à faire promptement valoir ses avances pour l'utilité des particuliers qui la composent, ce qu'elle ne pourroit espérer qu'après un fort long temps, et qu'aussi nous avons su que les particuliers intéressés en ladite compagnie, qui craignoient de s'engager en de nouvelles dépenses, eussent souhaité que nous eussions voulu les rembourser de leurs avances et de leurs fond capital, en prenant sur nous les soins de la continuation de cet établissement et en acquérant à notre couronne tous les droits en l'état qu'ils sont; nous en avons reçu volontiers la proposition et fait examiner par des commissaires de notre conseil les affaires de cette compagnie depuis son établissement jusqu'au 31 décembre 1673. Et par la discussion exacte qu'ils ont faite de ses registres et de ses comptes, ils ont reconnu que les actions des particuliers qui s'y étoient intéressés volontairement montoient à la somme de douze cent quatre-vingt-dix-sept mille cent quatre-vingt-cinq liv., au remboursement desquels nous avons fait pourvoir, savoir, des deniers et effets appartenans à la compagnie, de la somme d'un million quarante-sept mille cent quatre-vingt-cinq livres, et des deniers de notre trésor royal deux cent cinquante mille livres; en conséquence duquel paiement le capital de leurs actions a été entièrement remboursé; outre deux répartitions qui ont été ci-devant faites à leur profit, à raison de quatre pour cent, nonobstant la perte sur le fonds capital de trois millions cinq cent vingt-trois mille livres que nous avons bien voulu supporter entièrement; au moyen de quoi les particuliers se trouvant remboursés de ce qui leur pouvoit appartenir, nous avons résolu de remettre en nos mains et réunir à notre domaine tous les fonds des terres par nous concédées à la compagnie, (y compris la part restante au sieur Houel, en la propriété et seigneurie de l'île de la Guadeloupe,) avec les droits tant seigneuriaux que de capitation, de poids et autres qui se lèvent à son profit, en conséquence des cessions et transports que les directeurs et commissaires de ladite compagnie nous ont faits, suivant le contrat passé entre eux et les sieurs Colbert, conseiller ordinaire en notre conseil royal, contrôleur général de nos finances, Poncet et Pussort, aussi conseillers en notredit conseil royal, Hotman, intendant de nos finances, que nous avons commis et députés à cet effet. Et pour faire connaître en quelle considération nous avons ceux qui s'engagent en de pareilles entreprises, qui tournent à l'avantage de nos états, comme aussi pour donner dès à présent liberté à tous nos sujets de faire le commerce dans les pays de l'Amérique, chacun pour son compte, en prenant seulement les passeports et congés ordinaires, et contribuer par ce moyen au bien et avantage de nos peuples. A ces causes, etc.

N° 799. — LETTRES *portant érection de l'archevêché de Paris en duché-pairie* (1).

1674. (Hen. Abr. Chr.)

N° 800. — LETTRES-PATENTES *pour la convocation du ban et arrière-ban en Languedoc.*

Saint-Germain-en-Laye, 2 janvier 1675. (Rec. cass.)

N° 801. — ORDONNANCE *pour les préséances accordées aux officiers, domestiques et commensaux des maisons royales.*

Saint-Germain-en-Laye, 17 janvier 1675. (Code des Commensaux.)

N° 802. — RÉGLEMENT *sur le commandement des officiers généraux et particuliers dans les ports.*

St-Germain-en-Laye, 17 février 1675. (Cod. nav. p. 155.)

N° 803. — ORDONNANCE *qui enjoint aux officiers de la gendarmerie et cavalerie légère de porter des cuirasses.*

St-Germain-en-Laye, 5 mars 1675. (Réglem. et ordon. pour la guerre.)

---

(1) Enregistrées en 1680, en faveur de Harlay et ses successeurs, archevêques de Paris.
On est surpris que l'évêque de Paris ne se soit pas trouvé un des pairs de France ; c'est que, dans l'origine, il n'avoit pas de seigneurie qui relevât du roi.
(Hen. *Abr. Chr.*)

N° 804. — ORDONNANCE *en faveur de l'opéra.*

St-Germain-en-Laye, 21 mars 1675. (De Lamare, I, 475.)

Sa majesté ayant été informée qu'au préjudice de son ordonnance du 30 avril 1673, qui fait défense à tous comédiens de se servir de musiciens externes, quelques-uns ne laissent pas de faire chanter sur leur théâtre, des musiciens qu'ils prétendent n'être pas externes, sous prétexte qu'ils sont à leurs gages, et empêchent par ce moyen que les ouvrages de musique pour le théâtre du sieur Lully, surintendant de la musique de la chambre de sa majesté, ne puissent avoir tout le succès qu'on en doit attendre, à quoi voulant pourvoir, sa majesté a ordonné et ordonne, veut et entend que ladite ordonnance du 30 avril soit exécutée selon sa forme et teneur; ce faisant, permet auxdits comédiens de se servir de deux comédiens de leur troupe seulement pour chanter sur leur théâtre, et leur fait très expresses défenses de se servir d'aucuns musiciens externes ou qui soient à leurs gages à peine de désobéissance. Enjoint sa majesté, au lieutenant de police, de tenir la main à l'exécution de la présente ordonnance.

N° 805. — DÉCLARATION *en faveur des pourvus par le roi de bénéfices vacans en régale, interprétative de celle du 10 février* 1673.

Versailles, 2 avril 1675. (Archiv.— Rec. cons. d'état.) Reg. P. P., 13 mai 1675.

N° 806. — ARRÊT *du conseil portant défenses à toutes cours de justice de recevoir des appellations comme d'abus des résultats des synodes, colloques et consistoires des réformés, et de souffrir que lesdits résultats soient qualifiés du nom de sentence, et permettant de se pourvoir contre iceux par voie de plainte et de requête.*

6 avril 1675. (Nouv. rec. de Lefèvre.)

N° 807. — ORDONNANCE *qui enjoint aux intendants de faire faire des revues des officiers de marine en différents jours de chaque mois, sans en donner avis, et de ne passer que* ceux qui auront servi et résidé dans le port pendant un mois entier.

15 juin 1675. (Archiv.)

N° 808. — RÉGLEMENT *sur la levée des soldats par les capitaines de vaisseaux.*

15 juin 1675. (Cod. nav. p. 148.)

N° 809. — RÉGLEMENT *sur le devoir des officiers de marine.*

Au camp de Velaine, 14 juillet 1675. (Cod. nav., p. 115.— Rec. cass.)

N° 810. — ORDONNANCE *portant que, lorsque le commandant en chef d'une armée ne pourra agir, le commandement sera exercé provisoirement par le plus ancien des officiers généraux servant dans cette armée.*

Versailles, 1er août 1675. (Réglem. et ordon. pour la guerre.)

N° 811. — ORDONNANCE *pour la subsistance des femmes et familles des matelots qui sont en mer.*

7 août 1675. (Cod. nav., p. 152.)

N° 812. — RÉGLEMENT *pour la compagnie des Indes Orientales.*

Versailles, 13 septembre 1675. (Ord. 18, 4 C. 106.)

N° 813. — ORDONNANCE *portant que les capitaines des troupes d'infanterie qui, par leur ancienneté, se trouveront dans les places à la tête de dix compagnies d'un même corps, tiendront rang de lieutenans-colonels, et seront exempts comme eux de monter la garde.*

Versailles, 25 octobre 1675. (Réglem. et ordonn. pour la guerre.)

N° 814. — ARRÊT *du conseil qui casse ce qui a été fait dans le synode des religionnaires de la basse Guyenne en l'absence du commissaire du roi.*

20 décembre 1675. (Nouv. rec. de Lefèvre.)

N° 815. — ARRÊT *du conseil faisant défenses aux synodes qui se tiendront dans la province de Languedoc de donner des ministres aux seigneurs de fief.*

Saint-Germain-en-Laye, 27 décembre 1675. (Nouv. rec. de Lefèvre. — Hist. de l'édit de Nantes.)

N° 816. — EDIT *portant règlement pour le département des eaux et forêts.*

Saint-Germain-en-Laye, décembre 1675. (Ord. 18, 4 C. 220. — Rec. Eaux et forêts, 515.)

N° 817. — RÉGLEMENT *sur le rang des officiers généraux, capitaines et autres officiers de marine.*

15 janvier 1676. (Archiv.)

N° 818. — ARRÊT *du conseil qui ordonne que les tabacs du crû du royaume et autres tabacs destinés pour les étrangers, ne pourront sortir que par les ports y dénommés, à peine de confiscation et de 3,000 fr. d'amende.*

Saint-Germain-en-Laye, 25 janvier 1676. (Archiv.)

N° 819. — EDIT *portant que les maîtres ès arts enseignant en public, les principaux des colléges, docteurs et professeurs de théologie de l'université de Paris qui auront exercé pendant 7 années, seront préférés dans la nomination, à tous autres gradués, quoique plus anciens en dégré, et portant confirmation des statuts de l'université de 1598 et 1600.*

Saint-Germain-en-Laye, janvier 1676. (Ord. 19, 4 D. 54.— Archiv.)

N° 820. — LETTRES *de légitimation de Louise-Marie-Anne de Bourbon, fille naturelle du roi.*

janvier 1676. (Rec. cons. d'état.)

N° 821. — ORDONNANCE *portant défenses aux capitaines des vaisseaux du roi d'embarquer des marchandises sur leurs bords.*

13 février 1676. (Archiv.)

N° 822. — ORDONNANCE *portant confiscation de toutes les marchandises qui se trouveront embarquées sur les vaisseaux du roi.*

14 février 1676. (Cod. nav., p. 105.)

N° 823. — ORDONNANCE *prescrivant la visite de tous les vais-*

sceaux qui seront rencontrés en mer et le renvoi dans le royaume des français qu'ils porteront.

23 mars 1676. (Archiv.)

N° 824. — DÉCLARATION *portant que les procès criminels instruits contre les trésoriers de France, présidens des présidiaux, lieutenans généraux, lieutenans criminels ou particuliers, les avocats et procureurs du roi près les baillages, sénéchaussées et siéges royaux, ressortissant nûment au parlement, et les prevôts royaux juges ordinaires qui ont sceau et voix délibérative dans lesdits baillages et sénéchaussées, seront jugés à la grand' chambre si les accusés le requièrent, ainsi que ceux poursuivis à la requête du procureur général, s'il le demande.*

St-Germain-en-Laye, 26 mars 1676. (Archiv.)

PRÉAMBULE.

LOUIS, etc. Le roi François Ier désirant procurer une prompte expédition des procès criminels, auroit, par son édit du mois d'avril 1514, établi perpétuelle une chambre établie quelques années auparavant en une cour de parlement à Paris, pour soulager la grande chambre pendant qu'elle donnoit audience des jugemens des procès instruits pour des crimes qui ne méritoient pas la mort, et ordonné que cette chambre connoîtroit de tous procès criminels à la réserve de ceux où il s'agiroit des cléricatures ou des crimes commis par des gentilshommes ou autre personnage d'Etat, et comme il survint dans la suite quelques contestations sur ce sujet entre les grandes chambres et tournelles établies envers ladite cour et dans nos autres parlemens, le roi Charles IX expliqua les derniers termes de cet édit de 1514, en faveur des officiers royaux, et ordonna entre autre chose par l'article 38 de son ordonnance faite à Moulins en l'an 1556, que les procès criminels qui leur pourroient être faits seroient instruits et jugés par les grandes chambres de nos parlemens, lorsqu'ils le demanderoient, et d'autant qu'il ne seroit pas juste que tous lesdits officiers de judicature, dont le nombre est beaucoup augmenté depuis ce temps, jouissent indifféremment de ce privilége, sous prétexte des termes généraux dans lesquels cette ordonnance est conçue, et que d'ailleurs la grande chambre de notre parlement de Paris, se trouvant chargée du jugement de plusieurs procès civils, outre les audiences, ne pouvoit pas donner le temps nécessaire pour l'expédition des procès criminels où nos officiers pourroient être accusés, nous avons estimé à propos de régler, par une loi précise, ceux de nos officiers de judicature, qui auroient cet avantage, et voulant aussi rendre les poursuites et le jugement des procès criminels instruits, à la requête de notre procureur-général en notre cour de parlement de Paris, plus solennels, comme étant la plupart importans à notre service et au bien de la justice. A ces causes, etc.

N° 825. — ARRÊT *du conseil qui ordonne que l'arrêt du 27 décembre 1675, faisant défenses aux synodes qui se trouveront dans la province du Languedoc de donner des ministres aux seigneurs de fiefs, sera exécuté par tout le royaume.*

Saint-Germain-en-Laye, 15 avril 1676. (Nouv. rec. de Lefèvre. — Hist. de l'édit de Nantes.)

N° 826. — ÉDIT *portant que les étrangers non-naturalisés, même ceux demeurant hors le royaume, pourront disposer des rentes sur l'hôtel-de-ville, par cession, donation entre-vifs, testamens ou autrement; et qu'en cas de décès, leurs héritiers même étrangers, y succéderont nonobstant tous droits d'aubaine et confiscation, et déclarant lesdites rentes non sujettes à représailles et insaisissables.*

Au camp de Nar-Asselt près Ninove, 7 juin 1676. (Archiv. — Rec. cass.)

PRÉAMBULE.

LOUIS, etc. Par notre édit du mois de décembre 1674, nous avons permis aux étrangers d'acquérir les rentes anciennes et nouvelles constituées à nos amés et féaux les prevôt des marchands et échevins de notre bonne ville de Paris, et nous leur avons en même temps accordé la faculté d'en jouir, et disposer de la même manière que nos propres sujets; mais quoique nous ayons renoncé par notre édit au droit d'aubaine, même à celui de confiscation, en cas qu'ils se trouvent sujets des princes contre lesquels nous sommes présentement ou pourrons être ci-après en guerre, et qu'ainsi nous leur ayons établi une possession paisible et assurée desdites rentes, néanmoins plusieurs étrangers connaissant les avantages qu'ils recevront en acquérant de ces rentes, par la bonne foi, et le paiement actuel et certain que nous y avons établi depuis long-temps, et voulant en acquérir ainsi que nos sujets font journellement pour des sommes considérables, nous ont supplié de leur accorder les mêmes grâces qui leur furent accordées par le roi Charles IX, par son édit du mois de juillet 1569, c'est à savoir que lesdites rentes ne pourront être sujettes aux lettres de marque et représailles, ni même être saisies par aucun étranger et voulant favorablement traiter lesdits étrangers, nous, pour ces causes, etc.

N° 827. — ORDONNANCE *portant peine de mort contre ceux qui auront provoqué des soldats à la désertion.*

Au camp de Neidre-Asselt, 17 juin 1676. (Rég'em. et ordon. pour la guerre.)

N° 828. — ARRÊT *du conseil portant que les enfans et héritiers des officiers décédés en perte d'office, seront préférés aux veuves non communes en biens, et à celles qui auront renoncé à la communauté; mais que les veuves communes en biens pourront en disposer à leur profit et celui de leurs enfans par moitié.*

Saint-Germain-en Laye, 11 juillet 1676. (Archiv.)

N° 829. — LETTRES-PATENTES *portant approbation du plan de Paris, dressé par ordre des prevôt des marchands et échevins, et ordonnant que les ouvrages y marqués pour son embellissement seront exécutés.*

Versailles, juillet 1676. (Ord. 18. 4 C. 259. —Rec. cass.)

N° 830. — RÉGLEMENT *pour les prises faites en mer.*

Versailles, 22 juillet 1676. (Cod. nav.—Lebeau, I, 68.)

S. M. s'étant fait représenter l'instruction expédiée le 6 juin 1672, aux officiers tenant les siéges de l'amirauté du royaume, sur ce qu'ils ont à observer sur le fait de la procédure des prises faites sur ses ennemis par ses vaisseaux de guerre, ou autres armés en course par ses sujets; et ayant reconnu par toutes les procédures qui ont été envoyées en son conseil par lesdits officiers et qui ont été jugées, divers manquemens auxquels il est

11

nécessaire de remédier pour le bien de la justice, S. M. a résolu le présent réglement ainsi qu'il en suit :

S. M. veut que ladite instruction du 6 juin 1672 soit exécutée de point en point selon sa forme et teneur ; et en conséquence qu'en même temps qu'un vaisseau pris arrive dans les ports du ressort desdits officiers, ils ayent à s'y transporter et à en faire, sans aucun retardement et sans remettre au lendemain, un inventaire exact, contenant tous les papiers qui se trouveront dans les chambres dudit vaisseau pris, et toutes les marchandises dont lesdits vaisseaux seront chargés. Veut de plus, S. M., que lesdits officiers envoient les pièces originales en toutes sortes de langues, avec les traductions qu'ils en feront faire par les interprètes-jurés établis dans les ports, lesquelles traductions seront figurées avec les ratures, et autres défauts qui se trouveront dans les originaux.

Qu'ils observent que lesdits interprètes soient habiles aux langues qu'ils doivent savoir pour l'exercice de leurs fonctions ; et en cas qu'aucun d'eux ne fût assez habile, S. M. veut qu'ils en donnent avis pour y pourvoir.

S. M. veut que lesdits officiers interrogent toujours les officiers et principaux matelots de l'équipage, du nombre d'hommes dont il est composé, de leurs noms et de leur pays, s'ils sont mariés ou non, et en quel lieu leurs femmes et leurs enfans demeurent, et qu'ils fassent signer tous lesdits matelots sur le procès-verbal ou interrogatoire, qu'ils fassent observer par les interprètes si lesdits matelots parlent la langue du pays duquel ils se diront.

S. M. veut que lesdits officiers achèvent leur procédure en deux interrogatoires, en deux jours différents, s'ils ne sont obligés, par des raisons d'une absolue nécessité, comme le recouvrement de nouvelles pièces, ou autres de pareille qualité, de procéder à un troisième et quatrième interrogatoire ; et en ce cas, S. M. veut qu'ils fassent mention dans lesdits interrogatoires, des raisons qui les auront obligés de procéder auxdits troisième et quatrième interrogatoires.

N° 831. — ORDONNANCE *portant défenses d'arrêter aucun vaisseau étranger porteur de passe ports du roi.*

Versailles, 5 août 1676. (Cod. nav., p. 201. — Lebeau, I, 75.)

N° 832. — ARRÊT *du conseil portant peine des galères perpé-*

tuelles contre les François qui seront pris sur les vaisseaux ennemis.

Versailles, 5 août 1676. (Cod. nav., p. 140. — Lebeau, I, 71.)

N° 853. — ORDONNANCE *portant établissement de deux pilotes jurés dans chacun des arsenaux de marine, pour sortir et conduire en rade les vaisseaux.*

20 août 1676. (Code nav., p. 94.)

N° 854. — ORDONNANCE *portant défenses aux capitaines de faire débarquer aucune chose à leur arrivée, avant la visite des intendans ou commissaires généraux des ports.*

20 août 1676. (Cod. nav., p. 105.)

N° 855. — LETTRES-PATENTES *portant translation du parlement de Dôle à Besançon.*

Versailles, 22 août 1676. (Rec. édits parl. de Besançon.)

N° 856. — ARRÊT *du conseil portant que les filles des religionnaires reçues dans la maison de la propagation, ne pourront être forcées de voir leurs parens avant qu'elles aient fait abjuration.*

Versailles, 28 août 1676. (Hist. de l'édit de Nantes.)

Sur ce qui a été représenté au roi étant en son conseil, qu'encore que les filles établies par sa permission dans la ville de Sédan, pour la propagation de la foi, ne reçoivent aucune fille de la R. P. R. dans leur maison pour être instruite dans la religion catholique, qu'elle n'ait préalablement fait paroître un véritable désir de sa conversion, et qu'elle n'ait atteint au moins l'âge de douze ans accomplis; que cela même se soit pratiqué jusqu'à cette heure avec tant de régularité, que lorsqu'il s'est trouvé quelque fille dans ladite maison au-dessous de cet âge, elle a été renvoyée à ses parens incontinent après qu'ils ont eu justifié son âge; qu'enfin lesdites filles de la propagation se conforment avec d'autant plus d'exactitude à ce qui est en cela de l'intention de S. M., que le sieur archevêque duc de Reims prend un soin plus particulier de leur faire observer religieusement tout ce qui a été réglé et ordonné par les édits, déclarations et réglemens sur ce fait; néanmoins les habitans de ladite ville faisant profession de ladite R. P. R. se sont plaints du refus que font lesdites filles de la propagation de leur laisser voir leurs filles dès qu'elles viennent à se retirer dans leur maison; ils ont même très-humblement remontré à S. M. que c'étoit une rigueur également contraire à l'équité et à la nature, qui donne droit aux pères et aux mères de s'enquérir de ce que deviennent leurs enfans, et d'apprendre par leur bouche les véritables motifs de leur retraite, mais principalement si elle a été libre et purement volontaire. Sur ce fondement, S. M. ayant bien voulu examiner leursdites remontrances et très-humbles supplications, il a été pleinement justifié que les filles de la R. P. R. qui sont reçues dans ladite maison de la propagation de la foi, y entrent toujours volontairement, et n'y sont jamais admises qu'après avoir fait connoître le désir qu'elles ont de se faire instruire dans la religion catholique; qu'ainsi leur volonté devenant publique et notoire à un chacun, telle précaution affectée de leurs pères et mères à en tirer des éclaircissemens plus particuliers par leur bouche, ne peut passer que pour un artifice dont ils désireroient se servir pour tâcher d'ébranler les résolutions de leurs enfans, et de les émouvoir par leurs larmes, peut-être même par leurs reproches et par leurs menaces. A quoi étant nécessaire de pourvoir, et en même temps de lever à ceux de ladite R. P. R. leur prétendu sujet et soupçon d'enlèvement et d'induction de leurs filles : Sa Majesté étant en sondit conseil, a ordonné et ordonne qu'aucune fille faisant profession de la R. P. R. ne pourra être reçue dans la maison de la propagation de la foi, qu'elle n'ait atteint l'âge de douze ans accomplis; enjoint à cet effet très-expressément S. M. à la supérieure de ladite maison, qu'incontinent après qu'elle y aura reçu quelque fille de ladite R. P. R., elle ait à en donner avis au lieutenant-général, et en son absence au premier officier du bailliage et siège présidial de Sédan, lequel sera tenu de se transporter sans aucun délai en ladite maison, assisté du procureur de S. M. audit siège, pour recevoir la déclaration de l'âge de ladite fille, et des motifs qui l'auront obligée à se retirer dans ladite maison, pour ensuite en donner communication aux père, mère, tuteur ou autres parens de ladite fille, qui y auront quelqu'intérêt : Ordonne cependant S. M. que ladite fille ne pourra être forcée à voir sesdits parens jusqu'à ce qu'elle ait fait son abjuration.

N° 857. — ORDONNANCE *portant défenses aux capitaines et autres officiers de marine de coucher à terre quand ils sont en rade.*

Versailles, 28 août 1676. (Archiv.)

N° 858. — ORDONNANCE *portant conversion de la peine de mort en celle des galères perpétuelles contre les marins déserteurs.*

19 septembre 1676. (Cod. nav., p. 152.)

N° 859. — RÉGLEMENT *pour l'assemblée du conseil de marine.*

Versailles, 23 septembre 1676. (Cod. nav. — Lebeau, I, 75.)

Le roi voulant, pour des considérations importantes au bien de son service, apporter quelque changement à l'établissement que S. M. a ci-devant fait (en 1672) de l'assemblée pour les affaires de marine, S. M. a résolu le présent réglement, qu'elle veut être exécuté :

ART. 1er. Ladite assemblée se tiendra toujours dans la maison de l'amiral de France, lorsqu'il sera en âge d'y assister et d'y tenir la première place, suivant le rang que sa naissance et sa charge lui donnent; et en attendant qu'il soit en âge, elle se tiendra dans un appartement de sa maison, en cas qu'il y en ait de commode, ou dans le même lieu où se tient le conseil de S. M., dans ses maisons royales, ou dans la maison de celui qui présidera ladite assemblée.

Ladite assemblée sera composée des sieurs Poncet, Colbert et Pussort, conseillers au conseil royal des finances; de Laisné de la Margrie, de Breteuil, et de Bezons, conseillers ordinaires au conseil d'état; marquis de Seignelay, ayant le département de la marine; Le Voyer de Boutigny, et de Harlay de Bonneuil, maîtres des requêtes.

2. Les conseillers au conseil royal, conseillers d'état et maîtres des requêtes tiendront le même rang en ladite assemblée que dans les conseils de S. M., et le secrétaire d'état, du jour de ses lettres de conseiller d'état et du serment qu'il aura prêté à cause de sa charge.

3. Les procédures des vaisseaux pris en mer sur les ennemis par les vaisseaux du roi, ou ceux de ses sujets, seront faites par les officiers de l'amirauté dans le ressort desquels lesdites prises

seront amenées, en la manière accoutumée, et envoyées au secrétaire général de la marine, lequel en tiendra registre; et seront les affaires distribuées par le président aux conseillers d'état et maîtres des requêtes indifféremment, et ensuite rapportées par eux en ladite assemblée.

4. Les arrêts seront dressés par les rapporteurs; et ensuite signés par ladite assemblée et présentés à M. le chancelier, et ensuite expédiés par le secrétaire d'état.

5. En cas que les parties demandent que leurs affaires soient jugées en plein conseil, S. M. veut qu'après avoir été rapportées et examinées en ladite assemblée, elles soient rapportées et jugées au conseil.

6. Et lorsqu'après le jugement desdites affaires, les parties présenteront requête en révision ou en cassation, lesdites requêtes seront pareillement rapportées dans le conseil de S. M.

7. En ces deux cas, lorsque l'amiral de France sera en âge, il assistera audit conseil, et y prendra le rang que sa naissance et sa charge lui donnent.

8. Les prises seront jugées suivant et conformément aux lois et ordonnances du royaume, et aux traités faits par S. M. avec les princes et états étrangers, qui seront exécutés en ce qu'ils pourront déroger aux lois et ordonnances du royaume.

9. Le secrétaire général de la marine assistera auxdites assemblées, sans avoir voix délibérative, ainsi qu'il est accoutumé.

N° 840. — ARRÊT *du conseil portant défenses aux officiers de l'amirauté de surseoir l'exécution des arrêts de main-levée des vaisseaux pris par les armateurs françois.*

Versailles, 15 octobre 1676. (Cod. nav., p. 202.)

N° 841. — RÉGLEMENT *pour l'établissement de l'école des canonniers.*

15 octobre 1676. (Cod. nav. p. 95.)

N. 842. — LETTRES-PATENTES *pour l'établissement des académies de peinture et de sculpture dans les principales villes du royaume.*

Saint-Germain-en-Laye, novembre 1676. (Archiv.) Reg. P. P., 22 décembre.

LOUIS, etc. La splendeur et la félicité d'un état ne consistant pas seulement à soutenir au dehors la gloire de nos armes, mais aussi à faire éclater au dedans l'abondance des richesses, et fleurir l'ornement des sciences et des arts: nous avons été porté dès il y a plusieurs années à établir, outre plusieurs académies tant pour les lettres que pour les sciences, une particulière pour la peinture et sculpture, dont ceux qui en font profession nous ont rendu et rendent encore tous les jours d'agréables services, par les excellens ouvrages dont ils ont orné et enrichi nos maisons royales. Et comme nous avons été informé par notre amé et féal conseiller ordinaire en tous nos conseils, le sieur Colbert, surintendant et ordonnateur-général de nos bâtimens, arts et manufactures, que par la bonne conduite des officiers de ladite académie de peinture et sculpture, il y avoit lieu de rendre encore plus universel l'effet que ladite académie a produit dans notre bonne ville de Paris, en l'étendant dans tout le reste de notre royaume par l'établissement de quelques écoles académiques en plusieurs autres villes, sous la conduite et administration des officiers de ladite académie royale, dans lesquels pourroient être instruits divers bons élèves qui, par cette éducation, se rendroient capables de nous rendre service et au public, et de parvenir à la réputation de leurs maîtres, s'il nous plaisoit accorder l'établissement desdites écoles académiques, et approuver les articles et réglemens qui nous ont été présentés à cet effet. A ces causes, ayant égard à l'utilité que nos sujets peuvent recevoir desdites écoles académiques, et inclinant à la prière de notre cher et féal ledit sieur Colbert; désirant aussi favorablement traiter ladite académie royale, et faire les susdits réglemens ci-attachés sous le contrescel de notre chancellerie; nous avons de notre grace spéciale permis, approuvé et autorisé; permettons, approuvons et autorisons par ces présentes signées de notre main, l'établissement desdites écoles académiques : voulons qu'elles se tiennent désormais dans toutes les villes où il sera nécessaire, sous le nom d'écoles académiques de peinture et de sculpture; que ledit sieur Colbert en soit le chef et protecteur; qu'il en autorise les statuts et les réglemens sans qu'il soit besoin d'autres lettres de nous que les présentes, par lesquelles nous confirmions dès maintenant comme pour lors, tout ce qu'il fera pour ce regard. Si donnons, etc.

RÉGLEMENS.

Comme il a plu au roi d'accorder à l'académie royale de peinture et de sculpture la permission d'avoir divers lieux en différents endroits de la ville de Paris, pour faire les exercices du modèle sous les noms et la direction des officiers qui la conduisent ; et que pour favoriser davantage l'instruction des étudians, S. M. a bien voulu entretenir une école académique dans la ville de Rome, sous la conduite des officiers qu'elle y envoye. Ladite académie royale jugeant qu'il seroit utile d'établir en diverses villes du royaume des écoles académiques qui dépendront d'elles, tant parce qu'il y a en plusieurs endroits quantité de curieux et d'amateurs de la peinture et sculpture qui désireront s'instruire, et faire instruire leurs enfans dans la connoissance et la pratique de ces arts, et qu'il s'en pourroit trouver quelques uns qui, étant cultivés, se rendroient capables de servir utilement le roi. Ladite académie a résolu que la proposition de ces établissemens seroit présentée à monseigneur Colbert son protecteur. Ce qui ayant été fait, et ladite proposition ayant été par lui agréée; la même académie assemblée pour délibérer sur lesdits établissemens, a dressé les articles suivans, pour être présentés à sa majesté.

Art. 1. Que lesdites écoles académiques seront sous la protection du protecteur de l'académie royale, et qu'on choisira pour vice-recteur telle personne de qualité éminente qui sera trouvée à propos dans tous les lieux où lesdites écoles seront établies.

2. Que lesdites écoles seront gouvernées et conduites par les officiers que l'académie royale commettra, lesquels seront tenus de se conformer à la discipline de ladite académie, et de suivre les préceptes et manières d'enseigner qui y seront résolus.

3. Que s'il arrivoit contestation entre les susdits officiers dans les exercices desdites écoles académiques, touchant les arts qui y sont enseignés, ou l'instruction des étudians, ils seront tenus d'en informer incessamment l'académie royale, afin que lesdites contestations y soient décidées.

4. Qu'il sera permis aux officiers commis pour la conduite desdites écoles, de se faire soulager dans les exercices ordinaires, par des gens capables qu'ils pourront rencontrer dans lesdites villes, auxquels ils donneront la qualité d'adjoints ou aides, et qui participeront à leurs privilèges dans lesdites villes seulement.

5. Que le lieu où lesdits exercices se feront étant consacré à la vertu, sera en singulière vénération à tous ceux qui y seront admis et à la jeunesse qui y sera enseignée; ensorte que s'il arrivoit qu'aucun vînt à blasphémer le saint nom de Dieu, ou parler de

la religion et des choses saintes par dérision et avec irrévérence, ou proférer des paroles deshonnétes, il sera banni desdites écoles.

6. Que l'on ne parlera dans lesdites écoles que des arts de peinture et de sculpture et de leurs dépendances; et qu'on n'y pourra traiter d'aucune autre matière.

7. Qu'excepté les dimanches et les fêtes, lesdites écoles seront ouvertes tous les jours de la semaine à la jeunesse et aux étudians, pour y dessiner l'espace de 2 heures, et profiter des leçons qu'on y fera, tant sur le modèle qui sera mis en attitude par les professeurs, que sur la géométrie, la perspective et l'anatomie.

8. Que les officiers desdites écoles communiqueront à l'académie royale, quatre fois l'année pour le moins, les ouvrages de leurs étudians, tant ceux de leurs études ordinaires, que ceux qu'ils feront pour les prix qui pourront leur être distribués.

9. Que pour la discipline et les règles particulières que les étudians devront observer, les officiers qui seront commis auxdites écoles académiques les régleront entr'eux, selon l'usage et la commodité des lieux, et suivant ceux qui sont établis à l'académie royale, dont copie leur sera donnée.

Signé: *Lebrun*, premier peintre du roi, chancelier et principal recteur de l'académie, *Anguier, Girardon, Marcy, C. Beaubrun, de Buister, G. de Seve l'ainé, Bernard, Ferdinand, Regnaudin, Paillet, Coypel, de Champaigne, P. de Seve, Blanchard, Delafosse, Lehongre, Corneille, Raon, Hovasse, Baptiste Tuby, Audran, Jouvenet, Mignon, Rousselet, Yvart, Tortebat, Rabon, Sylvestre, Friquet, Borson, Testelin*, professeur et secrétaire.

N° 843. — EDIT *portant union de l'académie de peinture et sculpture de l'académie de France à l'académie établie à Rome.*

Saint-Germain-en-Laye, novembre 1676. (Ord. 18. 4 C., 349 et 26, 4 L. 203. — Archiv.) Reg. P. P., 22 décembre.

LOUIS, etc. Les travaux que nous nous sommes imposés depuis le temps que nous avons pris en main le gouvernement de notre royaume, pour la correction, la réformation et le bon réglement des ordres de notre état, et ceux que nous avons été obligé de prendre pour soutenir la guerre, ou que nous avons été obligé d'entreprendre, ou qui nous ont été suscités par la malice de nos ennemis, et par l'extrême jalousie qu'ils ont pris de la gloire de notre règne, ne nous ont pas empêché de penser à cultiver et à attirer dans notre royaume tout ce que la science et les beaux-arts peuvent contribuer à la gloire et à l'ornement de notre règne. C'est pour cette raison que nous avons bien voulu prendre sous notre protection l'académie françoise, et la loger dans notre propre palais, et que nous avons établi les académies de peinture, sculpture et architecture. Ce qui nous a si bien réussi, qu'outre tous les grands et beaux ouvrages qui sont sortis des mains de ces excellens ouvriers que nous avons élevés, nous avons encore eu la satisfaction de voir que l'académie de Rome, dite de saint Luc, qui a toujours été reconnue pour celle qui a produit tous les grands sujets qui ont paru depuis deux siècles dans ces beaux-arts, a cru qu'elle pouvoit recevoir quelque lustre en choisissant pour son prince et chef le sieur Lebrun notre premier peintre, chancelier et principal recteur de l'académie royale de peinture et sculpture établie dans notre bonne ville de Paris. Et d'autant que cette élection peut donner un commencement de commerce et de communication entre les deux académies, nous avons agréablement reçu les propositions qui nous ont été faites par notre amé et féal le sieur Colbert, conseiller en tous nos conseils, et en notre conseil royal, surintendant et ordonnateur général de nos bâtimens, arts et manufactures, de donner nos lettres de jonction desdites deux académies, afin que par la communication réciproque que cette jonction leur donnera elles puissent mutuellement contribuer à élever ces arts au plus haut point qu'ils aient jamais été portés: et pour cet effet, ledit sieur Colbert nous auroit présenté plusieurs articles concernant ladite jonction, sur lesquels il nous auroit très humblement supplié d'accorder nos lettres-patentes. A quoi inclinant, nous avons, de notre grâce spéciale, pleine puissance et autorité royale, permis, approuvé et autorisé, permettons, approuvons et autorisons par les présentes signées de notre main, lesdits articles de jonction cy-attachés, sous le contrescel de notre chancellerie. Voulons qu'ils soient inviolablement gardés et observés de point en point selon leur forme et teneur, sans qu'il y puisse être cy-après contrevenu. Ordonnons audit sieur Colbert, surintendant et ordonnateur général de nos bâtimens, arts et manufactures, d'y tenir soigneusement la main. Si donnons, etc.

ARTICLES POUR LA JONCTION DES DEUX ACADÉMIES.

ART. 1. Que les prieurs et protecteurs des deux académies seront priés d'étendre leur protection sur chacune d'elles; qu'en cette considération on leur rendra de part et d'autre les honneurs et respects qui leur seront dus en toute rencontre ; et que pour cet effet on gardera respectueusement leurs portraits exposés en chacune des deux académies : savoir, en celle de Paris le portrait du protecteur de Rome, et en celle de Rome celui du protecteur de l'académie de Paris.

2. Que ceux qui auront acquis la première dignité en l'académie de Rome pourront être admis par un acte de concession à la qualité de recteurs de l'académie royale de France, et qu'en cette qualité ils pourront agir dans l'académie françoise établie à Rome, en cas de maladie ou d'absence du directeur françois, pourvu qu'ils aient auparavant prêté serment entre les mains de monsieur l'ambassadeur de France, de servir fidèlement le roi, et d'observer les statuts de l'académie de France : lequel recteur pourra être changé ou continué tous les ans, et en cas de changement, il aura la qualité de conseiller, et donnera son suffrage aux élections des officiers de l'académie de France.

3. Que la fonction dudit rectorat pendant les trois mois qu'il devra l'exercice en l'académie royale de France, sera faite par le moyen d'un des adjoints à ladite charge, suivant l'ordre établi en cas d'absence, et la rétribution attachée à cette fonction sera partagée également entre le recteur romain et l'adjoint qui en aura fait l'exercice à Paris.

4. Que les académiciens qui auront été reçus dans les charges de l'académie de Rome, pourront être admis aux charges de l'académie de France, quand ils y seront présens, et qu'ils justifieront leur réception en celle de Rome; comme réciproquement les officiers de l'académie royale pourront être reçus en l'académie romaine lorsqu'ils y seront présens, ce qu'ils feront apparoître de leur réception en celle de France.

5. Que néanmoins ceux qui seront reçus en l'une des deux académies ne pourront entrer dans l'autre en qualité d'académiciens, ni jouir de ses priviléges, qu'il n'y aient de nouveau subi l'examen, et ne se soient soumis à ses réglemens touchant les réceptions.

6. Que les étudians qui auront remporté quelque prix en l'académie de Rome, pourront, étant à Paris, jouir des mêmes avantages que ceux de l'académie royale, comme d'être admis à dessiner sur le modèle, et autres choses semblables dont jouissent les étudians de l'académie royale de France, lesquels pourront réci-

proquement entrer dans la dispute des prix, et généralement en tous les exercices de l'académie de Rome, pourvu qu'ils aient un certificat signé des officiers d'icelle, et qu'ils se soumettent aux ordres et à la discipline établis dans lesdites académies.

7. Que dans les contestations qui pourront arriver aux conférences sur les raisonnemens de la peinture et sculpture, on se communiquera réciproquement ses sentimens de part et d'autre, pour plus grande émulation, et qu'à cet effet les secrétaires des deux académies mettront soigneusement par écrit les questions qui seront agitées, avec les raisons et diverses opinions qui auront été proposées, et cette communication se fera tous les trois mois.

8. Qu'il sera libre à toutes les deux académies, lorsqu'elles jugeront à propos de faire l'élection de leur prince ou chef, d'admettre dans le nombre de sujets qu'elles trouveront dignes de cet honneur, telle personne qu'il leur plaira, quoiqu'absente, pourvu qu'il y ait quelqu'un de présent pour faire la fonction en sa place; pour cet effet, chacune desdites académies se donnera réciproquement une liste de ceux qui pourront mériter cette dignité, laquelle liste se recommencera deux mois avant que l'on renouvelle la boussole, afin d'y pouvoir enfermer les noms qu'on aura choisis, entre lesquels se trouvera toujours une personne de l'académie romaine, lorsque l'élection du chef se fera en l'académie de France, et réciproquement de l'académie françoise, lorsque l'académie de Rome fera l'élection de son prince, observant de tirer ces noms au sort, en la manière accoutumée, et de donner avis aussitôt après à l'autre académie, de la personne à qui la charge sera échue; et quoique tout ce que dessus soit proprement imité des coutumes de l'académie de Rome, celle de France ne laissera pas de s'y conformer en tout et partout à l'égard desdites élections, ayant bien voulu d'elle-même s'accommoder en cela aux statuts de la susdite académie.

9. Que les académies se communiqueront leurs ouvrages par le moyen de leurs dessins, estampes ou modèles, ce qui sera d'autant plus avantageux pour les habiles gens, que par ce moyen leur capacité et leur mérite en seront connus davantage.

10. Qu'on entretiendra un commerce de bienveillance par des témoignages réciproques de félicitation et de condoléance en tous les cas nécessaires, dont on aura pour cet effet le soin de s'avertir, se procurant en outre les uns aux autres, autant qu'il se pourra, le service et les bienfaits des princes et seigneurs pro-

tecteurs, et généralement de tous les amateurs desdites académies, afin de conserver ainsi une correspondance d'amitié, par la part que lesdites académies prendront réciproquement aux intérêts l'une de l'autre. (*Mêmes signatures qu'au règlement précédent.*)

N° 844. — EDIT *portant règlement pour rendre la Seine, la Marne et l'Aube navigables.*

Saint-Germain-en-Laye, novembre 1676. (Blanch. 2295.)

N 845. — ORDONNANCE *contre les duels entre militaires.*

Saint-Germain-en-Laye, 1er décembre 1676. (Règlem. et ordonn. pour la guerre.)

N° 846. — RÈGLEMENT *pour le contrôle des exploits.*

St-Germain-en-Laye, 30 décembre 1676. (Ord. 19. 4 D, 33. — Néron, II, 138.)

N° 847. — ORDONNANCE *qui défend d'admettre aucuns valets d'officiers de cavalerie et de dragons, en qualité de cavaliers ou dragons dans les compagnies dont leurs maitres sont officiers.*

Saint-Germain-en-Laye, 6 janvier 1677. (Règlem. et ordonn. pour la guerre.)

N° 848. — ORDONNANCE *portant que les enseignes de vaisseaux seront appelés et auront voix dans le conseil de guerre, lorsqu'il n'y aura pas un nombre suffisant de capitaines ou de lieutenans pour former ledit conseil de guerre.*

9 janvier 1677. (Archiv.)

N° 849. — ORDONNANCE *pour régler la préséance dans les conseils de guerre entre les capitaines de frégates légères et les lieutenans de vaisseaux, et pour y admettre les enseignes à 22 ans.*

9 janvier 1677. (Cod. nav. p. 159.)

N° 850. — DÉCLARATION *sur l'édit du 1er novembre 1530, portant que les auteurs et complices de vols faits dans l'enclos de la maison où le roi sera logé ou de celle servant à ses officiers et écuries, seront punis de mort.*

Saint-Germain-en-Laye, 15 janvier 1677. (Néron, II, 139. — Archiv.)

N° 851. — ARRÊT *du parlement de Paris faisant défenses à tous juges d'ordonner, dans des causes de mariage, la preuve du congrès.*

Paris, 18 février 1677. (Néron, II, 783. — Archiv. — Hen. Abr. Chr.)

N° 852. — DÉCLARATION *faisant défenses aux juges, à peine d'en répondre en leur nom, de modérer les amendes pour contravention aux timbres.*

Saint-Germain-en-Laye, 20 février 1677. (Archiv.)

N° 853. — DÉCLARATION *portant que tous exploits, protêts et autres actes faits par les notaires, tabellions, huissiers et autres ayant pouvoir d'exploiter, seront contrôlés.*

Saint-Germain-en-Laye, 25 février 1677. (Archiv. — Néron, II, 140.)

N° 854. — ORDONNANCE *qui enjoint aux capitaines de vaisseaux de guerre d'arrêter tous les vaisseaux et bâtimens des états étrangers, et de les envoyer dans les ports du royaume, pour y être visités par les officiers de l'amirauté.*

30 mars 1677. (Archiv.)

N° 855. — ORDONNANCE *touchant le commandement des vaisseaux et galères.*

31 mars 1677. (Bajot.)

N° 856. — ORDONNANCE *qui oblige les maires, échevins, consuls, syndics et marguilliers des villes et lieux d'étape, à envoyer au secrétaire d'état de la guerre, dans trois jours après le passage de chaque troupe, l'extrait de la revue qu'ils en auront faite au bas de la copie de la route de ladite troupe, à peine de cent livres d'amende.*

Versailles, 10 juillet 1677. (Réglem. et ordonn. pour la guerre.)

N° 857. — ARRÊT *du conseil portant défenses aux religionnaires de suborner les catholiques, à peine d'amende.*

Versailles, 25 juillet 1677. (Hist. de l'édit de Nantes.)

EXTRAIT.

Sur ce qui a été remontré au roi étant en son conseil, que par les édits et déclarations de S. M. qui laissent la liberté de la R. P. R.

en ce royaume, il n'y en a aucun qui permette aux catholiques de se pervertir à ladite R. P. R. Néanmoins S. M. est informée que dans le pays de Saintonge, Aunis, Brouage, îles d'Oleron et Ré, ville et gouvernement de La Rochelle, les plus puissans des lieux pervertissent tous les jours des catholiques, soit sous prétexte de mariage, soit par menaces de ne les point employer à gagner leur vie; en sorte qu'il se trouve toujours quelques malheureux qui se laissent persuader, non-seulement à la malice des ministres de ladite religion, lesquels mettent tout en œuvre pour en venir à bout, et qui se servent même des impositions qu'ils font à leur fantaisie, pour corrompre des pauvres catholiques auxquels ils font entendre des choses extraordinaires contre la religion catholique, ce qui est contre la disposition de l'art. 18 de l'édit de Nantes, de l'arrêt du conseil du 5 novembre 1664, donné en pareil cas, qui défend expressément les subornations; et encore de ce qui est porté par les déclarations données en conséquence. A quoi étant nécessaire de pourvoir pour empêcher la continuation de cet abus; vu ledit art. 18 de l'édit de Nantes, arrêt dudit jour 5 novembre 1664, déclarations et autres, ouï le rapport et tout considéré: le roi étant en son conseil, a fait très expresses inhibitions et défenses à tous ses sujets de la R. P. R., de quelque qualité et condition qu'ils soient, tant desdits pays de Saintonge, Aunis, Brouage et îles de Ré et d'Oleron, ville et gouvernement de La Rochelle, qu'à tous autres, de suborner les catholiques à changer de religion, soit par argent, sous prétexte de mariage ni autrement, en quelque sorte et manière que ce soit, à peine de mille livres d'amende et d'être punis suivant la rigueur des édits.

N° 858. — RÉGLEMENT *pour la recherche des mines d'or, d'argent et autres métaux dans l'Auvergne, le Bourbonnais, le Forez, le Vivarais.*

<small>Versailles, 30 juillet 1677. (Ord. 19. 4 D. 270.)</small>

N° 859. — ORDONNANCE *portant que les maires, échevins, consuls, syndics et marguilliers des lieux d'étape qui certifieront le logement d'une troupe qui n'y aura pas effectivement logé, seront condamnés à l'amende, destitués et déclarés incapables de posséder aucune charge de ville.*

<small>Versailles, 4 août 1677. (Réglem. et ordon. pour la guerre.)</small>

N° 860. — DÉCLARATION *portant que les condamnés aux galères qui, après leur condamnation, se seront mutilés, seront punis de mort.*

Fontainebleau, 4 septembre 1677. (Archiv. — Rec. cass.) Reg. C. des A.

LOUIS, est. Nous avons été informé que plusieurs criminels condamnés à servir sur nos galères, comme forçats, ont porté leur fureur à tel excès, qu'ils ont mutilé leurs propres membres pour éviter d'être attachés à la chaîne et se mettre hors d'état de subir la peine due à leurs crimes ; et d'autant que si ce désordre étoit toléré, ce seroit le moyen facile d'éluder la justice de nos lois et établir l'impunité des crimes qui ne sont point sujets à la peine de mort. Considérant d'ailleurs que cet excès de fureur blesse également les lois divines et humaines, nous avons estimé juste et nécessaire d'établir des peines sévères contre ceux qui tombent dans un pareil aveuglement. A ces causes, etc., nous avons dit, déclaré et ordonné, et par ces présentes signées de notre main, disons, déclarons et ordonnons, voulons et nous plaît, que les criminels condamnés à servir sur nos galères comme forçats, lesquels, après leur jugement, auront mutilé ou fait mutiler leurs membres, soient punis de mort pour réparation de leurs crimes. Si donnons, etc.

N° 861. — ORDONNANCE *portant qu'aucun étranger n'entrera dans le royaume ou ne le traversera sans passeport, et sans que le roi en soit averti.*

Versailles, 2 novembre 1677. (Règlem. et ordonn. pour la guerre.)

N° 862. — ORDONNANCE *portant défenses à tous officiers de marine de quitter les ports de leurs départemens sans congé, à peine d'interdiction.*

5 décembre 1677. (Archiv.)

N° 863. — ÉDIT *qui déclare les charges et offices de la maison du roi non sujets à saisies, privilèges et hypothèques, ou à partage après décès.*

Saint-Germain-en-Laye, janvier 1678. (Néron, II, 141. — Code des commensaux.)

N° 864. — Édit *portant que l'art. 22 de l'édit de Melun (février 1580), concernant les procès criminels intentés aux ecclésiastiques, sera exécuté dans tout le royaume, et que l'instruction de ces procès sera faite conjointement par les juges d'église et par les juges royaux, avec injonction à ceux-ci de faire le rapport desdits procès au siége de la juridiction ecclésiastique.*

Saint-Germain-en-Laye, février 1678. (Ord. 24. 4 Y, 38. — Néron, II, 142, Archiv., — Rec. cass.) Reg. P. P., 21 août 1684.

N° 865. — Déclaration *sur l'art. 16, tit. 16 de l'ordonnance d'août 1670, portant qu'il ne sera expédié aucune lettre de rémission dans les chancelleries que pour les homicides involontaires.*

Saint-Germain-en-Laye, juin 1678. (Néron, II, 143.)

N° 866. — Lettres-patentes *portant ratification du traité conclu à Nimègue le 10 août, entre le roi et les États-Généraux des provinces-unies, suivi du traité de commerce, navigation et marine* (1).

Saint-Germain-en-Laye, août 1678. (Rec des trait. — Rec. cass.)

N° 867. — Déclaration *sur les ordonnances en cassation des procédures des prévôts des maréchaux et des présidiaux portées au grand conseil.*

Fontainebleau, 23 septembre 1678. (Néron, II, 144. — Archiv.)

LOUIS, etc. Une longue expérience ayant fait connoître qu'on ne pouvoit purger le royaume des vagabonds et voleurs qui troubloient la sûreté publique que par une punition qui ne pût être retardée par plusieurs degrés de juridiction, les rois nos prédécesseurs auroient fait divers édits et déclarations par lesquels ils auroient attribué aux prévôts de nos cousins les maré-

---

(1) Le roi en dicta les conditions. Il y eut trois traités; l'un entre la France et la Hollande, signé le 10 août ; le second avec l'Espagne, signé le 17 septembre; et le troisième avec l'empereur et l'empire, à la réserve de l'électeur de Brandebourg et de quelques autres princes, signé le 5 février 1679. (Hen., *Abr. chr.*).

chaux de France, et aux officiers présidiaux, le pouvoir de faire le procès et de juger par jugement en dernier ressort les personnes et les crimes de la qualité y mentionnée, sans que l'instruction desdits procès ni l'exécution desdits jugemens pût être différée sous quelque prétexte que ce fût, réservant seulement aux veuves, enfans et héritiers des condamnés la liberté de s'adresser à nous ou à nos très chers et féaux chancelier et garde des sceaux, pour leur pourvoir; et depuis notre avénement à la couronne nous avons toujours maintenu la jurisdiction desdits prevôts et desdits présidiaux, sans souffrir que nos cours de parlement y aient donné aucune atteinte; ce que nous avons encore confirmé par notre ordonnance du mois d'août 1670, sur les matières criminelles. Cependant nous avons été informés que plusieurs de ceux qui sont poursuivis par devant lesdits prevôts des maréchaux ou juges présidiaux pour crimes sujets au jugement en dernier ressort, s'adressent aux gens tenans notre grand conseil, sous prétexte de contravention à nos ordonnances, et que lesdits prevôts ont instrumenté hors leur ressort, ou détenu des prisonniers en chartre privée, auxquels notre grand conseil accorde des commissions en cassation, par le moyen desquelles non seulement l'instruction et le jugement des crimes s'y trouve retardé, mais aussi les preuves dépérissent. Il est même souvent arrivé que, n'y ayant point de partie civile contre les coupables, nos procureurs èsdites maréchaussées ou présidiaux ont négligé de comparoir audit grand conseil sur les assignations qui leur ont été données en vertu desdites commissions, en sorte que lesdites cassations sont demeurées sans poursuites, ou les accusés ont obtenu par défaut leurs fins et conclusions.

Sur quoi, après avoir entendu notre procureur général en notre grand conseil et désirant pourvoir à nos sujets et au bien de la justice, savoir faisons, que nous, pour ces causes, etc., voulons et nous plaît que les accusés contre lesquels les prevôts de nos cousins les maréchaux de France auront reçu plainte, informé et décrété, ne puissent se pourvoir auparavant le jugement de la compétence, sous prétexte de prise à partie ou autrement, contre lesdits prevôts, soit pour avoir instrumenté hors leur ressort, ou pour avoir fait chartre privée, que par devant les gens tenans le présidial qui devra juger la compétence desdits prevôts; auquel présidial ils pourront proposer lesdits deux cas comme moyens de récusation, pour y être jugés conformément à l'art. 16 du tit. 2 de notre ordonnance de 1670. Et au cas que lesdits présidiaux, en jugeant lesdites récusalions trouvent que lesdits prevôts aient contrevenu à cet égard à l'ordonnance, et que par la qualité des crimes ou celle de la personne les accusés soient sujets au jugement en dernier ressort, nous ordonnons auxdits présidiaux de renvoyer lesdits accusés et les charges et informations au présidial dans le ressort duquel le délit aura été commis, pour y être le procès instruit et jugé par jugement dernier, conformément à nos ordonnances, sans que le prevôt des maréchaux ainsi récusé en puisse plus connaître. Et d'autant que dans les jugemens de compétence et dans les procédures et instructions faites en conséquence par lesdits prevôts ou juges présidiaux, il pourroit y avoir des contraventions à nos ordonnances, contre lesquelles nous voulons donner à nos sujets le moyen de se pourvoir; nous, par provision, et jusqu'à ce qu'autrement en ait été ordonné, voulons et entendons que notre grand conseil puisse recevoir les requêtes en cassation des jugemens de compétence, et des autres procédures faites depuis par lesdits prevôts des maréchaux ou juges présidiaux, et accorder des commissions sur icelles, à la charge que les accusés qui présenteront lesdites requêtes rapporteront les copies qui leur auront été signifiées desdits jugemens de compétence, que lesdits accusés seront effectivement prisonniers et écroués dans les prisons desdits prevôts, présidiaux ou autres sièges où le procès criminel sera pendant, et qu'ils rapporteront les écrous en bonne forme, attestés par le juge ordinaire du lieu où ils seront détenus, et signifiés aux parties ou à leurs procureurs sur les lieux, dont sera fait mention dans la commission qui sera délivrée, à peine de nullité, et d'en répondre par le greffier de notredit grand conseil. Sera aussi expressément porté dans ladite commission qu'elle ne pourra empêcher que l'instruction ne soit continuée par le juge de la procédure duquel on demandera la cassation jusqu'à jugement définitif exclusivement. Voulons en outre que le demandeur en cassation soit tenu, en faisant signifier la commission, de donner les assignations par un seul et même exploit, les délais desquelles assignations seront énoncés dans la commission, et réglés suivant la dernière ordonnance; et qu'à faute de ce faire les défenses de passer outre au jugement définitif soient levées et ôtées, sans qu'il soit besoin d'autre arrêt ni lettres. Et pour donner moyen aux accusés qui auront à se plaindre de rapporter les sentences des présidiaux qui auront jugé la compétence, voulons et nous plaît, conformément à l'art. 20 dudit tit. 11 de l'ordonnance criminelle, que lesdites sentences soient prononcées, signifiées, et d'icelles baillé copie sur-le-champ aux accusés, à la diligence de nos procureurs esdits sièges, dont nous les chargeons expressément, à peine de répondre en leurs propres et privés noms des dommages et intérêts que souffriront lesdits accusés, faute de pouvoir rapporter lesdites sentences, et d'interdiction de leurs charges. N'entendons néanmoins que notredit grand conseil puisse en aucun cas et sous quelque prétexte que ce soit, même d'avoir, par lesdits prévôts des maréchaux, instrumenté hors de leur détroit, ou fait chartre privée des prisonniers, accorder des commissions en cassation des procédures faites par lesdits prévôts des maréchaux ou présidiaux avant le jugement de la compétence, ni connoître aussi des jugemens définitifs qui seront donnés par lesdits prévôts des maréchaux ou présidiaux, lui en défendant toute cour et connoissance, si ce n'est qu'elle lui ait été renvoyée par nous ou par notre conseil, à peine de nullité.

Si donnons en mandement, etc.

N° 868. — ARRÊT *du conseil portant que les places qui ont servi aux murailles, remparts, fossés, fortifications et clôture des villes appartiennent au roi.*

Fontainebleau, 14 septembre 1678. (Archiv.)

N° 869. — ORDONNANCE *portant réduction des compagnies d'infanterie au nombre de quarante-cinq hommes, les officiers non compris.*

Fontainebleau, 31 septembre 1678. (Rég. et ordonn. pour la guerre.)

N° 870. — DÉCLARATION *portant fixation du prix des offices de judicature, avec défenses de l'augmenter directement ou indirectement, par traité volontaire ou autrement.*

Versailles, 18 octobre 1678. (Archiv.)

N° 871. — RÈGLEMENT *sur les comptes des comptables en demeure, et la forme à suivre pour opérer la décharge de leur débet.*

Versailles, 13 novembre 1678. (Rec. cass. — M. Dupin, de l'adm. comm, p. 81.), Reg. C. des C., 19 novembre.

LOUIS, etc. Étant nécessaire de pourvoir à ce que les comptes de tous nos officiers comptables qui ont été négligés jusques à présent, soient rendus en nos chambres des comptes, pour achever de rétablir le bon ordre dans nos finances, auquel nous avons si heureusement travaillé, depuis le temps que nous avons bien voulu en prendre la conduite et l'administration; comme aussi à faire revoir, corriger et apurer tous les comptes qui ont été rendus pendant toutes les administrations précédentes, pour établir un ordre fixe et certain dans cette partie de nos finances qui regarde les fonctions de nos chambres des comptes; et ayant pour cet effet examiné et reconnu quelques abus qui se sont glissés, soit par une explication de nos ordonnances, contraire à leur véritable sens, ou pour n'avoir pas prévu les moyens dont lesdits comptables pouvoient se servir pour parvenir à la rétention de nos deniers, et particulièrement sur le fait des reprises des receveurs des tailles, taillon et receveurs-généraux de nos finances, et sur les décharges des souffrances, supercessions et autres charges mises sur lesdits comptes; nous avons résolu d'ajouter quelques articles aux réglemens qui ont été faits jusqu'à présent sur cette matière. A ces causes, et autres considérations à ce nous mouvans, de l'avis de notre conseil, qui a vu les ordonnances des années 1532, 1542, 1545, 1547, 1556, et 1557. Ensemble notre réglement du mois d'août 1669, et notre déclaration du quatorzième juillet 1670; et de notre certaine science, pleine puissance et autorité royale, etc., voulons et nous plaît que les receveurs-généraux de nos finances, et du taillon, receveurs particuliers des tailles et du taillon, et tous autres officiers et commis comptables, vivant ensemble les héritiers de ceux qui sont décédés, lesquels n'ont point rendu compte des années de leurs exercices, soient contraints, en vertu des présentes, au paiement des amendes portées par nos ordonnances; et jusqu'à ce que les comptes de leurs recettes aient été rendus jusqu'en l'année 1675, voulons qu'ils demeurent suspendus de l'exercice de leurs offices, et qu'il soit procédé en la manière ordinaire et accoutumée à la saisie et vente desdits offices, ensemble de leurs autres biens, meubles et immeubles, et que les cautions et certificateurs soient contraints par les mêmes voies jusqu'à la concurrence des sommes portées par les actes de cautionnement, et les veuves communes en biens, biens-tenans et ayans cause, par saisie et vente de leurs biens meubles et immeubles seulement, dont les deniers seront portés en notre trésor royal, sauf à les rendre auxdits comptables, veuves, héritiers, biens-tenans et ayans cause, en cas qu'ils se trouvent quittes envers nous, lorsque lesdits comptes auront été rendus, clos et arrêtés en nos chambres des comptes; enjoignons à nos procureurs-généraux en icelles de faire toutes diligences suivant le dû de leurs charges, pour faire compter les comptables dans les temps portés par nos ordonnances, et d'en certifier notre conseil et nosdites chambres des comptes tous les six mois. Disons en outre, et ordonnons, que pour l'allocation des reprises employées dans les comptes qui seront rendus par les receveurs de nos tailles, taillon et autres, pour les années précédentes, l'année 1663, et le rétablissement de celles qui ont été rayées dans les comptes clos et arrêtés en nos chambres des comptes pour les mêmes années, lesdits receveurs des tailles, taillon et autres, seront tenus, outre l'état par le menu de leurs restes, certifié véritable, aux peines du quadruple, conformément à notre édit du quatorzième juillet 1670, de rapporter les registres-journaux de leurs recettes, qu'ils sont obligés de tenir suivant les ordonnances des rois nos prédécesseurs, et nommément par l'édit du mois de décembre 1557. Et si par l'examen et calcul qui sera fait sur lesdits registres, tant de la recette actuelle que desdits restes, lesdites reprises se trouvent véritables, elles seront passées ou rétablies purement et simplement en vertu desdits états et registres-journaux; et à l'égard des reprises employées dans les comptes de nos receveurs généraux des finances, taillon, ordinaire des guerres et autres, rendus pour les années précédentes ladite année 1663, elles ne pourront être passées, déchargées ni rétablies, qu'en rapportant pareillement lesdits états des restes avec les registres-journaux de leurs recettes, et qu'après la vérification préalablement faite des recettes desdits comptes sur les dépenses employées aux comptes relatifs, tant aux chapitres des derniers comptables et états finaux, qu'en décharges des débets d'iceux; et seront les reprises de nos receveurs des tailles, taillon et autres comptables, qui portent leurs fonds en nos recettes générales, passées, déchargées ou rétablies seulement jusqu'à concurrence des sommes restant à acquitter à nosdites recettes générales, des fonds qui leur ont été destinés par nos états, et les reprises des comptes de nosdites recettes générales, ordinaire des guerres et autres jusqu'à concurrence seulement des sommes restant à acquitter du fonds destiné par nos états à l'épargne, trésor royal et ordinaire des guerres; défendons très-expressément aux gens de nos comptes de passer, décharger ou rétablir lesdites reprises pour plus grandes sommes, et de consommer par le rétablissement et l'allocation desdites reprises les sommes provenant de la radiation des parties tenues en souffrance ou supercédées, ni celles destinées aux restes et aux assignés, comme aussi de décharger lesdites parties et autres débets, qu'en vertu des quittances originales de l'épargne, trésor royal, ordinaire des guerres et autres, libellées et expédiées sur les années pour lesquelles les comptes auront été rendus et dûment contrôlés. Faisons pareillement défenses auxdits gens de nos comptes de charger ou rétablir aucunes parties comptables, rayées, tenues en souffrance ou supercédées en vertu des recettes faites ès comptes de l'épargne, trésor royal et autres, ni sur les extraits d'iceux rapportés par les comptables ou autres, pour quelque cause ni sous quelque prétexte que ce soit. Voulons de plus que toutes les requêtes qui seront présentées en nosdites chambres des comptes par les comptables pour la décharge des parties indécises, tenues en souffrance pour débets de quittances, supercessions et autres, soit au grand ou second bureau, soient communiquées à nosdits procureurs généraux, et leurs conclusions vues. Défendons pareillement à nosdites chambres de déclarer aucune correction faite et parfaite à l'égard du comptable, et en tant qu'à eux est, qu'après que les comptes servant à la justification de sa recette auront été rendus, et les vérifications nécessaires faites sur iceux par nos conseillers-correcteurs. Enjoignons à nosdites chambres, en procédant au jugement des avis de correction, de faire mention dans les arrêts qui seront donnés, des comptes relatifs sur lesquels la correction aura été faite, et de ceux qui n'auront point été rendus, ou qui ne se seront trouvés aux dépôts de nosdites chambres. Si donnons, etc.

N° 872. — ORDONNANCE *portant réduction des compagnies de cavalerie à quarante maîtres, les officiers compris, et des compagnies de dragons à quarante-huit maîtres, les officiers aussi compris, et qui réforme les cornettes.*

Saint-Germain-en-Laye, 21 décembre 1678. (Rég. et ordonn. pour la guerre.)

N° 873. — ARRÊT *du conseil qui règle que les publications de la paix dans la ville de Paris, seront faites par le lieutenant de police.*

Saint-Germain-en-Laye, 5 janvier 1679. (Peuchet, I, 534.)

N° 874. — RÈGLEMENT *sur les revues à passer par les commissaires des guerres.*

Saint-Germain-en-Laye, 1er février 1679. (Archiv.)

N° 875. — LETTRES PATENTES *portant ratification du traité conclu à Nimègue entre la France et l'Empire.*

Saint-Germain-en-Laye, 26 février 1679. (Rec. des trait.)

N° 876. — ORDONNANCE *servant de règlement général pour les troupes.*

Saint-Germain-en-Laye, 28 février 1679. (Régl. et ordonn. pour la guerre.)

N° 877. — ÉDIT *sur la juridiction de l'ancien et du nouveau Châtelet de Paris, en 23 art.*

Saint-Germain-en-Laye, février 1679. (Rec. cass. — Néron, II, 143. — Archiv.)

N° 878 — DÉCLARATION *portant que les relaps seront condamnés à faire amende honorable, bannis à perpétuité et punis de la déportation* (1).

Saint-Germain-en-Laye, 13 mars 1679. (Ord. 20. 4 E 121. — Archiv.)

PRÉAMBULE.

LOUIS, etc. Par nos lettres de déclaration du 20 jour du mois de juin 1665, nous aurions, pour les causes et considérations y contenues, en simplifiant celles du mois d'avril 1665 touchant

---

(1) Rulhières, dans ses Éclaircissemens historiques sur l'édit de Nantes, donne des détails curieux sur les circonstances qui amenèrent cette déclaration. Après avoir dit que le roi avoit consacré le tiers des économats à la conversion des protestans, cet historien ajoute : « Cette destination fut assez long-temps secrète, soit parce qu'on eût craint de jeter du décri sur les conversions, et de rendre suspecte la sincérité de ceux à qui l'intérêt alloit tenir lieu de conviction, soit plutôt par ce sentiment de bienséance qui dominoit dans toutes les actions de Louis XIV, et qui ne lui permettoit pas de montrer ce zèle d'apôtre quand toute sa conduite y répondoit si mal. Pélisson, célèbre converti, et que ses talens avoient fait admettre à l'intime confiance de ce prince, dont il rédigea les Mé-

les peines contre les relaps et apostats, déclaré et ordonné, que si aucuns de nos sujets de la R. P. R. qui en auront une fois fait abjuration, pour prendre et professer la religion C. A. et R., y renoncent et retournent à ladite R. P. R., ou qui étant engagés dans les ordres sacrés de l'église, ou liés par des vœux à des mai-

---

moires, eut l'administration de cette caisse; il dressa les réglemens pour ceux qui travailleroient sous lui; il avertit les évêques qu'un moyen sûr de plaire au roi étoit d'envoyer de nombreuses listes de convertis, et d'observer les instructions contenues dans un écrit qu'il leur adressa: il ne se chargeoit que des conversions à faire, et déclaroit qu'il s'étoit engagé à ne point parler de celles qui étoient faites avant cette singulière époque de 1676.

Les évêques, après avoir reçu les fonds qu'il leur faisoit passer, lui renvoyoient les listes avec le prix des conversions en marge et toutes les pièces justificatives, c'est-à-dire les abjurations et les quittances. Le prix courant des conversions dans les pays éloignés étoit à six livres par tête de converti: il y en avoit à plus bas prix. La plus chère que j'ai trouvée, pour une famille nombreuse, est à quarante-deux livres. Des commis examinoient ensuite si chaque quittance étoit accompagnée d'une abjuration en forme. D'abord chaque province ne fournissoit par an que trois ou quatre cents convertis. Dans les entreprises ordinaires, plus la somme demandée est considérable, plus le succès semble difficile. Mais les choses étant montées de cette manière, et la somme se distribuant par têtes et à si bas prix, plus un évêque demandoit d'argent, plus il montroit de ferveur. Bientôt on s'entretint à la cour des miracles qu'opéroit Pélisson. Les dévots eux-mêmes eurent peine à s'empêcher d'y plaisanter de cette éloquence dorée « moins savante, disoient-ils, que celle de Bossuet; mais bien plus persuasive. » D'année en année, on augmenta les fonds destinés à cette corruption religieuse, et les circonstances favorisèrent la piété du roi: car ce fut dans ce temps-là même que l'autorité royale décida, à son profit, cette question si long-temps litigieuse, du droit qu'ont nos rois de disposer, pendant la vacance d'un bénéfice, de tous ses revenus; ce que nous nommons *le droit de régale*, expression ancienne qui ne signifioit pas un droit régalien, mais un avantage inattendu, un régal qui survenoit au seigneur d'un fief; et peut-être cette équivoque a-t-elle beaucoup servi à légitimer le droit prétendu par nos rois. Quoi qu'il en soit, le clergé en corps ne tarda pas à reconnoître ce droit que, pendant plusieurs siècles, il avoit opiniâtrément combattu. Oserions-nous remarquer qu'on avoit proposé de prendre sur les gros bénéfices le prix des conversions, et que, selon toute apparence, le plus grand nombre de ceux qui étoient pourvus, aima mieux abandonner les bénéfices vacans, que de sacrifier un peu de ce qu'il possédoit. Mais enfin une caisse nouvelle, et qu'on devoit naturellement destiner à des œuvres pieuses, se trouvant ainsi à la disposition du gouvernement, fut destinée à cet achat des conversions. On chercha tous les moyens d'en augmenter les fonds; on étendit ce droit par tout le royaume; on prit soin de prolonger les vacances des bénéfices, en un mot, ce fut à cette occasion et à cette époque que cette partie de l'administration des biens ecclésiastiques prit la forme qu'elle conserve encore aujourd'hui, et que Pélisson réussit à en faire une espèce de ministère. Il est fâcheux que du moment où il fut parvenu à ce point, ses comptes ayent cessé

sons religieuses, quittent la religion catholique pour la prétendue réformée, soit à dessein de se marier, ou pour quelqu'autre cause ou considération que ce puisse être, soient bannis à perpétuité de notre royaume, pays et terres de notre obéissance, sans que ladite peine de bannissement puisse être censée comminatoire,

---

d'être en bon ordre. Je ne veux pas jeter un soupçon d'infidélité sur sa gestion ; mais cet homme recommandable à plusieurs titres, le premier peut-être qui ait rendu à notre langue une élégante et rapide simplicité, jointe au nouveau caractère de noblesse auquel on travailloit alors à l'élever. cet homme, dont la mémoire est honorée, parce qu'étant premier commis de Fouquet, il défendit, du fonds de sa prison, la cause de son maître qui étoit devenue la sienne, n'a laissé que des comptes en désordre. La tradition conservée dans les bureaux des économats où nous avons étendu nos recherches, ne lui est pas favorable, et toutes les apparences sont que ce fameux converti est mort dans la foi qu'il avoit abandonnée.

« De cette caisse, comparée par les huguenots à la boîte de Pandore, sortirent en effet presque tous les maux dont ils ont à se plaindre. Il est aisé de sentir que l'achat de ces prétendues conversions dans la lie des calvinistes, les surprises, les fraudes pieuses qui s'y mêlèrent, et tous ces comptes exagérés rendus par des commis infidèles, persuadèrent faussement au roi que les réformés n'étoient plus attachés à leur religion, et que le moindre intérêt suffiroit pour les engager à la sacrifier. Ce préjugé dicta presque seul les lois que nous allons voir successivement paroître. Le gouvernement se flatta que toutes ces lois ne seroient que comminatoires. Cette fausse opinion, trop légèrement prise et trop malheureusement démentie par l'expérience, fut le seul principe de cette vaine et fameuse entreprise.

« Et d'abord il fallut employer la contrainte pour retenir dans nos églises la plupart de ceux qu'on y avoit attirés par une si foible amorce. Quelques fripons à qui il n'en coûtoit qu'une abjuration pour obtenir une modique récompense, aussitôt qu'ils avoient escamoté le prix de leur marché, retournoient au prêche ; d'autres, après avoir reçu un léger secours sous le nom de charité, et tracé, faute de savoir écrire, une croix pour marque au bas d'une quittance, ne croyoient pas avoir renoncé à leur culte. On renouvela donc au mois de mars 1679 la déclaration contre les relaps. On pouvoit, il est vrai, regarder cette nouvelle espèce de relaps comme des profanateurs qui s'étoient joués des missionnaires, qui avoient dérobé un prix à de véritables conversions, et qui avoient trompé le roi ; mais il s'établissoit ainsi une jurisprudence toujours plus sévère contre cette faute, et nous verrons bientôt quel étrange parti on tira de ces sévérités en les augmentant de degré en degré.

« Enfin, pour réunir sous un même point de vue tout ce qui concerne cette caisse, et montrer, dès à présent, avec combien de légèreté fut conduite toute cette affaire des conversions, disons ici d'avance qu'on eut soin de suspendre la nomination d'un assez grand nombre de bénéfices, pour fournir à ces premiers achats des consciences ; mais que, du moment où la caisse ne fut plus chargée que de payer des pensions promises à ceux qui, en se convertissant, avoient perdu leurs emplois, on oublia d'y faire verser les fonds nécessaires. Le dispen-

ains au contraire aurions ordonné à ceux de nos juges et officiers qu'il appartiendroit, d'y procéder avec toute l'exactitude et la sévérité possible, sur les réquisitions qui leur en seroient faites par nos procureurs généraux, ou leurs substituts : et bien que nous eussions lieu de croire que cette peine retiendroit ceux qui se seroient convertis à la foi catholique, de retomber dans le crime de relaps et d'apostats, néanmoins nous avons été informé que dans plusieurs provinces de notre royaume, et notamment dans celles de Languedoc et de Provence, il y en a beaucoup lesquels ne faisant point de compte de la peine portée par notredite déclaration du mois de juin 1665 après avoir abjuré ladite R. P. R., soit dans l'espérance de participer aux sommes que nous faisons distribuer aux nouveaux convertis, soit par d'autres considérations particulières, y retournent bientôt après, et lorsque pour raison de ce ils viennent à être condamnés, ils passent à Genève, à Orange, ou en Avignon, où ils voient facilement leurs parens, à cause du voisinage desdites provinces : et comme cette peine ne nous paroît pas assez grande pour les empêcher de retomber dans ledit crime, nous avons estimé à propos de l'augmenter, et d'ajouter audit bannissement hors notre royaume, celle de l'amende honorable. A ces causes, etc

N° 879. — ARRÊT *du conseil ordonnant la démolition du temple de Saint-Hypolite, dans les Cévennes, en punition de l'insulte faite au curé portant le saint Sacrement à un malade.*

13 mars 1679. (Nouv. rec. de Lefèvre.)

N° 880. — EDIT *pour la construction du canal de Loing.*

Saint-Germain-en-Laye, mars 1679. (Rec. d'édits concernant le dessèchement des marais.) Reg. P. P., 26 mars.

LOUIS, etc. Entre les soins que nous prenons pour le bien de

---

sateur des bénéfices se rendit moins sévère, et ne songea plus à en laisser vaquer un assez grand nombre pour suffire à ces engagemens. La plupart de ces pensions ne furent plus payées ; ceux qui avoient sacrifié leur état à leur changement de religion, et que le roi en avoit ainsi dédommagés, tombèrent dans l'opprobre, qui, parmi nous, suit toujours la misère ; et cet étrange spectacle de convertis abusés et de convertisseurs infidèles, doit être compté parmi les causes innombrables qui ont fait échouer cette entreprise. »

notre état, celui de soutenir et augmenter le commerce nous a toujours paru un des plus sûrs moyens de procurer l'avantage de nos peuples : c'est par cette raison, que considérant que la navigation, par la jonction des rivières, communique facilement à toutes les provinces ce que la nature a donné à chacune en particulier, nous avons toujours approuvé et récompensé de nos grâces les entreprises qui nous ont été proposées, pour parvenir à ces jonctions, principalement quand elles ont pu porter le commerce et l'abondance en notre bonne ville de Paris, qui en est comme le centre : c'est aussi par cette vue, et par l'expérience de plusieurs années, que la sécheresse de l'été arrête la navigation du canal de Briare, et empêche de remonter la Loire au-dessus d'Orléans, et nécessite nos sujets à faire voiturer leurs marchandises par terre, et les constitue en grands frais, même que les vents contraires dans les autres saisons rendent l'abord dudit canal de Briare difficile en remontant la Loire, et causent les mêmes inconvéniens, que nous avons reçu avec satisfaction ce que notre très cher et très amé frère unique duc d'Orléans nous a représenté: que voulant concourir en toutes rencontres à la gloire de notre règne, et au bien de nos sujets, il s'est fait pleinement informer que la navigation de la rivière de Loire en celle de Loing se peut faire plus commodément que par ledit canal de Briare, en ramassant les eaux qui se répandent de toutes parts dans la forêt d'Orléans, et faisant des réservoirs d'icelles dans les lieux d'où elles peuvent être conduites par un canal de distribution, savoir : du côté de Seine au canal que Robert Mahieu fait faire depuis Vieilles-Maisons jusqu'à la rivière de Loing, sous Montargis; et du côté de Loire, à un autre canal qui peut être fait au travers de ladite forêt, jusqu'en Loire proche Orléans; ce qu'il offroit de faire à ses dépens, s'il nous plaisoit lui accorder en pleine propriété incommutable, ou à ceux qui auront droit de lui, le fonds et très-fonds des terres de notre domaine, et de son apanage, qui se trouvera nécessaire pour le cours et amas des eaux qui doivent concourir à la formation de ce canal : à condition que nous, ni les rois nos successeurs, ne le puissent retirer pour quelque cause et sous quelque prétexte que ce soit; et de lui accorder, et à ses ayans cause, les mêmes facultés, privilèges, prérogatives et avantages qui ont été concédés par nous et nos prédécesseurs, aux entrepreneurs des autres canaux : et d'autant que le succès de cette entreprise augmentera pour toujours les ventes de la forêt et revenus du duché d'Orléans, par la faailé du transport des bois et denrées; et sera généralement utile à tous nos sujets, et en particulier aux villes de Paris et Orléans. A ces causes, désirant gratifier et favorablement traiter notredit frère le duc d'Orléans, et augmenter par cette concession le revenu de son apanage; de l'avis de notre conseil et de notre certaine science, pleine puissance et autorité royale, nous avons par ces présentes signées de notre main permis et accordé, permettons et accordons à notredit frère, ou ses ayans cause, la faculté de faire construire à ses frais et dépens un canal de navigation, depuis la rivière de Loire, jusqu'en celle de Loing sous Montargis, et à cet effet de se mettre en possession du canal commencé par Robert Mathieu; en le remboursant préalablement de gré à gré, ou suivant l'estimation qui en sera faite par les commissaires qui seront nommés à cet effet, de ses avances, frais et loyaux coûts, et de joindre à icelui tel autre canal, qui commencera entre les deux branches que forme le ruisseau, appelé le Groue, proche la paroisse de Fay; et qui passent ensemble dans Fay et Checy, et de là dans la rivière de Loire, et sera conduit par dedans une noue appelée Morche, jusqu'à une maison appelée Gernonce, et dudit lieu de Gernonce jusqu'au lieu du pavillon, proche de Vieilles-Maisons, au moyen d'un canal de distribution qui se fera dans cet espace; et dudit lieu du pavillon dans le canal dudit Mathieu, appelé Vieilles-Maisons, au moyen d'un bassin d'eau qui se fera audit lieu du pavillon, et d'une écluse, par laquelle on descendra dans ledit canal de Vieilles-Maisons.

Permettons à cet effet à notredit frère, ou ses ayans cause, de prendre pour la longueur et largeur dudit canal, et de ses écluses, levées, moulins et magasins, étangs, réservoirs et retenues d'eau dont il voudra se servir dès à présent ou à l'avenir, les espaces qui seront nécessaires dans les terres vaines et vagues, et dans les fonds de nos forêts, de quelque nature qu'ils puissent être; ensemble, de lever et percevoir sur les denrées et marchandises, les mêmes droits de passage de Loire en Loing, dont jouissent les propriétaires du canal de Briare, suivant le tarif enregistré en notre cour de parlement à Paris, le vingtième juillet 1651.

Et à l'égard des marchandises qui passeront sur une partie dudit canal seulement, sera payé à proportion, sans que qui que ce soit se puisse prétendre exempt desdits droits; pour dudit canal de transnavigation dans toute son étendue, fonds, très fonds et droit d'icelui, et choses susdites, jouir et user par notredit frère, ou ses ayans cause, en pleine propriété incommutable, dont à cet effet nous lui avons fait et faisons don perpétuel et irrévocable, avec faculté de transporter son droit à qui, et sous telles conditions que bon lui semblera, sans que les propriétaires puissent être troublés ni évincés sous prétexte de réversion à notre couronne dudit duché d'Orléans, ni sous quelqu'autre prétexte que ce puisse être, dérogeant en tant que de besoin à toutes clauses de réversion.

Déchargeons ledit canal et dépendances d'icelui, de tous droits de mutations, taxes de francs-fiefs, franc-aleu, supplément, huitième denier des biens ecclésiastiques et laïques, communes et communaux, et autres taxes et droits tels qu'ils puissent être. Voulons et nous plaît que la dépense de cette entreprise tienne lieu de suffisante finance et prix d'aliénation incommutable, nonobstant tous édits, déclarations et usages à ce contraires, auxquels nous avons par exprès dérogé en faveur de l'utilité publique, et en considération des avantages que nous produira ledit canal, et au domaine du duché d'Orléans, à l'exception de la mouvance seulement que nous nous réservons, pour être perpétuellement attachée au duché d'Orléans.

2. Et d'autant que pour l'alignement et conduite desdits canaux, il sera nécessaire de passer dans les héritages appartenans à plusieurs particuliers et communautés, nous avons permis et permettons à notredit frère, ou à ses ayans cause, de prendre les portions des héritages dont ils auront besoin pour l'alignement et conduite desdits canaux; après toutefois avoir payé la valeur de ce qui sera pris de gré à gré, ou suivant l'estimation qui en sera faite sur les titres des propriétaires, qu'ils seront tenus de représenter pardevant notre amé et féal conseiller en nos conseils, maître des requêtes ordinaire de notre hôtel, commissaire départi en la généralité d'Orléans, le sieur de Menars que nous avons commis à cet effet. Voulons qu'avant que ledit canal puisse être conduit dans les terres, il soit fait un arpentage exact des héritages que les entrepreneurs voudront prendre, et que le prix du remboursement en soit réglé et fixé, et qu'il soit payé, et consigné ès-mains du receveur des consignations d'Orléans, ou d'un notable bourgeois, qui donnera caution et certificateur, dont les parties intéressées conviendront, ou à leur défaut sera nommé d'office par ledit sieur de Menars, pour être lesdits deniers consignés, payés aux propriétaires desdites terres, ou à leurs créanciers en la manière accoutumée, dont notredit frère, ou ses

ayans cause, demeureront bien et valablement déchargés, en rapportant l'acte de leur consignation.

3. Comme aussi pourra notredit frère, faire le long, et aux environs dudit canal, rivières et ruisseaux, les étangs, réservoirs et retenues d'eau qu'il jugera à propos, prendre et détourner les eaux nécessaires, en dédommageant par chacun an, s'il y échet, les meuniers ou propriétaires des moulins, et autres particuliers, qui pourront souffrir à cause du détournement des eaux, ou diminution d'icelles; même les engagistes de notre domaine, qui seront indemnisés sur le pied de leur finance : et à l'égard des très-fonciers, ils seront dédommagés sur leurs titres, le tout de gré à gré, ou suivant l'estimation et évaluation qui sera faite par ledit sieur de Menars, sur les titres qui seront représentés; moyennant quoi notredit frère, ou ses ayans cause, auront la propriété incommutable.

4. Voulons qu'ils soient tenus, pour la facilité du commerce, de faire construire des ponts sur tous les grands chemins, et vis-à-vis des villages, et des paroisses par où le canal passera, avec les chaussées qu'il conviendra pour l'abord desdits ponts, et de laisser des abreuvoirs pour abreuver les bestiaux des habitans desdites paroisses, et qu'ils puissent faire élargir et élever, si besoin est, les ponts sous lesquels ledit canal passera.

5. Et en cas qu'il soit nécessaire de faire des aqueducs pour la conduite des eaux, il leur sera loisible d'en faire faire la construction, soit sur des rivières, prairies, ou autres héritages ou chemins, en dédommageant les propriétaires comme dessus.

6. Jouira notredit frère, ou ses ayans cause, en pleine propriété à perpétuité, du droit de pêche dans ledit canal, sans que, pour raison de ce, ses ayans cause puissent être obligés à aucun dédommagement à l'égard de notre domaine, dont nous les avons déchargés et déchargeons par ces présentes, en considération des susdits avantages.

7. Pourra notredit frère, et ses ayans cause, à perpétuité tirer, à l'exclusion de tous autres, dans toute l'étendue de la forêt d'Orléans, où ils découvriront des carrières, la pierre dont ils auront besoin pour ledit canal, écluses, moulins, magasins et chaussées, en dédommageant les particuliers, ainsi qu'il est dit ci-dessus.

8. Et en considération de l'importance de l'ouvrage dudit canal, et des grandes dépenses qu'il convient faire pour le mettre en état, il ne pourra être à présent, ni à l'avenir, imposé par

nous, ni nos successeurs rois, aucuns péages ni droits quelconques sur les marchandises qui seront voiturées sur ledit canal, soit à l'entrée ni à la sortie d'icelui; et ne payeront autre péage ou droits sur les rivières de Loire, Loing et Seine, que ceux qui se lèvent sur les autres marchandises, ni accordé permission de construire aucun autre canal de communication de Loire en Loing, ou Seine, pourvu que ledit canal soit entièrement achevé dans six ans, et qu'il soit continuellement navigable.

9. Déclarons ledit canal en toute son étendue, fonds et tréfonds d'icelui, ensemble les levées, écluses et fonds d'icelles, les deux perches de terre des deux côtés dudit canal, moulins, maisons, et lieux à faire magasins, étangs, réservoirs, ruisseaux, canaux, aqueducs, ponts, chaussées, et toutes les terres que notredit frère, ou ses ayans cause, acquerront des particuliers ou communautés, pour construire sur icelles lesdits ouvrages servant à la perfection dudit canal, et tout ce qui en dépendra, être pour le bien de notre service et l'avantage de nos sujets: voulons qu'il jouisse des même droits que s'il étoit fait en notre nom, et de nos deniers; déchargeons et affranchissons les choses susdites de la mouvance, censive et justice de quelque seigneur que ce soit, en le dédommageant, s'il y échet; ensemble de tous droits de lods et ventes, quints et requints, amortissemens et autres, et de tous droits de francs-fiefs, et nouveaux acquets pour l'exemption et amortissement desquels droits, la dépense de la construction dudit canal tiendra lieu de suffisante finance.

10. Aura notredit frère, et ses ayans cause, toute haute justice, moyenne et basse sur toute l'étendue dudit canal et dépendances, pour l'administration de laquelle ils pourront établir en tel lieu qu'ils aviseront, un juge, un lieutenant, un procureur de seigneurie, et autres officiers, dont les appellations seront relevées nûment en notre cour de parlement à Paris; lesquels seront exempts de toutes charges publiques, collecte et curatelle. Et parce que les contestations qui peuvent arriver en cas de voitures, ne demandent aucun retardement, nous donnons audit juge conservateur dudit canal, le pouvoir de juger par provision, et nonobstant l'appel, jusqu'à la somme de vingt livres, tant pour l'intérêt des parties que pour les amendes que nous donnons à notredit frère, ou à ses ayans cause.

11. Nul ne pourra tenir bateau sur ledit canal de Loire en Loing, sans la permission de notre frère, ou ses ayans cause. Si donnons, etc.

N° 881. — Déclaration *portant réglement général sur les monnoies.*

St.-Germain-en-Laye, 28 mars 1679. (Rec. cass.)

LOUIS, etc. Nous ne pouvons employer plus utilement nos soins et notre application, après avoir donné la paix à nos peuples, qu'à réformer ce qui avoit été introduit pendant le cours de la guerre, contraire au bon ordre que nous avions si heureusement rétabli dans tous les ordres de notre état. Et, quoique nous ayons la satisfaction qu'il s'est glissé peu d'abus, et que nonobstant les dépenses excessives que nous avons été obligé de faire pour soutenir aussi glorieusement les efforts de nos ennemis nous ayons maintenu le même ordre sans aucun changement considérable; cependant le cours des espèces étrangères que nous avons toléré, a causé quelque trouble dans le commerce, qui pourroit augmenter et y apporter un plus grand préjudice, si nous différions d'y appliquer un remède convenable, avant que le mal devînt plus considérable : c'est aussi ce que nous avons jugé de plus important, et à quoi nous avons résolu de pourvoir.

A ces causes, etc. Voulons et nous plaît, qu'à commencer du premier jour du mois d'avril prochain, les seuls louis d'or doubles, et demi, les écus d'or, et pistoles d'Espagne de poids, et les louis d'argent, demi, quarts, et pièces de cinq sols ayent cours dans notre royaume, pays, terres et seigneuries de notre obéissance. Défendons à toutes personnes d'en recevoir, ni exposer d'autres à la pièce, et en tous paiemens après ledit jour premier avril, à peine de confiscation d'icelles, et de mille livres d'amende. Voulons en conséquence que les écus d'or, et demi-écus d'or et pistoles d'Espagne qui ne seront du poids porté par nos ordonnances, quarts d'écus, francs et demi-francs, et autres espèces à nos coins et armes, et des rois nos prédécesseurs, ensemble les pistoles d'Italie, réaux d'Espagne, bajoires, partagons, escalins, et généralement toutes autres espèces étrangères soient et demeurent décriées de tout cours et mise. A cet effet ordonnons, que ceux qui ont des espèces d'or et d'argent étrangères, et autres ci-dessus mentionnées, soient tenus de les porter à nos monnoies, dans lesquelles la juste valeur sera rendue poids pour poids, et titre pour titre, à ceux qui dans trois mois porteront lesdites espèces décriées, pour être converties en espèces d'or et d'argent du titre et poids portés par nos édit et déclaration des 31 mars 1640, et mois de septembre 1641. Voulons en outre, et ordonnons, qu'à commencer dudit jour 1er avril, les pièces de quatre sous, et les sous fabriqués à nos coins et armes et des rois nos prédécesseurs, ayent cours et soient exposés: savoir, les sous pour le prix ordinaire de quinze deniers, et les pièces de quatre sous pour trois sous neuf deniers seulement; auquel prix permettons de les exposer, jusques au premier jour du mois de juillet ensuivant; et ledit temps passé, voulons que lesdites pièces de quatre sous demeurent réduites à trois sous six deniers, et les sous à douze deniers; auquel prix, après ledit temps, le cours desdites espèces demeurera réglé. Défendons de les recevoir et exposer à plus haut prix que celui réglé par ces présentes, sous pareilles peines de confiscation et de mille livres d'amende. Si donnons, etc.

N° 882. — LETTRES-PATENTES *portant confirmation du conseil de la Martinique.*

Saint-Germain-en-Laye, 1er avril 1679. (Moreau de Saint-Méry, I, 317.)

LOUIS, etc. Ayant révoqué par notre édit du mois de décembre 1674 la compagnie des Indes occidentales, et en conséquence en ayant repris l'entière possession, nous avons estimé important au bien de notre service et au soulagement de nos sujets habitans dudit pays, de pourvoir aux charges de conseillers au conseil supérieur que nous avons établi en l'île de la Martinique et ses dépendances, par notre déclaration du 11 octobre 1664, laquelle nous étant fait représenter, ensemble notre édit de révocation de la compagnie, nous avons estimé à propos de déclarer nos intentions, tant sur l'établissement dudit conseil que sur le nombre, qualité et fonctions des officiers qui le composeront à l'avenir et qui seront par nous pourvus. A ces causes, etc. Nous avons confirmé et confirmons l'établissement de notre conseil supérieur par nosdites lettres du 11 octobre 1664, que nous voulons être exécutées selon leur forme et teneur en ce qui ne sera point dérogé par ces présentes; et en conséquence, nous avons déclaré et déclarons, voulons et nous plaît que ledit conseil soit toujours composé du gouverneur et lieutenant-général, de l'intendant de justice, police et finance audit pays, du gouverneur particulier et lieutenant pour nous en ladite île, et de six conseillers audit conseil, dont nous avons pourvu nos chers et bien amés Louis de Cacqueray de Valmenière, François Levassor, Isaac Canu Descaveries, François Picquet de la Calle, Edmond Dugas et Jean Roy, lesquels auront séance, et tiendront rang suivant l'ordre auquel ils sont ci-dessus nommés; de Gabriel Turpin, juge de la juridiction ordinaire, qui entrera audit conseil et aura voix délibérative pour les affaires extraordinaires, et dont il n'y aura point appel de ses jugemens; d'Alexandre Lhomme, procureur-général en ladite île, et Jean-Gervais de Salvert greffier en chef, auxquelles charges, vacations avenantes, nous pourvoirons à l'avenir de plein droit: voulons que le gouverneur et lieutenant-général pour nous auxdits îles, préside au conseil, et en son absence l'intendant de la justice, police et finance en icelle, lequel, en présence ou absence dudit gouverneur et lieutenant-général pour nous, demandera les avis, recueillera les voix et prononcera les arrêts, et aura au surplus les mêmes fonctions et jouira des mêmes avantages que les premiers présidens de nos cours, et que notre déclaration du 11 octobre 1664 soit exécutée selon sa forme et teneur. Si donnons, etc.

N° 883. — ARRÊT *du conseil qui maintient définitivement les officiers de l'amirauté dans leur ancienne compétence sur les contrats maritimes, contre les entreprises des consuls, et déroge à l'article 7 du titre 12 de l'ordonnance du commerce de 1673.*

13 avril 1679. (Rec. de Poncet sur l'amirauté, p. 137 et 163.)

N° 884. — ORDONNANCE *qui défend aux gouverneurs particuliers des îles de l'Amérique, de mettre les habitans en prison et de les condamner à l'amende.*

Saint-Germain-en-Laye, 24 avril 1679. (Moreau de St.-Méry, I, 323.)

N° 885. — LETTRES-PATENTES *qui confirment l'arrêt du conseil du 13 avril 1679, relatif au maintien de la compétence des officiers de l'amirauté.*

29 avril 1679. (Rec. de Poncet sur l'amirauté, p. 137 et 163.)

N° 886. — ÉDIT *touchant l'étude du droit civil et canonique, et du droit français, et les matricules des avocats* (1).

St-Germain-en-Laye, avril 1679. (Ord. 20, 4 E. 141. — Rec. cass. — Archiv.) Reg. P. P., 8 mai.

---

(1) Cet édit est le premier qui ait ordonné l'étude du droit civil dans l'univer-

LOUIS, etc. L'application que nous avons été obligé de donner à la guerre que nous avons soutenue contre tant d'ennemis, ne nous a point empêché de faire publier plusieurs ordonnances pour la réformation de la justice : à présent qu'il plaît à Dieu nous faire jouir d'une paix glorieuse, nous trouvant plus en état que jamais de donner nos soins pour faire régner la justice dans nos états, nous avons cru ne pouvoir rien faire de plus avantageux pour le bonheur de nos peuples, que de donner à ceux qui se destinent à ce ministère les moyens d'acquérir la doctrine et la capacité nécessaires, en leur imposant la nécessité de s'instruire des principes de la jurisprudence, tant des canons de l'église et des lois romaines, que du droit françois. Ayant d'ailleurs reconnu que l'incertitude des jugemens qui est si préjudiciable à la fortune de nos sujets, provient principalement de ce que l'étude du droit civil a été presqu'entièrement négligée depuis plus d'un siècle, dans toute la France, et que la profession publique en a été discontinuée dans l'université de Paris. Savoir faisons que nous, pour ces causes, etc., disons, statuons et ordonnons par ces présentes signées de notre main.

ART. 1. Que dorénavant les leçons publiques du droit romain seront rétablies dans l'université de Paris, conjointement avec celles du droit canonique, nonobstant l'article 69 de l'ordonnance de Blois et autres ordonnances, arrêts et réglemens à ce contraires, auxquels nous avons dérogé à cet égard.

2. Qu'à commencer à l'ouverture prochaine qui se fera

---

sité de Paris. Jusque là, l'enseignement s'étoit borné au droit canonique. En vain, des efforts avoient été faits lors de la renaissance de l'étude de la législation romaine en Europe, une bulle d'Honorius III, de l'an 1220, étoit venue frapper cet enseignement d'anathème. Les termes de cette bulle méritent d'être cités ici ; il y est dit : *Et qui contra fecerint, non solum ad causarum patrocinium excludatur, verum etiam per episcopum excommunicationis vinculo innodetur.* On auroit peine, aujourd'hui, à concevoir tant de stupidité, si l'on ne savoit que la cour de Rome a toujours combattu avec les armes qui lui sont propres, tout ce qui peut tendre à l'agrandissement des connoissances humaines. Elle voyoit, dans l'étude de la législation romaine, une rivale dangereuse pour la scolastique et la théologie, et elle cherchoit à l'anéantir. « Vingt fois, dit M. Dubaric, dans son Histoire de l'université de Paris, des efforts avoient été tentés sans succès durables, et la bulle d'Honorius III avoit traversé les âges sans recevoir aucune atteinte. Louis s'aperçut qu'il existoit une lacune, il résolut de la combler, et du sein des plaisirs du château de Saint-Germain-en-Laye, il brisa les ridicules obstacles que la sollicitude peu éclairée d'un pontife avoit autrefois imposé à la raison de la France. »

ès écoles, suivant l'usage des lieux, le droit canonique et civil sera enseigné dans toutes les universités de notre royaume et pays de notre obéissance où il y a faculté de droit, et que dans celles où l'exercice en auroit été discontinué, il y sera rétabli.

3. Et afin de renouveler les statuts et réglemens, tant de la faculté de Paris que des autres, et de pourvoir à la discipline desdites facultés, à l'ordre et distribution des leçons et à l'entretien des professeurs, voulons et ordonnons qu'après la publication qui sera faite des présentes, il sera tenu une assemblée dans chacune desdites facultés, en présence de ceux qui auront ordre d'y assister de notre part, pour nous donner avis sur toutes les choses qui seront estimées utiles et nécessaires pour le rétablissement desdites études du droit canonique et civil.

4. Enjoignons aux professeurs de s'appliquer particulièrement à faire lire et faire entendre, par leurs écoliers, les textes du droit civil et les anciens canons qui servent de fondement aux libertés de l'église gallicane.

5. Défendons à toutes personnes autres que lesdits professeurs d'enseigner et faire leçon publiquement dodit droit canonique et civil, à peine de trois mille livres d'amende applicables, moitié aux professeurs, et l'autre moitié à notre profit, d'être déchus de tous les degrés qu'ils pourroient avoir obtenus, et d'être déclarés incapables d'en obtenir aucuns à l'avenir; ce que nous voulons avoir aussi lieu contre ceux qui prendroient les leçons desdits particuliers.

6. Déclarons que nul ne pourra prendre aucuns degrés ni lettres de licence en droit canonique ou civil, dans aucunes des facultés de notre royaume et pays de notre obéissance, qu'il n'ait étudié trois années entières, à compter du jour qu'il se sera inscrit sur le registre de l'une desdites facultés, qu'il n'ait assisté à deux leçons différentes par jour, pendant lesdites trois années, et qu'il n'ait écrit ce qui sera dicté par lesdits professeurs, desquels il sera tenu de prendre, à la fin desdites trois années, les attestations, et de les faire enregistrer au greffe de la faculté dans laquelle il aura étudié.

7. Ordonnons que ceux qui voudront prendre les degrés seront tenus, après deux années d'étude, de subir un examen particulier, et s'ils sont trouvés suffisans et capables, ils soutiendront un acte publiquement, pendant deux heures au moins, pour être reçus bacheliers; et pour obtenir les lettres de licence, ils subiront un second examen, à la fin desdites trois années d'étude;

après lequel ils soutiendront un acte public, et répondront, tant du droit canonique que du droit civil, pendant trois heures au moins.

8. Que ceux qui voudront être docteurs dans lesdites facultés seront tenus de soutenir un troisième acte, un an après celui des licences, et de répondre pendant quatre heures sur de différentes matières de l'un et l'autre droit.

9. A l'égard des ecclésiastiques qui ne voudront obtenir les degrés qu'en droit canon, ils pourront seulement répondre dudit droit, sans néanmoins que ceux qui voudront requérir les bénéfices en vertu de leurs degrés puissent prétendre que lesdites trois années d'étude soient suffisantes, au préjudice du temps requis par les concordats et arrêts, auxquels nous n'entendons déroger à cet égard.

10. Voulons que dans chacune desdites facultés il soit tenu des assemblées de professeurs, docteurs et agrégés, à certains jours prescrits, pour recevoir les suppliques de ceux qui voudront prendre les degrés, pour leur donner des examinateurs et présidens, particulièrement pour leur donner leur voix par scrutin, pour l'admission des bacheliers, licenciés ou docteurs qui auront soutenu, lesquels, en cas d'incapacité, seront renvoyés pour étudier pendant six mois ou un an; et sera procédé audit scrutin par lesdits professeurs, docteurs et agrégés qui auront assisté auxdits actes, avec toute la rigueur et exactitude requises, dont nous chargeons leur honneur et conscience.

11. Défendons très expressément auxdits professeurs de manquer à leurs leçons sous prétexte de présider ou assister auxdits actes, lesquels se feront dans les salles à ce destinées, à tels jours et heures qui ne puissent interrompre l'ordre desdites écoles.

12. Défendons expressément auxdits professeurs de dispenser qui que ce soit des réglemens, ni de donner les attestations des années d'étude qui ne soient très véritables, à peine, contre lesdits professeurs, de privation de leurs charges, et contre ceux qui se serviroient desdites dispenses et fausses attestations, d'être déchus de leurs degrés et déclarés incapables d'en obtenir.

13. Pour exciter d'autant plus lesdits professeurs à faire leur devoir, voulons et ordonnons que ceux desdits professeurs qui auront enseigné pendant vingt années, soient reçus dans toutes les charges de judicature sans examen, et que l'ancien de chacune desdites facultés, après avoir enseigné vingt ans entiers, ait en-

trée et voix délibérative dans l'un des siéges, bailliages ou présidiaux, en vertu des lettres que nous lui en ferons expédier.

14. Et afin de ne rien omettre de ce qui peut servir à la parfaite instruction de ceux qui entreront dans les charges de judicature, nous voulons que le droit françois, contenu dans nos ordonnances et dans les coutumes, soit publiquement enseigné; et à cet effet, nous nommerons des professeurs qui expliqueront les principes de la jurisprudence françoise, et qui en feront des leçons publiques, après que nous aurons donné les ordres nécessaires pour le rétablissement des facultés de droit canonique et civil.

15. Et parce qu'il importe de pourvoir à ce que nul, par artifice ou autrement, ne puisse être dispensé d'étudier pendant les années prescrites par notre présente déclaration, avec l'assiduité que nous désirons, voulons que ceux qui étudieront dans toutes les universités de notre royaume, soient tenus de s'inscrire de leur main, quatre fois par an, dans un registre qui sera pour cet effet tenu dans chaque université, et d'écrire aussi de leur main, la première fois, le jour qu'ils auront commencé d'étudier, et les autres fois, qu'ils ont continué leurs études, outre lequel registre seront tenus tous les trois mois des cahiers où lesdits écoliers écriront aussi de leur main la même chose que sur le registre, lesquels cahiers seront envoyés par le greffier des universités aux officiers du parquet de nos parlemens, dans le ressort desquels sont situées lesdites universités, ainsi qu'il s'est pratiqué ci-devant à l'égard des universités du ressort du parlement de Paris; défendons à nos avocats et procureurs-généraux de viser aucune licence, qu'ils n'aient auparavant vérifié que ceux qui les ont obtenues ont actuellement étudié le temps porté par notre présente déclaration; et à l'égard de ceux qui auront obtenu des licences, dans une université qui ne sera pas du ressort du parlement où ils voudront être reçus avocats, ils seront tenus de rapporter une attestation, en bonne forme, des officiers du parquet du parlement dans le ressort duquel l'université dont ils auront obtenu les licences sera située, portant qu'ils se sont inscrits sur les feuilles de ladite université, et qu'ils ont accompli le temps d'étude porté par notre présente déclaration; autrement, défendons à tous avocats de les présenter au serment d'avocat, et à nos cours de les recevoir, et déclarons leurs réceptions nulles.

16. Ordonnons que les matricules d'avocats seront inscrites et expédiées sur le dos des lettres de licence, lesquelles seront vi-

sées par nos avocats et procureurs-généraux, et que ceux qui voudront entrer dans les charges de judicature, seront tenus après avoir prêté le serment d'avocat d'assister assidûment aux audiences des cours et siéges où ils feront leur demeure, pendant deux ans au moins, et d'en prendre les attestations en bonne forme chaque année, tant de nos avocats que du bâtonnier ou doyen des avocats.

17. Que les attestations du temps d'étude dûment registrées au greffe desdites facultés, les lettres de bachelier et de licencié endossées du serment d'avocat, et les certificats d'assiduité aux audiences, pendant deux années, seront attachés sous le contre-scel de toutes les provisions des charges de judicature dans lesquelles en outre il sera mis une clause expresse, que ceux qui n'auront pas satisfait à notre présente déclaration seront sujets aux mêmes peines que ceux qui ont des parens au degré prohibé par l'ordonnance, ou n'ont pas l'âge prescrit par icelle, voulons même que nos procureurs-généraux ou leurs substituts puissent, en cas que l'on doute de la vérité du contenu desdites attestations, lettres et certificats, requérir d'office vérifications, ou être faites à leur diligence.

18. Enjoignons à toutes nos cours et siéges de vaquer à l'avenir avec soin et exactitude à l'examen des officiers qui s'y présenteront pour être reçus, leur défendons d'en recevoir deux en même temps, et ordonnons que les compagnies seront tenues de s'assembler à huit heures précises du matin, ou à deux heures après midi, en cas de surcharge d'affaires seulement, pour procéder auxdits examens et réceptions et qu'au même temps que l'on donnera la loi ou qu'elle sera portée dans les autres chambres, il sera député nombre suffisant en chacune desdites compagnies, et deux conseillers au moins de chaque chambre dans les compagnies où il y en aura plusieurs, pour disputer contre l'officier qui se présentera, tant sur la loi que sur les fortuites et la pratique.

19. Et considérant que plusieurs personnes, sans avoir fait aucune étude de droit, ayant, suivant la pratique ordinaire, obtenu des lettres de licence et ensuite prêté le serment d'avocat, il ne seroit pas convenable au bien et à l'administration de la justice qu'ils pussent être admis aux charges de judicature sans avoir acquis les connaissances nécessaires pour ce ministère, voulons et ordonnons que, nonobstant lesdites lettres de licence et matricules d'avocats, ceux qui voudront entrer dans lesdites charges

de judicature soient tenus, savoir : ceux qui, au premier jour de la présente année, auront moins de vingt ans accomplis, de faire leurs études de droit pendant le temps porté par notre présente déclaration, de subir leurs examens, et soutenir des actes pour obtenir de nouvelles licences et matricules d'avocats, et satisfaire à tout ce qui est porté par notre présente déclaration ; et ceux qui se seront trouvés dans un âge au-delà des vingt ans accomplis, d'assister assidûment, et sans aucune intermission, aux audiences des cours et siéges de leur demeure, pendant quatre années consécutives, si tant il leur en reste pour parvenir à l'âge convenable pour être pourvu desdites charges de judicature; et qu'à l'égard de ceux qui n'ont point obtenu lesdites lettres de licence, ni prêté le serment d'avocat, et qui seront trop âgés pour employer les années prescrites par notredite présente déclaration jusqu'à ce qu'ils puissent entrer en charge, ils soient tenus dans un mois, du jour de la publication des présentes, de représenter leur extrait baptistaire par devant le juge ordinaire de leur domicile, de le faire enregistrer au greffe de la faculté de droit dans laquelle ils voudront étudier, et d'employer le temps qui leur reste, jusqu'à ce qu'ils puissent être pourvus de charges de judicature, tant à assister aux audiences des cours et siéges, ou seront situées lesdites facultés qu'à prendre deux leçons publiques par jour au moins, pour ensuite obtenir les degrés de bachelier et de licencié, suivant les intervalles qui seront réglées à proportion de leur âge.

20. Et en conséquence, défendons dès à présent à toutes les facultés de droit du royaume et pays de notre obéissance de délivrer aucunes lettres de licence en droit canonique et civil, et à nos cours de recevoir qui que ce soit au serment d'avocat, que conformément à notre présente déclaration. Ordonnons à cet effet que les registres desdites facultés de droit seront clos et paraphés par les lieutenans généraux des siéges dans le ressort desquels lesdites facultés sont situées, en présence des substituts de nos procureurs-généraux ésdits siéges, et qu'il en sera usé de même ès-registres des matricules des avocats, par un des conseillers de nos cours de parlemens qui sera à ce commis, aussi en présence de nos procureurs-généraux en icelles, le tout aussitôt que la présente déclaration sera publiée dans nosdites cours, et aura été envoyée dans les bailliages et sénéchaussées ; desquels registres des facultés de droit et des matricules des avocats, ainsi clos et paraphés, nosdits procureurs-généraux et leurs substituts

chacun en droit soi, enverront incessamment des copies figurées et collationnées par les lieutenans généraux des siéges et conseillers de nosdites cours qui les auront paraphés, à notre très cher et féal le sieur Letellier chancelier de France. Si donnons, etc.

N° 887. — EDIT *pour la constitution d'un nouveau million de rentes* (1).

Saint-Germain-en-Laye, mai 1679. (Rec. cass.) Reg. P. P., C. des C., C. des A., 19 mai.

N° 888. — LETTRES-PATENTES *portant confirmation d'un arrêt du conseil, contenant réglement sur les opinions des officiers de justice titulaires, honoraires et vétérans qui se trouveront alliés au degré de père et de fils.*

Saint-Germain-en-Laye, 30 juin 1679. (Archiv.)

N° 889. — LETTRES-PATENTES *portant confirmation de la compagnie du Sénégal et de ses priviléges.*

St-Germain-en-Laye, juin 1679. (Moreau de Saint-Méry, I, 325.)

LOUIS, etc. La compagnie établie par notre édit du mois de mai 1664, pour le commerce des Indes occidentales et de la côte d'Afrique, depuis le Cap-Vert jusqu'au Cap de Bonne-Espérance, ayant cédé et transporté par contrat du 8 novembre 1675 à MM. Maurice Égrot, François François et François Raguenet, le fort et les habitations qu'elle avoit au Sénégal sur la rivière de Gambie et autres lieux de ladite côte, avec la faculté d'y faire le commerce pendant trente années qui restoient des quarante à elle accordées, nous avons bien voulu, lors de la suppression de ladite compagnie, portée par notre édit du mois de décembre 1674 approuver et confirmer le contrat et la cession par elle faite, et le succès que cette compagnie formée a eu dans son commerce, l'ayant mise en état de faire d'autres entreprises, particulièrement le commerce et transport des nègres dans nos îles de l'Amérique, elle s'étoit obligée, par le traité fait avec les sieurs Bellinzani et Mesnager, directeurs du commerce des Indes occidentales, d'y en

---

(1) Un autre édit, pour le même objet, fut encore rendu au mois de juin suivant.

envoyer tous les ans le nombre de 2,000, même de nous en fournir un nombre considérable pour le service de nos galères, suivant les traités qu'elle en a fait; et d'autant qu'elle n'a encore obtenu lettres de nous pour la confirmation de son établissement, elle nous auroit très humblement supplié de lui accorder nos lettres à ce nécessaires. A ces causes, et voulant lui donner des marques de la satisfaction que nous recevons de son travail, et de l'application qu'elle donne à bien et solidement établir le commerce de la côte d'Afrique, de l'avis de notre conseil qui a vu lesdits contrat et traité, lesdits édits des mois de mai 1664, et décembre 1674 et les arrêts de notre conseil donnés en conséquence les 30 mai 1664, 12 février, 10 mars, 24 avril, 26 août 1665, 10 septembre 1668, 4 juin, 18 septembre, 25 novembre 1671, 11 novembre 1673, et 25 mars 1679 ci-attachés sous le contrescel de notre chancellerie, et de notre certaine science, pleine puissance et autorité royale, nous avons d'abondant, et en tant que besoin est, confirmé et autorisé, confirmons et autorisons la compagnie établie par le commerce du Sénégal, rivière de Gambie et autres lieux de la côte d'Afrique, depuis le Cap-Vert jusqu'au Cap de Bonne-Espérance; voulons et nous plaît que les intéressés en icelle fassent seuls, à l'exclusion de tous autres nos sujets, tout le commerce et navigation dans lesdits pays; et cependant le temps qui reste à expirer des quarante années par nous accordées à la compagnie des Indes occidentales en l'année 1664; faisons défenses à tous nos sujets, sous les peines portées par lesdits arrêts des 11 novembre 1673 et 25 mars 1679, d'entreprendre ni faire aucun commerce dans lesdits pays, soit avec les naturels d'iceux, soit avec les autres nations qui y ont des établissemens; ordonnons que ladite compagnie jouira, comme elle a fait jusqu'à présent, de l'exemption de la moitié des droits d'entrée des marchandises qui viendront pour son compte, tant de la côte d'Afrique que des îles et colonies françoises de l'Amérique, ainsi que nous l'avons ci-devant accordé à la compagnie des Indes occidentales par arrêt de notre conseil du 30 mars 1664, lequel, ensemble tous les autres rendus en faveur de ladite ancienne compagnie, auront leur effet et exécution en faveur de ladite compagnie, comme s'ils avoient été accordés au nom et à la requête des intéressés en icelle. Si donnons, etc.

N° 890. — RÉGLEMENT concernant les fonctions des officiers mariniers dans les ports.

2 juillet 1679. (Archiv.)

N° 891. — DÉCLARATION sur la manière de compter les voix des juges parens, lorsqu'ils opinent.

Saint-Germain-en-Laye, 16 juillet 1679. (Archiv.)

N° 892. — ARRÊT sur l'établissement de la fabrique de canons de Saint Gervais.

23 juillet 1679. (Bajot.)

N° 893. — LETTRES-PATENTES pour l'enregistrement d'un arrêt du conseil qui maintient la juridiction des officiers des amirautés sur les procès concernant les assurances, grosses aventures, promesses, obligations relatives au commerce de mer.

Saint-Germain-en-Laye, 29 juillet 1679. (Ord. 20. 4 E. 207.)

N° 894. — ARRÊT du conseil portant défenses aux ministres des religionnaires de faire de prêche dans les lieux où l'exercice de leur religion est permis, les jours que les archevêques ou évêques font leurs visites en personnes.

St.-Germain-en-Laye, 31 juillet 1679. (Nouv. rec. de Lefèvre.)

Sur ce qui a été représenté au roi étant en son conseil, que lorsque les sieurs archevêques et évêques de son royaume font les visites dans leurs diocèses, il se rencontre assez souvent que dans les lieux où l'exercice de la R. P. R. est permis, les ministres affectent d'ordinaire de faire leurs prêches dans le même temps que lesdits archevêques et évêques visitent les églises, et sont occupés à faire leurs fonctions épiscopales, ainsi qu'il est arrivé depuis peu en la province de Languedoc : et considérant S. M. les suites qui en pourroient arriver, et que par le respect qui est dû à la religion catholique, il est à propos d'empêcher que pendant le temps desdites visites non-seulement les ministres fassent leurs prêches, mais encore que les habitans de la R. P. R. desdits lieux ne s'assemblent dans leurs temples. A quoi S. M. voulant pourvoir : le roi étant en son conseil, a fait très-expresses inhibitions et défenses à tous ministres de la R.

P. R. de ce royaume, de faire le prêche dans les lieux où l'exercice de ladite R. P. R. est permis, et à toutes personnes faisant profession de ladite religion de s'assembler dans leurs temples ni ailleurs, les jours que les archevêques ou évêques feront leurs visites en personne èsdits lieux, à peine de désobéissance et d'être procédé contre eux comme perturbateurs du repos public.

N° 895. — EDIT *qui supprime la chambre mi-partie qui étoit à Castelnaudary, et la réunit au parlement de Toulouse* (1).

St.-Germain-en-Laye, juillet 1679. (Archiv. — Hist. de l'édit de Nantes.)

LOUIS, etc. Le roi Henri-le-Grand notre aïeul, de glorieuse mémoire, connoissant que la haine que les guerres civiles avoient excitées dans l'esprit de nos sujets, à l'occasion de la R. P. R., faisoit appréhender à ceux de ladite religion le ressentiment des officiers de justice, dans les affaires concernant les intérêts de leurs familles, il auroit, pour leur faire administrer la justice sans aucune suspicion ni faveur, par son édit donné à Nantes au mois d'avril 1598, établi trois chambres, composées tant d'officiers catholiques que de ladite R. P. R., pour connoître des procès et différens civils et criminels, èsquels ceux de ladite R. P. R. auroient intérêt, dans les ressorts de nos parlemens lors séans à Toulouse, Bordeaux et Grenoble, pour être lesdites chambres ainsi établies, réunies et incorporées èsdits parlemens, quand les causes qui donnoient lieu audit établissement cesseroient; les troubles mus de temps à autre dans notre royaume à la même occasion de ladite R. P. R. depuis ledit édit de Nantes, et qui n'ont été apaisés que par celui de pacification donné à Nîmes par le feu roi notre très-honoré seigneur et père, de glorieuse mémoire, au mois de juillet 1629, n'auroient pu permettre de rien changer audit établissement : mais à présent, considérant qu'il y a cinquante années qu'il n'est point survenu de nouveau trouble causé par ladite religion, et que par ce long temps, les animosités qui pouvoient être entre nos sujets de l'une et de l'autre religion sont éteintes, nous

---

(1) L'édit de janvier 1669 avoit déjà supprimé les chambres dites de l'édit; celui de juillet 1679 porta le dernier coup aux garanties accordées aux protestans, et fit trop bien pressentir la catastrophe qui étoit au moment de s'accomplir.

avons cru pouvoir ne rien faire de mieux que de supprimer lesdites chambres, et les réunir auxdits parlemens, tant pour effacer entièrement la mémoire des guerres passées, que pour faciliter l'administration de la justice, en ôtant le prétexte à nos sujets catholiques de se servir, du nom et des priviléges desdits de la R. P. R., pour perpétuer les procès dans les familles par des évocations ou par des réglemens de juges. Savoir faisons que nous, pour ces causes et autres à ce nous mouvant, après avoir fait mettre cette affaire en délibération en notre conseil, et considéré combien a été utile pour l'abréviation des procès, la suppression des chambres de l'édit de Paris et de Rouen, de notre certaine science, pleine puissance et autorité royale, avons éteint et supprimé, et par ces présentes signées de notre main, éteignons et supprimons la chambre mi-partie, autrement dite de l'édit, séante présentement à Castelnaudary, pour être désormais et pour toujours lesdits officiers d'icelles réunis et incorporés avec ceux du parlement de Toulouse ; et à cet effet seront le président et les dix conseillers de la R. P. R. de ladite chambre, nommés président et conseillers de ladite cour de parlement de Toulouse ; et ledit président joint avec les autres présidens à mortier dudit parlement, pour y servir et tenir rang parmi eux en toutes occasions, cérémonies ou assemblées de chambre, du jour de sa réception en sa charge de président en ladite chambre de l'édit, et jouir des gages dont il jouissoit en ladite chambre, et des mêmes honneurs, autorité, prérogatives, prééminence, fonctions et droits dont jouissent les autres présidens à mortier dudit parlement, sans néanmoins jamais pouvoir servir en la grand'chambre, ni même présider dans la chambre de la Tournelle (en laquelle nous voulons qu'il demeure fixe) au préjudice des présidens catholiques qui seront moins anciens en réception que lui. Et à l'égard desdits conseillers de la R. P. R., ils seront distribués également dans les deux chambres des requêtes dudit parlement, savoir, cinq dans chacune d'icelle, pour y servir pareillement ainsi que les conseillers catholiques, avoir rang avec eux en toutes occasions, cérémonies et assemblées de chambres, du jour de leur réception en ladite chambre de l'édit, et jouir des grâces dont ils jouissoient lors de leur service en icelle, et des mêmes autorités, prérogatives, prééminences, fonctions et droits dont jouissent les autres conseillers dudit parlement, sans toutefois pouvoir jamais servir en la grand'-chambre. Voulons néanmoins que trois conseillers de ladite

R. P. R. entrent tour à tour pendant trois mois en la chambre Tournelle dudit parlement, en sorte qu'il y en ait toujours trois de service pendant toute l'année, et que deux d'entre eux serrent pareillement en la chambre des vacations selon leur tour, et à commencer par les anciens, comme les autres conseillers catholiques. Et d'autant que les offices de nos avocat et procureur-général servant présentement en notredite chambre de l'édit, demeurent inutiles au moyen de sa suppression, et de l'union des officiers d'icelle en notredite cour de parlement, nous avons éteint et supprimé, éteignons et supprimons lesdits deux offices de nos avocat et procureur-général, et en même tems créé et érigé, créons et érigeons en titres d'offices formés, deux offices de nos conseillers en notredite cour de parlement de Toulouse, pour être nosdits avocat et procureur-général, ainsi supprimés, pourvus chacun desdits offices de nos conseillers, avec les mêmes gages qui étoient affectés auxdits offices de nos avocat et procureur-général, et avec tels et semblables droits, fruits, profits, fonctions, ou toute prééminence, franchises, libertés et émolumens dont jouissent les autres conseillers de notredit parlement, même tenir rang avec eux en toutes occasions, cérémonies ou assemblées des chambres, du jour de leur réception èsdits offices de nos avocat et procureur-général, à condition que notredit avocat, lequel fait profession de la R. P. R., ainsi pourvu de ladite charge de conseiller, et lequel nous voulons être distribué dans l'une desdites chambres d'enquêtes, comme les autres de ladite religion, ne pourra jamais monter à la grand'chambre, non plus que les autres conseillers de ladite R. P. R., ains servira seulement à la Tournelle et à la chambre des vacations comme eux et à son tour, ainsi qu'il est expliqué ci-dessus. Et à l'égard de notredit procureur-général, lequel est catholique, il sera pourvu de l'une desdites charges de conseiller nouvellement créées, il sera pareillement distribué à l'une desdites chambres des enquêtes, pour y servir et monter à son tour comme les autres conseillers catholiques, sans aucune distinction. Quant aux deux substituts de notredit procureur général servant en ladite chambre, lesquels sont catholiques, ils seront pareillement incorporés avec les autres substituts du parquet du parlement de Toulouse, tiendront rang de leur réception, et y serviront avec eux sans aucune distinction, et avec les mêmes gages dont ils jouissent en ladite chambre. Et à l'égard des huissiers et procureurs, soit catholiques ou de la R. P. R., servant en ladite chambre de l'édit, lesquels se trouveront bien et dûment pourvus par lettres de provision de nous, ils seront aussi incorporés avec les autres huissiers et procureurs du parlement, tiendront rang parmi eux du jour de leur réception, et jouiront des mêmes droits, prérogatives et fonctions que les autres, même des gages dont ils jouissoient en ladite chambre. Il en sera usé de même des officiers de la chancellerie établie près ladite chambre, lesquels seront tous réunis à ceux de la chancellerie établie près notredite cour de parlement, pour ne faire à l'avenir qu'un seul et même corps de chancellerie, et jouir des mêmes droits, gages, émolumens, prérogatives et priviléges dont ils jouissoient: et en conséquence voulons que les sceaux, desquels les expéditions de la chancellerie près ladite chambre sont scellés, soient envoyés incessamment à notre très-cher et féal chancelier de France, le sieur Le Tellier, pour être cassés en sa présence. Et désirant pourvoir à l'expédition des affaires qui sont présentement en ladite chambre de l'édit de Castelnaudary, voulons et nous plaît que toutes les appellations verbales ou par écrit, civiles et criminelles, et généralement toutes sortes d'affaires introduites ou retenues en ladite chambre, soient portées audit parlement pour y être traitées et jugées ainsi et en la même manière que les autres affaires de la compétence dudit parlement, et sans aucune différence, si ce n'est en ce qui concerne la distribution des procès par écrit, èsquels ceux de la R. P. R. seront intéressés, lesquels procès ne pourront être distribués aux conseillers clercs. Seront les prisonniers qui se trouveront ès prisons de ladite chambre de l'édit, tirés desdites prisons et conduits sous bonne et sûre garde en celles de notredit parlement de Toulouse, et tous et chacun les registres, papiers, sacs, minutes et écritures tirés pareillement des greffes de ladite chambre, pour être portés en ceux de notredite cour de parlement, le tout à la diligence de notre procureur-général en icelle. Et d'autant que nous sommes informés que par l'usage établi en notredite cour de parlement de Toulouse, l'on y juge les procès au nombre de sept juges seulement, ce qui procède de ce qu'un président et dix conseillers catholiques étant tirés dudit parlement tous les ans pour aller servir en ladite chambre, le nombre des juges de notredit parlement en étoit d'autant diminué. Et comme au moyen de la présente réunion et érection, non-seulement lesdits président et conseillers catholiques ne seront plus tirés dudit parlement, mais qu'il y aura treize officiers d'augmentation, voulons et entendons que notredite cour de parlement ne puisse à l'avenir faire arrêt qu'au nombre de dix juges, ainsi qu'il se pratique en notre cour de parlement de Paris et en notre grand conseil ; et nonobstant tous usages et coutumes à ce contraires, auxquelles nous avons dérogé et dérogeons par ces présentes. Si donnons, etc.

N° 896. — DÉCLARATION *portant réglement pour les quittances des comptables non contrôlées.*

Saint-Germain-en-Laye, 25 août 1679. (Archiv.) Reg. C. des C., 2 septembre.

N° 897. — EDIT *contenant réglement général pour la repression du duel* (1).

Saint-Germain-en-Laye, août 1679 (Ord. 29. 4 E, 244. — Rec. cass. — Néron, II, 148.—Archiv.) Reg. P. P., 1er sept.)

EXTRAIT.

LOUIS, etc. Comme nous reconnoissons que l'une des plus grandes grâces que nous ayons reçues de Dieu, dans le gouvernement et conduite de notre état, consiste en la fermeté qu'il lui a plu de nous donner pour maintenir les défenses des duels et combats particuliers, et punir sévèrement ceux qui ont contrevenu à une loi si juste et si nécessaire pour la conservation de notre noblesse : nous sommes bien résolus de cultiver avec soin une grâce si particulière, qui nous donne lieu d'espérer de pouvoir parvenir pendant notre règne à l'abolition de ce crime, après avoir été inutilement tenté par les rois nos prédécesseurs. Pour cet effet nous nous sommes appliqué de nouveau à bien examiner tous les édits et réglemens faits contre les duels, et tout ce qui s'est fait en conséquence, auxquels nous avons estimé nécessaire d'ajouter divers articles. A ces causes, etc.

ART. 2. Et d'autant qu'il n'y a rien de si honnête, ni qui gagne davantage les affections du public et des particuliers, que d'arrêter le cours des querelles en leur source ; nous ordonnons à nos très-chers et bien amés cousins les maréchaux de France, soit qu'ils soient à notre suite ou en nos provinces, et aux gou-

---

(1) Nous ne donnons pas les articles de cet édit qui sont la répétition presque littérale de ceux de l'édit de septembre 1651.

verneurs-généraux de nos provinces, et en leur absence à nos lieutenans-généraux en icelles, de s'employer eux-mêmes très-soigneusement et incessamment à terminer tous les différends qui pourront arriver entre nos sujets, par les voies, et ainsi qu'il leur en est donné pouvoir par les édits et ordonnances des rois nos prédécesseurs. Et en outre, nous donnons pouvoir à nosdits cousins de commettre en chacun des bailliages ou sénéchaussées de notre royaume, un ou plusieurs gentilshommes, selon l'étendue d'icelles, qui soient de qualité, d'âge et capacité requises, pour recevoir les avis des différends qui surviendront entre les gentilshommes, gens de guerre, et autres nos sujets, les renvoyer à nosdits cousins les maréchaux de France, ou au plus ancien d'eux, ou aux gouverneurs généraux de nos provinces, et nos lieutenans-généraux en icelles, lorsqu'ils y seront présents; et donnons pouvoir auxdits gentilshommes qui seront ainsi commis, de faire venir pardevant eux, en l'absence des gouverneurs et nosdits lieutenans-généraux, tous ceux qui auront quelque différend, pour les accorder ou les renvoyer pardevant nosdits cousins les maréchaux de France; au cas que quelqu'une des parties se trouve lésée par l'accord desdits gentilshommes, ou ne veuille pas se soumettre à leurs jugemens. Même lorsque lesdits gouverneurs-généraux de nos provinces, et nos lieutenans-généraux en icelles, seront dans les provinces, en cas que les querelles qui surviendront requièrent un prompt remède pour en empêcher les suites, et que les gouverneurs fussent absens du lieu où le différend sera survenu; nous voulons que lesdits gentilshommes commis y pourvoient sur-le-champ, et fassent exécuter le contenu aux articles du présent édit, dont ils donneront avis à l'instant auxdits gouverneurs-généraux de nos provinces, ou en leur absence, aux lieutenans-généraux en icelles, pour travailler incessamment à l'accommodement; et pour cette fin nous enjoignons très-expressément à tous les prevôts des maréchaux, vice-baillis, vice-sénéchaux, leurs lieutenans, exempts, greffiers et archers d'obéir promptement et fidèlement, sur peine de suspension de leurs charges, et privation de leurs gages, auxdits gentilshommes commis sur le fait desdits différends, soit qu'il faille assigner ceux qui auront querelle, constituer prisonniers, saisir et annoter leurs biens, ou faire tous autres actes nécessaires pour empêcher les voies de fait, et pour l'exécution des ordres desdits gentilshommes ainsi commis, le tout au frais et dépens des parties.

9. Nous déclarons en outre que tous ceux qui assisteront, ou se rencontreront, quoiqu'inopinément, aux lieux où se commettront des offenses à l'honneur, soit par des rapports, ou discours injurieux, soit par manquement de promesse ou de parole donnée, soit par démentis, coups de main, ou autres outrages, de quelque nature qu'ils soient, seront à l'avenir obligés d'en avertir nos cousins les maréchaux de France, ou lesdits gouverneurs généraux de nos provinces et nos lieutenans généraux en icelles, où les gentilshommes commis par nosdits cousins sur peine d'être réputés complices desdites offenses, et d'être poursuivis comme y ayant tacitement contribué, pour ne s'être pas mis en devoir d'en empêcher les mauvaises suites. Voulons pareillement et nous plaît, que ceux qui auront connoissance de quelque commencement de querelles et animosités causées par les procès qui seroient sur le point d'être intentés entre gentilshommes pour quelque intérêt d'importance, soient obligés à l'avenir d'en avertir nosdits cousins les maréchaux de France, ou les gouverneurs généraux de nosdites provinces, et lieutenans-généraux en icelles, ou en leur absence, les gentils hommes commis dans les bailliages, afin qu'ils empêchent de tout leur pouvoir que les parties sortent des voies civiles et ordinaires pour venir à celles de fait. Et pour être d'autant mieux informé de tous les duels et combats qui se font dans nos provinces, nous enjoignons aux gouverneurs généraux et lieutenans-généraux en icelles, de donner avis aux secrétaires d'état, chacun en son département, de tous les duels et combats qui arriveront dans l'étendue de leurs charges; aux premiers présidens de nos cours de parlement, et à nos procureurs généraux en icelles de donner pareillement avis à notre très-cher et féal le sieur Le Tellier chancelier de France, et aux gentilshommes commis, et officiers des maréchaussées, aux maréchaux de France pour nous en informer chacun à leur égard. Ordonnons encore à tous nos sujets de nous en donner avis par telle voie que bon leur semblera, promettant de récompenser ceux qui donneront avis des combats arrivés dans les provinces, dont nous n'aurons point reçu d'avis d'ailleurs, avec les moyens d'en avoir la preuve.

10. Bien que le soin que nous prenons de l'honneur de notre noblesse, paroisse assez par le contenu aux articles précédens,

et par la soigneuse recherche que nous faisons des moyens estimés les plus propres pour éteindre les querelles dans leur naissance, et rejeter sur ceux qui offensent, le blâme et la honte qu'ils méritent : néanmoins appréhendant qu'il ne se trouve encore des gens assez osés pour contrevenir à nos volontés si expressément expliquées, et qui présument d'avoir raison en cherchant à se venger, nous voulons et ordonnons que celui qui, s'estimant offensé, fera un appel à qui que ce soit pour soi-même, demeure déchu de pouvoir jamais avoir satisfaction de l'offense qu'il prétendra avoir reçue, qu'il tienne prison pendant deux ans, et soit condamné à une amende envers l'hôpital de la ville la plus proche de sa demeure, laquelle ne pourra être de moindre valeur que la moitié du revenu d'une année de ses biens; et de plus qu'il soit suspendu de toutes ses charges et privé du revenu d'icelles durant trois ans. Permettons à tous juges d'augmenter lesdites peines selon que les conditions des personnes, les sujets des querelles, comme procès intentés ou autres intérêts civils, les défenses ou gardes enfreintes ou violées, les circonstances des lieux et des temps rendront l'appel plus punissable. Que si celui qui est appelé, au lieu de refuser l'appel et d'en donner avis à nos cousins les maréchaux de France ou aux gouverneurs généraux de nos provinces et nos lieutenans en icelles, ou aux gentilshommes commis, ainsi que nous lui enjoignons de faire, va sur le lieu de l'assignation, ou fait effort pour cet effet, il soit puni des mêmes peines de l'appelant. Nous voulons de plus que ceux qui auront appelé pour un autre, ou qui auront accepté l'appel sans en avoir donné avis auparavant, soient punis des mêmes peines.

14. Les biens de celui qui aura été tué, et du survivant, seront régis par les administrateurs des hôpitaux pendant l'instruction du procès qualifié pour duel, et les revenus employés aux frais des poursuites.

15. Encore que nous espérions que nos défenses et des peines si justement ordonnées contre les duels retiendront dorénavant tous nos sujets d'y tomber, néanmoins, s'il s'en rencontroit encore d'assez téméraires pour oser contrevenir à nos volontés, non seulement en se faisant raison par eux-mêmes, mais en y engageant de plus dans leurs querelles et ressentimens des seconds, tiers ou autre plus grand nombre de personnes, ce qui ne se peut faire que par une lâcheté artificieuse, qui fait rechercher à ceux qui sentent leur faiblesse la sûreté dont ils ont besoin dans l'adresse

et le courage d'autrui, nous voulons que ceux qui se trouveront coupables d'une si criminelle et si lâche contravention à notre présent édit, soient sans rémission punis de mort, quand même il n'y auroit aucun de blessé, ni de tué dans ces combats; que tous leurs biens soient confisqués comme dessus; qu'ils soient dégradés de noblesse et déclarés roturiers, incapables de tenir jamais aucunes charges; leurs armes noircies et brisées publiquement par l'exécuteur de la haute justice. Enjoignons à leurs successeurs de changer leurs armes et en prendre de nouvelles, pour lesquelles ils obtiendront nos lettres à ce nécessaires; et en cas qu'ils reprissent les mêmes armes, elles seront de nouveau noircies et brisées par l'exécuteur de la haute justice, et eux condamnés à l'amende de deux années de leurs revenus, applicable moitié à l'hôpital général de la ville la plus proche, et l'autre moitié à la volonté des juges. Et comme nul châtiment ne peut être assez grand pour punir ceux qui s'engagent si légèrement et si criminellement dans le ressentiment d'offenses où ils n'ont aucune part et dont ils devroient plutôt procurer l'accommodement pour la conservation et satisfaction de leurs amis, que d'en poursuivre la vengeance par des voies aussi destituées de véritable valeur et courage, comme elles le sont de charité et d'amitié chrétienne; nous voulons que tous ceux qui tomberont dans le crime d'être seconds, tiers ou autre nombre également, soient punis des mêmes peines que nous avons ordonnées contre ceux qui les emploieront.

20. Les juges ou autres officiers qui auront supprimé et changé les informations, seront destitués et privés de leurs charges et châtiés comme faussaires.

23. Que si nonobstant tous les soins et diligences prescrites par les articles précédens, le crédit et l'autorité des personnes intéressées dans ces crimes en détournoient les preuves par menaces ou artifices, nous ordonnons que sur la simple réquisition qui sera faite par nos procureurs généraux ou leurs substituts, il soit décerné des monitoires par les officiaux des évêques des lieux, lesquels seront publiés et fulminés, selon les formes canoniques, contre ceux qui refuseront de venir à réclamation de ce qu'ils sauront touchant les duels et rencontres arrivés. Nous ordonnons en outre, qu'à l'avenir, nos procureurs généraux en nos cours de parlement, et leurs substituts, sur l'avis qu'ils auront des combats qui auront été faits, feront leurs réquisitions contre ceux qui, par notoriété, en seront estimés coupables, et que, conformément

à icelles, nosdites cours, sans autres preuves, ordonnent que, dans les délais qu'elles jugeront à propos, ils seront tenus de se rendre dans les prisons pour se justifier et répondre sur les réquisitions de nosdits procureurs-généraux; et à faute dans ledit temps de satisfaire aux arrêts qui seront signifiés à leurs domiciles, nous voulons qu'il soit procédé contre eux par défaut et contumace; qu'ils soient déclarés atteints et convaincus des cas à eux imposés; et comme tels, qu'ils soient condamnés aux peines portées par nos édits, et leurs biens à nous acquis et confisqués et mis à nos mains, et sans attendre que les cinq années des défauts et contumaces soient expirées, que toutes leurs maisons soient rasées et leurs bois de haute futaie coupés jusqu'à certaine hauteur, suivant les ordres que nous en donnerons, et eux déclarés infâmes et dégradés de noblesse, sans qu'ils puissent à l'avenir entrer en aucune charge. Défendons à toutes nos cours de parlement et nos autres juges de les recevoir en leur justification après les arrêts de condamnation, même pendant les cinq années de la contumace, qu'auparavant ils n'aient obtenu nos lettres portant permission de se représenter, et qu'ils n'aient payé les amendes auxquelles ils seront condamnés, et ce, nonobstant l'art. 18 du tit. 7 de notre ordonnance criminelle, auquel nous avons dérogé et dérogeons pour ce regard, et sans tirer à conséquence.

24. Et lors même que les prévenus auront été arrêtés et mis dans les prisons, ou qu'ils s'y seront mis, nous voulons qu'en cas que nos procureurs généraux trouvent difficulté à administrer la preuve desdits combats, nos cours leur donnent les délais qu'ils requerront, remettant à l'honneur et conscience de nosdits procureurs généraux de n'en user que pour le bien de la justice.

25. Pendant le temps que les accusés ou prévenus desdits crimes ne se rendront point prisonniers, nous voulons que la justice de leurs terres soit exercée en notre nom, et nous pourvoirons pendant ledit temps aux offices et bénéfices dont la disposition appartiendra auxdits accusés non prévenus.

26. Et pour éviter que pendant le temps de l'instruction des défauts et contumaces, les prévenus ne puissent se servir des moyens qu'ils ont accoutumé de pratiquer pour détourner les preuves de leurs crimes, en intimidant les témoins ou les obligeant de se rétracter dans le récolement, nous voulons que nonobstant l'art. 3 du titre 15 de notre ordonnance du mois d'août 1670, auquel nous avons dérogé et dérogeons pour ce regard,

dans les crimes de duels seulement, il soit procédé par les officiers de nos cours et les lieutenans criminels de bailliages où il y a siége présidial, au récolement des témoins dans les vingt-quatre heures, et le plus tôt qu'il se pourra, après qu'ils auront été entendus dans les informations, et ce avant qu'il y ait aucun jugement qui l'ordonne, sans toutefois que les récolemens puissent valoir confrontation qu'après qu'il aura été ainsi ordonné par le jugement de défaut et de contumace.

27. Nous déclarons les condamnés par contumace incapables et indignes de toutes successions qui pourroient leur échoir depuis la condamnation, encore qu'ils soient t dans les cinq années et qu'ils se fissent ensuite restituer contre la contumace. Si les successions sont échues avant la restitution, la seigneurie et la justice des terres sera exercée en notre nom, et les fruits attribués aux hôpitaux, sans espérance de restitution, à compter du jour de la condamnation par contumace.

28. Nous voulons pareillement et ordonnons que dans les lieux éloignés des villes où nos cours de parlement sont séantes, lorsqu'après toutes les perquisitions et recherches susdites, les coupables des duels et rencontres ne pourront être trouvés, il soit, à la requête des substituts de nos procureurs généraux, sur la simple notoriété du fait, décerné prise de corps contre les absens, et qu'à faute de les pouvoir appréhender en vertu du décret, tous leurs biens soient saisis, et qu'il soit procédé contre eux suivant ce qui est porté par notre ordonnance du mois d'août 1670, au titre 17, des défauts et contumaces, et sans que nosdits procureurs généraux ou leurs substituts soient obligés d'informer et faire preuve de la notoriété.

29. Quand le titre de l'accusation sera pour crime de duel, il ne pourra être formé aucun réglement de juges, nonobstant tout prétexte de prévention, assassinat ou autrement, et le procès ne pourra être poursuivi que par-devant les juges du crime de duel.

30. Et afin d'empêcher les surprises de ceux qui, pour obtenir des grâces, nous déguiseroient la vérité des combats arrivés, et mettroient en avant de faux faits pour faire croire que lesdits combats seroient survenus inopinément et en suite de querelle prise sur-le-champ, nous ordonnons que nul ne pourra poursuivre au sceau l'expédition d'aucune grâce ès cas où il y aura soupçon de duel ou rencontre préméditée, qu'il ne soit actuellement prisonnier à notre suite, ou bien dans la principale prison du parlement dans le ressort duquel le combat aura été fait; et

après qu'il aura été vérifié qu'il n'a contrevenu en aucune sorte à notre présent édit, et avoir sur ce pris l'avis de nos cousins les maréchaux de France, nous pourrons lui accorder des lettres de rémission en connoissance de cause.

31. Et d'autant qu'en conséquence de nos ordres, nos cousins les maréchaux de France se sont assemblés pour revoir et examiner de nouveau le réglement fait par eux sur les diverses satisfactions et réparations d'honneur, auquel, par nos ordres, ils ont ajouté des peines plus sévères contre les agresseurs, nous voulons que ledit nouveau réglement en date du 22ᵉ jour du présent mois, ensemble celui du 22 août 1653, ci-attachés sous le contre-scel de notre chancellerie, soient inviolablement suivis et observés à l'avenir par tous ceux qui seront employés aux accommodemens des différends qui touchent le point d'honneur et la réputation des gentilshommes.

32. Et d'autant que quelquefois les administrateurs des hôpitaux ont négligé le recouvrement desdites amendes et confiscations, nous voulons que le recouvrement des amendes et confiscations adjugées auxdits hôpitaux et autres personnes qui auront été négligées, pendant un an, à compter du jour des arrêts de condamnation, soit fait par le receveur général de nos domaines, auquel la moitié desdites confiscations et amendes appartiendra pour les frais de recouvrement, nous réservant de disposer de l'autre moitié en faveur de tel hôpital qu'il nous plaira, autre que celui auquel elles auront été adjugées.

33. Voulons de plus que lorsque les gentilshommes n'auront pas déféré aux ordres des maréchaux de France, et qu'ils auront encouru les amendes et confiscations portées par le présent édit et le réglement desdits maréchaux de France, il en soit à l'instant donné avis, par lesdits maréchaux de France, à nos procureurs généraux en nos cours de parlement, ou à leurs substituts, auxquels nous enjoignons de procéder incessamment à la saisie des biens, jusqu'à ce que lesdits gentilshommes prévenus aient obéi et en cas qu'ils n'obéissent dans trois mois, les fruits seront en pure perte appliqués aux hôpitaux jusqu'à ce qu'ils aient obéi, les frais des prevôts, de procédure, de garnison et autres, pris par préférence ; et pour cet effet, nous voulons que les directeurs et administrateurs desdits hôpitaux soient mis en possession et jouissance actuel desdits biens. Enjoignons à nosdits procureurs généraux et leurs substituts de se joindre auxdits directeurs et administrateurs, pour être faite une prompte et réelle perception

desdites amendes. Faisons très expresses défenses aux juges d'avoir aucun égard aux contrats, testamens et autres actes faits six mois avant les crimes commis.

54. Lorsque dans les combats il y aura eu quelqu'un de tué, nous permettons aux parens du mort de se rendre parties dans trois mois pour tout délai contre celui qui aura tué; et en cas qu'il soit convaincu du crime, condamné et exécuté, nous faisons remise de la confiscation du mort, au profit de celui qui aura poursuivi, sans qu'il soit tenu d'obtenir d'autres lettres de don que le présent édit. A l'égard de celui des parens au profit duquel nous faisons remise de la confiscation, nous voulons que le plus proche soit préféré au plus éloigné, pourvu qu'ils se soient rendus partie dans les trois mois, à condition de rembourser les frais qui auront été faits.

55. Le crime de duel ne pourra être éteint ni par la mort, ni par aucune prescription de vingt ni de trente ans, ni aucune autre, encore qu'il n'y ait ni exécution, ni condamnation, ni plainte, et pourra être poursuivi après quelque laps de temps que ce soit, contre la personne ou contre sa mémoire; même ceux qui se trouveront coupables de duel depuis notre édit de 1651, registré en notre cour de parlement de Paris au mois de septembre de la même année, pourront être recherchés pour les autres crimes par eux commis auparavant ou depuis, nonobstant ladite prescription de vingt et trente ans, pourvu que le procès leur soit fait en même temps pour crime de duel, et par les mêmes juges, et qu'ils en demeurent convaincus.

N° 898. — EDIT *qui règle pour toute la France l'intérêt au denier 18, déclare nulles les promesses portant un intérêt plus élevé, même celles de change et rechange, si ce n'est à l'égard des marchands fréquentant les foires de Lyon, pour cause de marchandises, sans fraude ni déguisement.*

Fontainebleau, septembre 1679. (Néron, II, 155. — Rec. cass.) Rég. P. Grenoble, 27 septembre.

N° 899. — DÉCLARATION *portant que les actes d'abjuration seront, par les ordres des archevêques ou évêques, mis entre les mains du procureur du roi du siége royal où est situé le siége de l'archevêché ou évêché où l'abjuration sera faite, et signifiés aux ministres ou aux consistoires de la résidence des abjurans; et faisant défenses aux ministres et consistoires de les y recevoir sur peine de désobéissance, de suppression des consistoires, et d'interdiction des ministres.*

Fontainebleau, 10 octobre 1679. (Archiv.)

PRÉAMBULE.

LOUIS, etc. Ayant ci-devant estimé à propos de réprimer le crime de relaps et apostats, qui se commet par aucuns de nos sujets, tant catholiques que de la R. P. R., avec une licence qui ne peut être soufferte, nous aurions fait expédier trois déclarations : la première au mois d'avril 1663, la deuxième en juin 1665, et la troisième le 2 avril 1668, et par cette dernière ordonné, conformément à la précédente, que tous ceux qui seroient prévenus et accusés du crime de relaps et apostats, seroient bannis à perpétuité de notre royaume, terres et pays de notre obéissance, et ainsi jugés dans nos parlemens chacun dans son ressort; mais comme quelque temps après nous aurions été informé que nosdits sujets de la R. P. R. ne faisoient aucun cas de cette peine, et passoient à Orange, à Avignon et à Genève, pour retourner dans leur première erreur, nous aurions, par autre déclaration du 13 mars dernier, ordonné que lorsqu'aucuns de nosdits sujets de la R. P. R. qui en auront une fois fait abjuration pour professer la religion catholique, apostolique et romaine, ou qui étant engagés dans les ordres sacrés de l'Eglise, ou liés par des vœux à des maisons religieuses, quitteront la religion catholique pour reprendre la R. P. R., seront condamnés, non-seulement audit bannissement hors de notre royaume, mais aussi à faire amende honorable, ainsi qu'il est accoutumé, avec confiscation de leurs biens à qui il appartiendra; sans que ladite peine puisse être censée comminatoire; et d'autant qu'il nous a été donné avis que ceux qui commettent ledit crime, le font si secrétement, qu'à peine peut-on en avoir connoissance, et que par ce moyen, nosdites déclarations demeurent sans effet. A quoi étant nécessaire de pourvoir, afin d'empêcher nosdits sujets de retomber dans de pareils crimes, savoir faisons que nous, pour ses causes, etc.

N° 900.— DÉCLARATION *portant que les religionnaires ne pour-*

ront tenir aucun synode ni colloque, sans la permission du
roi et sans l'assistance d'un commissaire royal.

Fontainebleau, 10 octobre 1679. (Rec. cass. — Archiv. — Hist. de l'édit de Nantes.)

LOUIS, etc. Les rois nos prédécesseurs ayant voulu calmer les troubles qui s'étoient de leur temps soulevés dans ce royaume au sujet de la R. P. R., auroient, par leurs édits de pacification, entre autres choses, permis aux personnes faisant profession de la-dite R. P. R. de tenir des assemblées pour le réglement de leur discipline ès lieux où l'exercice se faisoit publiquement, en prenant toutefois permission de nosdits prédécesseurs, ce que le feu roi Henri IV, notre aïeul, auroit continué par l'article 34 des particuliers de l'édit de Nantes, pour les consistoires, colloques et synodes provinciaux et nationaux; mais comme le feu roi, notre très honoré seigneur et père, auroit reconnu que sous la tolérance desdites assemblées, lesdits de la R. P. R. se licencioient d'y introduire des gens de toutes conditions, et même d'y traiter des affaires politiques, dont il s'ensuivroit des résolutions contraires au bien général et à la tranquillité publique, il auroit fait expédier une déclaration le 17e jour d'avril 1623, registrée où besoin a été, portant qu'il ne seroit dorénavant convoqué ni tenu aucunes assemblées par lesdits de la R. P. R., sans qu'il y eût été nommé auparavant un officier de ladite religion pour y assister, et voir s'il n'y seroit traité et proposé d'autres affaires que celles qui sont permises par lesdits édits, ce que de notre part nous aurions observé jusques à présent; mais comme nous sommes informé qu'il est arrivé qu'aucuns des commissaires de ladite R. P. R., qui ont été nommés pour assister auxdits synodes, ont, dans quelques rencontres, eu la faiblesse, par condescendance pour ceux de leur religion, d'omettre d'employer dans les procès-verbaux qu'ils nous ont envoyés, tout ce qui s'étoit passé dans lesdits synodes; à quoi étant nécessaire de pourvoir, et d'empêcher à l'avenir un semblable abus, savoir faisons que nous pour ces causes, etc., voulons et nous plaît que, conformément à ce qui s'est ci-devant pratiqué, nosdits sujets de ladite R. P. R., ne puissent tenir aucuns colloques ni synodes, sans en avoir obtenu de nous la permission, et sans l'assistance d'un commissaire qui sera par nous nommé, soit de la religion catholique, apostolique et romaine, ou de la prétendue réformée, selon et ainsi que nous l'estimerons à propos, pour de notre part prendre garde qu'il ne soit parlé ni traité auxd^{ites} assemblées, d'autre matière que de celles qui sont permises par les édits et qui concernent purement la discipline de ladite R. P. R., comme aussi qu'il n'y entre ni soit admis aucun ministre des lieux où l'exercice d'icelle a été interdit, et les temples démolis par arrêt de notre conseil d'état, sur peine, en cas de contravention, d'être déchus des grâces et concessions qui leur ont été accordées par lesdits édits, et de nullité des actes et délibérations qui seroient prises auxdits synodes, dans lesquelles lesdits commissaires seront admis sans difficulté, et dresseront procès-verbal de tout ce qui s'y sera passé, pour nous être envoyé, et icelui vu, être par nous pourvu sur les choses qui seront nécessaires, ainsi qu'il appartiendra. Si donnons, etc.

N° 901. — ARRÊT *du conseil portant défenses à tous seigneurs hauts-justiciers, d'établir dans leurs terres des officiers autres que des catholiques.*

Saint-Germain-en-Laye, 6 novembre 1679. (Nouv. rec. de Lefèvre.)

Sur la requête présentée au roi, étant en son conseil, par le sieur marquis de Ruvigny, député général des sujets de S. M. faisant profession de la R. P. R., contenant qu'encore que l'article 28 de l'édit de Nantes déclare bien précisément lesdits de la R. P. R. capables de tenir et exercer tous états, dignités, offices et charges publiques, royales et seigneuriales, le parlement de Toulouse a rendu un arrêt le 5 février 1665, sur le réquisitoire du sieur procureur général, qui enjoint aux seigneurs hauts-justiciers de la province de Languedoc, qui ont établi des juges de ladite R. P. R. de procéder à la nomination de juges catholiques dans un mois, à peine de privation de leurs justices, et fait défense, auxdits juges de s'immiscer à rendre la justice, à peine de faux, nullité, cassation, et de mille livres d'amende; l'exemple duquel arrêt a donné lieu au sieur procureur général du parlement de Guyenne de s'opposer à l'installation de maître Jonas Marchais, faisant profession de la R. P. R., pourvu par la dame duchesse de Rohan de l'office de juge à Montlieu et juridictions qui en dépendent, et lui fit faire des défenses d'exercer ladite charge par deux arrêts des 25 mai et 27 novembre 1667, ce qui obligea ladite dame duchesse de Rohan de se pourvoir au conseil, où elle obtint arrêt le 21 février 1668, portant que ledit sieur procureur général enverroit dans deux mois au greffe du conseil les motifs desdits deux arrêts des 25 mai et 27 novembre 1667, et cependant lui auroit fait défenses, et à tous autres, de troubler ledit Marchais en la fonction et exercice dudit office de juge de Montlieu et juridictions qui en dépendent, et de s'adresser pour raison de ce audit parlement, à peine de nullité, cassation de procédure, et de tous dépens, dommages et intérêts; ce qui fesoit assez connoître que le conseil n'approuvoit pas la contravention que les arrêts des parlemens de Toulouse et de Guyenne faisoient à l'édit de Nantes, ni qu'ils prissent connoissance des affaires de cette nature; néanmoins ledit parlement de Toulouse, par un arrêt du 28 juin 1673, a ordonné que celui du 5 février 1665 sera exécuté dans la province de Guyenne, en ce qui est de son ressort, lesquels arrêts du parlement de Toulouse ayant été signifiés à maître David Guy, juge du marquisat de Cardaillac, il se seroit pourvu au conseil, où il auroit obtenu arrêt le 6 décembre, portant que le sieur procureur général au parlement de Toulouse enverroit dans deux mois au greffe du conseil les motifs desdits arrêts, et cependant lui fait défenses, et à tous autres, de troubler ledit Guy en la fonction de sa charge de juge de Cardaillac, et de s'adresser pour raison de ce audit parlement de Toulouse, à peine de nullité, cassation de procédures, dépens, dommages et intérêts : au préjudice duquel arrêt et d'un précédent qui faisoit pareilles défenses au parlement de Guyenne, celui de Toulouse a encore rendu arrêt le 28 février 1679, qui défend aux seigneurs hauts justiciers d'établir des officiers autres que des catholiques; et celui de Guyenne en a rendu un le 28 juillet de la même année, portant que lesdits seigneurs hauts-justiciers qui ont établi des juges de la R. P. R. dans leurs justices, procéderont dans trois mois à la nomination d'autres juges catholiques, à peine de trois mille livres d'amende et de privation de leurs justices, et défenses auxdits juges de s'immiscer à rendre la justice, à peine de faux, nullité, cassation de procédures, mille livres d'amende; ce qui est contre la disposition expresse dudit art. 27 de l'édit de Nantes, et de plusieurs autres faits en faveur des sujets de S. M. faisant profession de la R. P. R., et un attentat manifeste contre les défenses portées par deux arrêts du conseil. A ces causes, requéroit le suppliant, qu'il plût à Sa Majesté casser lesdits arrêts, rendus aux parlemens de Toulouse et de Guyenne les 5 février 1665, 25 mai et 27 novembre 1667, 28 juin 1673, 28 février et 28 juillet 1679, et autres semblables qui pourroient avoir été rendus; faire défenses à toutes personnes de s'en aider, d'empêcher les seigneurs hauts-justiciers, dans l'étendue du royaume, de pourvoir des officiers de la R. P. R. indifféremment comme les catholiques, suivant ledit art. 27 de l'édit de Nantes, et de se pourvoir pour raison de ce ailleurs qu'au conseil. Vu ladite requête, signée Turpin, avocat du suppliant, et les arrêts y énoncés. Ouï le rapport, et tout considéré, le roi étant en son conseil, sans avoir égard aux arrêts du conseil desdits jours 21 février 1668 et 6 décembre 1673, a ordonné et ordonne que ceux des parlemens de Toulouse et de Guyenne des 5 février 1665, 25 mai et 27 novembre 1667, 28 juin 1673 et 28 février 1679 seront exécutés selon leur forme et teneur, et conformément à iceux, fait Sa Majesté très expresses défenses à tous seigneurs hauts-justiciers, soit catholiques ou de la R. P. R., d'établir dans leurs terres des officiers autres que de catholiques, à peine de quatre mille livres d'amende, dépens, dommages et intérêts, etc.

N° 902. — EDIT *portant érection du conseil d'Alsace en conseil supérieur, avec attribution de la connoissance de tous procès civils et criminels en dernier ressort.*

Saint-Germain-en-Laye, novembre 1679. (Archiv.)

N° 903. — DÉCLARATION *faisant défenses à d'autres qu'aux gentilshommes de porter les armes.*

Saint-Germain-en-Laye, 4 décembre 1679. (Cod. des chasses, I, 312, Paris, 1765.)

PRÉAMBULE.

LOUIS, etc. Ayant ci-devant reconnu que ce qui donne lieu à la plupart des meurtres, querelles, homicides, assassinats, vols, violemens et autres désordres qui se commettent, tant de jour que de nuit, et particulièrement à la campagne, provient de la licence que chacun prend du port de toutes sortes d'armes; nous nous serions fait représenter les anciennes ordonnances faites sur ce sujet par les rois nos prédécesseurs, et aurions, par notre déclaration du 18 décembre 1660, registrée où besoin a été, entre autres choses fait très expresses inhibitions et défenses à nos sujets, de quelque qualité et condition qu'ils soient, allant, soit de jour ou de nuit, tant à la campagne, dans nos provinces, que dans nos villes, de porter avec eux, sous prétexte de la sûreté de leurs personnes, aucunes armes à feu, sur peine de confiscation d'icelles, d'amende pécuniaire et de punition corporelle. Mais comme par la licence de la dernière guerre, qui a duré assez long-temps, chacun s'est émancipé non seulement de porter l'épée, mais aussi des armes à feu, dont la plupart abusent et font un mauvais usage, nous avons cru, maintenant qu'il a plu à Dieu de nous donner la paix, qu'il étoit nécessaire d'y pourvoir, afin d'empêcher à l'avenir les fainéans des villes et de la campagne, vagabonds et gens sans aveu, de commettre de mauvaises actions, en sorte que nos bons sujets puissent aller et venir en toute sûreté, tant à leur commerce qu'à leurs affaires. A ces causes, etc.

N° 904. — DÉCLARATION *sur la prévention dans les poursuites pour cause de duel et pour empêcher les conflits entre les juges de ce crime.*

Saint-Germain-en-Laye, 14 décembre 1679. (Rec. cass. — Néron, II, 156. Archiv.) Reg. P. P., 22 décembre.

N° 905. — DÉCLARATION *portant dispense de parenté entre les correcteurs et auditeurs des comptes, pourvu néanmoins qu'ils ne soient pas parens au degré prohibé, des présidens et maîtres.*

Saint-Germain-en-Laye, 27 décembre 1679. (Archiv.)

N° 906. — DÉCLARATION *sur l'art. 107 de l'ordonnance de mai 1579, et sur l'édit de juillet 1669, portant qu'on ne pourra être pourvu avant l'âge de 27 ans accomplis des charges de baillis, sénéchaux, vicomtes, prevôts et lieutenans civils et criminels ou particuliers des siéges de justice, et d'avocats et de procureurs du roi auxdits siéges.*

Saint-Germain-en-Laye, 30 décembre 1679. (Ord. 20. 4 E, 325. — Néron, II, 157. — Archiv.)

N° 907. — RÉGLEMENT *sur les lettres de rémission dans les chancelleries près les cours.*

Saint-Germain-en-Laye, janvier 1680. (Néron, II, 158.)

N° 908. — DÉCLARATION *sur les alimens des prisonniers.*

Saint-Germain-en-Laye, 10 janvier 1680. (Ord. 20. 4 E. 326.—Néron, II, 159. Archiv.) Reg. P. P., 19; Gr. C., 25; C. des A., 17.

LOUIS, etc. Par notre ordonnance du mois d'août 1670, titre 13, article 23, nous avons ordonné que les créanciers qui auront fait arrêter et constituer prisonniers ou recommander leurs débiteurs, seront tenus de leur fournir la nourriture suivant la taxe qui en sera faite par le juge, et contraints solidairement, sauf leur recours entre eux, ce qui auroit lieu à l'égard des prisonniers pour crimes détenus seulement pour intérêts civils après le jugement, et qu'il seroit délivré exécutoire aux créanciers et à la partie civile, pour être remboursés sur les biens du prisonnier par préférence à tous créanciers. Et par l'article 24, nous avons ordonné que sur deux sommations faites à différens jours aux créanciers qui seront en demeure de fournir la nourriture au prisonnier, et trois jours après la dernière il seroit fait droit sur l'élargissement, partie présente ou dûment appelée ; mais l'expérience nous a fait connoître que les prisonniers ne tirent pas de notre ordonnance l'avantage que nous leur avons voulu procurer, parce qu'ils sont pour la plupart dans l'impuissance de fournir aux frais nécessaires pour faire les sommations et obtenir, en connoissance de cause, leur élargissement, à quoi étant nécessaire de pourvoir. A ces causes, etc., voulons et nous plaît ce qui ensuit:

Art. 1er. Défendons à tous huissiers et autres officiers de justice d'emprisonner aucuns de nos sujets pour dettes, de quelque qualité et nature qu'elles soient, sans consigner entre les mains du greffier de la prison ou du geôlier, la somme nécessaire pour la nourriture du prisonnier pendant un mois, suivant les réglemens qui ont été ou seront faits par les juges des lieux, à peine d'interdiction.

2. Leur défendons, sur même peine, de recommander aucun prisonnier sans consigner pareille somme, en cas toutefois qu'elle n'ait été consignée par celui qui aura fait emprisonner ou par ceux qui auront précédemment fait recommander le prisonnier.

3. Faisons pareilles défenses aux greffiers des prisons et aux geôliers de recevoir aucun prisonnier pour dette, ni aucune recommandation que les sommes mentionnées ès articles précédens ne leur aient été délivrées, à peine d'être contraints en leur nom de les payer au prisonnier, comme s'ils les avoient reçues, sauf leur recours contre les créanciers, et se chargeront, les greffiers et geôliers, desdites sommes sur un registre particulier qu'ils tiendront à cet effet, lesquelles sommes ils remettront tous les deux jours entre les mains des prisonniers pour être employées à

l'achat des alimens nécessaires pour leur nourriture ainsi qu'ils aviseront.

4. Enjoignons sur pareilles peines aux huissiers et autres officiers qui feront les emprisonnemens et les recommandations, d'avertir ceux à la requête desquels ils seront faits, de continuer à payer par chacun mois pareille somme par avance, duquel avertissement et du paiement de la somme ils feront mention dans le procès-verbal d'emprisonnement ou dans l'acte de recommandation.

5. Après l'expiration des premiers quinze jours du mois pour lequel la somme nécessaire aux alimens du prisonnier n'aura point été payée, les conseillers de nos cours, commis pour la visite des prisons, ou les juges des lieux, ordonneront l'élargissement du prisonnier sur sa simple réquisition, sans autre procédure, en rapportant le certificat du greffier ou geôlier, que la somme pour la continuation des alimens n'a point été payée, et qu'il ne lui reste aucun fonds entre les mains pour lesdits alimens, pourvu, et non autrement, que les causes de l'emprisonnement et des recommandations n'excèdent point la somme de deux mille livres; et en cas que la somme soit plus grande, le prisonnier se pourvoira par requête qui sera rapportée dans les cours et siéges sur laquelle les cours ou juges prononceront son élargissement, et dans l'un et l'autre cas, mention sera faite du certificat dans l'ordonnance de décharge, sentence ou arrêt d'élargissement.

6. Le prisonnier qui aura été une fois élargi à faute de payer les sommes nécessaires pour ses alimens, ne pourra être une seconde fois emprisonné ou recommandé à la requête des mêmes créanciers pour les mêmes causes qu'en payant par eux les alimens par avance pour six mois, sinon qu'il en soit autrement ordonné par jugement contradictoire.

7. Enjoignons aux greffiers des prisons et aux geôliers de délivrer gratuitement les certificats de la cessation des paiemens, et à la première réquisition qui leur en sera faite par le prisonnier; comme aussi de délivrer les quittances des paiemens aux créanciers, en payant par lesdits créanciers cinq sous seulement pour chaque quittance, de quelque somme qu'elle puisse être, sans que lesdits greffiers et geôliers puissent exiger plus grands droits ni retenir aucune somme sur celles qui seront consignées pour les alimens des prisonniers.

8. Seront tenus les greffiers ou geôliers de rendre compte des

sommes consignées en leurs mains, pour lesdits alimens, toutes les fois qu'ils en seront requis par le prisonnier ou ses créanciers qui les auront payées, et en cas de décès ou d'élargissement du prisonnier, de rendre ce qui en restera à ceux qui les auront avancées.

9. Les sommes consignées seront rendues aux créanciers un mois après la consignation, en cas que le prisonnier déclare sur le registre qui sera tenu par lesdits greffiers ou geôliers qu'il n'entend recevoir de ses créanciers aucuns deniers pour alimens; pourra néanmoins le prisonnier révoquer dans la suite la déclaration par lui faite, et demander des alimens par une seule sommation qu'il sera tenu de faire à ses créanciers au domicile élu par l'écrou, dont mention sera faite sur ledit registre, et en cas de refus ou de demeure de la part des créanciers, il sera pourvu à son élargissement, ainsi qu'il est porté par les articles précédens.

10. Ceux qui auront été condamnés en matière criminelle en des amendes envers nous, ou envers les seigneurs hauts-justiciers, et en des dommages et intérêts et réparations civiles envers les parties civiles, seront mis hors des prisons en la manière ci-devant prescrite, à faute de fournir les alimens par les receveurs des amendes, seigneurs hauts-justiciers et parties civiles, chacun à leur égard, huit jours après la sommation qui leur en sera faite à personne ou domicile. Et à cet effet, seront tenus les receveurs des amendes, seigneurs hauts-justiciers et parties civiles, en cas d'appel des sentences sur procès criminels, d'élire domicile en la maison d'un procureur de la jurisdiction où l'appel ressortit, dont sera fait mention dans la prononciation ou signification desdites sentences aux accusés; et à faute d'élire domicile, il sera pourvu à leur élargissement par les juges des lieux où ils seront détenus. Si donnons, etc.

N° 909. — ORDONNANCE *qui établit à l'arsenal une commission chargée de faire le procès aux empoisonneurs et aux magiciens* (1).

11 janvier 1680. (Hénault. — M. Dulaure, hist. de Paris, VII, 272, éd. in-12)

(1) Cette commission étoit connue sous le nom de *chambre des poisons*, et aussi de *chambre ardente*. Ce dernier nom lui fut donné parce qu'elle avoit à juger des crimes dont le supplice du feu devoit être la peine. Les empoisonne-

N° 910. — DÉCLARATION *portant réglement pour les droits des officiers de la chancellerie établie près le parlement de Bretagne.*

Saint-Germain-en-Laye, 16 janvier 1680. (Blanchard, 2321.)

N° 911. — DÉCLARATION *portant que les professeurs en droit canonique et civil de l'université de Paris qui auront enseigné publiquement pendant sept ans, jouiront, pour le droit de nomination aux bénéfices, du privilége accordé par les lettres de janvier 1676 aux maîtres ès arts et aux professeurs de Sorbonne et de Navarre.*

Saint-Germain-en-Laye, 26 janvier 1680. (Néron, II, 160.) Reg. P. P., 12 avril.

LOUIS, etc. Par nos lettres patentes du mois de janvier de l'année 1676, nous aurions, conformément à l'article 54 des statuts de la réformation de notre université de Paris de l'an 1580, et à l'article 17 de l'addition aux mêmes statuts de l'an 1600, ordonné que les maîtres ès arts qui auroient enseigné publiquement, et les principaux qui auroient gouverné avec réputation un collége de ladite université pendant sept années continuelles, sans intermission et sans fraude, seroient préférés dans le droit de nomination aux bénéfices, à tous les autres gradués, quoique plus anciens en degrés, excepté aux docteurs en théologie, contre lesquels ladite préférence n'auroit point de lieu; et en outre, nous aurions déclaré qu'à l'avenir les professeurs en théologie de la maison de Sorbonne et de celle de Navarre seulement en notredite université de Paris, qui auroient régenté et enseigné publiquement la théologie dans lesdites maisons, durant pareil temps de sept années continuelles, sans intermission et sans fraude, jouiroient du même privilége que les professeurs ès arts par préférence à tous autres, quoique plus anciens, excepté aussi les

---

mens se succédoient avec rapidité; tous les esprits étoient encore frappés des crimes affreux imputés à la Brinvilliers, lorsqu'on vint à découvrir de nouveaux forfaits du même genre, à l'occasion desquels plusieurs personnages de la cour se trouvoient compromis. Les agens principaux de ces ténébreuses intrigues étoient une femme Catherine Deshayes, veuve du sieur de Montvoisin, vulgairement appelée la Voisin; une autre femme appelée Vigouroux, le prêtre Lesage, etc. La commission de l'Arsenal ne poursuivoit pas seulement les empoisonneurs, mais encore les sorciers, les noueurs d'aiguillettes, etc. L'édit de juillet 1682 vint mettre terme, en grande partie du moins, aux funestes résultats de ces superstitieuses pratiques.

docteurs en théologie seulement, ainsi qu'il est au long porté par nosdites lettres.

Et voulant que les professeurs en droit civil et canon, dont nous avons rétabli les leçons en notredite université par notre édit du mois d'avril dernier, jouissent de ce même privilége, afin de leur faire connoître le soin particulier que nous voulons prendre de tout ce qui peut contribuer à leurs avantages, et les exciter à donner toute l'application nécessaire à cette profession si utile au bien de notre service et à l'administration de la justice; savoir faisons que nous, pour ces causes et autres à ce nous mouvant, de notre certaine science, pleine puissance et autorité royale; nous avons dit, déclaré et ordonné, disons, déclarons et ordonnons, par ces présentes signées de notre main, voulons et nous plaît qu'à l'avenir les professeurs en droit canonique et civil de notredite université de Paris qui auront régenté et enseigné publiquement pendant sept années continuelles, sans intermission et sans fraude, jouissent du même privilége qui a été accordé pour le droit de nomination aux bénéfices aux maîtres ès arts et aux professeurs en théologie ès maisons de Sorbonne et de Navarre par nos lettres du mois de janvier 1676. Et en conséquence, voulons et nous plaît qu'ils soient préférés pour ledit droit de nomination aux bénéfices aux autres gradués, quoique plus anciens en degrés, excepté aux docteurs en théologie seulement, sans néanmoins que lesdits docteurs puissent empêcher l'effet de la préférence desdits professeurs en droit civil et canon, à moins qu'ils ne soient les plus anciens gradués de ceux des contendans qui auroient droit aux bénéfices; et en cas de concurrence entre des professeurs ès arts, des professeurs en théologie ou des professeurs en droit canonique et civil, voulons que le plus ancien gradué d'entre eux soit préféré, suivant la priorité de sa nomination. Si donnons, etc.

N° 912. — DÉCLARATION *sur l'édit d'avril* 1679, *portant règlement sur les degrés de licence en droit civil ou en droit canon.*

Saint-Germain-en-Laye, 26 janvier 1680. (Ord. 20. 4 E, 444. — Rec. Cass. — Néron, II, 161. — Archiv.) Reg. 12 avril.

LOUIS, etc. Nous avons toujours considéré comme la principale de nos obligations celle de faire régner la justice dans nos états; et afin de donner à ceux qui se destinent à ce ministère les moyens d'acquérir la doctrine et la capacité convenable, en leur imposant la nécessité de s'instruire des principes de la jurisprudence, tant des canons et du droit romain que du droit françois, nous avons, par notre édit du mois d'avril dernier, fait les réglemens que nous avons cru nécessaires, tant pour le rétablissement des leçons que pour le temps des études; et bien que par icelui notredit édit nous ayons expliqué que nul ne pourroit être pourvu d'aucune charge de judicature sans faire apparoir de ses lettres de licence, endossées du serment d'avocat.

Néanmoins, parce qu'il n'a point été particulièrement fait mention des juges que les seigneurs, ayant droit de justice, établissent dans leurs terres, ni des officiaux qui sont établis par les évêques dans leurs diocèses, et qu'il n'importe pas moins qu'ils aient chacun à leur égard la doctrine et la capacité nécessaires pour leur ministère, savoir faisons, etc., voulons et nous plaît qu'à l'avenir et vacation arrivant des charges de bailli, sénéchal, prevôt, châtelain ou autre chef de justices seigneuriales de notre royaume qui sont tenues en pairies, ou dont l'appel ressortit nûment en nos cours de parlement en matière civile, nul ne puisse être pourvu desdites charges s'il n'est licencié et n'ait fait le serment d'avocat, dont il sera tenu rapporter la matricule. Voulons pareillement qu'aucun ecclésiastique ne puisse à l'avenir être admis à faire la fonction d'official qu'il ne soit licencié en droit canon; le tout à peine de nullité des sentences et jugemens qui seront rendus par lesdits juges et officiaux; et parce qu'il pourroit arriver que ceux de nos sujets qui voudroient se faire pourvoir de charges de judicature pour s'exempter d'étudier pendant le temps qui est porté par l'article 6 de notredit édit pourroient aller prendre des attestations d'étude dans les universités étrangères, et même des degrés et des lettres de licence, pour être ensuite reçus avocats. Ce que voulant prévenir et pourvoir à l'entière exécution de notredit édit,

Nous, de la même puissance et autorité que dessus, avons dit et ordonné, disons et ordonnons, voulons et nous plaît que nos sujets, de quelque qualité et condition qu'ils soient, ne puissent être reçus à prendre aucuns degrés ni lettres de licence ès dites facultés de droit civil et canonique, en vertu des certificats ou attestations d'étude qu'ils auroient obtenus ès universités situées ès royaumes et pays étrangers, ni pareillement être reçus au serment d'avocats sur les degrés et lettres de licence qu'ils pourroient avoir obtenus dans les mêmes universités étrangères, mais seront tenus de faire les années d'étude, soutenir les actes et satisfaire à tout ce qui est porté par notredit édit.

Pourront néanmoins les étrangers être admis aux études dans les universités de notre royaume, même y prendre les degrés en vertu des attestations du temps des études d'une ou plusieurs années dans les universités étrangères, bien et dûment signées et légalisées ; mais ne pourront lesdits degrés leur servir dans notre royaume ; et à cet effet, sera fait mention dans lesdites lettres de licence desdits certificats et attestations d'études faites dans lesdites universités étrangères. Si donnons, etc.

N° 913. — LETTRES *de succession réciproque des enfans naturels légitimés du roi.*

Saint-Germain-en-Laye, janvier 1680. (Rec. cons. d'état.) Reg. P. P., 11 janvier 1680. Attendu le commandement et la volonté du roi.

LOUIS, etc. Par nos lettres patentes des mois de décembre 1673 et janvier 1676, enregistrées en notre cour de parlement et chambre des comptes de Paris, nous avons légitimé *Louis-Auguste*, duc du Maine, *Louis-César*, comte de Vexin, *Louise-Françoise de Nantes*, et *Louise-Marie-Anne de Tours*, frères et sœurs, nos enfans naturels (1), et leur avons accordé tous les honneurs et tous les droits dont les enfans naturels et légitimés peuvent jouir, entre lesquels nous entendons comprendre le lien civil qui les rend capables, leurs enfans et descendans d'eux en légitime mariage, de succéder les uns aux autres ; et afin que notre volonté soit certaine, et pour leur donner de nouvelles marques de notre tendresse paternelle, nous avons jugé à propos de leur faire porter le surnom de Bourbon, et au surplus d'y pourvoir par les présentes. A ces causes et autres considérations à ce nous mouvans, après avoir le tout communiqué à aucuns de notre sang, et plus notables personnes de notre conseil, de leur avis et de notre propre mouvement, grâce et libéralité spéciale, pleine puissance et autorité royale, ajoutant auxdites lettres de légitimation, avons déclaré et déclarons notre vouloir et intention, que nosdits enfans naturels légitimés portent le surnom de Bourbon, et outre que lesdits *Louis-Auguste de Bourbon*, duc du Maine, *Louis-César de Bourbon*, comte de Vexin, *Louise-Françoise de Bourbon*, et *Louise-*

---

(1) Adultérins. — V. lettres de décembre 1681.

Marie-Anne de Bourbon, frères et sœurs, soient capables de succéder, même *ab intestat*, les uns aux autres. Comme aussi avons déclaré et déclarons les enfans et descendans en légitime mariage desdits *Louis-Auguste, Louis-César, Louise-Françoise* et *Louise-Marie-Anne de Bourbon* capables de succéder les uns aux autres, selon l'ordre des successions légitimes; ce que nous voulons avoir lieu à l'égard desdits *Louis-Auguste, Louis-César, Louise-Françoise* et *Louise-Marie-Anne de Bourbon* et de leurs descendans, tant pour les biens qu'ils ont reçus et recevront de notre libéralité, que pour ceux qu'ils pourront acquérir d'ailleurs, dérogeant à toutes lois, ordonnances et usages à ce contraires. Si donnons en mandement à nos amés et féaux conseillers les gens tenant notre cour de parlement et chambre des comptes à Paris, que ces présentes ils aient à faire lire, publier et enregistrer, et du contenu en icelles jouir et user pleinement et paisiblement lesdits *Louis-Auguste, Louis-César, Louise-Françoise* et *Louise-Marie-Anne de Bourbon*, nos enfans et leurs descendans en légitime mariage, sans permettre ni souffrir y être apporté aucun trouble ni empêchement quelconque, nonobstant tous édits et choses à ce contraires, auxquels nous avons pareillement dérogé et dérogeons par ces présentes. Car tel est notre plaisir. Et afin que ce soit chose ferme et stable à toujours, nous avons fait mettre notre scel à cesdites présentes.

N° 914. — DÉCLARATION *portant défenses à celles qui font profession de la R. P. R. d'exercer la fonction de sage-femme.*

Saint-Germain-en-Laye, 20 février 1680. (Ord. 20, 4 E. 412. — Archiv. — Peuchet, I, 402.)

PRÉAMBULE.

LOUIS, etc. Nous avons été informé qu'il se commet beaucoup d'abus par ceux de la R. P. R. de l'un et de l'autre sexe, qui se mêlent d'accoucher et faire les fonctions de maîtresses sages-femmes dans l'étendue de notre royaume, en ce que, suivant les principes de leur religion, ne croyant pas le baptême absolument nécessaire, et ne pouvant pas d'ailleurs ondoyer les enfans, parce qu'il n'est libre qu'aux ministres de baptiser, et même dans les temples; quand il arrive que des enfans sont en péril de la vie, l'absence desdits ministres, ou l'éloignement des temples causent souvent leur mort sans qu'ils aient reçu le baptême; qu'il arrive encore que lorsque lesdits de la R. P. R.

sont employés à l'accouchement des femmes catholiques, quand ils connoissent qu'elles sont en danger de la vie, comme ils n'ont pas de croyance aux sacremens, ils ne les avertissent point de l'état où elles se trouvent; en sorte qu'elles meurent sans que lesdits sacremens leur aient été administrés. A quoi voulant pourvoir, et empêcher en même temps que les enfans illégitimes dont on cache la naissance, et dont l'éducation est ordinairement confiée à ceux qui accouchent les mères, s'ils font profession de la R. P. R., ne les instruisent dans ladite religion, bien que les pères et mères fassent profession de la R. C. A ces causes, etc.

N° 915. — ORDONNANCE *portant défenses aux gardes de la marine de quitter sans permission du roi le port où le roi les a départis à peine de cassation.*

25 février 1680. (Bajot.)

N° 916. — RÈGLEMENT *général pour l'administration de l'hôpital général de Paris.*

St-Germain-en-Laye, 25 mars 1680. (Ord. 20, 4 E. 448. — Rec. cass.)

LOUIS, etc. N'y ayant point encore d'hôpitaux généraux établis pour renfermer les pauvres et punir les mendians valides et fainéans, lorsque celui de notre bonne ville de Paris a été établi en l'année 1656, et ceux qui l'ont été depuis par nos ordres en différens endroits, ne l'ayant été que plusieurs années après, il y a été reçu un grand nombre de pauvres des autres villes et provinces qui se présentoient; mais comme il y a présentement des hôpitaux généraux presque dans toutes les villes considérables de notre royaume; que les ordonnances des rois nos prédécesseurs ont voulu que chaque lieu soulageât les pauvres qui s'y trouvent, et ayant été aussi informé que les peines portées par notre édit du mois d'avril 1656 contre les gueux valides et fainéans n'étoient pas suffisantes pour abolir entièrement ce désordre, et que rien ne pouvoit être plus efficace que de les renfermer dans des lieux destinés pour ce sujet, afin de les y punir par la perte de leur liberté, la nourriture qui leur seroit donnée, et le travail nécessaire auquel on les obligeroit de s'appliquer.

Nous avons estimé raisonnable de régler d'un côté la qualité des personnes qui doivent être reçues et traitées charitablement dedans cet hôpital, d'établir en même temps de nouvelles peines qui fassent une impression plus forte sur l'esprit de ces vagabonds, et de pourvoir par quelques nouveaux réglemens que l'expérience a fait juger nécessaires, à l'administration dudit hôpital, qui peut être si utile au service de Dieu et à la police de la ville capitale de notre royaume par l'instruction et le soulagement des véritables pauvres, et la punition des gueux vagabonds que l'oisiveté plonge dans un nombre infini de déréglemens, et rend des membres inutiles et onéreux à l'état.

A ces causes, etc. Ordonnons que l'on recevra volontairement dans l'hôpital général de notre bonne ville de Paris, les pauvres enfans et les vieilles personnes de l'un et l'autre sexe, et les infirmes d'épilepsie, mal caduc ou autres maux de cette nature, natifs ou demeurant depuis plusieurs années dans ladite ville de Paris, faubourgs d'icelle, ou dans l'étendue de la prevôté et vicomté de Paris, qui seront hors d'état de pouvoir subsister sans le secours dudit hôpital.

Voulons qu'à cet effet les pauvres qui voudront y être reçus ou ceux qui en prendront soin, mettent leurs noms, leurs âges, leurs demeures et l'état de leurs familles entre les mains du greffier dudit hôpital, lequel, chaque jour de bureau, présentera tous les mémoires qu'il aura reçus à celui qui présidera, lequel les distribuera, s'il est nécessaire, à ceux des directeurs qu'il trouvera bon, pour s'informer en la manière et par les voies qu'ils estimeront les meilleures, si les y dénommés sont de la qualité prescrite ci-dessus pour être reçus dans ledit hôpital, ou refusés sur le rapport qui en sera fait de quinzaine en quinzaine par l'un des directeurs, s'il est jugé de pourvoir plus promptement au soulagement de quelque pauvre qui en auroit un besoin plus pressant. Et lorsqu'il sera trouvé à propos de refuser quelques uns de ceux qui se seront présentés, leurs noms, demeures, âges et qualités seront écrits sur un registre particulier qui sera tenu pour cet effet, et signé le même jour par celui qui aura présidé.

Voulons que si quelques uns de ceux qui auront été refusés, et qui seront âgés de 16 ans et au-dessus, sont ensuite pris mendiant par les archers dudit hôpital, ils soient enfermés un mois ou autre temps que les directeurs estimeront à propos, dans les lieux établis pour renfermer les gueux vagabonds, et traités en la même manière.

Ordonnons que toutes les personnes valides de l'un et de l'autre sexe, âgées de seize ans et au-dessus, qui auront la force nécessaire pour gagner leur vie, lesquelles seront pris mendiant dans la ville, faubourgs et banlieue de Paris, à Saint-Germain-en-Laye ou à Versailles, lorsque nous y ferons notre séjour, ou sur les chemins qui y conduisent, seront enfermées dans les lieux préparés séparément pour les personnes de l'un et de l'autre sexe, pendant quinze jours ou autre temps plus long que les directeurs jugeront à propos, où il leur sera donné uniquement ce qui sera absolument nécessaire à la vie, et y seront employés aux travaux les plus rudes qu'il sera possible et que leurs forces pourront supporter; que ceux qui après y avoir été renfermés pendant ce temps, seront pris mendiant une seconde fois, seront renfermés pendant trois mois dans les mêmes lieux; et en cas qu'ils soient pris ensuite mendiant une troisième fois, voulons qu'ils y soient enfermés durant un an, et s'ils sont pris une quatrième fois, ordonnons qu'ils y soient renfermés pendant le reste de leur vie, sans qu'ils en puissent sortir, pour quelque prétexte que ce puisse être, même en cas de maladie. Voulons que les hommes et garçons âgés de vingt ans et au-dessus, qui en sortiroient par quelque voie que ce fût après y avoir été renfermés pour la quatrième fois, et seroient pris mendiant ou qui ne voudroient point travailler aux ouvrages auxquels on les voudroit appliquer, soient conduits au Châtelet pour y être condamnés aux galères à perpétuité, par le lieutenant de police avec six conseillers du Châtelet, en dernier ressort, dont nous leur donnons par ces présentes le pouvoir nécessaire. Et pour les femmes et filles qui seront prises mendiant une quatrième fois après être échappées desdits lieux, ordonnons qu'elles seront renfermées plus étroitement dans les lieux destinés à cet effet.

Voulons que tous les pauvres qui auront été pris mendiant soient amenés dans les lieux de dépôt près la maison de la Pitié, pour être examinés trois fois chaque semaine par ceux des directeurs qui seront commis de temps en temps, et être ensuite les gueux mendians et vagabonds conduits dans les lieux destinés pour les renfermer pendant les temps portés par l'article précédent, ou conduits au Châtelet pour y être jugés ainsi que le cas y écherra, et les pauvres qui paroîtront de la qualité de ceux qui doivent être reçus dans ledit hôpital, envoyés dans les maisons d'icelui pour être plus particulièrement examinés, et être reçus ou refusés au bureau, sur le rapport qui en sera fait par les directeurs qui seront commis à cet effet.

Enjoignons très expressément aux directeurs dudit hôpital d'appliquer les pauvres valides qui y seront, aux travaux et métiers dont ils les jugeront les plus capables, sans souffrir qu'ils en soient divertis sous quelque prétexte que ce soit, pendant les jours ouvriers, non plus que les officiers et officières, des emplois qui leur seront confiés, après avoir assisté le matin aux prières accoutumées, et de récompenser et punir les uns et les autres également dans toutes les maisons, eu égard à leur travail.

Enjoignons pareillement auxdits directeurs de ne donner aux pauvres que les vêtemens absolument nécessaires et conformes à leur état, avec le plus de simplicité qu'il sera possible.

Ordonnons qu'il sera dressé tous les ans, dans le mois de décembre, un état par estimation de la recette et dépense dudit hôpital, lequel sera signé par les chefs et par les directeurs dudit hôpital, et dans lequel les fonds les plus certains seront destinés au paiement du blé et autres dépenses les plus nécessaires, sans qu'il y puisse être apporté dans la suite aucun changement, et que les receveurs puissent acquitter d'autres dépenses desdits fonds, si ce n'est que par une délibération, signée de tous lesdits chefs et directeurs, il en ait été autrement ordonné pour des causes importantes.

Voulons qu'il soit tenu tous les mardis de chacune semaine une assemblée des directeurs dans la maison archiépiscopale de notre cousin l'archevêque de Paris, et alternativement dans notre hôtel du bailliage du palais destiné pour le logement des premiers présidens de notre cour de parlement de Paris, chefs de la direction dudit hôpital, et une autre les vendredis dans la maison de notre procureur général, aussi chef de la direction, s'il ne trouve plus à propos que ladite assemblée soit tenue dans la maison de la Pitié ou autres dudit hôpital.

Que pour l'exécution plus particulière du présent règlement, des autres ci-devant faits et qui le seront dans la suite, tant par nos édits, déclarations, arrêts de notre cour de parlement, que par les délibérations des directeurs, et pour entretenir une règle uniforme dans toutes les maisons dudit hôpital, on commettra tous les ans six directeurs qui visiteront toutes lesdites maisons au moins une fois tous les mois, et feront leurs rapports aux bureaux, suivant l'état auquel ils les auront trouvés, afin d'y être pourvu ainsi qu'il sera estimé nécessaire. Si donnons, etc.

N° 917. — ARRÊT *du conseil portant établissement de docteurs agrégés dans les facultés de droit du royaume.*

St-Germain-en-Laye, 23 mars 1680. (Rec. cass.)

Le roi s'étant fait représenter les procès-verbaux et mémoires envoyés par les sieurs commissaires départis dans les généralités du royaume, en exécution de l'article troisième de l'édit de 1679 pour le rétablissement des études de droit canonique et civil, et voulant établir et assurer la discipline dans toutes les facultés de droit canonique et civil des universités de son royaume, en y ajoutant un nombre suffisant de docteurs agrégés, lesquels avec les professeurs, puissent assister aux examens, aux disputes des thèses, aux assemblées pour les réceptions et autres fonctions desdites facultés; S. M. étant en son conseil, a ordonné et ordonne qu'à l'avenir toutes les facultés de droit canonique et civil seront composées de ceux qui ont droit d'en être, des professeurs et d'un nombre suffisant de docteurs agrégés qui seront au moins le double en nombre desdits professeurs, et qu'à cet effet lesdits docteurs agrégés seront choisis et proposés à S. M. pour la première fois par les sieurs intendans ou commissaires départis dans les provinces, chacun dans son département, suivant les avis et informations qui leur seront donnés tant par les professeurs que par les principaux magistrats, aux lieux où lesdites facultés sont établies, et qu'à l'avenir, lorsqu'il décédera ou manquera aucuns desdits agrégés dans l'une desdites facultés, il y sera pourvu par l'élection qui en sera faite par lesdites facultés, à la charge que l'élu aura trente ans accomplis, sera docteur en droit en l'une des facultés du royaume, et qu'il aura au moins les suffrages des deux tiers des électeurs. Ordonne S. M. que lesdits docteurs agrégés seront choisis parmi ceux qui font profession d'enseigner le droit civil et canonique dans les lieux où sont établies lesdites facultés, comme aussi parmi les avocats et ceux qui fréquentent le barreau, et même parmi les magistrats et juges honoraires des siéges des lieux, lesquels seront en état et en volonté d'assister exactement aux assemblées desdites facultés dans lesquelles lesdits agrégés auront séance du jour de leur réception, après toutefois les professeurs, avec voix délibérative dans toutes les assemblées; assisteront aux examens avec lesdits professeurs, se trouveront aux thèses et y pourront présider, donneront leurs avis pour les réceptions aux degrés, et seront tenus faire les leçons publiques pendant la vacance d'aucune des chaires desdits professeurs par mort ou autrement, et jusqu'à ce qu'il y ait été pourvu, suivant les statuts et réglemens desdites facultés. Ordonne S. M. qu'il sera pourvu par les réglemens qui seront faits dans chacune desdites facultés à l'ordre des fonctions desdits agrégés et à la manière en laquelle ils seront choisis pour assister aux examens, aux thèses et autres emplois, ensemble à leurs rétributions qui seront insérées dans le tableau des droits de chacune desdites facultés pour leur assistance aux examens et aux thèses seulement, sans qu'ils puissent prétendre aucune part aux émolumens et gages desdits professeurs. Et voulant S. M. donner le moyen auxdits professeurs de recevoir partie des émolumens de leurs chaires plus promptement et plus commodément, ordonne que la moitié des droits qui doivent être reçus pour les degrés de baccalauréat et de licence dans chacune desdites facultés, suivant les réglemens et le tableau, sera distribuée également et partagée pour chacune des matricules ou inscriptions qui doivent être faites sur les registres desdites facultés, pendant les trois années d'étude ordonnées par ledit édit, et qu'en conséquence du paiement qui sera fait par tous les écoliers pour chacune des inscriptions sur lesdits registres, pareille somme leur sera déduite, moitié sur les droits de degré de bachelier et moitié sur les droits de licencié lorsqu'ils prendront lesdits degrés : à l'effet de quoi sera le tableau des droits de chacune desdites facultés, dressé incessamment. Veut S. M. que dans chacune université où il y a faculté de droit, lesdits sieurs intendans ou commissaires départis dans les provinces se fassent représenter les titres des fondations des bourses destinées pour ceux qui étudient en droit canonique et civil, et donnent incessamment avis à S. M. de ce qui peut être fait pour l'exécution desdites fondations et pour la plus grande utilité des facultés de droit. Veut en outre S. M. que pour l'exécution de l'article 14 dudit édit, lesdits sieurs intendans ou commissaires départis envoient incessamment à M. le chancelier, les noms et les qualités personnelles de ceux qu'ils estimeront les plus capables d'être professeurs en droit françois; soit que parmi le nombre des professeurs desdites facultés il y en eût quelqu'un qui pût enseigner le droit françois conjointement avec la leçon de droit civil ou canonique qu'il est déjà obligé de faire, soit que dans le nombre des avocats postulans, et autres personnes instruites de la jurisprudence françoise, il s'en rencontre de capables en les ajoutant au nombre des professeurs desdites facultés, et que lesdits intendans ou commissaires départis donnent leur avis sur ce qu'ils jugeront devoir être fait pour l'établissement desdits professeurs en droit françois, dans chacune desdites facultés de droit, le plus avantageusement et plus promptement que faire se pourra.

N° 918. — ORDONNANCE *portant que les lieutenans de vaisseaux, frégates légères et autres assisteront aux exercices de l'hydrographie et du canon.*

24 mars 1680. (Archiv.)

N° 919. — EDIT *en forme de déclaration sur l'ordonnance de mars 1551, portant que les faussaires et que tous juges, officiers de justice et police et toute personne exerçant une fonction publique, leurs clercs et commis, convaincus de faux dans l'exercice de leurs fonctions, seront punis de mort à l'arbitrage des juges, et que les faux commis hors de leurs fonctions, seront punis de telle peine que les juges aviseront, même de celle de mort.*

Saint-Germain-en-Laye, mars 1680. (Ord. 20. 4 E, 467. — Rec cass. — Néron, II, 161. — Archiv.) Reg. gr. cons., 15 avril.

N° 920. — DÉCLARATION *portant que la conventualité ne sera prescrite par aucun laps de temps, lorsque les conditions requises pour ladite conventualité se rencontreront dans les prieurés et abbayes.*

Saint-Germain-en-Laye, 6 mai 1680. (Ord. 21. 4 F, 45. — Rec. cass. — Néron, II, 162.) Reg. P. P. 25 août.

N 921. — LETTRE *du roi au gouverneur général des îles, sur les emprisonnemens des habitans, et les revues des milices.*

Fontainebleau, 7 mai 1680. (Moreau de Saint-Méry, I, 329.)

J'estime très nécessaire à mon service et au repos de mes sujets dans les îles, de maintenir les défenses que j'ai faites avec grande connoissance de cause, aux gouverneurs particuliers de faire mettre aucun habitant en prison de leur autorité; mais quoique je vous aie écrit que la liberté que cette ordonnance vous donne de le faire ne doit être étendue qu'au seul cas d'intelligence avec les ennemis, j'ai assez de confiance en vous et assez bonne opinion de votre modération et de l'envie que vous avez de conformer votre conduite à mes volontés, pour vous dire que vous pouvez étendre cette autorité aux cas graves que vous estimeriez du bien de mon service; mais surtout je vous recommande d'en user sobrement et de me rendre compte par vos lettres de ceux que vous aurez fait mettre en prison, et des raisons qui vous y auront obligé.

Cependant, je veux que vous fassiez recommander les exercices qui se sont faits jusqu'à présent tous les dimanches par les milices, et que sans en venir à l'effet vous fassiez craindre à ceux qui y manqueront de les faire mettre en prison.

N° 922. — DÉCLARATION *sur l'édit du 26 janvier précédent, portant que les ecclésiastiques pourront être admis aux fonctions d'officiaux, s'ils sont licenciés ou docteurs en théologie.*

Fontainebleau, 22 mai 1680. (Ord. 20. 4 E, 471. — Rec. cass. — Archiv.) Reg. P. P. 2 mai.

N° 923. — ORDONNANCE *portant règlement général sur le fait des gabelles en 20 titres.*

Saint-Germain-en-Laye, mai 1680. (Rec. cass. — Rec. ord. des fermes, in-4° Imp. royale 1750.) Reg. C. des A., 11 mai.

PRÉAMBULE.

LOUIS, etc. Entre les soins qui nous ont occupé depuis que nous avons pris en main la conduite et gouvernement de nos affaires, celui de la conduite, régie et administration de nos finances, nous a paru mériter une application d'autant plus grande, qu'elle regarde également le soulagement de nos peuples, la gloire et les avantages de notre état : et quoique par le bon ordre que nous y avons apporté, nous ayons vu avec une très grande satisfaction, que nos finances ont fourni abondamment à toutes les dépenses que nous avons été obligés de faire pour soutenir la grande et glorieuse guerre que nous venons de finir par une paix encore plus glorieuse et également avantageuse à nos peuples, nous n'avons pas laissé de remarquer la confusion qui se trouve entre tous les édits, déclarations, arrêts d'enregistrement, règlemens de nos cours et arrêts de notre conseil, sur le sujet de l'établissement, levée et perception des droits de nos fermes, et la multiplicité des droits qui les composent; ce qui remet presque toujours nos peuples, par la difficulté de savoir la diversité de tous ces noms différens, et l'effet qu'ils doivent produire, à la discrétion des commis et employés à la levée de nos droits, et pour les différentes dispositions ou explications desdits édits, déclarations, réglemens et arrêts, dans une jurisprudence incertaine qui leur cause en toutes occasions des frais immenses, et les laisse toujours dans le doute, ou de pouvoir obtenir, ou d'avoir obtenu la justice que nous voulons leur être rendue. C'est ce qui nous a porté à faire recueillir tous les édits, déclarations, arrêts d'enregistrement, réglemens, baux, arrêts de notre conseil, qui ont été expédiés sur le sujet des droits de nos fermes, depuis qu'ils sont établis : et après les avoir fait examiner en notre conseil royal des finances, et communiquer aux principaux et plus expérimentés officiers de nos cours des aides de Paris et Rouen, en composer un corps d'ordonnance, pour réduire tous les droits en un seul, et établir une jurisprudence certaine, qui produira également l'avantage et le soulagement de nos peuples, qui est toujours la fin principale que nous nous proposons de notre application. A ces causes, etc.

N° 924. — DÉCLARATION *sur les récusations dans les colonies de l'Amérique.*

2 juin 1680. (Moreau de Saint-Méry, I, 532.)

LOUIS, etc. Ayant été informé des difficultés qui se rencontrent dans les conseils souverains que nous avons établis dans nos îles d'Amérique, lorsqu'il y faut juger les procès criminels, et les causes de récusations qui sont proposées contre aucuns des juges, à cause du petit nombre d'officiers dont ces tribunaux sont composés, qui sont souvent ou absens ou intéressés dans les affaires, nous avons résolu d'y pourvoir par un nouveau réglement. A ces causes, voulons et nous plaît que les procès pendans en l'un desdits conseils souverains dans lesquels aucuns de nos présidens et conseillers seront parties, soient renvoyés sur la simple réquisition de l'une des parties devant l'intendant, pour être jugés par lui et deux conseillers non suspects, tels qu'il voudra choisir dans ledit conseil ou ailleurs, duquel jugement la partie lésée pourra interjeter appel, dont nous nous réservons la connoissance, et à notre conseil, et sera le jugement exécuté nonobstant l'appel, et sans y préjudicier, s'il est ainsi ordonné ce que nous laissons à la discrétion des juges. Voulons que les causes de récusations soient jugées en dernier ressort dans celui des deux conseils ou le procès est pendant, au nombre de trois juges au moins, et si les récusations sont proposées contre un aussi grand nombre, qu'il n'en reste pas trois non suspects pour les juger, le nombre des juges sera suppléé par d'autres officiers, même ceux des siéges inférieurs, et à leur défaut par des praticiens ou notables qui seront appelés par celui qui présidera; et à l'égard des jugemens dans nosdits conseils souverains en matière criminelle, voulons qu'ils puissent être donnés par cinq juges au moins, et si ce nombre ne se rencontre dans le conseil, ou si quelques uns des officiers sont absens, récusés, ou s'abstiennent pour cause jugée légitime par ledit conseil, il sera pris d'autres officiers, même des siéges inférieurs à la réserve de ceux qui auront rendu la sentence, dont l'appel seroit à juger. Si donnons, etc.

N° 925. — LETTRES-PATENTES *portant attribution à l'intendant des îles de la nomination aux offices de notaires, greffiers et huissiers,*

7 juin 1680. (Moreau de Saint-Méry, I, 333.)

EXTRAIT.

LOUIS, etc. A notre amé le sieur de Patoulet, etc. Etant nécessaire de commettre des personnes capables et expérimentées pour faire l'exercice et fonctions des charges de notaires, gardes-notes en notre île, d'huissiers en notre conseil souverain de ladite île, et de greffiers dans nos juridictions royales, nous vous avons donné et donnons pouvoir de commettre auxdites charges avec pouvoir à ceux qui seront par vous commis à celles de notaires, gardes-notes et de greffiers, de les exercer et faire les fonctions qui y sont attribuées comme s'ils étoient par nous pourvus, et à ceux qui seront par vous commis à celles d'huissier d'exploiter et mettre en exécution dans l'étendue de l'île tous contrats et obligations, lettres patentes, arrêts, sentences, jugemens, ordonnances, et autres actes émanés de notre conseil souverain, et des autres juges de ladite île.

Ordonne S. M. que ceux qui seront ainsi pourvus, seront reçus aux conseils souverains et juridictions royales après qu'il aura apparu de leurs bonne vie et mœurs, conversation, religion catholique apostolique et romaine, et âge compétens, et après qu'ils auront prêté le serment en tel cas requis et accoutumé, pour par eux jouir et user desdites charges, aux honneurs, autorité, prérogatives, prééminence, droits, fruits, profits, revenus et émolumens y appartenans, tant qu'il plaira à S. M., sans qu'il leur soit fait ou donné aucun trouble ni empêchement dans l'exercice desdites charges dont ils ne pourront être destitués que pour crime.

N° 926. — ORDONNANCE *portant que les lieutenans, enseignes, gardes de marine, assisteront aux conférences qui seront tenues sur le sujet des constructions.*

15 juin 1680. (Bajot.)

N° 927. — ORDONNANCE *portant règlement général sur le fait des entrées, aides et autres droits pour le ressort de la cour des aides de Paris* (1)*; et suivie d'un tarif des droits d'entrées à Paris pour les bois ouvrés, à bâtir, de sciage, charonnage et autres, et d'un tarif sur les droits de marque et de contrôle levés sur le papier façonné dans le royaume ou qui entrera à Paris.*

Fontainebleau, juin 1680. (Rec. cass. — Rec. ord. des fermes. 1 vol. in-4, imprimerie royale, 1750.) Reg. C. des A., 21 juin.

EXTRAIT.

LOUIS, etc. Nous nous sommes expliqués dans nos lettres-patentes en forme d'édit pour nos gabelles, des justes motifs qui nous ont porté à régler les maximes et les droits de toutes nos fermes ; le désir que nous avons eu de faire recueillir à nos sujets le fruit d'un si grand travail qui concilie et réunit en un corps d'ordonnances une infinité de réglemens dispersés, et la plupart contraires les uns aux autres, nous a obligé de rendre public ce qui concerne nos gabelles, sans attendre que l'ouvrage entier pour toutes nos fermes eût été achevé. Et d'autant que nous avons bien voulu donner les mêmes soins pour nos autres fermes, dont nos sujets pourront recevoir un plus grand soulagement, particulièrement pour celles de nos droits d'entrée et d'aides; il est juste qu'ils profitent sans retardement de la suite de notre application. A ces causes, etc.

Des droits de marque sur le fer, acier et mines de fer.

ART. 1. Nos droits sur le fer, acier et mines de fer, seront levés à raison de 13 sous 6 deniers pour quintal de fer, 18 sous pour quintal de quincaillerie, grosse et menue, 20 sous pour quintal d'acier, et de 3 sous 4 deniers pour quintal de mines de fer, à quoi nous les avons fixés ; le tout sur le pied de cent livres, poids de marc pesant, pour quintal.

---

(1) Les conférences de Jacquin, qui accompagnent le recueil des fermes, sont on ne peut plus instructives. — Ceux qui ont à étudier ces matières ne peuvent se dispenser d'y avoir recours. — V. la note sur l'ordonnance de juin 1601.

2. Il sera au choix du fermier de nos droits, de s'en faire payer par quintal de fer, suivant l'article précédent, ou par quintal de gueuses ; lesquels droits pour quintal de gueuses nous avons fixés à 8 sous 9 deniers.

3. Enjoignons aux maîtres des forges de couler les gueuses en des moules numérotés, en sorte qu'elles soient marquées, 1, 2, 3, et ainsi consécutivement jusqu'à la fin d'un même ouvrage, tant que le premier feu durera, pour être ensuite par eux pesées ; desquels nombres et poids ils tiendront un fidèle registre, qu'ils représenteront aux commis, lorsqu'ils feront leurs visites, le tout à peine de confiscation et de cent livres d'amende.

4. Leur défendons de marquer d'un même nombre deux ou plusieurs gueuses d'un même feu et ouvrage, à peine de confiscation des gueuses qui se trouveront marquées du même nombre que celles qui auront été représentées aux commis, et de cent livres d'amende.

5. Seront tenus les maîtres des forges à chacun des ouvrages du fourneau et au changement de feu, de recommencer à numéroter et marquer les gueuses par 1, 2, 3, et ainsi consécutivement jusqu'à un nouveau feu, et de les mettre dans un lieu séparé de celles qui resteront du feu précédent, à peine de confiscation, et de cent livres d'amende.

6. Ne pourront, les maîtres des forges, mettre ou remettre le fourneau en feu, sans avertir, par écrit, les commis, du jour et de l'heure, à peine de confiscation des gueuses, qui en seront provenues jusqu'au jour de l'avertissement, et de trois cents liv. d'amende.

7. Les commis vérifieront le nombre et le poids des gueuses, dont ils feront mention sur leurs livres ; et en cas de fraude, ils dresseront leurs procès-verbaux, feront les poursuites, visites, exercices et inventaires, décerneront et feront exécuter les contraintes, le tout ainsi que pour nos droits d'aides et de détail sur le vin.

8. Les propriétaires des forges et fourneaux demeureront responsables, solidairement avec les maîtres des forges, de ce qui sera dû de nos droits pour les derniers trois mois précédant le jour que les maîtres des forges les auront abandonnées, sauf au fermier de nos droits, qui aura négligé de s'en faire payer, à se pourvoir pour le surplus contre les maîtres des forges seulement.

9. Ceux qui ont des mines de fer dans leurs fonds, seront

tenus, à la première sommation qui leur sera faite par les propriétaires des fourneaux voisins, d'y établir des fourneaux pour convertir la matière en fer; sinon, permettons au propriétaire du plus prochain fourneau, et à son refus, aux autres propriétaires des fourneaux de proche en proche, et à ceux qui les font valoir, de faire ouvrir la terre et d'en tirer la mine de fer, en payant aux propriétaires des fonds, pour tout dédommagement, un sou pour chacun tonneau de mine de cinq cents pesant.

10. Seront levés pareils droits sur le fer, fonte et acier, qui seront transportés des pays étrangers ou de nos provinces dans lesquelles les droits ne seront point établis, et qui entreront dans celles qui y sont sujettes.

11. Défendons à tous marchands, tant étrangers qu'autres, qui amèneront du fer doux ou aigre, fonte et acier, ouvré et non ouvré, des pays étrangers, ou de nos provinces non sujettes à nos droits, en celles où ils ont cours, de passer outre les premiers bureaux, sans déclarer et sans y payer nos droits, à peine de confiscation et de cinq cents livres d'amende.

12. Déclarons sujette à nos droits la quincaillerie grosse et menue, même celle passant sous le titre de mercerie, qui sera amenée des pays étrangers en l'étendue de la ferme: défendons de passer les bureaux sans déclaration et acquit, sur les peines contenues à l'article précédent.

13. Défendons d'exiger aucuns droits sur la grosse et menue quincaillerie qui est faite dans l'étendue de la ferme, et sur celle venant des provinces où nos droits n'ont point cours, à peine de concussion.

14. Déclarons sujettes à nos droits les mines de fer qui seront transportées dans les pays étrangers ou dans nos provinces non sujettes à nos droits; défendons aux marchands voituriers de passer outre les premiers bureaux de leur route, sans en faire déclaration, et sans y payer nos droits; à peine de confiscation et de cinq cents livres d'amende.

15. Seront sujets au paiement de nos droits, les fermiers de notre domaine et les propriétaires des forges, de quelque qualité qu'ils soient, même les ecclésiastiques pour celles qui sont du temporel de leurs bénéfices, encore qu'ils les fassent valoir par les mains de leurs domestiques.

Des droits de marque et du contrôle du papier.

ART. 1. Nos droits de marque sur le papier seront levés dans toutes nos provinces où il est façonné, à raison du poids et de la qualité, suivant la fixation que nous en avons faite par le tarif attaché sous le contre-scel des présentes.

2. Enjoignons aux maîtres des moulins à papier de déclarer de mois en mois, au plus prochain bureau de la ferme, la situation de leurs moulins, le poids des drapeaux qu'ils y ont, et ailleurs dans leurs magasins, la quantité, le poids et la qualité des papiers qu'ils ont façonnés; à peine de confiscation des drapeaux et des papiers non déclarés, et de cent livres d'amende.

3. Leur enjoignons, sur les mêmes peines, de déclarer et signer les enseignes et marques qu'ils font ordinairement sur le papier, qu'ils ne pourront changer, qu'auparavant ils n'en aient averti par écrit le fermier de nos droits, auxquelles enseignes ils joindront les premières lettres de leurs nom et surnom.

4. Leur défendons, sur les mêmes peines, de tenir des drapeaux et papiers hors les moulins et magasins par eux déclarés.

5. Permettons aux commis de faire leurs visites quand bon leur semblera dans les moulins et dans les magasins, pour y prendre par inventaire les drapeaux et les papiers qu'ils y trouveront, et dresser les procès-verbaux des fraudes, sur les mêmes peines, à même fin, et en la même manière qu'il est pratiqué pour les droits de nos autres fermes.

6. Seront tenus les maîtres des moulins à papier de le transporter dans les lieux où nos bureaux sont établis, un mois après qu'il aura été collé, pour y être marqué et nos droits payés; desquels lieux il ne pourra être enlevé qu'il n'ait été emballé en présence des commis; le tout à peine de confiscation et de cent livres d'amende.

7 N'entendons néanmoins qu'aucune marque soit apposée sur le papier fabriqué en nos provinces d'Auvergne et d'Angoumois.

8. Les commis tiendront registre des piles qu'ils auront trouvées dans les moulins, des déclarations qui auront été faites par les maîtres des moulins et leurs préposés, ensemble du jour de l'emballage du papier; et sera foi ajoutée au registre jusqu'à inscription de faux, en y observant pour les déclarations, interpellations et refus de signer, les mêmes formalités que dans les exercices de nos autres fermes.

9. Les voituriers par eau et par terre chargés de la conduite des papiers seront porteurs de lettres de voiture en bonne forme,

à peine de confiscation des papiers, bateaux, charrettes et chevaux, et de cinq cents livres d'amende.

10. Le fermier de nos droits mettra au greffe de l'élection des lieux où ses bureaux seront établis, une empreinte de sa marque, pour y avoir recours en cas de falsification.

11. Nos droits de contrôle, que nous avons fixés à un sou quatre deniers pour chacune rame, seront levés sur le papier entrant par eau et par terre en notre bonne ville et faubourgs de Paris, pour y être consommé.

12. Enjoignons aux voituriers, tant par eau que par terre, de représenter leurs lettres de voiture en bonne forme, aux bureaux des barrières, portes et ports, qui seront visées par les commis; représenter les acquits contenant la quantité des rames de papier, d'y prendre des billets d'envoi pour le bureau de la recette, et d'y conduire les papiers à droiture, pour y être contrôlés et nos droits payés; le tout à peine de confiscation et de cent livres d'amende.

13. Les rames non marquées qui seront amenées des provinces où nos droits de marque sont établis, seront confisquées, et les propriétaires et voituriers condamnés solidairement en cinq cents livres d'amende.

14. Seront tenus les marchands, auxquels l'adresse sera faite, de retirer le papier du bureau, quinze jours après la sommation qui leur en sera faite par écrit, sinon le temps passé, permettons au fermier de nos droits de le vendre, pour en rendre le prix aux marchands, déduction faite de nos droits et des frais.

Des droits sur le papier et parchemin timbrés.

ART. 1. Nos droits sur le papier et parchemin timbrés seront levés à raison de deux sous pour feuille de grand papier de quatorze pouces de haut sur dix sept pouces de large; un sou six deniers pour feuille de moyen de douze pouces de haut sur seize pouces de large; un sou pour feuille de petit de neuf pouces de haut sur treize pouces et demi de large; huit deniers pour demi-feuille, et six deniers pour quart; vingt sous pour peau de parchemin, quinze sous pour demi-peau, six sous pour le quart, cinquième ou sixième; cinq sous pour chacun rôle en cahier, et pareille somme de cinq sous pour toute sorte de quittances.

2. Ne sera payé que deux sous pour chacune des quittances qui seront délivrées par les rentiers assignés sur l'hôtel-de-ville de notre bonne ville de Paris.

3. Ne sera aussi payé que la moitié du droit pour les déclarations qui seront fournies au papier terrier de notre domaine.

4. Toutes requêtes, exploits, écritures, procédures, jugemens, arrêts, déclarations de dépens, exécutoires, commissions, extraits, collations, et généralement tous actes et expéditions, de quelque qualité qu'elles soient, tant en matière civile que criminelle, faits par tous juges, avocats, procureurs, greffiers, huissiers, sergens, et autres officiers et ministres de la justice, même des officialités, ne pourront être présentées, reçues, exécutées ni servir en justice, si elles ne sont écrites sur papier ou parchemin timbrés; ce que nous voulons avoir lieu, tant pour les originaux que pour les copies faites et signifiées depuis le 1er avril 1673.

5. Et pour les lettres de nos chancelleries, où il y aura partie requérante ou impétrante.

6. Et pareillement pour les hommages, aveus, dénombremens, déclarations, contrats de mariage, acquisitions, permutations, donations, transactions, baux, sous-baux, constitutions, obligations, procurations, quittances, tous autres contrats et actes passés pardevant notaires, de quelque qualité qu'ils soient, même les notaires apostoliques, et généralement tous actes qui sont délivrés par personnes publiques.

7. Les registres des universités, facultés, corps des marchands, communautés laïques, ecclésiastiques, séculières, régulières, hôpitaux, fabriques, confrairies, curés, vicaires, recteurs et autres supérieurs ecclésiastiques, secrétaires des archevêques, évêques, abbés et chefs d'ordre, et de leurs grands-vicaires et économes, administrateurs, syndics, marguilliers, fabriciens, greffiers, procureurs, receveurs des consignations, des tailles, décimes et autres, commissaires aux saisies réelles, commissaires pour les sequestres et biens saisis, directeurs des créanciers, fermiers de nos droits, commis à la régie, recette et contrôle, concierges des prisons, messagers, maîtres des coches et carrosses, négocians et marchands, banquiers, courtiers et autres de pareille qualité.

8. Les répertoires des notaires, les rôles des tailles, de l'impôt du sel, des décimes et des autres droits.

9. Les mandemens, visa, lettres d'ordre, de maître ès arts, bachelier, licencié, docteur, nominations, provisions, collations et autres lettres et actes qui s'expédient dans les secrétariats des archevêques, évêques et autres prélats, dans les greffes des offi-

cialités et universités, et par toutes autres communautés laïques, ecclésiastiques, séculières et régulières.

10. Les affiches, placards, billets, publications d'arrêts, sentences, ordonnances, monitoires, et généralement tous actes qui seront publiés aux prônes des paroisses, ou affichés aux portes des églises par ordre de justice, de nos officiers ou autres, des fermiers de nos droits et des seigneurs particuliers.

11. Les quittances, actes et expéditions, tant de nos revenus casuels que de ceux des seigneurs apanagés ou engagistes de notre domaine, et des autres seigneurs ecclésiastiques ou laïques.

12. Les récépissés, acquits, certificats, bulletins, passeports, passavans, congés, dépris, contraintes, quittances, ampliations et autres actes qui seront délivrés par les trésoriers, receveurs généraux de nos finances, receveurs des tailles, fermiers de nos droits et octrois des villes, officiers de police, regratiers, commis à la distribution du sel, et autres préposés à la direction et perception des droits qui sont levés sur nos sujets, et généralement tous actes et expéditions concernant nos domaines, gabelles, regrats, aides, et nos autres fermes, tailles, décimes, octrois, police et charges de ville.

13. Les déclarations, soumissions et copies des pièces qui doivent être fournies aux bureaux des fermes.

14. Les quittances et acquits des parties prenantes, états des comptables et les pièces justificatives servant à leur décharge, à l'exception néanmoins des quittances et décharges qui seront fournies aux trésoriers de l'extraordinaire des guerres, de la marine, de l'artillerie, ou à leurs commis, par les officiers de nos troupes, et signées d'eux; ensemble les billets de logement de gens de guerre : dans laquelle exception n'entendons comprendre les états ou autres expéditions qui doivent être rapportées aux trésoriers par les entrepreneurs des vivres et étapes, et autres, que nous voulons être écrits sur du papier timbré.

15. Les collecteurs des tailles seront tenus seulement de payer les droits pour six quittances du nombre de celles qui leur seront délivrées par an par les receveurs des tailles, le surplus demeurant à la charge des receveurs.

16. Déclarons sujets au parchemin timbré les actes qui, auparavant l'établissement du parchemin timbré, devoient être écrits en parchemin ; défendons de les mettre en papier.

17. Le papier ou parchemin dont le timbre fera connoître la généralité où il doit être employé, ne pourra être rempli d'écri-

ture en une autre généralité, ni être employé dans la même généralité à autre usage que celui auquel il est destiné par son inscription.

18. Le papier et parchemin timbré qui aura servi une fois pour les actes, expéditions et écritures, ne pourra plus être employé à une autre expédition; ni le premier acte barré, pour en écrire un au dessus ou au dessous, ou au verso, ni le timbre être couvert d'écriture, coupé ou rompu pour s'en servir en tout ou en partie, après le premier acte consommé.

19. Voulons que ceux qui contreviendront aux dispositions portées par ces présentes soient condamnés, pour chacune contravention, en trois cents livres d'amende pour la première fois, six cents livres pour la seconde, et mille livres pour la troisième; et de plus, s'ils sont officiers et ministres de justice, qu'ils soient *interdits pour un an*, pour la première fois, *et pour toujours en cas de récidive*.

20. Défendons à toutes personnes de vendre et distribuer du papier ou parchemin timbré, sinon de l'ordre et pouvoir par écrit du fermier de nos droits, ses procureurs et commis, à peine de trois cents livres d'amende pour la première fois, et de mille livres en cas de récidive : et à cet effet, permettons aux commis de faire leurs visites dans les moulins et magasins à papier, pour dresser leurs procès-verbaux et être informés des contraventions; et sera tenu le fermier de nos droits de mettre au greffe de chacune élection une empreinte de sa marque, pour y avoir recours en cas de falsification.

21. Ceux qui auront contrefait les timbres et moules du papier et parchemin, ou qui leur auront aidé à en faire le débit, seront condamnés à l'amende de mille livres, à faire amende honorable aux portes de la principale église et de la juridiction, et aux galères pour cinq ans; et en cas de récidive, aux galères à perpétuité.

22. La connoissance des contraventions appartiendra en première instance aux officiers de nos élections, et par appel en notre cour des aides. Voulons que le présent réglement soit gardé et observé, à commencer au premier octobre de la présente année; abrogeons toutes ordonnances, réglemens, styles et usages différens ou contraires aux dispositions y contenues.

Si donnons, etc.

N° 928. — Édit *portant défenses aux catholiques, sous peine d'amende honorable et de bannissement perpétuel, de quitter leur religion pour professer la R. P. R., et aux ministres de cette religion de les recevoir en religion.*

Fontainebleau, juin 1680. (Ord. 21. 4 35.—Archiv.—Rec. cass. — Hist. de l'édit de Nantes.) Reg. P. P., 25 juin.

LOUIS, etc. Le feu roi Henri-le-Grand notre aïeul de glorieuse mémoire, auroit par son édit donné à Nantes au mois d'avril 1598, accordé à nos sujets de la religion prétendue réformée qui demeuroient lors en notre royaume et à ceux qui pourroient venir s'y établir, la liberté d'y professer leur religion, et en même temps pourvu à tout ce qu'il auroit jugé nécessaire, pour donner moyen auxdits de la religion prétendue réformée, de vivre dans notre royaume dans l'exercice de leur religion, sans y être troublés de la part de nos sujets catholiques, ce que le feu roi notre très honoré seigneur et père, et nous, aurions depuis autorisé et confirmé dans les occurrences par diverses déclarations et arrêts, et bien que cette liberté de conscience ainsi permise et confirmée, n'ait été accordée qu'en faveur et sur les seules instances desdits de la R. P. R., et que l'aversion que les catholiques ont toujours eue pour ladite religion, et pour ceux qui la professent, ait été encore augmentée par la publication desdits édits, déclarations et arrêts, néanmoins nous voyons souvent avec déplaisir que des catholiques se prévalent eux mêmes de la concession de cette liberté pour passer en la R. P. R., contre nos intentions et celles desdits rois nos prédécesseurs, à quoi le plus souvent ils sont portés par séduction ou par l'intérêt imaginaire de leur fortune particulière : et jugeant important d'empêcher la continuation d'un si grand scandale, sans néanmoins rien changer aux libertés et concessions accordées à ceux de ladite R. P. R., savoir faisons que nous pour ces causes, etc., voulons et nous plaît que nos sujets de quelque qualité qu'ils soient, faisant profession de la religion catholique, ne puissent jamais la quitter pour passer en la R. P. R. pour quelque cause que ce puisse être Voulons que les contrevenans, en ce qui est en cela de notre volonté, soient condamnés à faire amende honorable et au bannissement perpétuel hors notre royaume, et que tous leurs biens soient confisqués. Défendons aux ministres de la R. P. R. de recevoir ci-après aucun catholique à faire profession de la R. P. R., à peine auxdits ministres d'être privés de leurs fonctions, à quoi nous enjoignons très expressément à nos procureurs généraux et leurs substituts de tenir soigneusement la main, et de poursuivre les contrevenans avec toute l'exactitude et la diligence possible. Si donnons, etc.

N° 929. — ORDONNANCE *sur le fait des aides pour la province de Normandie.*

Fontainebleau, juin 1680. (Rec. ord. des fermes, in-4, imprimerie royale, 1750.) Reg. C. des A., Rouen, 26 février 1681.

PRÉAMBULE.

LOUIS, etc. Après avoir réglé la levée et perception des droits joints à notre ferme générale des aides, pour le ressort de notre cour des aides de Paris, par notre ordonnance du présent mois de juin, il nous reste encore à régler la levée et perception des mêmes droits dans l'étendue de notre cour des aides de Normandie : et quoique nous eussions eu beaucoup de satisfaction, si nous avions pu les égaler et rendre la jurisprudence uniforme dans le ressort de nos deux cours ; néanmoins, les différens usages qui se pratiquent en notre province de Normandie, nous ont obligé de faire un règlement particulier, dans lequel nous avons eu pour objet le soulagement de nos peuples, que nous voulons leur procurer en toutes occasions. A ces causes, etc.

N° 930. — DÉCLARATION *portant qu'aucunes bulles, brefs, provisions, rescrits et autres impétrations de la cour de Rome ou des légats apostoliques, ne pourront être exécutés que les impétrans n'aient obtenu des lettres-patentes contre-signées d'un secrétaire d'état et scellées du grand-sceau.*

Fontainebleau, 2 juillet 1680. (Archiv.)

N° 931. — ÉDIT *qui ordonne l'exécution d'un arrêt du conseil de Brisac du 22 mars précédent, qui réunit les terres démembrées de l'Alsace, et d'un arrêt de la chambre de Metz du 12 avril, qui réunit au domaine tous les fiefs démembrés des trois évêchés* (1).

14 juillet 1680. (Hén., Abr. chr.)

---

(1) Les princes intéressés dans ces réunions prétendirent qu'elles étoient une infraction à la paix. Ces contestations donnèrent lieu à un congrès qui se tint à Courtray l'année suivante, et furent les premières semences de la haine qui se renouvela contre la France et qui éclata enfin en 1689. (Hén., *Abr. chr.*)

N° 932. — DÉCLARATION *sur l'art. 8, tit. 34 de l'ordonnance d'avril 1667, portant règlement pour les contraintes par corps contre les femmes et les filles.*

Saint-Germain-en-Laye, juillet 1680. (Ord. 21. 4 F, 68. — Néron, II, 163. — Archiv.) Reg. P. P., 23 août.

LOUIS, etc. Les différentes interprétations que nous apprenons que l'on donne à l'article VIII du titre XXXIV, des décharges des contraintes par corps de notre ordonnance du mois d'avril 1667, concernant les femmes et les filles, particulièrement en ce qui regarde le stellionat procédant de leur fait, nous obligeant à y pourvoir, en sorte que nos cours et juges suivent en cela une jurisprudence uniforme. Savoir faisons, etc. en confirmant ledit article VIII, et expliquant ou interprétant en tant que besoin est ou seroit, avons dit, etc. que les femmes et filles ne pourront s'obliger ni être contraintes par corps, si elles ne sont marchandes publiques, ou pour cause de stellionat qu'elles auroient commis procédant de leur fait, savoir lorsqu'elles seront libres et hors de la puissance de leurs maris, ou que lorsqu'elles seront mariées, elles se seront réservé par leur contrat de mariage l'administration de leurs biens, ou seront séparées de biens d'avec leursdits maris, sans que les femmes qui se seront obligées conjointement avec leurs maris, avec lesquels elles seront en communauté de biens, puissent être personnellement réputées stellionataires, ains seront solidairement sujettes au payement de dettes pour lesquelles elles se seront obligées avec leursdits maris, par saisie et vente de leurs biens propres ou acquêts et conquêts; mais ne pourront être contraintes par corps. Si donnons en mandement, etc.

N° 933. — ARRÊT *du conseil portant défenses aux receveurs-généraux des finances, de traiter du recouvrement des tailles, des élections avec aucune personne de la religion réformée, ni d'employer audit recouvrement aucuns commis et huissiers de ladite religion.*

Rocroy, 17 août 1680 (Nouv. rec. de Lefèvre.— Rec. cass.)

N° 934. — ARRÊT *du parlement de Paris rendu sur les conclusions du procureur-général, qui ordonne la destitution des officiers des justices subalternes, faisant profession de la religion réformée.*

23 août 1680. (Nouv. rec. de Lefèvre.—Hist. de l'éd. de Nantes.)

N° 935. — ARRÊT *du parlement qui défend aux notaires, à peine d'interdiction, de passer à l'avenir aucuns actes par lesquels les contractans déclarent se prendre pour mari et femme.*

Paris, 5 septembre 1680. (Néron, II, 790.)

N° 936. — ORDONNANCE *pour l'union des deux troupes des comédiens françois.*

Versailles, 21 octobre 1680. (Delamare, I, 475.)

S. M. ayant estimé à propos de réunir les deux troupes de comédiens établis à l'hôtel de Bourgogne et à la rue de Guénégaud à Paris, pour n'en faire à l'avenir qu'une seule, afin de rendre à l'avenir les représentations de comédies plus parfaites, par le moyen des acteurs et actrices auxquels elle a donné place dans ladite troupe, S. M. a ordonné et ordonne, qu'à l'avenir lesdites deux troupes de comédiens françois seront réunies pour ne faire qu'une seule et même troupe, et sera composée des acteurs et actrices dont la liste sera arrêtée par S. M., et pour leur donner moyen de se perfectionner de plus en plus, S. M. veut que la seule dite troupe puisse représenter les comédies dans Paris, faisant défenses à tous autres comédiens françois de s'établir dans ladite ville et faubourgs, sans ordre exprès de S. M. ; enjoint S. M. au sieur de La Reynie, lieutenant général de police, de tenir la main à l'exécution de la présente ordonnance.

N° 937. — DÉCLARATION *portant que les officiers des maisons royales possédant charges de judicature, payeront les tailles tant qu'ils posséderont les deux offices.*

Versailles, 23 octobre 1680. (Néron, II, 163. Reg.) C. des A., 13 novembre.

PRÉAMBULE.

LOUIS, etc. Nous avons toujours pris un soin particulier d'obliger les officiers par nous départis dans nos provinces, à veiller à ce que les impositions des tailles soient réglées sur nos sujets avec une juste proportion de leurs biens et facultés, afin que les riches ne soient point soulagés au préjudice des pauvres, et que cette égalité rende la levée de nos derniers plus facile et moins à charge à nos peuples; et nous avons par la suite de notre application, retranché la plus grande partie des abus qui s'étoient glissés par une longue suite de temps, et par le relâchement qui arrive toujours pendant la guerre : mais nous avons été informé qu'il reste encore un mal assez considérable qui procède de ce que, contre la disposition expresse des anciennes ordonnances des rois nos prédécesseurs, des années 1302, 1388, 1413, 1459, 1517, 1560, 1577, divers officiers de judicature, tant royale que des seigneurs particuliers, et autres ayant fonction publique et serment à justice, demeurant dans les villes, bourgs et paroisses taillables de notre royaume, ont eu la liberté de prendre et posséder des charges et états dans notre maison et autres maisons royales, et des princes de notre sang, et autres offices jouissant du privilège de l'exemption des tailles, non pas tant pour y servir, que pour s'acquérir un titre d'exemption, qui contribue beaucoup à la surcharge de nos autres sujets. Nous avons résolu d'arrêter le cours de cet abus, en révoquant tous les avantages que peut produire en cette occasion la pluralité des offices en une même personne. A ces causes, etc.

N° 958. — Déclaration *sur les édits d'août 1669 et mars 1673, portant que les lettres de ratification ne purgent pas les hypothèques du roi sur les rentes des comptables.*

Versailles, 4 novembre 1680. (Hist. chanc., II, 73.—Néron, II, 164.—Archiv.)
Reg. C. des C., 21 novembre; C. des A., 28.

PRÉAMBULE.

LOUIS, etc. Nous avons ordonné par notre édit du mois de mars 1673, que les acquéreurs des rentes qui ont été constituées par les rois nos prédécesseurs et nous, ou le pourroient être ci-après, sur nos domaines, tailles, gabelles, entrées, décimes, et clergé, dons gratuits, et sur nos autres biens et revenus, de quelque qualité qu'elles soient, et en quelque lieu et manière que le payement en soit fait, en pourroient purger les hypothèques, en prenant des lettres de ratification en notre grande Chancellerie, pourvu qu'elles fussent scellées sans opposition de la part des créanciers ou prétendans droit, lesquels par ce moyen tiendroient lieu de décret, et auroient, à l'égard des rentes, la même force que le sceau pour les offices. Et par nos précédentes lettres patentes du mois d'août 1669 portant règlement pour nos hypothèques, sur les biens des officiers comptables, nous avons déclaré que nous conservions notre privilège sur les offices comptables, et notredite hypothèque sur les offices non comptables, encore qu'il n'y eût aucune opposition faite en notre nom au sceau des provisions, et que le décret des biens immeubles à eux appartenans ne seroit point valable à notre égard, si la saisie réelle n'a été signifiée à nos procureurs généraux en nos cours des aides, et l'adjudication faite en icelles, après avoir retiré leur consentement pour en continuer les poursuites.

Et encore que dans le préambule de nos lettres patentes, qui contient les justes motifs de notre volonté, nous nous soyons expliqué qu'en cela nous ne faisions que renouveller l'ancienne disposition du droit de l'ordonnance, pour conserver le privilège de nos deniers; et que ce soit une règle certaine en matière de lois, que celles qui sont des déclarations du droit commun, ont un effet pour le passé comme pour l'avenir : nous avons néanmoins appris qu'aucuns de nos officiers, en procédant au jugement des affaires de cette qualité, ne laissoient pas de douter si les acquéreurs des rentes d'un comptable, qui ont ci-devant pris des lettres de ratification, auxquelles on ne s'est point opposé en notre nom, ne pouvoient pas s'en servir pour anéantir nos privilèges et nos hypothèques, et se prévaloir ainsi contre nous du bénéfice que nous leur avons accordé : en quoi il y a d'autant moins de difficulté, qu'on ne présume jamais que nous donnions à nos sujets des privilèges contre nous-mêmes; et que d'ailleurs ce seroit attribuer contre notre expresse intention et les termes de nos édits, aux lettres de ratification, plus d'efficace que n'en a le sceau pour les offices, à notre égard, et plus de force que n'en ont les décrets, qui ne purgent point nos hypothèques, s'ils ne sont faits de la participation et du consentement de nos procureurs généraux; sans quoi les actes, les jugemens, les formalités, et les procédures ne nous peuvent faire aucun préjudice.

Et afin que des principes si certains, qui sont les plus solides assurances de nos deniers, ne soient plus révoqués en doute, et qu'en établissant la sûreté de nos hypothèques pour l'avenir, les comptables puissent disposer de leurs rentes, sans qu'elles y soient sujettes, lorsqu'ils seront entièrement quittes à notre égard de leurs maniemens; en quoi la formalité établie pour les décrets, par notre règlement de 1669, ne paroit pas suffisante, parce que la longueur des procédures des décrets donne le temps à nos procureurs généraux de veiller à la sûreté de ce qui nous est dû, ce qui est bien différent pour les lettres de ratification, qui s'expédient sans formalité, nous avons jugé à propos de déclarer nos intentions par ces présentes, en sorte qu'il n'y ait plus aucune matière de doute, et que les formalités nécessaires, pour purger les rentes des comptables de nos hypothèques, soient si bien établies, qu'ils ne puissent en disposer à notre préjudice. A ces causes, etc.

N° 939. — ARRÊT *du conseil qui accorde aux religionnaires qui ont fait ou feront abjuration, délai de trois ans pour payer leurs dettes, à commencer du jour de leur abjuration, en servant les intérêts.*

18 novembre 1680. (Nouv. rec. de Lefèvre. — Hist. de l'éd. de Nantes.)

N° 940. — ARRÊT *du conseil portant qu'il sera compté, par devant les commissaires départis dans les provinces du royaume pour l'exécution des ordres du roi, des deniers imposés par les consistoires sur les sujets de la religion réformée depuis l'année 1670 jusqu'à la présente.*

18 novembre 1680. (Nouv. rec. de Lefèvre.)

N° 941. — DÉCLARATION *portant que les juges se transporteront chez les religionnaires malades, pour savoir s'ils veulent se convertir.*

Versailles, 19 novembre 1680. (Ord. 21, 4 F. 91. — Rec. cass.) Reg. P.P., 2 décembre.

LOUIS, etc. Les premières plaintes que nous avions reçues des violences exercées en plusieurs occasions par ceux de la R. P. R., pour empêcher la conversion des malades de leur religion, qui veulent entrer avant leur mort dans le sein de l'église, nous auroient porté à ordonner par notre déclaration du deuxième jour du mois d'avril 1666, que les curés des lieux assistés des juges, échevins ou consuls, pourroient se présenter aux malades pour recevoir leur déclaration ; mais lesdits de la R. P. R., nous représentèrent en ce temps que quelques curés abusoient de cette permission, et au lieu de recevoir simplement la déclaration des malades, ils leur faisoient des exhortations, ce qui est contraire à l'article 4 des particuliers de l'édit de Nantes : nous aurions bien voulu déroger par la déclaration du 1ᵉʳ février 1669 à celle de 1666, ce qui ayant donné lieu auxdits de la R. P. R., de recommencer leurs violences à l'égard des malades de leur religion, nous avons estimé nécessaire de pourvoir à la sûreté desdits malades, sans donner aucune atteinte à ce que l'édit de Nantes a prononcé en faveur de ceux de ladite religion : à ces causes, etc. Voulons et nous plaît que nos baillis, sénéchaux, prévôts, châtelains, et autres chefs de justices seigneuriales de notre royaume, qui auront avis qu'aucuns de nos sujets de ladite R. P. R., demeurant esdits lieux, seront malades ou en danger de mourir, soient tenus de se transporter vers lesdits malades, assistés de nos procureurs, ou des procureurs fiscaux, ou de deux témoins, pour recevoir leur déclaration, et savoir d'eux s'ils veulent mourir dans ladite religion; et en cas que lesdits de la R. P. R. désirent de se faire instruire en la religion catholique, voulons que lesdits juges fassent venir sans délai, et au désir desdits malades, les ecclésiastiques ou autres qu'ils auront demandés, sans que leurs parens ou autres y puissent donner aucun empêchement. Si donnons, etc.

N° 942. — Edit *portant que les catholiques ne pourront contracter mariage avec les religionnaires, et que les enfans qui en proviendront seront illégitimes et incapables de succéder à leurs pères et mères.*

Versailles, novembre 1680. (Ord. 21, 4 F. 90. — Rec. cass.) Reg. P. P., 2 décembre.

LOUIS, etc. Les canons des conciles tenus en divers temps dans l'église, ayant condamné les mariages des catholiques avec les hérétiques, comme un scandale public, et une profanation visible d'un sacrement auquel Dieu a attaché des grâces qui ne peuvent être communiquées à ceux qui sont actuellement hors de la communion des fidèles, nous avons jugé d'autant plus nécessaire de les empêcher à l'avenir, que nous avons connu que la tolérance de ces mariages expose les catholiques à une tentation continuelle de se pervertir; et par conséquent aux peines portées par notre édit du mois de juin dernier; à quoi étant nécessaire de remédier, d'empêcher en même temps un abus si contraire à la discipline de l'église catholique. A ces causes, etc. Voulons et nous plaît, qu'à l'avenir nos sujets de la religion catholique, apostolique et romaine, ne puissent, sous quelque prétexte que ce soit, contracter mariage avec ceux de la R. P. R., déclarant tels mariages non valablement contractés, et les enfans qui en proviendroient illégitimes et incapables de succéder aux biens meubles et immeubles de leurs pères et mères. Si donnons, etc.

N° 943. — ARRÊT *du conseil, portant qu'il sera compté pardevant les commissaires départis dans les provinces pour l'exécution des ordres du roi, des deniers imposés par les consistoires sur les religionnaires, depuis* 1670 *jusqu'à* 1680.

Versailles, 18 novembre 1680. (Hist. de l'édit de Nantes.)

N° 944. — ARRÊT *du Parlement de Paris, qui enjoint aux greffiers, notaires, procureurs et sergens de la religion réformée, dans les justices des seigneurs hauts justiciers, de se défaire de leurs charges.*

2 décembre 1680. (Nouv. rec. de Lefèvre.)

N° 945. — DÉCLARATION *sur l'art.* 4, *du tit.* 36 *de l'ordonnance d'août* 1670 *portant que les parlemens ne pourront, qu'après avoir vu les informations, empêcher l'exécution des droits d'ajournemens personnels, et que tous juges royaux et des seigneurs seront tenus d'exprimer dans les ajournemens personnels le titre de l'accusation.*

Saint-Germain-en-Laye, décembre 1680. (Ord. 21. 4 F, 112. — Néron, II, 165. Archiv. — Rec. cass.) Reg. P. P., 10 janvier 1681.

N° 946. — ÉDIT *sur l'instruction des défauts et contumaces des procès criminels, interprétatif des tit.* 2 *et* 27 *de l'ordonnance d'août* 1670.

Saint-Germain-en-Laye, décembre 1680. (Ord. 21. 4 F, 115.— Néron, II, 166. Archiv.) Reg. P.P. 10 janvier 1681.

N° 947. — DÉCLARATION *portant que l'ecclésiastique pourvu de deux bénéfices incompatibles, ne jouira que de celui où il résidera et fera le service en personne.*

Saint-Germain-en-Laye, 7 janvier 1681. (Ord. 21. 4 F. 154. — Rec. cass.— Archiv. — Néron, II, 168.) Reg. grand cons., 20 janv.

N° 948. — DÉCLARATION *portant pouvoir aux notaires apostoliques résidant aux Indes Orientales d'y exercer les fonctions de notaires.*

Saint-Germain-en-Laye, 8 janvier 1681. (Ord. 21. 4 F. 199.)

N° 949. — DÉCLARATION *sur l'art. 21, tit. 14 de l'ordonnance d'août 1670, portant qu'en tous procès criminels réglés à l'extraordinaire et instruits par récolemens ou confrontations, les accusés seront entendus par leur bouche dans la chambre du conseil, derrière le barreau, lorsqu'il n'y aura pas de conclusions à des condamnations à peine afflictive.*

Saint-Germain-en-Laye, 12 janvier 1681. (Néron, II, 169.) Reg. P. P. 17 mai.

N° 950. — ÉDIT *qui défend aux cours de procéder à l'entérinement des lettres de rémission autrement que pour le cas d'homicide involontaire.*

Saint-Germain-en-Laye, janvier 1681. (Néron, II, 166.)

N° 951. — DÉCLARATION *sur l'édit de juillet 1669, portant que les voix des officiers de justice, tant titulaires qu'honoraires ou vétérans qui seront parens au degré de père et fils, de frère, oncle et neveu, de beau-père, gendre et beau-frère, ne seront comptés que pour une, quand elles seront uniformes.*

Saint-Germain-en-Laye, janvier 1681. (Ord. 21. 4 F. 156. — Rec. cass.—Néron, II, 167. — Archiv.) Reg. P. P., 12 février.

N° 952. — ÉDIT *portant que les bénéfices dans les pays réunis ne pourront être conférés aux étrangers.*

Saint-Germain-en-Laye, janvier 1681. (Ord. 21. 4 F. 152. — Rec. cass. — Néron, II, 167. — Archiv.) Reg. P. P., 12 février.

PRÉAMBULE.

LOUIS, etc. Nous ayant été représenté de la part de nos sujets des pays que nous avons nouvellement conquis, et qui nous ont été cédés par les traités de paix de Munster, des Pyrénées, Aix-la-Chapelle, et Nimègue, que la plupart des bénéfices situés dans lesdits pays sont à la collation de plusieurs particuliers, qui, étant établis dans les pays voisins et hors des terres de notre obéissance, confèrent lesdits bénéfices à des étrangers, en sorte que par ce moyen nosdits sujets se trouvent privés du secours qu'ils devroient naturellement recevoir de la jouissance desdits bénéfices; et ne voulant pas souffrir la continuation de cet usage, qui est préjudiciable à notre service.

Nous avons estimé à propos de déclarer sur cela notre volonté, ainsi que les rois nos prédécesseurs l'ont jugé par différentes ordonnances, et désirant aussi contribuer, autant que la protection que nous devons aux personnes consacrées au service de Dieu nous oblige de le faire, à ce que les religieux et religieuses puissent continuer leurs prières avec la tranquillité nécessaire à leur état, et qu'il est presqu'impossible de conserver entre des sujets de différens princes : savoir faisons, etc.

N° 953. — LETTRES-PATENTES *portant défenses aux gens de guerre de loger dans les maisons, fermes, métairies et lieux appartenant à l'Hôtel-Dieu et hôpital des Incurables de Paris.*

St-Germain-en-Laye, 24 février 1681. (Archiv.)

PRÉAMBULE.

LOUIS, etc. A tous nos lieutenans généraux de nos armées, gouverneurs et lieutenans généraux en nos provinces, et mestres-de-camp, colonels, capitaines, chefs et conducteurs de nos gens de guerre, tant de cheval que de pied, de quelque langue et nation qu'ils soient, même de notre cour et suite, maréchaux-des-logis, fourriers des compagnies de nos ordonnances, chevau-légers et régimens des gens de pied, et autres commis et à commettre au département des soldats des compagnies du régiment de nos gardes-françaises et Suisses, et à tous nos autres officiers et sujets qu'il appartiendra : salut. Désirant, à l'exemple des rois nos prédécesseurs, prendre en notre protection et sauvegarde spéciale l'hôpital de l'Hôtel-Dieu des Incurables de notre bonne ville de Paris, avec toutes leurs dépendances, situées tant en notredite ville et faubourgs de Paris, qu'autres lieux de notre royaume, soit maisons, terres, fermes et métairies, attendu que c'est le refuge des pauvres malades de toutes nos provinces, et de quelque pays que ce soit, et qu'ils y sont très bien reçus et assistés spirituellement et corporellement; que les soldats retournant de nos armées blessés ou malades, y sont nourris, pansés et assistés, et augmentent de beaucoup le nombre des malades, à tous lesquels il seroit impossible de subvenir si les maisons, terres, métairies et fermes dépendantes desdits hôpitaux n'étoient conservées : ce que mettant en considération, et ayant égard aux supplications qui nous ont été faites sur ce sujet par les administrateurs desdits hôpitaux de l'Hôtel-Dieu et Incurables. A ces causes, etc.

N° 954. — Ordonnance *contenant réglement sur la perception des droits d'entrée et de sortie sur les marchandises, en 14 art.*

Versailles, février 1681. (Rec. cass.)

PRÉAMBULE.

LOUIS, etc. Nous avons, par nos ordonnances des mois de mai et juin 1680 et juillet 1681, établi une jurisprudence certaine pour la perception des droits qui composent nos fermes générales des gabelles, aides, entrées et autres y joints, en sorte qu'il restoit encore à régler les maximes concernant la perception des droits de sortie et d'entrée sur les marchandises et denrées ; à quoi nous ayons fait travailler. Et après avoir fait examiner en notre conseil royal des finances les anciennes ordonnances, et les usages établis par les baux et par les jugemens, nous avons fait rédiger les articles que nous voulons être observés sur cette matière. A ces causes, etc.

N° 955. — Edit *portant réglement pour les gabelles dans la province de Bretagne.*

Saint-Germain-en-Laye, février 1681. (Archiv.)

PRÉAMBULE.

LOUIS, etc. Nous avons eu, depuis notre avénement à la couronne, un soin particulier de maintenir nos sujets d'aucunes de nos provinces dans les priviléges qui leur ont été accordés par les rois nos prédécesseurs et par nous, soit lors de leur réunion à notre couronne, ou en d'autres temps, et pour des raisons importantes ; mais nous avons estimé qu'il étoit également juste d'empêcher les abus que ces priviléges peuvent introduire ; et pour cet effet, de les renfermer dans la juste étendue qu'ils doivent avoir. Et comme l'exemption de tous droits de gabelles, dont notre province de Bretagne jouit, peut apporter une diminution considérable à notre ferme générale desdits droits, par la facilité que les habitans des villes et paroisses de ladite province limitrophe de celles d'Anjou, du Maine et de Normandie, ont d'y apporter et d'y vendre du sel à vil prix, ou même d'en donner à ceux des habitans desdites provinces qui en vont chercher en Bretagne pour le vendre et débiter en fraude de nos droits, nous avons résolu, en maintenant nos sujets de notredite province dans l'exemption desdits droits, d'établir des ordres fixes et certains qui puissent remédier à la licence qui a depuis longtemps introduit ces abus. A ces causes, etc.

N° 956. — DÉCLARATION *portant que les faux sauniers attroupés avec armes, seront, pour la première fois, condamnés aux galères pour neuf ans, et à mort en cas de récidive; et qu'il y aura attroupement lorsqu'ils seront au nombre de dix et au-dessus.*

Saint-Germain-en-Laye, 10 mars 1681. (Archiv.) Reg. C. des A., 21 mars.

N° 957. — ARRÊT *du parlement de Paris, sur un libelle imprimé en forme de bref du pape Innocent XI.*

31 mars 1681. (Archiv.)

Vu par la cour la requête à elle présentée par le procureur général du roi, contenant que l'on débite, depuis quelques jours, en cette ville de Paris, un imprimé en forme de bref de notre saint père le pape Innocent XI, adressé au chapitre de l'église de Pamiers, par lequel le pape confirme les grands vicaires qu'il a élus; et déclare qu'il confirmera tous ceux qu'il élira dans la suite; défend à toutes autres personnes d'en faire les fonctions, quelque pouvoir qu'ils en eussent d'ailleurs, à peine d'excommunication, de privation des bénéfices et des dignités dont ils sont pourvus, et d'incapacité d'en obtenir d'autres, et déclare sujets aux mêmes peines tous clercs et laïques qui leur obéiroient et qui les aideroient de leur conseil et autorité, même le métropolitain; et quoique ce qui s'est passé depuis quelque temps pût donner lieu de croire cet imprimé véritable, néanmoins quand on le verroit revêtu de toutes les formes qui pourroient le rendre authentique, le respect que nous avons pour le pape nous laisseroit encore douter que S. S. voulût ainsi renverser la juridiction d'un archevêque, à qui l'on ne peut ôter le droit de connoître des appellations de ses suffragans, sans donner au même temps atteinte à celui qu'a le pape de prononcer sur celle que l'on peut interjeter à sa sainteté des jugemens que rendent les métropolitains; et lequel, en nommant messire Simon d'Endore, grand vicaire du diocèse de Pamiers, n'a fait que se servir du pouvoir que l'église lui donne, et s'acquitter de l'obligation que ses règles lui imposent, de pourvoir en certains cas au gouvernement des églises vacantes de sa province. En effet, quelques religieux, dont la plupart se prétendoient chanoines de l'église de Pamiers, en vertu des provisions que le défunt évêque de Pamiers leur avoit données, sans avoir droit de le faire, ayant procédé à l'élection des frères. . . . . . Auborede et. . . . . Rech pour grands vicaires, sans appeler aucuns de ceux qui étoient pourvus par le roi des mêmes bénéfices, comme ayant vaqué en régale, et qui auroient pu avoir les qualités nécessaires pour entrer dans le chapitre. Ledit procureur général fut obligé d'interjeter appel comme d'abus de cette élection, à cause du préjudice qu'elle faisoit aux droits du roi, par cette exclusion, sans connoissance de cause, de ceux qui avoient été nommés par ledit seigneur roi, et sur les moyens conformes même aux règles canoniques qu'il en expliqua à la cour, elle fit défenses à ces prétendus grands vicaires d'en exercer les fonctions, et ordonna en même temps que le chapitre entier s'assembleroit, c'est-à-dire les anciens chanoines, paisibles possesseurs de leurs bénéfices, et ceux qui, ayant été nommés par le roi, se trouveroient d'ailleurs en état d'y entrer, pour nommer ensemble d'autres grands vicaires dans trois jours, sinon que le métropolitain y pourvoiroit. Le chapitre ne s'étant pas assemblé dans ce temps, l'archevêque de Toulouse auroit nommé messire Simon d'Endore pour grand vicaire, et les autres officiers nécessaires pour le gouvernement de ce diocèse, non pas en vertu d'aucun pouvoir qui lui fut donné par cet arrêt, mais par la puissance attachée à son caractère, et dans la forme prescrite par les canons, dont la cour avait ordonné l'exécution : et quand même cet arrêt auroit été aussi contraire qu'il étoit conforme aux règles de l'église, un archevêque, lequel non plus que toutes les autres puissances ecclésiastiques, n'a pas le pouvoir de juger, ni d'empêcher l'exécution des arrêts rendus au nom du roi, auquel seul ses officiers sont obligés d'en rendre compte, auroit-il dû abandonner une église vacante, parce qu'il n'y pouvoit pas pourvoir en la forme qu'il auroit désiré, et la laisser sans grands vicaires pour la conduire, parce que l'on empêchoit, avec raison, ceux qui n'avoient pas été élus dans les formes, d'en faire les fonctions ; cependant si ce bref étoit véritable, se seroit là le sujet pour lequel le pape voudroit déclarer excommunié un archevêque, son confrère, qui a reçu de Dieu, et non pas de ses bulles, que les prélats de ce royaume ne prennent à Rome que depuis le concordat, le pouvoir attaché à son caractère ; ce seroit là le sujet des anathèmes qu'il prononceroit contre des ecclésiastiques qui obéissent à leur supérieur immédiat, sans avoir entendu ni les uns, ni les autres, que par la bouche de personnes dont la conduite connue présentement à sa sainteté, l'aura sans doute persuadée de la confiance qu'ils méritent même dans les affaires où ils ne sont pas parties. Le pape menaceroit de déposition un archevêque soumis au moins en première instance au jugement de ses co-provinciaux, quoique les flatteurs de la cour de Rome engagent S. S. à censurer des livres conformes aux anciens canons de l'église, et aux véritables sentimens de la France sur ce sujet; sa sainteté jugeroit à Rome, elle-même, une cause de ce royaume, dont elle ne peut prendre connoissance qu'en cas d'appel, et par des commissaires délégués sur les lieux, quand même on trouveroit moyen de transformer cet appel de la nomination d'un grand vicaire, en quelques unes de ces causes qui sont appelées majeures. Le pape regarderoit comme un attentat à son autorité tout ce qu'un archevêque pourroit faire dans la suite d'une affaire, aussitôt que l'on auroit appelé devant sa sainteté, quand même l'appel auroit été d'une ordonnance précédente, et qui ne subsisteroit plus comme la nomination de messire . . . . . Fortassin, qui s'est volontairement démis de la commission que l'archevêque de Toulouse lui avoit donnée. Enfin, sa sainteté étendroit ses menaces jusques sur les laïques de quelque dignité qu'ils fussent revêtus; mais comme ils ne les tiennent que de la grâce du roi seul, ils ne sont responsables de leur conduite qu'à sa majesté seule; et si la religion leur fait appréhender les justes anathèmes dont l'église a droit de punir la corruption de la foi, ou celle des mœurs de ses enfans, leurs lumières les assurent contre les foudres que la cour de Rome a lancés vainement depuis quelques siècles, pour étendre sa puissance au delà des bornes légitimes qui lui étoient prescrites; et quoique tous les ordres du royaume eussent une douleur véritable d'être contraints de se servir de remèdes proportionnés à la grandeur des entreprises que ce dernier bref, s'il se trouve véritable, et les autres dont l'on s'est déjà plaint, font sur la liberté que nos ancêtres ont conservée si soigneusement; néanmoins toujours fermes comme eux dans la foi à laquelle toutes ces contestations n'ont aucun rapport, et sans blesser le respect véritable qu'ils ont pour le saint-siége, il faudroit bien à la fin imiter leurs exemples, jusqu'à ce que le pape, mieux informé des droits de ce royaume, voulût rétablir les choses dans l'ordre légitime que lui prescrivent aussi bien qu'à nous les canons qui y sont reçus: qu'il étoit encore plus obligé que les autres à garder ces saintes règles, afin de nous fortifier, par son exemple, dans leur observation ; et puisqu'elles nous obligeoient de reconnoître et de respecter, en sa personne, la primauté établie par la parole de Dieu même, en faveur du prince des apôtres, dont il est successeur ; il étoit de sa prudence aussi bien que de sa justice d'en employer le pouvoir à conserver celui des successeurs légitimes des autres apôtres, au lieu de les attaquer ainsi par des brefs dont on pourroit tirer des conséquences funestes à son autorité ; mais comme, en attendant que l'on soit informé de la vérité de ce prétendu bref, des libelles de cette nature pourroient faire des impressions fâcheuses sur des esprits foibles et ignorans, requéroit ledit procureur général du roi que commission lui fût délivrée, pour informer contre ceux qui débitoient lesdits libelles ; défenses faites à toutes personnes de les vendre et de les retenir ; et que tous ceux qui en auroient des exemplaires, seroient tenus de les apporter au greffe de la cour pour être supprimés. Vu aussi une copie imprimée dudit prétendu bref ; ouï le rapport de maître Etienne Daurat, conseiller, la matière mise en délibération. La cour ordonne que commission sera délivrée audit procureur général, pour informer contre ceux qui débitent lesdits libelles. Fait défenses à toutes personnes de les vendre et de les retenir ; enjoint à tous ceux qui en ont des exemplaires de les rapporter au greffe de ladite cour, pour y être supprimés.

N° 958. — DÉCLARATON *sur l'édit du 19 novembre 1680, portant que dans les lieux où il n'y a pas de juges ordinaires, les syndics ou marguilliers des paroisses se transporteront chez les religionnaires malades, pour recevoir leur abjuration* (1).

Saint-Germain-en-Laye, 7 avril 1681. (Ord. 21. 4 F. 518.— Rec. Cass.)

N° 959. — DÉCLARATION *portant que dans les accusations de crimes prevotaux intentés aux religionnaires domiciliés, la compétence sera jugée dans les siéges présidiaux, sénéchaussées ou siéges royaux, sans qu'en vertu de l'article 67 de*

---

(1) V. Déclaration, 20 juin.

l'*édit d'avril* 1598, *et de l'art.* 24 *de celui du* 1ᵉʳ *février* 1669, *ils puissent demander leur renvoi au parlement.*

St-Germain-en-Laye, 10 avril 1681. (Archiv. — Néron, II, 965.) Reg. G. C., 22 avril.

N° 960. — ORDONNANCE *portant exemption pendant deux ans de logement des gens de guerre et de contributions et aides à leur occasion, en faveur des religionnaires convertis.*

Saint-Germain-en-Laye, 11 avril 1681. (Nouv. rec. de Lefèvre. — Hist. de l'édit de Nantes.)

PRÉAMBULE.

Sa Majesté ayant été informée que plusieurs de ses sujets de la R. P. R., lesquels sont en volonté de se convertir et d'embrasser la R. C. A. et R., en sont néanmoins divertis et retenus par l'appréhension qu'ils ont, que par le crédit qu'ont les seigneurs de leur demeure, qui sont de la R. P. R. sur ceux qui font le département et la distribution des logemens des gens de guerre qui y passent ou y séjournent, suivant les ordres et routes de S. M., ils ne soient après leur conversion chargés dudit logement de gens de guerre; et étant bien aise de leur ôter tout sujet de craindre à cette occasion, S. M. a ordonné et ordonne, etc.

N° 961. — ARRÊT *du conseil portant défenses aux ministres et aux anciens de la religion réformée, d'empêcher par menaces et voies de fait les religionnaires de se convertir.*

St-Cloud, 19 avril 1681. (Nouv. rec. de Lefèvre. — Hist. de l'édit de Nantes.)

Le roi étant informé des progrès que fait la religion catholique dans plusieurs lieux du Bas-Poitou, et que plusieurs habitans qui avoient été séduits par l'erreur se réunissent à l'église; considérant même S. M. que le principal motif de l'édit de grâce accordé par le défunt roi, de glorieuse mémoire, en l'année 1629 à ses sujets de la R. P. R., a été d'abolir la mémoire des choses passées, dans l'espérance que sesdits sujets, se dépouillant de toute passion, seroient plus capables de recevoir la lumière de l'église, et rentrer en la véritable croyance, en laquelle le royaume s'étoit maintenu depuis plus de onze cents ans: et comme les ministres de la R. P. R., pour empêcher un si grand bien, s'efforcent par toutes sortes d'artifices d'empêcher une si bonne œuvre, ce qui est contraire à l'intention de S. M.; laquelle s'étant fait représenter l'édit de 1629, et tout considéré, S. M. étant en son conseil, a fait très expresses inhibitions et défenses à tous ministres, anciens, et autres de ses sujets de la R. P. R. d'user d'aucunes menaces, intimidations, artifices, ou voies de fait, pour empêcher la conversion desdits de la R. P. R., fait défenses aux ministres et anciens d'entrer, ni de jour ni de nuit, dans les maisons que pour visiter les malades, et y faire autres fonctions de leur ministère, à peine de punition corporelle. Ordonne S. M. que des contraventions aux édits et présent arrêt, il en sera informé à la diligence de ses procureurs, et le procès fait aux coupables et contrevenans par les juges auxquels la connoissance en doit appartenir. Enjoint aux commissaires départis dans les provinces d'y tenir la main.

N° 962. — ARRÊT *du parlement de Rouen qui autorise les sages-femmes catholiques d'ondoyer les enfans des religionnaires.*

Rouen, 22 avril 1681. (Hist. de l'édit de Nantes.)

N° 963. — ORDONNANCE *qui enjoint aux procureurs-généraux près les conseils supérieurs des colonies, d'envoyer les extraits et les motifs de leurs arrêts pour être cassés par le conseil du roi, en cas de contravention aux ordonnances et aux coutumes.*

Versailles, 3 mai 1681. (Moreau de Saint-Méry, I, 353.) Reg. cons. sup. de la Martinique, 5 novembre.

N° 964. — STATUTS *et réglemens de la communauté des conseillers du roi, notaires, gardes-notes au parlement de Paris.*

Paris, 13 mai 1681. (Rec. cass.) Homologués au parlement le même jour.

N° 965. — DÉCLARATION *portant qu'il sera établi une chancellerie près le conseil souverain de Tournay.*

Versailles, 17 mai 1681 (Hist. chanc., II, 85.)

N° 966. — ARRÊT *du conseil qui défend les violences faites en quelques lieux contre les religionnaires* (1).

Versailles, 19 mai 1681. (Hist. de l'édit de Nantes.)

Sur la requête présentée au roi étant en son conseil, par le sieur marquis de Ruvigny, député général des sujets de S. M. faisant profession de la R. P. R., contenant qu'encore qu'ils soient dans l'obéissance et fidélité qu'ils doivent à S. M., et qu'ils se comportent suivant les édits, néanmoins depuis quelque temps les peuples se licencient en divers lieux, et les outragent: qu'à Grenoble, il y a environ deux mois, l'on força les portes de leur temple, on y brûla la bible, et fit plusieurs indignités; que le 30 mars dernier à Aoust en Dauphiné, des cavaliers et habitans dudit lieu furent de nuit au temple, où ils rompirent et enlevèrent les portes, les bancs, les tapis de la chaire, la bible, les registres et mémoires qu'ils trouvèrent, et jetèrent le tout dans la rivière, brisèrent la porte et démolirent une partie de la muraille, et firent plusieurs menaces de mauvais traitemens; que le même jour 30 mars, l'on a mis le feu au temple de Houdan, dont la moitié du comble fut brûlé, comme aussi les bancs, la chaire et la bible, que pendant l'embrasement aucuns de ceux qui l'autorisoient répandoient l'eau que l'on y portoit pour l'éteindre; qu'à Saintes l'on a rompu les portes, les fenêtres, les bancs, et abattu les tuiles du toit; que le 10 avril dernier l'on a été au temple de La Ferté-Vidame, où l'on a rompu les fenêtres et la chaire du ministre; qu'à Vendôme il y a eu une émotion du peuple contre le ministre, qui alloit consoler un malade; qu'en Poitou l'on exerce plusieurs violences contre ceux de ladite religion, on les menace, on les emprisonne, on maltraite les ministres pour exciter une sédition, et forcer ceux de ladite religion de l'abandonner. Ce qui les oblige de réclamer la justice et la protection de S. M., pour arrêter les suites que pourroient avoir de telles entreprises, et à ce qu'il lui plût à cette fin ordonner à ses gouverneurs, intendans dans les provinces, et à tous juges de faire une punition exemplaire desdites violences; et à MM. les ministres d'état, ou autres commissaires du conseil qu'il plairait à S. M. de nommer, d'examiner les pièces qui leur seront baillées, tant sur les faits énoncés dans la susdite requête, que sur les autres griefs

---

(1) V. Arrêt du conseil du 4 juillet suivant.

ou contraventions à l'édit de Nantes, pour à leur rapport y être pourvu par S. M. Vu ladite requête, et les pièces y jointes, ouï le rapport, et tout considéré, le roi étant en son conseil, a ordonné et ordonne, que par les juges des lieux il sera informé des faits ci-dessus, et le procès fait et parfait aux coupables ainsi qu'il appartiendra, sauf l'appel aux parlemens dans le ressort desquels seront situées lesdites justices; et cependant fait S. M. très expresses défenses à toutes personnes de méfaire ni médire contre lesdits de la R. P. R., sur les peines portées par lesdits édits. Enjoint S. M. aux gouverneurs, lieutenans généraux des provinces, intendans de justice en icelles, de tenir la main à l'exécution du présent arrêt.

N° 967. — ARRÊT *du conseil faisant itératives défenses à toutes personnes autres que les officiers de la grande chancellerie qui ont droit de signature, et les conseillers secrétaires du roi, de dresser des expéditions qui se scellent en ladite chancellerie, à peine d'amende et de prison.*

Versailles, 17 juin 1681. (Archiv.)

PRÉAMBULE.

Le roi étant en son conseil, étant bien informé que quelque précaution qu'on ait apportée jusques à présent pour empêcher les surprises et même les falsifications des lettres du grand sceau, il en arrive néanmoins journellement, au mépris de l'autorité de S M., et au grand préjudice de son service et de celui du public, ce qui procède principalement, non seulement de la liberté qu'ont les solliciteurs et gens de néant, de dresser et écrire les expéditions de ladite chancellerie, mais même de la facilité qu'ont ceux qui sont seuls en droit et en obligation de les faire, de signer toutes sortes d'expéditions, soit desdits solliciteurs ou d'autres, sans les examiner, ni connoître même ceux qui les ont écrites; à quoi étant important de remédier promptement, etc.

N° 968. — DÉCLARATION *portant que les enfans des religionnaires pourront se convertir à l'âge de 7 ans, et faisant défenses aux religionnaires de faire élever leur enfans à l'étranger.*

Versailles, 17 juin 1681. (Néron, II, 965. — Archiv.) Reg. P. P., 8 juillet.

LOUIS, etc. Les grands succès qu'il a plu à Dieu de donner aux excitations spirituelles et autres moyens raisonnables, que nous avons employés pour la conversion de nos sujets de la R. P. R., nous conviant de seconder les mouvemens que Dieu donne au grand nombre de nosdits sujets, de reconnoître l'erreur dans laquelle ils sont nés, nous aurions résolu de déroger à notre déclaration du premier jour du mois de février 1669; par laquelle les enfans de ladite religion auroient été en quelque façon exclus de se convertir à la R. C. A. et R. depuis l'âge de sept ans, auquel ils sont capables de raison et de choix dans une matière aussi importante que celle de leur salut (1), jusques à l'âge de quatorze ans pour les mâles, et de douze pour les femelles, encore que l'édit de Nantes et autres, donnés en faveur de ceux de la R.P.R., ne contiennent aucunes dispositions pareilles, à quoi étant nécessaire de pourvoir. A ces causes, etc. Voulons et nous plaît, que nosdits sujets de la R.P. R., tant mâles que femelles, ayant atteint l'âge de 7 ans, puissent, et qu'il leur soit loisible d'embrasser la R. C. A. et R.; et qu'à cet effet ils soient reçus à faire abjuration de la R. P. R., sans que leurs pères et mères ou autres parens y puissent donner aucun empêchement, sous quelque prétexte que ce soit, dérogeant à cet effet, en tant que de besoin, à notredite déclaration du premier jour de février 1669. Voulons en outre que lesdits enfans qui se seront convertis après l'âge de 7 ans accomplis jouissent de l'effet de notre déclaration du quatorzième jour d'octobre 1665. Et conformément à icelle qu'il soit à leur choix, après leur conversion, de retourner en la maison de leurs pères et mères, pour y être nourris et entretenus, ou de se retirer ailleurs, et leur demander pour cet effet une pension proportionnée à leurs conditions et facultés; laquelle pension lesdits pères et mères seront tenus de payer à leurs enfans de quartier en quartier; et en cas de refus, voulons

---

(1) Cette déclaration est une des plus odieuses que le clergé catholique ait fait rendre contre les protestans. Il est à remarquer que dans le même temps qu'il portoit l'esprit de conversion et de persécution jusqu'à prétendre que les enfans sont, à sept ans, capables de raison et de choix dans une matière aussi importante que celle d'un changement de religion, et jusqu'à les forcer de rester en France pour qu'ils n'échappassent point à la conversion, le parlement de Paris faisoit défenses à tous supérieurs réguliers de faire faire aucune profession qu'à l'âge de 16 ans, et aux pères et mères d'y présenter aucune personne qu'audit âge, à peine d'être procédé extraordinairement contre les contrevenans. (Arrêt du 7 juillet 1682.)

qu'ils y soient contraints par toutes voies dues et raisonnables. Et sur ce que nous avons été informé que plusieurs de nos sujets de ladite R. P. R. ont envoyé élever leurs enfans dans les pays étrangers, dans lesquels ils peuvent prendre des maximes contraires à l'état et à la fidélité qu'ils nous doivent, par leur naissance, nous leur enjoignons très expressément de les faire revenir sans délai: à peine, à l'égard de ceux qui ont du bien en fonds, de privation de leur revenu pendant la première année, et de la moitié dudit revenu pendant tout le temps qu'ils tiendront leurs enfans dans les pays étrangers; et à l'égard de ceux qui n'ont aucuns biens en fonds, ils seront tenus de rappeler leursdits enfans, à peine d'amende, laquelle sera arbitrée à proportion de leurs biens et facultés : et seront contraints au paiement desdits revenus et amendes par chacun an jusques à ce qu'ils aient fait revenir leurs enfans. Défendons à nos sujets de ladite R. P. R. d'envoyer à leurs enfans dans les pays étrangers pour leur éducation avant l'âge de 16 ans, sous les peines ci-dessus exprimées, sans notre expresse permission. Si donnons, etc.

N° 969. — ARRÊT *du conseil portant défenses à tous messagers et à toutes autres personnes de porter aucunes lettres ou paquets ouverts ou cachetés, sous peine d'amende* (1).

Versailles, 18 juin 1681. (Archiv. — II, bulletin des lois, cclxv. II, n° 2646.)

EXTRAIT.

Ouï le rapport et tout considéré, il est ordonné que les édits, déclarations, arrêts et réglemens sur le fait des postes et messageries seront exécutés selon leur forme et teneur; ce faisant il est fait très expresses inhibitions et défenses à tous messagers auxquels la finance de leurs offices a été remboursée, et à tous maîtres des coches, carrosses et litières, poulaillers, beurriers, muletiers, piétons, mariniers bateliers, rouliers, voituriers, tant par terre que par eau, et à toutes autres personnes de quelque qualité et

---

(1) En vigueur. V. les arrêtés des 26 ventôse an 7, et 27 prairial an 9, au Bulletin des lois. V. aussi plus loin, l'arrêt du conseil du 29 novembre 1681. — Nous devons faire observer que Lequien de la Neufville rapporte, à la même date, dans son *Usage des postes*, un arrêt du conseil sur le même objet, mais qui n'est point conçu dans des termes identiques; nous avons dû préférer la version insérée au bulletin des lois.

condition qu'elles soient, autres que ceux qui auront droit et pouvoir dudit Patin et de ses intéressés, de se charger ni souffrir que leurs valets ou postillons, et même les personnes qu'ils conduiront par leurs voitures se chargent d'aucune lettre ni paquet de lettres, mais seulement des lettres de voiture des marchandises qu'ils voitureront, qui seront ouvertes et non cachetées, comme aussi à toutes personnes de se charger de la distribution desdites lettres et paquets de lettres, autres que ceux qui seront commis par ledit Patin et ses intéressés, à peine de 500 livres d'amende pour chacune contravention, qui ne pourra être remise ni modérée pour quelque cause que ce soit, applicable le tiers au dénonciateur, s'il y en a, le tiers à l'hôpital du lieu où les contraventions auront été découvertes, et l'autre tiers au profit dudit Patin et de ses intéressés, et de confiscation des équipages dans lesquels lesdites lettres auront été saisies. Il est permis pour cet effet audit Patin de faire visiter par ses procureurs, commis et préposés, les coches, carrosses, litières, paniers, valises, bateaux, et magasins d'iceux, pour reconnoître s'il n'y aura pas été mis, caché ou recelé des lettres ou paquets de lettres, pour passer en fraude.

N° 970. — DÉCLARATION *portant que les marguilliers des paroisses pourront, à défaut de juges et échevins, se transporter chez les religionnaires pour y solliciter leur abjuration* (1).

Versailles, 20 juin 1681. (Archiv.)

N° 971. — ARRÊT *du parlement de Paris qui fait défenses au provincial des jésuites de publier les bref et ordres reçus du pape* (2) *par le général de leur compagnie, touchant les grands vicaires établis dans le diocèse de Pamiers, le siège vacant, et d'agir en exécution.*

21 juin 1681. (Archiv.)

---

(1) V. déclaration du 7 avril précédent.

(2) Dans la longue querelle de Louis XIV avec le fier pape Odescalchi (Innocent XI), laquelle dura 7 années, depuis 1680 jusqu'à la mort de ce pontife, les parlemens et le clergé soutinrent à l'envi les droits de la couronne contre les entreprises de Rome; concert heureux qu'on n'avoit pas vu depuis Louis XII. Le parlement même parut très disposé à délivrer entièrement la nation du joug de l'église romaine, joug qu'il a toujours secoué, mais qu'il n'a jamais brisé. (Voltaire, *Hist. du parlement de Paris.*) V. Le procès-verbal de l'assemblée

N° 972. — ARRÊT *du conseil portant que les notaires, procureurs postulans, huissiers et sergens religionnaires réservés par les états arrêtés au conseil seront tenus de se démettre de leurs offices dans six mois.*

28 juin 1681. (Nouv. rec. de Lefèvre.)

N° 973. — ARRÊT *du conseil qui ordonne qu'il sera informé contre les ministres de la R. P. R. qui ont mal interprété l'arrêt du 19 mai précédent.*

Versailles, 4 juillet 1681. (Hist. de l'édit de Nantes.)

Le roi étant en son conseil, ayant été informé du mauvais usage que les ministres de la R. P. R. ont fait et font journellement de l'arrêt rendu au conseil d'état de S. M. le 19 mai dernier, par lequel S. M., par un esprit d'équité, ayant ordonné qu'il seroit informé des violences prétendues commises à l'égard des temples de Grenoble et d'Aouste au mois de mars dernier, du feu mis à celui de Houdan le 30 du même mois, du débris de portes de celui de Xaintes, et de la rupture des fenêtres et de la chaire de celui de la Ferté-au-Vidame, et de l'insulte faite au ministre de Vendôme au mois d'avril dernier, pour les informations vues, en être fait justice; lesdits ministres interprétant sinistrement ledit arrêt, en lui donnant une explication tout-à-fait contraire à son véritable sens, ont été si osés que de prêcher publiquement dans leurs chaires, que S. M. désavouoit les exhortations qui avoient été faites de sa part au peuple, d'embrasser la R. C. A. et R., et S. M. ne voulant pas souffrir ces insolences de si dangereuse conséquence, et qu'il soit ainsi abusé de sa bonté, donnant des interprétations à des arrêts, si éloignées de leur véritable sens, S. M. étant en son conseil a ordonné et ordonne que par les intendans et commissaires départis dans ses provinces et généralités, il sera soigneusement et diligemment informé contre les ministres de la R.P.R. qui, par un esprit de sédition, ont donné audit arrêt du 19 mai dernier un sens contraire à l'intention de S. M., et aux termes dont il est conçu, et les informations par eux envoyées à S. M., pour icelles vues, être par elle ordonné contre les coupables ce qu'elle verra être juste et raisonnable.

---

extraordinaire des archevêques et évêques de France, tenus aux mois de mars et de mai de cette année, au sujet de la régale et autres affaires; et ci-après la déclaration de 1682, sur les libertés de l'église gallicane.

N° 974. — ARRÊT *du conseil pour l'extinction et suppression du collège ou académie des religionnaires à Sedan.*

Versailles, 9 juillet 1681. (Nouv. rec. de Lefèvre.)

N° 975. — ARRÊT *du conseil portant que ceux qui ont acquis du prevôt des marchands et échevins de Paris des places, maisons et lieux dépendans des fortifications de ladite ville, en seront propriétaires incommutables, en payant le tiers du prix de leurs aliénations.*

Versailles, 12 juillet 1681. (Archiv.)

N° 976. — LETTRES-PATENTES *portant réglement pour la communauté des prêtres du Mont-Valérien, près Paris.*

Versailles, juillet 1681. (Blanchard.)

N° 977. — ORDONNANCE *contenant réglement sur les droits des fermes sur le tabac, les droits de marque sur l'or et l'argent, sur les octrois, etc.*

Versailles, juillet 1681. (Rec. cass. — Archiv. — Rec. ord. des fermes, in-4°, Paris, impr. royale 1750.) Reg. C. des A., 21 août.

EXTRAIT.

LOUIS, etc. Nos réglemens des mois de mai et de juin 1680, pour la régie et levée de nos droits de gabelles et d'aides et autres qui en dépendent, ont produit un soulagement assez considérable à nos sujets, en faisant cesser les vexations que la diversité des réglemens et l'incertitude des maximes qui devoient être observées, avoient donné lieu d'exercer par le passé, contre les redevables, pour nous obliger de continuer ce travail et d'établir par de nouveaux réglemens, des maximes certaines, non seulement pour la perception de chacun de nos droits en particulier, mais même pour ce qui regarde en général et également tous les droits de nos fermes, et la forme qui doit être observée pour en faire les publications, recevoir les enchères et procéder à leur adjudication. Et après avoir fait examiner les ordonnances et réglemens sur cette matière, nous avons fait rédiger les articles que nous voulons être observés à l'avenir. A ces causes, etc.

Du commerce du tabac dans le royaume.

ART. 1. Défendons à toutes personnes, autres que le fermier

de nos droits, ses procureurs, commis et préposés, de faire commerce, vente et débit dans notre royaume, en gros ou en détail, d'aucun tabac en corde et en poudre, filé, roulé, parfumé, matiné, ou autre, de quelque qualité qu'il soit, tant du Brésil, côte St.-Domingue, Malthe, Pontgibon, et autres pays étrangers, que du crû de notre royaume et des îles françoises de l'Amérique.

2. Le tabac en corde qui sera vendu en gros et en détail dans les magasins, sera marqué d'un plomb, et le tabac en poudre sera mis en des sacs qui seront cachetés.

3. L'empreinte ou figure, tant du plomb que des cachets, sera déposée au greffe des élections; et ailleurs en ceux des jurisdictions qui seront par nous établies dans les lieux où seront les bureaux, pour y avoir recours.

4. Défendons à ceux qui seront préposés à la vente dans nos magasins, d'en vendre aucun qui ne soit marqué et cacheté comme dessus, à peine de punition corporelle.

8. Défendons au fermier de nos droits, ses procureurs, commis ou préposés, de le vendre ou revendre à plus haut prix que celui porté par les articles précédens, à peine de concussion.

9. Défendons aussi à toutes personnes de vendre et distribuer du tabac, tant en corde qu'en poudre, encore qu'il soit marqué ou cacheté de la marque du fermier de nos droits, sinon de son ordre et pouvoir par écrit, ou de ses procureurs et commis; à peine de confiscation et de 300 livres d'amende pour la première fois, et de mille livres en cas de récidive : et à cet effet, permettons aux commis de faire toutes les visites nécessaires, et de dresser leurs procès-verbaux des contraventions auxquels foi sera ajoutée comme pour nos droits des autres fermes.

12. Ne pourra le tabac être vendu à autres qu'au fermier de nos droits, ses procureurs et commis, pour être consommé dans notre royaume; et s'ils ne conviennent du prix, permettons aux marchands de le rembarquer, ou d'en disposer par vente ou autrement, au profit de nos sujets ou des étrangers, pour être incessamment transporté hors notre royaume : voulons, en cas de séjour, qu'il soit déposé, cependant à leurs frais, dans nos magasins, et non ailleurs, sur pareilles peines.

13. Défendons à toutes personnes de fabriquer, filer, matiner et mettre en poudre aucun tabac étranger, à peine de cinq cents livres d'amende et de confiscation, tant du tabac que des instrumens et moulins qui y auront servi ; desquels moulins nous in-

terdisons l'usage sur pareille peine, à tous autres qu'à ceux qui seront préposés par le fermier de nos droits.

14. Défendons aussi à tous nos sujets d'ensemencer leurs terres de tabac, à peine de confiscation de celui qui y croîtra, et de mille livres d'amende.

15. N'entendons néanmoins comprendre dans nos défenses les habitans de Mondragon, des deux Tonnins, Clerac, Aiguillon, Damazan, Montheurs, Peuch, Gouteau, Villeton, le Mas-d'Agénois, la Gruère, Bouseau, Favillet, Grateloup, la Parade, la Fitte, Caumont, Verteuil, Mauzac, Villeneuve-la-Garde, Villemade, St.-Porquier, les Catallans, Montesche, Castel-Sarrazin, St.-Maixant, Lery, Lesdamps, Vaudreuil et Metz, auxquels nous permettons la culture du tabac en la manière accoutumée.

16. Seront tenus les habitans des lieux mentionnés en l'article précédent, de déclarer tous les ans pardevant les juges des lieux, greffiers, notaires, curés, ou autres personnes publiques, la situation et la quantité des terres qu'ils entendent ensemencer de tabac; et de remettre leurs déclarations en bonne forme, au commis du plus prochain bureau, un mois au plus tard après que les terres auront été ensemencées, à peine de confiscation du tabac qui y croîtra, et de cinq cents livres d'amende.

17. Leur défendons et à tous autres, de mâtiner et mettre en poudre aucun tabac du crû de notre royaume, sur les peines portées par l'art. 11 pour le tabac étranger : leur permettons néanmoins de le fabriquer, filer et mettre en rôle, en vertu d'un congé par écrit du commis du plus prochain bureau, et non autrement sur pareilles peines.

18. Leur enjoignons de faire leur déclaration comme dessus, de tout le tabac qu'ils auront fabriqué, filé et mis en rôle, et de la remettre incessamment au commis du plus prochain bureau, dont ils retireront un certificat qui leur sera délivré gratis : leur défendons de s'en dessaisir auparavant, ni de le transporter d'un lieu à l'autre, à peine de confiscation et de cinq cents livres d'amende.

19. Leur permettons de vendre le tabac de leur crû à qui bon leur semblera, pour être toutefois transporté incessamment hors de notre royaume : et en cas de séjour, voulons qu'il soit déposé dans nos magasins, et non ailleurs, sur les peines portées par l'article 10, à l'égard du tabac étranger.

Des droits de marque sur l'or et l'argent.

10. Défendons à tous orfèvres, joailliers, batteurs et tireurs d'or, et autres ouvriers en or et en argent, de vendre ni exposer en vente aucuns ouvrages qu'ils n'aient été marqués selon leur qualité, du poinçon ou cachet du fermier de nos droits, et que nos droits de marque n'aient été payés; le tout à peine de confiscation et de cent livres d'amende pour chacune pièce.

11. Permettons au fermier de nos droits, ses procureurs et commis, de faire les visites chez les orfèvres, joailliers, et autres ouvriers travaillant ou vendant ouvrages de vaisselle d'or et d'argent, pourvu qu'ils soient assistés de l'un des officiers de l'élection du lieu où la visite se fera; ce que nous voulons avoir lieu, même dans notre bonne ville et faubourgs de Paris.

16. Enjoignons à tous orfèvres, affineurs, batteurs et tireurs d'or et d'argent, et autres ouvriers de même qualité, de se faire inscrire au greffe des monnoies, et d'y déclarer le lieu et l'endroit où ils travaillent, à peine de cinq cents livres d'amende contre les contrevenans.

De la première moitié des octrois et deniers communs.

Art. 1er. Sera levée à notre profit, à perpétuité, la première moitié de tous les octrois, dons, concessions, deniers communs, tant anciens que nouveaux, et autres impositions qui se lèvent sur les habitans des villes, bourgs et communautés de notre royaume, ainsi que nous en avons joui jusqu'à présent, dans lesquels n'entendons comprendre les deniers patrimoniaux.

2. Les dettes, subsistances, rentes et autres charges, tant générales que particulières, des villes, bourgs et communautés, seront prises sur l'autre moitié; la perception de laquelle les maires, échevins, syndics, et leurs procureurs, pourront aussi continuer à perpétuité, encore que le temps porté par l'octroi fût limité ou expiré: voulons que nos présentes leur tiennent lieu de lettres de confirmation et continuation.

6. Défendons néanmoins de lever les droits d'octroi et des villes, sur les biscuits, vin, bière, cidre, huile, vinaigre, chairs de bœuf et de porc salées, poisson salé, bru, riz, fèves ou fayols, et autres denrées, boissons et liqueurs servant à l'avitaillement de nos vaisseaux et à ceux des compagnies de commerce, gardes-côtes et vaisseaux particuliers armés en guerre ou pour faire le commerce.

Du droit de fret.

Art. 1ᵉʳ. Notre droit de fret sera levé à raison de 50 sols pour tonneau sur tous les vaisseaux étrangers, selon la continence dont ils seront, suivant la jauge à morte charge qui en sera faite; et le paiement en sera fait à l'entrée ou à la sortie des hâvres et ports de notre royaume, au choix du fermier de nos droits.

2. Déclarons vaisseaux étrangers ceux qui n'ont point été fabriqués dans notre royaume, encore qu'ils appartiennent à nos sujets regnicoles, à moins qu'ils n'en rapportent les contrats d'achat passés pardevant notaires et enregistrés aux greffes des amirautés, par ordonnance des juges, et que les deux tiers de l'équipage soient François, sans lesquelles conditions voulons qu'ils soient tenus de payer nos droits.

3. Nos droits seront payés, soit que les vaisseaux soient venus chargés, et qu'ils s'en retournent à vide, ou qu'ils soient venus à vide, et qu'ils s'en retournent chargés : défendons de les lever, tant sur ceux qui entreront et sortiront vides, que sur ceux qui entreront chargés et qui sortiront avec la même charge, à peine de concussion.

4. Ne seront levés nos droits qu'une fois seulement pour chacun voyage : en sorte néanmoins qu'un vaisseau envoyé dans un port, hâvre ou rade de notre royaume, pour y charger ou décharger, soit sujet au paiement de nos droits selon la continence dont il se trouvera, autant de fois et pour autant de voyages qu'il fera de port en port, même au dedans de notre royaume.

5. Enjoignons aux maîtres des vaisseaux de donner une déclaration véritable du port de leurs vaisseaux, dans les vingt-quatre heures de leur arrivée, à peine de confiscation des vaisseaux, marchandises et équipages.

6. Leur défendons de sortir des ports et hâvres, sans auparavant avoir acquitté nos droits, sur pareille peine de confiscation et de mille livres d'amende.

7. Faisons aussi très expresses défenses à nos sujets de prêter leur nom aux étrangers, à peine de confiscation des vaisseaux et marchandises, et de trois mille livres d'amende.

8. Les contestations seront jugées en première instance par nos juges des traites ou nos autres officiers qui seront par nous commis; et en cas d'appel, par nos cours des aides.

Titre commun pour toutes les fermes.

Art. 4. Les fermiers de nos droits auront contre les sous-fermiers les mêmes actions, privilèges, hypothèques, droits de contraindre et poursuivre, que nous avons contre les fermiers : voulons néanmoins que leurs droits soient prescrits par cinq ans, à compter du jour des baux des fermes expirés; et que les instances par eux intentées, soient sujettes à péremption comme entre nos autres sujets, le tout, s'il n'y a interruption : lesquelles prescriptions et péremptions n'entendons avoir lieu lorsque nous sommes partie, comme exerçant les droits des fermiers nos débiteurs.

5. Ce que nous avons ordonné à l'égard des fermiers contre les sous-fermiers, aura lieu à l'égard des fermiers et sous-fermiers contre leurs commis.

6. Voulons que les fermiers et sous-fermiers qui feront crédit de nos droits, et qui viendroient par action, opposition, intervention, plainte ou autrement, même dans les cas auxquels ils pourroient se faire payer sur-le-champ, soient préférés sur les meubles, à tous autres créanciers, même à ceux qui ont prêté leurs deniers pour les acheter, aux exceptions portées par les réglemens de nos droits d'aides.

7. N'entendons la préférence portée par l'article précédent avoir lieu, sinon lorsque les soumissions et promesses que nos fermiers et sous-fermiers auront prises des redevables, seront libellées pour nos droits, conformément aux registres et déclarations qui en auront été faites.

8. N'entendons aussi que la préférence ordonnée pour nos droits ait lieu pour les confiscations de la juste valeur, en ce qu'elles excèdent nos droits, ni pour l'amende et les dépens.

9. Dans les contestations et instances de préférence, entre les fermiers et sous-fermiers d'un bail précédent, et ceux du bail courant, saisissans ou opposans sur les meubles de leur débiteur commun pour nos droits, confiscation, amendes et dépens; ceux du bail courant seront préférés à ceux du bail précédent, à moins que leur saisie ou opposition n'ait été formée avant l'expiration du bail, auquel cas ils viendront par concurrence; laquelle aura lieu pareillement en cas que tous les baux fussent expirés avant les saisies et oppositions, et aussi, lorsque les fermiers des baux courans se trouveront créanciers et opposans sur les autres biens.

10. Chacun fermier ou sous-fermier sera responsable civilement de ses commis, même le fermier général, des faits ou délits

du sous-fermier : enjoignons aux sous-fermiers et aux porteurs de la procuration du fermier général pour la recette et administration des droits compris dans les sous-baux, lorsqu'ils procéderont dans les juridictions inférieures, en nos cours et en notre conseil, soit en demandant ou défendant, ou qu'ils décerneront et feront exécuter aucunes contraintes sous le nom du fermier général, d'ajouter les nom et domicile du sous-fermier et de ses cautions, et de déclarer que les actions et procédures sont faites à leur poursuite et diligence, à peine de nullité et de tous dépens, dommages et intérêts.

12. Pourra le fermier de nos droits décerner ses contraintes contre ses procureurs et commis, qui seront en demeure de compter ou de payer, en vertu desquelles ils pourront être constitués prisonniers, et ne seront reçus au bénéfice de cession.

13. Ne seront aussi reçus au bénéfice de cession, ceux de nos sujets qui sont contraignables par corps au paiement de nos droits.

14. Les gages de ceux qui sont employés par les fermiers de nos droits, et par leurs procureurs et sous-fermiers, ne pourront être saisis à la requête de leurs créanciers, sauf à eux à se pourvoir sur les autres biens ; et si aucunes saisies étoient faites, nous leur en faisons main-levée par ces présentes, et déchargeons les débiteurs des gages, des assignations qui leur seront données pour affirmer, et des condamnations qui pourront intervenir.

15. Défendons à ceux qui auront obtenu des condamnations contre les fermiers et sous-fermiers de nos droits, ou qui seront leurs créanciers par promesses, obligations ou autrement, de saisir ou arrêter entre les mains des redevables de nos droits, ce qu'ils en doivent : voulons que nonobstant les saisies, dont nous faisons main-levée par ces présentes, les particuliers soient contraints au paiement, et que les saisissans soient condamnés aux dommages et intérêts des fermiers et sous-fermiers.

19. Les procès-verbaux des commis et gardes, bien et dûment faits et affirmés en justice, seront crus jusqu'à inscription de faux.

20. Voulons que les commis et autres ayant serment à justice, qui auront fabriqué ou fait fabriquer de faux registres, ou qui en auront délivré de faux extraits signés d'eux ou contrefait la signature de nos juges, soient punis de mort.

28. Les effets mobiliaires saisis à fin de confiscation ou confisqués, ne pourront être revendiqués par les propriétaires, ni le prix, soit qu'il soit consigné ou non, réclamé par aucun créan-

cier, même privilégié, sauf leur recours contre les auteurs de la fraude.

29. La confiscation des marchandises pourra être poursuivie avec les voituriers et autres préposés à la conduite, auteurs de la fraude, sans que le fermier de nos droits soit tenu de mettre en cause les propriétaires, encore qu'ils lui soient indiqués; comme aussi la confiscation des voitures, charrettes, bateaux, chevaux et équipages, pourra être ordonnée conjointement avec celle des marchandises contre les auteurs de la fraude, sans que le fermier de nos droits soit tenu de mettre en cause les voituriers ou autres propriétaires des équipages.

30. Les condamnations contre deux ou plusieurs personnes, pour un même fait de fraude, sont solidaires tant pour la confiscation et l'amende, que pour les dépens.

31. Défendons à tous nos juges de modérer les confiscations et amendes, à peine d'en répondre en leur propre et privé nom, ni de les divertir et destiner au préjudice des fermiers et sous-fermiers de nos droits : leur permettons néanmoins d'augmenter les amendes, si l'affaire le mérite, comme aussi de les réduire pour fait purement civil, jusqu'à cent livres s'il y échet, selon la qualité de la contravention et celle des contrevenans.

32. Ne pourront les dépens être compensés, s'il n'y a dans le jugement des condamnations respectives.

39. Enjoignons aux commis de mettre au dehors, sur la porte des bureaux, ou en autre lieu apparent, les tableaux ou inscriptions contenant en général les droits de la ferme, pour la recette ou contrôle desquels le bureau est établi : leur enjoignons pareillement de mettre dans le bureau, en un lieu apparent, un autre tableau contenant un tarif exact de tous les droits, à peine d'amende arbitraire, dépens, dommages et intérêts des parties.

N° 978. — RÉGLEMENT *pour la poursuite des soldats déserteurs.*

25 juillet 1681. (Bajot.)

N° 979. — LETTRES-PATENTES *en forme d'édit portant confirmation de la nouvelle compagnie du Sénégal et côtes d'Afrique, et de ses priviléges.*

Versailles, juillet 1681. (Moreau de Saint-Méry, I, 356.)

N° 980. — EDIT *portant création en titre d'office, des officiers* qui composoient le corps de l'hôtel-de-ville de Paris, avec attribution de gages, faculté de résigner lesdits offices par-devant notaires, et de payer une redevance annuelle à la recette du domaine de l'hôtel deladite ville pour la conservation de leurs charges.

Versailles, juillet 1681. (Archiv.)

EXTRAIT.

LOUIS, etc. Les officiers établis pour le régime et administration des affaires communes et police de notre bonne ville de Paris, capitale de notre royaume, se trouvent composés, outre le prevôt des marchands et les quatre échevins, qui sont annuellement élus pour exercer leurs charges deux années, et qui en font le serment en nos mains; d'un procureur qualifié notre procureur et de ladite ville; d'un greffier, concierge et garde-meuble et des salles et étapes de l'hôtel de notredite ville; d'un receveur du domaine, deniers communs, dons et octroi d'icelle; de vingt-six conseillers en notredit hôtel-de-ville, dont dix doivent être possédés par des officiers de nos cours et compagnies, et les secrétaires de notre maison et couronne de France; et les seize restant par de notables bourgeois et marchands de notredite ville; et de seize quarteniers : et encore de certain nombre d'officiers de police, comme de jurés mouleurs, visiteurs et compteurs de bois, vendeurs et contrôleurs de vins; mesureurs et porteurs de charbon; mesureurs et porteurs de vins; huissiers sergens de ladite ville; jurés courtiers et jurés jaugeurs de vins; jurés crieurs de corps; chargeurs de bois; mesureurs, hanoüars, briseurs et courtiers de sel; maîtres des ponts de Paris, St.-Cloud, Lepecq, Chatou, Neuilly, Poissy, Pontoise, Lisle-Adam, Beaumont, Creil, Champigny, Sainte-Maixance et Compiègne : toutes lesquelles charges ont toujours été possédées par ceux qui ont été nommés pour les exercer durant leur vie, sans qu'il y ait été pourvu qu'après leur décès, ou sur leur démission pure et simple, etc.

N° 981. — ORDONNANCE de la marine (1).

Fontainebleau, août 1681.

LOUIS, etc. Après les diverses ordonnances que nous avons

---

(1) Le principal ouvrage composé à l'occasion de cette célèbre ordonnance,

faites pour régler par de bonnes lois l'administration de la justice et de nos finances, et après la paix glorieuse dont il a plu à Dieu de couronner nos dernières victoires, nous avons cru que pour achever le bonheur de nos sujets, il ne restoit plus qu'à leur procurer l'abondance, par la facilité et l'augmentation du commerce qui est l'une des principales sources de la félicité des peuples : et comme celui qui se fait par mer est le plus considérable, nous avons pris soin d'enrichir les côtes qui environnent nos états, de nombre de havres et de vaisseaux pour la sûreté et la commodité des navigateurs qui abordent à présent de toutes parts dans les ports de notre royaume. Mais parce qu'il n'est pas moins nécessaire d'affermir le commerce par de bonnes lois, que de le rendre libre et commode par la bonté des ports et par la force des armes, et que nos ordonnances, celles de nos prédécesseurs, ni le droit romain ne contiennent que très peu de dispositions pour la décision des différends qui naissent entre les négocians et les gens de mer, nous avons estimé que, pour ne rien laisser à désirer au bien de la navigation et du commerce, il étoit important de fixer la jurisprudence des contrats maritimes, jusqu'à présent incertaine, de régler la juridiction des officiers de l'amirauté, et les principaux devoirs des gens de mer, et d'établir une bonne police dans les ports, côtes et rades qui sont dans l'étendue de notre domination. A ces causes, etc. ordonnons et nous plaît ce qui ensuit :

LIVRE PREMIER.

DES OFFICIERS DE L'AMIRAUTÉ ET DE LEUR JURIDICTION.

TITRE I*er*. — *De l'Amiral.*

Art. 1*er*. La justice sera rendue au nom de l'amiral dans tous les siéges de l'amirauté.

2. La nomination aux offices de lieutenans, conseillers, de nos avocats et procureurs, et des greffiers, huissiers et sergens aux siéges généraux et particuliers de l'amirauté, appartiendra

---

est celui qui est intitulé : *Nouveau Commentaire sur l'ordonnance de la marine, par R. Jos. Valin*, la Rochelle, 1760, 2 vol. in-4°.

à l'amiral, sans toutefois qu'ils puissent exercer qu'après qu'ils auront obtenu nos lettres de provision.

3. Lui appartiendra aussi de donner les congés, passe-ports, commissions et sauf-conduits aux capitaines et maîtres des vaisseaux équipés et guerre ou marchandises.

4. Pourra établir le nombre nécessaire d'interprètes et des maîtres de quai dans les ports : et où il n'y aura pas lieu d'établir des maîtres de quai, commettra, si besoin est, des personnes capables pour veiller au lestage et délestage des bâtimens de mer, et à l'entretien des feux, tonnes et balises.

5. Visitera ou fera visiter par telles personnes qu'il voudra, les ports, côtes et rades de notre royaume.

6. Commandera la principale de nos armées navales, suivant les ordres que nous lui en donnerons.

7. Le vaisseau que l'amiral montera portera le pavillon quarré blanc au grand mât, et les quatre fanaux.

8. Lorsqu'il sera près de notre personne, les ordres que nous enverrons à nos armées navales lui seront communiqués.

9. Le dixième de toutes les prises faites en mer ou sur les grèves, sous commission et pavillon de France, appartiendra à l'amiral, avec le dixième des rançons.

10. Lui appartiendront aussi toutes les amendes adjugées aux siéges particuliers, et la moitié de celles qui seront prononcées aux tables de marbre.

11. Jouira des droits d'ancrage, tonnes et balises, et du tiers des effets tirés du fond de la mer, ou jetés par le flot à terre, dans les cas prescrits par la présente ordonnance.

12. Pourra établir en chaque siége d'amirauté un procureur ou receveur, pour la délivrance des congés et la perception de ses droits.

13. Faisons défenses à tous gouverneurs de nos provinces, lieutenans-généraux, gouverneurs particuliers de places, et autres officiers de guerre, de donner aucuns congés, passeports et sauf-conduits pour aller en mer, et à tous gentilshommes et seigneurs de se dire et qualifier amiraux dans leurs terres, d'exiger sous ce prétexte aucun droit, et de rien entreprendre sur la charge d'amiral.

14. Déclarons au surplus que nous nous sommes réservé le choix et la provision des vice-amiraux, lieutenans-généraux et chefs d'escadre ; des capitaines, lieutenans, enseignes et pilotes de nos vaisseaux, frégates et brûlots, des capitaines et officiers

des ports et gardes-côtes, des intendans, commissaires, contrôleurs généraux et particuliers, gardes-magasins, et généralement de tous autres officiers de guerre et de finance, ayant emploi et fonction dans la marine; ensemble tout ce qui peut concerner les constructions et radoubs de nos vaisseaux, l'achat de toute sorte de marchandises et munitions pour les magasins et armemens de mer, et l'arrêté des états de toutes les dépenses faites par les trésoriers de la marine.

TITRE II. — *De la Compétence des juges de l'Amirauté.*

Art. 1er. Les juges de l'amirauté connoîtront privativement à tous autres, et entre toutes personnes de quelque qualité qu'elles soient, même privilégiées, François et étrangers, tant en demandant qu'en défendant, de tout ce qui concerne la construction, les agrès et apparaux, armement, avitaillement et équipement, vente et adjudication des vaisseaux.

2. Déclarons de leur compétence toutes actions qui procèdent de chartes-parties, affrétemens ou nolissemens, connoissemens ou polices de chargement, fret ou nolis, engagement et loyer de matelots, et des victuailles qui leur seront fournies pour leur nourriture par ordre du maître, pendant l'équipement des vaisseaux; ensemble des polices d'assurances, obligations à la grosse aventure ou à retour de voyage; et généralement de tous contrats concernant le commerce de la mer, nonobstant toutes soumissions et priviléges à ce contraires.

3. Connoîtront aussi des prises faites en mer, des bris, naufrages et échouemens; du jet et de la contribution, des avaries et dommages arrivés aux vaisseaux et aux marchandises de leur chargement: ensemble des inventaires et délivrance des effets délaissés dans les vaisseaux par ceux qui meurent en mer.

4. Auront encore la connoissance des droits de congé, tiers, dixième, balise, ancrage et autres appartenant à l'amiral; ensemble de ceux qui seront levés ou prétendus par les seigneurs ou autres particuliers voisins de la mer, sur les pêcheries ou poissons, et sur les marchandises ou vaisseaux sortant des ports ou y entrant.

5. La connoissance de la pêche qui se fait en mer, dans les étangs salés et aux embouchures des rivières, leur appartiendra, comme aussi celle des parcs et pêcheries, de la qualité des rets et filets, et des ventes et achats de poisson dans les bateaux ou sur les grèves, ports et hâvres.

6. Connoîtront pareillement des dommages causés par les bâtimens de mer aux pêcheries construites, même dans les rivières navigables, et de ceux que les bâtimens en recevront; ensemble des chemins destinés pour le halage des vaisseaux venant de la mer, s'il n'y a réglement, titre ou possession contraire.

7. Connoîtront encore des dommages faits aux quais, digues, jetées, palissades et autres ouvrages faits contre la violence de la mer, et veilleront à ce que les ports et rades soient conservés dans leur profondeur et netteté.

8. Feront la levée des corps noyés, et dresseront procès-verbal de l'état des cadavres trouvés en mer, sur les grèves ou dans les ports; même de la submersion des gens de mer, étant à la conduite de leurs bâtimens dans les rivières navigables.

9. Assisteront aux montres et revues des habitans des paroisses sujettes au guet de la mer, et connoîtront de tous différends qui naîtront à l'occasion du guet, comme aussi des délits qui seront commis par ceux qui feront la garde des côtes, tant qu'ils seront sous les armes.

10. Connoîtront pareillement des pirateries, et des pillages et désertions des équipages, et généralement de tous crimes et délits commis sur la mer, ses ports, hâvres et rivages.

11. Recevront les maîtres des métiers de charpentier de navire, calfateur, cordier, trevier, voilier et autres ouvriers travaillant seulement à la construction des bâtimens de mer, et de leurs agrès et apparaux, dans les lieux où il y aura maîtrise; et connoîtront des malversations par eux commises dans leur art.

12. Les rémissions accordées aux roturiers pour crimes dont la connoissance appartient aux officiers de l'amirauté, seront adressées et jugées ès siéges d'amirauté ressortissant nûment en nos cours de parlement.

13. Les officiers des siéges généraux de l'amirauté aux tables de marbre, connoîtront en première instance des matières tant civiles que criminelles, contenues en la présente ordonnance, quand il n'y aura pas de siéges particuliers dans le lieu de leur établissement, et par appel, hors les cas où il écherroit peine afflictive, auquel cas sera notre ordonnance de 1670 exécutée.

14. Pourront évoquer des juges inférieurs, les causes qui excéderont la valeur de trois mille livres, lorsqu'ils seront saisis de la matière par l'appel de quelque appointement ou interlocutoire donné en première instance.

15. Faisons défenses à tous prevôts, châtelains, viguiers,

baillifs, sénéchaux, présidiaux et autres juges ordinaires, juges consuls et des soumissions, aux gens tenant les requêtes de notre hôtel et du palais, et à notre grand conseil, de prendre aucune connoissance des cas ci-dessus, circonstances et dépendances, et à nos cours de parlement d'en connoître en première instance, même à tous négocians, mariniers et autres, d'y procéder pour raison de ce, à peine d'amende arbitraire.

TITRE III. — *Des Lieutenans, Conseillers, Avocats et Procureurs du roi aux siéges de l'amirauté.*

Art. 1er. Les lieutenans, conseillers, et nos avocats et procureurs aux siéges généraux et particuliers de l'amirauté, ne pourront être reçus qu'ils ne soient gradués, n'aient fréquenté le barreau pendant le temps porté par nos ordonnances, et ne soient âgés, savoir, les lieutenans des siéges généraux, de vingt-sept ans, et ceux des autres siéges, et nos avocats et procureurs, de vingt-cinq.

2. Les lieutenans-généraux et particuliers, les conseillers, et nos avocats et procureurs ès siéges ressortissans nûment en nos cours, seront reçus en nos cours de parlement, et les lieutenans, et nos avocats et procureurs aux siéges particuliers, seront reçus en ceux des tables de marbre.

3. Auront les lieutenans, conseillers, et nos avocats et procureurs aux tables de marbre leurs causes commises aux requêtes du palais de nos cours de parlement dans le ressort desquelles ils se trouveront établis, et ceux des siéges particuliers, devant nos baillis et sénéchaux; et pourront, comme les autres juges royaux, mettre à exécution les arrêts de nos cours de parlement, et toutes commissions de chancellerie concernant les affaires de leur compétence.

4. Les lieutenans particuliers tiendront les audiences, et feront tous actes requis et nécessaires, en cas d'absence, maladie ou récusation des lieutenans-généraux ou principaux, lesquels ne pourront commettre des avocats pour faire les fonctions de leurs charges au préjudice des lieutenans particuliers ou conseillers.

5. Nos procureurs aux siéges d'amirauté seront tenus de faire incessamment la recherche et poursuite des délits de leur compétence, et d'en donner avis à nos procureurs-généraux, à

peine de suspension de leurs charges pour la première fois, et de privation en cas de récidive.

6. Prendront conclusions en toutes affaires, où nous, l'amiral, le public, les mineurs ou les absens auront intérêt, et seront, en cas de besoin, appelés comme gradués au jugement des autres affaires, préférablement aux avocats et praticiens des lieux.

7. Seront tenus de dresser chacun mois un état des appellations qui leur auront été signifiées, des jugemens auxquels nous, l'amiral ou le public auront intérêt ; lequel état ils enverront incessamment à notre procureur aux siéges et cours où elles ressortiront, avec un mémoire instructif.

8. Auront quatre registres, dont le premier contiendra leurs conclusions tant préparatoires que définitives; le deuxième, l'état de tous les échouemens, bris, naufrages, et généralement de toutes épaves trouvées en mer ou sur les grèves, ensemble des ventes, adjudications ou main-levées, et des frais faits à l'occasion des naufrages; le troisième, le rôle des amendes adjugées sur leurs conclusions, l'état des titres à eux communiqués concernant les droits d'ancrage, pêche, varecq et autres, les oppositions formées entre leurs mains, et les assignations données aux étrangers ; et le quatrième contiendra les dénonciations qu'ils feront signer aux dénonciateurs, s'ils savent signer, sinon à leurs procureurs.

9. Faisons défenses à tous officiers d'amirauté d'exiger des pêcheurs, mariniers et marchands, du poisson ou autres marchandises, même d'en recevoir sous prétexte de paiement de leurs droits, à peine d'interdiction et de cinq cents livres d'amende.

10. Leur faisons pareillement défenses de prendre directement ou indirectement, par eux ou par personnes interposées, aucune part ni intérêt dans les droits de tonnes, balises, ancrage et autres dont la connoissance leur appartient, à peine de privation de leurs charges, et de mille livres d'amende.

TITRE IV. — *Du Greffier.*

Art. 1er. Les greffiers des siéges généraux et particuliers seront âgés de vingt-cinq ans, et seront reçus après information de leur vie, mœurs et religion.

2. Avant que les greffiers puissent faire aucune xercice du

greffe, il sera fait par le lieutenant, en présence de nos procureur ou avocat, inventaire ou récolement de tous les registres, minutes et papiers qui se trouveront au greffe.

3. Les minutes des procès-verbaux, inventaires, enquêtes, informations, récolemens, déclarations, et autres semblables actes, seront écrits par les greffiers ou par leurs commis qui auront serment à justice, et ne pourront les greffiers s'en dessaisir que par ordonnance du juge, à peine d'amende arbitraire et des dommages et intérêts des parties, même d'interdiction.

4. Seront tenus d'écrire au pied des expéditions qu'ils délivreront les épices et vacations des officiers et les droits du greffe, à peine de restitution du double et de cinquante livres d'amende.

5. Enjoignons au greffier d'avoir sept registres cotés et paraphés en chacun feuillet par le juge, et d'y écrire tous les actes de suite, sans y laisser aucun blanc, à peine de cinq cents livres d'amende et de punition exemplaire, s'il y échet.

6. Le premier servira pour les causes d'audience, et le second pour les jugemens rendus sur procès par écrit.

7. Le troisième servira pour l'enregistrement des édits, déclarations, ordonnances, arrêts, provisions, commissions et installations d'officiers, réceptions des maîtres et pilotes, et des titres de ceux qui prétendent quelques droits sur les vaisseaux, marchandises et pêcheries.

8. Le quatrième contiendra les congés, et le cinquième les rapports des capitaines et maîtres de navire, ensemble les déclarations des prises, naufrages, épaves de mer, et tous les actes faits en conséquence.

9. Le sixième servira pour le dépôt de tous les procès qui seront produits, et de tout ce qui sera consigné au greffe.

10. Et le septième contiendra le rôle des maîtres matelots, pêcheurs et mariniers étant dans le ressort du siége, avec le nombre, port et fabrique des vaisseaux appartenant aux bourgeois demeurant dans son étendue.

11. Faisons défenses au greffier de communiquer les chartes-parties, connoissemens, lettres d'adresse et autres papiers trouvés dans les vaisseaux pris ou échoués, ni les procès-verbaux, informations, interrogatoires et autres procédures et instructions secrètes concernant les prises et échouemens, si ce n'est par ordonnance du juge, à peine de trois cents livres d'amende et des dommages et intérêts des parties, même d'être procédé extraordinairement contre eux.

12. Seront tenus d'envoyer au commencement de chacune année au greffe des juridictions où ressortissent les appellations de leurs siéges, l'extrait de leurs registres criminels, et d'en donner avis à nos procureurs.

13. Seront pareillement tenus de délivrer au receveur de l'amiral, tous les six mois, le rôle des amendes qui auront été adjugées au siége.

14. Le greffier sera tenu de mettre dans le lieu le plus apparent du greffe un tableau dans lequel seront écrits les droits de chaque expédition.

15. Les greffiers sortant d'exercice, et leurs veuves et héritiers seront tenus à l'avenir de remettre au greffe leurs registres et minutes avec les autres papiers dont ils auront été chargés, à quoi faire ils pourront être contraints par toutes voies, même par corps.

TITRE V. — *Des Huissiers audienciers, Visiteurs et autres sergens de l'amirauté.*

ART. 1er. Les huissiers audienciers, visiteurs et autres sergens de l'amirauté ne pourront être reçus qu'ils ne soient âgés de vingt-cinq ans, et qu'ils n'aient été examinés sur les articles de l'ordonnance concernant les fonctions de leurs charges, information préalablement faite de leurs vie, mœurs et religion : et seront tenus de donner caution de trois cents livres qui sera reçue avec notre procureur pardevant le lieutenant.

2. Les huissiers visiteurs feront incessamment la visite des vaisseaux lors de leur arrivée et de leur départ, et en délivreront leurs procès-verbaux aux maîtres, à peine de tous dépens, dommages et intérêts procédant du retardement.

3. Observeront en faisant leur visite, de quelles marchandises les vaisseaux sont chargés, quel est leur équipage, quels passagers ils mènent, et feront mention dans leurs procès-verbaux du jour de l'arrivée ou départ du bâtiment, et de ce qui leur aura été payé pour leur salaire.

4. Tiendront un registre coté et paraphé en chaque page par le lieutenant du siége, dans lequel sera fait mention sommaire du contenu aux procès-verbaux de visite, et le registre sera clos par le juge à la fin de chacune année.

5. S'opposeront au transport des marchandises déprédées ou de contrebande, les saisiront et en feront rapport au juge, à

peine de trois cents livres d'amende et de punition exemplaire.

6. Empêcheront les maîtres de faire voile sans congé de l'amiral, bien et dûment enregistré, et de décharger aucune marchandise s'ils n'ont fait leur rapport.

7. Les maîtres, capitaines et patrons seront tenus de souffrir la visite de leurs bâtimens, à peine d'amende arbitraire.

TITRE VI. — *Du Receveur de l'amiral.*

ART. 1ᵉʳ. Le receveur de l'amiral sera tenu de faire enregistrer sa commission au greffe du siége de l'amirauté où il sera établi, et d'y prêter serment.

2. Il sera aussi tenu d'avoir un registre coté et paraphé par le juge, dans lequel il enregistrera les congés.

3. Le receveur sera appelé, à la diligence de notre procureur, à la confection de l'inventaire des effets sauvés des naufrages ou pris sur nos ennemis, sans qu'il puisse prétendre aucun droit pour son assistance.

4. Lui seront communiquées les requêtes à fin de main-levée des effets sauvés des naufrages, ou provenus des prises, ou toutes autres auxquelles l'amiral aura intérêt.

5. Enjoignons au receveur de l'amiral de tenir son bureau ouvert, et d'y être chaque jour pour la délivrance des congés et passeports, depuis huit heures du matin jusqu'à onze; et depuis deux heures après midi jusqu'à cinq, et d'écrire au bas de chaque congé qu'il délivrera, ce qu'il aura reçu, à peine de cinquante livres d'amende au profit de l'hôpital du lieu de son établissement.

TITRE VII. — *Des Interprètes et des Courtiers conducteurs des maîtres de navire.*

ART. 1. Les interprètes ne pourront faire fonction de leur commissions, qu'elles n'aient été enregistrées au siége de leur établissement, et qu'ils n'aient fait expérience de leur capacité et prêté serment devant le lieutenant du siége.

2. Interpréteront dans les siéges d'amirauté privativement à tous autres les déclarations, chartes-parties, connoissemens, contrats et tous actes dont la traduction sera nécessaire.

3. Serviront aussi de truchement à tous étrangers, tant maîtres de navires, que marchands, équipages de vaisseaux et autres personnes de mer.

4. Les traductions ne feront foi que lorsque les parties auront convenu d'interprètes, ou qu'ils auront été nommés par les juges.

5. Les interprètes convenus ou nommés se chargeront au greffe des pièces dont la traduction sera ordonnée après qu'elles auront été paraphées par le juge, et seront tenus de les rapporter avec les traductions dans le temps qui leur sera prescrit, sans qu'ils puissent exiger, ni prendre plus grands salaires que ceux qui leur seront taxés.

6. Pourront aussi servir de facteurs aux marchands étrangers dans les affaires de leur commerce.

7. Aucun ne pourra faire fonction de courtier conducteur de maîtres de navire, qu'il n'ait été immatriculé au greffe de l'amirauté sur l'attestation que quatre notables marchands du lieu donneront de sa capacité et probité.

8. Les interprètes et courtiers auront un registre coté et paraphé en tous les feuillets par le lieutenant de l'amirauté, dans lequel ils écriront les noms des maîtres et des navires pour lesquels ils seront employés, le jour de leur arrivée, le port et la cargaison des vaisseaux, avec l'état des droits et des avaries qui auront été payées, et les salaires qu'ils auront reçus, à peine d'interdiction, et sera le tout arrêté et signé sur le registre par les maîtres.

9. Faisons défenses aux interprètes et courtiers d'employer dans leurs états autres ni plus grands droits que ceux qu'ils auront effectivement payés, et de faire payer ou souffrir être payé par les maîtres qu'ils conduiront, autre chose que les droits légitimement dus, même sous prétexte de gratification, à peine de restitution et d'amende arbitraire.

10. Seront tenus de fournir pour les maîtres qui les emploieront les déclarations nécessaires aux greffes et bureaux établis pour les recevoir, à peine de répondre en leur nom des condamnations qui interviendront contre les maîtres faute d'y avoir satisfait.

11. Faisons en outre défense, à peine de trente livres d'amende, aux courtiers et interprètes, d'aller au devant des vaisseaux, soit aux rades, soit dans les canaux ou rivières navigables pour s'attirer les maîtres, capitaines ou marchands qui pourront choisir ce uxque bon leur semblera.

12. Feront résidence dans les lieux de leur établissement, à peine de privation de leur commission.

13. Les interprètes et courtiers ne pourront faire aucun négoce

pour leur compte, ni même acheter aucune chose des maîtres qu'ils serviront, à peine de confiscation des marchandises et d'amende arbitraire.

14. Les maîtres et marchands qui voudront agir par eux-mêmes, ne seront tenus de se servir d'interprètes ni de courtiers.

15. Faisons défenses aux courtiers et interprètes de mettre prix aux marchandises et denrées qui arrivent au port de leur résidence, à peine de punition exemplaire.

TITRE VIII. — *Du Professeur d'hydrographie.*

ART. 1. Voulons que dans les villes maritimes les plus considérables de notre royaume il y ait des professeurs d'hydrographie pour enseigner publiquement la navigation.

2. Les professeurs d'hydrographie sauront dessiner, et l'enseigneront à leurs écoliers pour les rendre capables de figurer les ports, côtes, montagnes, arbres, tours et autres choses servant de marque aux havres et rades, et de faire les cartes des terres qu'ils découvriront.

3. Tiendront quatre jours au moins de chaque semaine leurs écoles ouvertes, dans lesquelles ils auront des cartes, routiers, globes, sphères, boussoles, arbalestes, astrolabes et les autres instrumens et livres nécessaires à leur art.

4. Les directeurs des hôpitaux des villes où il y aura école d'hydrographie, seront tenus d'y envoyer étudier annuellement deux ou trois des enfans qui s'y trouveront renfermés, et de leur fournir les livres et instrumens nécessaires pour apprendre la navigation.

5. Les professeurs d'hydrographie examineront avec soin les journaux de navigation déposés au greffe de l'amirauté du lieu de leur établissement, et les corrigeront en présence des pilotes qui auront erré dans leur route.

6. Ne pourront retenir plus d'un mois les journaux qui leur seront communiqués par les greffiers, auxquels nous enjoignons de le faire sans frais à peine d'interdiction.

7. Déclarons les professeurs d'hydrographie enseignant actuellement, exempts de guet et garde, tutelle, curatelle et de toutes autres charges publiques.

8. Leur faisons défenses de s'absenter des lieux de leur établissement sans congé de l'amiral, ou des maires et échevins qui les gageront, à peine de privation de leurs appointemens

TITRE IX. — *Des Consuls de la nation française dans les pays étrangers.*

Art. 1. Aucun ne pourra se dire consul de la nation française dans les pays étrangers, sans avoir commission de nous, qui ne sera accordée qu'à ceux qui auront l'âge de trente ans.

2. Le consulat venant à vaquer, le plus ancien des députés de la nation qui se trouvera en exercice fera la fonction de consul, jusqu'à ce qu'il y ait été par nous pourvu.

3. Celui qui aura obtenu nos lettres de consuls dans les villes et places de commerce des états du Grand-Seigneur appelées Échelles du Levant et autres lieux de la Méditerranée, en fera faire la publication en l'assemblée des marchands du lieu de son établissement, et l'enregistrement en la chancellerie du consulat et aux greffes, tant de l'amirauté que de la chambre du commerce de Marseille, et prêtera le serment suivant l'adresse portée par ses provisions.

4. Enjoignons aux consuls d'appeler aux assemblées qu'ils convoqueront pour les affaires générales du commerce et de la nation, tous les marchands, capitaines et patrons français étant sur les lieux, lesquels seront obligés d'y assister, à peine d'amende arbitraire applicable au rachat des captifs.

5. Les artisans établis dans les Échelles ni les matelots ne seront admis aux assemblées.

6. Les résolutions de la nation seront signées de ceux qui y auront assisté, et exécutées sur les mandemens du consul.

7. Les députés de la nation seront tenus après leur temps expiré, de rendre compte au consul du maniement qu'ils auront eu des deniers et affaires communes en présence des députés nouvellement élus, et des plus anciens négocians.

8. Le consul enverra de trois mois en trois mois au lieutenant de l'amirauté et aux députés du commerce de Marseille, copie des délibérations prises dans les assemblées, et des comptes rendus par les députés de la nation, pour être communiqués aux échevins, et par eux et les députés du commerce débattus si besoin est.

9. Les consuls tiendront bon et fidèle mémoire des affaires importantes de leur consulat, et l'enverront tous les ans au secrétaire d'état, ayant le département de la marine.

10. Faisons défenses aux consuls d'emprunter au nom de la

nation aucunes sommes de deniers des Turcs, Mores, Juifs ou autres, sous quelque prétexte que ce puisse être, et même de cotiser ceux de la nation, si ce n'est par délibération commune qui en contiendra les causes et la nécessité, à peine de payer en leur nom.

11. Leur défendons en outre, à peine de concussion, de lever plus grands droits que ceux qui leur seront attribués, et d'en exiger aucun des maîtres et patrons de navires, qui mouilleront dans les ports et rades de leur établissement, sans y charger ni décharger aucunes marchandises.

12. Et quant à la juridiction, tant en matière civile que criminelle, les consuls se conformeront à l'usage et aux capitulations faites avec les souverains des lieux de leur établissement.

13. Les jugemens des consuls seront exécutés par provision en matière civile en donnant caution, et définitivement et sans appel en matière criminelle, quand il n'écherra peine afflictive, le tout pourvu qu'ils soient donnés avec les députés et quatre notables de la nation.

14. Et où il écherroit peine afflictive, ils instruiront le procès et l'enverront avec l'accusé dans le premier vaisseau de nos sujets, faisant son retour en notre royaume, pour être jugé par les officiers de l'amirauté du premier port où le vaisseau fera sa décharge.

15. Pourront aussi les consuls après information faite, et par l'avis des députés de la nation, faire sortir des lieux de leur établissement, les Français de vie et conduite scandaleuses. Enjoignons à tous capitaines et maîtres de les embarquer sur les ordres du consul, à peine de cinq cents livres d'amende applicables au rachat des captifs.

16. Les consuls commettront, tant à l'exercice de la chancellerie, que pour l'exécution de leurs jugemens et des autres actes de justice, telle personnes qu'ils en jugeront capables auxquelles ils feront prêter le serment, et dont ils demeureront civilement responsables.

17. Les droits des actes et expéditions de la chancellerie seront par eux réglés de l'avis des députés de la nation française et des plus anciens marchands; le tableau en sera mis au lieu le plus apparent de la chancellerie, et l'extrait en sera envoyé incessamment par chaque consul au lieutenant de l'amirauté et aux députés du commerce de Marseille.

18. Les appellations des jugemens des consuls établis tant aux

Echelles du Levant, qu'aux côtes d'Afrique et de Barbarie, resortiront au parlement d'Aix; et toutes les autres au parlement le plus proche du consulat où les sentences auront été rendues.

19. En cas de contestation entre les consuls et les négocians tant aux Echelles du Levant qu'aux côtes d'Afrique et de Barbarie pour leurs affaires particulières, les parties se pourvoiront au siége de l'amirauté de Marseille.

20. Le consul sera tenu de faire l'inventaire des biens et effets de ceux qui décéderont sans héritiers sur les lieux, ensemble des effets sauvés des naufrages, dont il chargera le chancelier au pied de l'inventaire en présence de deux notables marchands qui le signeront.

21. Si toutefois le défunt avoit constitué un procureur pour recueillir ses effets, ou s'il se présente un commissionnaire porteur du connoissement des marchandises sauvées, les effets leur seront remis.

22. Sera tenu le consul d'envoyer incessamment copie de l'inventaire des biens du décédé et des effets sauvés des naufrages aux officiers de l'amirauté et aux députés du commerce de Marseille, auxquels nous enjoignons d'en avertir les intéressés.

23. Tous actes expédiés dans les pays étrangers où il y aura des consuls ne feront aucune foi en France, s'ils ne sont par eux légalisés.

24. Les testamens reçus par le chancelier dans l'étendue du consulat en présence du consul et de deux témoins et signés d'eux, seront réputés solennels.

25. Les polices d'assurances, les obligations à grosse aventure ou à retour du voyage, et tous autres contrats maritimes pourront être passés en la chancellerie du consulat en présence de deux témoins qui signeront.

26. Le chancelier aura un registre coté et paraphé en chaque feuillet par le consul et par le plus ancien des députés de la nation, sur lequel il écrira toutes les délibérations et les actes du consulat, enregistrera les polices d'assurances, les obligations et contrats qu'il recevra, les connoissemens ou polices de chargement qui seront déposés en ses mains par les mariniers et passagers, l'arrêté des comptes des députés de la nation, et les testamens et inventaires des effets délaissés par les défunts ou sauvés des naufrages, et généralement les actes et procédures qu'il fera en qualité de chancelier.

27. Les maîtres qui aborderont les ports où il y a des consuls

de la nation française, seront tenus, en arrivant, de leur représenter leurs congés, de faire rapport de leurs voyages, et de prendre d'eux, en partant, un certificat du temps de leur arrivée et départ, et de l'état et qualité de leur chargement.

TITRE X. — *Des Congés et Rapports.*

ART. 1. Aucun vaisseau ne sortira des ports de notre royaume pour aller en mer, sans congé de l'amiral enregistré au greffe de l'amirauté du lieu de son départ, à peine de confiscation.

2. Ne seront néanmoins les maîtres tenus de prendre aucun congé pour retourner au port de leur demeure, s'il est situé dans le ressort de l'amirauté où ils auront fait leur décharge.

3. Le congé contiendra le nom du maître, celui du vaisseau, son port et sa charge, le lieu de son départ et celui de sa destination.

4. Tous maîtres et capitaines de navires seront tenus de faire leur rapport au lieutenant de l'amirauté, vingt-quatre heures après leur arrivée au port, à peine d'amende arbitraire.

5. Le maître faisant son rapport, représentera son congé, et déclarera le lieu et le temps de son départ, le port et le chargement de son navire, la route qu'il aura tenue, les hasards qu'il aura courus, les désordres arrivés dans son vaisseau, et toutes les circonstances considérables de son voyage.

6. Si pendant le voyage il est obligé de relâcher en quelque port, il déclarera au lieutenant de l'amirauté du lieu la cause de son relâchement, et lui représentera son congé sans être tenu d'en prendre un autre pour se remettre en mer.

7. La vérification des rapports pourra être faite par la déposition des gens de l'équipage, sans préjudice des autres preuves.

8. Les officiers de l'amirauté ne pourront contraindre les maîtres de vérifier leur rapport : mais les rapports non vérifiés ne feront point de foi pour la décharge des maîtres.

9. Faisons défenses aux maîtres de décharger aucunes marchandises après leur arrivée, avant que d'avoir fait leur rapport, si ce n'est en cas de péril imminent, à peine de punition corporelle contre les maîtres, et de confiscation des marchandises contre les marchands qui auront fait faire la décharge.

10. Les greffes d'amirauté seront ouverts en tout temps, depuis huit heures jusqu'à onze du matin, et depuis deux heures après midi jusqu'à six pour l'enregistrement des congés, et la réception des rapports.

TITRE XI. — *Des Ajournemens et Délais.*

ART. 1. Tous exploits donnés aux maîtres et mariniers dans le vaisseau pendant le voyage, seront valables comme s'ils étoient faits à domicile.

2. Aux affaires où il y aura des étrangers ou forains parties, et en celles qui concerneront les agrès, victuailles, équipages, et radoubs des vaisseaux prêts à faire voile et autres matières provisoires, les assignations seront données de jour à jour, et d'heure à autre, sans qu'il soit besoin de commission du juge, et pourra être le défaut jugé sur-le-champ.

3. Les juges d'amirauté en première instance tiendront le siége pour les affaires ordinaires trois jours la semaine, et pour les causes provisoires et celles des forains et étrangers de jour à jour, et d'heure à autre; et pourront les parties plaider en personne sans être obligées de se servir du ministère d'avocats ni de procureurs.

TITRE XII. — *Des Prescriptions et Fins de non-recevoir.*

ART. 1. Les maîtres et patrons ne pourront par quelque temps que ce soit prescrire le vaisseau contre les propriétaires qui les auront établis.

2. Ne pourront aussi faire aucune demande pour leur fret, ni les officiers, matelots et autres gens de l'équipage pour leur gages et loyers un an après le voyage fini.

3. Ceux qui auront fourni les bois et autres choses nécessaires à la construction, équipement et avictuaillement des vaisseaux, ni les charpentiers, calfateurs et autres ouvriers employés à la fabrique et radoub, ne pourront faire aucune demande pour le prix de leur marchandise ni pour leurs peines et salaires après un an, à compter à l'égard des marchands du jour de la délivrance de leur marchandise, et pour les ouvriers, du jour que leurs ouvrages auront été reçus.

4. Ne seront non plus reçues aucunes actions contre les maîtres, patrons ou capitaines, en délivrance de marchandise chargée dans leur vaisseau un an après le voyage accompli.

5. Le marchand ne sera recevable à former aucune demande contre le maître ni contre ses assureurs pour dommage arrivé à sa marchandise, après l'avoir reçue sans protestation, ni le maître

à intenter aucune action pour avaries contre le marchand, après qu'il aura reçu son fret sans avoir protesté de sa part.

6. Les protestations n'auront aucun effet, si dans le mois elles ne sont suivies d'une demande en justice.

7. Le maître ne sera aussi recevable après la délivrance des marchandises, à alléguer d'autres cas fortuits que ceux mentionnés dans son rapport.

8. Toute demande pour raison d'abordage sera formée vingt-quatre heures après le dommage reçu, si l'accident arrive dans un port, havre ou autre lieu où le maître puisse agir.

9. Les taverniers n'auront aucune action pour la nourriture fournie aux matelots, si ce n'a été par l'ordre du maître; et en ce cas ils en feront la demande dans l'an et jour, après lequel ils n'y seront plus reçus.

10. Les prescriptions ci-dessus n'auront lieu lorsqu'il y aura cédule, obligation, arrêté de compte, ou interpellation judiciaire.

TITRE XIII. — *Des Jugemens et de leur exécution.*

ART. 1. Tous jugemens des siéges particuliers de l'amirauté qui n'excéderont la somme de cinquante livres, et ceux des siéges généraux ès-tables de marbre qui n'excéderont cent cinquante livres, seront exécutés définitivement et sans appel.

2. Les jugemens définitifs concernant les droits de congé et autres appartenant à l'amiral, seront exécutés par provision à la caution juratoire du receveur.

3. Seront aussi les sentences concernant la restitution des choses déprédées ou pillées dans les naufrages, exécutées nonobstant et sans préjudice de l'appel en donnant caution.

4. Les jugemens dont l'appel interjeté n'aura point été relevé dans six semaines, seront encore exécutés nonobstant l'appel, en donnant caution.

5. Les jugemens donnés en matière de ventes et achats de vaisseaux, fret ou nolis, engagement ou loyers des matelots, assurances, grosses aventures, ou autres contrats concernant le commerce et la pêche de la mer, seront exécutoires par corps.

6. Permettons en outre aux parties de s'obliger par corps en tous contrats maritimes, aux notaires d'en insérer la clause dans ceux qu'ils recevront, et aux huissiers d'emprisonner en vertu de la soumission, sans qu'il soit besoin de jugement.

7. Sera au surplus notre ordonnance de mil six cent soixante-sept exécutée selon sa forme et teneur.

TITRE XIV. — *De la Saisie et Vente des vaisseaux, et de la distribution du prix.*

Art. 1. Tous navires et autres vaisseaux pourront être saisis et décrétés par autorité de justice; et seront tous priviléges et hypothèques purgés par le décret qui sera fait en la forme ci-après.

2. Le sergent, après avoir fait commandement de payer, procédera par saisie du vaisseau, déclarera par son procès-verbal le nom du maître, celui du bâtiment de son port, ensemble le lieu où il sera amarré, fera inventaire des agrès, ustensiles, armes et munitions, et y établira un gardien solvable.

3. Le procès verbal sera signifié au domicile du saisi, s'il en a dans le ressort, avec assignation pour voir procéder à la vente; et s'il n'a domicile dans le ressort, la signification sera faite, et l'assignation donnée au maître; et si le saisi est étranger et hors du royaume, le tout sera signifié à notre procureur qui sera tenu d'en donner incessamment avis à notre procureur général.

4. Les criées et publications seront faites ensuite par trois dimanches consécutifs à l'issue de la messe paroissiale du lieu où le vaisseau sera amarré, et les affiches seront apposées le lendemain de chaque criée au grand mât, sur le quai, à la principale porte de l'église et de l'auditoire de l'amirauté, et aux autres lieux accoutumés.

5. Les publications et affiches déclareront aussi le nom du vaisseau saisi et son port, et le lieu où il sera gisant ou flottant; et indiqueront les jours d'audience, auxquels les enchères auront été remises.

6. Il sera procédé à la réception des premières enchères, incontinent après la première criée, au jour désigné par l'affiche, et le juge continuera de les recevoir après chaque criée, de huitaine en huitaine, à jour certain et limité.

7. Après la troisième criée, l'adjudication sera faite par le juge, au plus offrant et dernier enchérisseur, sans autre formalité.

8. Pourra toutefois le juge accorder une ou deux remises, qui seront publiées et affichées comme les précédentes.

9. L'adjudication des barques, chaloupes et autres bâtimens du port de dix tonneaux et au-dessous, sera faite à l'audience, après trois publications seulement sur le quai à trois divers jours

ouvrables consécutifs, pourvu qu'il y ait huit jours francs entre la saisie et la vente.

10. Les adjudicataires seront tenus, dans les vingt-quatre heures de leur adjudication, d'en payer le prix, sinon de le consigner entre les mains d'un notable bourgeois ou au greffe de l'amirauté, sans frais; et le temps passé, ils y seront contraints par corps, et le vaisseau sera publié de nouveau à l'issue de la messe paroissiale, et adjugé trois jours après à leur folle-enchère.

11. Les oppositions à fin de distraire, seront formées au greffe avant l'adjudication, après laquelle elles seront converties en opposition pour deniers.

12. Les opposans à fin de distraire seront tenus de bailler leurs moyens d'opposition dans trois jours après qu'elle aura été formée, pour y défendre dans le même délai, et ensuite être la cause portée à l'audience sur un simple acte.

13. La maîtrise du vaisseau ne pourra être saisie ni vendue, ni aucune opposition à fin de distraction ou de charge être reçue pour raison de ce, et pourront les adjudicataires en disposer, sauf au maître à se pourvoir pour son dédommagement, si aucun lui est dû, contre ceux qui l'auront préposé.

14. Les oppositions pour deniers ne pourront être reçues trois jours après l'adjudication.

15. Les créanciers opposans seront tenus, trois jours après la sommation qui leur en sera faite, de donner leurs causes d'opposition, et de produire les titres de leur créance au greffe, pour y répondre trois jours après, et ensuite être procédé à la distribution du prix.

16. Les loyers des matelots employés au dernier voyage, seront payés par préférence à tous créanciers ; après eux, les opposans pour deniers prêtés pour les nécessités du navire pendant le voyage ; ensuite, ceux qui auront prêté pour radoub, victuailles et équipement avant le départ ; en quatrième lieu, les marchands chargeurs ; le tout par concurrence entre les créanciers étant en même degré de privilége. Et quant aux créanciers chirographaires et autres nos privilégiés, ils seront payés suivant les lois et coutumes des lieux où l'adjudication aura été faite.

17. Si le navire vendu n'a point encore fait de voyage, le vendeur, les charpentiers, calfateurs et autres ouvriers employés à la construction, ensemble les créanciers pour les bois, cordages, et autres choses fournies pour le bâtiment, seront payés par préférence à tous créanciers et par concurrence entre eux.

18. Les intéressés au navire dont on saisira quelque portion lorsqu'il sera prêt à faire voile, pourront le faire naviguer, en donnant caution jusqu'à concurrence de l'estimation qui sera faite de la portion saisie.

19. Pourront aussi les intéressés faire assurer la portion saisie, et prendre deniers à grosse aventure pour le coût de l'assurance, dont ils seront remboursés par préférence, sur le profit du retour.

LIVRE II.

DES GENS ET DES BATIMENS DE MER.

TITRE Ier. — *Du Capitaine, Maître ou Patron.*

ART. 1. Aucun ne pourra ci-après être reçu capitaine, maître ou patron de navire, qu'il n'ait navigué pendant cinq ans, et n'ait été examiné publiquement sur le fait de la navigation et trouvé capable par deux anciens maîtres, en présence des officiers de l'amirauté et du professeur d'hydrographie, s'il y en a dans le lieu.

2. Défendons à tous mariniers de monter aucun bâtiment en qualité de maîtres, et à tous propriétaires d'en établir sur leurs vaisseaux, qu'ils n'ayent été reçus en la manière ci-dessus, à peine de trois cents livres d'amende contre chacun des contrevenans.

3. Ceux qui se trouveront maîtres lors de la publication des présentes, ne seront néanmoins tenus de subir aucun examen.

4. Celui qui aura été reçu pilote, et qui aura navigué en cette qualité pendant deux années, pourra aussi être établi maître, sans subir aucun examen, ni prendre aucun acte au siége de l'amirauté.

5. Appartiendra au maître de faire l'équipage du vaisseau, et de choisir et louer les pilote, contre-maître, matelots et compagnons ; ce qu'il fera néanmoins de concert avec les propriétaires, lorsqu'il sera dans le lieu de leur demeure.

6. Dans les lieux où il y aura des pauvres enfermés, les maîtres, en faisant leur équipage, seront tenus d'y prendre les garçons dont ils auront besoin pour servir de mousses dans leurs vaisseaux.

7. Le maître qui débauchera un matelot engagé à un autre maître, sera condamné en cent livres d'amende, applicables, moitié à l'amiral, et moitié au premier maître, lequel reprendra le matelot, si bon lui semble.

8. Il verra, avant que de faire voile, si le vaisseau est bien lesté et chargé, fourni d'ancres, agrès et apparaux, et de toutes choses nécessaires pour le voyage.

9. Demeurera responsable de toutes les marchandises chargées dans son bâtiment, dont il sera tenu de rendre compte, sur le pied des connoissemens.

10. Sera tenu d'avoir un registre ou journal coté et paraphé en chaque feuillet par l'un des principaux intéressés au bâtiment, sur lequel il écrira le jour qu'il aura été établi maître, le nom des officiers et matelots de l'équipage, le prix et les conditions de leur engagement, les payemens qu'il leur fera, sa recette et sa dépense concernant le navire, et généralement tout ce qui regarde le fait de sa charge, ou pour raison de quoi il aura quelque compte à rendre, ou quelque demande à faire.

11. Si toutefois il y avoit dans le navire un écrivain chargé, du consentement du maître, de tenir état de tout le contenu en l'article précédent, le maître en sera dispensé.

12. Faisons défenses aux maîtres et patrons de charger aucunes marchandises sur le tillac de leurs vaisseaux, sans l'ordre ou consentement des marchands, à peine de répondre en leur nom de tout le dommage qui en pourroit arriver.

13. Les maîtres seront tenus, sous peine d'amende arbitraire, d'être en personne dans leur bâtiment, lorsqu'ils sortiront de quelque port, hâvre ou rivière.

14. Défendons d'arrêter pour dettes civiles, les maîtres, patrons, pilotes et matelots, étant à bord pour faire voile, si ce n'est pour les dettes qu'ils auront contractées pour le voyage.

15. Le maître, avant que de faire voile, prendra l'avis des pilote, contre-maître et autres principaux de l'équipage.

16. Sera tenu, avant que de se mettre en mer, de donner au greffe de l'amirauté du lieu de son départ, les noms, surnoms et demeures des gens de son équipage, des passagers et des engagés pour les îles; et de déclarer à son retour ceux qu'il aura ramenés, et les lieux où il aura laissé les autres

17. Ne pourra, dans le lieu de la demeure des propriétaires, faire travailler au radoub du navire, acheter voiles, cordages, ou autres choses pour le bâtiment, ni prendre pour cet effet ar-

gent sur le corps du vaisseau, si ce n'est de leur consentement, à peine de payer en son nom.

18. Si toutefois le navire étoit affrété du consentement des propriétaires, et qu'aucuns d'eux fissent refus de contribuer aux frais nécessaires pour mettre le bâtiment dehors, le maître pourra en ce cas emprunter à grosse aventure pour le compte et sur la part des refusans, vingt-quatre heures après leur avoir fait sommation par écrit de fournir leur portion.

19. Pourra aussi pendant le cours de son voyage, prendre deniers sur le corps et quille du vaisseau, pour radoubs, victuailles et autres nécessités du bâtiment; même mettre des apparaux en gage ou vendre des marchandises de son chargement, à condition d'en payer le prix sur le pied que le reste sera vendu: le tout par l'avis des contre-maître et pilote qui attesteront sur le journal la nécessité de l'emprunt et de la vente, et la qualité de l'emploi; sans qu'en aucun cas il puisse vendre le vaisseau, qu'en vertu de procuration spéciale des propriétaires.

20. Le maître qui aura pris, sans nécessité, de l'argent sur le corps, avictuaillement ou équipement du vaisseau, vendu des marchandises, engagé des apparaux ou employé dans ses mémoires des avaries et dépenses supposées, sera tenu de payer en son nom, déclaré indigne de la maîtrise, et banni du port de sa demeure ordinaire.

21. Les maîtres frétés pour faire un voyage seront tenus de l'achever, à peine des dommages et intérêts des propriétaires et marchands, et d'être procédé extraordinairement contre eux, s'il y échet.

22. Pourront par l'avis des pilote et contre-maître, faire donner la cale, mettre à la boucle, et punir d'autres semblables peines les matelots mutins, ivrognes et désobéissans, et ceux qui maltraiteront leurs camarades, ou commettront d'autres semblables fautes et délits dans le cours de leur voyage.

23. Et pour ceux qui seront prévenus de meurtres, assassinats, blasphèmes ou autres crimes capitaux commis en mer, les maître, contre-maître et quartier-maître seront tenus, à peine de cent livres d'amende solidaire, d'informer contre eux, de se saisir de leur personne, de faire les procédures urgentes et nécessaires pour l'instruction de leur procès, et de les remettre avec les coupables entre les mains des officiers de l'amirauté du lieu de la charge ou décharge du vaisseau dans notre royaume.

24. Défendons aux maîtres, à peine de punition exemplaire,

d'entrer sans nécessité dans aucun hâvre étranger; et en cas qu'ils y fussent poussés par la tempête ou chassés par les pirates, ils seront tenus d'en partir et de faire voile au premier temps propre.

25. Enjoignons à tous maîtres et capitaines qui feront des voyages de long cours, d'assembler chaque jour à l'heure de midi, et toutes les fois qu'il sera nécessaire, les pilotes, contre-maîtres, et autres qu'ils jugeront experts au fait de la navigation; et de conférer avec eux sur les hauteurs prises, les routes faites et à faire, et sur leur estime.

26. Leur faisons défenses d'abandonner leur bâtiment pendant le voyage, pour quelque danger que ce soit, sans l'avis des principaux officiers et matelots; et en ce cas, ils seront tenus de sauver avec eux, et l'argent ce qu'ils pourront des marchandises plus précieuses de leur chargement, à peine d'en répondre en leur nom et de punition corporelle.

27. Si les effets ainsi tirés du vaisseau sont perdus par quelque cas fortuit, le maître en demeurera déchargé.

28. Les maîtres et patrons qui naviguent à profit commun, ne pourront faire aucun négoce séparé, pour leur compte particulier, à peine de confiscation de leurs marchandises au profit des autres intéressés.

29. Leur faisons défenses d'emprunter pour leur voyage plus grande somme de deniers que celle qui leur sera nécessaire pour le fond de leur chargement, à peine de privation de la maîtrise et de leur part au profit.

30. Seront tenus, sous pareille peine, de donner avant leur départ aux propriétaires du bâtiment, un compte signé d'eux, contenant l'état et le prix des marchandises de leur chargement, les sommes par eux empruntées, et les noms et demeures des prêteurs.

31. Si les victuailles du vaisseau manquent dans le voyage, le maître pourra contraindre ceux qui auront des vivres en particulier, de les mettre en commun, à la charge de leur en payer le prix.

32. Défendons à tous maîtres de revendre les victuailles de leur vaisseau, et de les divertir ou recéler, à peine de punition corporelle.

33. Pourront néanmoins, par l'avis et délibération des officiers du bord, en vendre aux navires qu'ils trouveront en pleine mer dans une nécessité pressante de vivres, pourvu qu'il leur en reste

suffisamment pour leur voyage, et à la charge d'en tenir compte aux propriétaires.

34. Au retour des voyages, le reste des victuailles et munitions sera consigné par le maître entre les mains des propriétaires.

35. Si le maître fait fausse route, commet quelque larcin, souffre qu'il en soit fait dans son bord, ou donne frauduleusement lieu à l'altération ou confiscation des marchandises ou du vaisseau, il sera puni corporellement.

36. Le maître qui sera convaincu, d'avoir livré aux ennemis, ou malicieusement fait échouer ou périr son vaisseau, sera puni du dernier supplice.

TITRE II. — De l'Aumônier.

Art. 1er. Dans les navires qui feront des voyages de long cours, il y aura un prêtre approuvé de son évêque diocésain, ou de son supérieur (s'il est religieux) pour servir d'aumônier.

2. L'aumônier sera établi par le maître du consentement des propriétaires catholiques, sans que ceux de la religion prétendue réformée puissent opiner au choix de l'aumônier.

3. Il célèbrera la messe, du moins les fêtes et dimanches, administrera les sacremens à ceux du vaisseau, et fera tous les jours matin et soir la prière publique, où chacun sera tenu d'assister, s'il n'a empêchement légitime.

4. Défendons, sous peine de la vie, à tous propriétaires, marchands, passagers, mariniers et autres, de quelque religion qu'ils soient, qui se trouveront dans les vaisseaux, d'apporter aucun trouble à l'exercice de la religion catholique; et leur enjoignons de porter honneur et révérence à l'aumônier, à peine de punition exemplaire.

TITRE III. — De l'Écrivain.

Art. 1er. L'écrivain sera tenu d'avoir un registre ou journal, coté et paraphé en chaque page par le lieutenant de l'amirauté ou par deux des principaux propriétaires du navire.

2. Il écrira dans son registre les agrès et apparaux, armes, munitions et victuailles du vaisseau, les marchandises qui seront chargées et déchargées, le nom des passagers, le fret ou nolis par eux dû, le rôle des gens de l'équipage, avec leurs gages et loyers, le nom de ceux qui décéderont dans le voyage, le jour de leur décès, et, s'il est possible, la qualité de leur maladie et le

genre de leur mort, les achats qui seront faits pour le navire depuis le départ, et généralement tout ce qui concernera la dépense du voyage.

5. Il y écrira pareillement toutes les délibérations qui seront prises dans le navire, et le nom de ceux qui auront opiné; lesquels il fera signer s'ils le peuvent, sinon il fera mention de l'empêchement.

4. Veillera à la distribution et conservation des vivres, et écrira sur son registre ce qui en sera acheté pendant le voyage, et mis entre les mains du dépensier, auquel il en fera rendre compte de huitaine en huitaine.

5. Lui donnons pouvoir de recevoir les testamens de ceux qui décéderont sur le vaisseau pendant le voyage, de faire l'inventaire des biens par eux délaissés dans le navire, et d'y servir de greffier aux procès criminels.

6. Le registre de l'écrivain fera foi en justice; lui défendons, sous peine de vie, d'y écrire chose contraire à la vérité.

7. Les connoissemens que l'écrivain signera pour ses parens seront paraphés en pays étranger par le consul, et en France par l'un des principaux propriétaires du navire, à peine de nullité.

8. L'écrivain ne pourra quitter le vaisseau, que le voyage entrepris n'ait été achevé, à peine de perte de ses gages et d'amende arbitraire.

9. Vingt-quatre heures après le voyage fini, il sera tenu de remettre au greffe de l'amirauté les minutes des inventaires, informations et testamens faits dans le voyage, à quoi il pourra être contraint par corps.

TITRE IV. — *Du Pilote.*

ART. 1er. Aucun ne sera reçu pilote et n'en pourra faire les fonctions, qu'il n'ait fait plusieurs voyages en mer et qu'il n'ait été examiné sur le fait de la navigation et trouvé capable et expérimenté par le professeur d'hydrographie, deux anciens pilotes, et deux maîtres de navire, en présence des officiers de l'amirauté.

2. Celui qui voudra se faire recevoir pilote, sera tenu, pour prouver ses voyages en mer, d'en représenter les journaux lors de son examen.

5. Le pilote commandera à la route et se fournira de cartes, routiers, arbalètes, astrolabes et de tous les livres et instrumens nécessaires à son art.

4. Dans les voyages de long cours, il aura deux papiers journaux. Sur le premier il écrira les changemens de routes et de vents, les jours et heures des changemens, les lieues qu'il estimera avoir avancé sur chacun, les réductions en latitude et longitude, les variations de l'aiguille, ensemble les sondes et terres qu'il aura reconnues; et sur l'autre, il mettra de vingt-quatre heures en vingt-quatre heures au net, les routes, longitudes et latitudes réduites, les latitudes observées, avec tout ce qu'il aura découvert de remarquable dans le cours de sa navigation.

5. Lui enjoignons en outre de mettre, au retour des voyages de long cours, copie de son journal au greffe de l'amirauté, et d'en prendre certificat du greffier, à peine de cinquante livres d'amende, et sera le certificat délivré sans frais.

6. Au défaut d'écrivain, le pilote sera tenu, quand il en sera requis par le maître, de recevoir par état les marchandises dans le bord; et de faire l'inventaire des biens et effets de ceux qui décéderont sur les vaisseaux, qu'il fera signer par le maître et par deux des principaux de l'équipage.

7. Le pilote qui par ignorance ou négligence aura fait périr un bâtiment, sera condamné en cent livres d'amende et privé pour toujours de l'exercice du pilotage, sans préjudice des dommages et intérêts des parties; et s'il l'a fait par malice, il sera puni de mort.

8. Faisons défenses aux maîtres de navires de forcer les pilotes de passer en des lieux dangereux et de faire des routes contre leur gré; et en cas de contrariété d'avis, ils se régleront par celui des principaux de l'équipage.

TITRE V. — *Du Contre-Maître ou Nocher.*

Art. 1er. Le contre-maître ou nocher, aura soin de faire agréer le vaisseau, et avant que de faire voile, il verra s'il est suffisamment garni de cordages, poulies, voiles, et de tout les apparaux nécessaires pour le voyage.

2. Lors du départ, il verra lever l'ancre, et pendant le voyage, il visitera chaque jour toutes les manœuvres hautes et basses, et s'il y remarque quelque défaut, il en donnera avis au maître.

3. Il exécutera et fera exécuter dans le vaisseau, tant de jour que de nuit, les ordres du maître.

4. En arrivant au port, il fera préparer les cables et ancres, et amarrer le vaisseau, frêler les voiles et dresser les vergues.

5. En cas de maladie ou absence du maître, le contre-maître commandera en sa place.

TITRE VI. *Du Chirurgien.*

Art. 1ᵉʳ. Dans chaque navire, même dans les vaisseaux pêcheurs faisant voyage de long cours, il y aura un ou deux chirurgiens, eu égard à la qualité des voyages et au nombre des personnes.

2. Aucun ne sera reçu pour servir en qualité de chirurgien dans les navires, qu'il n'ait été examiné et trouvé capable par deux maîtres chirurgiens, qui en donneront leur attestation.

3. Les propriétaires de navires seront tenus de fournir le coffre du chirurgien garni de drogues, onguens, médicamens et autres choses nécessaires pour le pansement des malades pendant le voyage; et le chirurgien, les instrumens de sa profession.

4. Le coffre sera visité par le plus ancien maître chirurgien du lieu, et par le plus ancien apothicaire, autre néanmoins que celui qui aura fourni les drogues.

5. Les chirurgiens seront tenus de faire faire la visite de leur coffre trois jours au moins avant que de faire voile, et les maîtres chirurgiens et apothicaires d'y procéder vingt-quatre heures après qu'ils en auront été requis, à peine de trente livres d'amende et des intérêts du retardement.

6. Faisons défenses aux maîtres, à peine de cinquante livres d'amende, de recevoir aucun chirurgien pour servir dans leur vaisseau sans avoir copie en bonne forme des attestations de sa capacité et de l'état de son coffre.

7. Enjoignons aux chirurgiens des navires, en cas qu'ils découvrent quelque maladie contagieuse, d'en avertir promptement le maître, afin d'y pourvoir suivant l'exigence du cas.

8. Leur faisons défenses de rien exiger ni recevoir des mariniers et soldats malades ou blessés au service du navire, à peine de restitution et d'amende arbitraire.

9. Ne pourra le chirurgien quitter le vaisseau dans lequel il sera engagé que le voyage entrepris n'ait été achevé, à peine de perte de ses gages, cent livres d'amende et de pareille somme d'intérêts envers le maître.

TITRE VII. — *Des Matelots.*

Art. 1. Les matelots seront tenus de se rendre aux jours et

lieux assignés pour charger les vivres, équiper le navire et faire voile.

2. Le matelot engagé pour un voyage ne pourra quitter sans congé par écrit, jusqu'à ce qu'il soit achevé, et que le vaisseau soit amarré à quai, et entièrement déchargé.

3. Si le matelot quitte le maître sans congé par écrit avant le voyage commencé, il pourra être pris et arrêté en quelque lieu qu'il soit trouvé, et contraint par corps de rendre ce qu'il aura reçu et de servir autant de temps qu'il s'y étoit obligé, sans loyer ni récompense; et s'il quitte après le voyage commencé, il sera puni corporellement.

4. Si toutefois après l'arrivée et décharge du vaisseau au port de sa destination le maître ou patron, au lieu de faire son retour, le frète ou charge pour aller ailleurs, le matelot pourra quitter, si bon lui semble, s'il n'est autrement porté par son engagement.

5. Depuis que le vaisseau aura été chargé, les matelots ne pourront quitter le bord sans congé du maître, à peine de cent sous d'amende, même de punition corporelle en cas de récidive.

6. Faisons défenses à tous mariniers et matelots de prendre du pain ou autres victuailles, et de tirer aucun breuvage, sans la permission du maître ou dépensier préposé pour la distribution des vivres, à peine de perte d'un mois de leurs loyers, et de plus grande punition s'il y échet.

7. Le matelot ou autre qui aura fait couler les breuvages, perdre le pain, fait faire eau au navire, excité sédition pour rompre le voyage, ou frappé le maître, les armes à la main, sera puni de mort.

8. Le matelot qui dormira étant en garde ou faisant le quart, sera mis aux fers pendant quinzaine; et celui de l'équipage qui le trouvera endormi sans en donner avis au maître, sera condamné en cent sous d'amende.

9. Le marinier qui abandonnera le maître et la défense du vaisseau dans le combat, sera puni corporellement.

10. Défendons à toutes personnes de lever, dans l'étendue de notre royaume, terres et pays de notre obéissance, aucuns matelots pour les armemens et équipemens étrangers, et à nos sujets de s'y engager sans notre permission, à peine de punition exemplaire.

TITRE VIII. — *Des Propriétaires de navires.*

Art. 1. Pourront nos sujets de quelque qualité et condition qu'ils soient, faire construire ou acheter des navires, les équiper pour eux, les fréter à d'autres, et faire le commerce de la mer par eux ou par personnes interposées, sans que pour raison de ce les gentilshommes soient réputés faire acte dérogeant à noblesse, pourvu toutefois qu'ils ne vendent point en détail.

2. Les propriétaires de navires seront responsables des faits du maître; mais ils en demeureront déchargés en abandonnant leur bâtiment et le fret.

3. Ne seront toutefois les propriétaires des navires équipés en guerre, responsables des délits et déprédations commis en mer par les gens de guerre étant sur leurs vaisseaux, ou par les équipages, sinon jusqu'à concurrence de la somme pour laquelle ils auront donné caution, si ce n'est qu'ils en soient participans ou complices.

4. Pourront tous propriétaires de navires congédier le maître en le remboursant, s'il le requiert, de la part qu'il aura au vaisseau, au dire de gens à ce connoissant.

5. En tout ce qui concerne l'intérêt commun des propriétaires, l'avis du plus grand nombre sera suivi, et sera réputé le plus grand nombre celui des intéressés qui auront la plus grande part au vaisseau.

6. Aucun ne pourra contraindre son associé de procéder à la licitation d'un navire commun, si ce n'est que les avis soient également partagés sur l'entreprise de quelque voyage.

TITRE IX. — *Des Charpentiers et Calfateurs.*

Art. 1. Les métiers de charpentier, calfateur et perceur de navires pourront être ci-après exercés par une même personne, nonobstant tous réglemens ou statuts contraires.

2. En chaque port, ceux qui exerceront les métiers de charpentier et calfateur s'assembleront annuellement pour élire deux jurés ou prud'hommes.

3. Les jurés ou prud'hommes feront, de jour à autre, visite des ouvrages et rapport à justice des abus et malfaçons qu'ils reconnoîtront dans les constructions, radoub et calfat des bâtimens.

4. Ceux qui auront deux ou plusieurs apprentis dans les lieux où il y aura des enfans renfermés, seront tenus d'en prendre un de l'hôpital, auquel les directeurs fourniront les outils, nourriture et vêtemens nécessaires.

5. L'apprenti tiré de l'hôpital sera tenu, après deux années d'apprentissage, de servir son maître pendant un an en qualité de compagnon, sans autre salaire que sa nourriture.

6. Les apprentis ne seront tenus de prêter aucun serment en justice pour entrer en apprentissage, de payer aucun droit ni de faire aucun banquet; faisons défenses d'en exiger d'eux, à peine d'amende arbitraire et de restitution du quadruple.

7. Ceux qui voudront faire radouber des vaisseaux pourront se servir d'ouvriers forains et faire, si bon leur semble, visiter l'ouvrage par les jurés du lieu.

TITRE X. — *Des Navires et autres Bâtimens de mer.*

ART. 1. Tous navires et autres bâtimens de mer seront réputés meubles, et ne seront sujets à retrait lignager ni à aucuns droits seigneuriaux.

2. Seront néanmoins tous vaisseaux affectés aux dettes du vendeur, jusqu'à ce qu'ils aient fait un voyage en mer sous le nom et aux risques du nouvel acquéreur, si ce n'est qu'ils aient été vendus par décret.

3. La vente d'un vaisseau étant en voyage ou faite sous seing-privé ne pourra préjudicier aux créanciers du vendeur.

4. Tous navires seront jaugés, incontinent après leur construction, par les gardes jurés ou prud'hommes du métier de charpentier, qui donneront leur attestation du port du bâtiment, laquelle sera enregistrée au greffe de l'amirauté.

5. Pour connoître le port et la capacité d'un vaisseau et en régler la jauge, le fond de cale, qui est le lieu de la charge, sera mesuré à raison de quarante-deux pieds cubes pour tonneau de mer.

6. Seront tenus les officiers de l'amirauté, à peine d'interdiction de leur charge, de faire tous les ans, au mois de décembre, un état de tous les vaisseaux appartenans aux bourgeois de leur ressort, qui contiendra leur port, âge, qualité et fabrique, avec le nom des propriétaires, et de l'envoyer au secrétaire d'état ayant le département de la marine.

LIVRE III.

DES CONTRATS MARITIMES.

TITRE Ier. — *Des Chartes-parties, Affrétemens ou Nolissemens.*

Art. 1. Toute convention pour le louage d'un vaisseau, appelée charte-partie, affrétement ou nolissement, sera rédigée par écrit et passée entre les marchands et le maître ou les propriétaires du bâtiment.

2. Le maître sera tenu de suivre l'avis des propriétaires du vaisseau quand il l'affrétera dans le lieu de leur demeure.

3. La charte-partie contiendra le nom et le port du vaisseau, le nom du maître et celui de l'affréteur, le lieu et le temps de la charge et décharge, le prix du fret ou nolis, avec les intérêts des retardemens et séjours; et il sera loisible aux parties d'y ajouter les autres conditions dont elles seront convenues.

4. Le temps de la charge et décharge des marchandises sera réglé suivant l'usage des lieux où elle se fera, s'il n'est point fixé par la charte-partie.

5. Si le navire est frété au mois, et que le temps du fret ne soit point aussi réglé par la charte-partie, il ne courra que du jour que le vaisseau fera voile.

6. Celui qui, après sommation par écrit de satisfaire au contrat, refusera ou sera en demeure de l'exécuter, sera tenu des dommages et intérêts.

7. Si toutefois avant le départ du vaisseau il arrive interdiction de commerce par guerre, représailles ou autrement, avec le pays pour lequel il étoit destiné, la charte-partie sera résolue sans dommages et intérêts de part ni d'autre, et paiera le marchand les frais de la charge et décharge de ses marchandises; mais s c'est avec autre pays, la charte-partie subsistera en son entier.

8. Si les ports sont seulement fermés ou les vaisseaux arrêtés pour un temps, par force majeure, la charte-partie subsistera aussi en son entier, et le maître et le marchand seront réciproquement tenus d'attendre l'ouverture des ports et la liberté des vaisseaux, sans dommages et intérêts de part ni d'autre.

9. Pourra néanmoins le marchand, pendant le temps de la fermeture des ports ou de l'arrêt, faire décharger sa marchandise à ses frais, à condition de la recharger ou d'indemniser le maître.

10. Le maître sera tenu d'avoir dans son vaisseau, pendant son voyage, la charte-partie et les autres pièces justificatives de son chargement.

11. Le navire, ses agrès et apparaux, le fret et les marchandises chargées, seront respectivement affectés aux conventions de la charte-partie.

TITRE II. — *Des Connoissemens ou Polices de chargement.*

ART. 1. Les connoissemens, polices de chargement ou reconnoissances des marchandises chargées dans le vaisseau, seront signées par le maître ou par l'écrivain du bâtiment.

2. Les connoissemens contiendront la qualité, quantité et marque des marchandises, le nom du chargeur et de celui auquel elles doivent être consignées, les lieux du départ et de la décharge, le nom du maître et celui du vaisseau, avec le prix du fret.

3. Chaque connoissement sera fait triple. L'un demeurera au chargeur ; l'autre sera envoyé à celui auquel les marchandises doivent être consignées ; et le troisième sera mis entre les mains du maître ou de l'écrivain.

4. Vingt-quatre heures après que le vaisseau aura été chargé, les marchands seront tenus de présenter au maître les connoissemens pour les signer, et de lui fournir les acquits de leurs marchandises, à peine de payer l'intérêt du retardement.

5. Les facteurs, commissionnaires et autres qui recevront les marchandises mentionnées dans les connoissemens ou chartes-parties, seront tenus d'en donner le reçu aux maîtres qui le demanderont, à peine de tous dépens, dommages et intérêts, et même de ceux du retardement.

6. En cas de diversité entre les connoissemens d'une même marchandise, celui qui sera entre les mains du maître fera foi, s'il est rempli de la main du marchand ou de celle de son commissionnaire ; et celui qui sera entre les mains du marchand sera suivi, s'il est rempli de la main du maître.

TITRE III. — *Du Fret ou Nolis.*

ART. 1. Le loyer des vaisseaux appelé fret ou nolis sera réglé par la charte-partie ou par le connoissement, soit que les bâtimens aient été loués en entier ou pour partie, au voyage ou au mois, avec désignation ou sans désignation de portée, au tonneau, au quintal ou à cueillette, et en quelque autre manière que ce puisse être.

2. Si le vaisseau est loué en entier et que l'affréteur ne lui donne pas toute sa charge, le maître ne pourra, sans son consentement, prendre d'autres marchandises pour l'achever, ni sans lui tenir compte du fret.

3. Le marchand qui n'aura pas chargé la quantité de marchandises portée par la charte-partie, ne laissera pas d'en payer le fret, comme si le tout avoit été chargé ; et s'il en charge plus, il paiera le fret de l'excédant.

4. Le maître qui aura déclaré son vaisseau d'un plus grand port qu'il n'est, sera tenu des dommages et intérêts du marchand.

5. Ne sera réputé y avoir erreur en la déclaration de la portée du vaisseau, si elle n'est au dessus du quarantième.

6. Si le vaisseau est chargé à cueillette, ou au quintal ou tonneau, le marchand qui voudra retirer ses marchandises avant le départ du vaisseau, pourra les faire décharger à ses frais, en payant la moitié du fret.

7. Le maître pourra aussi décharger à terre les marchandises trouvées dans son vaisseau, qui ne lui auront point été déclarées; ou en prendre le fret, au plus haut prix qui sera payé pour marchandises de pareille qualité.

8. Le marchand qui retirera ses marchandises pendant le voyage, ne laissera pas d'en payer le fret entier, pourvu qu'il ne les retire point par le fait du maître.

9. Si le navire est arrêté pendant sa route, ou au lieu de sa décharge par le fait du marchand affréteur ; ou si le vaisseau ayant été affrété allant et venant, il est contraint de faire son retour lege, l'intérêt du retardement, et le fret entier seront dus au maître.

10. Le maître sera aussi tenu des dommages et intérêts de l'affréteur, au dire de gens à ce connoissans, si par son fait le vaisseau étoit arrêté ou retardé au lieu de sa décharge, ou pendant sa route.

11. Si le maître est contraint de faire radouber son vaisseau pendant le voyage, le chargeur sera tenu d'attendre ou de payer le fret entier; et en cas que le vaisseau ne puisse être raccom-

modé, le maître sera obligé d'en louer incessamment un autre : et s'il n'en peut trouver, il sera seulement payé de son fret, à proportion de ce que le voyage sera avancé.

12. Si toutefois le marchand prouvoit que lorsque le vaisseau a fait voile, il étoit incapable de naviger, le maître perdra son fret, et répondra des dommages et intérêts du marchand.

13. Le maître sera payé du fret des marchandises qui auront été jetées à la mer pour le salut commun ; à la charge de la contribution.

14. Le fret sera pareillement dû, pour les marchandises que le maître aura été contraint de vendre, pour victuailles, radoub et autres nécessités pressantes, en tenant par lui compte de leur valeur, au prix que le reste sera vendu au lieu de leur décharge.

15. S'il arrive interdiction de commerce avec le pays pour lequel le vaisseau est en route, et qu'il soit obligé de revenir avec son chargement, il ne sera dû au maître que le fret de l'aller ; quand même le navire auroit été affrété allant et venant.

16. Si le vaisseau est arrêté par ordre souverain, dans le cours de son voyage, il ne sera dû ni fret pour le temps de sa détention, s'il est affrété au mois ; ni augmentation de fret, s'il est loué au voyage : mais la nourriture et les loyers des matelots, pendant le temps de la détention, seront réputés avarie.

17. En cas que le dénommé au connoissement refuse de recevoir les marchandises, le maître pourra par autorité de justice en faire vendre pour le paiement de son fret, et déposer le reste dans un magasin.

18. Il n'est dû aucun fret des marchandises perdues par naufrage ou échouement, pillées par les pirates, ou prises par les ennemis ; et sera tenu le maître, en ce cas, de restituer ce qui lui en aura été avancé, s'il n'y a convention contraire.

19. Si le navire et les marchandises sont rachetés, le maître sera payé de son fret jusques au lieu de la prise, même de son fret entier, s'ils les conduit au lieu de leur destination, en contribuant au rachat.

20. La contribution pour le rachat se fera sur le prix courant des marchandises au lieu de leur décharge, déduction faite des frais ; et sur le total du navire et du fret, déduction faite des victuailles consumées et des avances faites aux matelots ; lesquels contribueront aussi à la décharge du fret, à proportion de ce qui leur restera dû de leurs loyers.

21. Le maître sera aussi payé du fret des marchandises sauvées du naufrage, en les conduisant au lieu de leur destination.

22. S'il ne peut trouver de vaisseau pour conduire les marchandises sauvées, il sera payé du fret, à proportion seulement du voyage avancé.

23. Le maître ne pourra retenir la marchandise dans son vaisseau faute du paiement de son fret : mais il pourra, dans le temps de la décharge, s'opposer au transport, ou la faire saisir, même dans les allèges ou gabarres.

24. Le maître sera préféré pour son fret, sur les marchandises de son chargement, tant qu'elles seront dans le vaisseau, sur des gabarres, ou sur le quai ; et même pendant quinzaine après la délivrance, pourvu qu'elles n'aient point passé entre les mains d'un tiers.

25. Ne pourront les marchands obliger le maître de prendre pour son fret les marchandises diminuées de prix, gâtées ou empirées par leur vice propre, ou par cas fortuit.

26. Si toutefois les marchandises mises en futailles, comme vin, huile, miel et autres liqueurs, ont tellement coulé que les futailles soient vides ou presque vides, les marchands chargeurs les pourront abandonner pour le fret.

27. Faisons défenses à tous courtiers et autres de sous-fréter les navires à plus haut prix que celui porté par le premier contrat ; à peine de cent livres d'amende, et de plus grande punition, s'il y échet.

28. Pourra néanmoins l'affréteur prendre à son profit le fret de quelques marchandises, pour achever la charge du navire, qu'il aura entièrement affrété.

TITRE IV. — *De l'Engagement et des Loyers des matelots.*

ART. 1. Les conventions des maîtres avec les gens de leur équipage, seront rédigées par écrit, et en contiendront toutes les conditions ; soit qu'ils s'engagent au mois ou au voyage, soit au profit ou au fret ; sinon les matelots en seront crus à leur serment.

2. Les matelots ne pourront charger aucune marchandise pour leur compte, sous prétexte de portée ni autrement, sans en payer le fret, s'il n'en est fait mention dans leur engagement.

3. Si le voyage est rompu par le fait des propriétaires, maîtres, ou marchands, avant le départ du vaisseau, les matelots loués au voyage, seront payés des journées par eux employées à équiper

le navire, et d'un quart de leur loyer ; et ceux engagés au mois, seront payés à proportion, eu égard à la durée ordinaire du voyage : mais si la rupture arrive après le voyage commencé, les matelots loués au voyage, seront payés de leurs loyers en entier ; et ceux loués au mois, des loyers dus pour le temps qu'ils auront servi, et pour celui qui leur sera nécessaire à s'en retourner au lieu du départ du vaisseau ; et les uns et les autres seront en outre payés de leur nourriture jusques au même lieu.

4. En cas d'interdiction de commerce, avec le lieu de la destination du vaisseau, avant le voyage commencé, il ne sera dû aucuns loyers aux matelots engagés au voyage ou au mois ; et ils seront seulement payés des journées par eux employées à équiper le bâtiment : et si c'est pendant le voyage, ils seront payés à proportion du temps qu'ils auront servi.

5. Si le vaisseau est arrêté par ordre souverain, avant le voyage commencé, il ne sera aussi dû aux matelots que les journées employées à équiper le navire : mais si c'est pendant le cours du voyage, le loyer des matelots engagés au mois, courra pour moitié pendant le temps de l'arrêt ; et celui des matelots engagés au voyage, sera payé aux termes de leur engagement.

6. En cas que le voyage soit prolongé, les loyers des matelots, loués au voyage, seront augmentés à proportion ; et si la décharge se fait volontairement, en un lieu plus proche que celui désigné par l'affrétement, il ne leur en sera faite aucune diminution : mais s'ils sont loués au mois, ils seront en l'un et l'autre cas payés pour le temps qu'ils auront servi.

7. Et quant aux matelots et autres gens de l'équipage allant au profit ou au fret, ils ne pourront prétendre journées ni dédommagement, en cas que le voyage soit rompu, retardé, prolongé par force majeure, soit avant ou depuis le départ du vaisseau : mais si la rupture, le retardement, ou la prolongation arrive par le fait des marchands chargeurs, ils auront part aux dommages et intérêts qui seront adjugés au maître ; lequel, aussi bien que les propriétaires, seront tenus de ceux des matelots, si l'empêchement arrive par leur fait.

8. En cas de prise, bris et naufrage avec perte entière du vaisseau et des marchandises, les matelots ne pourront prétendre aucun loyer ; et ne seront néanmoins tenus de restituer ce qui leur aura été avancé.

9. Si quelque partie du vaisseau est sauvée, les matelots engagés au voyage ou au mois, seront payés de leurs loyers échus,

sur les débris qu'ils auront sauvés; et s'il n'y a que des marchandises sauvées, les matelots, même ceux engagés au fret, seront payés de leurs loyers par le maître à proportion du fret qu'il recevra: et de quelque manière qu'ils soient loués, ils seront en outre payés des journées par eux employées à sauver les débris et les effets naufragés.

10. Si le maître congédie le matelot, sans cause valable, avant le voyage commencé, il lui payera le tiers de ses loyers; et le total, si c'est pendant le voyage, avec les frais de son retour, sans les pouvoir passer en compte aux propriétaires du bâtiment.

11. Le matelot qui sera blessé au service du navire, ou qui tombera malade pendant le voyage, sera payé de ses loyers, et pansé aux dépens du navire; et s'il est blessé en combattant contre les ennemis ou les pirates, il sera pansé aux dépens du navire et de la cargaison.

12. Mais s'il est blessé à terre, y étant descendu sans congé, il ne sera point pansé aux dépens du navire ni des marchandises; et il pourra être congédié, sans pouvoir prétendre que ses loyers à proportion du temps qu'il aura servi.

13. Les héritiers du matelot engagé par mois, qui décédera pendant le voyage, seront payés des loyers jusqu'au jour de son décès.

14. La moitié des loyers du matelot engagé par voyage, sera due s'il meurt en allant, et le total si c'est au retour; et s'il navigeoit au fret ou au profit, sa part entière sera acquise à ses héritiers, pourvu que le voyage soit commencé.

15. Les loyers du matelot tué en défendant le navire, seront entièrement payés comme s'il avoit servi tout le voyage, pourvu que le navire arrive à bon port.

16. Les matelots pris dans le navire et faits esclaves, ne pourront rien prétendre contre les maîtres, les propriétaires ni les marchands pour le payement de leur rachat.

17. Mais si aucun d'eux est pris, étant envoyé en mer ou à terre pour le service du navire, son rachat sera payé aux dépens du navire; et si c'est pour le navire et la cargaison, il sera payé aux dépens de tous les deux, pourvu qu'ils arrivent à bon port: le tout néanmoins jusqu'à concurrence de trois cents livres, sans préjudice de ses loyers.

18. Le règlement des sommes destinées au rachat des matelots, sera fait à la diligence du maître, incontinent après l'arrivée du vaisseau; et les deniers seront déposés entre les mains du prin-

cipal intéressé, qui sera tenu de les employer incessamment au rachat, à peine du quadruple au profit des matelots détenus.

19. Le navire et le fret demeureront spécialement affectés aux loyers des matelots.

20. Les loyers des matelots ne contribueront à aucunes avaries, si ce n'est pour le rachat du navire.

21. Ce qui est ordonné par le présent titre touchant les loyers, pansement et rachat des matelots, aura lieu pour les officiers et autres gens de l'équipage.

TITRE V. — *Des Contrats à grosse aventure, ou à retour de voyage.*

Art. 1. Les contrats à grosse aventure, autrement dits contrats à la grosse ou à retour de voyage, pourront être faits pardevant notaires, ou sous signature privée.

2. L'argent à la grosse pourra être donné sur le corps et quille du vaisseau, ses agrès et apparaux, armement et victuailles, conjointement ou séparément, et sur le tout, ou partie de son chargement, pour un voyage entier, ou pour un temps limité.

3. Faisons défenses de prendre deniers à la grosse sur le corps et quille du navire, ou sur les marchandises de son chargement, au-delà de leur valeur, à peine d'être contraint, en cas de fraude, au payement des sommes entières, nonobstant la perte ou prise du vaisseau.

4. Défendons aussi, sous pareille peine, de prendre deniers sur le fret à faire par le vaisseau, et sur le profit espéré des marchandises ; même sur les loyers des matelots, si ce n'est en présence et du consentement du maître, et au-dessous de la moitié du loyer.

5. Faisons en outre défenses à toutes personnes de donner de l'argent à la grosse aux matelots sur leurs loyers ou voyages, sinon en présence et du consentement du maître, à peine de confiscation du prêt, et de cinquante livres d'amende.

6. Les maîtres demeureront responsables en leur nom du total des sommes prises de leur consentement par les matelots, si elles excèdent la moitié de leurs loyers ; et ce nonobstant la perte ou prise du vaisseau.

7. Le navire, ses agrès et apparaux, armement et victuailles, même le fret, seront affectés par privilége au principal et intérêt de l'argent donné sur le corps et quille du vaisseau pour les né-

cessités du voyage; et le chargement au payement des deniers pris pour le faire.

8. Ceux qui donneront deniers à la grosse au maître dans le lieu de la demeure des propriétaires, sans leur consentement, n'auront hypothèque ni privilége que sur la portion que le maître pourra avoir au vaisseau et au fret, quoique les contrats fussent causés pour radoub ou victuailles du bâtiment.

9. Seront toutefois affectées aux deniers pris par les maîtres, pour radoub et victuailles, les parts et portions des propriétaires qui auront refusé de fournir leur contingent pour mettre le bâtiment en état.

10. Les deniers laissés par renouvellement ou continuation, n'entreront point en concurrence avec les deniers actuellement fournis pour le même voyage.

11. Tous contrats à la grosse demeureront nuls par la perte entière des effets sur lesquels on aura prêté, pourvu qu'elle arrive par cas fortuit, dans le temps et dans les lieux des risques.

12. Ne sera réputé cas fortuit tout ce qui arrive par le vice propre de la chose, ou par le fait des propriétaires, maîtres ou marchands chargeurs, s'il n'est autrement porté par la convention.

13. Si le temps des risques n'est point réglé par le contrat, il courra à l'égard du vaisseau, ses agrès, apparaux et victuailles, du jour qu'il aura fait voile, jusques à ce qu'il soit ancré au port de sa destination, et amarré à quai; et quant aux marchandises, sitôt qu'elles auront été chargées dans le vaisseau, ou dans des gabarres pour les y porter, jusques à ce qu'elles soient délivrées à terre.

14. Le chargeur qui aura pris de l'argent à la grosse sur marchandise, ne sera point libéré par la perte du navire et de son chargement, s'il ne justifie qu'il y avoit pour son compte des effets jusques à concurrence de pareille somme.

15. Si toutefois celui qui a pris deniers à la grosse, justifie n'avoir pu charger des effets pour la valeur des sommes prises à la grosse, le contrat, en cas de perte, sera diminué à proportion de la valeur des effets chargés, et ne subsistera que pour le surplus, dont le preneur payera le change, suivant le cours de la place où le contrat aura été passé, jusqu'à l'actuel payement du principal. Et si le navire arrive à bon port, ne sera aussi dû que le change, et non le profit maritime de ce qui excédera la valeur des effets chargés.

16. Les donneurs à la grosse contribueront à la décharge des

preneurs, aux grosses avaries ; comme rachats, compositions, jets, mâts et cordages coupés pour le salut commun du navire et des marchandises, et non aux simples avaries ou dommages particuliers qui leur pourroient arriver, s'il n'y a convention contraire.

17. Seront toutefois, en cas de naufrage, les contrats à la grosse réduits à la valeur des effets sauvés.

18. S'il y a contrat à la grosse, et assurance sur un même chargement, le donneur sera préféré aux assureurs sur les effets sauvés du naufrage pour son capital seulement.

TITRE VI. — *Des Assurances.*

ART. 1. Permettons à tous nos sujets, même aux étrangers, d'assurer et faire assurer, dans l'étendue de notre royaume, les navires, marchandises et autres effets qui seront transportés par mer et rivières navigables; et aux assureurs, de stipuler un prix, pour lequel ils prendront le péril sur eux.

2. Le contrat appelé police d'assurance sera rédigé par écrit, et pourra être fait sous signature privée.

3. La police contiendra le nom et le domicile de celui qui se fait assurer, sa qualité de propriétaire ou de commissionnaire, les effets sur lesquels l'assurance sera faite, le nom du navire et du maître, celui du lieu où les marchandises auront été ou devront être chargées, du hâvre d'où le vaisseau devra partir ou sera parti, des ports où il devra charger et décharger, et de tous ceux où il devra entrer, le temps auquel les risques commenceront et finiront, les sommes qu'on entend assurer, la prime ou coût de l'assurance, la soumission des parties aux arbitres, en cas de contestation, et généralement toutes les autres conditions dont elles voudront convenir.

4. Pourront toutefois les chargemens qui seront faits pour l'Europe, aux Echelles du Levant, aux côtes d'Afrique, et aux autres parties du monde, être assurés sur quelque navire qu'ils puissent être, sans désignation du maître ni du vaisseau; pourvu que celui à qui ils devront être consignés, soit dénommé dans la police.

5. Si la police ne règle point le temps des risques, ils commenceront et finiront dans le temps réglé pour les contrats à la grosse par l'article treize du titre précédent.

6. La prime, ou coût de l'assurance, sera payée en son entier lors de la signature de la police : mais si l'assurance est faite sur

marchandises pour l'aller et le retour, et que le vaisseau étant parvenu au lieu de sa destination, il ne se fasse point de retour; l'assureur sera tenu de rendre le tiers de la prime, s'il n'y a stipulation contraire.

7. Les assurances pourront être faites sur le corps et quille du vaisseau, vide ou chargé, avant ou pendant le voyage, sur les victuailles et sur les marchandises, conjointement ou séparément, chargées en vaisseau armé ou non armé, seul ou accompagné, pour l'envoi ou le retour, pour un voyage entier, ou pour un temps limité.

8. Si l'assurance est faite sur le corps et quille du vaisseau, ses agrès, apparaux, armement, et victuailles, ou sur une portion, l'estimation en sera faite par la police, sauf à l'assureur, en cas de fraude, de faire procéder à nouvelle estimation.

9. Tous navigateurs, passagers et autres, pourront faire assurer la liberté de leurs personnes; et en ce cas, les polices contiendront le nom, le pays, la demeure, l'âge et la qualité de celui qui se fait assurer, le nom du navire, du hâvre d'où il doit partir, et celui de son dernier reste, la somme qui sera payée en cas de prise, tant pour la rançon que pour les frais de retour, à qui les deniers en seront fournis, et sous quelle peine.

10. Défendons de faire aucune assurance sur la vie des personnes.

11. Pourront néanmoins ceux qui rachèteront les captifs, faire assurer, sur les personnes qu'ils tireront d'esclavage, le prix du rachat, que les assureurs seront tenus de payer, si le racheté, faisant son retour, est repris, tué, noyé, ou s'il périt par autre voie que par la mort naturelle.

12. Les femmes pourront valablement s'obliger et aliéner leurs biens dotaux, pour tirer leur mari d'esclavage.

13. Celui qui, au refus de la femme, et par autorité de justice, aura prêté deniers pour le rachat de l'esclave, sera préféré à la femme sur les biens du mari; sauf pour la répétition de la dot.

14. Pourront aussi les mineurs, par avis de leur parens, contracter semblables obligations, pour tirer leur père d'esclavage, sans qu'ils puissent être restitués.

15. Les propriétaires des navires ni les maîtres ne pourront faire assurer le fret à faire de leurs bâtimens; les marchands, le profit espéré de leurs marchandises; ni les gens de mer, leurs loyers.

16. Faisons défenses à ceux qui prendront deniers à la grosse,

de les faire assurer, à peine de nullité de l'assurance, et de punition corporelle.

17. Défendons aussi, sous pareille peine de nullité, aux donneurs à la grosse, de faire assurer le profit des sommes qu'ils auront données.

18. Les assurés courront toujours risque du dixième des effets qu'ils auront chargés, s'il n'y a déclaration expresse dans la police, qu'ils entendent faire assurer le total.

19. Et si les assurés sont dans le vaisseau, ou qu'ils en soient les propriétaires, ils ne laisseront pas de courir risque du dixième, encore qu'ils aient déclaré faire assurer le total.

20. Il sera loisible aux assureurs de faire réassurer par d'autres les effets qu'ils auront assurés ; et aux assurés, de faire assurer le coût de l'assurance, et la solvabilité des assureurs.

21. Les primes des réassurances pourront être moindres ou plus fortes que celles des assurances.

22. Défendons de faire assurer ou réassurer des effets au-delà de leur valeur, par une ou plusieurs polices, à peine de nullité de l'assurance et de confiscation des marchandises.

23. Si toutefois il se trouve une police faite sans fraude, qui excède la valeur des effets chargés, elle subsistera jusques à concurrence de leur estimation ; et en cas de perte, les assureurs en seront tenus, chacun à proportion des sommes par eux assurées ; comme aussi de rendre la prime du surplus, à la réserve du demi pour cent.

24. Et s'il y a plusieurs polices aussi faites sans fraude, et que la première monte à la valeur des effets chargés, elle subsistera seule ; et les autres assureurs sortiront de l'assurance, et rendront aussi la prime, à la réserve du demi pour cent.

25. En cas que la première police ne monte pas à la valeur des effets chargés, les assureurs de la seconde répondront du surplus ; et s'il y a des effets chargés pour le contenu aux assurances, en cas de perte d'une partie, elle sera payée par les assureurs y dénommés, au marc la livre de leur intérêt.

26. Seront aux risques des assureurs, toutes pertes et dommages qui arriveront sur mer par tempête, naufrages, échouemens, abordages, changemens de route, de voyage ou de vaisseau, jet, feu, prise, pillage, arrêt de prince, déclaration de guerre, représailles, et généralement toutes autres fortunes de mer.

27. Si toutefois le changement de route, de voyage ou de vaisseau arrive par l'ordre de l'assuré, sans le consentement des

assureurs, ils seront déchargés des risques; ce qui aura pareillement lieu en toutes autres pertes et dommages qui arriveront par le fait ou la faute des assurés ; sans que les assureurs soient tenus de restituer la prime, s'ils ont commencé à courir les risques.

28. Ne seront aussi tenus les assureurs de porter les pertes et dommages arrivés aux vaisseaux et marchandises par la faute des maîtres et mariniers, si par la police ils ne sont chargés de la baratterie de patron.

29. Les déchets, diminutions et pertes qui arrivent par le vice propre de la chose, ne tomberont point sur les assureurs.

30. Ne seront aussi tenus des pilotages, touages, lamanages, des droits de congé, visite, rapports et d'ancrages, ni de tous autres imposés sur les navires et marchandises.

31. Il sera fait désignation dans la police des marchandises sujettes à coulage; sinon, les assureurs ne répondront point des dommages qui leur pourront arriver par tempête; si ce n'est que l'assurance soit faite sur retour des pays étrangers.

32. Si l'assurance est faite divisément sur plusieurs vaisseaux désignés, et que la charge entière soit mise sur un seul, l'assureur ne courra risque que de la somme qu'il aura assurée sur le bâtiment qui aura reçu le chargement, quand même tous les vaisseaux désignés viendroient à périr; et il rendra la prime du surplus, à la réserve du demi pour cent.

33. Lorsque les maîtres et patrons auront la liberté de toucher en différens ports ou échelles, les assureurs ne courront point les risques des effets qui seront à terre, quoique destinés pour le chargement qu'ils auront assuré, et que le vaisseau soit au port pour le prendre, s'il n'y a convention expresse par la police.

34. Si l'assurance est faite pour un temps limité, sans désignation de voyage, l'assureur sera libre après l'expiration du temps, et pourra l'assuré faire assurer le nouveau risque.

35. Mais si le voyage est désigné par la police, l'assureur courra les risques du voyage entier; à condition toutefois que si sa durée excède le temps limité, la prime sera augmentée à proportion, sans que l'assureur soit tenu d'en rien restituer, si le voyage dure moins.

36. Les assureurs seront déchargés des risques et ne laisseront de gagner la prime, si l'assuré, sans leur consentement, envoie le vaisseau en un lieu plus éloigné que celui désigné par la police, quoique sur la même route : mais l'assurance aura son effet entier, si le voyage est seulement raccourci.

37. Si le voyage est entièrement rompu avant le départ du vaisseau, même par le fait des assurés, l'assurance demeurera pareillement nulle, et l'assureur restituera la prime à la réserve du demi pour cent.

38. Déclarons nulles les assurances faites après la perte ou l'arrivée des choses assurées, si l'assuré en savoit, ou pouvoit savoir la perte, ou l'assureur l'arrivée, avant la signature de la police.

39. L'assuré sera présumé avoir scu la perte, et l'assureur l'arrivée des choses assurées, s'il se trouve que, de l'endroit de la perte ou de l'abord du vaisseau, la nouvelle en ait pu être portée avant la signature de la police, dans le lieu où elle a été passée, en comptant une lieue et demie pour heure; sans préjudice des autres preuves qui pourront être rapportées.

40. Si toutefois l'assurance est faite sur bonnes ou mauvaises nouvelles, elle subsistera, s'il n'est vérifié par autre preuve que celle de la lieue et demie pour heure, que l'assuré savoit la perte, ou l'assureur l'arrivée du vaisseau, avant la signature de la police.

41. En cas de preuve contre l'assuré, il sera tenu de restituer à l'assureur ce qu'il aura reçu, et de lui payer double prime; et si elle est faite contre l'assureur, il sera pareillement condamné à la restitution de la prime, et d'en payer le double à l'assuré.

42. Lorsque l'assuré aura eu avis de la perte du vaisseau ou des marchandises assurées, de l'arrêt de prince et d'autres accidens étant aux risques des assureurs, il sera tenu de les leur faire incontinent signifier ou à celui qui aura signé pour eux l'assurance, avec protestation de faire son délaissement en temps et lieu.

43. Pourra néanmoins l'assuré, au lieu de protestation, faire en même temps son délaissement, avec sommation aux assureurs de payer les sommes assurées dans le temps porté par la police.

44. Si le temps du paiement n'est point réglé par la police, l'assureur sera tenu de payer l'assurance trois mois après la signification du délaissement.

45. En cas de naufrage ou échouement, l'assuré pourra travailler au recouvrement des effets naufragés, sans préjudice du délaissement qu'il pourra faire en temps et lieu, et du remboursement de ses frais, dont il sera cru sur son affirmation, jusqu'à concurrence de la valeur des effets recouvrés.

46. Ne pourra le délaissement être fait qu'en cas de prise,

naufrage, bris, échouement, arrêt de prince, ou perte entière des effets assurés ; et tous autres dommages ne seront réputés qu'avarie, qui sera réglée entre les assureurs et les assurés, à proportion de leurs intérêts.

47. On ne pourra faire délaissement d'une partie et retenir l'autre, ni aucune demande d'avarie, si elle n'excède un pour cent.

48. Les délaissemens et toutes demandes en exécution de la police, seront faites aux assureurs, dans six semaines après la nouvelle des pertes arrivées aux côtes de la même province où l'assurance aura été faite : et pour celles qui arriveront en une autre province de notre royaume, dans trois mois; pour les côtes de Hollande, Flandre ou Angleterre, dans quatre mois; pour celles d'Espagne, Italie, Portugal, Barbarie, Moscovie ou Norwége, dans un an; et pour les côtes de l'Amérique, Brésil, Guinée et autres pays plus éloignés, dans deux ans; et le temps passé, les assurés ne seront plus recevables en leur demande.

49. En cas d'arrêt de prince, le délaissement ne pourra être fait qu'après six mois, si les effets sont arrêtés en Europe ou Barbarie ; et après un an, si c'est en pays plus éloigné ; le tout à compter du jour de la signification de l'arrêt aux assureurs; et ne courra, en ce cas, la fin de non-recevoir portée par l'article précédent contre les assurés, que du jour qu'ils auront pu agir.

50. Si toutefois les marchandises arrêtées sont périssables, le délaissement pourra être fait après six semaines, si elles sont arrêtées en Europe ou en Barbarie, et après trois mois, si c'est en pays plus éloigné, à compter aussi du jour de la signification de l'arrêt aux assureurs.

51. Les assurés seront tenus, pendant les délais portés par les deux articles précédens, de faire toutes diligences pour obtenir main-levée des effets arrêtés, et pourront les assureurs les faire de leur chef, si bon leur semble.

52. Si le vaisseau étoit arrêté, en vertu de nos ordres, dans un des ports de notre royaume, avant le voyage commencé, les assurés ne pourront, à cause de l'arrêt, faire l'abandon de leurs effets aux assureurs.

53. L'assuré sera tenu, en faisant son délaissement, de déclarer toutes les assurances qu'il aura fait faire, et l'argent qu'il aura pris à la grosse sur les effets assurés, à peine d'être privé de l'effet des assurances.

54. Si l'assuré a recelé des assurances ou des contrats à la

grosse, et qu'avec celles qu'il aura déclarées elles excèdent la valeur des effets assurés, il sera privé de l'effet des assurances, et tenu de payer les sommes empruntées, nonobstant la perte ou prise du vaisseau.

55. Et s'il poursuit le paiement des sommes assurées au-delà de la valeur de ses effets, il sera en outre puni exemplairement.

56. Les assureurs sur le chargement ne pourront être contraints au paiement des sommes par eux assurées que jusqu'à concurrence de la valeur des effets dont l'assuré justifiera le chargement et la perte.

57. Les actes justificatifs du chargement et de la perte des effets assurés seront signifiés aux assureurs, incontinent après le délaissement et avant qu'ils puissent être poursuivis pour le paiement des choses assurées.

58. Si néanmoins l'assuré ne reçoit aucune nouvelle de son navire, il pourra, après l'an expiré (à compter du jour du départ pour les voyages ordinaires), et après deux ans (pour ceux de long cours), faire son délaissement aux assureurs, et leur demander paiement, sans qu'il soit besoin d'aucune attestation de la perte.

59. Les voyages de France en Moscovie, Groenland, Canada, aux bancs et îles de Terre-Neuve, et autres côtes et îles de l'Amérique, au Cap-Vert, côtes de Guinée, et tous autres qui se feront au-delà du Tropique, seront réputés voyages de long cours.

60. Après le délaissement signifié, les effets assurés appartiendront à l'assureur, qui ne pourra, sous prétexte du retour du vaisseau, se dispenser de payer les sommes assurées.

61. L'assureur sera reçu à faire preuve contraire aux attestations, et cependant condamné, par provision, au paiement des sommes assurées, en baillant caution par l'assuré.

62. Le maître qui aura fait assurer des marchandises chargées dans son vaisseau pour son compte, sera tenu, en cas de perte, d'en justifier l'achat et d'en fournir un connoissement signé de l'écrivain et du pilote.

63. Tous mariniers et autres qui rapporteront des pays étrangers des marchandises qu'ils auront fait assurer en France, seront tenus d'en laisser un connoissement entre les mains du consul ou de son chancelier, s'il y a consulat dans le lieu du chargement, sinon, entre les mains d'un notable marchand de la nation françoise.

64. La valeur des marchandises sera justifiée par livres ou

factures; sinon l'estimation en sera faite suivant le prix courant au temps et lieu du chargement, y compris tous droits et frais faits jusqu'à bord, si ce n'est qu'elles soient estimées par la police.

65. Si l'assurance est faite sur le retour d'un pays où le commerce ne se fait que par troc, l'estimation des marchandises de rapport sera faite sur le pied de la valeur de celles données en échange, et des frais faits pour le transport.

66. En cas de prise, les assurés pourront racheter leurs effets sans attendre l'ordre des assureurs, s'ils n'ont pu leur en donner avis, à condition toutefois de les avertir ensuite, par écrit, de la composition qui aura été faite.

67. Les assureurs pourront prendre la composition à leur profit, à proportion de leur intérêt; et en ce cas ils seront tenus d'en faire leur déclaration sur-le-champ, de contribuer actuellement au paiement du rachat, et de courir les risques du retour, sinon de payer les sommes par eux assurées, sans qu'ils puissent rien prétendre aux effets rachetés.

68. Faisons défenses à tous greffiers de police, commis de chambre d'assurances, notaires, courtiers et censaux, de faire signer des polices où il y ait aucun blanc, à peine de tous dommages et intérêts; comme aussi d'en faire aucunes dans lesquelles ils soient intéressés directement ou indirectement par eux ou par personnes interposées, et de prendre transport des droits des assurés; à peine de cinq cents livres d'amende pour la première fois, et de destitution en cas de récidive, sans que les peines puissent être modérées.

69. Leur enjoignons, sous pareilles peines, d'avoir un registre paraphé en chaque feuillet par le lieutenant de l'amirauté, et d'y enregistrer toutes les polices qu'ils dresseront.

70. Lorsque la police contiendra soumission à l'arbitrage, et que l'une des parties demandera d'être renvoyée devant des arbitres avant aucune contestation en cause, l'autre partie sera tenue d'en convenir; sinon le juge en nommera pour le refusant.

71. Huitaine après la nomination d'arbitres, les parties produiront entre leurs mains; et dans la huitaine suivante, sera donnée sentence contradictoire ou par défaut sur ce qui se trouvera pardevers eux.

72. Les sentences arbitrales seront homologuées au siège de l'amirauté dans le ressort duquel elles auront été rendues; défendons au juge de prendre, sous ce prétexte, aucune connois-

sance du fond, à peine de nullité et de tous dépens, dommages et intérêts des parties.

73. L'appel des sentences arbitrales et d'homologation ressortira en nos cours de parlement, et ne pourra être reçu que la peine portée par la soumission n'ait été payée.

74. Les sentences arbitrales seront exécutoires, nonobstant l'appel, en donnant caution pardevant les juges qui les auront homologuées.

TITRE VII. — Des Avaries.

Art. 1er. Toute dépense extraordinaire qui se fera pour les navires et marchandises, conjointement ou séparément, et tout dommage qui leur arrivera depuis leur charge et départ jusqu'à leur retour et décharge, seront réputés avaries.

2. Les dépenses extraordinaires pour le bâtiment seul ou pour les marchandises seulement, et le dommage qui leur arrive en particulier, sont avaries simples et particulières; et les dépenses extraordinaires faites, et le dommage souffert pour le bien et salut commun des marchandises et du vaisseau, sont avaries grosses et communes.

3. Les avaries simples seront supportées et payées par la chose qui aura souffert le dommage ou causé la dépense, et les grosses ou communes tomberont tant sur le vaisseau que sur les marchandises, et seront régalées sur le tout au sol la livre.

4. La perte des câbles, ancres, voiles, mâts et cordages, causée par tempête ou autre fortune de mer; et le dommage arrivé aux marchandises par la faute du maître ou de l'équipage, ou pour n'avoir pas bien fermé les écoutilles, amarré le vaisseau, fourni de bons guindages et cordages, ou autrement, sont avaries simples qui tomberont sur le maître, le navire et le fret.

5. Les dommages arrivés aux marchandises par leur vice propre, par tempête, prise, naufrage ou échouement, les frais faits pour les sauver, et les droits, impositions et coutumes, sont aussi avaries simples pour le compte des propriétaires.

6. Les choses données par composition aux Pirates pour le rachat du navire et des marchandises, celles jetées dans la mer, les câbles et mâts rompus ou coupés, les ancres et autres effets abandonnés pour le salut commun, le dommage fait aux marchandises restées dans le navire en faisant le jet, les pansemens et nourriture du matelot blessé en défendant le

navire, et les frais de la décharge pour entrer dans un hâvre ou dans une rivière, ou pour remettre à flot un vaisseau, sont avaries grosses ou communes.

7. La nourriture et les loyers des matelots d'un navire arrêté en voyage par ordre du souverain, seront aussi réputés avaries grosses, si le vaisseau est loué par mois; et s'il est loué au voyage, ils seront portés par le vaisseau seul, comme avaries simples.

8. Les lamanages, touages, pilotages, pour entrer dans les hâvres ou rivières ou pour en sortir, sont menues avaries, qui se payeront un tiers par le navire, et les deux autres tiers par les marchandises.

9. Les droits de congé, visite, rapport, tonnes, balises et ancrages ne seront réputés avaries, mais seront acquittés par les maîtres.

10. En cas d'abordage de vaisseaux, le dommage sera payé également par les navires qui l'auront fait et souffert, soit en route, en rade ou au port.

11. Si toutefois l'abordage avoit été fait par la faute de l'un des maîtres, le dommage sera réparé par celui qui l'aura causé.

TITRE VIII. — *Du Jet et de la Contribution.*

ART. 1er. Si par tempête, ou par chasse d'ennemis ou de pirates, le maître se croit obligé de jeter en mer partie de son chargement, de couper ou forcer ses mâts, ou d'abandonner ses ancres, il en prendra l'avis des marchands et des principaux de l'équipage.

2. S'il y a diversité d'avis, celui du maître et de l'équipage sera suivi.

3. Les ustensiles du vaisseau et autres choses les moins nécessaires, les plus pesantes et de moindre prix seront jetées les premières, et ensuite les marchandises du premier pont ; le tout néanmoins au choix du capitaine et par l'avis de l'équipage.

4. L'écrivain ou celui qui en fera la fonction, écrira sur son registre le plus tôt qu'il lui sera possible, la délibération, la fera signer à ceux qui auront opiné, sinon fera mention de la raison pour laquelle ils n'auront pas signé, et tiendra mémoire autant que faire se pourra, des choses jetées et endommagées.

5. Au premier port où le navire abordera, le maître déclarera pardevant le juge de l'amirauté, s'il y en a, sinon devant le juge ordinaire, la cause pour laquelle il aura fait le jet, coupé ou forcé ses mâts, ou abandonné ses ancres; et si c'est en pays étranger qu'il aborde, il fera sa déclaration devant le consul de la nation françoise.

6. L'état des pertes et dommages sera fait à la diligence du maître, dans le lieu de la décharge du bâtiment, et les marchandises jetées et sauvées seront estimées suivant le prix courant dans le même lieu.

7. La répartition pour le payement des pertes et dommages sera faite sur les effets sauvés et jetés, et sur moitié du navire et du fret, au marc la livre de leur valeur.

8. Pour juger de la qualité des effets jetés à la mer, les connoissemens seront représentés, même les factures, s'il y en a.

9. Si la qualité de quelques marchandises a été déguisée par les connoissemens, et qu'elles se trouvent de plus grande valeur qu'elles ne paroissoient par la déclaration du marchand chargeur, elles contribueront, en cas qu'elles soient sauvées, sur le pied de leur véritable valeur, et si elles sont perdues, elles ne seront payées que sur le pied du connoissement.

10. Si au contraire les marchandises se trouvent d'une qualité moins précieuse, et qu'elles soient sauvées, elles contribueront sur le pied de la déclaration; et si elles sont jetées ou endommagées, elles ne seront payées que sur le pied de leur valeur.

11. Les munitions de guerre et de bouche, ni les loyers et hardes des matelots, ne contribueront point au jet; et néanmoins ce qui en sera jeté sera payé par contribution sur tous les autres effets.

12. Les effets dont il n'y aura pas de connoissement, ne seront point payés s'ils sont jetés, et s'ils sont sauvés, ils ne laisseront pas de contribuer.

13. Ne pourra aussi être demandé contribution pour le payement des effets qui étoient sur le tillac, s'ils sont jetés ou endommagés par le jet, sauf au propriétaire son recours contre le maître; et ils contribueront néanmoins, s'ils sont sauvés.

14. Ne sera fait non plus aucune contribution pour raison du dommage arrivé au bâtiment, s'il n'a été fait exprès pour faciliter le jet.

15. Si le jet ne sauve le navire, il n'y aura lieu à aucune contribution ; et les marchandises qui pourront être sauvées du naufrage, ne seront point tenues du payement ni dédommagement de celles qui auront été jetées ou endommagées.

16. Mais si le navire ayant été sauvé par le jet, et continuant sa route, vient à se perdre, les effets sauvés du naufrage contribueront au jet sur le pied de leur valeur en l'état qu'ils se trouveront, déduction faite des frais du sauvement.

17. Les effets jetés ne contribueront en aucun cas au payement des dommages arrivés depuis le jet aux marchandises sauvées, ni les marchandises au payement du vaisseau perdu ou brisé.

18. Si toutefois le vaisseau a été ouvert par délibération des principaux de l'équipage, et des marchands, si aucuns y a, pour en tirer les marchandises, elles contribueront en ce cas à la répartition du dommage fait au bâtiment pour les en ôter.

19. En cas de perte des marchandises mises dans des barques pour alléger le vaisseau entrant en quelque port ou rivière, la répartition s'en fera sur le navire et son chargement entier.

20. Mais si le vaisseau périt avec le reste de son chargement il n'en sera fait aucune répartition sur les marchandises mises dans les allèges, quoiqu'elles arrivent à bon port.

21. Si aucuns des contribuables refusent de payer leurs parts, le maître pourra, pour sûreté de la contribution, retenir, même faire vendre par autorité de justice, des marchandises jusques à concurrence de leur portion.

22. Si les effets jetés sont recouvrés par les propriétaires depuis la répartition, ils seront tenus de rapporter au maître et aux autres intéressés ce qu'ils auront reçu dans la contribution, déduction faite du dommage qui leur aura été causé par le jet, et des frais du recouvrement.

TITRE IX. — *Des Prises.*

Art. 1er. Aucun ne pourra armer vaisseau en guerre sans commission de l'amiral.

2. Celui qui aura obtenu commission pour équiper un vaisseau en guerre, sera tenu de la faire enregistrer au greffe de l'amirauté du lieu où il fera son armement, et de donner caution de la somme de quinze mille livres, qui sera reçue par le lieutenant en présence de notre procureur.

3. Défendons à tous nos sujets de prendre commission d'aucuns rois, princes, ou états étrangers, pour armer des vaisseaux en guerre et courir la mer sous leur bannière, si ce n'est par notre permission, à peine d'être traités comme pirates.

4. Seront de bonne prise tous vaisseaux appartenant à nos ennemis, ou commandés par des pirates, fourbans et autres gens courant la mer sans commissions d'aucun prince, ou état souverain.

5. Tout vaisseau combattant sous autre pavillon que celui de l'état dont il a commission, ou ayant commissions de deux différens princes ou états, sera aussi de bonne prise, et s'il est armé en guerre, les capitaines et officiers seront punis comme pirates.

6. Seront encore de bonne prise les vaisseaux avec leur chargement, dans lesquels il ne sera trouvé chartes-parties, connoissemens, ni factures : faisons défenses à tous capitaines, officiers et équipages des vaisseaux preneurs de les soustraire, à peine de punition corporelle.

7. Tous navires qui se trouveront chargés d'effets appartenant à nos ennemis, et les marchandises de nos sujets ou alliés qui se trouveront dans un navire ennemi, seront pareillement de bonne prise.

8. Si aucun navire de nos sujets est repris sur nos ennemis, après qu'il aura demeuré entre leurs mains pendant vingt-quatre heures, la prise en sera bonne; et si elle est faite avant les vingt-quatre heures, il sera restitué au propriétaire avec tout ce qui étoit dedans, à la réserve du tiers qui sera donné au navire, qui aura fait la recousse.

9. Si le navire, sans être recous est abandonné par les ennemis, ou si par tempête ou autre cas fortuit il revient en la possession de nos sujets avant qu'il ait été conduit dans aucun port ennemi, il sera rendu au propriétaire qui le réclamera dans l'an et jour, quoiqu'il ait été plus de vingt-quatre heures entre les mains des ennemis.

10. Les navires et effets de nos sujets ou alliés repris sur les pirates, et réclamés dans l'an et jour de la déclaration qui en aura été faite à l'amirauté, seront rendus au propriétaires en payant le tiers de la valeur du vaisseau et des marchandises pour frais de recousse.

11. Les armes, poudres, boulets, et autres munitions de guerre, même les chevaux et équipages qui seront transportés

pour le service de nos ennemis, seront confisqués en quelque vaisseau qu'ils soient trouvés, et à quelque personne qu'ils appartiennent, soit de nos sujets ou alliés.

12. Tout vaisseau qui refusera d'amener ses voiles après la semonce qui lui en aura été faite par nos vaisseaux, ou ceux de nos sujets armés en guerre, pourra y être contraint par artillerie ou autrement; et en cas de résistance et de combat, il sera de bonne prise.

13. Défendons à tous capitaines de vaisseaux armés en guerre d'arrêter ceux de nos sujets, amis, ou alliés qui auront amené leurs voiles, et représenter leur charte-partie ou police de chargement, et d'y prendre ou souffrir être pris aucune chose, à peine de la vie.

14. Aucuns vaisseaux pris par capitaines ayant commission étrangère ne pourront demeurer plus de vingt-quatre heures dans nos ports et hâvres, s'ils n'y sont retenus par la tempête, ou si la prise n'a été faite sur nos ennemis.

15. Si dans les prises amenées dans nos ports par les navires de guerre armés sous commission étrangère il se trouve des marchandises qui soient à nos sujets ou alliés, celles de nos sujets leur seront rendues, et les autres ne pourront être mises en magasin, ni achetées par aucune personne sous quelque prétexte que ce puisse être.

16. Aussitôt que les capitaines des vaisseaux armés en guerre se seront rendus maîtres de quelques navires, ils se saisiront des congés, passe-ports, lettres de mer, chartes-parties, connoissemens, et de tous autres papiers concernant la charge et destination du vaisseau, ensemble des clefs des coffres, armoires et chambres, et feront fermer les écoutilles et autres lieux où il y aura des marchandises.

17. Enjoignons aux capitaines qui auront fait quelque prise, de l'amener ou envoyer avec les prisonniers au port où ils auront armé, à peine de perte de leur droit et d'amende arbitraire, si ce n'est qu'ils fussent forcés par la tempête ou par les ennemis de relâcher en quelqu'autre port, auquel cas ils seront tenus d'en donner incessamment avis aux intéressés à l'armement.

18. Faisons défenses, à peine de la vie, à tous chefs, soldats et matelots, de couler à fond les vaisseaux pris, et de descendre les prisonniers en des îles ou côtes éloignées pour celer la prise.

19. Et où les preneurs ne pouvant se charger du vaisseau pris ni de l'équipage, enleveroient seulement les marchandises, ou relâcheroient le tout par composition, ils seront tenus de se saisir des papiers, et d'amener au moins les deux principaux officiers du vaisseau pris, à peine d'être privés de ce qui leur pourroit appartenir en la prise, même de punition corporelle s'il y échet.

20. Défendons de faire aucune ouverture des coffres, ballots, sacs, pipes, bariques, tonneaux et armoires, de transporter ni vendre aucune marchandise de la prise; et à toutes personnes d'en acheter ou receler jusques à ce que la prise ait été jugée, ou qu'il ait été ordonné par justice, à peine de restitution du quadruple et de punition corporelle.

21. Aussitôt que la prise aura été amenée en quelques rades ou ports de notre royaume, le capitaine qui l'aura faite, s'il y est en personne, sinon celui qu'il en aura chargé, sera tenu de faire son rapport aux officiers de l'amirauté, de leur représenter et mettre entre les mains les papiers et prisonniers, et de leur déclarer le jour et l'heure que le vaisseau aura été pris, en quel lieu, ou à quelle hauteur, si le capitaine a fait refus d'amener les voiles, ou de faire voir sa commission ou son congé, s'il a attaqué ou s'il s'est défendu, quel pavillon il portoit, et les autres circonstances de la prise et de son voyage.

22. Après la déclaration reçue, les officiers de l'amirauté se transporteront incessamment sur le vaisseau pris, soit qu'il ait mouillé en rade, ou qu'il soit entré dans le port, dresseront procès-verbal de la quantité et qualité des marchandises, et de l'état auquel ils trouveront les chambres, armoires, écoutilles, et fond de cale du vaisseau, qu'ils feront ensuite fermer et sceller du sceau de l'amirauté, et ils y établiront des gardes pour veiller à la conservation du scellé, et pour empêcher le divertissement des effets.

23. Le procès-verbal des officiers de l'amirauté sera fait en présence du capitaine ou maître du vaisseau pris; et s'il est absent, en présence de deux principaux officiers ou matelots de son équipage, ensemble du capitaine ou autre officier du vaisseau preneur, et même des réclamateurs, s'il s'en présente.

24. Les officiers de l'amirauté entendront sur le fait de la prise, le maître ou commandant du vaisseau pris, et les princi-

paux de son équipage, même quelques officiers et matelots du vaisseau preneur, s'il est besoin.

25. Si le vaisseau est amené sans prisonniers, chartes-parties ni connoissemens, les officiers, soldats et équipage de celui qui l'aura pris, seront séparément examinés sur les circonstances de la prise, et pourquoi le navire a été amené sans prisonniers, et seront le vaisseau et les marchandises visités par experts, pour connoître, s'il se peut, sur qui la prise aura été faite.

26. Si par la déposition de l'équipage, et la visite du vaisseau et des marchandises, on ne peut découvrir sur qui la prise aura été faite, le tout sera inventorié, apprécié et mis sous bonne et sûre garde, pour être restitué à qu'il appartiendra, s'il est réclamé dans l'an et jour, sinon partagé comme épave de mer également entre nous, l'amiral et les armateurs.

27. S'il est nécessaire avant le jugement de la prise de tirer les marchandises du vaisseau pour en empêcher le dépérissement, il en sera fait inventaire en présence de notre procureur et des parties intéressées, qui le signeront si elles peuvent signer, pour ensuite être mises sous la garde d'une personne solvable, ou dans des magasins fermant à trois clefs différentes, dont l'une sera délivrée aux armateurs, l'autre au receveur de l'amiral, et la troisième aux réclamateurs, si aucun se présente, sinon à notre procureur.

28. Les marchandises qui ne pourront être conservées, seront vendues sur la réquisition des parties intéressées, et adjugées au plus offrant en présence de notre procureur à l'issue de l'audience, après trois remises d'enchères de trois jours en trois jours, les proclamations préalablement faites, et affiches mises en la manière accoutumée.

29. Le prix de la vente sera mis entre les mains d'un bourgeois solvable, pour être délivré après le jugement de la prise à qui il appartiendra.

30. Enjoignons aux officiers de l'amirauté de procéder incessamment à l'exécution des arrêts et jugemens qui interviendront sur le fait des prises; et de faire faire incontinent et sans délai la délivrance des vaisseaux, marchandises et effets dont la main-levée sera ordonnée, à peine d'interdiction, de cinq cents livres d'amende, et de tous dépens, dommages et intérêts.

31. Sera prise avant partage la somme à laquelle se trouveront monter les frais du déchargement, et de la garde du vaisseau et des marchandises, suivant l'état qui en sera arrêté par

le lieutenant de l'amirauté en présence de notre procureur et des intéressés.

52. Après les distractions ci-dessus, le dixième de la prise sera délivré à l'amiral, et les frais de justice seront pris sur le restant, qui sera ensuite partagé entre les intéressés, conformément aux conditions de leur société.

53. S'il n'y a aucun contrat de société, les deux tiers appartiendront à ceux qui auront fourni le vaisseau avec les munitions, armement et victuailles, et l'autre aux officiers, matelots et soldats.

54. Faisons défenses aux officiers de l'amirauté de se rendre adjudicataires directement ou indirectement, des vaisseaux, marchandises, et autres effets provenant des prises, à peine de confiscation, quinze cents livres d'amende, et d'interdiction de leur charge.

TITRE X. — *Des Lettres de marque ou de représailles.*

ART. 1ᵉʳ. Ceux de nos sujets dont les vaisseaux ou autres effets auront été pris ou arrêtés hors le fait de la guerre par les sujets des autres états, seront tenus avant que d'avoir recours à nos lettres de représailles, de faire informer de la détention de leurs effets par-devant le plus prochain juge de l'amirauté du lieu de leur descente, et d'en faire faire l'estimation par experts nommés d'office, entre les mains desquels ils mettront les chartes-parties, connoissemens, et autres pièces justificatives de l'état et qualité du vaisseau et de son chargement.

2. Sur l'information faite, et le procès-verbal justificatif de la valeur des effets pris et retenus, pourront nos sujets se retirer par devers nous pour obtenir nos lettres de représailles, qui ne leurs seront néanmoins accordées qu'après avoir fait faire par nos ambassadeurs les instances, en la forme et dans les temps portés par les traités faits avec les états et princes dont les sujets auront fait les déprédations.

3. Les lettres de représailles feront mention de la valeur des effets retenus ou enlevés, porteront permission d'arrêter et saisir ceux des sujets de l'état qui aura refusé de restituer les choses retenues, et régleront le temps pendant lequel elles seront valables.

4. Les impétrans des lettres de représailles seront tenus de

les faire enregistrer au greffe de l'amirauté du lieu où ils feront leur armement, et de donner caution jusques à concurrence de moitié de la valeur des effets déprédés, par devant les officiers du même siége.

5. Les prises faites en mer en vertu de nos lettres de représailles, seront amenées, instruites et jugées en la même forme et manière que celles qui auront été faites sur nos ennemis.

6. Si la prise est déclarée bonne, la vente en sera faite pardevant le juge de l'amirauté, et le prix en sera délivré aux impétrans sur et tant moins, ou jusques à concurrence de la somme pour laquelle les lettres auront été accordées, et le surplus demeurera déposé au greffe pour être restitué à qui il appartiendra.

7. Les impétrans seront tenus, en recevant leurs deniers, d'endosser les lettres de représailles des sommes qu'ils auront reçues, et d'en donner bonne et valable décharge, qui sera déposée au greffe de l'amirauté, pour demeurer jointe à la procédure.

8. Si l'exposé des lettres ne se trouve pas véritable, les impétrans seront condamnés aux dommages et intérêts des propriétaires des effets saisis, et à la restitution du quadruple des sommes qu'ils auront reçues.

TITRE XI. — *Des Testamens et de la Succession de ceux qui meurent en mer.*

ART. 1er. Les testamens faits sur mer par ceux qui décéderont dans les voyages, seront réputés valables, s'ils sont écrits et signés de la main du testateur, ou reçus par l'écrivain du vaisseau en présence de trois témoins qui signeront avec le testateur; et si le testateur ne peut ou ne sait signer, il sera fait mention de la cause pour laquelle il n'aura pas signé.

2. Aucun ne pourra par testament reçu par l'écrivain, disposer que des effets qu'il aura dans le vaisseau, et des gages qui lui seront dus.

3. Ne pourront les mêmes dispositions valoir au profit des officiers du vaisseau, s'ils ne sont parens du testateur.

4. Incontinent après le décès de ceux qui mourront sur mer, l'écrivain fera l'inventaire des effets par eux délaissés dans le vaisseau, en présence des parens, s'il y en a, sinon de deux témoins qui signeront, et à la diligence du maître.

5. Le maître demeurera chargé des effets du défunt, et sera tenu, après son retour, de les remettre avec l'inventaire entre les mains des héritiers légataires, ou autres qu'il appartiendra.

6. Si les effets délaissés par ceux qui n'auront point testé, sont chargés pour les pays étrangers, le maître pourra les négocier, et en rapporter le provenu au retour, auquel cas, outre son fret, il sera payé de sa provision.

7. Pourra aussi vendre les hardes et meubles des mariniers et passagers, les faire apporter pour cet effet au pied du mât, et les délivrer au plus offrant, dont sera tenu état par l'écrivain, et compté par le maître.

8. Faisons défenses, à peine de punition exemplaire, à tous officiers de guerre et de justice établis dans les îles et pays de notre obéissance, de se saisir des effets des mariniers et passagers décédés sur les vaisseaux, et d'en empêcher la disposition ou le transport, sous quelque prétexte que ce soit.

9. Les hardes des mariniers et passagers décédés sans héritiers et sans avoir testé, seront employées à faire prier Dieu pour eux : et de leurs autres effets étant sur le vaisseau, il en sera délivré un tiers au receveur de notre domaine, un tiers à l'amiral, et l'autre tiers à l'hôpital du lieu où le navire fera son retour, les dettes du défunt préalablement payées sur le tout.

10. Le partage ci-dessus ordonné ne pourra être fait qu'après an et jour, à compter du retour du vaisseau, pendant lequel les effets seront déposés entre les mains d'un bourgeois solvable.

11. Si les effets délaissés ne peuvent être conservés pendant l'an et jour sans diminution considérable, ils seront vendus par autorité des officiers de l'amirauté, et le prix déposé comme dessus.

LIVRE IV.

DE LA POLICE DES PORTS, COTES, RADES ET RIVAGES DE LA MER.

TITRE I.er — *Des Ports et Hâvres.*

Art. 1. Les ports et hâvres seront entretenus dans leur profondeur et netteté : faisons défenses d'y jeter aucunes immondices, à peine de dix livres d'amende, payables par les maîtres pour leurs valets, même par les pères et mères pour leurs enfans.

2. Il y aura toujours des matelots à bord des navires étant dans le port, pour faciliter le passage des vaisseaux entrant et sortant, larguer les amarres et faire toutes les manœuvres nécessaires, à peine de cinquante livres d'amende contre les maîtres et patrons.

3. Ne pourront les mariniers amarrer leurs vaisseaux qu'aux anneaux et pieux destinés à cet effet, à peine d'amende arbitraire.

4. Les vaisseaux dont les maîtres auront les premiers fait leur rapport, seront les premiers rangés à quai, d'où ils seront obligés de se retirer incontinent après leur décharge.

5. Les maîtres et patrons de navires qui voudront se tenir sur leurs ancres dans les ports, seront obligés d'y attacher hoirin, bouée ou gaviteau pour les marquer, à peine de cinquante liv. d'amende, et de réparer tout le dommage qui en arrivera.

6. Ceux qui auront des poudres dans leurs navires seront tenus aussi, à peine de cinquante livres d'amende, de les faire porter à terre incontinent après leur arrivée, sans qu'ils puissent les remettre dans leur vaisseau qu'après qu'il sera sorti du port.

7. Les marchands, facteurs et commissionnaires, ne pourront laisser sur les quais leurs marchandises plus de trois jours, après lesquels elles seront enlevées à la diligence du maître de quai, où il y en aura d'établi, sinon de nos procureurs aux siéges de l'amirauté, et aux dépens des propriétaires, lesquels seront en outre condamnés en amende arbitraire.

8. Il y aura dans chaque port et hâvre des lieux destinés, tant pour travailler aux radoubs et calfats des vaisseaux, que pour goudronner les cordages ; à l'effet de quoi les feux nécessaires seront allumés à cent pieds au moins de distance de tous autres bâtimens, et à vingt pieds des quais, à peine de cinquante livres d'amende, et de plus grande en cas de récidive.

9. Les maîtres et propriétaires des navires étant dans les ports où il y a flux et reflux, seront tenus, sous même peine, d'avoir toujours deux poinçons d'eau sur le tillac de leur vaisseau, pendant qu'on en chauffera les soutes ; et dans les ports d'où la mer ne se retire point, d'être munis de sasses ou pelles creuses propres à tirer l'eau.

10. Il y aura pareillement des places destinées pour les bâtimens en charge, et d'autres pour ceux qui seront déchargés, comme aussi pour rompre et dépecer les vieux bâtimens et pour en construire de nouveaux.

11. Les propriétaires des vieux bâtimens hors d'état de naviguer, seront tenus de les rompre et d'en enlever incessamment les débris, à peine de confiscation et de cinquante livres d'amende, applicables à la réparation des quais, digues et jetées.

12. Seront tenus sous pareille peine de cinquante livres d'amende, ceux qui feront des fosses dans les ports pour travailler au radoub de leurs navires, de les remplir vingt-quatre heures après que leurs bâtimens en seront dehors.

13. Enjoignons aux maçons et autres employés aux réparations des murailles, digues et jetées des canaux, hâvres et bassins, d'enlever les décombres et faire place nette incontinent après les ouvrages finis, à peine d'amende arbitraire, et d'y être pourvu à leurs frais.

14. Faisons défenses à toutes personnes de porter ou allumer pendant la nuit du feu dans les navires étant dans les bassins et hâvres, sinon en cas de nécessité pressante, et en la présence ou par la permission du maître de quai.

15. Enjoignons très expressément aux hôteliers, cabaretiers, vendeurs de tabac, cidre, bière et eau-de-vie, ayant maisons et cabarets sur les quais, de les fermer avant la nuit, et leur défendons d'y recevoir et d'en laisser sortir qui que ce soit avant le jour, à peine de cinquante livres d'amende pour la première fois; et en cas de récidive, d'être expulsés du lieu.

16. Celui qui aura dérobé des cordages, ferrailles ou ustensiles des vaisseaux étant dans les ports, sera flétri d'un fer chaud portant la figure d'une ancre, et banni à perpétuité du lieu où il aura commis le délit; et s'il arrive perte du bâtiment ou mort d'homme pour avoir coupé ou volé les câbles, il sera puni du dernier supplice.

17. Faisons défenses à toutes personnes d'acheter, des matelots et compagnons de bateau, des cordages, ferrailles et autres ustensiles de navires, à peine de punition corporelle.

18. Faisons aussi défenses sous mêmes peines, à toutes personnes de faire ou vendre des étoupes de vieux cordages de vaisseaux, si ce n'est par ordre des maîtres ou propriétaires des

navires, lesquels pourront seulement débiter celles qui proviendront de leurs bâtimens.

19. Défendons, à peine de concussion, de lever aucun droit de coutume, quaiage, balisage, lestage, delestage et ancrage, qu'ils ne soient inscrits dans une pancarte approuvée par les officiers de l'amirauté, et affichée dans l'endroit le plus apparent du port.

20. Les pieux, boucles et anneaux destinés pour l'amarrage des vaisseaux, et les quais construits pour la charge et décharge des marchandises, seront entretenus des deniers communs des villes; et les maires et échevins obligés d'y tenir la main, à peine d'en répondre en leurs noms.

21. Seront néanmoins tenus des réparations et entretien des quais, boucles et anneaux, ceux qui jouissent des droits de coutume ou quaiage sur les ports et hâvres, à peine de privation de leurs droits qui seront appliqués au rétablissement des ruines qui s'y trouveront.

22. Enjoignons aux maires, échevins, syndics, jurats, capitouls et consuls des villes dont les égouts ont leur décharge dans les ports et hâvres, de les faire incessamment garnir de grilles de fer, et aux officiers d'amirauté d'y tenir la main, à peine d'en répondre en leurs noms.

23. N'entendons toutefois, par la présente ordonnance, faire préjudice aux réglemens particuliers faits pour la police d'aucuns ports qui se trouveront dûment autorisés, ni aux jurats, échevins et autres juges qui en auront la connoissance; à l'effet de quoi les réglemens et les pièces justificatives de leur compétence seront par eux mises entre les mains du secrétaire d'état ayant le département de la marine, six mois après la publication de la présente ordonnance; faute de quoi elle sera exécutée à leur égard selon sa forme et teneur.

TITRE II. — *Du Maître de quai.*

ART. 1. Le maître de quai prêtera serment entre les mains du lieutenant, et fera enregistrer sa commission au greffe de l'amirauté du lieu de son établissement.

2. Il aura soin de faire ranger et amarrer les vaisseaux dans le port; veillera à tout ce qui concerne la police des quais, ports et hâvres, et fera donner, pour raison de ce, toutes assignations nécessaires.

3. Sera tenu au défaut du capitaine du port, lorsqu'il y aura de nos vaisseaux dans le hâvre, de faire les rondes nécessaires autour des bassins, et de coucher toutes les nuits à bord de l'amiral.

4. Empêchera qu'il soit fait de jour ou de nuit aucun feu dans les navires, barques et bateaux, et autres bâtimens marchands ancrés ou amarrés dans le port, quand il y aura de nos vaisseaux.

5. Indiquera les lieux propres pour chauffer les bâtimens, goudronner les cordages, travailler aux radoubs et calfats, et pour lester et délester les vaisseaux; et il aura soin de poser et entretenir les feux, balises, tonnes ou bouées aux endroits nécessaires suivant l'usage et la disposition des lieux.

6. Lui enjoignons de visiter une fois le mois, et toutes les fois qu'il y aura eu tempête, les passages ordinaires des vaisseaux, pour reconnoître si les fonds n'ont point changé, et d'en faire son rapport à l'amirauté, à peine de cinquante livres d'amende pour la première fois, et de destitution en cas de récidive.

7. Il pourra couper, en cas de nécessité, les amarres que les maîtres ou autres étant dans les vaisseaux refuseront de larguer, après les injonctions verbales qu'il leur en aura faites et réitérées.

TITRE III. — *Des pilotes Lamaneurs ou Locmans.*

ART. 1. Dans les ports où il sera nécessaire d'établir des pilotes, locmans ou lamaneurs pour conduire les vaisseaux à l'entrée et sortie des ports et des rivières navigables, le nombre en sera réglé par les officiers de l'amirauté, de l'avis des échevins et des plus notables bourgeois.

2. Aucun ne pourra faire les fonctions de lamaneur qu'il ne soit âgé de vingt-cinq ans, et n'ait été reçu pardevant les officiers de l'amirauté, après avoir été examiné en leur présence et celle de deux échevins ou notables bourgeois, par deux anciens lamaneurs, et deux anciens maîtres de navires.

3. Le lamaneur sera examiné sur la connoissance et expérience qu'il doit avoir des manœuvres et fabriques des vaisseaux, ensemble des cours et marées, des bancs, courans, écueils, et autres empêchemens qui peuvent rendre difficiles l'entrée et sortie des rivières, ports et hâvres du lieu de son établissement.

4. Les lamaneurs seront obligés de tenir toujours leurs chaloupes garnies d'ancres et avirons, et d'être en état d'aller au

secours des vaisseaux au premier ordre ou signal, à peine de dix livres d'amende, et de plus grande peine s'il y échet.

5. Faisons défenses sous peine de punition corporelle, à tous mariniers qui ne seront point reçus pilotes lamaneurs, de se présenter pour conduire les vaisseaux à l'entrée et sortie des ports et rivières.

6. Pourront toutefois les maîtres de navires, au défaut des pilotes lamaneurs, se servir de pêcheurs pour les piloter.

7. Si le lamaneur se présente au maître qui aura un pêcheur à bord avant que les lieux dangereux soient passés, il sera reçu, et le salaire du pêcheur sera déduit sur celui du lamaneur.

8. Le lamaneur qui entreprendra, étant ivre, de piloter un vaisseau, sera condamné en cent sols d'amende, et interdit, pour un mois, du pilotage.

9. Enjoignons aux lamaneurs de piloter les bâtimens qui se présenteront les premiers, et leur défendons de préférer les plus éloignés aux plus proches, à peine de vingt-cinq livres d'amende.

10. Leur faisons aussi défenses d'aller plus loin que les rades, au-devant des vaisseaux qui voudront entrer dans les ports et hâvres, de monter dans les navires contre le gré des maîtres, et de quitter les bâtimens qui entreront, qu'ils ne soient ancrés ou amarrés au port; et ceux qui sortiront qu'ils ne soient en pleine mer, à peine de perte de leurs salaires, et de trente livres d'amende.

11. Le maître de navire sera tenu, aussitôt que le pilote lamaneur sera à bord du vaisseau, de lui déclarer combien son bâtiment tire d'eau, à peine de vingt-cinq livres d'amende, au profit du lamaneur, pour chacun pied recelé.

12. Sera fait en chaque port par le lieutenant de l'amirauté, à la diligence de notre procureur, et de l'avis des échevins, ou de deux notables bourgeois, un réglement du salaire des lamaneurs, qui sera écrit dans un tableau, mis au greffe et affiché sur le quai.

13. Ne pourront les lamaneurs et mariniers exiger plus grandes sommes que celles portées au réglement, sous peine de punition corporelle, si ce n'est en temps de tourmente et de péril évident; auquel cas leur sera fait taxe particulière par les officiers de l'amirauté, de l'avis de deux marchands, eu égard au travail qu'ils auront fait et au danger qu'ils auront couru.

14. Déclarons nulles toutes promesses faites aux lamaneurs et autres mariniers, dans le danger du naufrage.

15. Enjoignons aux lamaneurs de visiter journellement les rades des lieux où ils seront établis, de lever les ancres qui y auront été laissés, et d'en faire vingt-quatre heures après leur déclaration au greffe de l'amirauté.

16. S'ils reconnoissent quelques changemens dans les fonds et passages ordinaires des vaisseaux, et que les tonnes ou balises ne soient pas bien placées, ils seront tenus, à peine de dix livres d'amende, d'en donner avis aux officiers de l'amirauté et au maître de quai.

17. Il sera libre aux maîtres et capitaines de navire françois et étrangers, de prendre tel lamaneur que bon leur semblera pour entrer dans les ports et hâvres; sans que, pour en sortir, ils puissent être contraints de se servir de ceux qui les auront fait entrer.

18. Les lamaneurs qui par ignorance auront fait échouer un bâtiment, seront condamnés au fouet, et privés pour jamais du pilotage; et à l'égard de celui qui aura malicieusement jeté un navire sur un banc ou rocher, ou à la côte, il sera puni du dernier supplice, et son corps attaché à un mât planté près le lieu du naufrage.

TITRE IV. — *Du Lestage et Délestage.*

Art. 1. Tous capitaines ou maîtres de navires venant de la mer, seront tenus, en faisant leur rapport aux officiers de l'amirauté, de déclarer la quantité de lest qu'ils auront dans leur bord, à peine de vingt livres d'amende.

2. Les syndics et échevins des villes et communautés seront tenus de désigner, et même de fournir, si besoin est, les lieux ou emplacemens nécessaires et suffisans pour recevoir le lest, en sorte qu'il ne puisse être emporté par la mer.

3. Après le délestage des bâtimens, les maîtres de bateaux ou gabarres qui y auront été employés, seront tenus, à peine de trois livres d'amende, de faire leur déclaration aux officiers de l'amirauté de la quantité de tonneaux qui en auront été tirés.

4. Tous bâtimens embarquant ou déchargeant du lest, auront une voile qui tiendra aux bords tant du vaisseau que de la gabarre, à peine de cinquante livres d'amende solidaire contre les maîtres des navires et gabarres.

5. Tous mariniers pourront être employés au lestage et délestage des vaisseaux, avec les gens de l'équipage.

6. Faisons défenses à tous capitaines et maîtres de navires de jeter leur lest dans les ports, canaux, bassins et rades, à peine de cinq cents livres d'amende pour la première fois; et de saisie et confiscation de leurs bâtimens, en cas de récidive; et aux délesteurs de le porter ailleurs que dans les lieux à ce destinés, à peine de punition corporelle.

7. Faisons aussi défenses, sous pareilles peines, aux capitaines et maîtres de navires, de délester leurs bâtimens; et aux maîtres et patrons de gabarres ou bateaux lesteurs, de travailler au lestage ou délestage d'aucun vaisseau, pendant la nuit.

8. Enjoignons au maître de quai de tenir la main à ce que le lestage ou délestage des vaisseaux soit fait conformément à la présente ordonnance; à peine d'en répondre en son nom et d'amende arbitraire.

TITRE V. — *Des capitaines Gardes-côtes.*

ART. 1. Les capitaines gardes-côtes, leurs lieutenans et enseignes, prêteront serment devant l'amiral ou ses lieutenans aux sièges dans le détroit desquels ils seront établis, et y feront enregistrer leurs lettres.

2. Chaque capitainerie sera composée d'un certain nombre de paroisses, dont les habitans seront sujets au guet de la mer.

3. Les capitaines gardes-côtes feront la montre et revue des habitans des paroisses sujettes au guet de la mer, dans l'étendue de leurs capitaineries, le premier jour du mois de mai de chacune année, en présence des officiers de l'amirauté, qui en garderont le contrôle dans leur greffe.

4. Il y aura dans l'étendue de chaque capitainerie un clerc du guet, qui sera commis par l'amiral ou ses lieutenans, tant pour avertir les habitans sujets au guet de se trouver aux revues, et de monter la garde, que pour tenir registre des défaillans.

5. Faisons très expresses inhibitions et défenses à tous capitaines gardes-côtes, de prendre aucune connoissance des bris, naufrages, échouemens, épaves et varechs, et de s'emparer des effets en provenans; à peine de suspension de leurs charges, de restitution du quadruple pour la première fois, et de punition exemplaire en cas de récidive.

6. Les capitaines gardes-côtes, leurs lieutenans et enseignes jouiront de l'exemption du ban et arrière-ban.

TITRE VI. — *Des personnes sujettes au guet de la mer.*

Art. 1. Les habitans des paroisses sujettes au guet de la mer, seront tenus de faire la garde sur la côte, quand elle sera commandée; à peine de trente sols d'amende contre le défaillant, pour la première fois, et d'amende arbitraire, pour la seconde.

2. N'entendons toutefois comprendre les habitans des paroisses qui doivent le guet ès-villes, châteaux et places fortes situées sur la mer, lesquels seront tenus de l'y faire, et non sur la côte.

3. Le lieutenant de l'amirauté jugera les amendes sur le rapport du clerc du guet, lequel en fera la recette; et les deniers seront appliqués à la diligence de notre procureur, aux réparations du corps-de-garde.

4. Le clerc du guet sera tenu, à peine de destitution, de mettre, de six mois en six mois au greffe de l'amirauté, un rôle des amendes payées, et de celles qui resteront à payer.

5. Le signal se fera de jour par fumée, et de nuit par feu.

6. Les habitans des paroisses sujettes au guet de la mer, seront tenus d'avoir en tout temps dans leurs maisons, chacun un mousquet ou fusil, une épée, une demi-livre de poudre, et deux livres de balles, à peine de cent sols d'amende.

7. Faisons défenses à tous huissiers de saisir pour dettes, même pour deniers royaux, les armes et munitions ci-dessus, à peine de cinquante livres d'amende; en laquelle en cas de contravention, ils seront condamnés par les officiers de l'amirauté, bien que les actes et jugemens en vertu desquels les saisies auront été faites, ayant été donnés par d'autres juges, auxquels nous en interdisons la connoissance.

TITE VII. — *Du Rivage de la mer.*

Art. 1er. Sera réputé bord et rivage de la mer tout ce qu'elle couvre et découvre pendant les nouvelles et pleines lunes, et jusques où le grand flot de mars se peut étendre sur les grèves.

2. Faisons défenses à toutes personnes de bâtir sur les rivages de la mer, d'y planter aucuns pieux, ni faire aucuns ouvrages qui puissent porter préjudice à la navigation, à peine de démolition des ouvrages, de confiscation des matériaux, et d'amende arbitraire.

TITRE VIII. — Des Rades.

ART. 1ᵉʳ. Voulons que les rades soient libres à tous vaisseaux de nos sujets et alliés, dans l'étendue de notre domination. Faisons défenses à toutes personnes, de quelque qualité et condition qu'elles puissent être, de leur apporter aucun trouble et empêchement, à peine de punition corporelle.

2. Enjoignons aux maîtres et capitaines de navires qui seront forcés par la tempête de couper leurs câbles et de laisser quelques ancres dans les rades, d'y mettre des hoirins, bouées ou graviteaux, à peine de perte de leurs ancres, qui appartiendront à ceux qui les auront pêchées, et d'amende arbitraire.

3. Les maîtres des navires venant prendre rade, mouilleront à telle distance les uns des autres, que les ancres et câbles ne puissent se mêler et porter dommage, à peine d'en répondre, et d'amende arbitraire.

4. Lorsqu'il y aura plusieurs bâtimens en même rade, celui qui se trouvera le plus avancé vers l'eau, sera tenu d'avoir pendant la nuit le feu au fanal pour avertir les vaisseaux venant de la mer.

5. Quand un vaisseau en rade voudra faire voile pendant la nuit, le maître sera tenu, dès le jour précédent, de se mettre en lieu propre pour sortir, sans aborder ou faire dommage à aucun de ceux qui seront en même rade, à peine de tous dépens, dommages et intérêts, et d'amende arbitraire.

TITRE IX. — Des Naufrages, Bris et Échouemens.

ART. 1. Déclarons que nous avons mis et mettons sous notre protection et sauvegarde les vaisseaux, leurs équipages et chargemens qui auront été jetés par la tempête sur les côtes de notre royaume, ou qui autrement y auront échoué, et généralement tout ce qui sera échappé du naufrage.

2. Enjoignons à nos sujets de faire tout devoir pour secourir les personnes qu'ils verront dans le danger du naufrage. Voulons que ceux qui auront attenté à leurs vie et biens soient punis de mort, sans qu'il leur puisse être accordé aucune grace, laquelle dès à présent nous avons déclarée nulle, et défendons à tous juges d'y avoir aucun égard.

3. Les seigneurs et habitans des paroisses voisines de la mer, incontinent après les naufrages et échouemens arrivés le long de leurs territoires, seront tenus d'en avertir les officiers de l'ami-

rauté dans le détroit de laquelle les paroisses se trouveront assises ; et à cet effet commettront, au commencement de chacune année, une ou plusieurs personnes pour y veiller, à peine de répondre du pillage qui pourroit arriver.

4. Seront en outre tenus, en attendant l'arrivée des officiers, de travailler incessamment à sauver les effets provenant des naufrages et échouemens, et d'en empêcher le pillage ; à peine aussi de répondre en leurs noms de toutes pertes et dommages, dont ils ne pourront être déchargés qu'en représentant les coupables, ou en les indiquant et produisant des témoins à justice.

5. Faisons défenses aux particuliers employés au sauvement et à tous autres, de porter dans leurs maisons, ni ailleurs qu'aux lieux à cet effet destinés sur les dunes, grèves, ou falaises, et de recéler aucune portion des biens et marchandises des vaisseaux échoués et naufragés ; comme aussi de rompre les coffres, ouvrir les balots et couper les cordages ou mâtures, à peine de restitution du quadruple, et de punition corporelle.

6. Incontinent après l'avis reçu, les officiers se transporteront au lieu du naufrage, feront travailler incessamment à sauver les effets, se saisiront des chartes-parties et autres papiers et enseignemens du vaisseau échoué, recevront les déclarations des maîtres, pilotes et autres personnes de l'équipage, dresseront procès-verbal de l'état du navire, feront inventaire des marchandises sauvées, les feront transporter et mettre en magasin ou lieu de sûreté, informeront des pillages, et feront le procès aux coupables, à peine d'interdiction de leurs charges, et de répondre en leurs noms de toutes pertes et dommages envers les intéressés.

7. Les voituriers, charretiers et mariniers seront tenus de se transporter avec chevaux, harnois et bateaux, au lieu du naufrage, à la première sommation qui leur en sera faite de la part des officiers de l'amirauté, ou des intéressés au naufrage, à peine de vingt-cinq livres d'amende contre chacun des refusans.

8. Les travailleurs seront employés par marée ou journée, et il en sera tenu rôle, dont l'appel sera fait au commencement et à la fin de chaque jour, sans qu'aucun autre puisse, après l'arrivée des officiers, s'immiscer au travail, que ceux qui seront par eux choisis, à peine du fouet.

9. Sera pareillement tenu état par les mêmes officiers, des voitures qui seront faites pour porter les effets sauvés dans les

magasins, et sera donné au voiturier, en partant du lieu du naufrage, un billet de sa charge, lequel il mettra entre les mains du gardien.

10. Le gardien tiendra état ou contrôle de ce qui sera apporté par chaque voiturier.

11. Après le transport fait au magasin des marchandises sauvées, il sera par les officiers procédé à la reconnoissance et vérification, tant sur les inventaires faits au lieu de l'échouement, que sur les billets fournis aux voituriers, et sur le contrôle dressé par le gardien; et ensuite, il sera fait taxe raisonnable aux ouvriers pour leurs salaires, sur les états de leur travail.

12. Les procès verbaux de reconnoissance des effets sauvés seront faits en présence du maître, si aucun y a, sinon du plus apparent de l'équipage, et signé de lui et du gardien, lequel en demeurera chargé.

13. S'il ne se présente point de réclamateurs dans le mois, après que les effets auront été sauvés, il sera procédé par les officiers à la vente de quelques marchandises des plus périssables; et les deniers en provenant seront employés au paiement des salaires des ouvriers, dont sera dressé procès-verbal.

14. Si les marchandises déposées au magasin se trouvent gâtées, le gardien sera tenu, après visite et par permission des officiers, d'y faire travailler par gens à ce connoissant, pour les remettre en état, autant que faire se pourra.

15. En cas que le dommage soit tel qu'il ne puisse être réparé, ni les marchandises gardées sans perte considérable, les officiers de l'amirauté seront tenus de les faire vendre, et de mettre les deniers en mains sûres, dont ils demeureront responsables.

16. Défendons aux officiers de l'amirauté de se rendre directement ou indirectement adjudicataires des marchandises, à peine de restitution du quadruple et de privation de leurs charges.

17. Si lors de l'échouement, les propriétaires ou commissionnaires auxquels les marchandises sont adressées par les connoissemens, ou ceux qui les auront chargées, se présentent pour y mettre ordre eux-mêmes, enjoignons aux officiers de l'amirauté de se retirer, et de leur laisser la liberté entière d'y pourvoir.

18. Voulons néanmoins que les juges de l'amirauté s'informent de la cause du naufrage ou échouement, de la nation du maître et des mariniers, de la qualité des vaisseaux et marchandises, et à qui elles appartiennent; et en cas que l'échoue-

ment fût volontaire, que les vaisseaux fussent ennemis ou pirates, ou que les marchandises fussent de contrebande, qu'ils s'assurent des hommes, vaisseaux et marchandises.

19. Enjoignons à tous ceux qui auront tiré du fond de la mer, ou trouvé sur les flots, des effets procédant de jets, bris, ou naufrage, de les mettre en sûreté; et vingt-quatre heures après, au plus tard, d'en faire leur déclaration aux officiers de l'amirauté, dans le détroit de laquelle ils auront abordé, à peine d'être punis comme recéleurs.

20. Enjoignons aussi, sous les mêmes peines, à ceux qui auront trouvé sur les grèves et rivages de la mer quelques effets échoués ou jetés par le flot de faire semblable déclaration dans pareil temps, soit que les effets soient du cru de la mer, ou qu'ils procèdent de bris, naufrages et échouemens.

21. Les effets procédant des naufrages et échouemens, trouvés en mer ou sur les grèves, seront incessamment proclamés aux prônes des paroisses du port et de la ville maritime la plus prochaine, à la diligence de notre procureur au siége de l'amirauté.

22. Les billets de proclamation contiendront la qualité des effets, le lieu et le temps auquel ils auront été trouvés; et les curés seront tenus d'en faire la publication, à peine de saisie de leur temporel.

23. Les chartes-parties, connoissemens et autres écrits en langue étrangère, trouvés parmi les effets, seront aussi, à la diligence de nos procureurs, communiqués aux consuls des nations et aux interprètes, auxquels nous enjoignons d'en donner avis aux personnes intéressées et aux magistrats des lieux y désignés.

24. Les vaisseaux échoués, et les marchandises et autres effets provenant des bris et naufrages trouvés en mer ou sur les grèves, pourront être réclamés dans l'an et jour de la publication qui en aura été faite; et ils seront rendus aux propriétaires ou à leurs commissionnaires, en payant les frais faits pour les sauver.

25. Les propriétaires seront tenus de justifier leur droit par connoissemens, polices de chargement, factures et autres semblables pièces; et les commissionnaires, en outre, leur qualité, par un pouvoir suffisant.

26. Si les vaisseaux et effets échoués ou trouvés sur le rivage ne sont point réclamés dans l'an et jour, ils seront partagés également entre nous (ou les seigneurs auxquels nous aurons cédé

notre droit) et l'amiral ; les frais du sauvement et de justice préalablement pris sur le tout.

27. Si toutefois les effets naufragés ont été trouvés en pleine mer, ou tirés de son fond, la troisième partie en sera délivrée incessamment et sans frais, en espèces ou en deniers, à ceux qui les auront sauvés ; et les deux autres tiers seront déposés pour être rendus aux propriétaires, s'ils les réclament dans le temps ci-dessus ; après lequel ils seront partagés également entre nous et l'amiral, les frais de justice préalablement pris sur les deux tiers.

28. Les ancres tirées du fond de la mer, qui ne seront point réclamées dans deux mois après la déclaration qui en aura été faite, appartiendront entièrement à ceux qui les auront pêchées.

29. Les choses du cru de la mer, comme ambre, corail, poissons à lard, et autres semblables qui n'auront appartenu à personne, demeureront aussi entièrement à ceux qui les auront tirées du fond de la mer, où pêchées sur les flots ; et s'ils les ont trouvées sur les grèves, ils n'en auront que le tiers, et les deux autres seront partagés entre nous, ou ceux à qui nous aurons donné notre droit, et l'amiral.

30. Faisons défenses à tous seigneurs particuliers et officiers de guerre ou de justice, de prendre aucune connoissance des bris et échouemens, de s'en attribuer aucuns droits à cause de leurs terres, offices ou commissions, et d'y troubler les officiers de l'amirauté, à peine de privation de leurs fiefs, offices et emplois ; et à tous soldats et cavaliers de courir aux naufrages, à peine de la vie.

31. Seront néanmoins les gouverneurs des places, et commandans des garnisons des villes et lieux maritimes, tenus de donner main-forte aux officiers de l'amirauté et aux intéressés dans les naufrages, quand ils en seront par eux requis, et d'envoyer pour cet effet des officiers et soldats, dont ils répondront.

32. Enjoignons à tous ceux qui trouveront sur les grèves des corps noyés, de les mettre en lieu d'où le flot ne les puisse emporter, et d'en donner incontinent avis aux officiers de l'amirauté, auxquels ils feront rapport des choses trouvées sur les cadavres ; leur défendons de les dépouiller ou enfouir dans les sables, à peine de punition corporelle.

33. Aussitôt après l'avis reçu, les officiers se transporteront

sur les lieux pour dresser procès-verbal de l'état du cadavre, et des choses trouvées avec le corps.

34. Les curés seront tenus d'inhumer les cadavres dans le cimetière de leur paroisse, s'il est reconnu que les personnes fussent de la religion catholique, apostolique et romaine; à quoi faire ils seront contraints par saisie de leur temporel.

35. Les vêtemens trouvés sur le cadavre, seront délivrés à ceux qui l'auront tiré sur les grèves et transporté au cimetière.

36. S'il se trouve sur le cadavre argent monnoyé, bagues ou autre chose de prix, le tout sera déposé au greffe de l'amirauté, pour être rendu à ceux à qui il appartiendra, s'il est réclamé dans l'an et jour; sinon il sera partagé également entre nous, l'amiral, et celui qui l'aura trouvé, les frais de justice et de l'inhumation préalablement pris.

37. N'entendons par la présente ordonnance faire préjudice au droit de varech attribué par la coutume de Normandie aux seigneurs des fiefs voisins de la mer, en satisfaisant par eux aux charges y portées.

38. Leur faisons toutefois défenses de faire transporter les choses échouées dans leurs maisons, avant l'arrivée des officiers de l'amirauté, et jusques à ce qu'elles aient été par eux vues et inventoriées ; à peine de répondre de tout le chargement, et de déchéance de leur droit.

39. Les officiers de l'amirauté établis sur les côtes de Normandie, après l'inventaire des effets sauvés, en chargeront les seigneurs des fiefs, ou personnes solvables en leur absence, à peine d'en répondre en leurs noms.

40. Le salaire des ouvriers employés à sauver et transporter les effets naufragés chez le seigneur, sera taxé et payé en la manière prescrite par les articles 11 et 13 du présent titre ; sans que les officiers d'amirauté puissent taxer aucune chose aux seigneurs pour droit de sauvement, vacations ou journées par eux prétendues employées à la garde du varech. Faisons défenses aux seigneurs de rien exiger sous ce prétexte, à peine du quadruple, de quinze cents livres d'amende, et de privation de leurs droits.

41. Ne pourront les seigneurs, sous prétexte de leur droit de varech, empêcher les maîtres de se servir de leur équipage pour alléger leurs bâtimens échoués et les remettre à flot, ni les forcer de se servir de leurs valets et vassaux, sous pareille peine de quinze cents livres d'amende, et de perte de leur droit.

42. Ne pourront non plus les riverains, sous prétexte du même droit de varech, prétendre aucune part aux effets trouvés sur les flots ou pêchés en pleine mer, et amenés sur les grèves à l'endroit de leurs seigneuries, ni sur les poissons gras et autres, qui y seront conduits et chassés par l'industrie des pêcheurs.

43. Les seigneurs des fiefs seront tenus, six mois après la publication des présentes, de faire borner entr'eux du côté de la mer, leurs terres qui aboutissent sur les grèves, à peine des dommages et intérêts de qui il appartiendra.

44. Seront punis de mort les seigneurs des fiefs voisins de la mer, et tous autres qui auront forcé les pilotes ou locmans de faire échouer les navires aux côtes qui joignent leurs terres, pour en profiter, sous prétexte de droit de varech ou autre, tel qu'il puisse être.

45. Ceux qui allumeront la nuit des feux trompeurs sur les grèves de la mer, et dans les lieux périlleux, pour y attirer et faire perdre les navires, seront aussi punis de mort, et leurs corps attachés à un mât planté aux lieux où ils auront fait les feux.

TITRE X. — *De la coupe du Varech ou Vraicq, Sar ou Goüesmon.*

Art, 1er. Les habitans des paroisses situées sur les côtes de la mer, s'assembleront le premier dimanche du mois de janvier de chacune année, à l'issu de la messe paroissiale, pour régler les jours auxquels devra commencer et finir la coupe de l'herbe appelée varech ou vraicq, sar ou goüesmon, croissant en mer à l'endroit de leur territoire.

2. L'assemblée sera convoquée par les syndics, marguilliers, ou trésoriers de la paroisse, et le résultat en sera publié et affiché à la principale porte de l'église, à leur diligence, à peine de dix livres d'amende.

3. Faisons défenses aux habitans de couper les vraicqs de nuit et hors les temps réglés par la délibération de leur communauté, de les cueillir ailleurs que dans l'étendue des côtes de leurs paroisses, et de les vendre aux forains, ou porter sur d'autres territoires, à peine de cinquante livres d'amende, et de confiscation des chevaux et harnois.

4. Faisons aussi défenses à tous seigneurs des fiefs voisins de la mer, de s'approprier aucune portion des rochers où croit le

varech, d'empêcher leurs Vassaux de l'enlever dans le temps que la coupe en sera ouverte, d'exiger aucune chose pour leur en accorder la liberté, et d'en donner la permission à d'autres, à peine de concussion.

5. Permettons néanmoins à toutes personnes de prendre indifféremment en tout temps et en tous lieux, les vraicqs jetés par le flot sur les grèves, et de les transporter où bon leur semblera.

LIVRE V.

DE LA PÊCHE QUI SE FAIT EN MER.

TITRE Ier. — *De la liberté de la Pêche.*

ART. 1er. Déclarons la pêche de la mer libre et commune à tous nos sujets, auxquels nous permettons de la faire, tant en pleine mer que sur les grèves, avec les filets et engins permis par la présente ordonnance.

2. Nos sujets qui iront faire la pêche des molues, harangs et maquereaux sur les côtes d'Irlande, Écosse, Angleterre et de l'Amérique, et sur le banc de Terre-Neuve, et généralement dans toutes les mers où elle se peut faire, seront tenus de prendre un congé de l'amiral pour chaque voyage.

3. Et quant à nos sujets qui font la pêche du poisson frais, avec bateau portant mât, voiles et gouvernail, ils seront seulement tenus de prendre un congé par chacun an, sans qu'ils soient obligés de faire aucun rapport à leur retour, si ce n'est qu'ils aient trouvé quelque débris, vu quelque flotte ou fait quelque rencontre considérable à la mer, dont ils feront leur déclaration aux officiers de l'amirauté, qui la recevront sans aucuns frais.

TITRE II. — *Des diverses espèces de Rets ou Filets.*

ART. 1er. Les pêcheurs pourront se servir des rets ou filets appelés folles, dreiges, tramaux ou tramaillades, et autres mentionnés en la présente ordonnance, dans les temps et en la manière ci-après réglée.

2. Les folles auront leurs mailles de cinq pouces en quarré, et elles ne pourront être laissées à la mer plus de deux jours, à peine de confiscation et de vingt-cinq livres d'amende.

3. Ceux qui pêcheront avec les folles seront tenus d'être toujours sur leurs filets, tant qu'ils seront à la mer, pour les visiter de temps en temps et de marée à autre, s'ils n'en sont empêchés par la tempête ou par les ennemis.

4. Les rets de la dreige auront les mailles d'un pouce neuf lignes en quarré, et les trameaux ou hameaux qui sont attachés des deux côtés du filet, auront les leurs de neuf pouces en quarré, sans qu'ils puissent être chargés de plus d'une livre et demie de plomb par brasse, sous les peines ci-dessus ordonnées.

5. Permettons toutefois de faire la pêche des vives, avec des mailles de treize lignes en quarré, depuis le 15 février jusqu'au 15 avril seulement.

6. Les pêcheurs qui voudront pêcher pendant la nuit, seront tenus de montrer trois différentes fois un feu, dans le temps qu'ils mettront leurs filets à la mer, à peine de cinquante livres d'amende et de réparation de toutes pertes et dommages qui en pourroient arriver.

7. Si les filets d'un bateau dreigeur sont arrêtés et retenus par quelques ancres, rochers ou autre chose semblable, en sorte qu'il ne puisse dériver, l'équipage sera tenu, sous les mêmes peines, de montrer pendant la nuit un feu, tant que le bateau demeurera sur le lieu où ses filets seront attachés.

8. Les mailles des filets appelés picots, seront de pareille grandeur que celles de la dreige, et seront chargés d'un quarteron de plomb au plus par brasse; défendons de se servir, pour battre l'eau, de perches ferrées ou pointues, à peine de dix livres d'amende.

9. Faisons défenses aux pêcheurs qui arriveront à la mer de se mettre et jeter leurs filets en lieu où ils puissent nuire à ceux qui se seront trouvés les premiers sur le lieu de la pêche, ou qui l'auront déjà commencée, à peine de tous dépens, dommages et intérêts, et de cinquante livres d'amende.

10. Faisons encore défenses, sous pareilles peines, à tous pêcheurs qui se trouveront dans une flotte de pêcheurs, de quitter leur rumb ou rang pour se placer ailleurs, après que les pêcheurs de la flotte auront mis leurs filets à la mer.

11. Permettons de faire la pêche de la sardine avec des rets ayant des mailles de quatre lignes en quarré et au-dessus.

12. Faisons défenses aux pêcheurs d'employer de la résure pour attirer la sardine, et à tous marchands d'en vendre, qu'elle n'ait été visitée et trouvée bonne, à peine de trois cents livres d'amende.

13. Défendons de faire la pêche du ganguy et du bregin, et celle du marquesèque ou du nonnat, pendant les mois de mars, avril et mai, à peine de confiscation des filets et bateaux, et de cinquante livres d'amende.

14. Défendons aussi, sous mêmes peines, de pêcher pendant les mêmes mois, avec bouliers à deux cents brasses, près des embouchures des étangs et rivières.

15. Faisons en outre défenses aux pêcheurs qui se servent d'engins appelés fichures, de prendre les poissons enfermés dans les bastudes ou autres filets tendus dans les étangs salés, à peine de punition corporelle.

16. Il y aura toujours au greffe de chaque siége d'amirauté, un modèle des mailles de chaque espèce de filets, dont les pêcheurs, demeurant dans l'étendue de la juridiction, se serviront pour faire leur pêche tant en mer que sur les grèves; enjoignons à nos procureurs de tenir soigneusement la main à l'exécution du présent article, à peine de répondre des contraventions en leur nom.

TITRE III. — *Des Parcs et Pêcheries.*

ART. 1. Permettons de tendre sur les grèves de la mer et aux baies et embouchures des rivières navigables, des filets appelés hauts et bas parcs, ravoirs, courtines et venets, de la qualité et en la manière prescrite par les articles suivans.

2. Les mailles des bas parcs, ravoirs, courtines et venets auront deux pouces en quarré, et ils seront attachés à des pieux plantés à cet effet dans les sables, sur lesquels le rets sera tendu sans qu'il y puisse être enfoui.

3. Les mailles des hauts parcs auront un pouce ou neuf lignes au moins en quarré, et ils seront tendus en telle sorte que le bas du filet ne touche point aux sables, et qu'il en soit éloigné de trois pouces au moins.

4. Les parcs dans la construction desquels il entrera bois ou pierre, seront démolis, à la réserve de ceux bâtis avant l'année 1544, dans la jouissance desquels les possesseurs seront maintenus, conformément aux articles 84 et 85 de l'ordonnance du

mois de mars 1584, pourvu qu'ils soient construits en la manière ci-après.

5. Les parcs de pierre seront construits de pierres rangées en forme de demi cercle, et élevés à la hauteur de quatre pieds au plus, sans chaux, ciment ni maçonnerie; et ils auront dans le fond, du côté de la mer, une ouverture de deux pieds de largeur, qui ne sera fermée que d'une grille de bois ayant des trous en forme de mailles, d'un pouce au moins en quarré, depuis la Saint-Remy jusqu'à Pâques, et de deux pouces en quarré, depuis Pâques jusqu'à la Saint-Remy.

6. Les parcs appelés bouchots seront construits de bois entrelacés comme clayes, et auront dans le fond, du côté de la mer, une ouverture de pareille grandeur de deux pieds, qui ne pourra être fermée de filets, grilles de bois, paniers ni autre chose, depuis le premier mai jusqu'au dernier août.

7. Et pour les parcs de bois et de filets, ils seront faits de simples clayes d'un pied et demi de hauteur, auxquelles seront attachés des filets ayant les mailles d'un pouce en quarré; et les clayes auront dans le fond, du côté de la mer, une ouverture aussi de deux pieds, qui ne pourra être fermée que d'un filet dont les mailles seront de deux pouces en quarré, depuis Pâques jusqu'à la Saint-Remy, et d'un pouce au moins depuis la Saint-Remy jusqu'à Pâques.

8. Faisons défenses à toutes personnes, de quelque qualité et condition qu'elles puissent être, de bâtir ci-après sur les grèves de la mer aucuns parcs, dans la construction desquels il entre bois ou pierre, à peine de trois cents livres d'amende, et de démolition des parcs à leurs frais.

9. Faisons aussi défenses aux seigneurs des fiefs voisins de la mer, et à tous autres, de lever aucun droit en deniers ou en espèces, sur les parcs ou pêcheries, et sur les pêches qui se font en mer ou sur les grèves, et de s'attribuer aucune étendue de mer pour y pêcher à l'exclusion d'autres, sinon en vertu d'aveux et dénombremens reçus en nos chambres des comptes avant l'année 1544, ou de concession en bonne forme, à peine de restitution du quadruple de ce qu'ils auront exigé, et de quinze cents livres d'amende.

10. Faisons pareillement défenses à tous gouverneurs, officiers et soldats des îles et des forts, villes et châteaux construits sur le rivage de la mer, d'apporter aucun obstacle à la pêche dans le voisinage de leurs places, et d'exiger des pêcheurs argent ou

poisson pour la leur permettre; à peine contre les officiers de perte de leurs emplois, et contre les soldats de punition corporelle.

11. Les parcs et bouchots qui se trouveront construits à l'embouchure des rivières navigables ou sur les grèves de la mer, à deux cents brasses du passage ordinaire des vaisseaux et au-dessous, seront démolis aux frais des propriétaires.

12. Faisons défenses à tous ceux qui font leur pêche avec des guideaux, de les tendre dans le passage ordinaire des vaisseaux, ni à deux cents brasses près, à peine de saisie et confiscation des filets, de cinquante livres d'amende, et de réparation des pertes et dommages que les guideaux auront causés.

13. Ordonnons que les pieux pour tendre les guideaux qui se trouveront plantés dans le passage des vaisseaux, ou à deux cents brasses près, seront arrachés quinzaine après la publication de la présente ordonnance, aux frais des propriétaires et à la diligence de nos procureurs en chacun siége, à peine d'interdiction de leurs charges.

14. Voulons que le procès soit fait et parfait à ceux qui replanteront des pieux aux mêmes lieux d'où ils auront été arrachés en exécution de la présente ordonnance, et que les délinquans soient condamnés au fouet.

15. Les pêcheurs dont les pieux et guideaux auront été ôtés comme nuisibles à la navigation, ou les pêcheries démolies, seront déchargés de toutes rentes et redevances qu'ils pouvoient devoir, pour raison de ce, à notre domaine ou à quelques seigneurs particuliers, auxquels nous faisons défenses, ainsi qu'à nos receveurs, d'en exiger le paiement, à peine de concussion.

16. Faisons aussi défenses à toutes personnes de se servir de bouteux ou bouts-de-quièvres, ruches, paniers ou autres engins pour prendre crevetes, grenades ou salicots, depuis le premiers mars jusqu'au dernier du mois de mai, et de pêcher en aucune saison de l'année avec colerets, seynes ou autres semblables filets qui se traînent sur les grèves de la mer, à peine d'amende arbitraire, saisie et confiscation des filets pour la première fois, et de punition corporelle en cas de récidive.

17. Défendons en outre de faire parcs, ravoirs et venets, dont les mailles soient de moindre grandeur que celle ci-dessus, et de faire des seynes et colerets, en vendre ou recéler, à peine de vingt-cinq livres d'amende.

18. Faisons pareillement défenses, et sous les mêmes peines,

de dreiger dans les moulières, d'en racler les fonds avec couteaux et autres semblables ferremens, d'arracher le frai des moules, et d'enlever celles qui ne sont pas encore en état d'être pêchées.

19. Déclarons les pères et mères responsables des amendes encourues par leurs enfans; et les maîtres, de celles auxquelles leurs valets et domestiques auront été condamnés pour contravention aux articles du présent titre.

20. Permettons aux officiers d'amirauté d'appliquer le tiers des amendes au paiement des frais faits pour parvenir aux condamnations.

21. Leur enjoignons de faire brûler toutes seynes, colerets et autres filets qui ne seront de la qualité portée par la présente ordonnance; à l'effet de quoi ils seront tenus, à peine d'interdiction de leurs charges, de faire de mois en mois leur visite sur les côtes, et de temps en temps la perquisition dans les maisons des pêcheurs et autres riverains de la mer.

TITRE IV. — *Des Madragues et Bordigues.*

ART. 1ᵉʳ. Faisons défenses à toutes personnes de poser en mer des madragues ou filets à pêcher des thons, et d'y construire des bordigues, sans notre expresse permission, à peine de confiscation et de trois mille livres d'amende.

2. Ceux qui auront obtenu de nous les lettres nécessaires pour l'établissement de quelque madrague ou bordigue, seront tenus de les faire enregistrer au greffe de l'amirauté dans le détroit de laquelle ils devront faire leur pêche.

3. Enjoignons aux propriétaires des madragues de mettre sur les extrémités les plus avancées en mer, des hoirins, bouées ou gaviteaux, à peine des dommages qui arriveront faute de l'avoir fait, et de privation de leurs droits.

4. Faisons aussi défenses, sous les mêmes peines, de placer aucune madrague ou bordigue dans les ports et autres lieux où ils puissent nuire à la navigation, et d'y laisser, en levant leur madrague, les pierres ou baudes qui y étoient attachées.

5. Ne pourront les capitaines de madragues ôter la liberté aux autres pêcheurs de tendre thonnaires ou combrières, et de pêcher dans le voisinage de la madrague, pourvu qu'ils ne l'approchent point plus près de deux milles du côté du Levant et abord des thons.

6. Les propriétaires et fermiers des bordigues seront tenus d'en curer annuellement les fosses et canaux, chacun à l'endroit et dans l'étendue de leur bordigue, en sorte qu'il y ait en tout temps quatre pieds d'eau au moins, à peine de trois cents livres d'amende, et d'y être mis ouvriers à leurs frais.

7. Leur faisons défenses, sous même peine de trois cents livres d'amende, de fermer leurs bordigues depuis le premier mars jusqu'au dernier juin : enjoignons aux officiers de l'amirauté de les faire ouvrir pendant ce temps, à peine de suspension de leurs charges.

8. Ne pourront les propriétaires ou fermiers prétendre aucuns dépens, dommages et intérêts contre les mariniers dont les bateaux auront abordé leurs bordigues, s'ils ne justifient que l'abordage a été fait par leur faute ou malice.

TITRE V. — *De la Pêche du Hareng.*

ART. 1er. Les mailles des rets ou aplets pour faire la pêche du hareng auront un pouce en quarré, sans que les pêcheurs y en puissent employer d'autres, ni se servir des mêmes filets pour d'autres pêches, à peine de cinquante livres d'amende et de confiscation des filets.

2. Lorsqu'un équipage mettra ses filets à la mer pour faire la pêche du hareng, il sera tenu de les jeter dans une distance de cent brasses au moins des autres bateaux, et d'avoir deux feux hauts, l'un sur l'avant et l'autre sur l'arrière de son bâtiment, sous pareille peine de cinquante livres d'amende et de réparation de toutes pertes, dommages et intérêts résultant des abordages qui pourroient arriver à faute de feu.

3. Chaque équipage, après ses filets jetés à la mer, sera obligé, sous les mêmes peines, de garder un feu sur l'arrière de son bateau, et d'aller à la dérive le même borda u vent que les autres pêcheurs.

4. Enjoignons, sous pareilles peines, aux maîtres de barques, qui pendant la nuit voudront s'arrêter et jeter l'ancre, de se retirer si loin du lieu où se fait la pêche, qu'il n'en puisse arriver aucun dommage aux barques et bateaux étant à la dérive.

5. Lorsqu'un équipage sera forcé par quelque accident de cesser sa pêche ou de mouiller l'ancre, il sera tenu de montrer un feu par trois différentes fois ; la première lorsqu'il commencera à tirer ses filets, la seconde quand ils seront à moitié levés, et

la troisième après les avoir entièrement tirés, et alors il jettera son feu à la mer.

6. Si les filets sont arrêtés à la mer, l'équipage ne jettera point son troisième feu, mais il sera tenu d'en montrer un quatrième, et d'en garder deux jusqu'à ce que les filets soient dégagés.

7. Faisons défenses, à peine de punition corporelle, à tous pêcheurs de montrer des feux sans nécessité, ni autrement que dans les temps et en la manière ci-dessus prescrite.

8. Si la plus grande partie des pêcheurs d'une flotte cesse de pêcher et mouille l'ancre, les autres seront tenus de faire de même, à peine de réparation de tout le dommage, et d'amende arbitraire.

TITRE VI. — De la Pêche des Molues.

Art. 1. Quand nos sujets iront faire la pêche des molues aux côtes de l'Ile de Terre-Neuve, le premier qui arrivera ou enverra sa chaloupe au hâvre appelé du Petit-Maître, aura le choix et prendra l'étendue du galet qui lui sera nécessaire, et mettra au lieu dit l'Echafaud du Croc, une affiche signée de lui, contenant le jour de son arrivée et le nom du hâvre qu'il aura choisi.

2. Tous les maîtres qui arriveront ensuite seront tenus d'aller ou envoyer successivement l'Echafaud du Croc, et d'écrire sur la même affiche le jour de leur arrivée, le nombre de leurs matelots, et les hâvres ou galets qu'ils auront choisis à proportion de la grandeur de leur vaisseau et de leur équipage.

3. Le capitaine arrivé le premier fera garder l'affiche par un des hommes de son équipage, qu'il laissera sur le lieu jusqu'à ce que tous les maîtres y aient écrit leur déclaration, qui sera mise ensuite entre ses mains.

4. Faisons défenses à tous maîtres et mariniers de s'établir en aucuns hâvres, ou s'accommoder d'aucuns galets sans en faire leur déclaration en la forme ci-dessus, et de troubler aucuns maîtres dans le choix qu'ils auront fait, à peine de cinq cents livres d'amende.

5. Le premier de nos sujets qui arrivera aussi avec son vaisseau en la baie de Canada pour y faire la pêche des molues, sera le maître du galet pour y prendre la place qui lui sera nécessaire, même pour y marquer successivement à ceux qui viendront après lui, celles dont ils auront besoin, eu égard à la

grandeur de leur vaisseau et au nombre de gens dont ils seront équipés.

6. Faisons défenses aux gouverneur ou capitaine de la côte, depuis le cap des Roziers jusqu'au cap d'Epoir, et à tous autres, sous peine de désobéissance, de troubler le premier maître arrivant dans la baie, au choix et en la distribution des places sur le galet.

7. Faisons aussi défenses, sous peine de cinq cents livres d'amende, aux maîtres et équipages des vaisseaux qui arriveront tant aux côtes de Terre-Neuve qu'en la baie de Canada, de jeter le lest dans les hâvres, de s'emparer des sels et huiles qui s'y trouveront, et de rompre, transporter ou brûler les échafauds, lesquels appartiendront aux maîtres qui auront fait choix des hâvres ou galets sur lesquels ils auront été laissés.

8. Leur défendons pareillement de s'emparer des chaloupes échouées sur le galet ou laissées dans la petite rivière de la baie de Molues, sans un pouvoir spécial des propriétaires des chaloupes, à peine d'en payer le prix, et de cinquante livres d'amende.

9. Si toutefois les propriétaires des chaloupes ne s'en servent ou n'en ont point disposé, ceux qui en auront besoin pourront, par la permission du capitaine le premier arrivé, s'en servir pour faire leur pêche, à condition d'en payer, à leur retour, les loyers aux propriétaires.

10. Le capitaine ou maître qui se saisira de quelques chaloupes, sera tenu de mettre entre les mains du maître qui lui en aura donné la permission, ou en son absence en celles du capitaine établi sur le galet voisin, un état contenant le nombre des chaloupes, avec sa soumission d'en payer le loyer, même de les remettre au propriétaire s'il arrive à la côte, et à tout autre ayant pouvoir de lui.

11. Sera aussi tenu, après sa pêche, de remettre en lieu de sûreté les chaloupes, et d'en tirer certificat du même capitaine s'il est sur le lieu, sinon d'en prendre attestation d'un autre étant encore à la côte.

12. Enjoignons au capitaine du premier navire arrivé aux côtes de Terre-Neuve ou dans la baie de Canada, de dresser procèsverbal de toutes les contraventions aux articles ci-dessus, de le signer et faire signer par les principaux officiers de son équipage, et de le mettre, à son retour, entre les mains des juges de l'amirauté, pour y être pourvu.

13. Défendons à tous maîtres de navires faisant la pêche des

molues sur le banc de Terre-Neuve ou dans la baie de Canada, de faire voile pendant la nuit, à peine de payer le dommage qu'ils pourroient causer en cas qu'ils abordent quelque vaisseau, quinze cents livres d'amende, et de punition corporelle s'il arrive perte d'homme dans l'abordage.

TITRE VII. — *Des Poissons royaux.*

ART. 1. Déclarons les dauphins, esturgeons, saumons et truites, être poissons royaux, et en cette qualité nous appartenir, quand ils seront trouvés échoués sur le bord de la mer, en payant les salaires de ceux qui les auront rencontrés et mis en lieu de sûreté.

2. Les baleines, marsoins, veaux de mer, thons, souffleurs, et autres poissons à lard, échoués et trouvés sur les grèves de la mer, seront partagés comme épaves, et tout ainsi que les autres effets échoués.

3. Lorsque les poissons royaux et à lard auront été pris en pleine mer, ils appartiendront à ceux qui les auront pêchés, sans que nos receveurs, ni les seigneurs particuliers et leurs fermiers y puissent prétendre aucun droit, sous quelque prétexte que ce soit.

TITRE VIII. — *Des Pêcheurs.*

ART. 1er. Trois mois après la publication de la présente ordonnance, il sera fait par le lieutenant de l'amirauté, à la diligence de notre procureur en chaque siége, une liste des pêcheurs allant à la mer, de l'âge de dix-huit ans et au-dessus, demeurant dans l'étendue de leur ressort, dans laquelle seront spécifiés le nom, l'âge et la demeure de chaque pêcheur, et la qualité de la pêche dont il se mêle.

2. Les deux plus anciens maîtres pêcheurs de chaque paroisse seront tenus, au premier jour de carême de chaque année, d'envoyer au greffe du siége de l'amirauté dans le ressort duquel ils seront demeurans, un rôle de tous ceux de leur paroisse, de l'âge de dix-huit ans et au-dessus, qui se mêleront d'aller à la mer pour pêcher, à peine de dix livres d'amende solidaire contre les anciens maîtres.

3. Chaque maître de bateaux pêcheurs sera aussi tenu, sous peine de dix livres d'amende, de mettre au greffe de l'amirauté

en prenant son congé, une liste de ceux qui composent son équipage, contenant leur nom, âge et demeure.

4. Les pêcheurs de chaque port ou paroisse où il y aura huit maîtres et au-dessus, éliront annuellement l'un d'entre eux pour garde juré de leur communauté, lequel prêtera serment pardevant les officiers de l'amirauté, fera journellement visite des filets, et rapport aux officiers des abus et contraventions à la présente ordonnance, à peine d'amende arbitraire.

5. S'il y a moins de huit maîtres dans quelque port ou paroisse, ils seront tenues d'en convoquer des paroisses voisines, ou de se joindre avec eux pour procéder à l'élection du juré, laquelle se fera sans frais, présens ni festins, à peine de vingt livres d'amende contre chacun contrevenant.

6. Dans les lieux où il y a des prud'hommes, les pêcheurs s'assembleront annuellement pour les élire pardevant les officiers de l'amirauté, qui recevront le serment de ceux qui seront nommés, et entendront sans frais les comptes des deniers de leur communauté.

Voulons que la présente ordonnance soit gardée et observée en notre royaume, terres et pays de notre obéissance; abrogeons toutes ordonnances, coutumes, lois, statuts, réglemens, styls et usages contraires aux dispositions y contenues. Si donnons, etc.

N° 982. — ORDONNANCE *portant que tout soldat déserteur qui tirera l'épée ou quelques autres armes contre ceux qui se mettront en état de l'arrêter, sera puni de mort.*

12 septembre 1681. (Bajot.)

N° 983. — LETTRES-PATENTES *qui permettent l'établissement d'une manufacture de draps façon de Hollande et d'Angleterre en la ville de Louviers.*

Brisack, 21 octobre 1681. (Archiv.) Reg. P. P., 21 sept. 1682.

N° 984. — RÉGLEMENT (1) *portant, entr'autres choses, défenses aux sujets du roi de prêter leurs noms aux étrangers et d'acheter d'eux aucuns vaisseaux pour les faire naviguer sous*

---

(1) Confirmé par lettres-patentes du 17 janvier 1703.

pavillon françois, à peine de confiscation, de 1000 liv. d'amende et de punition corporelle.

Strasbourg, 24 octobre 1681. (Archiv. — Valin, L, 565.)

Art. 1ᵉʳ. Sa Majesté fait défenses à tous ses sujets de prêter leurs noms aux étrangers, et d'acheter d'eux aucuns vaisseaux par contrats simulés, et à tous maîtres, capitaines et patrons françois de prendre des congés et passe-ports de l'amiral, pour les faire naviguer sous le pavillon françois, à peine de confiscation desdits vaisseaux, et de 1,000 livres d'amende, et même de punition corporelle en cas de récidive, tant contre ceux qui auront prêté leurs noms, que contre les maîtres et patrons qui auront pris les congés.

2. Veut S. M. que les commissions, congés et passe-ports ne soient donnés qu'aux vaisseaux et bâtimens qui seront actuellement dans les ports de France, et que lesdits congés soient limités pour le temps qui conviendra pour le voyage, pour lequel le congé sera expédié, et au plus pour six mois ; qu'ils soient nuls après ledit temps, et qu'il en soit mis une clause expresse dans lesdits congés, excepté pour les voyages de long cours, pour lesquels le congé sera expédié pour tout le voyage seulement ; et toutefois ledit congé ne pourra servir que pour une année.

3. Permet toutefois S. M. de donner des congés pour les vaisseaux que ses sujets auront achetés ou fait construire dans les pays étrangers, et qui n'auront encore abordé aucun port du royaume, lesquels congés seront limités pour trois mois seulement, sans qu'il leur en puisse être donné d'autre, si dans ce cas ils ne sont amenés dans les ports du royaume.

4. Veut S. M. que les marchands et autres particuliers qui auront fait bâtir ou acheter des vaisseaux bâtis dans les ports du royaume fassent leurs déclarations pardevant les officiers des sièges d'amirauté de leur demeure, que le vaisseau leur appartient entièrement ; ou en cas qu'aucun n'y ait part, qu'ils déclarent les noms de leurs participes, qui ne pourront être étrangers, mais seulement François demeurant actuellement dans le royaume, et fassent enregistrer au greffe les contrats de leur propriété.

5. En cas qu'aucun François veuille faire bâtir quelque vaisseau dans les pays étrangers, S. M. veut qu'il fasse sa déclaration auxdits sièges, aussitôt qu'il en donnera le premier ordre, et qu'il la réitère lorsqu'il sera achevé ; laquelle déclaration contiendra le lieu où ledit vaisseau sera bâti, le port et le voyage

auquel il le destine, ensemble les participes et intéressés en la propriété du vaisseau, lesquels seront François demeurant dans le royaume, ainsi qu'il est dit ci-dessus.

6. En cas qu'un François veuille acheter quelque vaisseau dans les pays étrangers, S. M. veut qu'il en fasse sa déclaration aux officiers de l'amirauté du lieu de sa demeure, et qu'après l'achat il leur déclare le nom de ses participes, et en fasse enregistrer le contrat au greffe du même siége.

7. En cas qu'il y ait un consul de nation françoise, établi dans le pays où les François feront conduire ou achèteront des vaisseaux, veut S. M. qu'ils soient tenus de rapporter auxdits officiers de l'amirauté, l'attestation du consul, contenant l'état et qualité du vaisseau et la connoissance qu'il aura des vendeurs ou entrepreneurs, ensemble les notaires et autres personnes publiques qui auront passé les contrats, qui seront à cet effet par lui légalisés.

8. Veut S. M. que les propriétaires des vaisseaux bâtis dans le royaume, ou bâtis et achetés dans les pays étrangers aux conditions ci-dessus, soient tenus de mettre au greffe de l'amirauté le rôle des équipages desdits vaisseaux, contenant les noms, âge, demeure et pays des officiers, mariniers et matelots dont ils seront composés, soit qu'ils soient en France, soit qu'ils soient dans les pays étrangers, et qu'il ne leur soit donné aucun congé ou passe-port, si le capitaine, maître ou patron, ensemble les autres officiers et les deux tiers desdits équipages ne sont François actuellement demeurans dans le royaume.

9. Enjoint S. M. à ses sujets qui auront acheté ou fait construire des vaisseaux dans les pays étrangers, et qui les revendront aux étrangers, d'en faire leurs déclarations, et en registrer le contrat au greffe de l'amirauté du lieu de leur demeure.

10. S. M. veut que les marchands, capitaines, maîtres, patrons et propriétaires de vaisseaux, ensemble les préposés à la délivrance des congés et passe-ports de mondit sieur l'Amiral qui n'observeront pas les conditions prescrites par le présent réglement, soient punis par la confiscation des vaisseaux et marchandises de leur chargement, et par l'amende de 1,000 livres, et de punition corporelle en cas de récidive. Mande, etc.

N° 982. LETTRES *de légitimation des enfans naturels du roi y dénommés, avec droit de succession réciproque.*
St-Germain-en-Laye, novembre 1631. (Rec. cons. d'état. Reg. P. P. 22 nov.)

N° 986. — ARRÊT *du conseil portant défenses aux synodes des religionnaires d'augmenter le nombre des ministres aux lieux où l'exercice est permis.*

Saint-Germain-en-Laye, 24 novembre 1681. (Nouv. rec. de Lefèvre. — Hist. de l'édit de Nantes.)

Sur ce qui a été remontré au roi étant en son conseil, que depuis quelques années qu'on a commencé à travailler aux partages intervenus entre les commissaires exécuteurs de l'édit de Nantes, et autres donnés en conséquence, pour raison de l'exercice et des temples de ceux de la R. P. R. s'étant rendu plusieurs arrêts au conseil d'état, par lesquels ledit exercice de leur religion auroit été interdit en plusieurs lieux, et les temples condamnés à être démolis, comme ayant été usurpés au préjudice des édits; ceux de la R. P. R. se seroient avisés d'augmenter le nombre des ministres dans les lieux de leur exercice les plus voisins de ceux dont les temples ont été abattus : et comme S. M. désire d'empêcher cette multiplication de ministres, et éviter les inconvéniens qui en pourroient arriver; ouï le rapport, et tout considéré, le roi étant en son conseil, a fait et fait très expresses inhibitions et défenses à ceux de la R. P. R., assemblés en synode, de donner à l'avenir aux lieux où l'exercice de leurdite religion est permis, un plus grand nombre de ministres que celui lequel y étoit établi avant la tenue du dernier synode. Enjoignant sadite Majesté à tous ses gouverneurs, lieutenans-généraux en sa province, intendans de justice, commissaires et nommés de sa part pour assister à un synode de ladite R. P. R., et à tous autres officiers qu'il appartiendra, de tenir la main à l'exécution du présent arrêt, qui sera publié par tous les lieux que besoin sera.

N° 987. — ARRÊT *du conseil portant interprétation de l'arrêt rendu le 18 juin précédent sur le fait des postes et messageries, et sur le transport des lettres.*

29 novembre 1681. (II. Bulletin des lois, CCLXVII, n° 2646.)

EXTRAIT.

Il est ordonné que les édits, déclarations et réglemens concernant le fait desdites postes et messageries, seront exécutés selon leur forme et teneur; et interprétant, en tant que besoin seroit, ledit arrêt du 18 juin dernier, il est fait très expresses inhibitions et défenses à tous messagers qui ont été remboursés de leurs finances, et à tous maîtres de coches, carrosses, poulaillers, bateliers, rouliers, piétons et voituriers, tant par eau que par terre, et à toutes autres personnes, de quelque qualité et condition qu'elles soient, autres que ceux qui auront droit ou pouvoir dudit Patin ou de ses associés, de se charger ni souffrir que leurs valets ou postillons, et même les personnes qu'ils conduiront par leurs voitures, se chargent d'aucune lettre ni paquet de lettres ouvertes ou cachetées, à la réserve des lettres de voitures des marchandises qu'ils voitureront, lesquelles seront ouvertes et non cachetées. Il est ordonné que ceux qui se trouveront chargés d'autres sortes de lettres ouvertes et non cachetées, ou ceux qui les distribueront soient contraints au paiement de l'amende de 300 livres, portée par ledit arrêt, tout ainsi que ceux qui porteront des lettres cachées.

N° 988. — DÉCLARATION *portant que les originaux des procédures criminelles faites par les juges royaux ou des seigneurs, ne pourront sortir du greffe des siéges.*

Saint-Germain-en-Laye, 3 décembre 1681. (Néron, II, 170.) Reg. P. Dijon 3 janvier 1682.

N° 989. — ARRÊT *du conseil portant défenses à tous curés et prêtres, même étrangers, de célébrer aucuns mariages entre les sujets du roi, si ce n'est en observant ce qui est prescrit par les règles de l'église et les ordonnances du royaume, sous les peines y contenues, et défendant aux sujets du roi de s'aller marier hors les terres de son obéissance.*

Saint-Germain-en-Laye, 13 décembre 1681. (Archiv.)

Sur l'avis donné au roi étant en son conseil, que bien que, suivant les règles de l'église, les mariages ne puissent être valablement célébrés qu'en présence du propre curé de la paroisse de l'une des parties contractantes, et sans le consentement des pères et mères, quand lesdites parties sont au dessous de l'âge requis par les lois du royaume; néanmoins, sur les frontières d'icelui, et particulièrement dans les terres de l'obéissance de S. M., qui sont des diocèses étrangers, il se fait plusieurs mariages par les prêtres et curés desdits diocèses, entre gens de condition inégale, même entre des soldats et des filles de famille, non-seulement sans le consentement des pères et mères, mais même sans observer les règles prescrites par l'église; qu'ainsi les conjoints vivant sous la foi d'un sacrement qui n'en a que les apparences, lesdits mariages étant nuls, il s'ensuit plusieurs désordres dans les familles; et S. M. voulant les faire cesser par son autorité, et faire jouir les peuples d'une tranquillité parfaite : S. M. étant en son conseil, a défendu et défend à tous curés et prêtres demeurant ès terres de son obéissance, même à ceux dont les paroisses qu'ils desservent sont situées dans des diocèses étrangers, de célébrer aucuns mariages, soit entre des officiers et soldats de ses troupes, ou d'autres, de quelque qualité et condition qu'ils soient, avec des filles ou femmes domiciliées, si ce n'est en observant ce qui est prescrit par les règles de l'église et les ordonnances du royaume, à peine d'être punis comme fauteurs et complices du crime de rapt, suivant les ordonnances. Défend aussi S. M. à tous ses sujets de s'aller marier hors les terres de son obéissance, qu'après y avoir demeuré le temps qui est requis pour pouvoir être réputés paroissiens, à peine contre les contrevenans d'amende arbitraire. Fait au conseil d'état, etc.

N° 990. — EDIT *portant confirmation des ventes des petits domaines, et autorisant de nouvelles aliénations.*

Saint-Germain-en-Laye, décembre 1681. (Archiv.) Reg. P. P. 23 décembre.

PRÉAMBULE.

LOUIS, etc. Encore qu'il ne puisse être contesté que les places des remparts, murs, fossés, contrescarpes et dehors de toutes les villes de notre royaume nous appartiennent, sans que qui que ce soit y puisse prétendre aucun droit de propriété ni seigneurie directe et autres droits seigneuriaux, en quelque façon que ce puisse être : néanmoins les places, tant des anciens que nouveaux remparts, murs, fossés, contrescarpes et dehors de notre bonne ville de Paris, se trouvent la plupart possédés par divers particuliers, les uns en conséquence de baux emphytéoses et à longues années, qui leur ont été faits en divers temps par les prevôt des marchands et échevins de notredite ville, moyennant quelques deniers d'entrée et une redevance annuelle qu'ils s'obligèrent de payer au domaine de ladite ville, avec condition qu'après le temps desdits baux expiré, ils seroient tenus de laisser les maisons et bâtimens qu'ils auroient fait construire sur lesdites places, en bon et suffisant état, au profit de ladite ville;

même que si pour quelque occasion il étoit nécessaire de les démolir, qu'ils seroient tenus d'abattre lesdits bâtimens et laisser lesdites places, sans pouvoir demander à ladite ville aucune récompense ni dédommagement; les autres, par ceux auxquels lesdits prevôt des marchands et échevins, sous prétexte de quelques déclarations qu'ils auroient obtenues pendant notre minorité, sur ce qu'ils auroient exposé que lesdites places leur appartenoient, lesquelles aussi n'ont jamais été vérifiées, auroient vendu lesdites places, même les bâtimens qui avoient été faits sur aucunes d'icelles, tant après l'expiration desdits baux emphytéoses, que même avant que les temps d'iceux ne fussent encore échus, pour en jouir par les acquéreurs et leurs successeurs à perpétuité, en pleine propriété, moyennant certaines sommes stipulées par les contrats desdites aliénations devoir être employées au paiement des ouvriers qui avoient travaillé à des ouvrages publics de ladite ville; et d'autres encore, qui d'eux-mêmes et sans aucun titre, se sont introduits en la jouissance et possession desdites places, sur lesquelles aucuns d'eux ont fait ériger des maisons et bâtimens dont ils auroient payé un cens modique à quelques seigneurs particuliers, comme si la seigneurie directe dépendoit de leurs fiefs et seigneuries; ce qui ayant été reconnu, et l'entreprise qui s'étoit ainsi faite tant sur ce qui n'appartient en propriété qu'à nous seul, que sur la seigneurie directe desdits lieux qui ne peut être aussi légitimement prétendue que par nous, et dont nous recevons un préjudice notable; nous aurions, par arrêt de notre conseil, ordonné que, sans avoir égard aux aliénations faites par lesdits prevôts des marchands d'aucunes desdites places, tant par baux emphytéoses et à longues années, qu'à perpétuité, dont ils n'ont jamais eu ni pu avoir aucun pouvoir ni titre valable, il seroit procédé pardevant les commissaires que nous aurions pour ce députés, à la vente et aliénation desdites places, ensemble de celles qui se trouveroient usurpées, et dont les possesseurs jouiroient sans titre de nous, et les deniers desdites ventes et aliénations payés en notre trésor royal, pour les tenir dorénavant par les acquéreurs en pleine propriété, sous notre censive et seigneurie directe, dont les droits seigneuriaux nous seroient payés en la recette de notre domaine de Paris, aux mutations suivant la coutume. Mais les détenteurs desdites places, maisons, édifices et bâtimens faits sur icelles, ainsi par eux acquises desdits prevôt des marchands et échevins, nous ayant très humblement fait représenter qu'ils ont fait lesdites acquisitions de bonne foi et conformément à ce qui s'est pratiqué depuis un assez long temps sans avoir eu connoissance du droit légitime que nous avons sur lesdites places, aucuns officiers ni autres personnes ne s'étant opposés pour les empêcher en la jouissance qu'eux et leurs auteurs en ont faite, en vertu des contrats qui leur en ont été faits par lesdits prevôt des marchands et échevins, dont ils ont seulement été informés par les poursuites faites contre aucuns d'eux en conséquence desdits arrêts du conseil pour ce rendus. Etant certain d'ailleurs que si nous faisions exécuter lesdits arrêts à la rigueur, ils en recevroient un très grand dommage, d'autant qu'à l'égard de ceux qui ont acquis lesdites places en propriété, outre qu'ils en ont payé un prix considérable, la plupart y ont fait ériger et construire des maisons et bâtimens d'une grande valeur, et pour ce, emprunté de notables sommes dont ils sont encore débiteurs: lesquelles remontrances ayant été examinées, et voulant favorablement traiter tous les détenteurs desdites places, maisons et édifices, et leur ôter l'inquiétude d'en pouvoir être dépossédés, nous avons résolu de donner aux uns et confirmer aux autres la propriété incommutable, pleine et entière desdites places, en sorte qu'ils en jouissent, ensemble leurs veuves, enfans, successeurs, héritiers et ayans cause, à toujours et à perpétuité. A ces causes, etc.

N° 991. — DÉCLARATION *portant que les créanciers saisissans, cessionnaires des droits dotaux des femmes, ne seront pas préférés aux créanciers desdites femmes antérieurs en hypothèque.*

Saint-Germain-en-Laye, 30 décembre 1681. (Néron, II, 177.)

N° 992. — ARRÊT *du conseil qui permet à tous particuliers de faire le commerce aux Indes Orientales, à condition qu'ils se serviront, pour leur passage et celui de leurs marchandises, des vaisseaux de la compagnie des Indes Orientales.*

6 janvier 1682. (Bajot.)

N° 993. — DÉCLARATION *portant que sept des officiers des siéges présidiaux resteront pendant les vacations pour juger les compétences.*

Saint-Germain-en-Laye, 13 janvier 1682. (Rec. cass.)

N° 994. — DÉCLARATION *qui permet aux étrangers de négocier avec des navires de la compagnie des Indes Orientales.*

Saint-Germain-en-Laye, 20 janvier 1682. (Ord. 22. 4 G. 59.)

N° 995. — EDIT *touchant le droit de régale qui appartient au roi sur les archevêchés et évêchés vacans.*

Saint-Germain-en-Laye, janvier 1682. (Ord. 22. 4 G. 54. — Rec. cass. — Néron, II, 171.) Reg. P. P. 24 janvier.

LOUIS, etc. Les députés du clergé de France, assemblés par notre permission en notre bonne ville de Paris, nous ont très humblement représenté que les archevêques et évêques leurs prédécesseurs, se seroient plaints au feu roi Henri-le-Grand, notre ayeul, d'heureuse mémoire, de l'arrêt rendu en notre cour de parlement de Paris, le 24 avril 1608, portant que le droit de régale nous appartient dans tous les archevêchés et évêchés de notre royaume. Et comme sur les instances qui auroient été faites près du feu roi notre très honoré seigneur et père, et renouvelées près de nous pour le jugement de la prétention qu'avoient les églises de certaines provinces d'être exemptes de ce droit, nous aurions par notre édit du mois de février 1673, ordonné que ledit arrêt de notre cour de parlement de Paris seroit exécuté; les archevêques et évêques desdites provinces ayant considéré l'usage que nous faisons en faveur de l'église même, de cet ancien droit de notre couronne, et croyant d'ailleurs devoir reconnoître l'application que nous donnons pour l'extirpation de l'hérésie dans notre royaume, et la protection que nous leur accordons dans le gouvernement de leurs diocèses, ils auroient estimé ne pouvoir mieux faire que de se conformer à notre volonté, en exécutant ce jugement rendu sur leurs poursuites, mais d'autant que lesdits députés prétendent que l'autorité que les évêques ont reçue de Dieu, pour la prédication de sa parole, la réconciliation des pénitens, et l'exercice de la juridiction spirituelle, est blessée par la possession où nous sommes de conférer, lorsque les églises sont vacantes, les doyennés, les archidiaconés et les prébendes, auxquels on a attaché les fonctions des théologaux et des pénitenciers, ou d'autres fonctions spirituelles, sans que ceux qui en sont par nous pourvus prennent aucune institution canonique, ni mission des prélats; et que d'ailleurs notre cour de parlement de Paris, qui connoît la régale, privativement à nos autres cours, suivant son zèle et son affection ordinaire pour l'augmentation des droits de notre couonne, a donné depuis quelques années des arrêts qui ont beaucoup étendu l'usage de ladite régale. Ils nous ont très humblement supplié de conserver à l'église sa juridiction, et de donner une déclaration précise de notre volonté sur la manière dont nous entendons exercer le droit et la possession en laquelle nous sommes de succéder aux archevêques et évêques, pour la collation des bénéfices autres que les cures pendant la vacance des sièges; sur quoi nous étant fait représenter en notre conseil plusieurs arrêts rendus en notre cour de parlement de Paris, même ceux des 6 juillet 1647, 29 novembre et 29 décembre 1666, 15 mars et 16 décembre 1677, 19 juillet 1678, 21 juin 1680.

Voulant sur toutes choses, à la diminution même de ceux de nos droits que saint Louis a exercés, employer la puissance que Dieu nous a donnée à conserver la pureté de la foi, à maintenir la discipline de l'église, et à protéger les prélats qui peuvent encore par leurs prières attirer la continuation de tant de prospérité qu'il plaît à Dieu de verser incessamment sur nous et sur notre règne; savoir faisons, etc., voulons et nous plaît, que nul ne puisse être pourvu dans toutes les églises cathédrales et collégiales de notre royaume par nous et nos successeurs, des doyennés, et autres bénéfices ayant charge d'ames qui pourront vaquer en régale, ni des archidiaconés, théologales, pénitenceries, et autres bénéfices, dont les titulaires ont droit particulièrement, et en leur nom, d'exercer quelque juridiction et fonction spirituelle et ecclésiastique, s'il n'a l'âge, les degrés et autres capacités prescrites par les saints canons, et par nos ordonnances. Voulons que ceux qui seront pourvus par nous de ces bénéfices, se présentent aux vicaires généraux établis par les chapitres, si les églises sont encore vacantes, et aux prélats, s'il y en a eu de pourvus, pour en obtenir l'approbation et mission canonique, avant que d'en *pouvoir faire aucune fonction.*

Ordonnons qu'en cas de refus, lesdits vicaires généraux ou prélats en expliqueront les causes par écrit, pour être par nous pourvu d'autres personnes si nous le jugeons à propos, ou pour se pourvoir par ceux qui seront ainsi refusés, pardevant les supérieurs ecclésiastiques, ou par les autres voies de droit observées *en notre royaume.*

N'entendons conférer, à cause de notre droit de régale, aucuns des bénéfices qui peuvent y être sujets par leur nature, si ce n'est ceux que les archevêques et évêques sont en bonne et légitime possession de conférer.

Voulons pour cet effet que dans les églises cathédrales et collégiales, où les chapitres sont en possession de conférer toutes les dignités et les prébendes, ils continuent de les conférer pendant la vacance des siéges; que dans celles où il y a des prébendes affectées à la collation de l'évêque, et d'autres à celles des chanoines, dans celles où l'évêque et les chanoines les confèrent par tour de semaine, de mois, ou autres temps, dans celles où le tour est réglé par les vacances, dans celles où les prébendes d'un côté du chœur sont affectées à la collation de l'évêque, et celles de l'autre côté à la collation des chanoines, l'alternative, les tours et l'affectation soient gardés et entretenus, durant l'ouverture de la régale, tout ainsi qu'ils le sont pendant que le siége est rempli: et ce faisant, qu'il n'y ait point d'autres bénéfices réservés à notre provision que ceux qui sont spécialement affectés à la collation de l'évêque qui vaqueront dans son tour, ou du côté que la collation des prébendes lui est affectée; et pour les églises où la collation des prébendes appartient à l'évêque et au chapitre conjointement, ou dans lesquelles l'évêque a droit d'entrée et de voix dans le chapitre, pour présenter comme chanoine, et conférer ensuite en qualité d'évêque sur la présentation du chapitre, il sera par nous député un commissaire qui assistera en notre nom à l'assemblée du chapitre, pour conférer avec ledit chapitre les prébendes, si la provision en appartient à l'évêque et au chapitre par indivis, ou pour présenter avec le chapitre, si l'évêque comme chanoine y a voix, pour faire la présentation, et en ce cas la présentation du chapitre nous sera adressée, pour la provision en être expédiée en notre nom, en la même forme qu'elle l'est par l'évêque seul; notre intention n'étant d'exercer pendant la vacance des églises métropolitaines et cathédrales de notre royaume, les droits de leurs prélats, qu'ainsi et en la même forme qu'ils ont accoutumé d'en user à l'égard de leurs chapitres, sans préjudice au surplus de notre droit de régale, dont nous entendons jouir en la même manière que les rois nos prédécesseurs et nous l'avons fait jusqu'à présent. Si donnons, etc.

Acte du consentement du clergé de France à l'extension de la régale.

3 février 1682.

Nous soussignés archevêques, évêques, et autres ecclésiastiques députés de toutes les provinces du royaume, pays et terres de l'obéissance du roi, représentant l'église gallicane, assemblés en cette ville par la permission de S. M., et fondés de procurations spéciales de nos provinces, pour délibérer des moyens de pacifier les différends qui touchent la régale, entre Notre Très-Saint-Père le pape et le roi, à l'occasion d'une déclaration du 10 février 1673 par laquelle S. M. aurait déclaré le droit de régale lui appartenir universellement dans tous les archevêchés et évêchés de son royaume, terres et pays de son obéissance, à la réserve seulement de ceux qui sont exempts à titres onéreux. Après avoir entendu le rapport et l'avis des commissaires à ce députés; désirant, à l'exemple de ce qu'ont fait en de semblables occasions, les conciles, les papes, et nos prédécesseurs, prévenir les divisions qu'une plus longue contestation pourroit exciter entre le sacerdoce et l'empire, par une voie qui marque à tout le monde et à la postérité, combien nous sommes sensibles à la protection que le roi nous donne tous les jours, et à nos églises, particulièrement par ses édits contre les hérétiques, et qui réponde aux sentimens de religion et de bonté, avec lesquels S. M. a eu égard aux très-humbles remontrances que nous avons cru devoir lui faire sur l'usage de la régale, comme il paroît par sa déclaration donnée à Saint-Germain-en-Laye au mois de janvier de cette année, vérifiée le 24 dudit mois, par laquelle le roi s'étant départi en faveur de l'église de quelques droits que saint Louis même a exercés, nous engage à faire éclater notre juste reconnoissance d'une si grande libéralité; de l'avis unanime de toutes les provinces, avons résolu de mettre le droit de régale universelle hors de doute et de contestation; et pour cet effet, avons consenti et consentons par ces présentes, en tant que besoin seroit, que le même droit de régale, dont S. M. jouissoit sur la plus grande partie de nos églises avant l'arrêt du parlement du 24 avril 1608, demeure étendu à toutes les églises du royaume, aux termes de la déclaration du 10 février 1673; espérant que Notre Très-Saint-Père le pape, voulant bien entrer dans le véritable intérêt de nos églises, recevra favorablement la lettre que nous avons résolu d'écrire à Sa Sainteté sur ce sujet; et que se laissant toucher aux motifs qui nous ont inspiré cette conduite, elle donnera sa bénédiction apostolique à cet ouvrage de paix et de charité. Fait à Paris dans l'assemblée générale du clergé de France, tenue au couvent des Grands-Augustins, le 3 février 1682.

N° 996. — DÉCLARATION *qui abroge l'usage de condamner à l'amende pour transport de juridiction.*

Saint-Germain-en-Laye, 28 janvier 1682. (Néron, II, 172.)

N° 997. — DÉCLARATION *portant que les enfans bâtards des religionnaires seront élevés en la religion catholique.*

Saint-Germain-en-Laye, 31 janvier 1682. (Crd. 22. 4 G. 94. — Rec. cass. — Archiv. — Hist. de l'édit de Nantes.)

PRÉAMBULE.

LOUIS, etc. Par l'art. 43 de la déclaration que nous avons fait expédier le premier jour de février 1669, concernant les choses qui doivent être observées par nos sujets de la R. P. R., nous avons ordonné que les enfans des pères et mères de ladite R. P. R. qui avoient été ou seroient exposés, seroient portés aux hôpitaux des catholiques pour y être nourris et élevés dans la R. C. A. et R., parce qu'ayant été malheureusement abandonnés de leurs pères, et par ce moyen devenus sous notre puissance, comme père commun de nosdits sujets, nous ne pouvons les faire élever que dans la religion que nous professons : et comme nous sommes informé que les enfans bâtards desdits de la R. P. R. sont presque toujours élevés dans la R. P. R., nous avons cru être dans une obligation indispensable de pourvoir à cet abus, d'autant plus qu'il n'y a personne qui puisse exercer sur ces enfans une puissance légitime. A ces causes, etc.

N° 998. — DÉCLARATION *sur les art. 2, 3 et 4, tit. Des bois appartenant aux ecclésiastiques, de l'ordonnance d'août 1669, portant que le quart des bois des évêchés, abbayes, communautés, gens de main-morte, seront en nature de futaie dans les 3 évêchés de Metz, Toul et Verdun.*

Saint-Germain-en-Laye, 10 février 1682. (Rec. Eaux et For., 365. — Rec. cass.)

N° 999. — ORDONNANCE *portant que les compagnies de cavalerie seront portées à trente maîtres, les officiers non compris.*

Saint-Germain-en-Laye, 24 février 1682. (Règl. et ordonn. pour la guerre.)

N° 1000. — EDIT *portant que les arrêts de la chambre des*

comptes seront signés par le président et par le conseiller rapporteur, et que toutes les requêtes à la décharge de souffrances et rétablissement des parties seront rapportées au grand bureau.

Saint-Germain en Laye, février 1682. (Archiv.)

N° 1001. — ARRÊT *du conseil portant que les catholiques qui voudront se charger de la fourniture des chevaux de louage dans les villes et bourgs du royaume, seront préférés aux protestans.*

Saint-Germain-en-Laye, 9 mars 1682. (Règl. et ordonn. pour la guerre.)

N° 1002. — ORDONNANCE *portant que tout garde de la marine qui quittera le service sans en avoir permission du roi, sera poursuivi par les prevôts de la marine, et mis en prison pendant un an.*

10 mars 1682. (Bajot.)

N° 1003. — EDIT *pour l'enregistrement de la déclaration du clergé sur la puissance ecclésiastique* (1).

Saint-Germain-en-Laye, mars 1682. (Ord. 22 4, G. 95.—Rec. cass.—Néron, II, 172.— Archiv.) Reg. P. P., 23 mars.

LOUIS, etc. Bien que l'indépendance de notre couronne de toute autre puissance que de Dieu, soit une vérité certaine et incontestable, et établie sur les propres paroles de Jésus-Christ, nous n'avons pas laissé de recevoir avec plaisir la déclaration

---

(1) Nous avons, dans la note placée à la suite de la déclaration du 10 février 1675 sur la régale, annoncé que les discussions qui amenèrent cet édit occasionnèrent les quatre célèbres articles de 1682. Bossuet fut le principal rédacteur de ces quatre articles, qui contiennent d'ailleurs une doctrine si raisonnable et si simple, qu'on aurait peine à croire comment ils ont pu faire naître tant de disputes, si l'on ne savoit que les questions théologiques sont les plus fertiles en querelles de tout genre. M. Daunou fait observer avec beaucoup de raison « qu'aucune volonté de Louis XIV, si l'on excepte son testament, n'a été plus mal exécutée que l'édit par lequel il avoit ordonné d'enseigner tous les ans la doctrine des quatre articles en chaque école de théologie. » La cour de Rome, comme on devoit s'y attendre, lança ses foudres sur la déclaration du clergé de France. Quoiqu'Avignon eût été rendu au pape Alexandre VIII, ce dernier n'en condamna pas moins les quatre articles. Innocent XII, après lui, continua de refuser des bulles aux évêques partisans de ces articles; et la perturbation en résulta dans l'église de France. A peine les persécutions atroces exercées contre

que les députés du clergé de France assemblés par notre permission en notre bonne ville de Paris, nous ont présentée, contenant leurs sentimens touchant la puissance ecclésiastique ; et

---

les protestans et enfin la révocation de l'édit de Nantes suffirent-elles pour adoucir le courroux de la cour papale. Les partisans de cette cour profitant de l'affaiblissement des facultés intellectuelles de Louis XIV, parvinrent à en obtenir la lettre suivante écrite de sa main en 1693 :

« Très saint père, j'ai toujours beaucoup espéré de l'exaltation de Votre Sainteté au pontificat pour les avantages de l'église et l'avancement de notre sainte religion. J'en éprouve maintenant les effets avec bien de la joie dans tout ce que V. B. fait de grand et d'avantageux pour le bien de l'une et de l'autre. Cela redouble mon respect filial envers Votre Sainteté; et comme je cherche de le lui faire connoître par les plus fortes preuves que j'en puis donner, je suis bien aise aussi de faire savoir à Votre Sainteté que j'ai donné les ordres nécessaires afin que les choses contenues dans mon édit du 2 mars 1682, touchant la déclaration faite par le clergé de France (à quoi les conjonctures passées m'avoient obligé), ne soient pas observées, désirant que, non seulement Votre Sainteté soit informée de mes sentimens, mais aussi que tout le monde connoisse, par une marque particulière, la vénération que j'ai pour ses grandes et saintes qualités. Je ne doute pas que V. B. n'y réponde par toutes les preuves et démonstrations envers moi de son affection paternelle; et je prie Dieu cependant qu'il conserve Votre Sainteté plusieurs années et aussi heureuse que le souhaite,

Très Saint Père,

Votre dévôt fils,
Louis.

A Versailles, le 14 septembre 1693. »

Cette lettre n'est pas le seul monument qui nous soit resté de la foiblesse de Louis XIV dans cette affaire ; ce monarque fit encore écrire au pape par plusieurs évêques jusqu'alors partisans de la déclaration de 1682.

Les autres ordres de l'état, et surtout la magistrature, conservèrent précieusement les principes consacrés par les quatre articles, comme l'expression fidèle de la foi nationale. L'avocat général Talon, auteur d'un Traité de l'autorité des rois dans l'administration de l'église, y professe les principes qu'il eut encore occasion d'énoncer dans un réquisitoire prononcé en 1688, et dont nous allons rapporter quelques fragmens.

« Dans l'assemblée tenue à l'occasion des affaires de la régale, les évêques, avertis que les docteurs ultramontains et les émissaires de la cour de Rome n'oublioient aucun soin pour répandre dans le royaume les opinions nouvelles de l'infaillibilité du pape et de la puissance indirecte que Rome s'efforce d'usurper sur le temporel des rois ; cette assemblée, disons-nous, n'a pas prétendu former une décision d'une controverse douteuse, mais rendre un témoignage public et authentique d'une vérité constante enseignée par tous les pères de l'église, et déterminée par tous les conciles et notamment par ceux de Constance et de Bâle....

« On a vu pourtant avec étonnement que le pape a regardé cette déclaration comme une injure faite à son autorité ; en telle sorte, que le roi ayant nommé à

nous avons d'autant plus volontiers écouté la supplication que lesdits députés nous ont faite de faire publier cette déclaration dans notre royaume, qu'étant faite par une assemblée composée de tant de personnes également recommandables par leur vertu

l'épiscopat quelques-uns de ceux qui assistoient à cette assemblée et qui sont autant recommandables par leur piété et par leur vertu, que par la science et l'érudition dont ils ont donné des preuves en diverses occurences, on leur a refusé des bulles, sous prétexte qu'ils ne font pas profession d'une saine doctrine.....

« Ce refus, qui n'a pas la moindre apparence de raison, ne laisse pas d'exciter un très grand scandale et de produire des désordres qui ne se peuvent exprimer.

« Qui pourroit jamais s'imaginer que le pape qu'on nous propose comme une image de sainteté et de vertu, demeure tellement attaché à ses opinions et si jaloux de l'ombre d'une autorité imaginaire, qu'il laisse le tiers des églises de France vacantes parce que nous ne voulons pas reconnoître qu'il soit infaillible ?

« Ceux qui inspirent ces pensées au pape peuvent-ils s'imaginer qu'ils nous feront changer de sentiment, et sont-ils si aveugles qu'ils ne connoissent pas que nous ne sommes plus dans ces temps malheureux où une ignorance grossière, jointe à la foiblesse du gouvernement et à de fausses préventions, rendoit les décrets des papes si redoutables, quelqu'injustes qu'ils pussent être; et que ces disputes et ces querelles, bien loin d'augmenter leur pouvoir, ne servent qu'à faire rechercher l'origine de leurs usurpations, et diminuent la vénération des peuples plutôt que de l'accroître.

« Disons plus : le mauvais usage que les papes ont fait, en tant de rencontres, de l'autorité dont ils sont dépositaires, en n'y donnant point d'autres bornes que celles de leur volonté, a été la source des maux presque incurables dont l'église est affligée, et le prétexte le plus spécieux des hérésies et des schismes qui se sont élevés dans le dernier siècle, ainsi que les théologiens, assemblés par l'ordre de Paul III, l'ont reconnu de bonne foi. Et encore à présent, la seule idée de l'infaillibilité et de la puissance indirecte que la complaisance des docteurs italiens attribue au siège de Rome sur le temporel des princes, est un des plus grands obstacles qui s'opposent à la conversion, non seulement des particuliers, mais des provinces entières ; et l'on ne sauroit trop insinuer dans les esprits que ces opinions nouvelles ne font point partie de la doctrine de l'église universelle.

« Les foudres du vatican n'ont rien de redoutable ; ce sont des feux passagers qui s'exhalent en fumée et qui ne font de mal ni de préjudice qu'à ceux qui les ont lancés.

« Le refus que fait le pape d'accorder des bulles à tous les évêques nommés par le roi, cause un désordre qui augmente tous les jours et qui désire un remède prompt et efficace. Les conciles de Constance et de Bâle ayant travaillé pour apporter quelque modération aux usurpations de la cour de Rome et à la confusion qui s'étoit introduite dans la distribution des bénéfices : la pragmatique sanction fut ensuite composée des décrets de ces conciles. Mais les papes voyant par là diminuer leur autorité, se sont servis de toutes sortes d'artifices pour l'abolir; et par le concordat fait entre le roi François Ier et le pape Léon X on a réglé la manière de pourvoir aux évêchés et aux abbayes : on a accordé au pape, non seulement la dévolution, mais aussi la prévention et le pouvoir d'admettre

et par leur doctrine, et qui s'emploient avec tant de zèle à tout ce qui peut être avantageux à l'église et à notre service, la sagesse et la modération avec laquelle ils ont expliqué les sentimens que l'on doit avoir sur ce sujet, peuvent beaucoup contribuer

les résignations en faveur et beaucoup d'autres articles qui sont très onéreux aux collateurs ordinaires, et tout à-fait contraires aux anciens canons.

« Aussi nos pères ont ils réclamé long-temps contre le concordat ; l'ordonnance d'Orléans avoit rétabli les élections ; et il seroit très avantageux que toutes les affaires ecclésiastiques fussent traitées dans le royaume sans que l'on fût obligé d'avoir recours à Rome. Dans la suite pourtant le concordat a été exécuté de bonne foi de notre part, et on ne peut pas concevoir que le pape, par une opiniâtreté invincible, veuille aujourd'hui nous réduire à lui ôter le profit que la cour de Rome tire d'un traité qui lui est si avantageux.

« Après tout, avant le concordat, ceux qui étoient élus par le clergé et par le peuple, et depuis, par les chapitres en présence d'un commissaire du roi, n'étoient-ils pas ordonnés par le métropolitain, assisté des évêques de la province, après que le roi avoit approuvé leur élection ? Le droit acquis au roi par le concordat, autorisé à cet égard par un consentement tacite de toute l'église gallicane et confirmé par une possession de près de deux siècles, doit d'autant moins recevoir de changement et d'atteinte, que, pendant les quatre premiers siècles de la monarchie, on n'alloit point à Rome demander des provisions de bénéfices : les évêques disposoient de tous ceux qui vaquoient dans leurs diocèses, et nos rois nommoient presque toujours aux évêchés, et s'ils accordoient quelquefois au clergé et au peuple la liberté de s'élire un pasteur, souvent ils s'en réservoient le choix, et sans que le pape y mît la main, celui qu'ils avoient choisi étoit aussitôt consacré. Qui empêche qu'on ne suive ces exemples fondés sur cette excellente raison, que le droit que tous les fidèles avoient au commencement de se destiner un chef ne se pouvant plus exercer en commun, doit passer en la personne du souverain, sur qui les sujets se reposent du gouvernement de l'état dont l'église est la plus noble partie ?

« Mais à l'égard du pape, puisqu'il refuse de joindre à la nomination du roi le concours de son autorité, on peut présumer qu'il se veut décharger d'une partie du fardeau pénible qui l'accable, et que, ses infirmités ne lui permettant pas d'étendre sa vigilance pastorale sur toutes les parties de l'église universelle, la dévolution qui se fait en cas de négligence, quelquefois même du supérieur à inférieur, peut autoriser les évêques à donner l'imposition des mains à ceux qui seront nommés par le roi aux prélatures. »

Les événemens de la révolution, en nous donnant la liberté illimitée de conscience, n'ont pas empêché que tous les catholiques éclairés ne continuassent à regarder la doctrine des quatre articles, comme la véritable expression des principes de l'église gallicane. La loi du 18 germinal an X prescrit l'enseignement de la déclaration ; le décret du 25 février 1810 en a fait une nouvelle promulgation et la qualifie de *loi générale de la France* ; enfin un arrêt de la Cour royale de Paris du 3 décembre 1825 a aussi considéré la déclaration de 1682 comme ayant *toujours été reconnue et proclamée loi de l'état*. Sans doute ces textes positifs ne sauroient enchaîner les consciences et empêcher des ecclésiastiques libres, ou de simples laïques, de contester la doctrine contenue dans les quatre

à confirmer nos sujets dans le respect qu'ils sont tenus comme nous de rendre à l'autorité que Dieu a donnée à l'église, et à ôter en même temps aux ministres de la R. P. R. le prétexte qu'ils prennent des livres de quelques auteurs, pour rendre odieuse la puissance légitime du chef visible de l'église et du centre de l'unité ecclésiastique.

A ces causes, etc. Disons, statuons et ordonnons, voulons et nous plaît, que ladite déclaration des sentimens du clergé sur la puissance ecclésiastique, ci attachée sous le contre-scel de notre chancellerie, soit enregistrée dans toutes nos cours de parlement, bailliages, sénéchaussées, universités et facultés de théologie et de droit canon de notre royaume, pays, terres et seigneuries de notre obéissance.

ART. 1er. Défendons à tous nos sujets, et aux étrangers étant dans notre royaume, séculiers et réguliers, de quelque ordre, congrégation et société qu'ils soient, d'enseigner dans leurs maisons, colléges et séminaires, ou d'écrire aucune chose contraire à la doctrine contenue en icelle.

2. Ordonnons que ceux qui seront dorénavant choisis pour enseigner la théologie dans tous les colléges de chaque université, soit qu'ils soient séculiers ou réguliers, souscriront ladite déclaration aux greffes des facultés de théologie, avant de pouvoir faire cette fonction dans les colléges ou maisons séculières ou régulières; qu'ils se soumettront à enseigner la doctrine qui y est expliquée; et que les syndics des facultés de théologie présenteront aux ordinaires des lieux, et à nos procureurs généraux des copies desdites soumissions, signées par les greffiers desdites facultés.

3. Que dans tous les colléges et maisons desdites universités où il y aura plusieurs professeurs, soit qu'ils soient séculiers ou réguliers, l'un d'eux sera chargé tous les ans d'enseigner la doctrine contenue dans ladite déclaration; et dans les colléges où il n'y aura qu'un seul professeur, il sera obligé de l'enseigner l'une des trois années consécutives.

4. Enjoignons aux syndics des facultés de théologie de présenter tous les ans, avant l'ouverture des leçons, aux archevê-

---

articles; mais tant que ces textes ne seront point formellement abrogés par une loi, le gouvernement doit veiller à ce que la déclaration soit enseignée dans les séminaires et les facultés de théologie, puisque les professeurs de ces établissemens sont fonctionnaires publics et salariés par lui.

ques ou évêques des villes où elles sont établies, et d'envoyer à nos procureurs généraux les noms des professeurs qui seront chargés d'enseigner ladite doctrine, et auxdits professeurs de représenter auxdits prélats et à nosdits procureurs généraux les écrits qu'ils dicteront à leurs écoliers, lorsqu'ils leur ordonneront de le faire.

5. Voulons qu'aucun bachelier, soit séculier ou régulier, ne puisse être dorénavant licencié, tant en théologie qu'en droit canon, ni être reçu docteur, qu'après avoir soutenu ladite doctrine dans l'une de ses thèses, dont il fera apparoir à ceux qui ont droit de conférer ces degrés dans les universités.

6. Exhortons, et néanmoins enjoignons à tous les archevêques et évêques de notre royaume, pays, terres et seigneuries de notre obéissance, d'employer leur autorité, pour faire enseigner, dans l'étendue de leurs diocèses, la doctrine contenue dans ladite déclaration faite par lesdits députés du clergé.

7. Ordonnons aux doyens et syndics des facultés de théologie, de tenir la main à l'exécution des présentes, à peine d'en répondre en leur propre et privé nom. Si donnons en mandement, etc.

Cleri gallicani de ecclesiasticâ potestate declaratio.

Ecclesiæ gallicanæ decreta et libertates à majoribus nostris tanto studio propugnatas, earumque fundamenta sacris canonibus et patrum traditione nixa multi diruere moliuntur; nec desunt qui earum obtentu primatum beati Petri ejusque successorum Romanorum Pontificum à Christo institutum, iisque debitam ab omnibus Christianis obedientiam, sedisque apostolicæ, in quâ fides prædicatur, et unitas servatur ecclesiæ, reverendam omnibus gentibus majestatem imminuere non vereantur. Hæretici quoque nihil prætermittunt quò eam potestatem, quâ pax ecclesiæ continetur, invidiosam et gravem regibus et populis ostentent, iisque fraudibus simplices animas ab ecclesiæ matris, christique adeo communione dissocient. Quæ ut incommoda propulsemus, nos archiepiscopi et episcopi Parisiis mandato regio congregati, ecclesiam gallicanam repræsentantes, unâ cum cæteris ecclesiasticis viris nobiscum deputatis, diligenti tractatu habito hæc sancienda et declaranda esse duximus.

1. Primùm beato Petro ejusque successoribus christi vicariis ipsique ecclesiæ rerum spiritualium et ad æternam salutem per-

tinentium, non autem civilium ac temporalium, à Deo traditam potestatem, dicente Domino, *Regnum meum non est de hoc mundo*, et iterum, *Reddite ergò quæ sunt Cæsaris Cæsari, et quæ sunt Dei Deo*, ac proinde stare apostolicum illud : *Omnis anima potestatibus sublimioribus subdita sit; non est enim potestas nisi à Deo. Quæ autem sunt, à Deo ordinatæ sunt. Itaque qui potestati resistit, Dei ordinationi resistit.* Reges ergo et principes in temporalibus nulli ecclesiasticæ potestati Dei ordinatione subjici, neque auctoritate clavium ecclesiæ directè vel indirectè deponi, aut illorum subditos eximi à fide atque obedientia, ac præstito fidelitatis sacramento solvi posse, eamque sententiam publicæ tranquillitati necessariam, nec minùs ecclesiæ quàm imperio utilem, ut verbo Dei, patrum traditioni, et sanctorum exemplis consonam omninò retinendam.

2. Sic autem inesse apostolicæ sedi ac Petri successoribus Christi vicariis rerum spiritualium plenam potestatem, ut simul valeant atque immota consistant sanctæ œcumenicæ synodi Constantiensis à sede apostolicâ comprobata, ipsoque Romanorum pontificum ac totius ecclesiæ usu confirmata, atque ab ecclesiâ gallicanâ perpetuâ religione custodita decreta de auctoritate conciliorum generalium, quæ sessione quartâ et quintâ continentur, nec probari à gallicanâ ecclesiâ qui eorum decretorum, quasi dubiæ sint auctoritatis ac minùs approbata, robur infringant, aut ad solum schismaticis tempus concilii dicta detorqueant.

3. Hinc apostolicæ potestatis usum moderandum per canones spiritu Dei conditos et totius mundi reverentiâ consecratos. Valere etiam regulas, mores et instituta à regno et ecclesiâ gallicanâ recepta, patrumque terminos manere inconcussos; atque id pertinere ad amplitudinem apostolicæ sedis ut statuta et consuetudines tantæ sedis et ecclesiarum consensione firmatæ propriam stabilitatem obtineant.

4. In fidei quoque quæstionibus præcipuas summi pontificis esse partes, ejusque decreta ad omnes et singulas ecclesias pertinere, nec tamen irreformabile esse judicium nisi ecclesiæ consensus accesserit.

Quæ accepta à patribus ad omnes ecclesias gallicanas atque episcopos iis Spiritu sancto auctore præsidentes mittenda decrevimus; ut idipsum dicamus omnes, simusque in eodem sensu et in eâdem sententiâ.

Signé : *Franciscus*, archiepiscopus Parisiensis, *Præses*. *Carolus Mauritius*, arch. dux Remensis. *Carolus*, Ebredunensis archiepisc. *Jacobus*, archiepiscopus, dux Cameracensis. *Hyacintus*, archiepiscopus Albiens. *Mi. Phelypeaux P. P.*, archiep. Bituricensis. *Ludovicus de Bourlemont*, archiepiscopus Burdegalensis. *Jacobus Nicolaus Colbert*, archiepisc. Carthaginensis, coadjutor Rothomagensis. *Gilbertus*, episcopus Tornacensis. *Henricus de Laval*, episc. Rupellensis. *Nicolaus*, episcopus Regiensis. *Daniel de Cosnac*, episc. et Com. Valentinensis et Diensis. *Gabriel*, episcopus Eduensis. *Guillelmus*, episc. Vasatensis. *Gabriel Ph. de Froullay de Tessé*, episc. Abrincensis. *Joannes*, episc. Tolonensis. *Jacobus Benignus*, episcopus Meldensis. *Sebastianus du Guemadeuc*, epis. Macloviensis. *L. M. Ar. de Simiane de Gordes*, episc. dux Lingonensis. *Fr. Leo*, episc. Glandatensis. *Lucas d'Aquin*, episc. Forojuliensis. *J. B. M. Colbert*, ep. et D. Montis Albani. *Carolus de Pradel*, episc. Montispessulani. *Franciscus Placidus*, episc. Mimatensis. *Carolus*, episc. Vaurensis. *Andreas* episc. Antissiod. *Franciscus* episc. Trecensis. *Lud. Ant.*, episc. Com. Cathalaunensis. *Franc. Ig.*, episc. Com. Trecorensis. *Petrus*, episc. Bellicensis. *Gabriel*, episc. Conseranensis. *Ludovicus Alphonsus*, Alectensis epis. *Humbertus*, episc. Tutellensis. *J. B. d'Estampes*, Massiliensis episcopus. *Paulus Phil. de Lusignan. De Francqueville. Ludovicus d'Espinay de Saint-Luc. Cocquelin. Lambert. P. de Bermond. A. H. de Fleury. De Viens. F. Feu. De Maupeou. Le Franc. de la Grange. De Senaux. Parra* Decanus Bellicensis. *De Boche. M. de Ratabon. Clemens de Poudenx. Bigot. De Gourgue. De Villeneuve de Vence. C. Leny de Coadeletz. La Faye. J. F. de l'Escure. Petrus le Roy. De Soupets. A. Argoud*, Decanus Viennæ. *De Bausset*, Præpositus Massiliensis. *G. Bochard de Champigny. De S. Georges*, C. Lugdunensis. *Courcier. Cheron. A. Faure. F. Maucroix. Gerbais. De Guenegaud. Fr. de Camps. De la Borey. Armandus Bazin de Besons*, Cleri Gallicani agens generalis. *Desmarest*, Cleri Gallicani agens generalis.

N° 1004. — Arrêt *du conseil qui défend aux imprimeurs et libraires de mettre dans les livres pour lesquels ils auront privilége, aucun avertissement ou préface qui n'auroient pas été approuvé, et d'imprimer aucun livre sous le nom de tome 2 ou subséquens.*

Saint-Germain-en-Laye, 22 mars 1682. (Archiv.) Reg. au livre de la communauté des libraires, le 9 avril.

Le roi ayant été informé que les libraires, tant de sa bonne ville de Paris que des autres villes de son royaume, par un abus dont l'expérience fait tous les jours connoître le préjudice, s'ingèrent de faire imprimer les nouveaux ouvrages des auteurs, en les intitulant de second, troisième ou quatrième tome, ou la suite des ouvrages, pour l'impression desquels les mêmes auteurs ont obtenu le privilége, en conséquence des approbations des docteurs à ce préposés; lesdits imprimeurs prétendant qu'il n'est plus nécessaire, non seulement d'obtenir d'autres priviléges pour lesdits ouvrages nouveaux, mais encore de les faire approuver : et comme il est arrivé souvent que, dans ces nouveaux ouvrages, on a glissé des maximes et des matières suspectes, et qui auroient empêché l'impression desdits nouveaux ouvrages, s'ils avoient été vus en la manière ordinaire ; que d'ailleurs, S. M. a encore été informée que les libraires entreprennent journellement d'insérer, dans les livres dont l'impression leur est permise, des préfaces, avertissemens ou épîtres dédicatoires, dans lesquels les auteurs glissent des choses qu'ils n'ont osé mettre dans les corps des livres, connoissant bien que les examinateurs n'auroient pu les approuver, et S. M. voulant y pourvoir, et mettre un bon ordre à l'imprimerie et à la librairie : S. M. étant en son conseil, a défendu et défend très expressément à tous imprimeurs et libraires, d'imprimer, vendre et débiter aucuns livres, sous prétexte de tomes suivans, et qu'ils auront du rapport ou seront la suite de ceux qui auront été approuvés, et pour l'impression desquels il aura été donné des priviléges, si lesdits livres ou tomes nouveaux n'ont été vus et approuvés, et que sur ladite approbation, il n'ait été expédié nouvelles lettres de privilége. A S. M. pareillement défendu et défend très expressément, à tous imprimeurs et libraires, de mettre dans les livres pour lesquels ils auront obtenu le privilége, aucun avertissement, préface, ou épître dédicatoire, s'il n'y a eu une approbation particulière de celui qui aura approuvé le corps du livre, à peine de punition.

N° 1005. — DÉCLARATION *en faveur du duc du Maine, relativement à la souveraineté de Dombes, à lui donnée par mademoiselle de Montpensier* (1).

Mars 1682. (Héo., Abr. chr.)

---

(1) Le roi déclare qu'il reconnoît et tient pour souveraineté sous sa protection

N° 1006. — RÉGLEMENT *pour les gardes de la marine.*

15 avril 1682. (Bajot.)

N° 1007. — DÉCLARATION *portant règlement pour le contrôle des payemens des gens de guerre.*

Saint-Germain-en-Laye, 18 avril 1682. (Archiv. — Réglem. et ordonn. pour la guerre.)

N° 1008. — ARRÊT *du conseil qui enjoint aux procureurs du parlement de Paris faisant profession de la religion réformée, de se démettre de leurs offices en faveur des catholiques dans le délai de 6 mois, sinon déclare lesdits offices vacans et impétrables, et fait défenses d'en exercer les fonctions à peine de faux et de nullité des actes.*

Saint-Germain-en-Laye, 18 avril 1685. (Hist. de l'édit de Nantes.)

N° 1009. — ORDONNANCE *portant que les compagnies de dragons seront de quarante hommes, les officiers non compris.*

Saint-Cloud, 1 mai 1682. (Régl. et ordonn. pour la guerre.)

N° 1010. — DÉCLARATION *portant défenses aux religionnaires, gens de mer et de métier, de sortir du royaume, avec leurs familles, pour s'établir à l'étranger à peine des galères perpétuelles contre les chefs desdites familles.*

Versailles, 18 mai 1682. (Ord. 22. 4 G. 167.—Rec. cass.—Archiv. — Hist. de l'édit de Nantes.) Reg. P. P., 15 juin.

LOUIS, etc. Le zèle que nous témoignons par tous nos édits pour la R. C. A. et R., et les soins que nous sommes obligé de prendre pour y ramener nos sujets qui sont dans l'erreur, ont reçu et reçoivent

---

la seigneurie de Dombes, en se réservant, comme ses prédécesseurs, *la bouche* et *les mains*; lequel devoir sera fait comme d'un moindre souverain à un puissant son protecteur, et non comme d'un sujet à son roi, ni d'un vassal à son seigneur; accorde aux seigneurs de Dombes le pouvoir de juger en dernier ressort, et défend au parlement de Paris de plus comprendre le pays de Dombes dans les rôles des provinces de Lyonnois, etc., et autres qui ressortissent au parlement. Cette déclaration ne fait que rétablir les princes de Dombes dans les droits dont ils jouissoient avant la confiscation qui fut faite de cette principauté sur le connétable de Bourbon. La principauté de Dombes étoit entrée dans la branche de Bourbon par Louis II, duc de Bourbon, à qui Édouard de Beaujeu en fit don l'an 1400. (Hist., *Avr. chr.*)

tous les jours de la bonté divine toute la bénédiction et tout le succès que nous pouvons espérer, par le nombre infini de conversions qui se font dans toutes les provinces de notre royaume. Mais comme dans une grande multitude il est impossible qu'il n'y en ait de plus obstinés les uns que les autres, qui refusent tous les secours qu'on leur présente, nous avons été informé que non seulement ils s'opiniâtrent dans leur aveuglement, mais qu'ils empêchent, en communiquant aux autres plus dociles qu'eux leur malignité contagieuse, qu'ils n'ouvrent les yeux, et ne se rendent aux vérités qui leur sont annoncées; et même que par un esprit de cabale ils leur inspirent de se retirer avec leurs familles de notre royaume, par des résolutions contraires à leur salut, à leurs propres intérêts, et à la fidélité qu'ils nous doivent. A quoi nous avons estimé qu'il est nécessaire de remédier. A ces causes, etc. Nous avons défendu et défendons à tous gens de mer et de métier domiciliés dans notre royaume, d'en sortir avec leurs familles, pour aller s'établir dans les pays étrangers, à peine des galères à perpétuité contre les chefs desdites familles, et d'amende arbitraire, qui ne pourra toutefois être moindre que de trois mille livres, contre ceux qui seront convaincus d'avoir contribué à leur sortie par persuasion ou autrement, et de punition corporelle en cas de récidive. Si donnons, etc.

N° 1011. — ARRÊT *du conseil contre les relaps.*

Versailles, 8 juin 1682. (Hist. de l'édit de Nantes.)

Sur l'avis donné au roi étant en son conseil, que plusieurs de ses sujets de la province de Poitou, qui faisoient profession de la R. P. R., et se sont convertis à la R. C. A. et R., retournant dans les temples de ceux de ladite R. P. R., dont les ministres leur font entendre que ceux qui n'ont pas signé et fait leur abjuration par écrit, ne doivent pas être censés convertis, et qu'ainsi ils ne peuvent être sujets aux peines portées par les déclarations de S. M., même par celle du mois de juin 1680. Et étant important de prévenir les suites fâcheuses que les artifices des ministres et desdits de la R. P. R. pourroient avoir; S. M. étant en son conseil, a défendu et défend très expressément à tous ses sujets de la province de Poitou de quelque qualité et condition qu'ils soient, lesquels ont fait abjuration de ladite R. P. R., de retourner dans les temples desdits de la R. P. R. et de faire aucun exercice de ladite religion, sur les peines portées par la déclaration du mois de juin 1680. Veut S. M. que ceux desdits nouveaux convertis qui iront dans lesdits temples ou feront l'exercice de ladite religion, bien qu'ils n'ayent écrit ni signé leur abjuration, soient sujets aux mêmes peines : et à cet effet enjoint S. M. au sieur de Lamoignon de Basville conseiller en ses conseils, maître des requêtes ordinaire de son hôtel, commissaire départi en Poitou, de procéder contre eux avec les officiers du siége présidial de Poitiers, par jugement en dernier ressort, suivant la rigueur de ladite déclaration; lui en attribuant, et aux officiers dudit siége, toute cour, juridiction et connoissance, et icelle interdisant à toutes cours et juges Fait au conseil d'état, etc.

N° 1012. — DÉCLARATION *portant que les condamnés au banissement par sentence prevôtale, qui auront enfreint leur ban, seront condamnés aux galères.*

Versailles, 31 mai 1682. (Ord. 22. 4 G 178.—Néron, II, 175.)

N° 1013. — ARRÊT *du conseil qui fait défenses au marquis de Vérac de faire faire le prêche ailleurs dans son château de Couhé, que dans une des salles des appartemens dudit château, et plus d'une fois par jour; et d'y recevoir autres personnes que les gens de sa famille, ou ceux qui habitent dans l'étendue de sa justice.*

Versailles, 3 juin 1682. (Hist. de l'édit de Nantes.)

N° 1014. — DÉCLARATION *portant défenses à tous juges d'appeler pour assesseurs ou opinans les avocats religionnaires, à peine de nullité du jugement et d'interdiction de leurs fonctions, et injonction aux seigneurs de n'établir pour juge aucun religionnaire, et aux notaires, procureurs, huissiers ou autres ayant fait profession, de cesser leurs fonctions.*

Versailles, 15 juin 1682. (Ord. 22.4 G. 214. — Rec. cass.—Archiv.)

EXTRAIT.

LOUIS, etc. Bien que, par divers arrêts de notre conseil, nous ayons fait défenses à tous seigneurs hauts justiciers même de la R. P. R., d'établir dans leurs terres des officiers autres que des catholiques, leur enjoignant à la place de ceux qui étoient de la dite R. P. R., d'en établir de catholiques, et ordonné encore par arrêts de notre conseil d'état, et entre autres par ceux des 28 juin 1681, 21 février et 18 mars derniers, que tous notaires, procureurs postulans, huissiers et sergens de ladite R. P. R., seront tenus de se démettre de leurs offices en faveur des catholiques, avec défenses aux acquéreurs de prêter leur nom directement ni indirectement, et d'habiter avec leurs résignans, ni souffrir dans leurs études les enfans ou parens desdits résignans; néanmoins, nous sommes informé que la plupart desdits officiers de la R. P. R., quoique destitués de leurs offices, ne laissent pas de donner atteinte indirectement auxdits arrêts, en ce qu'ayant fait élire à leurs places des personnes catholiques qui sont à leur dévotion, ils se font appeler pour être opinans et assesseurs lors des jugemens des procès; en sorte que par cet abus lesdits de la R. P. R. se rendent maîtres des affaires ainsi qu'auparavant, contre notre intention, qui a été de les exclure entièrement de faire aucune fonction de judicature. A quoi voulant pourvoir; à ces causes, etc. Voulons et nous plaît que dorénavant nos officiers, de quelque qualité qu'ils soient, exerçant charges et fonctions de judicature, de quelque sorte et manière que ce puisse être, ne pourront appeler pour assesseurs et opinans aux jugemens des procès, aucuns avocats gradués, et autres personnes de la R. P. R., à peine d'interdiction de leurs charges, nullité des jugemens qui seront donnés, quatre mille livres d'amende, dépens, dommages et intérêts envers ceux qu'il appartiendra, et de désobéissance. Et en outre, faisons itératives défenses à tous seigneurs justiciers, tant catholiques que de la R. P. R. d'établir dans leurs terres aucuns officiers de la R. P. R., et leur enjoignons d'en mettre de catholiques à la place de ceux de la R. P. R. qui ne seroient encore destitués; sinon, et à faute par lesdits seigneurs d'y satisfaire, ordonnons aux lieutenans généraux des présidiaux et bailliages royaux, sur la réquisition de nos procureurs sur les lieux, d'y pourvoir d'office. Faisons aussi itératives défenses conformément auxdits arrêts, à toutes personnes de ladite R. P. R. de faire dorénavant aucune fonction, soit de notaires, procureurs postulans, huissiers et sergens, etc.

N° 1015. — ARRÊT *du conseil faisant défenses aux ministres et consistoires de la R. P. R. de souffrir que les nouveaux convertis dénommés dans les listes à eux signifiées, entrent dans les temples et assistent à aucun des exercices de ladite religion.*

Versailles, 17 juin 1682. (Hist. de l'édit de Nantes.)

Le roi étant en son conseil, ayant été bien informé que plusieurs ministres et anciens de la R. P. R. de sa province de Poitou, continuent les diligences qu'ils ont faites depuis quelques mois pour séduire les nouveaux convertis de ladite province, et les porter à retourner aux temples, au préjudice des édits et déclarations; à quoi S. M. voulant pourvoir et empêcher la continuation d'un abus de cette conséquence, S. M. étant en son conseil, a ordonné et ordonne qu'à la diligence du sieur de Lamoignon de Basville, conseiller de S. M. en son conseil d'état, maître des requêtes ordinaire de son hôtel, intendant de la justice, police et finances de Poitou, il sera signifié à chacun des ministres et consistoires des temples dudit Poitou, une liste des noms de ceux qui avoient accoutumé de fréquenter lesdits temples, lesquels se sont convertis à la R. C. A. et R.; auxquels ministres et consistoires S. M. a défendu et défend très expressément de souffrir qu'à l'avenir ceux dénommés dans lesdites listes, et qui avoient accoutumé de faire l'exercice de ladite R. P. R. dans lesdits temples, y entrent et assistent à aucun des exercices de ladite religion, à peine auxdits ministres d'interdiction, et de la démolition des temples dans lesquels il aura été contrevenu au présent arrêt, à l'exécution duquel S. M. ordonne et enjoint audit sieur Lamoignon de Basville de tenir exactement la main, etc.

N° 1016. — ARRÊT *du conseil qui ordonne aux religionnaires de Dijon de se retirer de ladite ville dans 6 mois.*

Versailles, 29 juin 1682. (Hist. de l'édit de Nantes.)

EXTRAIT.

Sur ce qui a été remontré au roi, étant en son conseil, qu'encore que, par l'article premier de la capitulation accordée le 27 mai 1595, par le feu roi Henri IV de glorieuse mémoire, lorsqu'il réduisit la ville de Dijon à son obéissance, il soit porté que dans la ville, faubourg et banlieue, il ne s'y fera aucun exercice de religion que de la C. A. et R.; néanmoins quelques personnes faisant profession de la R. P. R., n'ont pas laissé de se venir établir dans ladite ville, dont il reste encore six ou sept familles, lesquelles font assez souvent entre elles des assemblées secrettes, et exercice de leur religion. A quoi S. M. voulant pourvoir, etc.

N° 1017. — ARRÊT *du conseil qui ordonne la démolition du temple de Bois-le-Roi près Fontainebleau.*

6 juillet 1682. (Nouv. rec. de Lefèvre.)

N° 1018. — LETTRE *du roi aux archevêques et évêques touchant la conversion des religionnaires* (1).

Versailles, 10 juillet 1682. (Hist. de l'édit de Nantes.)

EXTRAIT.

Je suis bien aise de vous avertir que j'écris aux commissaires départis dans les provinces, d'agir de concert avec vous pour prendre toutes les mesures que vous estimerez pouvoir contribuer au succès de ce projet; et j'espère que votre zèle, appuyé de mon autorité, pourra le conduire à une fin heureuse : vous recommandant sur toutes choses, de ménager avec douceur les esprits de ceux de ladite religion, et de ne vous servir que de la force des raisons pour les ramener à la connoissance de la vérité, sans rien faire contre les édits et déclarations en vertu desquels l'exercice de leur religion est tolérée dans le royaume.

N° 1019. — DÉCLARATION *contre les Bohémiens ou Égyptiens* (2).

Versailles, 11 juillet 1682. (Rec. cass. — Archiv.)

LOUIS, etc. Quelques soins que les rois nos prédécesseurs aient pris pour purger leurs états des vagabonds et gens appelés *Bohêmes*, ayant enjoint par leurs ordonnances aux prevôts des maréchaux et autres juges d'envoyer lesdits Bohêmes aux galères, sans autre forme de procès : néanmoins il a été impossible de chasser entièrement du royaume ces voleurs, par la protection qu'ils ont de tout temps trouvée, et qu'ils trouvent encore journellement auprès des gentilshommes et seigneurs justiciers, qui

---

(1) V. dans l'histoire de l'édit de Nantes l'avertissement pastoral de l'église gallicane, qui fut envoyé avec cette lettre à tous les consistoires. Cet avertissement est trop long pour être donné dans notre recueil. Mais il est curieux de rapprocher le ton de douceur et de charité qui semble l'avoir dicté, de la conduite jésuitiquement atroce que le clergé tint contre les religionnaires, et à laquelle le roi ne s'opposa pas.

(2) Les Bohêmes ou Bohémiens paroissent venir de l'Égypte ou de l'Asie mineure. Paquier fait remonter leur arrivée en France à 1417. — Les États de Blois (1560) en demandèrent l'expulsion, et l'ordonnance rendue en conséquence leur enjoignait de sortir de France, à peine des galères.

leur donnent retraite dans leurs châteaux et maisons, nonobstant les arrêts des parlemens qui le leur défendent expressément à peine de privation de leurs justices, et d'amende arbitraire, ce désordre étant commun dans la plupart des provinces de notre royaume. Et d'autant qu'il importe au repos de nos sujets et à la tranquillité publique de renouveler les anciennes ordonnances à l'égard desdits Bohèmes, et d'en établir de nouvelles contre leurs femmes et contre ceux qui leur donnent retraite, et qui par ce moyen se rendent complices de leurs crimes. A ces causes, etc. Voulons et nous plaît que les anciennes ordonnances faites au sujet desdits Bohèmes soient exécutées selon leur forme et teneur; et ce faisant, enjoignons à nos baillis, sénéchaux, leurs lieutenans, comme aussi aux prevôts des maréchaux, vice-baillis et vice-sénéchaux, d'arrêter et faire arrêter tous ceux qui s'appellent Bohèmes ou Egyptiens, leurs femmes, enfans et autres de leur suite, de faire attacher les hommes à la chaîne des forçats, pour être conduits dans nos galères, et y servir à perpétuité; et à l'égard de leurs femmes et filles, ordonnons à nosdits juges de les faire raser la première fois qu'elles auront été trouvées menant la vie de Bohémienne, et de faire conduire dans les hôpitaux les plus prochains des lieux, les enfans qui ne seront pas en état de servir dans nos galères, pour y être nourris et élevés comme les autres enfans qui y sont enfermés; et en cas que lesdites femmes continuent de vaguer et de vivre en bohémiennes, de les faire fustiger et bannir hors du royaume; le tout sans autre forme ni figure de procès. Faisons défenses à tous gentilshommes, seigneurs hauts-justiciers et de fiefs de donner retraite dans leurs châteaux et maisons auxdites Bohèmes et à leurs femmes; en cas de contravention, voulons que lesdits gentilshommes, seigneurs hauts-justiciers soient privés de leurs justices, que leurs fiefs soient réunis à notre domaine, même qu'il soit procédé contre eux extraordinairement pour être punis d'une plus grande peine, si le cas y échet, et sans qu'il soit en la liberté de nos juges de modérer ces peines. Si donnons, etc.

N° 1020. — Arrêt *du conseil qui ordonne aux ministres et proposans de la R.P.R., de se retirer des lieux où l'exercice de ladite religion a été interdit.*

Versailles, 13 juillet 1682. (Nouv. rec. de Lefèvre. — Hist. de l'édit de Nantes.)

Le roi ayant été informé qu'encore que l'exercice de la R. P.

R. ait été interdit dans plusieurs lieux, néanmoins la plupart de ceux qui y faisoient la fonction de ministres ne laissent pas d'y demeurer, et que même quelques-uns s'y sont allés établir sur les ordres des consistoires, pour y continuer non-seulement ledit exercice, en faisant jour et nuit des assemblées particulières dans des maisons, mais aussi pour détourner ceux de ladite R. P. R. qui ont dessein de se convertir, de leurs bonnes résolutions : et par l'autorité que lesdits ministres prennent, ils font en sorte de subsister èsdits lieux, au moyen des impositions secrettes que l'on continue de faire sur les habitans qui sont de ladite religion. Et comme toutes ces choses sont contraires aux édits, déclarations et arrêts de S. M., et qu'il est nécessaire d'en empêcher la continuation; ouï le rapport, et tout considéré : le roi étant en son conseil, a ordonné et ordonne, que tous les ministres et proposans de la R. P. R. seront tenus de se retirer des lieux où l'exercice de ladite religion a été interdit, leur faisant S. M. très expresses inhibitions et défenses de rester ou de venir s'habituer dans les lieux où ledit exercice aura été interdit sous quelque prétexte que ce soit, à peine de désobéissance, 5000 livres d'amende, d'être privés pour toujours de faire aucune fonction de leur ministère dans le royaume, et d'être procédé contre eux extraordinairement.

N° 1021. — DÉCLARATION *portant défenses de s'établir à l'étranger, et que les ventes d'immeubles faites par les religionnaires moins d'un an avant leur retraite, seront nulles et frappées de confiscation.*

Versailles, 14 juillet 1682. (Ord. 22. 4, G 224. — Archiv. — Néron, II, 966.)
Reg. P. P., 12 août.

PRÉAMBULE.

LOUIS, etc. Encore que par notre édit du mois d'août 1669, nous ayons fait défenses à tous nos sujets, sur peine de confiscation de corps et de biens, de s'aller établir sans notre permission dans les pays étrangers, néanmoins nous avons été informé que plusieurs chefs de famille de la R. P. R. suivant l'emportement d'un faux zèle, et évitant de profiter des secours qui leur sont donnés pour reconnoître leurs erreurs, vendent leurs biens immeubles pour se retirer ensuite avec leurs familles dans les pays étrangers ; à quoi désirant pourvoir par les voyes les plus convenables. A ces causes, etc.

N° 1022. — EDIT *pour la punition des empoisonneurs devins et autres* (1).

Versailles, juillet 1682. (Ord. 22. 4, G 258. — Delamarre. — Rec. cass — Néron, II, 175. — Archiv.) Reg. P. P., 31 août.

LOUIS, etc. L'exécution des ordonnances des rois nos prédécesseurs contre ceux qui se disent devins, magiciens et enchanteurs, ayant été négligée depuis long-temps, et ce relâchement ayant attiré des pays étrangers dans notre royaume plusieurs de ces imposteurs, il seroit arrivé que, sous prétexte d'horoscope et de divination, et par le moyen des prestiges des opérations des prétendues magies et autres illusions semblables, dont cette sorte de gens ont accoutumé de se servir, ils auroient surpris diverses personnes ignorantes ou crédules qui s'étoient insensiblement engagées avec eux, en passant des vaines curiosités aux superstitions, et des superstitions aux impiétés et aux sacrilèges; et par une funeste suite d'engagements, ceux qui se sont le plus abandonnés à la conduite de ces séducteurs, se seroient portés à cette extrémité criminelle d'ajouter le maléfice et le poison aux impiétés et aux sacrilèges, pour obtenir l'effet des promesses

---

(1) V., sur les empoisonnemens de cette époque, *le Siècle de Louis XIV*, chap. XXVI. Voltaire y rend compte de l'origine de ces fréquens empoisonnemens. Les plus grands seigneurs furent cités pour ce crime à la chambre ardente créée en 1680, entre autres, deux nièces du cardinal Mazarin, la duchesse de Bouillon et la comtesse de Soissons, mère du prince Eugène. La duchesse de Bouillon ne fut décrétée que d'ajournement personnel, et n'étoit accusée que d'une curiosité ridicule, trop ordinaire alors, mais qui n'est pas du ressort de la justice. L'ancienne habitude de consulter les devins, de faire tirer son horoscope, de chercher des secrets pour se faire aimer, subsistoit encore parmi le peuple et même chez les premiers du royaume. A la naissance de Louis XIV, on avoit fait entrer l'astrologue Morin dans la chambre même de la reine-mère, pour tirer l'horoscope de l'héritier de la couronne. Le duc d'Orléans, régent à la mort de Louis XIV, se montra lui-même curieux de cette charlatanerie qui séduisit toute l'antiquité: et toute la philosophie du célèbre comte de Boulainvilliers ne put jamais le guérir de cette chimère. — La Reynie, l'un des présidens de la chambre ardente, fut assez mal avisé pour demander à la duchesse de Bouillon si elle avait vu le diable; elle répondit qu'elle le voyoit dans ce moment, qu'il étoit fort laid et fort vilain, et qu'il étoit déguisé en conseiller d'état. L'interrogatoire ne fut guère poussé plus loin. L'affaire de la comtesse de Soissons et du maréchal de Luxembourg fut plus sérieuse. Lesage, la Voisin, la Vigoureux, et d'autres complices étoient en prison, accusés d'avoir vendu des poisons qu'on appeloit *la poudre de succession*. Ils chargèrent tous ceux qui étoient venu les consulter; la comtesse de Soissons fut du nombre, ainsi que le maréchal de

desdits séducteurs, et pour l'accomplissement de leurs méchantes prédictions.

Ces pratiques étant venues à notre connoissance, nous aurions employé tous les soins possibles pour faire cesser, et pour arrêter, par des moyens convenables, les progrès de ces détestables abominations : et bien qu'après la punition qui a été faite des principaux auteurs et complices de ces crimes, nous dussions espérer que ces sortes de gens seroient pour toujours bannis de nos états, et nos sujets garantis de leur surprise; néanmoins comme l'expérience du passé nous a fait connoître combien il est dangereux de souffrir les moindres abus qui portent aux crimes de cette qualité, et combien il est difficile de les déraciner lorsque par la dissimulation, ou par le nombre des coupables, ils sont devenus crimes publics : ne voulant d'ailleurs rien omettre de ce qui peut être de la plus grande gloire de Dieu, et de la sûreté de nos sujets; nous avons jugé nécessaire de renouveler les anciennes ordonnances, et de prendre encore, en y ajoutant de nouvelles précautions, tant à l'égard de tous ceux qui usent de maléfices et des poisons, que de ceux qui, sous la vaine profession de devins, magiciens, sorciers, et autres noms semblables, condamnés par les lois divines et humaines, infectent et corrompent l'esprit des peuples par leurs discours et pratiques, et par la profanation de ce que la religion a de plus saint. Savoir faisons, etc.

ART. 1. Que toutes personnes se mêlant de deviner, et se di-

Luxembourg. Ce dernier avoit vu une fois Lesage et lui avoit demandé des horoscopes. Il se rendit lui-même à la Bastille. Il devoit comparoître devant la cour des pairs ; le parlement et les pairs devoient revendiquer le droit de le juger : ils ne le firent pas. Louvois, qui ne l'aimoit pas, le fit enfermer dans un cachot de six pas et demi de long, où il tomba très malade. On l'interrogea le second jour, et on le laissa ensuite cinq semaines entières sans continuer son procès. On ne lui permit pas d'écrire à Louvois pour s'en plaindre. Parmi les imputations horribles qui faisoient la base du procès, Lesage dit que le maréchal de Luxembourg avoit fait un pacte avec le diable, afin de marier son fils à la fille du marquis de Louvois. L'accusé répondit : « Quand Mathieu de Montmorency épousa la veuve de Louis-le-Gros, il ne s'adressa point au diable, mais aux états-généraux, qui déclarèrent que, pour acquérir au roi mineur l'appui des Montmorency, il falloit faire ce mariage. » Le procès dura quatorze mois ; il n'y eut de jugement ni pour ni contre lui. La Voisin, la Vigoureux et son frère le prêtre, qui s'appeloit aussi Vigoureux, furent brûlés avec Lesage à la Grève. Ce supplice mit fin aux recherches et aux crimes ; mais il resta dans les esprits un penchant à soupçonner des morts naturelles d'avoir été violentes.

sant devins ou devineresses, videront incessamment le royaume après la publication de notre présente déclaration, à peine de punition corporelle.

2. Défendons toutes pratiques superstitieuses, de fait, par écrit, ou par parole, soit en abusant des termes de l'écriture sainte, ou des prières de l'église, soit en disant ou en faisant des choses qui n'ont aucun rapport aux causes naturelles : voulons que ceux qui se trouveront les avoir enseignées, ensemble ceux qui les auront mises en usage, et qui s'en seront servis pour quelque fin que ce puisse être, soient punis exemplairement et suivant l'exigence des cas.

3. Et s'il se trouvoit à l'avenir des personnes assez méchantes pour ajouter et joindre à la superstition, l'impiété et le sacrilège, sous prétexte d'opérations de prétendue magie, ou autre prétexte de pareille qualité, nous voulons que celles qui s'en trouveront convaincues soient punies de mort.

4. Seront punis de semblables peines tous ceux qui seront convaincus de s'être servis de vénéfices et de poisons, soit que la mort s'en soit ensuivie ou non, comme aussi ceux qui seront convaincus d'avoir composé ou distribué du poison pour empoisonner; et parce que les crimes qui se commettent par le poison sont non-seulement les plus détestables et les plus dangereux de tous, mais encore les plus difficiles à découvrir; nous voulons que tous ceux, sans exception, qui auront connoissance qu'il aura été travaillé à faire du poison, qu'il en aura été demandé ou donné, soient tenus de dénoncer incessamment ce qu'ils en sauront à nos procureurs généraux ou à leurs substituts, et en cas d'absence, au premier officier public des lieux, à peine d'être extraordinairement procédé contre eux, et punis selon les circonstances et l'exigence des cas, comme fauteurs et complices desdits crimes, et sans que les dénonciateurs soient sujets à aucune peine, ni même aux intérêts civils, lorsqu'ils auront déclaré et articulé des faits, ou des indices considérables qui seront trouvés véritables et conformes à leur dénonciation, quoique dans la suite les personnes comprises dans lesdites dénonciations soient déchargées des accusations; dérogeant à cet effet à l'article 73 de l'ordonnance d'Orléans, pour l'effet du vénéfice et du poison seulement, sauf à punir les calomniateurs selon la rigueur de ladite ordonnance.

5. Ceux qui seront convaincus d'avoir attenté à la vie de quel-

qu'un par vénéfice et poison, en sorte qu'il n'ait pas tenu à eux que ce crime n'ait été consommé, seront punis de mort.

6. Seront réputés au nombre des poisons, non-seulement ceux qui peuvent causer une mort prompte et violente, mais aussi ceux qui, en altérant peu à peu la santé, causent des maladies, soit que lesdits poisons soient simples, naturels ou composés, et faits de main d'artiste; et en conséquence défendons à toutes sortes de personnes, à peine de la vie, même aux médecins, apothicaires et chirurgiens, à peine de punition corporelle, d'avoir et garder de tels poisons simples ou préparés, qui, retenant toujours leur qualité de venin, et n'entrant en aucune composition ordinaire, ne peuvent servir qu'à nuire, et sont de leur nature pernicieux et mortels.

7. A l'égard de l'arsenic, du réagal, de l'orpiment et du sublimé, quoiqu'ils soient poisons dangereux de toute leur substance, comme ils entrent et sont employés en plusieurs compositions nécessaires, nous voulons, afin d'empêcher à l'avenir la trop grande facilité qu'il y a eu jusques ici d'en abuser, qu'il ne soit permis qu'aux marchands qui demeurent dans les villes d'en vendre, et d'en livrer eux-mêmes seulement aux médecins, apothicaires, chirurgiens, orfèvres, teinturiers, maréchaux et autres personnes publiques, qui par leur profession sont obligés d'en employer, lesquelles néanmoins écriront, en les prenant, sur un registre particulier, tenu pour cet effet par lesdits marchands, leurs noms, qualités et demeures, ensemble la quantité qu'ils auront prise desdits minéraux; et si au nombre desdits artisans qui s'en servent, il s'en trouve qui ne sachent écrire, lesdits marchands écriront pour eux : quant aux personnes inconnues auxdits marchands, comme peuvent être les chirurgiens, et maréchaux des bourgs et villages, ils apporteront des certificats en bonne forme, contenant leurs noms, demeures et professions, signés du juge des lieux, ou d'un notaire et de deux témoins, ou du curé et de deux principaux habitans, lesquels certificats et attestations demeureront chez lesdits marchands pour leur décharge. Seront aussi les épiciers, merciers et autres marchands demeurant dans lesdits bourgs et villages, tenus de remettre incessamment ce qu'ils auront desdits minéraux entre les mains des syndics, gardes ou anciens marchands épiciers ou apothicaires des villes plus prochaines des lieux où ils demeureront, lesquels leur en rendront le prix, le tout à peine de trois mille li-

vres d'amende, en cas de contravention, même de punition corporelle, s'il y échet.

8. Enjoignons à tous ceux qui ont droit par leurs professions et métiers de vendre ou d'acheter des susdits minéraux, de les tenir en des lieux sûrs, dont ils garderont eux-mêmes la clef. Comme aussi leur enjoignons d'écrire sur un registre particulier la qualité des remèdes où ils auront employé desdits minéraux, les noms de ceux pour qui ils auront été faits, et la quantité qu'ils y auront employée, et d'arrêter à la fin de chaque année sur leursdits registres ce qui leur en restera, le tout à peine de mille livres d'amende pour la première fois, et de plus grande s'il y échet.

9. Défendons aux médecins, chirurgiens, apothicaires, épiciers, droguistes, orfèvres, teinturiers, maréchaux et tous autres, de distribuer desdits minéraux en substance à quelque personne que ce puisse être, et sous quelque prétexte que ce soit, sur peine d'être punis corporellement, et seront tenus de composer eux-mêmes, ou de faire composer en leur présence, par leurs garçons, les remèdes où il devra entrer nécessairement desdits minéraux, qu'ils donneront après cela à ceux qui en demanderont pour s'en servir aux usages ordinaires.

10. Défenses sont aussi faites à toutes personnes autres qu'aux médecins et apothicaires, d'employer aucuns insectes vénéneux, comme serpens, crapauds, vipères et autres semblables, sous prétexte de s'en servir à des médicamens, ou à faire des expériences, et sous quelqu'autre prétexte que ce puisse être, s'ils n'en ont la permission expresse par écrit.

11. Faisons très expresses défenses à toutes personnes de quelque profession et condition qu'elles soient, excepté aux médecins approuvés, et dans le lieu de leur résidence, aux professeurs en chimie et aux maîtres apothicaires, d'avoir aucuns laboratoires, et d'y travailler à aucunes préparations de drogues ou distillations, sous prétexte de remèdes chimiques, expériences, secrets particuliers, recherche de la pierre philosophale, conversion, multiplication ou rafinement des métaux, confection de cristaux ou pierres de couleur, et autres semblables prétextes, sans avoir auparavant obtenu de nous, par lettres du grand sceau, la permission d'avoir lesdits laboratoires, présenté lesdites lettres, et fait déclaration en conséquence à nos juges et officiers de police des lieux. Défendons pareillement à tous distillateurs, vendeurs d'eau-de-vie, de faire autre distillation que celle de l'eau-

de-vie et de l'esprit de vin, sauf à être choisi d'entre eux le nombre qui sera jugé nécessaire pour la confection des eaux fortes, dont l'usage est permis; lesquels ne pourront néanmoins y travailler qu'en vertu de nosdites lettres, et après en avoir fait leurs déclarations, à peine de punition exemplaire.

Si donnons en mandement, etc.

N° 1023. — ORDONNANCE *portant défenses d'enrôler des soldats sous condition de leur donner congé avant trois années.*

Versailles, 1 août 1682. (Régl. et ordonn. pour la guerre.)

N° 1024. — ORDONNANCE *portant réglement sur les termes des congés des officiers d'infanterie* (1).

Versailles, 1 août 1682. (Régl. et ordonn. pour la guerre.)

N° 1025. — DÉCLARATION *sur l'édit d'avril 1679, portant réglement pour le rétablissement des études du droit civil et canonique.*

Versailles, 6 août 1682. (Ord. 22. 4 G 263. — Rec. cass. —Archiv.)

LOUIS, etc. Nous aurions, par notre édit du mois d'avril 1679, donné pour le rétablissement des études du droit canonique et civil dans toutes les universités de notre royaume, ordonné entre autres choses par l'art. 3, qu'il nous seroit donné avis par chacune des facultés de droit de toutes les choses qui seroient estimées utiles et nécessaires pour le rétablissement des études dudit droit canonique et civil, et par l'art. 14 dudit édit nous aurions déclaré que nous voulions que le droit françois contenu dans nos ordonnances et dans les coutumes, fût publiquement enseigné, et qu'à cet effet nous nommerions des professeurs qui feroient des leçons publiques de la jurisprudence françoise dans toutes lesdites facultés; et pour assurer davantage l'exécution de notredit édit, nous aurions ordonné qu'il seroit ajouté dans toutes lesdites universités, aux professeurs de droit, un nombre suffisant de docteurs agrégés, lesquels assisteroient, avec lesdits professeurs, aux examens, aux thèses, aux réceptions des aspirans, et autres assemblées et fonctions desdites facultés. Sur

---

(1) Autres ordonn. sur le même sujet et à la même date pour les officiers de cavalerie et pour les soldats.

quoi il nous auroit été proposé de faire quelques réglemens dans les facultés de droit de Paris, Orléans, Bourges, Angers, Poitiers et Reims, concernant le rétablissement des études de droit et la discipline desdites facultés, et les droits qui doivent être pris pour les degrés. Nous aurions aussi fait choix de quelques personnes d'une capacité connue pour, en qualité de docteurs agrégés, composer avec lesdits professeurs et docteurs le corps desdites facultés, et nous aurions nommé un professeur de droit françois en chacune desdites facultés. Et voulant que ce que nous avons fait pour l'entière exécution de notre édit, et pour le rétablissement des études du droit canonique et civil, et de la discipline desdites facultés dans toutes les universités de notre royaume soit inviolablement observé. A ces causes et autres à ce nous mouvant, de notre propre mouvement, pleine puissance et autorité royale, avons dit, déclaré et ordonné, disons, déclarons et ordonnons, et par ces présentes signées de notre main, voulons et nous plaît.

1. Que les articles servant de réglement pour les facultés de droit canonique et civil des universités de Paris, Orléans, Bourges, Angers, Reims et Poitiers, ci-attachés sous le contre-scel de notre chancellerie, soient exécutés selon leur forme et teneur, et ajoutés aux anciens statuts et réglemens desdites facultés, lesquels, au surplus, seront observés ainsi que par le passé, en ce qu'ils ne sont contraires à notredit édit et aux présentes.

2. Voulons que les docteurs agrégés par nous nommés et établis dans lesdites facultés soient du corps d'icelles, qu'ils y aient séance et voix délibérative dans toutes les assemblées, après les professeurs, sans rien innover aux droits utiles et prérogatives desdits professeurs; et en cas d'égalité de voix et de partage, celui qui présidera à la délibération aura la voix conclusive, si ce n'est que les suffrages soient donnés par bulletins.

3. Lorsque les prétendans aux degrés présenteront leurs suppliques aux assemblées pour obtenir des examinateurs, l'on tirera au sort deux desdits professeurs et deux des docteurs agrégés pour procéder audit examen suivant les statuts.

4. Les docteurs agrégés présideront alternativement, et chacun à leur tour, avec les professeurs, aux thèses de baccalauréat, et à l'égard des thèses de licence et de doctorat, ils y pourront présider au lieu du professeur qui sera en tour, quand ils en

seront par lui requis, sans qu'il soit nécessaire, à cet égard, d'observer le tour desdits agrégés.

5. Lorsqu'aucun desdits professeurs ne pourra faire les leçons publiques par absence ou autre empêchement légitime, il sera substitué l'un desdits docteurs agrégés pour faire lesdites leçons.

6. Seront tenus lesdits docteurs agrégés d'assister assidûment à tous les actes pendant quatre argumens au moins, pour juger de la capacité du répondant, et donner leurs suffrages; et ensuite ils assisteront avec les professeurs à l'ouverture de la boîte après les actes, et signeront les délibérations pour l'admission ou le refus, qui seront inscrites sur le registre desdites facultés.

7. Si aucun desdits agrégés vient à négliger tellement les fonctions de la faculté, qu'il passe six mois consécutifs sans y assister, il en sera élu un autre en sa place.

8. Les docteurs agrégés qui auront été employés par les écoliers pour les exercer en particulier, ne pourront être nommés pour les examiner, ni donner leurs voix à leurs réceptions aux degrés dans lesdites facultés.

9. Lorsqu'il décédera ou manquera aucuns desdits agrégés, il y sera pourvu par l'élection qui sera faite par lesdites facultés, à la charge que l'élu aura trente ans accomplis, qu'il sera docteur en droit en l'une des facultés du royaume, et qu'il aura au moins les suffrages des deux tiers des électeurs; et seront lesdits agrégés choisis parmi ceux qui font profession d'enseigner le droit canonique et civil dans les lieux où sont établies lesdites facultés, ou entre les avocats fréquentant le barreau, et même entre les magistrats et juges honoraires des siéges des lieux.

10. Les droits desdits agrégés seront payés entre les mains du bedeau de chacune faculté, suivant le tableau qui en sera fait, et sans aucune diminution des droits et émolumens appartenant aux professeurs.

11. Ordonnons que le professeur du droit françois et ceux que nous nommerons à l'avenir, seront du corps desdites facultés, et auront voix délibérative dans toutes les assemblées et séance entre le plus ancien et second professeur, sans qu'il puisse devenir doyen, ni participer aux gages et émolumens desdits professeurs.

12. Le professeur du droit françois sera tenu de faire l'ouverture des leçons en même temps que les autres professeurs, et d'entrer les mêmes jours, et pendant une heure et demie de l'a-

près-dîné, au moins, il dictera et expliquera en langue françoise le droit contenu dans nos ordonnances et de nos prédécesseurs, et dans les coutumes.

13. Ordonnons que tous ceux qui voudront être reçus au serment d'avocat, seront tenus de prendre la leçon du droit françois pendant l'une des trois années d'études ordonnées par notre édit du mois d'avril 1679, laquelle tiendra lieu d'une des leçons qui sont d'obligation; et à cet effet seront tenus les étudians de s'inscrire sur les registres des facultés, conformément à l'art. 18 de notredit édit, et d'obtenir à la fin de ladite année une attestation particulière dudit professeur en droit françois, laquelle sera jointe aux lettres de licence, à peine de nullité, et pour laquelle attestation le professeur du droit françois recevra six livres de chacun desdits étudians.

14. Ordonnons que lesdits professeurs du droit françois de chacune desdites facultés, après avoir enseigné pendant vingt années consécutives, auront voix délibérative et séance dans le siége royal de la ville dans laquelle ils auront enseigné, et qu'à cet effet toutes lettres-patentes leur seront expédiées, nous réservant néanmoins d'abréger le temps desdites vingt années en faveur de ceux qui l'auront mérité par leur application et leur capacité dans la fonction de professeur du droit françois.

15. Voulons qu'en cas de vacance desdites chaires de droit françois par mort ou autrement, nos avocats et procureur-général de notre cour de parlement de Paris puissent proposer à notre amé et féal chancelier de France trois personnes qui aient les qualités nécessaires pour, sur le compte qu'il nous en rendra, être par nous choisie celle des trois personnes que nous estimerons la plus digne, sans qu'aucun puisse être nommé auxdites charges et chaires de professeur de droit françois, qu'il ne soit avocat et n'ait fait les fonctions du barreau, au moins pendant dix années avec assiduité et succès, ou qu'il n'ait pendant ledit temps exercé une charge dans nos justices.

16. Pour donner moyen aux professeurs de recevoir partie des émolumens de leurs chaires plus promptement et commodément, ordonnons que la moitié des droits qui doivent être payés pour les degrés de baccalauréat et de licence dans chacune desdites facultés, sera distribuée également et partagée pour chaque matricule ou inscription qui seront faites sur les registres desdites facultés pendant les trois années d'étude, conformément à notredit édit, et qu'en conséquence du paiement qui sera fait

par tous les étudians pour chacune desdites inscriptions, pareille somme leur sera déduite, moitié sur les droits du degré de bachelier, et moitié sur les droits pour les lettres de licence lorsqu'ils prendront lesdits degrés, ce qui sera marqué sur le tableau des droits de chacune desdites facultés.

17. Afin que ceux qui ne pourroient, sans secours, employer les années portées par notredit édit pour les études de droit, aient moyen de subsister, ordonnons que les places et bourses fondées dans toutes les universités de notre royaume pour les étudians en droit, ne puissent être remplies par d'autres, et que ceux qui ont droit d'y nommer et présenter, soient tenus incessamment de le faire en faveur des pauvres écoliers qui auront étudié ès lettres humaines et en philosophie; pour jouir desdites bourses pendant trois années consécutives seulement, par ceux qui ne prendront que les degrés de bachelier et licencié en droit, et jusqu'à cinq ans par ceux qui prendront le degré de docteur; et seront tenus ceux qui seront pourvus desdites bourses, d'employer le temps d'étude conformément à notredit édit et réglement desdites facultés; sinon et à faute de ce faire seront exclus desdites bourses, auxquelles il sera incessamment pourvu par ceux qui ont droit d'y nommer, d'autres personnes étudiant en droit; et pour éviter à l'avenir qu'il ne se commette aucun abus à cet égard, nous ordonnons aux principaux desdits collèges où sont fondées lesdites bourses destinées aux étudians en droit, de se faire représenter exactement par lesdits étudians les attestations des professeurs de la faculté où ils prendront leurs leçons, et d'envoyer à notre procureur-général, par chacun an, à la fête Saint-Martin, un certificat contenant le nombre des bourses destinées aux étudians en droit, le nom de ceux qui les remplissent et le temps de leurs études; et en conséquence enjoignons à notredit procureur-général de tenir la main à l'exécution de ce que dessus.

18. Défendons aux docteurs agrégés et à tous autres dans les facultés de droit de notre royaume d'enseigner publiquement ni assembler des écoliers chez eux, sous les peines portées par notredit édit, mais pourront seulement aller dans les maisons de ceux qui voudront faire des répétitions particulières.

19. Pour exciter l'application et l'émulation de ceux qui font profession desdites études de droit, nous voulons et ordonnons qu'à l'avenir, vacation arrivant d'aucune des chaires de professeur dans lesdites facultés de notre royaume, nul n'en puisse

être pourvu que par la voie de la dispute et du concours, conformément aux statuts et réglemens de chacune desdites facultés.

20. Ordonnons qu'à l'avenir nul officier de judicature ne pourra être élu pour remplir les chaires de professeur dans lesdites facultés, si ce n'est qu'il n'ait résigné sa charge et soit seulement honoraire ; ne pourront aussi aucuns desdits professeurs être pourvus de charges de judicature, si ce n'est de celle d'avocat du roi dans les siéges où sont établies lesdites facultés.

21. Comme nous avons été informé que quelques personnes se font inscrire sur les registres desdites facultés, pendant même qu'ils étudient encore en philosophie ou en humanités, ce qui éluderoit entièrement le fruit de notredit édit, nous voulons que, pour empêcher ce désordre, nul ne puisse s'inscrire sur lesdits registres pour commencer l'étude du droit, qu'il n'ait atteint l'âge de dix-huit ans accomplis, dont ils feront apparoître auxdits professeurs et par leurs extraits baptistaires légalisés par les juges du lieu, à peine de nullité; ordonnons même que les inscriptions qui ont été faites jusqu'à présent auparavant ledit âge, soient nulles et de nul effet.

22. Voulons en outre que nul écolier ne puisse obtenir aucun des degrés de bachelier ou de licencié qu'il n'ait étudié au moins une année dans l'université où il prendra ledit degré, et que, pour le surplus du temps d'étude qu'il a fait dans les autres universités, il rapporte, outre les extraits de ses immatricules, les attestations des docteurs de ladite université, portant qu'il a étudié avec assiduité, et qu'ils ont vu les cahiers écrits de la main desdits écoliers, suivant l'art. 7 de notredit édit, et en cas qu'aucun ait été refusé ou renvoyé pour étudier, il ne pourra obtenir ses degrés qu'en la même faculté où il aura été refusé ou remis à étudier, sous peine de nullité. Et seront tenus les professeurs, à la fin de chacune année, de donner certificat aux écoliers de l'étude qu'ils auront faite chez eux.

23. Pour ne pas exclure entièrement ceux qui ont vingt-sept ans passés de prendre des degrés en droit canonique et civil, voulons et ordonnons qu'ils puissent, en justifiant par leurs extraits baptistaires en bonne forme, qu'ils ont vingt-sept ans, se présenter pour subir les examens et soutenir les thèses, et obtenir les degrés de bachelier et de licencié dans l'intervalle de trois en trois mois; et s'ils sont trouvés suffisans et capables, les lettres de bachelier et de licencié leur seront expédiées, sur lesquelles ils pourront être reçus au serment d'avocat. Si donnons, etc.

N° 1026. — DÉCLARATION *faisant défenses aux religionnaires de s'assembler sous prétexte de prières publiques.*

Versailles, 21 août 1682. (Hist. de l'édit de Nantes.)

LOUIS, etc. Nos sujets de la R. P. R. ayant tâché de tout temps d'étendre, autant qu'il leur a été possible, les graces qui leur ont été accordées par les édits, ils se seroient ingérés en plusieurs lieux où l'exercice de leur religion est permis, de s'assembler dans leurs temples en l'absence de leurs ministres, sous prétexte de prières publiques, de lectures, et autres actes dudit exercice. Mais comme ces assemblées auroient été tumultueuses, et qu'il étoit à propos d'en empêcher la continuation, elles auroient été défendues par arrêt de notre conseil du 21 avril 1637, ce qui auroit été suivi de divers arrêts de nos cours de parlement, et notamment celui de Dauphiné du vingt-unième mars 1639. Et afin que nosdits sujets de la religion prétendue réformée ne fussent pas long-temps sans exercices, nous aurions bien voulu, par l'article 16 de notre déclaration du mois de février 1669, leur permettre, dans l'intervalle des Synodes, de pouvoir tenir des colloques pour pourvoir de ministres à la place de ceux qui viendroient à décéder. Néanmoins nous sommes informé que lesdits de la religion prétendue réformée ne laissent pas de contrevenir tous les jours auxdites défenses, et comme il est d'autant plus nécessaire d'y pourvoir, que lesdites assemblées pourroient servir de prétexte pour faire des cabales, et prendre des résolutions contraires à notre service et au bien de notre état. A ces causes, etc. Voulons et nous plaît que nosdits sujets de la R. P. R. ne puissent s'assembler sous prétexte de prières publiques, de lectures, et autres actes d'exercice de leurdite religion : même dans les lieux où l'exercice est permis, que dans les temples, et en présence seulement du ministre qui leur aura été donné par un synode, ou choisi dans un colloque tenu pour cet effet par notre permission; ce que nous leur défendons encore très expressément à peine de désobéissance, d'interdiction de l'exercice dans le lieu où lesdites assemblées auront été faites, de 3000 livres d'amende contre les contrevenans, et de punition corporelle. Si donnons, etc.

N° 1027. — DÉCLARATION *portant défenses aux religionnaires de s'assembler, si ce n'est dans leurs temples et en présence des ministres.*

Versailles, 30 août 1682. (Ord. 22. 4 G 287. — Rec. cass. — Archiv.)

N° 1028. — ARRÊT *du conseil portant interdiction de l'exercice public de la religion réformée dans la ville de Réalmont, prise par la force des armes.*

Versailles, 31 août 1682. (Nouv. rec. de Lefèvre.)

N° 1029. — ORDONNANCE *portant qu'il ne sera plus entretenu de cadets dans les compagnies d'infanterie, à la réserve des compagnies colonelles où il en pourra rester trois jusqu'à nouvel ordre.*

Versailles, 1 septembre 1682. (Régl. et ordonn. pour la guerre.)

N° 1030. — ORDONNANCE *portant défenses aux officiers de marine de donner congé aux soldats pour se retirer chez eux.*

4 septembre 1682. (Bajot.)

N° 1031. — ARRÊT *du conseil portant interdiction de l'exercice de la religion réformée au lieu de Soyon, pour avoir été pris par la force des armes.*

7 septembre 1682. (Nouv. rec. de Lefèvre.)

N° 1032. — DÉCLARATION *sur l'édit du 14 juillet précédent portant que les donations faites par contrat de mariage, par père, mère ou ayeules, en faveur de leurs enfans, seront valables si les mariages sont célébrés avant leur retraite du royaume, et que les créanciers des religionnaires pourront continuer leurs poursuites d'expropriation pour les dettes contractées avant cette déclaration.*

Versailles, 17 septembre 1682. (Ord. 22. 4 G 288. — Archiv. — Néron, II, 966. Hist. de l'éd. de Nantes.) Reg. P. P. 1 décembre.

N° 1033. — ARRÊT *du conseil portant que les religionnaires pourvus des offices y dénommés seront tenus, à peine de perte desdits offices, de s'en défaire en faveur des catholiques, dans trois mois.*

Chambord, 29 septembre 1682. (Hist. de l'édit de Nantes. Archiv.)

N° 1034. — Édit *portant réglement pour les fonctions du lieutenant-général et du lieutenant particulier de la prevoté de l'hôtel.*

Versailles, septembre 1682. (Blanchard.)

N° 1035. — Lettres-patentes *portant réglement pour les priviléges des prêtres de la* Compagnie de Jésus, *établis au collége de Clermont, à Paris.*

Fontainebleau, novembre 1682. (Ord. 4. G 299.) Reg. P. P. 12 décembre.

N° 1036. — Déclaration *sur l'édit du 15 janvier* 1677, *portant que les vols commis dans les maisons royales seront punis de mort.*

Versailles, 7 décembre 1682. (Rec. cass.—Archiv.)

N° 1037. — Ordonnance *portant que les maires, consuls, échevins ou principaux habitans des villes et lieux dans lesquels des recrues auront à passer, seront obligés de loger les soldats desdites recrues, quand elles n'excéderont pas trente hommes, de proche en proche, ou sous un même couvert.*

Versailles, 8 décembre 1682. (Régl. et ordonn. pour la guerre.)

N° 1038. — Ordonnance *portant défenses de donner des couteaux et autres ferremens à la chiourme.*

Versailles, 9 décembre 1682. (Bajot.)

N° 1039. — Ordonnance *portant défenses aux gardiens conduisant des turcs ou des forçats, d'entrer dans aucun cabaret ou autre lieu public, ni de sortir de la ville.*

Versailles, 9 décembre 1682. (Bajot.)

N° 1040. — Lettres-patentes *en faveur des voituriers par eau trafiquant sur les rivières de Seine, Oise et autres.*

Versailles, 14 décembre 1682. (Peuchet.)

LOUIS, etc. Le commerce qui se fait dans notre royaume sur les rivières et fleuves navigables, de toutes sortes de vivres, denrées et marchandises, étant le moyen le plus certain pour en procurer l'abondance à nos sujets, nous aurions, à l'imitation des rois nos prédécesseurs, fait divers réglemens pour lever tous les obstacles qui pouvoient en interrompre le cours, même prescrit par l'article 7 de notre déclaration du mois de janvier 1663, la forme des certificats qui doivent être rapportés par les voituriers, pour être, sur iceux, les droits de péage payés et acquittés. Mais comme l'expérience découvre souvent des abus que les lois les plus exactes n'ont point prévus, et ayant été pleinement informé par les voituriers des rivières de Seine et d'Oise que les propriétaires des péages qui se lèvent à Conflans, Sainte-Honorine et autres, causoient, sous prétexte dudit article, beaucoup de retardement dans la navigation, au sujet du paiement de leurs droits, nous aurions, pour faire cesser des différends si préjudiciables au bien du commerce, ordonné, entre autres choses, par arrêt de notre conseil d'état du 29 août 1682, que lesdits voituriers demeureroient à l'avenir déchargés de l'exécution dudit article 7, et sans s'y arrêter, qu'ils seroient seulement tenus de faire un inventaire des marchandises chargées dans leurs bateaux, en la forme prescrite par ledit arrêt, pour l'exécution duquel toutes lettres nécessaires en seroient expédiées. A ces causes, etc. Voulons et nous plaît, que, conformément à l'arrêt dudit jour 29 août dernier, lesdits voituriers demeureront à l'avenir déchargé de l'exécution de l'article 7 de notre déclaration du mois de janvier 1663, et sans s'y arrêter, qu'ils soient seulement tenus de faire un inventaire exact et fidèle des qualités, quantités, nombre, poids et mesures des marchandises qui seront chargées dans leurs bateaux, les personnes pour qui elles seront voiturées, leurs qualités et demeures, lequel ils affirmeront véritable, sans frais, pardevant le juge des lieux où se fera le chargement, à peine, en cas de fraude, de trois cents livres d'amende, et de tous dépens, dommages et intérêts, et que, sur le contenu audit inventaire, les droits de péage soient payés auxdits lieux de Conflans, Maisons et autres, suivant les anciennes pancartes, lesquelles, à cet effet, seront affichées dans les bureaux desdits péages, sans néanmoins que, sous prétexte d'omission et défectuosité dudit inventaire ou autrement, en quelque sorte et manière que ce soit, les fermiers et receveurs préposés à la levée desdits péages, puissent saisir et arrêter les bateaux et équipages desdits voituriers, leurs garçons et domestiques, à peine de répondre du retardement, mille livres d'amende, et des dommages et intérêts, tant des voituriers que des marchands et propriétaires desdites marchandises, sauf à eux de venir ou envoyer au lieu du déchargement, pour faire telle vérification et poursuites que bon leur semblera; pour raison de quoi, en cas de contestation, les parties se pourvoiront pardevant les prevôt des marchands et échevins de Paris. Si donnons, etc.

N° 1041. — ORDONNANCE *pour défendre aux cavaliers, dragons et soldats de commettre le faux-saunage, sur peine des galères.*

Versailles, 22 décembre 1682. (Bajot. — Régl. et ordonn. pour la guerre.)

N° 1042. — ARRÊT *du conseil faisant défenses aux consistoires de faire aucun département pour la subvention d'autres ministres que de ceux qui desservent le lieu de leur établissement.*

Versailles, 5 janvier 1683. (Nouv. rec. de Lefèvre. — Hist. de l'édit de Nantes.)

Le roi ayant été informé qu'encore que par l'arrêt de son conseil d'état du 6 novembre 1665, défenses ayent été faites aux consistoires de ceux de la R. P. R. de faire aucun département pour la subvention d'autres ministres, que de ceux qui servent le lieu de leur établissement, suivant la forme prescrite par les édits et arrêts du conseil, à peine de désobéissance; néanmoins, ceux de ladite religion des Cévènes et Gevaudan, dans le Synode tenu par permission de S. M. en la ville d'Allais, au mois de septembre dernier, ayant délibéré qu'il seroit payé par les consistoires de la province des sommes qui y étoient marquées pour l'entretien de quelques ministres des lieux dépendant dudit Synode; et de plus, que dorénavant ce qui se donnoit aux veuves des ministres seroit imposé sur tous les consistoires de ladite province indifféremment, nonobstant l'usage de tout temps observé. S. M. auroit, par arrêt de son conseil d'état du 28 décembre dernier, cassé lesdites délibérations, comme contraires à la disposition dudit arrêt, tant à l'égard de la contribution pour lesdits ministres, que pour lesdites veuves, dont la pension ne peut être payée par d'autres consistoires que par ceux où les ministres sont décédés; et comme il est important de prévenir de pareilles entreprises, à cause des conséquences qui en pourroient arriver, S. M. étant en son conseil, a fait et fait très expresses inhibitions et défenses à tous ceux qui composent les Synodes desdits de la R. P. R. de prendre de semblables délibérations; comme aussi à tous consistoires de contribuer les uns pour les autres, soit à l'entretien des ministres, payement des années de viduité pour les veuves, ou à quelqu'autre chose que ce puisse être, à peine aux consistoires qui auront contribué aux charges d'un autre consistoire, de désobéissance, et d'interdiction de l'exercice.

N° 1043. — ARRÊT *du conseil portant défenses aux religionnaires de tenir écoles ailleurs que dans les endroits où se fait l'exercice de leur religion.*

Versailles, 11 janvier 1683. (Nouv. rec. de Lefèvre.— Hist. de l'édit de Nantes.)

Sur ce qui a été représenté au roi en son conseil, qu'encore que, suivant l'art. 37 des particuliers de l'édit de Nantes, et plusieurs arrêts du conseil d'état rendus en conséquence, et entre autres par ceux des 9 novembre 1670, et 4 décembre 1671, qui ont permis à ceux de la R. P. R. d'avoir une école et un seul maître dans chacun des lieux où l'exercice public de ladite religion est établi, pour enseigner à lire, écrire, et l'arithmétique seulement, ils ne puissent tenir lesdites écoles ailleurs que dans les endroits où se fait ledit exercice; néanmoins lesdits de la R. P. R. affectent de les établir dans les places et lieux les plus fréquentés des villes et faubourgs, quoique l'exercice se fasse hors lesdites villes, ou à l'extrémité desdits faubourgs, dans lesquelles écoles les maîtres qui les tiennent prennent des pensionnaires, quoique cette permission d'en avoir ne leur soit donnée par aucun édit ni arrêt; mais seulement aux ministres d'en tenir chez eux deux à la fois, par l'article 40 de la déclaration du mois de février 1669. A quoi étant nécessaire de pourvoir : le roi, étant en son conseil, a ordonné et ordonne que lesdits article 37 des particuliers de l'édit de Nantes, et arrêts du conseil d'état des 9 novembre 1670 et 4 décembre 1671, seront exécutés selon leur forme et teneur ; et en conséquence, que ceux de ladite R. P. R. ne pourront avoir d'école que dans les villes, faubourgs, bourgs, villages et autres lieux où l'exercice public de ladite religion se trouvera établi, et les plus proches des temples que faire se pourra. Fait S. M. très expresses inhibitions et défenses auxdits de la R. P. R. d'en avoir ailleurs, aux ministres de tenir un plus grand nombre de pensionnaires que celui porté par ledit article 40 de la déclaration de 1669, et aux maîtres d'écoles d'en avoir aucun, à peine de mille livres d'amende, d'interdiction du ministre, et de suppression desdites écoles.

N° 1044. — DÉCLARATION *portant révocation de l'édit de novembre 1666, concernant les priviléges des pères de famille qui ont 10 ou 12 enfans.*

Versailles, 15 janvier 1683. (Néron, II, 177.) Reg. C. des A. 25 janvier.)

PRÉAMBULE.

LOUIS, etc. Nous avons été informé des abus qui se sont introduits dans l'exécution de notre édit du mois de novembre 1666, par lequel nous avons accordé aux pères de famille ayant dix enfans vivans, l'exemption de la collecte de nos deniers, et de toutes autres charges publiques; et à ceux qui en ont douze, celle des tailles et des mêmes charges; et que contre la disposition et les termes précis de notre édit, notre cour des aides conserve les priviléges aux pères de famille qui cessent d'avoir le nombre de dix ou douze enfans, encore qu'ils ne soient décédés portant les armes pour notre service; et d'autant que ces abus tournoient à la foule de nos autres sujets, au soulagement desquels nous ne pouvons pourvoir avec trop d'application, en maintenant l'égalité dans la distribution des charges nécessaires pour soutenir les dépenses auxquelles nous sommes obligé. A ces causes, etc.

N° 1045. — DÉCLARATION *portant réunion aux hôpitaux des biens légués aux pauvres de la religion réformée et aux consistoires.*

Versailles, 15 janvier 1683. (Rec. cass.—Archiv.—Néron, II, 967.) Reg. P. P., 27 janvier.

LOUIS, etc. Bien que la permission accordée à ceux de la R. P. R. par l'article 42 des particuliers de l'édit de Nantes, confirmée par l'article 12 de notre déclaration du premier jour de février 1669, de faire des legs aux pauvres de leur religion, n'ait été donnée que dans la vue que les biens légués seroient employés à les soulager dans leurs nécessités, suivant l'intention des donateurs, néanmoins nos sujets de la R. P. R. qui composent le consistoire de notre ville de Montpellier, se servant desdits biens à d'autres usages que ceux pourquoi ils étoient destinés, desquels ils auroient même aliéné une partie; cela auroit donné lieu à un arrêt du parlement de Toulouse du 12 décembre 1681, qui a mis l'hôpital de Montpellier en possession de tous les biens donnés aux pauvres du consistoire de ladite ville, même de ceux qui se trouveroient aliénés depuis le mois de juin 1662, lequel arrêt nous aurions déclaré commun pour toute l'étendue de notre province de Languedoc par notre déclaration du 30 novembre dernier, sur les avis qui nous auroient été donnés que ces dissipations étoient pratiquées par la plupart des consistoires; et comme nous sommes informé que, dans plusieurs autres de nos provinces, les consistoires desdits de la R. P. R. emploient lesdits biens à leurs affaires particulières, même à empêcher des conversions ; étant pareillement nécessaire d'y pourvoir, et considérant que ces biens ne peuvent être mieux déposés qu'entre les mains des administrateurs des hôpitaux, puisque suivant l'article 22 de l'édit de Nantes, et l'article 42 de notre déclaration de 1669 ils sont obligés d'y recevoir indistinctement les pauvres de la R. P. R. comme les catholiques. A ces causes, etc. Voulons et nous plaît que tous les biens immeubles, rentes et pensions données ou léguées par dispositions faites entre vifs ou dernière volonté aux pauvres de la R. P. R. ou aux consistoires, pour leur être distribués, lesquels se trouvant présentement possédés par les consistoires, ou aliénés depuis le mois de juin 1662, seront délaissés aux hôpitaux des lieux où sont lesdits consistoires, et en cas qu'il n'y en ait pas, à l'hôpital le plus prochain, pour être administrés et régis par les directeurs et administrateurs desdits hôpitaux, comme les autres biens qui y appartiennent, sauf le recours des acquéreurs desdits biens contre leurs vendeurs. Et pour cet effet, nous voulons que les possesseurs desdits legs en fassent le délaissement au profit desdits hôpitaux, dans un mois après la publication des présentes, à peine de mille livres d'amende, et de plus grande peine s'il y échet, dépens, dommages et intérêts, à la charge que les pauvres de la R. P. R. seront reçus dans les hôpitaux indifféremment des catholiques, et traités aussi charitablement que lesdits catholiques, et sans y pouvoir être contraints à changer de religion, conformément auxdits articles 22 de l'édit de Nantes, et 42 de notre déclaration du mois de février 1669. Si donnons, etc.

N° 1046. — DÉCLARATION *portant que les Mahométans et idolâtres qui voudront se convertir ne pourront être instruits que dans la religion catholique.*

Versailles, 25 janvier 1683. (Ord. 22. 4 G. 443.— Rec. cass.— Archiv.— Hist. de l'édit de Nantes.) Reg. P. P., 13 février.

PRÉAMBULE.

LOUIS, etc. Les soins continuels que nous prenons pour la conversion de ceux de la R. P. R. ont déjà eu de si heureux succès, que nous avons lieu d'espérer de la bonté divine que ce qui reste de nos sujets de ladite religion, connoissant enfin les erreurs dans lesquelles ils sont à présent engagés, rentreront dans le sein de l'église, pour y trouver le salut que nous souhaitons avec tant d'ardeur de leur procurer; et comme nous sommes informé que dans le nombre considérable de gens de toutes nations et religions qui abordent dans notre royaume, il y en a eu quelques uns par le passé, qui, étant tombés entre les mains de ceux de ladite R. P. R., ont été par eux instruits dans leur fausse doctrine, nous avons estimé nécessaire d'y pourvoir à l'avenir, et d'empêcher qu'on ne puisse abuser de leur ignorance pour les engager dans une religion contraire à leur salut. A ces causes, etc.

N° 1047. — DÉCLARATION *portant que les demandeurs en inscription de faux seront tenus de consigner telle amende qu'il plaira au parlement.*

Versailles, 31 janvier 1683. (Archiv.)

N° 1048. — ARRÊT *du conseil réglant ce qui doit être observé pour l'emballage des effets précieux* (1).

Versailles, 8 février 1683. (Lafargue, Nouv. code voiturien, p. 5.)

EXTRAIT.

Ordonne Sa Majesté que les choses précieuses, comme brocard d'or et d'argent, étoffes de soie, guipures, rubans et autres semblables, seront mises dans des caisses de toile cirée avec un emballage au-dessus, et autres marchandises grossières; qu'elles seront emballées de serpillières, paille et cordage, et que faute de ce, les messagers, conducteurs et leurs commis ne seront point responsables du dommage qui en pourroit arriver....

Et seront tenus ceux qui feront les envois d'or et d'argent monnoyé, vaisselles d'argent, papiers de conséquence, pierreries et autres choses précieuses, d'en faire vérification et compte, et un

---

(1) V. la loi du 26 thermidor an 4, et l'art. 1785 du code civil.

bordereau des espèces, en présence du fermier ou de ses commis et préposés, et d'en faire charger les registres dans les bureaux où lesdites choses seront déposées, autrement le fermier, ni ses commis, n'en seront aucunement responsables.

N° 1049. — DÉCLARATION *portant dispenses d'âge, de service et de parenté à ceux qui voudront être admis aux offices de judicature.*

Versailles, 9 février 1683. (Rec. cass.)

N° 1050. — DÉCLARATION *qui défend de suspendre les procès à défaut de consignation préalable d'épices* (1).

Versailles, 26 février 1683. (Néron, II, 179.)

EXTRAIT.

LOUIS, etc. Comme nous n'avons rien plus à cœur que le repos de nos peuples et celui des familles; ce qui ne peut être qu'en leur faisant rendre une prompte et sincère justice, et même gratuite, lorsque l'état de nos affaires nous pourra permettre d'augmenter les gages de nos officiers de judicature, savoir faisons, etc.

N° 1051. — EDIT *sur la vente par décret et la distribution du prix des offices.*

Versailles, février 1683. (Ord. 22. 4 G, 370. — Ferrière, Comment. sur la cout. de Paris, I, 193. — Néron, II, 178. — Archiv.) Reg. C. des A., 10 mai.

LOUIS, etc. Bien que le droit des créanciers opposans au sceau sur le prix provenant de la vente des offices, pour être payés préférablement à tous autres créanciers non opposans au sceau, soit établi de tout temps par les arrêts de notre conseil, et que cette jurisprudence ait été suivie presque par toutes nos cours, néanmoins quelqu'autres de nosdites cours ont rendu des jugemens contraires, qui ont obligé les parties à se pourvoir en notre conseil, pour y demander la cassation desdits arrêts, et même de faire encore de nouveaux frais pour faire procéder à

---

(1) Pareilles déclarations ont été expédiées pour les parlemens de Rouen et de Rennes.

de nouvelles distributions du prix desdites charges; et d'ailleurs il y a tous les jours une infinité de procès entre nos sujets en plusieurs juridictions, sur la distribution des deniers provenant du prix desdits offices, ou par ordre d'hypothèque, ou par contribution, ou suivant les saisies, selon les différentes coutumes des lieux.

A quoi voulant pourvoir, et établir à cet égard une loi certaine et uniforme pour le bien et avantage de nos sujets, d'autant plus que le prix des charges fait à présent la principale partie du bien de plusieurs familles : savoir, faisons, etc., voulons et nous plait ce qui en suit.

ART. 1. Que les créanciers opposans au sceau et expéditions des provisions des offices seront préférés à tous autres créanciers qui auront omis de s'y opposer, quoique privilégiés, et même à ceux qui auront fait saisir réellement les offices, et seroient opposans à la saisie réelle.

2. Les directeurs valablement établis par les créanciers de l'officier, pourront s'opposer au sceau audit nom de directeurs, et conserveront les droits de tous les créanciers.

3. Entre les créanciers opposans au sceau, les privilégiés seront les premiers payés sur le prix des offices; après les privilégiés acquittés, les hypothécaires seront colloqués sur le surplus dudit office, selon l'ordre de priorité ou postériorité de leur hypothèque; et s'il en reste quelque chose après que les créanciers privilégiés et hypothécaires opposans au sceau auront été entièrement payés, la distribution s'en fera par contribution entre les créanciers chirographaires opposans au sceau.

4. Si aucun des créanciers ne s'est opposé au sceau, ou si tous les créanciers opposans au sceau étant payés, il reste une partie du prix à distribuer, la distribution s'en fera, premièrement en faveur des créanciers privilégiés, ensuite au profit des créanciers hypothécaires, suivant l'ordre de leurs hypothèques; le surplus sera distribué entre tous les autres créanciers par contribution; sans avoir égard à aucunes saisies de deniers faites ès mains de l'acquéreur de l'office, du receveur des consignations, ou autre dépositaire du prix d'icelui, ni à sa saisie réelle et opposition, dont les frais de poursuite seulement seront remboursés par préférence.

5. Après la saisie réelle enregistrée, le titulaire de l'office ne pourra traiter qu'en présence des saisissans et opposans, si aucuns y a, ou eux dûment appelés, et le traité fait par l'officier

sera nul, quoique les oppositions ne fussent que pour conserver et non au titre, si ledit traité n'est homologué avec les créanciers.

6. Le créancier qui aura saisi réellement l'office, sera tenu de faire enregistrer la saisie réelle au greffe du lieu d'où dépend, et où se fait la principale fonction de la charge, quand même l'adjudication seroit poursuivie en une autre juridiction, et six mois après ledit enregistrement signifié à la personne ou domicile de l'officier, quand il sera d'une compagnie supérieure, et trois mois à l'égard d'un officier d'une compagnie subalterne, et de tout autre, le créancier pourra faire ordonner que le titulaire de l'office sera tenu de passer procuration *ad resignandum* de ladite charge, sinon que le jugement vaudra procuration pour être procédé à l'adjudication, après trois publications qui seront faites de quinzaine en quinzaine, aux lieux accoutumés, et même du lieu où la saisie réelle aura été enregistrée.

7. Après les trois publications, il sera encore donné deux remises de mois en mois, avant que de procéder à l'adjudication de ladite charge.

8. Quand il aura été ordonné par un jugement contradictoire, ou rendu parties dûment appelées, dont il n'y aura point d'appel, ou qui aura été confirmé par arrêt, que le titulaire de l'office sera tenu de passer sa procuration *ad resignandum*, sinon que le jugement vaudra procuration, l'officier demeurera de plein droit interdit de la fonction de sa charge trois mois après la signification dudit jugement, faite à personne ou domicile dudit officier, et au greffe du lieu d'où dépend et où se fait la principale fonction de la charge saisie; et ce en vertu dudit jugement, sans qu'il puisse être réputé comminatoire, ni qu'il en soit besoin d'autre, et sans que les juges, pour quelques causes que ce soit, puissent proroger ou renouveler ledit délai.

9. L'adjudication faite en justice, et la sentence ou arrêt portant que l'officier sera tenu de passer procuration *ad resignandum* sinon que ledit jugement vaudra procuration, au cas où il ne sera besoin d'adjudication, tiendront lieu de la procuration de l'officier, et seront en conséquence les lettres de provision expédiées.

10. Ce qui regarde la préférence des créanciers opposans au sceau, sur ceux qui ont omis de s'opposer, sera exécuté, tant pour le passé que pour l'avenir; la distribution du prix des offices par ordre d'hypothèque, entre les créanciers hypothécaires,

aura lieu à l'égard des charges qui seront vendues après la date des présentes, soit par contrat volontaire ou autorité de justice, et la forme de procéder à la vente des charges sera observée seulement à l'égard des charges qui seront saisies depuis la date de notre présent édit, lequel nous voulons être exécuté, nonobstant le contenu en la coutume de Paris, même l'article 95, et toutes autres coutumes, styles et ordonnances, auxquels nous avons expressément dérogé et dérogeons par cesdites présentes. Si donnons, etc.

N° 1052. — ARRÊT *du conseil qui ordonne à tous officiers religionnaires ayant charge dans les maisons du roi, de la reine, de la dauphine, du duc d'Orléans, de madame et du prince de Condé, de se démettre de leurs charges dans deux mois.*

Versailles, 4 mars 1683. (Nouv. rec. de Lefèvre. — Hist. de l'édit de Nantes.)

N° 1053. — ÉDIT *portant que les ministres qui recevront des catholiques à faire profession en religion, seront condamnés en l'amende honorable et au bannissement.*

Compiègne, mars 1683. (Ord. 22. 4 G. 408. — La Marre. — Hist. de l'édit de Nantes. — Rec. cass. — Archiv.)

PRÉAMBULE.

LOUIS, etc. Nous avions espéré que les peines d'amende honorable, de bannissement perpétuel, et la confiscation de biens ordonnées par nos lettres de déclaration du 20 juin 1665, et 13 mars 1679, et par notre édit du mois de juin 1680, tant contre nos sujets de la R. P. R. qui, ayant abjuré ladite religion et embrassé la R. C. A. et R., retourneroient à ladite R. P. R. que contre nos autres sujets, qui, faisant profession de la R. C. A. et R., la quitteroient pour embrasser ladite R. P. R., feroient entièrement cesser ce mal : mais apprenant avec déplaisir qu'aucuns de nosdits sujets tombent souvent dans ce malheur, où ils sont entraînés par les pratiques des ministres de ladite R. P. R. qui s'y portent d'autant plus volontiers, qu'ils méprisent la peine ordonnée contre eux à cette occasion, laquelle étant trop douce, et ne les privant que de la fonction de leur ministère, n'est pas capable de les retenir ; nous avons résolu d'y pourvoir en imposant auxdits ministres une peine plus dure et plus sévère. Savoir faisons, que pour ces causes, etc. ; voulons et nous plaît que les ministres de la R. P. R. qui recevront à l'avenir aucun catholique à faire profession de ladite R. P. R. ou les souffriront dans les temples et prêches, et y recevront et y souffriront aussi aucuns de ceux de ladite R. P. R. qui l'auront abjurée et embrassé la catholique, soient condamnés à faire amende honorable et au bannissement perpétuel hors de notre royaume, avec confiscation de tous leurs biens, et qu'au surplus le contenu en nosdites déclarations et édits soit gardé et observé, etc.

N° 1054. — ORDONNANCE *portant que les capitaines commandant les vaisseaux du roi seront obligés d'embarquer les troupes désignées par les commissaires chargés de l'armement.*

12 avril 1683. (Bajot.)

N° 1055. — EDIT *portant réglement pour les dettes des communautés.*

Versailles, avril 1683. (Ord. 22. 4 G. 422. — Néron, II, 181. — Archiv.) Reg. P. P., 21 mai. — C. des A., 2 juin.

LOUIS, etc. L'un des soins auxquels nous avons donné plus d'application depuis que nous avons bien voulu nous charger de la conduite et administration de nos finances, a été celui de la liquidation et acquittement des dettes des villes et communautés de notre royaume, en quoi nous avons particulièrement considéré le bien et le soulagement de nos peuples, pour abolir et retrancher les saisies et les contraintes qui se faisoient contre les maires et échevins et autres officiers municipaux desdites villes et communautés qui avoient contracté lesdites dettes, ensemble les recours de garanties, et les emprisonnemens desdits officiers et habitans des villes les uns contre les autres en tous les lieux où ils pouvoient être trouvés, ce qui diminuoit et abolissoit presque entièrement le commerce et la communication que les habitans des villes doivent avoir les uns avec les autres, et même leur ôtoit la liberté de sortir desdites villes.

Et quoique nous ayons la satisfaction de voir la plus grande partie des généralités de notre royaume, jouir du bien que nous leur avons procuré par la liquidation et l'acquittement desdites dettes, nous voulons porter nos soins plus avant, et les empêcher à l'avenir de retomber dans le même désordre duquel nous les avons tirés, en restreignant par un bon réglement la liberté trop grande que lesdites villes et communautés ont eue de s'endetter par le passé.

A ces causes, etc. Voulons que les maires et échevins, consuls et autres ayant l'administration des biens, droits et revenus communs des villes et gros bourgs fermés ès généralités de Paris, Amiens, Soissons, Châlons, Orléans, Tours, Bourges, Poitiers, Moulins, Lyon, Riom, Grenoble, Rouen, Caen, Alençon, Limoges, Bordeaux et Montauban soient tenus de remettre dans trois mois à compter du jour de la publication des présentes, ès mains des intendans et commissaires départis èsdites généralités, l'état de leurs revenus avec les baux des dix dernières années, les comptes qui en ont été rendus, et autres pièces qu'ils estimeront nécessaires.

Sur la représentation desdits actes il sera dressé par lesdits sieurs intendans et commissaires départis, si fait n'a été, un état des dépenses ordinaires de chacune desdites communautés, compris en icelui un fonds certain, fixe et annuel pour l'entretien et réparations ordinaires des ponts, pavés, murailles, et autres dépenses nécessaires, à la charge d'en rendre compte en la manière accoutumée; pour être ledit état arrêté par eux, si les sommes y contenues n'excèdent celles de quatre mille livres pour les villes dans lesquelles il y a parlement, cour des Aides, ou chambre des comptes, deux mille livres pour les villes où il y a présidiaux, bailliages ou sénéchaussées, mille livres pour les moindres villes, et trois cents livres pour les gros bourgs fermés; et en cas qu'elles montent à plus grandes sommes, ledit état sera par eux envoyé au conseil avec leur avis, pour y être pourvu ainsi qu'il appartiendra. Faisons défenses aux maires, échevins, consuls, jurats et autres d'excéder ni divertir à autres usages les sommes qui seront destinées pour lesdites dépenses, pour quelque cause et occasion que ce soit, à peine de radiation, et d'en demeurer responsables en leurs propres et privés noms.

Les dépenses ordinaires contenues èsdits états seront prises sur les revenus patrimoniaux desdites communautés, et en cas qu'il n'y en ait point, ou qu'ils ne soient suffisans, permettons aux habitans de s'assembler en la manière accoutumée, et de délibérer sur le fonds qui devra être fait pour lesdites dépenses, soit par imposition annuelle sur tous les contribuables aux tailles, soit par la levée de quelques droits sur les denrées qui s'y consomment, ou autrement, pour la délibération qui aura été sur ce prise, avec l'avis desdits sieurs intendans ou commissaires départis, nous être renvoyée pour y pourvoir ainsi qu'il appartiendra.

Défendons expressément aux habitans desdites villes et gros

bourgs fermés, de faire aucunes ventes ni aliénations de leurs biens patrimoniaux, communaux et d'octroi, ni d'emprunter aucuns deniers pour quelque cause, et sous quelque prétexte que ce puisse être, si ce n'est en cas de peste, logement et ustensiles des troupes et réédifications des nefs des églises tombées par vétusté ou incendie, et dont ils peuvent être tenus, auxquels cas seulement nous voulons que lesdits habitans soient assemblés en la manière accoutumée, que la proposition pour la dépense à faire soit faite par les maires et échevins, ou par le procureur syndic, que l'emprunt passe à la pluralité des voix, et que l'acte soit reçu par le greffier, en cas qu'il y ait hôtel de ville, ou par notaire public, et qu'il soit signé de la plus grande et plus saine partie desdits habitans.

Dans le même acte de délibération, lesdits habitans déclareront les moyens dont ils voudront se servir pour rembourser la somme qui sera empruntée, soit par imposition, par capitation, ou sur les denrées de leur consommation, et en combien d'années.

Ledit acte de délibération sera porté à l'intendant ou commissaire départi en la généralité, pour être par lui vu, examiné et approuvé, même accorder la permission de faire l'emprunt dont il nous donnera avis, en conséquence duquel sera par nous pourvu aux impositions à faire pour le remboursement.

En cas de réédification des nefs des églises paroissiales, ou de logement et ustensiles de nos troupes, avant que de faire l'emprunt, l'acte de délibération sera porté à l'intendant ou commissaire départi en la généralité, pour être par lui vu et examiné, et en cas qu'il l'approuve, il donnera permission d'emprunter et ensuite il nous en donnera avis pour être par nous pourvu au remboursement, ainsi qu'il est dit ci-dessus; et en cas de peste après que l'assemblée aura été convoquée, et la délibération prise, ainsi qu'il est par nous ci-dessus ordonné, pourront les maires et échevins ou procureur syndic, faire l'emprunt en vertu de ladite délibération, et sans autre permission, à condition néanmoins par les maires et échevins, consuls et jurats, de rendre compte des deniers empruntés pardevant lesdits sieurs intendans ou commissaires départis, trois mois après que la maladie contagieuse aura cessé, et de remettre dans le même temps au greffe de la justice des lieux le double dudit compte, à peine par lesdits maires et échevins, consuls et jurats, de demeurer responsables en leurs noms du principal et intérêts.

Lorsque nous aurons accordé nos lettres pour l'imposition par capitation ou sur les denrées qui seront consommées dans les villes et bourgs fermés pour lesquels l'emprunt aura été fait, les deniers imposés par capitation, seront levés par les collecteurs nommés par la communauté.

Et en cas que l'imposition soit faite sur les denrées, les baux en seront faits au plus offrant, après trois publications en la manière accoutumée, et ce en présence de l'intendant ou commissaire départi, et les deniers provenant desdites impositions par capitation, ou par imposition sur les denrées, seront remis par les collecteurs ou fermiers ès mains du receveur dans les lieux où il y en a, et dans les bourgs fermés en celles des créanciers en la présence du syndic, sans qu'ils puissent être divertis par les maires, échevins, consuls, jurats et syndics, et employés à autre usage qu'au paiement des sommes pour l'acquittement desquelles l'imposition aura été faite, à peine par eux d'en répondre, et d'être contraints solidairement en leur propre et privé nom au paiement des sommes qui auront été diverties.

Les deniers empruntés seront remis ès mains du receveur des deniers communs de la ville ou bourg fermé, ou d'un des principaux habitans, pour être employés, sans aucun divertissement, à l'effet pour lequel l'emprunt aura été fait, dont ledit receveur ou principal habitant sera obligé de rendre compte aux maires, échevins ou communauté, en présence de l'intendant ou commissaire départi.

Voulons que celui qui prêtera les deniers sur l'acte de délibération, soit tenu de prendre les assurances nécessaires du receveur ou principal habitant, ès mains duquel il remettra lesdits deniers qui seront employés par lui, sans aucun divertissement, à l'effet pour lequel ils auront été empruntés, avec promesse d'en rendre compte, ainsi qu'il est dit ci-dessus, et de lui rapporter copie dudit compte pour la justification de l'emploi.

Déclarons nulles toutes les dettes et emprunts faits par lesdites villes et bourgs fermés, pour lesquels les formalités ci-dessus n'auront pas été observées. Déclarons pareillement tous intérets pris pour raison desdites dettes contre les termes précis des lois, ordonnances et réglemens qui s'observent en notre royaume, illicites et usuraires.

Défendons aux habitans desdites villes et communautés, qui ne sont officiers municipaux, de s'obliger en leurs propres et privés noms pour lesdites communautés, et en cas qu'ils le fassent, ils ne pourront prétendre contre elles aucuns recours de garantie et indemnité, dont dès à présent nous les avons déboutés.

Déclarons toutes les promesses faites pour raison de ce par lesdites communautés envers lesdits particuliers obligés, nulles et de nulle valeur, si ce n'est dans les cas de maladie contagieuse seulement.

Défendons aussi aux créanciers desdites communautés, d'intenter contre elles en la personne des maires et échevins, syndics, capitouls, jurats et consuls, aucunes actions, même pour emprunts légitimes, qu'après qu'ils en auront obtenu la permission par écrit desdits sieurs intendans ou commissaires départis en chacune généralité, dont ils feront donner copie, avec l'exploit de demande, à peine de nullité de toutes les procédures qui pourroient être faites au préjudice, et des jugemens rendus en conséquence.

Faisons pareillement défenses auxdites communautés, et à leurs maires, échevins, syndics, jurats et consuls, d'intenter aucune action, ni de commencer aucun procès, tant en cause principale, que d'appel, et d'ordonner des députations, sous quelque prétexte que ce soit, sans en avoir auparavant obtenu le consentement des habitans dans une assemblée générale, dont l'acte de délibération sera confirmé et autorisé d'une permission par écrit du sieur commissaire départi en la généralité, lequel réglera modérément le temps et les dépenses desdites députations, à proportion des journées auxquelles elles seront par lui limitées.

Et ne pourront les maires et échevins, consuls, jurats et syndics en charge, et les officiers de justice de nosdites villes et communautés être députés, qu'à condition d'exécuter leurs députations gratuitement, et sans qu'ils puissent rien prétendre ni recevoir pour les frais de leur voyage, à peine de restitution du quadruple.

Faisons très expresses inhibitions et défenses aux habitans des autres communautés et paroisses desdites généralités, qui ne sont villes, ni gros bourgs fermés de faire aucuns emprunts, ventes ni aliénations de leurs biens communaux, sous quelque cause ou prétexte que ce puisse être.

Déclarons dès à présent toutes les obligations, contrats, transactions et autres actes concernant lesdits emprunts et ventes, nuls et de nul effet, faisant défenses aux parties de s'en aider, à tous juges d'y avoir égard, et aux ministres et autres officiers de justice de les mettre en exécution. Si donnons en mandement, etc.

N° 1056. — EDIT *concernant les droits de propriété sur les îles, attérissemens, passages, bacs, ponts, moulins et autres droits sur les rivières navigables.*

Versailles, avril 1683. (Ord. 22. 4 G., 428. — Néron, II, 183.) Reg. P. P., et C. des C., mai.

LOUIS, etc. Comme les grands fleuves et les rivières navigables appartiennent en pleine propriété aux rois et aux souverains, par le seul titre de leur souveraineté, tout ce qui se trouve renfermé dans leurs lits, comme les îles qu'elles forment en diverses manières, les accroissemens et attérissemens, les péages, passages, ponts, bacs, bateaux, pêches, moulins et autres choses ou droits qu'elles produisent nous appartiennent, et personne n'y peut prétendre aucun droit sans un titre exprès et une possession légitime.

Aussi nos officiers ont pris un soin particulier dans tous les temps de les conserver comme des portions principales de notre domaine, auquel les rois nos prédécesseurs ont ordonné que la réunion en seroit faite. Entre autres le roi François Ier, par ses lettres-patentes de l'année 1539, voulut qu'il fût procédé à la recherche de celles du Rhône; et Charles IX, en l'année 1572, établit des commissaires pour informer des entreprises faites sur celles des rivières de Seine, Loire, Garonne, Marne, Dordogne et autres, avec ordre de les réunir au domaine, s'il n'y avoit titre au contraire, et ensuite les donner à ferme, ou en faire des baux à cens et rentes, suivant qu'il seroit trouvé plus utile. C'est sur ces motifs et sur ces exemples que nous nous sommes proposé de renouveler ces ordonnances, et à cette fin nous aurions fait expédier notre déclaration du mois de mars 1654, en conséquence de laquelle et des arrêts de notre conseil rendus en exécution, les détenteurs des îles, accroissemens, péages, moulins et autres choses ci-dessus, ont été poursuivis.

Mais comme en suite des remontrances qui nous en auroient été faites, nous aurions bien voulu relâcher quelque chose des droits que nous y avions par le titre de notre couronne, en faveur de ceux qui en jouissoient paisiblement plus de cent années auparavant, et ce sans autre réserve, charge ni condition que d'une modique redevance foncière que nous aurions voulu être payée à l'avenir par forme de reconnoissance, à la recette de notre domaine, sur le pied de la valeur du vingtième denier du revenu, ainsi qu'il est porté par notre édit du mois d'avril 1668, lequel nous étant fait représenter avec les arrêts de notre conseil du 22 août et autres donnés en conséquence, et voulant traiter favorablement nos sujets, et leur donner en cette occasion comme en toutes autres, des marques de notre bonté.

A ces causes, etc., confirmons en la propriété, possession et jouissance des îles, îlots, attérissemens, accroissemens, droits de pêches, péages, passages, bacs, bateaux, ponts, moulins et autres édifices et droits sur les rivières navigables dans l'étendue de notre royaume, pays, terres et seigneuries de notre obéissance, tous les propriétaires qui rapporteront des titres de propriété authentiques, faits avec les rois nos prédécesseurs, en bonne forme, auparavant l'année 1566, c'est à savoir inféodations, contrats d'aliénations et engagemens, aveux et dénombremens qui nous auront été rendus, et qui auront été reçus sans blâme.

Nous avons pareillement confirmé et confirmons en la propriété et jouissance desdits droits, même en ceux de justice et de propriété desdites rivières, les églises et monastères de fondation royale, auxquels lesdits droits auront été donnés par les rois nos prédécesseurs pour cause de fondation et dotation desdites églises, mentionnée dans leurs titres ou dans les déclarations des biens et revenus desdites églises qui se trouveront en nos chambres des comptes.

Et quant aux possesseurs desdites îles, îlots, fonds, édifices et droits susdits sur lesdites rivières depuis les lieux où elles sont navigables sans écluse ni artifice, qui rapporteront seulement des actes authentiques de possession commencée sans vice avant le 1er avril 1566, et continuée sans trouble, voulons et nous plaît, qu'eux, leurs héritiers, successeurs et ayans cause, demeurent confirmés, comme nous les confirmons en leur possession, sans qu'à l'avenir ils puissent être troublés, à condition néanmoins de nous payer annuellement, à commencer du 1er janvier de la présente année, entre les mains et sur les quittances du fermier de notre domaine, par forme de redevance foncière, le vingtième du revenu annuel desdites îles, îlots, et autres droits et choses susdites, suivant la liquidation qui en sera faite sur le pied des baux passés sans fraude, ou sur l'estimation du revenu des choses et fonds de pareille qualité; et ce outre les droits seigneuriaux, rentes et redevances dont ils se trouveront chargés, tant envers nous ou les engagistes de notre domaine, qu'envers les seigneurs particuliers, auxquels nous n'entendons préjudicier.

Et à l'égard desdits droits dont les détenteurs ne rapporteront titres valables de propriété ou de possession avant l'année 1566, ainsi qu'il est dit ci-dessus, nous voulons que les droits et choses susdites soient réunis à notre domaine, comme nous les réunissons par ces présentes; dérogeons pour cet effet, en tant que de besoin, à toutes lois, ordonnances et coutumes contraires. Si donnons, etc.

N° 1057. — ARRÊT *du conseil qui défend aux ministres de la religion réformée de demeurer aux lieux où l'exercice de leur religion aura été interdit, à peine d'être privés de la fonction de leur ministère.*

Versailles, 17 mai 1685. (Nouv. rec. de Lefevre. — Hist. de l'édit. de Nantes.)

Sur ce qui a été représenté au roi étant en son conseil, que, par arrêt du conseil d'état du 15 juillet 1682, S. M. ayant, pour les causes y contenues, fait défenses à tous ministres et proposans de la R. P. R. de rester ou venir s'habituer à l'avenir dans les lieux où l'exercice de ladite religion auroit été interdit, ceux qui ont été ministres dans lesdits lieux, pour éluder l'exécution dudit arrêt, vont s'établir aux environs, et si proche, qu'ils y sont aussi souvent que s'ils y faisoient leur résidence ordinaire, et par ce moyen rendent ledit arrêt presque inutile. A quoi étant nécessaire de pourvoir, le roi étant en son conseil, a ordonné et ordonne que ledit arrêt du conseil d'état du 15 juillet 1682 sera exécuté selon sa forme et teneur; et en outre, fait S. M. très expresses inhibitions et défenses à tous ceux qui auront été ministres ou proposans des lieux où l'exercice de la R. P. R. aura été interdit, de faire leur demeure plus près desdits endroits que de six lieues, sous quelque prétexte que ce soit, à peine de désobéissance, 3,000 livres d'amende, d'être privés pour toujours de la fonction de leur ministère dans tout le royaume, et d'être procédé contre eux extraordinairement.

N° 1058. — DÉCLARATION *portant que dans les temples servant* à *l'exercice de la religion réformée il y aura un lieu destiné aux catholiques.*

Versailles, 22 mai 1685. (Hist. de l'édit de Nantes.)

LOUIS, etc. Sur ce qui nous a été représenté par les agens généraux du clergé de France, qu'à l'occasion de notre déclaration du mois de mars dernier, par laquelle nous avons ordonné que les ministres de la R. P. R. ne pourront à l'avenir recevoir aucun catholique à faire profession de ladite R. P. R., ni les souffrir dans les temples et prêches, ni aussi y recevoir et souffrir aucuns de ceux de ladite R. P. R. qui l'auront abjurée pour embrasser la catholique, sur les peines y contenues; les ministres et anciens de ladite R. P. R. font difficulté, sous ce prétexte, de souffrir que les catholiques qui désireroient aller aux temples pour entendre les prêches qui s'y font, y entrent et y soient reçus : et comme il est utile à la R. C. que des gens savans en icelle aillent aux temples pour y entendre ce que les ministres disent dans leurs prêches, afin non-seulement de les pouvoir réfuter, s'il est besoin, mais aussi de les empêcher, par leur présence, d'avancer aucune chose contraire au respect dû à la R. C. A. et R., et préjudiciable à l'état et au bien de notre service. Savoir faisons, que pour ces causes, etc., voulons et nous plaît que dans les temples de ladite R. P. R., il y ait à l'avenir un lieu marqué où pourront se mettre les catholiques, qui portés d'un zèle pour le bien et accroissement de la religion, désireront assister aux prêches qui s'y feront, sans qu'à l'occasion de notredite déclaration du mois de mars dernier, les ministres et anciens de ladite R. P. R. les puissent empêcher de s'y trouver, ni encourir (parce que des catholiques auroient été présens à leurs prêches ou prières, en l'endroit désigné pour cet effet) les peines portées par icelle. Si donnons, etc.

N° 1059. — ARRÊT *du conseil qui ordonne aux religionnaires établis dans la ville d'Autun d'en sortir incessamment.*

Versailles, 24 mai 1685. (Nouv. rec. de Lefèvre. — Hist. de l'édit de Nantes.)

N° 1060. — DÉCLARATION *portant que les enfans de ceux qui auront fait abjuration de la religion protestante seront instruits en la religion catholique.*

Besançon, 17 juin 1685. (Rec. cass.— Hist. de l'édit de Nantes.)

LOUIS, etc. Nous avons été informé que quelques uns de nos sujets ci-devant de la R. P. R., convertis à la foi catholique, oubliant le soin paternel qu'ils doivent prendre de leurs enfans, et la reconnoissance qu'ils doivent à Dieu des grâces qu'ils ont reçues par la connoissance des erreurs dans lesquelles ils étoient engagés, ont souffert qu'ils restassent dans la religion qu'ils avoient abjurée; et nous avons cru devoir empêcher un désordre aussi préjudiciable auxdits enfans, en remédiant à la négligence condamnable de leurs père et mère par le secours de notre autorité. A ces causes, etc., voulons et nous plaît, que les enfans âgés de 14 ans et au-dessous, dont les pères auront fait abjuration de la R. P. R., seront instruits et élevés par leurs soins en la R. C., à peine contre les contrevenans d'amende, qui sera arbitrée par les juges, suivant leur qualité, et de bannissement pour 9 ans du ressort des bailliages, sénéchaussées où justices royales du lieu de leur demeure. Faisons défenses aux ministres de la R. P. R. et aux anciens des consistoires de souffrir les enfans de la qualité susdite dans leurs temples et assemblées, à peine contre les ministres d'amende honorable, bannissement à perpétuité hors de notre royaume, de confiscation de leurs biens, et d'interdiction pour jamais de l'exercice de ladite R. P. R. dans les lieux où il sera contrevenu à ces présentes : et à l'égard des enfans de ceux qui ont fait abjuration, lesquels seront âgés de 14 ans et au dessus, voulons qu'ils soient tenus de se présenter devant le plus prochain juge royal pour choisir la religion en laquelle ils voudront vivre, ce qu'ils seront tenus de faire à la première réquisition de nos procureurs ès justices royales. Si donnons, etc.

N° 1061. — EDIT *contenant règlement pour les procès du ressort des petits commissaires, et la tenue des audiences au parlement de Paris.*

Bellegarde, juin 1683. (Néron, II, 184. — Archiv.) Reg. P. P., 2 juillet.

N° 1062. — DÉCLARATION *portant, entre autres dispositions, union des deux offices de conseillers honoraires créés aux ancien et nouveau Châtelet de Paris.*

Boucquenon, 6 juillet 1683. (Néron, II, 185.) Reg. P. P., 7 septembre.

EXTRAIT.

LOUIS, etc. Nous sommes bien informé qu'en attachant quelques fonctions et prérogatives à l'office de notre conseiller honoraire audit siege présidial, même en y joignant et unissant un pareil office, créé au siège présidial ancien de ladite ville, par édit du feu roi, notre très honoré seigneur et père, de l'année 1635, il sera recherché par des personnes de mérite, qui seront bien aises de mettre cette marque d'honneur dans leurs familles, et de contribuer gratuitement dans l'exercice de cette charge, à faire rendre avec plus de célérité la justice à nos sujets.

N° 1065. — ARRÊT *du parlement de Rouen qui défend aux écoliers, laquais et autres catholiques non capables de discuter sur la religion, d'aller aux prêches des religionnaires.*

25 juillet 1683. (Hist. de l'édit de Nantes.)

EXTRAIT.

Sur ce qui a été représenté par de Prefontaines, avocat général pour le procureur général du roi, qu'il auroit eu avis que, sous prétexte de la déclaration du roi du 22 mai dernier, qui permet aux catholiques d'aller aux prêches de ceux de la R. P. R. pour les réfuter, et empêcher par leur présence qu'il ne se dise et ne se fasse rien d'injurieux à la R. C. A. et R., et qui soit préjudiciable à l'état, une infinité de personnes de la lie du peuple, quantité de jeunes hommes de toutes conditions, des écoliers et des laquais s'attroupent jusqu'à trois à quatre mille, et vont auxdits prêches en si grand nombre qu'ils en occupent presque toutes les places ; en sorte que ceux de la R. P. R. ont peine à en trouver pour eux, quoique, par les termes de ladite déclaration, il paroît que la permission donnée aux catholiques d'aller auxdits prêches, regarde principalement ceux qui sont capables de réfuter les ministres, et de les retenir dans leur devoir, auxquels S. M. a voulu pour cette raison qu'il leur fût assigné des places dans lesdits prêches ; et comme de telles personnes assemblées en si grand nombre pourroient, par indiscrétion, et par les mouvemens d'un zèle inconsidéré, exciter de grands désordres entre les catholiques et ceux de ladite R. P. R, requiert être sur ce pourvu. Vu par la cour le réquisitoire dudit procureur-général, etc.

N° 1064. — ARRÊT *du conseil qui ordonne à toutes personnes tenant les registres de baptêmes, mariages et mortuaires des lieux où l'exercice de la R. P. R. a été interdit, de les rapporter aux greffes des bailliages et sénéchaussées du ressort.*

Fontainebleau, 9 août 1683. (Archiv. — Hist. de l'édit de Nantes.)

N. 1065. — ARRÊT *du conseil qui règle les droits d'entrée et de sortie sur les marchandises provenant des prises faites par les vaisseaux de guerre du roi.*

Fontainebleau, 10 août 1683. (Lebeau, I, 106.)

N 1066. — ARRÊT *du conseil pour régler les difficultés d'entre les marchands et autres particuliers qui achètent les marchandises et denrées trouvées dans les navires pris en mer par les vaisseaux de guerre, et le fermier général des fermes unies pour raison des droits d'entrée et de sortie desdites marchandises.*

Fontainebleau, 10 août 1683. (Lebeau, I, 106.)

N° 1067. — DÉCLARATION *portant règlement sur le fait des tailles.*

Fontainebleau, 16 août 1683. (Rec. cass.)

N° 1068. — RÈGLEMENT *sur les précautions à prendre pour empêcher l'introduction de la peste* (1).

Fontainebleau, 25 août 1683. (Bulletin des lois 1821, n° 478.)

Art. 1. S. M. ordonne aux capitaines et autres officiers de ses vaisseaux, galères et autres bâtimens, d'éviter, autant qu'il sera possible, toute sorte de commerce dans les lieux suspects de mal contagieux, et en cas que par une absolue nécessité d'y faire du bois et de l'eau, et d'avoir des rafraîchissemens, et autres besoins indispensables, ils fussent obligés d'envoyer des chaloupes ou caïques à terre, S. M. veut qu'ils y fassent embarquer un officier pour empêcher que les mariniers desdites chaloupes ou caïques n'y achètent aucunes marchandises, ni autres hardes que celles qui leur seront indispensablement nécessaires pour être en état de faire le service.

2. Les vaisseaux, galères et autres bâtimens qui reviendront à Toulon ou à Marseille, mouilleront, savoir : les vaisseaux et au-

---

(1) En vigueur. V. Ordonn. du 27 septembre 1821.

tres bâtimens à Saint-Georges ou devant le lazaret, et les galères aux îles de Marseille; et aussitôt qu'ils y seront arrivés et que le temps le permettra, le commandant de l'escadre ou le capitaine particulier du vaisseau ou de la galère, en fera avertir l'intendant de la marine ou des galères, par une chaloupe ou caïque qu'il enverra avec un officier au bureau de la santé, et ne permettra à aucun officier, matelot, marinier de rame ou soldat, d'aller à terre, qu'auparavant un commissaire de marine ou des galères assisté des médecin et chirurgien du port, et d'un officier de la santé, n'ait été auprès des bâtimens s'informer du lieu d'où ils viennent, s'ils ont eu quelques pratiques en des pays infectés dudit mal, et s'il n'y a personne qui en soit attaqué, s'ils y ont embarqué quelques marchandises, moutons, volailles, et autres rafaîchissemens ou passagers, et le temps qu'il y a qu'ils en sont partis.

3. Ledit commissaire de marine ou des galères et officiers de santé, étant assurés par le rapport du commandant et par le rapport du maître chirurgien, qu'il n'y en a aucun attaqué de ce mal, que l'on n'a pratiqué en aucune ville infectée de peste, ni eu commerce avec aucuns bâtimens venant du Levant ou autres lieux suspects de ce mal, ni embarqué de marchandises ou rafraîchissement susceptibles de peste, ou passagers venant desdits lieux; lesdits commissaire, médecin, chirurgien du port, et l'officier de la santé entreront dans lesdits bâtimens, et iront recevoir la déclaration signée des capitaines de l'exposition qu'ils auront faite, qu'ils seront obligés de donner fidèle, sous peine de cassation; pour être lesdites déclarations enregistrées au bureau de la santé, ensuite de quoi les susdits officiers feront leur visite, et l'entrée du port leur sera donnée sans retardement.

4. Les bâtimens qui auront été obligés de mouiller en des lieux attaqués de peste, sans y avoir eu commerce, et qui auront ensuite demeuré douze ou quinze jours en mer, seront pareillement reçus dans les ports de Toulon ou de Marseille, après avoir été visités en la manière ci-dessus prescrite.

5. S'il avoit été embarqué sur lesdits bâtimens quelques marchandises ou rafraîchissemens susceptibles de peste, S. M. veut qu'à leur arrivée toutes les marchandises et hardes des officiers et des équipages et chiourmes, soient débarquées au Lazaret pour y faire la quarantaine ordinaire; que les vaisseaux, galères, et autres bâtimens et les hommes, soient parfumés avec un très grand soin, les voiles, pavillons, et autres choses susceptibles

de peste, soient éventés, et ne paroissant aucune marque de peste, huit jours après le commencement de la quarantaine, l'entrée du port soit donnée auxdits bâtimens, officiers et hommes de l'équipage et chiourmes.

6. S'il arrivoit qu'il se trouvât quelqu'un attaqué de ce mal, S. M. veut que les officiers, les équipages, chiourmes, leurs hardes et toutes les choses susceptibles de contagion, soient mises au Lazaret, et que les vaisseaux, galères et autres bâtimens, après avoir été parfumés, fassent quarantaine entière, savoir : les vaisseaux et autres bâtimens au Morillon, en observant de s'éloigner le plus qu'il se pourra de la ville de Toulon, et les galères aux îles de Marseille; lesquels vaisseaux, galères, et autres bâtimens soient gardés par les gardes de la santé.

7. A l'égard des officiers, équipages et chiourmes, ils seront parfumés quatre fois, à trois jours d'intervalle; ensuite de quoi, après avoir changé de tout habillement, ils seront visités de nouveau, et en cas qu'il ne s'en trouve aucun attaqué dudit mal, l'entrée leur sera donnée.

8. Les vaisseaux, galères et autres bâtimens qui reviendront à Toulon ou à Marseille, pour caréner, espalmer, se remâter, ou prendre des vivres, mouilleront, savoir: les vaisseaux ou autres bâtimens au Cros Saint-Georges, et les galères aux îles de Marseille, et y recevront tous leurs besoins avec les précautions dont il sera convenu avec les intendans de marine et des galères et les officiers de santé.

9. S. M. veut que, dans les cas inopinés qui pourroient arriver à l'avenir, il y soit pourvu par les intendans de marine et des galères, et par les officiers de la santé de Toulon et de Marseille, et qu'ils en donnent avis aussitôt au commandant de la province et à l'intendant de justice, police et finances qui y est établi.

10. S. M. défend, sous peine de cassation à l'égard des officiers, et de punition corporelle à l'égard des matelots, mariniers de rame et autres gens de l'équipage, de descendre à terre aux environs de la rade de Toulon et de Marseille, qu'après que l'entrée aura été donnée auxdits vaisseaux ou galères.

11. Défend pareillement S. M. auxdits capitaines de vaisseaux, galères, et autres bâtimens venant du Levant et autres lieux soupçonnés de peste, d'envoyer à terre aucun homme de leur équipage, ni de laisser débarquer aucune chose en quelque endroit de la côte de Provence où ils se pourront trouver, si la nécessité

du service n'y oblige, et sans la permission des officiers de santé qui se trouveront sur les lieux.

N° 1069. — ORDONNANCE *qui enjoint de remettre les modèles des vaisseaux qui se construiront, entre les mains du contrôleur.*

16 septembre 1683. (Bajot.)

N° 1070. — ORDONNANCE *portant que chaque bâtiment marchand qui ira aux îles, y portera douze fusils de quatre pieds et demi, pour être vendus aux habitans, sur le pied de de 15 liv. chacun.*

Fontainebleau, 23 septembre 1683. (Moreau de Saint-Méry, I, 385.)

N° 1071. — ORDONNANCE *qui défend aux habitans des îles de l'Amérique d'acheter aucuns nègres des Indiens, tant de la Terre-Ferme que des îles Caraïbes, et de les porter dans les îles françoises de l'Amérique et côte Saint-Domingue, et réserve ce droit à la compagnie du Sénégal.*

Fontainebleau, 23 septembre 1683. (Moreau de Saint-Méry, I, 386.)

N° 1072. — EDIT *contenant règlement pour les évocations, en exécution du titre 1er de l'ordonnance d'août 1669.*

Fontainebleau, septembre 1683. (Ord. 23. 4 H. 3. — Rec. cass. — Néron, II 186. — Archiv.) Reg. P. P., 24 novembre.

LOUIS, etc. Nous aurions, par notre ordonnance du mois d'août 1669, fait les réglemens que nous avons crus nécessaires pour empêcher qu'on n'abusât de la liberté qui est réservée à nos sujets, de demander l'évocation des procès qu'ils ont en nos cours, quand il y a nombre de juges qui se trouvent parens; et nous avions sujet de croire que ces réglemens étant sincèrement appliqués, ils produiroient le fruit que nous en avions espéré.

Cependant nous apprenons avec déplaisir qu'on abuse de cette liberté, pour éloigner le jugement des affaires par un nombre infini de cédules évocatoires qu'on fait signifier à la veille du jugement des procès, et dont on se désiste ensuite, soit lorsqu'on a atteint le temps des vacations, ou dans le dernier jour du semestre, dans les compagnies qui sont semestres, ou lorsqu'on a changé de rapporteur.

Et voulant remédier à ces abus, etc. Voulons et nous plaît, qu'il soit passé outre par nos cours, au jugement des causes et procès pendans en icelles, nonobstant les cédules évocatoires qui seront signifiées, si les évoquans n'ont donné à cet effet leur procuration spéciale passée pardevant notaires, et qu'il en soit usé de même lorsque les cédules évocatoires seront signifiées quinzaine avant la fin des parlemens, ou des semestres à l'égard des compagnies qui servent par semestre; le tout sans attendre que nous y ayons pourvu par arrêt de notre conseil. Et quant aux évocations qui seront demandées sur les parentés des juges qui auront fait leur fait propre, pourront pareillement nosdites cours passer outre, à moins qu'il ne leur apparaisse d'un arrêt du conseil, par lequel le fait propre aura été reçu.

Donnons pareillement plein pouvoir à nosdites cours de condamner les évoquans qui se désisteront de leur évocation en l'amende de trois cents livres, portée par l'article 35 du titre de notre ordonnance de 1669, et aux dépens, à moins que le désistement ne soit causé par le décès ou résignation de quelque officier de ceux qui auront été cotés dans la cédule évocatoire, et dont l'intérêt aura cessé.

N° 1073. — ORDONNANCE *qui enjoint aux Juifs de sortir des colonies.*

Versailles (1), 30 septembre 1683. (Moreau de Saint-Méry, I, 388.)

N° 1074. — ORDONNANCE *portant que toutes les compagnies de cavalerie seront de quarante maîtres chacune.*

Fontainebleau, 30 septembre 1683. (Régl. et ordonn. pour la guerre.)

N° 1075. — RÉGLEMENT *sur l'entretien et la nature du service des gardes marine.*

8 octobre 1683. (Bajot.)

N° 1076. — ORDONNANCE *contre les forçats qui se mutilent.*

21 octobre 1683. (Bajot.)

N° 1077. — ARRÊT *du conseil portant que les frais des pro-*

---

(1) Il y a probablement erreur dans cette indication, car on voit par les pièces qui suivent et qui précèdent, que le roi était alors à Fontainebleau.

cès criminels où il n'y aura pas de partie civile seront supportés par le domaine du roi.

Versailles, 26 octobre 1683. (Archiv.)

N° 1078. — ARRÊT *du conseil pour le rétablissement des haras dans le royaume.*

Versailles, 28 octobre 1683. (Rec. cass.)

N° 1079. — DÉCLARATION *portant défenses de saisir les bestiaux.*

Versailles, 6 novembre 1683. (Néron, II, 187.) Reg. P. Rouen, 24 décembre.

N° 1080. — ORDONNANCE *portant que les compagnies de grenadiers qui servent à la suite des régimens d'infanterie, seront de cinquante hommes.*

Versailles, 20 novembre 1683. (Régl. et ordonn. pour la guerre.)

N° 1081. — DÉCLARATION *sur les art. 2 et 27, tit. 16 (ordonn. d'août 1670), concernant les lettres de rémissions.*

Versailles, 22 novembre 1683. (Rec. cass.— Néron, II, 188. — Archiv.) Reg. P. P. 3 décembre.

LOUIS, etc. Nous avons été informé qu'en procédant par nos cours au jugement des rémissions que nous estimons à propos d'accorder à nos sujets, et qui sont signées de nous, contresignées par l'un de nos secrétaires d'état et de nos commandemens, et scellées de notre grand sceau, nosdites cours non seulement déboutent les impétrans de l'entérinement desdites lettres, mais les condamnent en des peines afflictives, quand les cas énoncés dans lesdites lettres ne sont pas des homicides involontaires, ou commis dans une légitime défense de la vie, bien même que l'exposé desdites lettres se trouve conforme aux charges et informations, nosdites cours étant persuadées qu'elles se conforment, en ce faisant, à ce qui est porté par les articles 2 et 17 du titre 16 de notre ordonnance du mois d'août 1670. Et d'ailleurs, parce que le terme d'abolition, au moyen duquel nosdites cours estiment qu'il n'y a pas lieu d'examiner les charges, ne se trouvant pas énoncé dans lesdites lettres, il n'y a pas lieu aussi d'avoir égard aux rémissions, dans lesquelles ces termes n'ont pas été employés. Et comme lesdits articles 2 et 27 ne doivent s'entendre que pour les rémissions qui s'expédient ès chancelleries près nos cours seulement; que notre intention n'a point été non plus d'affoiblir les grâces que nous faisons à nos sujets, en n'usant pas des termes d'abolition, lesquels même n'ôtent pas à nos cours et juges la liberté d'examiner si l'exposé des lettres est conforme aux charges et informations.

A quoi étant nécessaire de pourvoir, en sorte que la puissance que Dieu a mise en nos mains ne soit pas inutile à nos sujets, envers lesquels nous voulons bien user de clémence, etc.; voulons et nous plaît que les articles 2 et 27 du titre 16 de notre ordonnance du mois d'août 1670, soient exécutés selon leur forme et teneur, et aient lieu seulement pour les chancelleries étant près nos cours; et ce faisant, défendons aux maîtres des requêtes et gardes-scels desdites chancelleries de sceller aucune rémission, si ce n'est pour les homicides involontaires, ou pour ceux qui seront commis dans une légitime défense de la vie, et quand l'impétrant aura couru risque de la perdre, sans qu'en autre cas il en puisse être expédié à peine de nullité. Et en conséquence défendons à nos cours et juges de procéder à l'entérinement des lettres de rémission expédiées èsdites chancelleries, pour autres cas que ceux exprimés ci-dessus, quand même l'exposé se trouveroit conforme aux charges.

Et quant aux rémissions que nous avons estimé à propos d'accorder pour d'autres crimes, et qu'à cet effet nous en aurons signé et fait contresigner les lettres par un de nos secrétaires d'état et de nos commandemens, et sceller de notre grand-sceau, voulons et ordonnons que nos cours et juges auxquels il écherra d'en faire l'adresse, aient à procéder à l'entérinement d'icelles, quand l'exposé que l'impétrant nous aura fait par lesdites lettres se trouvera conforme aux charges et informations, ou que les circonstances ne seront pas tellement différentes qu'elles changent la qualité de l'action, et ce suivant ce qui est porté par l'article 1 du titre 16 de notre ordonnance de 1670, et nonobstant qu'en nosdites lettres le mot d'abolition n'y soit pas employé, ce que nous ne voulons pouvoir nuire ni préjudicier auxdits impétrans, nonobstant aussi tous usages à ce contraires; sauf à nosdites cours, après ledit entérinement fait, à nous faire des remontrances, et à nos autres juges à représenter à notre chancelier ce qu'ils trouveront à propos sur l'atrocité des crimes, pour y faire pour l'avenir la considération convenable. Si donnons, etc.

N° 1082. — Provisions *de la charge d'amiral de France accordées au comte de Toulouse.*

25 novembre 1683 (Code naval, p. 8.)

N° 1083. — Ordonnance *pour l'enrôlement des matelots de la province de Normandie en quatre classes.*

25 novembre 1683. (Bajot.)

N° 1084. — Arrêt *du conseil suivi de lettres-patentes, portant qu'il ne sera délivré d'exécutoire pour les frais des procès criminels où il n'y a pas de partie civile, que pour les crimes de meurtres, viols, incendies, vols de grand chemin et autres de cette nature.*

Versailles, 25 novembre 1683. (Archiv.)

N° 1085. — Edit *qui fixe à 25 ans l'âge des conseillers des cours et des présidiaux, et à 31 celui des maîtres des requêtes.*

Versailles, novembre 1683. (Rec. cass. — Néron, II, 186. — Archiv.) Reg. P. P. 3 décembre.

PRÉAMBULE.

LOUIS, etc. Par nos édits des mois de décembre 1665, juillet 1669, et février 1672, nous avons fixé l'âge auquel nos sujets pourroient être pourvus des offices de judicature en nos cours et sièges subalternes, étant persuadé que rien n'est plus capable d'imprimer le respect et la soumission pour les ordres de la justice, que lorsqu'on la voit administrée par magistrats, dont l'âge, l'expérience et la capacité, répondent dans le public, au poids et à la grandeur de leurs dignités, qui les rendent dépositaires des lois, et les arbitres de la vie et des biens de nos peuples; pour cet effet, nous avons ordonné, etc.

N° 1086. — Edit *pour l'abrogation du sénatus-consulte Velléien et de l'authent.* si qua mulier, *en Bretagne, portant que les obligations passées par les femmes seront valables, encore que les renonciations n'y seroient pas exprimées.*

Versailles, décembre 1683. (Néron, II, 188.)

PRÉAMBULE.

LOUIS, etc. Le roi Henri IV, notre très honoré seigneur et

ayeul, voulant pourvoir aux inconvéniens et désordres qui arrivoient par les renonciations stipulées dans les contrats èsquels les femmes intervenoient au *sénatus consulte velléien*, à l'authentique *si qua mulier*, et aux autres droits introduits en faveur de leur sexe, auroit par son édit du mois d'août 1606 fait défenses à tous notaires et tabellions d'insérer dans tous les actes passés devant eux les renonciations auxdits droits, ni d'en faire aucune mention, et ordonné que lesdites femmes demeureroient bien et dûment obligées sans lesdites renonciations. Et ayant été informé que, sous prétexte que ledit édit de 1606 n'a pas été registré dans notre parlement de Bretagne, il y est observé différemment ce qui cause tous les jours une infinité de procès entre nos sujets, causés ou par l'ignorance desdits notaires et tabellions, en insérant tout au long, dans lesdits actes, lesdites renonciations, ou en les mettant par abréviations, ou même en omettant dans les contrats les mots de renonciation au *sénatus-consulte velléien*, et à l'authentique *si qua mulier*, et aux autres actes qui concernent spécialement les obligations desdites femmes pour leurs maris; d'où s'ensuit une variété de jugement, tant dans les justices inférieures, qu'en notredit parlement de Bretagne, sur ce sujet.

A quoi voulant pourvoir pour l'avenir par l'établissement d'un style et d'une loi uniforme à celui de notre parlement de Paris, et finir en même temps tous les procès pendans dans les siéges inférieurs, et en notredite cour de parlement de Bretagne, sur les choses et matières susdites non encore jugées et terminées. A ces causes.

N° 1087. — ORDONNANCE *qui oblige ceux qui ont des biens sur les terres du roi et qui sont au service du roi d'Espagne, ou qui y ont leurs enfants, d'abandonner ledit service et de prêter serment de fidélité au roi, ainsi que les gentilshommes et officiers qui n'ont pas fait ledit serment, le tout à peine de confiscation de leurs biens.*

Versailles, 4 janvier 1684. (Réglem. et ordonn. sur la guerre.)

N° 1088. — ORDONNANCE *pour obliger les femmes dont les maris sont au service du roi d'Espagne, et qui font leurs demeures dans les villes et terres de l'obéissance du roi ès Pays-*

Bas, et évêchés de Metz, Toul et Verdun, et dans la Lorraine, le Barrois et pays voisins, de s'en retirer dans un mois sur les peines y contenues.

Versailles, 4 janvier 1684. (Réglem. et ordonn. pour la guerre.)

N° 1089. — ORDONNANCE *portant confiscation des biens situés dans le royaume, appartenant aux sujets du roi d'Espagne.*

Versailles, 4 janvier 1684. (Réglem. et ordonn. pour la guerre.)

N° 1090. — ARRÊT *du conseil qui dispense, dans les pays de droit écrit, de prendre des lettres de bénéfice d'inventaire.*

Versailles, 7 janvier 1684. (Archiv.)

N° 1091. — ARRÊT *du conseil qui ordonne que les titulaires des charges de conseillers secrétaires du roi qui professent la religion réformée seront tenus de se défaire dans trois jours de leurs charges en faveur des catholiques.*

Versailles, 19 janvier 1684. (Hist. de l'édit de Nantes.)

N° 1092. — ARRÊT *du conseil qui défend à tous les habitans des îles et colonies françoises de l'Amérique d'établir à l'avenir de nouvelles raffineries.*

Versailles, 21 janvier 1684. (Moreau de Saint-Méry, I, 397.)

N° 1093. — ARRÊT *sur la police du roulage.*

Versailles, 24 janvier 1684. (Archiv.)

N° 1093. — ORDONNANCE *portant défenses de prêter de l'argent aux soldats pendant leurs campagnes.*

6 février 1684. (Bajot.)

N° 1094. — ORDONNANCE *portant défenses aux officiers des compagnies franches de la marine de donner congé aux soldats.*

20 février 1684. (Bajot.)

N° 1095. — ARRÊT *du conseil concernant la pêche des morues.*

Versailles, 3 mars 1684. (Valin, II, 782.)

N° 1096. — ORDONNANCE *portant que les procédures relatives aux prises faites par les vaisseaux de l'état, sous le pavillon d'une armée navale ou escadre composée de quatre vaisseaux, seront faites par les intendans ou commissaires-généraux de la marine.*

Versailles, 4 mars 1684. (Lebeau, I, 107.)

S. M. ayant été informée que les officiers des siéges de l'amirauté, fondés sur l'art. 3 du titre 2 de l'ordonnance de la marine du mois d'août 1681, qui leur attribue la connoissance des prises faites en mer, ont voulu changer l'ordre établi par l'ordonnance du 23 février 1674, et faire les procédures de toutes les prises faites par ses vaisseaux de guerre sur les ennemis de l'état; à quoi étant nécessaire de pourvoir, S. M., conformément à l'ordonnance du 23 février 1674, qui sera exécutée selon sa forme et teneur, a ordonné et ordonne que les procédures, ventes et adjudications des marchandises et vaisseaux appartenant aux ennemis de l'état, qui seront pris par les vaisseaux de guerre de S. M. sous le pavillon d'une armée navale ou escadre composée de quatre vaisseaux et au-dessus, seront faites par les intendants et commissaires généraux de marine servant dans les ports et arsenaux du royaume, savoir : Toulon, Marseille, Rochefort, Brest, le Hâvre et Dunkerque, et à l'égard des vaisseaux pris par les vaisseaux particuliers de S. M., ou par ceux de ses sujets qui seront armés en course, les procédures en seront faites par les officiers des siéges de l'amirauté des lieux où lesdites prises seront amenées. Mande, etc.

N° 1097. — ORDONNANCE *pour le rétablissement des étatsmajors dans les régimens de cavalerie.*

Versailles, 28 mars 1684. (Réglem. et ordonn. pour la guerre.)

N° 1098. — ORDONNANCE *qui prescrit l'exécution de réglemens pour l'hôpital général.*

Versailles, 20 avril 1684. (Peuchet.) Reg. P. P. 29 avril.

PRÉAMBULE.

LOUIS, etc. Les directeurs de l'hôpital général de notre bonne ville de Paris, nous ayant représenté que la maison du refuge, destinée pour enfermer les femmes débauchées, étoit située et bâtie de telle sorte que l'on ne pouvoit, sans une très grande dépense, la rendre aussi sûre qu'il étoit nécessaire, et retrancher aux femmes qui y étoient quelque reste de commerce avec ceux qui vouloient aller dans toutes les maisons dont celle-là est environnée ; d'ailleurs que n'y ayant aucun revenu attaché à cette maison, on n'y pouvoit recevoir que les femmes pour lesquelles on payoit des pensions, et dont la plupart n'ayant pas été dans une prostitution publique, et quelques unes même se trouvant d'une condition honnête, elles ne devoient pas être mêlées avec les misérables qui se prostituent avec tant de scandale et de désordre, ni avec celles qui en corrompoient d'autres pour les prostituer, que l'ordre et la police publique désirent principalement que l'on punisse. Qu'ils avoient aussi remarqué qu'il y avoit plusieurs enfans de l'un et l'autre sexe, qui se débauchoient en différentes manières, et dont il ne seroit pas impossible de corriger, au moins une partie, s'il y avoit des lieux où on les instruisît des devoirs de la religion, et où on les contraignît de travailler avec une conduite propre à changer leurs mauvaises inclinations, et que dans le désir où ils étoient de rendre ledit hôpital général le plus utile qu'il leur étoit possible, à la gloire de Dieu, à notre service et au public, ils estimoient pouvoir s'engager à donner des lieux dans les maisons dudit hôpital, propres pour renfermer très sûrement jusqu'à quarante desdites femmes, et pour corriger jusqu'au nombre de 200 desdits enfans, et les y nourrir, en cas que nous approuvassions ce dessein, et que nous eussions agréable de leur prescrire la manière en laquelle il nous plairoit qu'il fût exécuté. Et comme nous employons avec joie l'autorité qu'il a plû à Dieu de nous donner pour toutes les choses qui regardent son service et l'avantage de nos sujets, nous avons bien voulu donner auxdits directeurs les sommes nécessaires pour bâtir et accommoder lesdits lieux, et prescrire en même temps, par des réglemens, les formalités avec lesquelles lesdites femmes et lesdits enfans de famille seront mis dans ledit hôpital, et la manière en laquelle ils y seront traités ; et, pour cet effet, ayant fait dresser lesdits réglemens, et voulant qu'ils soient ponctuellement exécutés. A ces causes, etc.

Réglement pour la correction des enfans de familles et des femmes publiques.

Les enfans, soit garçons au-dessous de vingt-cinq ans, soit filles des artisans et des pauvres habitans de la ville et des faubourgs de Paris qui y exercent un métier, ou qui y ont quelqu'emploi, lesquels maltraiteront leurs pères ou mères, ceux qui ne voudroient pas travailler par libertinage ou par paresse, et les filles qui auront été débauchées, et celles qui seront en péril évident de l'être, seront enfermés dans les lieux destinés à cet effet, savoir: les garçons dans la maison de Bicêtre, et les filles dans celle de la Salpêtrière.

Les pères, mères, tuteurs ou curateurs des enfans de famille, leurs oncles ou autres plus proches parens, en cas que leurs pères, leurs mères soient morts, même les curés des paroisses où ils demeurent, pourront s'adresser au bureau de l'hôpital général qui se tient pour la réception des pauvres; où celui qui se trouvera y présider, commettra un ou deux des directeurs pour s'informer de la vérité des plaintes, et sur le rapport qu'ils en feront au jour auquel on reçoit les pauvres, on leur délivrera un ordre signé de celui qui présidera, et de quatre directeurs, adressant aux officiers desdites maisons pour y recevoir les enfans lorsqu'ils y seront amenés.

Ceux qui auront obtenu lesdits ordres pourront se pourvoir s'il est nécessaire pardevant les lieutenans du prevôt de Paris, afin d'en obtenir la permission en la manière accoutumée pour faire arrêter lesdits enfans s'il est nécessaire, et les conduire ensuite dans les maisons dudit hôpital.

Lorsque les pères ou mères qui se plaindront de la conduite de leurs enfans d'un premier lit, seront mariés en secondes noces, ou qu'ils auront d'autres enfans d'un second mariage, quoique le père ou la mère desdits enfans nés d'un second mariage soient morts, lesdits directeurs commis pour s'informer de la vérité des plaintes, entendront les plus proches parens desdits enfans, ou des personnes dignes de foi, avant de faire leur rapport.

Lesdits enfans demeureront aussi long-temps dans les maisons de correction que les directeurs qui seront commis pour en avoir soin le trouveront à propos; et les ordres pour les faire sortir seront signés au moins par quatre d'entre eux, et par celui qui présidera au bureau lorsqu'ils en feront leur rapport.

Les garçons et filles entendront la messe les dimanches et les fêtes, prieront Dieu un quart-d'heure tous les matins, et autant les soirs, seront instruits soigneusement dans le catéchisme, et entendront la lecture de quelques livres de piété pendant leur travail.

On les fera travailler le plus long-temps, et aux ouvrages les plus rudes que leurs forces et les lieux où ils seront le pourront permettre; et en cas qu'ils donnent sujet par leur conduite de juger qu'ils veulent se corriger, on leur fera apprendre autant qu'il sera possible des métiers convenables à leur sexe et à leur inclination, et propres à gagner leur vie, et ils seront traités avec douceur à mesure qu'ils donneront des preuves de leur changement.

Lesdits enfans, garçons et filles, seront vêtus de tiretaine, et auront des sabots comme les autres pauvres dudit hôpital; ils auront une paillasse, des draps et une couverture pour se coucher, et du pain, du potage et de l'eau pour leur nourriture, si ce n'est qu'ils gagnent par le travail auquel on les appliquera dans la suite de quoi acheter une demi-livre de bœuf aux jours où l'on peut manger de la viande, ou quelques fruits, ou autres rafraîchissemens, lorsque les directeurs qui en auront soin, trouveront à propos de leur permettre.

Leur paresse et leurs autres fautes seront punies par le retranchement du potage, par l'augmentation du travail, par la prison et autres peines usitées dans ledit hôpital, ainsi que les directeurs l'estimeront raisonnable.

Si quelque pauvre fille de Paris veut se retirer du dérèglement dans lequel elle auroit eu la foiblesse de tomber, elle sera reçue et traitée charitablement dans ledit lieu, et on lui fera apprendre ce qui lui sera plus avantageux pour gagner sa vie, et l'on pourra la garder jusqu'à ce qu'on trouve à la pourvoir.

Réglement pour la punition des femmes publiques de Paris, et pour le traitement dans la maison de la Salpétrière de l'hôpital général où elles seront enfermées.

Les femmes d'une débauche et prostitution publique et scandaleuse, ou qui en prostituent d'autres, seront renfermées dans un lieu particulier destiné pour cet effet dans la maison de la Salpétrière, lorsqu'elles y seront conduites par l'ordre de S. M., ou en vertu des jugemens qui seront rendus pour cet effet au Châtelet, par le lieutenant de police à l'encontre desdites femmes, sur les procès qui leur seront instruits pour y demeurer durant le temps qui sera ordonné; S. M. voulant que les sentences dudit lieutenant de police en ce fait particulier, et dont S. M. lui a attribué, en tant que besoin est, toute juridiction, et connoissance, soient exécutés comme de juge en dernier ressort.

Si en jugeant un procès criminel, les juges à qui la connoissance dudit procès appartiendra, trouvent à propos de condamner à la même peine des femmes convaincues du susdit crime de débauche publique, qui se trouveront comprises dans lesdits procès, elles pourront être aussi enfermées dans le même lieu en vertu des arrêts ou jugemens qui interviendront pour cet effet.

Lesdites femmes entendront la messe les dimanches et les fêtes, et seront traitées des maladies qui leur pourront survenir, sans sortir du lieu où elles seront renfermées, qu'en cas d'une nécessité indispensable. Elles prieront Dieu toutes ensemble un quart-d'heure le matin, autant le soir, et durant la journée on leur fera lecture du catéchisme et de quelques livres de piété, pendant le travail auquel on trouvera à propos de les employer.

Elles seront habillées de tiretaine avec des sabots ; elles auront du pain, du potage et de l'eau pour nourriture, et une paillasse, des draps et une couverture pour se coucher.

On les fera travailler le plus long-temps, et aux ouvrages les plus pénibles que leurs forces le pourront permettre, en la manière en laquelle les directeurs qui en auront le soin particulier le trouveront à propos.

Lesdits directeurs pourront après quelque temps, permettre à celles desdites femmes qui paroîtront avoir regret de leurs désordres de travailler à des ouvrages moins rudes, et d'acheter, du gain qu'elles y pourront faire jusqu'à demi-livre de viande chaque jour que l'on en peut manger, ou des fruits ou autres rafraîchissemens, ainsi que lesdits directeurs le jugeront à propos.

On punira les juremens, la paresse au travail, les emportemens, et les autres fautes que lesdites femmes pourront commettre, par le retranchement du potage, en les mettant au carcan, dans les malaises durant certain temps de la journée, ou par les autres voies semblables et usitées dans ledit hôpital que les directeurs estimeront nécessaires.

N° 1099. — TRAITÉ *de paix avec la régence d'Alger.*

23 avril 1684. (Dumont, VII, 2e part. 75.)

EXTRAIT.

ART. 1. Les capitulations faites et accordées entre l'empereur de France et le grand seigneur ou leurs prédécesseurs, ou celles qui seront accordées de nouveau par l'ambassadeur de France, envoyé exprès à la Porte, pour la paix et le repos de leurs états, seront exactement et sincèrement gardées et observées, sans que, de part et d'autre, il y soit contrevenu directement ou indirectement.

20. Ne sera ledit consul tenu de payer aucune dette pour les marchands françois, s'il n'y est obligé par écrit. Et seront les effets des François qui mourront audit pays, remis ès-mains dudit consul, pour en disposer au profit de François ou autres, auxquels ils appartiendront; et la même chose sera observée à l'égard des Turcs dudit royaume d'Alger, qui voudront s'établir en France (1).

N° 1099. — EDIT *qui ordonne l'exécution d'un réglement du parlement de Paris, portant que les officiers de cette cour porteront au palais, dans l'exercice de leur charge, leurs robes fermées; dans les lieux particuliers, des habits noirs avec manteaux et collets; et qu'ils seront invités de se dispenser de se trouver dans les lieux où ils ne peuvent être vus sans diminution de leurs dignités* (2).

Versailles, avril 1684. (Archiv. — Rec. cass.)

EXTRAIT.

Ledit réglement, ensemble ces présentes, seront lus tous les ans dans les mercuriales ordinaires, après la lecture des anciennes ordonnances. Voulons en outre et nous plaît qu'il soit tenu de semblables mercuriales par notredite cour de six en six mois, dans lesquelles il sera pourvu à l'observation de nos ordonnances et surtout à ce qui regarde l'ordre et la discipline de la compagnie, sur les articles qui seront proposés en la manière accoutumée.

Enjoignons à nos avocats et procureur général d'envoyer les résolutions qui y seront prises à notredit très cher et féal chancelier, pour nous en informer.

Voulons aussi et entendons que les officiers des présidiaux et principaux siéges royaux, observent à leur égard ce qui est pres-

---

(1) Cette clause restrictive du droit d'aubaine se retrouve dans le traité de paix de cent ans, entre les mêmes puissances, conclu à Alger le 24 septembre 1689, dans ceux des 29 juin 1685 et 9 juin 1729, entre la France et le dey de Tripoli, et dans celui du 30 août 1685 entre la France et le royaume de Tunis. (Voy. le Recueil de Dumont et le Code Diplomatique des Aubains, par M. Gaschon.)

(2) Même édit pour les officiers de la cour des Aides.

crit pour les officiers de notredite cour de parlement par ledit réglement et ces présentes et d'autant qu'il n'est pas moins utile d'accoutumer les jeunes gens que l'on destine à la magistrature à garder dès le temps qu'ils étudient en droit une partie des règles qu'ils seront obligés d'observer quelque jour dans toute leur étendue ; nous voulons aussi que tous ceux qui étudieront en droit portent des habits modestes convenables à leur condition, leur défendons de porter des épées dans les villes où les cours de droit sont établis, à peine d'être obligés pour la première contravention, d'étudier une quatrième année outre les trois portées par notre édit du mois d'avril 1679, et d'y être pourvu plus sévèrement dans la suite ; auquel effet sera notre présent édit lu à toutes les ouvertures des écoles de droit.

N° 1100. — Déclaration *pour la punition des religionnaires qui s'assemblent ailleurs que dans les temples et hors la présence des ministres.*

Versailles, 26 juin 1684. (Ord. 24. 4 J. 4. — Archiv. — Hist. de l'édit de Nantes.)

LOUIS, etc. Ayant été informé que plusieurs de nos sujets de la R. P. R., faisoient des assemblées tumultueuses en divers endroits, sous prétexte de prières publiques, et que la continuation n'en pouvoit être que préjudiciable au bien de notre service, nous aurions, par notre déclaration du 30 du mois d'août 1682, ordonné que nosdits sujets ne pourroient s'assembler pour faire des prières publiques, lectures et autres actes d'exercice de leur religion, même dans les lieux où l'exercice leur est permis, que dans les temples, et en présence seulement du ministre qui leur auroit été donné par un synode, ou choisi dans un colloque tenu pour cet effet par notre permission, sur peine d'interdiction de l'exercice dans le lieu où lesdites assemblées auroient été faites, de désobéissance, 3000 livres d'amende, et de punition corporelle : mais considérant que nos cours et autres juges, à qui la connoissance de l'exécution de notredite déclaration appartient, pourroient prononcer des condamnations différentes sur la peine de punition corporelle ordonnée par icelle contre les coupables de ces sortes d'assemblées, à cause qu'elle n'y est pas particulièrement exprimée, nous avons estimé à propos d'expliquer sur cela ce qui est de notre intention, afin que les jugemens qui se rendront sur ce sujet se trouvent uniformes. A ces causes, etc., voulons et nous plaît, que ceux de nosdits sujets de la R. P. R. de l'un et l'autre sexe, qui contreviendront dorénavant à notredite déclaration, soient bannis pour neuf ans du ressort des bailliages et sénéchaussées dans lesquelles lesdites assemblées auront été tenues ; et pour le paiement de l'amende ordonnée contre tous ceux qui y auront assisté, notre intention est qu'un seul y puisse être contraint, sauf son recours pour le surplus de sa part contre les autres, ainsi qu'il avisera bon être. Si donnons, etc.

N° 1101. — DÉCLARATION *touchant les récusations des juges par les religionnaires.*

Versailles, 26 juin 1684. (Rec. cass. — Néron, II, 968.) Reg. G. C. 22 juillet.

LOUIS, etc. Par l'art. 45 de l'édit donné à Nantes au mois d'avril 1598, le roi Henry-le-Grand, notre ayeul de glorieuse mémoire, auroit bien voulu permettre, par manière de provision, et jusqu'à ce qu'autrement en eût été ordonné, qu'en tous procès mus et à mouvoir, où ceux de la R. P. R. seroient en qualité de demandeurs ou défendeurs, parties principales ou garans, ès matières civiles, esquelles nos officiers ès sièges présidiaux ont pouvoir de juger en dernier ressort, ils pourroient requérir que deux de la chambre où les procès devroient être jugés, eussent à s'abstenir du jugement d'iceux, lesquels, sans expression de cause, seroient tenus de s'en abstenir, nonobstant l'ordonnance par laquelle les juges ne se peuvent tenir récusés sans cause ; leur demeurant outre ce les récusations de droit contre les autres : comme aussi qu'ès matières criminelles, esquelles lesdits présidiaux et autres juges royaux subalternes jugent en dernier ressort, les prévenus étant de ladite religion, pourroient requérir que trois desdits juges eussent à s'abstenir du jugement de leurs procès, sans expression de cause; ce qui auroit aussi été permis aux domiciliés de ladite religion, chargés et prévenus de cas prévôtaux. Mais nous avons été particulièrement informé que plusieurs de nos sujets de ladite R. P. R. se prévalent de ces priviléges, tant en matière civile que criminelle, pour éloigner le jugement des procès dont ils appréhendent l'événement, affectant pour cet effet de proposer lesdites récusations, lorsque les causes sont sur le point d'être plaidées, ou de les faire successivement et en divers temps, ou même d'attendre pour cela que les rapporteurs soient entièrement instruits de leurs procès, et prêts à en faire leur rapport; bien que souvent ils aient reconnu pour juges ceux qu'ils s'avisent ensuite de récuser : à quoi étant nécessaire de pourvoir, et d'ôter auxdits de la R. P. R. tout prétexte de fatiguer leurs parties aussi bien que leurs juges, en abusant de ces priviléges qui ne leur ont même été accordés que par provision. A ces causes, etc., voulons et nous plaît que dorénavant nos sujets de ladite R. P. R. ne puissent ès matières civiles récuser aucuns juges, en vertu de leursdits priviléges, sans expression de cause : et à l'égard des matières criminelles, nous leur permettons encore, conformément audit article, de récuser trois juges, sans expression de cause, pourvu que ce soit en même temps, et par un seul acte, et qu'ils ne les aient pas auparavant reconnus pour juges; lesquelles récusations n'auront point de lieu pour les rapporteurs, si elles n'ont été requises dans la huitaine, après qu'ils auront eu connoissance du COMMITTITUR. Voulons qu'aux causes d'audience ils soient tenus de faire les récusations par requête avant que les juges y soient montés, autrement nous les avons déclarés non-recevables en leursdites récusations; leur réservant néanmoins celles de droit, conformément à nos ordonnances. Si donnons, etc.

N° 1102. — ÉDIT *sur les droits des greffiers des geoles, interprétatif du tit. 13 de l'ordonnance d'août* 1670.

Versailles, juin 1684. (Ord. 23. 4 II. 83. — Rec. cass. — Néron, II, 189.) Reg. P. P. 17 juillet.

N° 1103. — DÉCLARATION *explicative de celle de février 1678, touchant les procès criminels intentés aux ecclésiastiques.*

Versailles, juillet 1684. (Ord. 24. 4 J. 41. — Néron, II, 190. — Archiv.) Reg. P. P. 29 août.)

LOUIS, etc. Le soin que nous avons de maintenir la discipline de l'église, et de conserver à ses ministres la juridiction qu'ils exercent sous notre protection, nous ayant obligé d'ordonner entre autres choses par notre déclaration donnée à Saint-Germain-en-Laye au mois de février 1678, que tous nos officiers qui assisteroient à l'instruction des procès criminels des ecclésiastiques, accusés des crimes que l'on appelle ordinairement cas privilégiés, garderoient la forme prescrite par l'article 22 de l'édit de Melun, nous avons été informé qu'il s'étoit trouvé de la difficulté entre quelques uns de nosdits officiers pour savoir si ce seroit le juge du lieu dans lequel on prétendoit que le crime a été commis, ou celui dans le ressort duquel est situé le siége de l'officialité, qui instruiroit lesdits procès et en auroit connoissance; et comme il est nécessaire pour le bien de la justice de prévenir toutes les difficultés qui peuvent retarder l'instruction des procès criminels, et particulièrement de ceux des ecclésiastiques qui scandalisent ainsi par leurs déréglemens ceux qu'ils devroient instruire et édifier par leurs bons exemples.

A ces causes, etc. Ordonnons que notre déclaration du mois de février 1678, ci-attachée sous le contre-scel de notre chancellerie sera exécutée selon sa forme et teneur, et qu'à cet effet, lorsque nos baillis, sénéchaux, ou leurs lieutenans-criminels instruiront le procès criminel à des ecclésiastiques, et qu'ils accorderont leur renvoi pardevant l'official dont ils sont justiciables, pour le délit commun, soit sur la requête des accusés, soit sur celle du promoteur en l'officialité, nos procureurs èsdits siéges en donneront avis à l'official, afin qu'il se transporte sur les lieux pour l'instruction du procès, s'il l'estime à propos pour le bien de la justice; et en cas qu'il déclare qu'il entend instruire ledit procès dans le siège de l'officialité, ordonnons que lesdits accusés seront transférés dans les prisons de l'officialité dans huitaine après ladite déclaration, aux frais et à la diligence de la partie civile, s'il y en a; et en cas qu'il n'y en ait pas, à la poursuite de nos procureurs et aux frais de nos domaines, et que le lieutenant-criminel, et à son défaut un autre officier dudit siége dans lequel le procès a été commencé, se transporte dans le même temps de huitaine dans le lieu où est le siège de l'officialité, quand même il seroit hors le ressort dudit siége, pour y achever l'instruction dudit procès conjointement avec l'official; attribuant à cet effet à nosdits officiers toute cour, juridiction et connoissance, et sans qu'ils soient obligés de demander territoire, ni prendre *pareatis* des officiers ordinaires des lieux; et qu'après que le procès instruit pour le délit commun aura été jugé en ladite officialité, l'accusé sera ramené dans les prisons dudit siége royal où il aura été commencé, pour y être jugé à l'égard du cas privilégié. Et en cas que ledit lieutenant-criminel, et à son défaut un autre officier dudit siége royal, ne se rende pas dans ledit délai de huitaine au siége de l'officialité où l'accusé aura été transféré, voulons en ce cas que le procès soit instruit conjointement avec ledit official, par le lieutenant-criminel, ou en son absence ou légitime empêchement, par l'un des officiers du bailliage ou sénéchaussée, suivant l'ordre du tableau dans le ressort duquel le siége de l'officialité est situé, pour être ensuite jugé au même siége, auquel nous en attribuons toute cour, juridiction et connoissance.

Voulons que le même ordre soit observé dans les procès qui auront été commencés dans les officialités; et que les officiaux soient tenus d'en avertir les lieutenans-criminels de nos baillis et sénéchaux, dans le ressort desquels les crimes ou cas privilégiés dont lesdits ecclésiastiques seront accusés, auront été commis.

Enjoignons auxdits lieutenans-criminels, ou en leur absence et légitime empêchement, aux autres officiers desdits siéges, suivant l'ordre du tableau, de se transporter dans les lieux où sont les siéges desdites officialités, dans huitaine après la sommation qui leur en aura été faite à la requête des promoteurs, pour être par eux procédé à l'instruction et jugement desdits procès, pour le cas privilégié en la forme expliquée ci-dessus; et à faute par lesdits juges de se rendre dans ledit délai dans les lieux où sont lesdites officialités, lesdits procès seront instruits et jugés par les officiers du bailliage ou sénéchaussée dans le ressort duquel est le siége de l'officialité; le tout sans préjudice à nos cours de commettre d'autres de nos officiers pour lesdites instructions, et de renvoyer en d'autres siéges le jugement desdits procès, lorsqu'elles l'estimeront à propos, pour des raisons que nous laissons à leur arbitrage. Si donnons, etc.

N° 1104. — ORDONNANCE *portant que les officiers et gardes de la marine qui assisteront aux conférences d'hydrographie et constructions, et aux exercices du canon, s'assembleront deux jours chaque mois chez le commandant pour être interrogés sur leurs progrès.*

Versailles, 21 août 1684. (Bajot.)

N° 1105. — DÉCLARATION *portant que les religionnaires ne pourront tenir consistoires que tous les 15 jours et en présence d'un commissaire.*

Versailles, 21 août 1684. (Ord. 24. 4 I. 120. — Rec. cass. — Archiv. — Hist. de l'édit de Nantes.)

LOUIS, etc. Les rois nos prédécesseurs ayant, par plusieurs édits et déclarations, et entre autres par l'article 34 des particuliers de l'édit de Nantes, accordé à ceux de la R. P. R. la faculté de tenir des synodes, colloques et consistoires pour les réglemens de leur discipline, après toutefois en avoir obtenu la permission, ils auroient souvent abusé de cette grâce, et traité dans lesdites assemblées d'affaires politiques et contraires à la tranquillité publique, ce qui auroit obligé le roi Louis XIII, notre très honoré seigneur et père, d'ordonner, par sa déclaration du mois d'avril 1623, qu'il ne seroit plus convoqué par lesdits de la R. P. R. aucunes assemblées qu'il n'eût été auparavant nommé un officier de ladite religion pour y assister, et empêcher qu'il ne fût proposé d'autres matières que celles qui étoient permises par les édits. Et comme il seroit venu à notre connoissance que lesdits commissaires, par la complaisance qu'ils avoient pour ceux de leur religion, en préféroient les intérêts à leur devoir et au bien de l'état, nous aurions ordonné par notre déclaration du 10 octobre 1679, qu'il ne seroit plus tenu de synodes ni colloques qu'en présence d'un commissaire par nous choisi, soit de la R. C. A. et R. ou de la prétendue réformée, ainsi que nous l'estimerions à propos, pour observer ce qui s'y passeroit, et nous en envoyer les procès-verbaux; à quoi il auroit été satisfait. Mais nous avons été informé qu'aucuns ministres et anciens mal intentionnés, au lieu de proposer dans les synodes et colloques les affaires dont ils appréhendoient qu'il nous fût donné connoissance, ont entretenu des intelligences avec plusieurs consistoires; et par un faux zèle, ou par des intérêts particuliers, non-seulement y ont fait prendre des résolutions contraires au bien de notre service et à la tranquillité publique, en sorte que l'on a vu en différentes provinces de notre royaume, aux mêmes jours les mêmes mouvemens; mais encore pour soutenir ces entreprises, ils ont fait imposer secrètement des sommes considérables, bien que, suivant les articles 43 des particuliers de l'édit de Nantes, et 35 de la déclaration de 1669, ils ne doivent faire aucunes levées de deniers qu'elles ne soient autorisées par nos juges. A quoi étant nécessaire de pourvoir, pour prévenir les désordres qui en pourroient arriver; à ces causes, etc., voulons et nous plaît que dorénavant nos sujets de la R. P. R. ne puissent tenir leurs consistoires qu'une fois en quinze jours, et en présence d'un juge royal qui sera par nous nommé;

dans lesquelles assemblées il ne sera traité d'aucunes matières que de celles qui leur sont permises par les édits, et qui concernent purement la discipline de leur religion, à peine d'interdiction pour toujours de l'exercice, et démolition du temple dans les lieux où lesdits consistoires auront été tenus en l'absence dudit juge, de privation pour toujours contre le ministre qui y aura présidé des fonctions de son ministère dans notre royaume, et d'être procédé extraordinairement contre ceux qui y auront assisté. Voulons que conformément auxdits articles 43 des particuliers de l'édit de Nantes, et 35 de la déclaration de 1669, et arrêts rendus en conséquence, les deniers que ceux de ladite R. P. R. peuvent lever sur eux soient imposés devant ledit siége, et qu'il en soit dressé un état qui lui sera donné, pour le garder, et nous en envoyer, ou à notre chancelier, une copie dans le temps porté par ledit article 43 des particuliers de l'édit de Nantes, à peine de cinq cents livres d'amende contre chacun de ceux qui manqueront à se conformer à ce qui est en cela de notre intention, et de suspension de l'exercice de ladite R. P. R. dans les lieux où il y aura été contrevenu, jusqu'à ce qu'il y ait été satisfait.

N° 1106. — DÉCLARATION *portant défenses de nommer des religionnaires pour experts.*

Versailles, 21 août 1684. (Archiv. — Hist. de l'édit de Nantes.)

PRÉAMBULE.

LOUIS, etc. Bien que nous ayons estimé à propos non-seulement de supprimer les chambres mi-parties, et d'ordonner à plusieurs officiers de la R. P. R. de se défaire de leurs offices, mais aussi de défendre aux seigneurs hauts justiciers d'établir dans leurs terres d'autres juges que des catholiques, et à tous officiers de judicature d'appeler pour assesseurs et opinans aux jugemens des procès aucuns avocats gradués et autres personnes faisant profession de ladite religion : néanmoins, comme il arrive souvent que les catholiques sont exposés aux jugemens de ceux de ladite religion lorsqu'ils sont pris pour experts, les juges étant obligés de se conformer à leurs rapports. A ces causes, etc.

N° 1107. — EDIT *portant que les ministres protestans ne pourront exercer leurs fonctions plus de trois ans dans le même lieu.*

Versailles, août 1684. (Ord. 24. 4 I, 46. — Rec. cass. — Archiv. — Hist. de l'édit de Nantes.)

LOUIS, etc. Les soins que nous sommes obligé de prendre pour faire connoître à nos sujets de la R. P. R. l'erreur dans laquelle ils se trouvent engagés, afin qu'ils embrassent la R. C. A. et R., ont si heureusement réussi jusqu'à présent, par la bénédiction que Dieu y a donnée, que nous avons la satisfaction de voir tous les jours un grand nombre de conversions dans toutes les provinces de notre royaume; mais comme nous avons été particulièrement informé que beaucoup de personnes, touchées de ces bons exemples, ont été retenues de les suivre par la déférence aveugle qu'ils ont pour les sentimens des ministres établis depuis long-temps dans un même lieu, lesquels par une longue habitude prennent un pouvoir si absolu sur les esprits, que l'expérience a fait connoître qu'abusant de la confiance de ceux qui se rendent trop facilement à leur persuasion, ils leur inspirent souvent des résolutions contraires à leurs propres intérêts, et à l'obéissance qu'ils nous doivent. A ces causes, etc. voulons et nous plaît que dorénavant, à commencer du jour et date de la publication et enregistrement de ces présentes, les ministres de la R. P. R. ne puissent exercer leur ministère durant plus de trois ans consécutifs dans un même lieu, ni après ledit temps, ou avant même qu'il soit expiré, être envoyés pour faire les fonctions de ministres en aucun autre, où l'exercice de ladite religion est permis comme réel ou personnel, soit de la même province ou autre, qu'il ne soit éloigné au moins de 20 lieues de tous ceux où ils auront déjà exercé leur ministère, sans qu'ils puissent retourner en aucun desdits lieux où ils en auront fait les fonctions pour les y faire de nouveau, que douze ans après en être sortis. Leur défendons en outre très expressément de demeurer, après avoir cessé l'exercice de leur ministère, ou de se rétablir dans la suite comme particuliers, sous quelque prétexte que ce soit, dans les lieux où ils auront été ministres, ni plus près d'iceux que de six lieues, le tout à peine d'être privés pour toujours de leur ministère dans notre royaume, deux mille livres d'amende, et d'interdiction de l'exercice, et démolition du temple dans le lieu où ils auroient été soufferts exercer leur ministère ou leur résidence au préjudice de notre présent édit, à l'exécution duquel nous enjoignons très expressément à nos procureurs généraux, etc.

N° 1108. — DÉCLARATION *sur l'édit du 15 janvier 1683, portant que les biens des consistoires seront réunis aux hôpitaux.*

Versailles, 21 août 1684. (Ord. 24. 4 I. 89. — His. de l'édit de Nantes. — Néron, II, 968.) Reg. P. P. 7 septembre.

LOUIS, etc. Ayant été informé que les biens donnés par ceux de la R. P. R. aux pauvres de ladite religion, étoient souvent employés aux affaires particulières des consistoires, qui en avoient la disposition, et que l'on s'en servoit même pour empêcher les conversions, nous avons estimé à propos, pour remédier à cet abus, d'ordonner par notre déclaration du 15 janvier 1683 que tous les biens immeubles, rentes et pensions données ou léguées par dispositions faites entre vifs ou dernière volonté aux pauvres de ladite religion, ou aux consistoires pour leur être distribués, lesquels se trouvoient pour lors possédés par lesdits consistoires, ou aliénés depuis le mois de juin 1662, seroient délaissés aux hôpitaux des lieux où sont les consistoires, et en cas qu'il n'y en ait pas, à l'hôpital le plus prochain, pour être régis et administrés par les directeurs desdits hôpitaux, comme les autres biens qui leur appartiennent, sauf le recours des acquéreurs desdits biens contre les vendeurs, à la charge que les pauvres de ladite religion y seroient reçus aussi bien que les catholiques, et traités avec la même charité, sans y pouvoir être contraints à changer de religion : en conséquence de laquelle déclaration les directeurs des hôpitaux ayant un droit réel sur lesdits biens, auroient essayé de découvrir en quoi ils pouvoient consister pour s'en mettre en possession : mais comme lesdits consistoires ont pris soin de leur en ôter la connoissance, leur refusant la communication des registres où ils pouvoient s'en instruire, et qu'ils ont même prétendu que les fonds acquis des sommes données pour les pauvres, ou du revenu des biens à eux légués, n'étoient point compris dans ladite déclaration, non plus que ceux qui se trouveroient avoir été donnés par ceux de ladite religion, sans expression de cause, nous avons estimé nécessaire de lever toutes ces difficultés, qui n'ont été formées par quelques particuliers de ladite R. P. R., que dans la vue de disposer desdits biens pour d'autres usages que ceux auxquels ils ont été destinés. Et nous avons résolu en même temps d'empêcher la dissipation des biens dont jouissoient plusieurs consistoires supprimés par l'interdiction de l'exercice, sur lesquels personne n'ayant de légitime prétention, ils ne peuvent mieux être employés qu'au soulagement des pauvres. A ces causes, etc., voulons et nous plaît que notre déclaration du 15 janvier 1683, soit exécutée selon sa *forme et teneur; et en conséquence que tous les biens immeubles, rentes et pensions, donnés ou légués par dispositions faites entre-vifs ou dernière volonté, aux pauvres de ladite religion, ou aux consistoires, pour leur être distribués, lesquels se trouvoient lors possédés par lesdits consistoires ou aliénés depuis le mois de juin 1662, soient délaissés aux hôpitaux des lieux où sont lesdits consistoires; et en cas qu'il n'y en ait pas, à l'hôpital le plus prochain.* Voulons aussi que les biens qui se trouveront avoir été acquis des deniers desdits pauvres, ou du prix de la vente des biens qui leur auront été donnés, encore qu'ils eussent été aliénés depuis le mois de juin 1662, appartiennent auxdits hôpitaux, sauf le recours des acquéreurs desdits biens aliénés contre leurs vendeurs. Ordonnons en outre que les biens qui depuis la publication de notredite déclaration du 15 janvier 1683 auroient été légués par lesdits de la R. P. R., sans expression de cause, soient aussi délaissés auxdits hôpitaux, et qu'ils soient pareillement mis en possession des biens dont jouissoient les consistoires supprimés par l'interdiction de l'exercice, en quoi qu'ils puissent consister, et à quelque usage qu'ils soient employés, à l'exception néanmoins de ceux qui se trouveront avoir été vendus sans fraude; le tout à condition que les pauvres de ladite religion seront reçus dans les hôpitaux aussi bien que les catholiques, et traités avec la même charité, sans qu'ils y puissent être contraints à changer de religion, conformément à ladite déclaration du 15 janvier 1685 : et après le délaissement de tous lesdits biens ci-dessus exprimés, que les détenteurs seront tenus de faire dans un mois après la publication des présentes, à peine de mille livres d'amende applicable auxdits hôpitaux, et de tous dépens, dommages et intérêts, ils seront régis et administrés par les directeurs desdits hôpitaux, tout ainsi que les autres biens qui leur appartiennent. Et à l'égard des consistoires qui subsistent actuellement, voulons que, si dans la suite aucuns d'iceux étoient supprimés par l'interdiction de l'exercice, les biens dont ils se trouveront en possession au jour et date des présentes, soient pareillement délaissés auxdits hôpitaux. Ordonnons qu'à la première sommation qui sera faite par lesdits directeurs ou leurs procureurs, à ceux qui doivent être chargés des registres desdits consistoires ou des comptes et autres généralement quelconques, concernant les affaires de ladite religion, de leur en donner communication en présence du juge du lieu, ils soient tenus d'y satisfaire sans aucun délai ni difficulté, à peine d'y être contraints par corps, de cinq cents livres d'amende, applicable auxdits hôpitaux, et de suspension de l'exercice dans les lieux où il aura été contrevenu à ce qui est en cela de notre intention, jusqu'à ce que lesdits registres ayent été communiqués. Si donnons, etc.

N° 1109. — DÉCLARATION *sur l'art. 7 de l'édit d'avril 1598, portant que les seigneurs ayant droit d'avoir en leur maison l'exercice de la R. P. R., n'y pourront admettre que leurs familles et vassaux.*

Versailles, 4 septembre 1684. (Ord. 24. 4 I. 107. — Archiv.— Hist. de l'édit. de Nantes.)

PRÉAMBULE.

LOUIS, etc. L'expérience ayant fait voir que ceux de la R. P. R. se prévalant des troubles qui ont agité notre royaume pendant le règne du feu roi notre très honoré seigneur et père, et durant notre minorité, ont tâché d'étendre les priviléges qui leur ont été accordés par les édits de pacification, nous avons été obligé d'employer notre autorité pour arrêter le cours de ces entreprises, lorsqu'elles sont venues à notre connoissance. Et comme, par le soin que nous prenons à découvrir les abus que cette licence a introduits, nous avons remarqué que sous prétexte que par l'art. 7 de l'édit de Nantes, il a été permis à ceux de ladite religion qui possédoient dans notre royaume et pays de notre obéissance, haute justice et plein fief de Haubert, soit en propriété ou usufruit, en tout ou par moitié, ou pour la troisième partie, d'avoir chez eux l'exercice de ladite religion, tant pour eux, leur famille, sujets, qu'autres qui y voudront aller, la plupart des seigneurs reçoivent à leur exercice toutes sortes de personnes indifféremment; ce qui est absolument contraire à la disposition desdits édits, dont l'esprit n'a été que de permettre à ceux qui avoient haute justice ou plein fief de Haubert, en tout ou par moitié, ou pour la troisième partie, d'admettre à l'exercice qui se feroit chez eux, leur famille, leurs vassaux et autres personnes qui se trouveroient actuellement domiciliées dans l'étendue de ladite haute justice ou plein fief de Haubert, bien qu'ils ne soient pas leurs vassaux; puisque s'il étoit permis auxdits seigneurs de recevoir à leur exercice toutes sortes de personnes, il n'y auroit aucune différence considérable entre un exercice public et celui d'un seigneur. Et comme il est important de prévenir les suites fâcheuses de ces prétentions mal fondées, qui pourroient donner occasion de faire dans les lieux d'exercice personnel des assemblées préjudiciables à notre service et à la tranquillité publique. A ces causes, etc.

N 1110. — ARRÊT *du conseil qui défend aux seigneurs, gentilshommes et autres de la religion réformée, hauts-justiciers, de faire, dans leurs châteaux ou maisons, l'exercice de ladite religion, si les justices ou fiefs n'ont été érigés avant l'édit de Nantes.*

Versailles, 4 septembre 1684. (Hist. de l'édit de Nantes.)

Le roi s'étant fait représenter l'édit du 17 septembre 1577, l'article 1er de la conférence de Nérac; le 5 de celle de Fleix; les art. 7 et 8 de l'édit de Nantes, ensemble l'instruction donnée aux commissaires députés dans les provinces pour le faire enregistrer et exécuter; le cahier de l'assemblée tenue à Saumur en 1611, avec les réponses qui y furent faites; et l'art. 2 de la déclaration de 1669; S. M. auroit reconnu que ni par l'esprit dudit édit de Nantes, ni par ce qui l'a précédé et suivi, concernant la permission aux seigneurs possédant fiefs ou hautes justices, et pleins fiefs de Haubert, de faire chez eux l'exercice de leur religion, il ne leur a point été permis de l'établir dans les terres qu'ils pourroient acquérir dans la suite, mais seulement dans les maisons où ils se trouveroient lors de la publication de l'édit de Nantes, en possession actuelle de fiefs, ou hautes justices et pleins fiefs de Haubert, soit en propriété ou usufruit, en tout, par moitié ou pour la troisième partie; néanmoins ceux de ladite religion se prévalant des troubles arrivés dans le royaume pendant le règne du feu roi et la minorité de S. M., pour étendre cette permission, auroient entrepris de faire faire l'exercice de ladite religion dans des maisons de fiefs, hautes justices ou pleins fiefs de Haubert, créés ou par eux acquis depuis ledit édit de Nantes, et même aucuns particuliers auroient obtenu quelques arrêts et jugemens sur ce sujet, contraires à l'intention desdits édits. Et comme cet abus augmente tous les jours, par les acquisitions qu'ils font de plusieurs terres, dans l'intention de réparer en quelque manière la perte des temples dont la démolition a été ordonnée, en substituant de nouveaux exercices personnels aux exercices publics qui ont été interdits. Étant nécessaire d'y pourvoir, ainsi que S. M. a déjà fait à l'égard des terres de son domaine, en ordonnant par l'art 2 de ladite déclaration de 1669, que les seigneurs ne pourroient établir aucun exercice ès lieux desdits domaines, s'ils n'étoient engagés avant l'édit de Nantes, ou possédés par les descendans en ligne directe ou collatérale de ceux qui en jouissoient lors dudit édit, S. M. étant en son conseil, a ordonné et ordonne que tous seigneurs, gentilshommes ou autres personnes de la R. P. R. ayant hautes justices, pleins fiefs de Haubert ou simples fiefs, ne pourront dorénavant, en conséquence des art. 7 et 8 de l'édit de Nantes, continuer à faire l'exercice de ladite religion dans leurs châteaux ou maisons, si lesdites justices ou fiefs n'ont été érigés avant ledit édit, et ne se trouvent encore aujourd'hui possédés sans interruption par les descendans en ligne directe ou collatérale de ceux qui en jouissoient dans le temps dudit édit; et pour le justifier, seront tenus lesdits seigneurs de la R. P. R. de remettre dans deux mois, du jour de la publication qui sera faite du présent arrêt dans chaque bailliage ou sénéchaussée, pardevant les commissaires exécuteurs dudit édit de Nantes dans les provinces, les titres et pièces dont ils entendront se servir, pour, après avoir été communiqués aux syndics des diocèses où sont situées lesdites justices et fiefs, être par lesdits commissaires ordonné ce qu'il appartiendra, ce qui sera exécuté, sauf l'appel au conseil, tant par lesdits syndics que ceux de ladite R. P. R.; et en cas que lesdits commissaires se trouvent partagés, ils enverront incessamment leurs procès-verbaux de partage et avis, avec les pièces et procédures des parties au sieur marquis de Châteauneuf, secrétaire d'état, pour, à son rapport, être par sadite majesté fait droit sur lesdits partages, ainsi que de raison : passé lequel temps de deux mois, fait S. M. très expresses inhibitions et défenses auxdits de la R. P. R. de continuer à faire aucun exercice de ladite religion dans leursdits châteaux et maisons, sous quelque prétexte que ce soit, jusqu'à ce qu'ils en aient obtenu la permission, soit par ordonnance des commissaires ou arrêt du conseil d'état, sur peine de privation pour toujours dudit exercice, et de réunion de la justice ou fief au domaine de S. M.; et contre le ministre qui auroit prêché, d'interdiction pour toujours de son ministère dans le royaume, et ce nonobstant tous arrêts et jugemens qui pourroient avoir été obtenus, portant permission de faire ledit exercice dans lesdits fiefs acquis et érigés depuis l'édit de Nantes. Et à l'égard des exercices personnels, pour raison desquels il y a instance au conseil de S. M., soit sur l'appel des jugemens des commissaires exécuteurs dudit édit, ou sur leurs partages, seront tenus ceux qui prétendent justifier la qualité de leurs fiefs, d'ajouter dans deux mois aux pièces qui sont entre les mains dudit sieur marquis de Châteauneuf, celles dont ils voudront se servir pour prouver que leurs hautes justices ou fiefs sont de la qualité portée par ledit arrêt, autrement seront lesdites appellations et partages vidés au rapport dudit sieur marquis de Châteauneuf, sur ce qui se trouvera par devers lui.

N° 1111. — ABRÊT *du conseil portant défenses aux particuliers de recevoir en leurs maisons les religionnaires malades.*

Versailles, 4 septembre 1684. (Archiv. — Hist. de l'édit de Nantes.)

Le roi étant informé que plusieurs particuliers, tant dans sa bonne ville de Paris qu'aux autres lieux du royaume, s'ingèrent, sous prétexte de charité, de recevoir dans leurs maisons des malades de la R. P. R., et même que cette retraite est donnée auxdits malades en plusieurs endroits par les soins et aux dépens des consistoires; et l'intention de S. M. étant que lesdits de la R. P. R. soient reçus dans les hôpitaux, et y soient traités ainsi que les catholiques, et que ceux qui voudroient se convertir puissent éviter le danger dans lequel ils se trouveroient de ne le pouvoir faire, étant dans lesdites maisons particulières, entre les mains de gens de ladite religion. S. M. étant en son conseil, a fait très expresses inhibitions et défenses à tous particuliers, de quelque qualité et condition qu'ils soient, de retirer dans leurs maisons aucuns malades de ladite R. P. R., sous prétexte de charité, leur enjoignant de les faire conduire dans les hôpitaux pour y être traités ainsi que les malades de la R. C.; et aux consistoires de ladite R. P. R. d'avoir, à leurs dépens, aucuns lieux pour servir de retraite auxdits malades, à peine contre les particuliers qui contreviendront au présent arrêt, de cinq cents livres d'amende, et de confiscation des meubles et autres choses servant auxdits malades, que S. M. a dès à présent cédé et délaissé aux hôpitaux des lieux; et contre les consistoires, d'interdiction de l'exercice de leur religion dans les lieux où ils auroient lesdites maisons servant de retraite aux pauvres malades de ladite R. P. R.

N° 1112. — DÉCLARATION *défendant aux religieux mendians d'édifier aucun bâtiment de valeur de plus de 15000 liv. sans permission du roi.*

Versailles, 5 septembre 1684. (Archiv. — Rec. cass.)

PRÉAMBULE.

LOUIS, etc. Les dépenses extraordinaires que plusieurs religieux mendians ont faites depuis quelque temps dans notre bonne ville de Paris, tant pour des décorations superflues de leurs monastères, que pour en augmenter les revenus, étant également contraires à la sainteté de leurs règles et à la police de notre état, nous avons estimé nécessaire de prévenir les désordres que la continuation de cette liberté pourroit produire au préjudice de la discipline régulière et de plusieurs de nos sujets qui s'engagent par différentes voies, à prêter et fournir auxdits religieux les sommes nécessaires pour la construction de ces bâtimens, et d'empêcher le scandale que pourroit causer dans la suite la vente de ces lieux consacrés au culte et au service de Dieu, si ceux de nos sujets, de l'argent desquels ils ont été bâtis, se trouvoient forcés de la poursuivre dans les formes ordinaires de la justice, pour la conservation de leurs biens. A ces causes, etc.

N° 1113. — ARRÊT *du conseil portant défenses aux intéressés en la compagnie d'Afrique, aux fermiers du domaine d'Occident et autres, d'envoyer aux îles et colonies françoises de l'Amérique et côtes d'Afrique, d'autres personnes que des François faisant profession de la religion catholique.*

Versailles, 12 septembre 1684. (Moreau de Saint-Méry, I, 399.)

N° 1114. — ARRÊT *du conseil qui révoque le privilége accordé aux intéressés en la compagnie du Sénégal, en exécution du contrat du 21 mars 1679.*

Versailles, 12 septembre 1684. (Moreau de Saint-Méry, I, 400.)

N° 1115. — ORDONNANCE *qui permet aux matelots de la classe de service de s'engager aux armateurs.*

14 septembre 1684. (Bajot.)

N° 1116. — ORDONNANCE *sur le payement des Suisses au service du roi, et qui réduit les compagnies à* 160 *hommes chacune.*

Versailles, 14 septembre 1684. (Réglem. et ordonn. pour la guerre.)

N° 1117. — ARRÊT *du conseil suivi de lettres-patentes concernant les déclarations à donner pour les engagistes et autres détenteurs du domaine du roi.*

Versailles, 19 septembre 1684. (Archiv.)

N° 1118. — EDIT *pour la réunion du nouveau Châtelet à l'ancien.*

Versailles, septembre 1684. (Rec. cass.)

PRÉAMBULE.

LOUIS, etc. Les incommodités que causoient aux habitans de notre bonne ville de Paris le grand nombre de justices subalternes auxquelles, selon la situation de leurs demeures, ils étoient obligés de répondre, à raison des conflits que l'incertitude des limites desdites justices et la prévention des officiers de notre Châtelet faisoient souvent naître, et pour autres bonnes et importantes considérations, nous aurions, par notre édit du mois de février 1674, registré où besoin a été, réuni et incorporé à la justice de notredit Châtelet toutes lesdites justices subalternes, tant du bailliage du palais que des seigneurs, et en même temps pour faire promptement administrer la justice à nos sujets, en établissant un nombre considérable d'officiers pour suppléer ceux dont les fonctions étoient cessées par ladite réunion; nous aurions créé un second siége présidial et de la prevôté et vicomté de Paris, lequel seroit composé, entre autres officiers, d'un prevôt, d'un lieutenant-général civil, d'un lieutenant-général criminel, d'un lieutenant particulier, d'un procureur pour nous, d'un nombre considérable de conseillers et d'autres officiers nécessaires, pour composer par lesdits officiers un seul et même corps avec le siége et les officiers jà établis, et jouir des mêmes dignités, prérogatives, droits, pensions, vacations et émolumens dont jouissoient les officiers du Châtelet, sans qu'il y eût aucune différence entre eux, si ce n'est par la séparation des territoires dans lesquels lesdits siéges exerceroient la justice, et que les lieutenans civils ancien et nouveau, les lieutenans criminels et particuliers, nos procureurs et avocats et leurs substituts, serviroient alternativement, et d'année en année, en chacun desdits siéges; et à l'égard des autres officiers dans ceux de leur établissement, ainsi qu'il est au long porté par ledit édit. Cet établissement que nous avions cru très utile et avantageux à nos peuples, a eu son exécution jusqu'à présent; cependant, l'expérience faisant journellement connoître qu'il ne laisse pas d'avoir des inconvéniens, lesquels sont d'autant plus considérables que l'administration de la justice s'y trouve intéressée, qu'on voit souvent des contrariétés et des variétés dans les jugemens, ce qui est principalement causé par le service alternatif des chefs, que la difficulté n'est pas moins grande dans la discussion ou scellé des effets d'un même homme situés en différens territoires, l'homologation ou entérinement des atermoiemens ou repeis des particuliers dont les effets ou les créanciers sont dans les ressorts de différens siéges, et enfin par un nombre infini d'autres inconvéniens qui mettent la confusion dans l'ordre de la justice, et jettent les peuples dans un grand embarras et les constituent en des dépenses immenses, et voulant autant qu'il est possible contribuer à leur soulagement, à quoi la paix profonde que nous avons lieu d'espérer nous donnera d'autant plus moyen de nous appliquer dorénavant. Savoir faisons, que nous pour ces causes, etc.

N° 1119. — ARRÊT *du conseil privé concernant la manière de se pourvoir en cassation.*

Paris, 14 octobre 1684. (Rec. cass. — Archiv.)

Le roi voyant journellement en son conseil des instances sur des demandes en cassation des arrêts des compagnies supérieures ou des jugemens en dernier ressort, et S. M. étant informée que la facilité d'introduire lesdites instances au conseil procède de ce que les particuliers au profit desquels les arrêts ont été rendus, voyant une requête en cassation, consultée par trois avocats au conseil, et à eux signifiée sur les lieux, suivant le réglement du conseil, et appréhendant que ce demandeur n'obtienne à ses fins, et que le repos qu'ils ont prétendu acquérir dans leur famille par le jugement d'un procès, à la sollicitation duquel ils ont employé beaucoup de temps et de dépense, soit troublé par la cassation de leur arrêt, sont conseillés de venir défendre cette demande par une requête contraire, ce qui forme l'instance sur lesdites requêtes respectives, sans que la demande en cassation ait été reçue au conseil; et comme S. M. n'a rien tant à cœur que de soulager en toutes manières ses sujets, tout considéré, S. M. en son conseil, a défendu et défend très expressément aux avocats de son conseil, de signer aucune requête pour répondre ou défendre à une demande en cassation d'aucuns arrêts des compagnies supérieures ou de jugement en dernier ressort, si ladite demande en cassation n'a été reçue par un arrêt du conseil, d'assigné ou de communiqué, à peine à celui desdits avocats qui aurait signé ladite requête, de 500 livres d'amende, qui ne pourra être réputée comminatoire pour la première fois, d'interdiction pour la seconde, et de répondre en son propre et privé nom du séjour et des dépens des parties. Et à l'égard des demandes en cassation d'arrêt, incidentes aux instances d'évocation, de réglemens de juges, ou autres qui seront pendantes au conseil, ordonne S. M. qu'il ne pourra être expédié aucun arrêt de sommairement oui sur lesdites demandes, si ledit arrêt n'a été délivré au conseil, après qu'il en aura été communiqué aux commissaires du conseil qui auront été députés en l'instance, ou autres qui seront nommés par S. M. En ce néanmoins non compris les demandes en cassation des arrêts du conseil, lesquelles seront poursuivies en la manière accoutumée; et sera le présent arrêt lu en la communauté des avocats, et partout où besoin sera, à ce qu'aucun n'en ignore.

N° 1120. — ORDONNANCE *pour faire condamner les filles de mauvaise vie qui se trouveront avec des soldats à deux lieues aux environs de Versailles, à avoir le nez et les oreilles coupés.*

Fontainebleau, le 31 octobre 1684. (Réglem. et ordonn. pour la guerre.)

N° 1121. — DÉCLARATION *touchant les greffes du parlement, suivi du tarif.*

Versailles, 25 novembre 1684. (Archiv. — Néron, II, 191.) Reg. P. P. 12 décembre.)

N° 1122. — ORDONNANCE *portant que les déserteurs seront condamnés à avoir le nez et les oreilles coupés, à être marqués de deux fleurs de lis aux joues et à être rasés et enchaînés pour être envoyés aux galères.*

Versailles, 4 décembre 1684. (Réglem. et ordonn. pour la guerre.)

N° 1123. — ARRÊT *du conseil suivi de lettres-patentes, portant défenses aux religionnaires de faire aucunes impositions sans la permission du roi.*

Versailles, 11 décembre 1684. (Archiv. — Hist. de l'édit de Nantes.)

Le roi ayant été informé qu'encore que par l'article 43 des particuliers de l'édit de Nantes, il ne soit permis à ceux de la R. P. R. de lever sur eux que les sommes nécessaires pour les frais de leurs synodes et exercice de leur religion, dont ils doivent faire le département en présence des juges royaux des lieux, ce qui a été confirmé par les articles 11 et 35 de la déclaration de S. M. du premier février 1669, néanmoins lesdits de la R. P. R., abusant de cette faculté, ont en divers lieux fait des impositions sur eux-mêmes, de leur autorité privée et sans l'assistance des juges royaux; et en d'autres imposé diverses sommes pour autres usages illicites, ou ont diverti les deniers imposés, ou les ont employés en dépenses vicieuses. A quoi étant nécessaire de pourvoir, ouï le rapport et tout considéré, le roi étant en son conseil, a ordonné et ordonne que lesdits habitans de la R. P. R. seront tenus dans un mois du jour de la signification qui sera faite du présent arrêt aux ministres ou anciens des lieux où l'exercice de la R. P. R. subsiste, et de la publication qui sera faite par les juge ou consuls en présence de ceux de la R. P. R. convoqués de leur autorité dans les lieux où l'exercice a été interdit, de représenter pardevant les sieurs intendans et commissaires départis dans les provinces et généralités du royaume, les originaux des états d'impositions et département par eux faits sur eux-mêmes, depuis 29 années; ensemble les comptes qui en ont été rendus, avec les pièces justificatives, registres, délibérations, et autres actes que besoin sera, pour en être par lesdits intendans et commissaires départis dressé leurs procès-verbaux, et iceux rapportés à S. M., avec leurs avis, être ordonné ce qu'il appartiendra : autrement, et à faute par lesdits de la R. P. R. d'y satisfaire dans ledit délai d'un mois, et icelui passé, S. M. leur fait défenses de faire aucunes impositions sans sa permission expresse, à peine d'être punis selon la rigueur des ordonnances, et à ses officiers d'autoriser lesdites impositions, qu'en leur rapportant par lesdits de la R. P. R. un certificat desdits sieurs intendans et commissaires départis, qu'ils auront satisfait au présent arrêt, sans préjudice néanmoins des contraintes par corps qui pourront être décernées par lesdits sieurs intendans et commissaires départis, contre les anciens et syndics de chacune année.

N° 1124. — ORDONNANCE *portant défenses de délivrer les congés aux capitaines des navires, s'ils ne rapportent le rôle de leurs équipages visé et certifié du commissaire des classes.*

21 décembre 1684. (Bajot.)

N° 1125. — DÉCLARATION *qui défend l'exercice public de la religion réformée dans les lieux où il y a moins de 10 familles.*

Versailles, 26 décembre 1684. (Ord. 24. 4 J. 191. — Rec. cass. — Archiv. — Hist. de l'édit de Nantes.)

LOUIS, etc. Nous avons été informé que bien que, par plusieurs édits et arrêts rendus en notre conseil, et en aucunes de nos cours supérieures, il ait été expressément ordonné et fait défenses à ceux de la R. P. R. de faire l'exercice et prêche de ladite religion dans les lieux où il n'y a point d'exercice de bailliage, s'il n'y avoit actuellement en iceux dix familles de ladite religion rességantes et domiciliées, outre celle du ministre, néanmoins ceux de ladite religion ne laissent pas de continuer de faire l'exercice et prêche dans plusieurs lieux d'exercice réel où il ne reste pas un pareil nombre de familles de ladite religion, et ne voulant pas souffrir une telle contravention auxdits édits et arrêts, nous avons résolu d'y pourvoir, et de déclarer sur cela notre volonté. Savoir faisons, etc. Voulons et nous plaît, qu'à l'avenir l'exercice et prêche de ladite R. P. R. ne puisse plus être fait ni continué dans les lieux que ceux de ladite religion nomment d'exercice réel dans lesquels il y aura moins de dix familles rességantes et domiciliées, outre celle du ministre; et pour cette fin nous voulons que les temples des lieux où il n'y aura pas ce nombre de familles de ladite religion, soient fermés, et les ministres d'iceux obligés de s'en éloigner de six lieues au moins, sans y pouvoir retourner, pour quelque cause et sous quelque prétexte que ce soit. Si donnons, etc.

N° 1126. — EDIT *sur la reconnoissance des promesses et billets sous seing-privé.*

Versailles, décembre 1684.(Ord. 24. 4 I. 205.) — Néron, II, 194.) Reg. P. P. 22 janvier 1685.

LOUIS, etc. Les différens usages établis en plusieurs siéges et juridictions de notre royaume depuis notre ordonnance du mois d'avril 1667 pour la reconnoissance des promesses, billets et autres écritures sous seing-privé, et les frais que l'on a pris occasion d'augmenter en aucunes desdites juridictions, nous ont fait estimer nécessaire d'expliquer plus précisément notre volonté sur ce sujet, et d'établir à cet égard une procédure égale dans toutes nos cours et siéges. Savoir faisons, etc., voulons et nous plaît ce qui en suit :

ART. 1. Celui qui demandera le paiement d'une promesse, ou l'exécution d'un autre acte sous seing-privé, sera tenu d'en faire donner copie avec l'exploit d'assignation.

2. Le créancier d'une promesse ou billet pourra faire déclarer à sa partie par l'exploit de sa demande, qu'après un délai qui ne pourra être plus court de trois jours, il demandera à l'audience du juge devant lequel il le fera assigner, que la promesse ou billet soient tenus pour reconnus; et s'il prétend qu'ils soient écrits ou signés par le défendeur, et qu'il ne comparoisse pas au jour qui aura été marqué par ledit exploit, le juge ordonnera que lesdites promesses ou billets demeureront pour reconnus, et que les parties viendront plaider sur le principal dans les délais ordinaires.

3. Lorsque le défendeur aura constitué procureur et fourni des défenses, par lesquelles il déniera la vérité de l'écriture ou des signatures de l'acte sous seing privé dont il sera question, le demandeur le fera sommer par un acte de comparoir pardevant le juge, pour procéder à la vérification dudit acte, sans qu'il soit besoin de prendre aucune ordonnance du juge pour cet effet.

4. Si le défendeur dénie dans la plaidoierie de la cause, ou durant l'instruction d'un procès par écrit, la vérité des pièces sous seing-privé dont il s'agira, la vérification en sera faite pardevant l'un des juges qui auront assisté à l'audience, et qui sera commis suivant l'ordre du tableau par celui qui présidera, ou pardevant le rapporteur du procès, s'il est distribué.

5. Les pièces sous seing-privé et écriture privée dont on poursuivra la reconnoissance, seront représentées devant le juge au jour et à l'heure portée par la sommation qui aura été faite de comparoître devant lui, et seront paraphées par le juge, et communiquées en sa présence à la partie.

6. Si le défendeur ne comparoît pas, le juge donnera défaut, et ordonnera que la pièce sera tenue pour reconnue, en cas que le demandeur n'ait point obtenu de jugement à l'audience qui l'ait ainsi ordonné, et qu'il prétende que la pièce soit écrite ou signée de la main du défendeur, et le juge ne prendra en ce cas aucunes vacations, et la partie qui voudra lever le procès-verbal payera seulement l'expédition de la grosse au clerc dudit juge.

7. Si l'on prétend que la pièce soit écrite ou signée d'une autre main que de celle du défendeur, le demandeur nommera un expert, et le juge en nommera un autre pour procéder à la vérification de la pièce sur des écritures publiques et authentiques qui seront représentées par les demandeurs.

8. Si les parties comparoissent, elles conviendront d'experts, et de pièces de comparaison; et si l'une des parties étant comparue refuse de nommer des experts, le juge en nommera pour elle.

9. Lorsque le demandeur aura obtenu un jugement à l'audience, ou dans l'hôtel du juge, portant que la promesse ou billet dont est question, seront tenus pour reconnus, s'il obtient dans la suite condamnation à son profit du contenu dans lesdits actes, il aura hypothèque sur les biens de son débiteur du jour dudit jugement.

10. Le juge ne dressera qu'un seul procès-verbal pour la vérification d'une ou plusieurs pièces, lorsque ladite vérification se fera en même temps, et à la requête de la même partie; et il sera payé pour lesdits procès-verbaux un écu aux conseillers de nos cours, quarante sous aux lieutenans-généraux, et autres officiers des bailliages et sénéchaussées où il y a siége présidial, et vingt sous à ceux des autres siéges royaux, autant à ceux des du-

chés pairies et des autres justices appartenant à des seigneurs particuliers, lesquelles ressortissent directement à nos cours; et quinze sous aux officiers des autres justices desdits seigneurs, et aux clercs desdits juges pour l'expédition desdits procès-verbaux, ce qui se trouvera leur être dû suivant les taxes ordinaires par rôle.

11. Voulons que tous ceux qui dénieront leurs propres signatures ou écritures soient condamnés en nos cours en cent livres d'amende envers nous, et en cinquante livres dans tous nos autres siéges et juridictions, et en pareille somme envers qui il appartiendra dans les justices des seigneurs particuliers, outre les dépens, dommages et intérêts envers les parties. Si donnons en mandement, etc.

N° 1127. — ARRÊT *du conseil portant que les ministres de la religion réformée seront compris dans les rôles des tailles à proportion des biens qu'ils possèdent.*

Versailles, 8 janvier 1685. (Hist. de l'édit de Nantes.)

Le roi ayant été informé qu'encore que par l'art. 44 des particuliers de l'édit de Nantes, qui accorde quelques exemptions aux ministres de la R. P. R., celle de la taille n'y ait point été comprise, néanmoins ils auroient faits tous leurs efforts, dans les temps mêmes les plus difficiles, pour que lesdits ministres pussent jouir de pareille exemption de tailles que les ecclésiastiques, ayant réitéré cette demande, non seulement dans leurs cahiers de 1602, 1604, 1608, 1611, 1619, 1621 et 1622, mais encore par la requête que leurs députés présentèrent à cet effet; sur laquelle intervint arrêt le 17 juillet 1624, par lequel, conformément aux réponses faites sur lesdits cahiers, il fut ordonné que lesdits ministres jouiroient de l'exemption des tailles et autres impositions pour leurs meubles, pensions et gages seulement, et qu'ils ne pourroient être imposés qu'à proportion de leurs héritages, et autres biens; qui est tout ce qu'ils auroient pu obtenir. Cependant, par un usage abusif, qui ne peut prévaloir sur ledit arrêt de 1624, donné même sur la requête des députés de ceux de la R. P. R., et qui n'a jamais été révoqué, les ministres qui possèdent des biens immeubles n'ont pas laissé de jouir dans beaucoup de lieux de l'exemption entière de la taille, soit qu'on ne les ait pas distingués d'avec ceux qui n'avoient que leurs gages et meubles, ou qu'y ayant un nombre considérable de personnes de ladite religion dans ces lieux, lorsqu'ils ont été collecteurs, ils les aient voulu favoriser. A quoi étant nécessaire de pourvoir, le roi étant en son conseil, a ordonné et ordonne, conformément audit arrêt de 1624, que tous ministres de la R. P. R. seront compris et employés dans les rôles des tailles à proportion des biens qu'ils possèdent, autres toutefois que leurs gages et meubles servant à leur usage, pour lesquels seulement ils jouiront de l'exemption desdites tailles, nonobstant tout ce qui pourroit être allégué au contraire, oppositions et autres empêchemens quelconques, pour lesquels ne sera différé.

N° 1128. — MANDEMENT *du grand-prevôt qui enjoint aux marchands religionnaires, suivant la cour, de vendre leurs priviléges.*

Versailles, 9 janvier 1685. (Hist. de l'édit de Nantes.)

EXTRAIT.

Sa Majesté n'ayant rien plus à cœur que de travailler pour la gloire de Dieu, en extirpant l'hérésie de Calvin de son royaume, et pour cet effet nous ayant ordonné de ne souffrir plus aucuns calvinistes, ni autres hérétiques, parmi les marchands privilégiés qui sont sous notre charge; nous, pour obéir aux ordres du roi, enjoignons à tous les marchands privilégiés suivant la cour, qui sont de la R. P. R., ou de quelque autre sorte d'hérétiques que ce soit, de vendre leur privilége dans un mois de la signification de cette présente ordonnance, à peine de désobéissance formelle aux ordres de S. M.

N° 1129. — LETTRES-PATENTES *portant abolition du droit d'aubaine à l'égard des sujets des États-généraux de Hollande.*

Versailles, 9 janvier 1685. (Archiv.)

N° 1130. — ARRÊT *du conseil suivi de lettres-patentes sur la monnoie des médailles* (1).

Versailles, 15 janvier 1685. (Traité des monnoies par Abot de Bazinghen, II, 244.)

---

(1) En vigueur. V. arrêté du 5 germinal an 12 et ordonnance royale du 22 juillet 1816.—V. encore ci-après l'arrêt de la Cour des monnoies du 14 juillet 1685.

Le roi étant en son conseil, conformément aux arrêts du conseil d'état et de la cour des monnoies des 10 mars et 18 janvier 1672, a fait et fait très expresses inhibitions et défenses à tous ouvriers, graveurs, monnoyeurs, et à toutes autres personnes de quelque qualité et condition qu'elles soient, d'avoir ni tenir aucuns moulins, coupoirs, laminoirs, presses, balanciers et autres semblables machines, en quelques lieux, ni sous quelque prétexte que ce soit, hors les hôtels des monnoies, et le lieu destiné à cet effet dans les galeries du Louvre à Paris, à peine d'être punis comme faux-monnoyeurs : comme aussi de fabriquer ni faire fabriquer aucuns jetons, médailles, et pièces de plaisir, d'or, d'argent, ni autres métaux, à peine, contre les ouvriers et fabricateurs, de confiscation des outils et matières, mille livres d'amende contre chacun des contrevenans, et de plus grande peine s'il y échet; et à tous marchands et autres d'acheter, vendre, ni débiter aucuns jetons, médailles, tant de dévotion qu'autres, de quelque matière que ce puisse être, fabriqués sur lesdites machines du moulin, ni autres, ni d'en commander, ni faire faire à quelque prix que ce soit, qu'à la Monnoie des médailles aux galeries du Louvre, à peine d'être punis comme fauteurs et adhérens des fabricateurs; fait aussi S. M. défenses très expresses aux fermiers des douanes et à leurs commis, de laisser entrer dans le royaume des jetons venant des pays étrangers, leur enjoignant de confisquer ceux que l'on y feroit entrer, sur les mêmes peines. Ordonne en outre Sa Majesté qu'il sera informé des contraventions.... par l'un des conseillers de la cour des monnoies, en vertu du présent arrêt, etc.

N° 1131 — ORDONNANCE *portant que tout homme qui sera rencontré avec le nez et les oreilles coupés et marqué de deux fleurs de lis aux joues, sera arrêté et constitué prisonnier, pour ensuite être conduit aux galères en exécution de l'ordonnance du 4 décembre précédent.*

Versailles, 15 janvier 1685. (Réglem. et ordonn. pour la guerre.)

N° 1132. — ARRÊT *du conseil qui ordonne que les juges commis pour assister aux consistoires des religionnaires parapheront les délibérations et les feront signer par les ministres et anciens.*

Versailles, 17 janvier 1685. (Hist. de l'édit de Nantes.)

N° 1133. — DÉCLARATION *portant que les conseillers religionnaires du parlement de Paris ne pourront être rapporteurs des procès où il s'agira de la discipline ecclésiastique, de la célébration du service divin et d'aucuns procès civils ou criminels où des nouveaux convertis seroient intéressés, et qu'ils ne pourront connoître des procès instruits contre les ministres ou les religionnaires.*

Versailles, 20 janvier 1685. (Ord. 24. 4 I. 259. — Rec. cass. — Archiv.)

N° 1134. — DÉCLARATION *concernant la vente des biens des comptables.*

Versailles, 21 janvier 1685. (Rec. cass.) Reg. P. P., 23 mars.

N° 1135. — DÉCLARATION *sur l'édit de mars 1671 portant défenses aux cours et juges jugeant en dernier ressort de prononcer contre les accusés qu'ils condamneront en des amendes envers le roi, aucunes condamnations d'aumônes pour employer en œuvres pies, si ce n'est, 1° au cas de sacrilège et où ladite réparation pour œuvres pies feroit partie de la réparation; 2° aux cas où il n'échet pas d'amendes. Les aumônes, dans ce dernier cas, ne pourront être appliquées qu'au pain des prisonniers, Hôtels-Dieu, hôpitaux-généraux des lieux, religieux et religieuses mendiantes et autres lieux pitoyables, à peine de désobéissance.*

Versailles, 21 janvier 1685. (Ord. 24. 4 I. 303. — Néron, II, 191. — Archiv.)

N° 1136. — ÉDIT *sur l'administration de la justice au Châtelet de Paris.*

Versailles, janvier 1685. (Archiv. — Néron, II, 195.) Reg. P. P., 22 janvier.

LOUIS, etc. Ayant supprimé pour les considérations contenues en nos lettres-patentes en forme d'édit du mois de septembre dernier, le siége présidial et de la prevôté et vicomté de Paris, créé par notre édit du mois de février 1674, nous aurions ordonné que les officiers qui avoient été créés en même temps, à l'exception de ceux qui étoient dénommés en nosdites lettres, seroient incorporés dans le siége ancien de la prevôté et du présidial du Châtelet de Paris, pour ne faire qu'un même corps avec les officiers qui y étoient établis, et pour rendre tous ensemble la justice à nos sujets, suivant les réglemens qui seroient faits par nous :

et voulant, en conséquence de ce, faire entendre nos intentions. A ces causes, etc., voulons et nous plaît ce qui en suit :

Art. 1. Il sera tenu tous les jours auxquels nos officiers dudit siége du Châtelet ont accoutumé d'y entrer, à la réserve des lundis, deux audiences, dont l'une sera appelée l'audience de la prevôté, et l'autre l'audience du présidial, lesquelles commenceront à neuf heures du matin, et finiront à midi.

2. Le lieutenant civil tiendra les audiences de la prevôté, et l'on y fera les publications de nos ordonnances, édits et déclarations, des arrêts et réglemens, des testamens portant substitutions, et de tous les autres actes qui doivent être publiés. L'on y fera pareillement les certifications des criées. L'on y viendra requérir et accepter les gardes noble et bourgeoise, et l'on y plaidera les causes où il s'agit des matières bénéficiales et ecclésiastiques, dont nos officiers ont droit de connoître; de celles où il s'agit de l'état des personnes; des qualités d'héritier, et de femme commune ou séparée; des lettres de répit; des cessions de biens, des séparations d'habitations et de biens; des interdictions des personnes; des servitudes; des contestations formées en conséquence des appositions ou levées de scellés, et pour les confections d'inventaires, lesquelles devront être portées à l'audience; des différends qui arrivent entre des commissaires, notaires, procureurs, sergens et autres officiers pour les fonctions de leurs charges; et généralement toutes les causes dont la connoissance appartient audit *siége du Châtelet*, à la réserve de celles qui sont expliquées dans l'article suivant.

3. Les deux lieutenans particuliers, à commencer par le plus ancien en réception, tiendront alternativement, de mois en mois, l'audience du présidial. L'on y plaidera toutes les appellations verbales des jugemens et ordonnances rendus par les juges qui ressortissent audit siége, à quelques sommes qu'elles puissent monter; les causes qui seront aux deux chefs de l'édit des présidiaux, et toutes les autres causes où il s'agira de matières personnelles, réelles et mixtes, dont les demandes tant principales qu'incidentes, ne seront que de douze cents livres et au dessous, et qui ne seront pas dans les cas compris au précédent article : et il sera fait deux rôles tous les mois par le lieutenant civil, l'un des appellations verbales, et des causes présidiales, dont on plaidera les jeudis; et l'autre de quelques-unes des affaires où il sera question de douze cents livres et au dessous, dont on plaidera les mardis. Seront aussi portées en ladite audience du

présidial toutes les causes de la connoissance desquelles le lieutenant civil sera obligé de s'abstenir. Pourront en outre lesdits lieutenans particuliers faire plaider les mercredis, vendredis et samedis des causes où il s'agira pareillement de la somme de douze cents livres et au dessous, sur les placets qui leur seront présentés.

4. Les déclinatoires et les exceptions seront jugées en celle des deux audiences où les assignations auront été données.

5. Le lieutenant civil répondra toutes les requêtes qui seront présentées en matière civile, dans les affaires qui ne seront point appointées et distribuées ; et les assignations qui seront données en conséquence de ses ordonnances, ne pourront être données qu'en l'une des audiences, selon la qualité différente des affaires, si ce n'est dans les cas exprimés dans l'article suivant.

6. Quand il s'agira de la liberté de personnes qualifiées ou constituées en charge ; de celle des marchands et négocians emprisonnés à la veille de plusieurs fêtes consécutives, ou des jours auxquels on n'entre pas au Châtelet ; lorsque l'on demandera la main-levée de marchandises prêtes à être envoyées, et dont les voituriers seront chargés, ou qui peuvent dépérir ; du paiement que des hôteliers ou des ouvriers demandent à des étrangers pour des nourritures et fournitures d'habits, ou autres choses nécessaires ; lorsque l'on réclamera des dépôts, gages, papiers ou autres effets divertis : si le lieutenant civil le juge ainsi à propos pour le bien de la justice, il pourra ordonner que les parties comparoîtront le jour même dans son hôtel pour y être entendues, et être par lui ordonné par provision ce qu'il estimera juste, sans aucunes vacations ni frais à son égard.

7. Lorsqu'il s'agira de la liberté de prisonniers arrêtés pour dettes, hors les cas portés par l'article précédent ; de la main-levée des meubles, chevaux et bestiaux saisis, et autres matières qui requièrent célérité, le lieutenant civil pourra permettre d'assigner les parties à un délai plus bref que ceux portés par le troisième titre de notre ordonnance du mois d'avril 1667, à laquelle nous avons dérogé pour ce regard ; et ceux qui feront arrêter prisonniers leurs débiteurs, ou qui les feront recommander pour dettes dans notre bonne ville de Paris, ou qui y feront saisir des carrosses, chevaux, bestiaux et autres meubles en conséquence de jugemens rendus dans l'une des cours et juridictions qui y sont établies, ou d'autres actes, seront tenus d'y constituer procureur, et d'élire domicile dans ladite ville par les

écrous d'emprisonnemens, recommandations, saisies ou oppositions, et en conséquence ils pourront être assignés aux domiciles qu'ils auront ainsi élus. Défendons aux huissiers, sergens et tous autres officiers de constituer prisonniers aucune personne, ou de la recommander pour dettes civiles, ni de saisir aucuns meubles, ou de signifier aucunes oppositions aux saisies qui seront faites, s'il n'y a élection de domicile, et un procureur constitué, et aux geôliers des prisons de recevoir lesdits prisonniers, le tout à peine de cinquante livres d'amende et de tous dépens, dommages et intérêts, tant contre lesdits officiers que contre les geôliers qui pourront contrevenir.

8. Les procès civils seront distribués en la manière accoutumée par le lieutenant civil, lequel ne rapportera aucuns procès, si ce n'est ceux où il s'agira de nos intérêts, de ceux du public, ou de matières très importantes; et en cas qu'il y ait lieu d'y taxer des épices sur les jugemens qui seront rendus à son rapport, elles appartiendront entièrement aux lieutenans particuliers et conseillers.

9. Lorsque dans les appositions ou levées de scellés, et dans les confections d'inventaires, les parties formeront des contestations, les commissaires, notaires et procureurs qui y assisteront, pourront, si les parties le requièrent, se transporter en la maison du lieutenant civil, pour y être pourvu ainsi qu'il avisera bon être, sans aucuns frais ni vacations pour lui, quand même il se transporteroit dans les lieux où les scellés sont apposés, et où l'on travaille aux inventaires, et sans que lesdits officiers en puissent prétendre pour eux, lorsque ledit lieutenant civil n'estimera pas nécessaire de rendre aucune ordonnance sur les rapports qu'ils lui auront faits. Et sera tenu notre procureur audit siége de comparoir auxdits scellés ès cas où il sera nécessaire, par l'un de ses substituts.

10. On ne donnera aucunes assignations en l'hôtel des officiers du Châtelet, pour représenter des quittances, si ce n'est en conséquence de sentences rendues en l'audience de la prevôté ou du présidial, par laquelle l'un des officiers qui y assisteront aura été commis par celui qui présidera, ou d'un jugement intervenu sur un procès par écrit; et lorsqu'il y aura contestations pour des quittances de cette qualité, les parties en donneront copie, et les originaux en pourront être communiqués, si besoin est, en la manière accoutumée.

11. Il sera procédé à la reconnoissance des promesses sous

seing-privé en la forme portée par notre édit du mois de décembre dernier.

12. Le lieutenant civil, avant l'audience de la prevôté ; et après qu'elle sera finie, l'un des lieutenans particuliers, ou le plus ancien des conseillers qui y auront assisté, tiendront chacun à leurs jours accoutumés les audiences appelées ordinaires, pour y juger les causes concernant les instructions de celles qui devront être portées aux audiences de la prevôté et du présidial, et des procès par écrit, sans qu'ils y puissent prononcer aucun appointement en droit ou à mettre, ni même après avoir examiné les pièces, lorsqu'ils auront ordonné qu'elles seront mises sur le bureau.

13. Le lieutenant civil, ou en son absence l'un des lieutenans particuliers, tiendra les mercredis et samedis l'audience de la chambre civile pour l'expédition des causes où il s'agira de vider des lieux ; du paiement des loyers, des saisies et exécutions de meubles faites en conséquence des établissemens, et des charges de gardiens et des commissaires ; des réparations des bâtimens ; des salaires des régens, précepteurs et maîtres d'école ; de ceux des médecins, apothicaires, chirurgiens, huissiers, sergens et autres officiers de cette qualité ; des gages des domestiques et serviteurs ; des pensions et nourritures, ventes faites pour provision de maison, en grains, farines, pain, vin, viande, foin, bois et autres choses nécessaires ; salaires et peines d'ouvriers et d'artisans, quand il n'y a point de marché fait par écrit, ports de hardes et de paquets, ventes, louages et nourritures de chevaux, vente de marchandises faites par les marchands forains et autres sans jour, sans terme et sans écrit, et des autres matières sommaires et provisoires qui ont accoutumé d'y être portées, pourvu que les demandes tant principales qu'incidentes, n'excèdent la somme de mille livres.

14. Celui des lieutenans particuliers qui sera de service à l'audience du présidial, tiendra, en l'absence des lieutenans civil, de police et criminel, les audiences des chambres civile, de police et criminelle ; et l'autre lieutenant particulier tiendra, les mercredis et samedis, l'audience des criées, et fera toutes les autres fonctions desdits lieutenans civil, de police et criminel en cas d'absence, récusation ou autre empêchement légitime, le tout en la manière qu'ils l'ont fait jusqu'à cette heure.

15. Le plus ancien en réception desdits lieutenans particuliers qui se trouvera en la chambre du conseil ou en la chambre cri-

minelle, aux jours et heures auxquelles il ne sera point obligé de servir ailleurs, présidera au jugement des procès civils et criminels, en l'absence des lieutenans civil et criminel; et lorsque l'un desdits lieutenans particuliers ne sera pas en état de faire quelqu'une des fonctions attribuées à leurs charges, l'autre les exercera en sa place.

16. Les conseillers du Châtelet seront partagés en quatre colonnes, en chacune desquelles il y en aura quatorze pour servir successivement durant un mois, et à commencer par la première, à l'audience de la prevôté, à celle du présidial, en la chambre du conseil pour le jugement des procès civils et de police, et en la chambre criminelle; et les quatre plus anciens conseillers seront mis à l'avenir à la tête de chacune desdites colonnes. Voulons néanmoins, pour bonnes considérations, que M° le Fèvre, doyen, et   Milet, sous-doyen des conseillers du siége que nous avons supprimé, soient toujours mis à la tête de la troisième desdites colonnes, jusqu'à ce qu'ils soient en état, par leur ancienneté de monter à la tête des autres colonnes; et qu'après eux M.   Racine et Petitpas occupent les mêmes places, sans tirer à conséquence pour les autres conseillers qui ont servi dans ledit siége supprimé.

17. Aucun des conseillers ne pourra prendre place aux audiences, ni assister au jugement des procès civils et criminels, s'il n'y est actuellement de service, ou s'il n'y est appelé par celui qui y présidera, pour remplir le nombre de juges nécessaires en l'absence et au défaut de ceux qui y servent actuellement; et ceux des conseillers qui se trouveront de service au criminel sans avoir servi deux ans, assisteront seulement à la visitation et jugement des procès criminels qui seront jugés en dernier ressort, sans y pouvoir opiner.

18. Les lieutenans particuliers et conseillers pourront rapporter en la chambre du conseil les procès civils dont ils seront chargés, encore qu'ils soient de service à l'audience, et au criminel, pourvu que ce soit avant les heures destinées pour l'un et pour l'autre.

19. Les conseillers qui seront de service en la chambre du conseil, seront tenus d'assister assidûment au jugement des procès civils ou criminels qui regarderont la police, lesquels nous voulons être expédiés diligemment et par préférence à tous les autres, de quelque nature qu'ils puissent être.

20. Le plus ancien en réception de nos avocats tiendra toujours la première place en l'audience de la prevôté, et assistera aux audiences de la chambre civile et de la grande police.

21. Les trois autres, à commencer par le plus ancien d'entre eux, assisteront successivement, chacun durant deux mois, à l'audience de la prevôté, en la seconde place.

22. Les deux qui ne seront point de service à l'audience de la prevôté assisteront à celle du présidial.

23. Celui qui servira dans la seconde place à l'audience de la prevôté, servira durant le même temps aux audiences de la petite police, et celui qui servira dans la seconde place en l'audience présidiale, assistera à celles qui se tiendront pour les matières criminelles. Voulons néanmoins et nous plaît pour bonnes considérations, que ceux qui sont pourvus présentement des deux offices de nos avocats anciennement créés, servent en l'audience de la prevôté, tant qu'ils exerceront lesdites charges seulement.

24. Le plus ancien de nos avocats résoudra en l'absence, ou autre empêchement de notre procureur, toutes les conclusions préparatoires et définitives sur les informations et procès criminels, et sur les procès civils qui ont accoutumé d'être communiqués à notre procureur, et elles seront signées par le plus ancien de ses substituts, ou autre qui sera par lui commis en la manière accoutumée, sans que ledit substitut puisse délibérer.

25. Le lieutenant-criminel donnera audience les mardis et vendredis, et même un troisième jour de la semaine, s'il est besoin, depuis midi jusqu'à deux heures pour les affaires criminelles où il s'agira d'injures, rixes et autres matières légères, qui ne méritent pas d'instruction, et les informations et procédures qui auront été faites, seront mises entre les mains de celui de nos avocats qui devra y assister, afin d'en faire le récit, et que ces contestations puissent être vidées sur-le-champ, ainsi que nous enjoignons au lieutenant-criminel de le faire; et s'il estimoit de voir lui-même les informations ou autres procédures, il le pourra ordonner, et prononcera à l'audience suivante la sentence qu'il trouvera à propos de rendre, sans prendre aucuns droits pour ce sujet.

26. Les commissaires auront soin d'informer soigneusement le lieutenant-criminel et notre procureur au Châtelet des crimes qui arriveront dans l'étendue des quartiers où ils sont distribués, dans le jour qu'ils en auront eu connoissance; et s'il arrive quel-

que difficulté considérable au sujet des plaintes qu'ils recevront, ou des réquisitions des parties, pour faire arrêter des personnes hors le flagrant délit, ils en informeront le lieutenant-criminel, lequel y pourvoira sur-le-champ, sans aucuns droits ni vacations.

27. L'article 19 du titre 10 de notre ordonnance du mois d'août 1670 sera exécuté, et en conséquence le lieutenant-criminel et autres officiers du siége du Châtelet, ne décerneront des décrets de prise de corps contre des personnes domiciliées que lorsqu'elles seront accusées de crimes graves, et qui pourront mériter des peines afflictives ou infamantes, et ils ne pourront élargir ceux qui auront été constitués prisonniers en vertu de décrets de prise de corps, si ce n'est du consentement de notre procureur ou par délibération prise en la chambre du conseil, en cas que notre procureur n'y consente pas, et lorsque, dans les affaires sujettes au jugement dernier, la compétence aura été jugée.

28. Les officiers dudit siége du Châtelet, de l'ordonnance desquels des prisonniers auront été arrêtés, seront tenus de les interroger dans vingt-quatre heures après leur emprisonnement, et ne pourront prendre et recevoir des prisonniers aucuns droits pour leurs interrogatoires, ni pour les sentences d'élargissement, ni dresser aucuns procès-verbaux pour la réception des cautions présentées, si les parties civiles n'y ont assisté pour en contester les facultés.

29. Les prisonniers qui auront obtenu des ordonnances ou sentences portant élargissement de leurs personnes, ne pourront être retenus sous prétexte des vacations des juges pour les interrogatoires ou autres procédures faites contre eux. Défendons aux geoliers, à peine d'interdiction durant trois mois, et de tous dépens, dommages et intérêts pour la première contravention, et d'être déclarés incapables de leurs fonctions en cas de récidive, de les retenir; et aux greffiers, sous pareilles peines, de recevoir les vacations desdits prisonniers, ou d'aucunes personnes autres que les parties civiles, quand même on les leur offriroit volontairement. Leur enjoignons d'écrire sur toutes les expéditions qu'ils délivreront, les droits qui auront été payés, tant pour les juges, que pour notre procureur, et pour eux, et de faire mention du nom des personnes par les mains desquelles ils les auront reçus.

30. Lorsqu'il sera intervenu une sentence interlocutoire ou

définitive sur un procès criminel, portant élargissement ou absolution d'un prisonnier, elle sera signée par les juges qui y auront assisté avant qu'ils sortent de la chambre, et prononcée sur-le-champ à notre procureur et aux accusés, lorsqu'elle sera rendue à la charge d'appel, et si notre procureur n'en interjette point d'appel, le greffier ira dans la matinée même mettre le prisonnier en liberté, et décharger le registre de la prison, sans qu'il puisse recevoir aucuns droits du prisonnier, ni de sa part, si ce n'est ceux qui sont dus pour l'expédition de la grosse de la sentence, en cas qu'il la veuille lever, après qu'il aura été mis en liberté, et sur les peines portées par l'article précédent.

31. Aussitôt que les procès criminels seront instruits, ils seront distribués par le lieutenant-criminel, en présence du lieutenant particulier qui sera de service à l'audience du présidial, ou de l'autre en son absence, et du plus ancien des conseillers qui seront de service au criminel, et qui se trouvera au Châtelet lorsque la distribution se fera, à l'issue de la dernière des audiences qui sera tenue ce jour-là au Châtelet.

32. Ordonnons que notre présent règlement sera lu tous les ans à l'ouverture des audiences du Châtelet. Enjoignons à notre procureur audit siège, de remettre à notre procureur général un acte portant que cette lecture aura été faite, et de tenir la main à son exécution, et particulièrement à ce qui regarde la liberté des prisonniers, et les paiemens des frais qui pourroient leur être demandés au préjudice de notre présent règlement, lui ordonnons d'informer notre procureur général des contraventions qui pourroient y être faites, afin qu'il fasse les poursuites et réquisitions nécessaires, pour y être pourvu par notre cour de parlement de Paris, ainsi qu'il appartiendra. Si donnons en mandement, etc.

N° 1137. — ARRÊT *du conseil qui défend de recevoir aucuns maîtres apothicaires et épiciers religionnaires.*

Versailles, 22 janvier 1685. (Hist. de l'édit de Nantes. — Rec. cass.)

N° 1138. — DÉCLARATION *sur l'édit d'août 1669, contenant règlement pour la vente des immeubles des comptables en débet.*

Versailles, 27 janvier 1685. (Ord. 24. 4 J. 316. — Néron, II, 198. — Hist. de l'édit de Nantes.)

LOUIS, etc. Nous avons par notre édit du mois d'août 1669,

enregistré en nos chambre des comptes et cour des aides de Paris, fait connoître à tous nos sujets les priviléges et préférences qui nous appartiennent sur les biens meubles et immeubles des officiers comptables, fermiers généraux et particuliers, et autres ayant le maniement de nos deniers, ainsi qu'il est expliqué par icelui ; et ordonné que les biens immeubles des comptables qui se trouveroient redevables envers nous, et leurs offices de toute nature, qui seroient saisis réellement, seroient décrétés, adjugés, et l'ordre et distribution du prix fait en nos cours des aides, séantes ès villes où nos chambres des comptes sont établies, et dans le ressort desquelles le comptable auroit exercé, avec la faculté à nosdites cours des aides d'évoquer de toutes nos autres cours et juges les saisies et criées faites à la requête des créanciers particuliers des comptables qui nous sont redevables, après avoir subrogé nos procureurs généraux aux poursuites ; et que tout créancier saisissant les biens immeubles et offices d'un comptable, seroit tenu, dans un mois après la saisie, de la faire signifier à notre procureur général en la cour des aides, et retirer son consentement par écrit sur l'original de la saisie pour la continuer, au cas que le saisi ne nous fût pas redevable, à peine de nullité de l'adjudication.

Et depuis nous aurions, par arrêt de notre conseil, rendu sur la requête de notre procureur général de notre cour des aides de Clermont-Ferrant, en interprétant l'article 5 dudit édit, déclaré n'avoir entendu priver les cours des aides de la connoissance des saisies réelles, décrets et distribution des deniers des offices et immeubles des comptables, chacune dans leur ressort, à la charge d'observer les réglemens faits par ledit édit, à peine de nullité. Mais cet édit dont les dispositions étoient lors justes et nécessaires pour la sûreté des sommes dont la plus grande partie des comptables de notre royaume nous étoient redevables pour reste de leurs comptes, et à cause des dettes et charges mises sur iceux, dont nous avions ordonné le recouvrement, a causé dans la suite des temps de grands frais, peines et fatigues à nos sujets, comme aussi quelque confusion dans l'ordre des juridictions.

Et comme nous voulons les maintenir chacune dans ce qui leur est attribué par les édits et ordonnances de nous et des rois nos prédécesseurs, faire que nos sujets puissent obtenir avec facilité la justice sur les lieux, sans qu'ils soient obligés de quitter leurs demeures et le soin de leurs affaires pour l'aller requérir à grands frais en des juridictions éloignées ; pour donner aussi facilité aux saisis, et à leurs créanciers de trouver des enchérisseurs qui portent les biens à leur juste valeur, par le moyen de quoi les uns puissent, en acquittant leurs dettes, se conserver le surplus de leur bien, pour fournir à la subsistance de leur famille et au rétablissement de leurs affaires, et néanmoins maintenir les priviléges et préférences qui nous appartiennent sur les biens, tant meubles qu'immeubles des comptables redevables envers nous, tant des restes de leurs comptes, que par condamnations portées par les arrêts, tant de notre conseil que de nos chambres des comptes, ou par les rôles qui auront été arrêtés en notre conseil. A quoi voulant pourvoir.

A ces causes et autres à ce nous mouvant, de l'avis de notre conseil, et de notre certaine science, pleine puissance et autorité royale, en interprétant notredit édit du mois d'août 1669, nous avons dit, déclaré et ordonné, et par ces présentes signées de notre main, disons, déclarons et ordonnons, voulons et nous plaît, que les biens immeubles des comptables, qui se trouveront redevables envers nous, et leurs offices de toute nature qui seront saisis réellement, soient décrétés, adjugés, et l'ordre et distribution du prix fait en nos cours des aides, dans le ressort desquelles ils auront exercé leursdits offices comptables.

Pour cet effet nosdites cours des aides pourront évoquer, de toutes nos autres cours et juges, les saisies et criées faites à la requête des créanciers particuliers des comptables qui nous seront redevables, tant pour reste de leurs comptes et maniemens, que pour toutes autres sommes à nous dues par rôles arrêtés en notre conseil, ou par arrêts d'icelui, ou par ceux de nos chambres des comptes.

Pour cet effet seront tenus nos procureurs généraux en nosdites cours des aides d'attacher aux requêtes qu'ils présenteront auxdites cours pour y demander l'évocation desdites criées, décrets ou ordres, les extraits en bonne forme des jugemens de clôture des comptes desdits comptables, contenant les débets et charges mises sur iceux, ou les arrêts de condamnation contre eux rendus, cessant lesquelles pièces, défendons à nosdits procureurs généraux de requérir lesdites évocations, et à nosdites cours de les ordonner, si le comptable des biens duquel les criées auront été poursuivies originairement ès cours des aides, ou qui auront été évoquées, ses héritiers, biens tenans, ou ses créanciers rapportant le quitus de ses comptes, ou la décharge de ses maniemens, ou quittancé de notre trésor royal, ou de nos revenus casuels, et que la plus considérable partie des créanciers pour la grandeur des sommes demande le renvoi desdites saisies, criées et décrets aux juridictions qui en sont compétentes, elles y seront renvoyées en quelque état qu'elles soient, même après le congé d'adjuger.

En ordonnant l'évocation desdites criées, nosdites cours des aides subrogeront par le même arrêt nos procureurs généraux à la poursuite ; et ce faisant, seront les créanciers saisissant les biens immeubles des comptables, déchargés de l'obligation à eux imposée par l'article 8 de notredite déclaration du mois d'août 1669, de faire signifier, à notre procureur général en notre cour des aides, leur saisie dans un mois du jour et date d'icelle, et retirer son consentement par écrit sur l'original, à peine de nullité de l'adjudication, dérogeant à cet égard à la disposition dudit article, que nous ne voulons avoir lieu à l'avenir.

Voulons que le surplus de ladite déclaration, en ce qui concerne les priviléges et préférences de ce qui nous est dû par les comptables, soit observé ponctuellement par toutes nos cours et juges, dans la distribution des biens, tant meubles qu'immeubles desdits comptables, sans y contrevenir. Si donnons en mandement, etc.

N° 1139. — Arrêt *du conseil suivi de lettres-patentes qui défend le jeu de la bassette, sous peine de 3000 liv. d'amende.*

Versailles, 30 janvier 1685. (Archiv.)

N° 1140. — Lettres-patentes *sur l'établissement de la compagnie de Guinée, qui lui donne le commerce exclusif des nègres, de la poudre d'or, etc.*

Versailles, janvier 1685. (Rec. cass. —Moreau de Saint-Méry, I, 409.)

LOUIS, etc. Après avoir heureusement fini tant de longues et de différentes guerres pendant le cours desquelles Dieu a béni visiblement et fait prospérer nos armes, nous nous sommes appliqué à procurer le repos à nos peuples par les traités de paix et de trève que nous avons faits avec les princes et États nos voisins; et comme, dans la tranquillité dont jouit à présent notre royaume, rien ne peut si naturellement introduire l'abondance que le commerce, nous avons résolu d'en procurer par toutes sortes de voies l'augmentation, notamment de celui qui se fait dans les pays éloignés; et ayant été informé que la compagnie du Sénégal jouit d'une trop grande étendue de pays, et qu'elle prétend étendre sa concession depuis le cap Blanc jusqu'au cap de Bonne-Espérance, ce qui comprend plus de quinze cents lieues de côtes, dans lesquelles cette compagnie, en conséquence de ses priviléges, exclut nos sujets de faire non seulement le commerce et la traite des cuirs, de la gomme, du morfil, de la cire et autres marchandises, dans les lieux et pays du Sénégal, rivière de Gambie et Gorée, mais même celle des nègres et de la poudre d'or dans la côte de Guinée, quoiqu'elle ne soit point en état d'y aller, ni par conséquent de porter aux îles françoises de l'Amérique le nombre des nègres nécessaire pour les plantations et les cultures qui font subsister nos sujets desdites îles, ni de traiter la quantité de poudre d'or qu'on peut aisément tirer de cette côte, pour la faire entrer dans notre royaume; nous aurions, par l'arrêt rendu en notre conseil, nous y étant, le 12 septembre dernier, révoqué les priviléges accordés aux intéressés en la compagnie du Sénégal, en exécution du contrat du 21 mars 1679, de faire seuls le commerce des côtes de Guinée depuis la rivière de Gambie jusqu'au cap de Bonne-Espérance; et ensuite, par un autre arrêt aussi rendu en notre conseil le 6 janvier 1685, après avoir entendu lesdits intéressés, nous les aurions maintenus en la faculté de faire le commerce à l'exclusion de tous autres, ès côtes d'Afrique, depuis le cap Blanc jusqu'à la rivière de Serre-Lyonne exclusivement, au lieu de celle de Gambie, portée par le précédent arrêt.

En conséquence desquels arrêts, ayant invité ceux de nos sujets que nous avons crus les plus capables et les plus intelligens à ces sortes de choses, d'entreprendre le commerce desdites côtes de Guinée, voyant les dispositions des particuliers qui pourroient faire une compagnie, selon notre intention, nous avons résolu de faire pour ce expédier nos lettres patentes pour l'établissement et conditions sous lesquelles nous voulons former ladite compagnie. A ces causes et pour autres considérations à ce nous mouvant, après avoir fait mettre cette affaire en délibération en notre conseil, et en conséquence de la révocation faite par ledit arrêt de notre conseil du 12 septembre 1684, ci-attaché sous ledit contrescel de notre chancellerie, lequel nous voulons d'abondant être exécuté sous la modification toutefois portée par ledit arrêt du 6 janvier 1685, pareillement aussi attaché sous ledit contrescel. Nous avons de notre certaine science, pleine puissance et autorité royale, établi et établissons par ces présentes une compagnie, sous le titre de la compagnie de Guinée, qui sera composée de ceux de nos sujets que nous choisirons à cet effet pour, par les intéressés en icelle, faire seuls, à l'exclusion de tous autres nos sujets, le commerce des nègres, de la poudre d'or et de toutes autres marchandises qu'ils pourront traiter ès côtes d'Afrique, depuis la rivière de Serre-Lyonne inclusivement, jusqu'au cap de Bonne-Espérance, soit que lesdites côtes aient été ci-devant occupées par nos sujets, ou que ladite compagnie s'y établisse en quelque manière que ce soit, sans préjudice néanmoins des traités d'alliance et de commerce que nous avons faits avec les princes et États de l'Europe, qui demeureront en leur force et vertu.

Art. 1. Pourra ladite compagnie transporter seule, à l'exclusion de tous autres, des nègres aux îles françoises de l'Amérique, à la réserve toutefois de la compagnie du Sénégal, à laquelle nous permettons d'y faire transporter ceux qu'elle traitera dans l'étendue du Senégal, cap Vert et lieux circonvoisins, jusqu'à la rivière de Serre-Lyonne exclusivement.

2. Jouira ladite compagnie de l'effet du privilége à elle ci-dessus accordé pendant le temps et espace de vingt années consécutives, à commencer du jour et date des congés qui seront expédiés pour le départ des premiers vaisseaux qu'elle enverra faire ledit commerce; sans que, sous quelque prétexte que ce soit, ladite compagnie de Guinée soit tenue d'aucun dédommagement et indemnité envers ceux auxquels nous avons ci-devant accordé des priviléges pour traiter ès-lieux de la présente concession, dont, en tant que de besoin, nous avons dès à présent comme dès-lors déchargé ladite compagnie de Guinée, faisant défenses à tous autres nos sujets d'y négocier, ni de transporter aucuns nègres desdits pays aux îles, à peine de tous dépens, dommages et intérêts, confiscation des vaisseaux, nègres et marchandises, au profit de ladite compagnie, 3000 livres d'amende, applicables moitié aux hôpitaux des îles, et l'autre moitié à la compagnie.

3. Pourront les intéressés à la compagnie prendre entre eux en leurs assemblées telles délibérations, et faire tels résultats qu'ils aviseront pour le fait de leur commerce, et direction d'icelui en général et en particulier suivant le contrat de société qu'ils feront entre eux.

4. Ne pourront les effets de ladite compagnie, ni le fonds des intéressés en icelle, tant en principal que profits, être saisis pour nos deniers et affaires, ni sous quelqu'autre prétexte que ce soit, et en cas de saisies et arrêts qui pourroient être faits à la requête des créanciers particuliers d'aucun des intéressés, elles tiendront

entre les mains du caissier général de ladite compagnie, qui fera délivrance jusqu'à concurrence des causes de la saisie, et à proportion des répartitions qui devront être faites entre les associés, suivant les résultats de l'assemblée, et les comptes qui y seront arrêtés, auxquels les saisissans seront tenus de se rapporter, sans que, sous quelque prétexte que ce soit, le caissier général ou particulier, et les commis préposés et directeur de la compagnie, soient tenus d'en rendre compte ni faire déclaration en conséquence desdites saisies, desquelles ils seront déchargés en représentant les comptes arrêtés par la compagnie, qui leur serviront de décharge, en payant néanmoins le reliquat à qui il sera dû, si aucun y a.

5. Appartiendront à ladite compagnie, en pleine propriété, les terres qu'elle pourra occuper ès lieux, et pendant le temps de sa concession, èsquels nous lui permettons de faire tels établissemens que bon lui semblera, y construire des forts pour sa sûreté, y faire transporter des armes et canons, et y établir des commandants, et nombre d'officiers et soldats nécessaires pour assurer son commerce, tant contre les étrangers que les naturels; auquel effet nous permettons à ladite compagnie de faire avec les rois nègres tels traités de commerce qu'elle avisera.

6. Et après l'expiration du privilége par nous présentement accordé, voulons que ladite compagnie puisse disposer de ses habitations, armes, munitions, ainsi que de ses autres effets, meubles, ustensiles, marchandises et vaisseaux comme de choses à elle appartenantes en toute propriété.

7. Ne pourra ladite compagnie employer ni donner aucunes commissions qu'à des gens de la religion catholique, apostolique et romaine; et en cas que ladite compagnie fasse quelques établissemens dans les pays de la présente concession, elle sera obligée de faire passer le nombre des prêtres missionnaires nécessaire pour l'instruction et exercice de ladite religion, et donner les secours spirituels à ceux qui auront été envoyés.

8. Ne pourra ladite compagnie se servir pour son commerce d'autres vaisseaux que de ceux à elle appartenant, ou à nos sujets, armés ou équipés dans nos ports, à peine de déchéance de la présente concession, et de confiscation des navires et des marchandises dont ils se trouveront chargés.

9. Les prises, si aucunes sont faites par la compagnie, des navires qui viendront traiter ès pays qu'elle aura occupés, ou qui, contre la prohibition portée par ces présentes, transporteront

aux îles et colonies françoises de l'Amérique des nègres de Guinée, seront jugées, savoir; celles qui seront faites au-dessus ou à la hauteur des Canaries allant en Guinée, ou venant de Guinée aux îles, par les intendans des îles françoises de l'Amérique, avec eux appelé le nombre de six conseillers des conseils souverains desdites îles; et pour toutes les autres par les officiers de nos amirautés des havres et ports de France, où les vaisseaux qui auront fait lesdites prises feront leur retour; le tout en la forme et ainsi qu'il est porté par notre ordonnance du mois d'août 1681 : et à l'égard des contestations qui pourroient naître entre ladite compagnie de Guinée et autres compagnies, elles ne pourront être jugées qu'en notre conseil.

10. Les marchandises de toutes sortes que la compagnie fera apporter pour son compte des pays de sa concession, ou des îles de l'Amérique, seront exemptes, conformément à l'arrêt de notre conseil du 30 mai 1664, de la moitié des droits à nous ou à nos fermiers appartenant, mis ou à mettre aux entrée, ports et havres de notre royaume; faisant défenses à nosdits fermiers, leurs commis et tous autres, d'en exiger au-delà du contenu aux présentes, à peine de concussion et de restitution du quadruple. Faisons défenses, conformément à l'arrêt de notre conseil du 12 février 1665, aux maires, échevins, consuls, jurats, syndics et habitans des villes, d'exiger de ladite compagnie aucuns droits d'octrois de quelque nature qu'ils soient, sur les denrées et marchandises qu'elle fera transporter dans ses magasins et ports de mer pour les charger dans ses vaisseaux, desquels droits nous avons déchargé ladite compagnie et sesdites denrées et marchandises, nonobstant toutes lettres, arrêts et clauses contraires.

11. Déclarons pareillement, conformément à l'arrêt de notre conseil du 10 mai 1665, ladite compagnie exempte de tous les droits de péage, travers, passages et autres impositions qui se perçoivent ès rivières de Loire, de Seine et autres sur les futailles vides, bois mairain et bois à bâtir vaisseaux appartenant à ladite compagnie.

12. Comme aussi jouira, suivant les arrêts de notre conseil des 24 avril et 26 août 1665, de l'exemption et immunité de tous les droits d'entrée et de sortie, et du bénéfice de l'entrepôt des munitions de guerre et de bouche, bois, chanvres, toiles à faire voiles, cordages, goudron, canons de fer et de fonte, poudre, boulets, armes, et autres choses généralement quelconques de cette qualité, que ladite compagnie fera venir pour son compte,

tant des pays étrangers que de ceux de notre obéissance ; soit que lesdites choses soient destinées pour l'avitaillement, armement, radoub, équipement ou construction des vaisseaux qu'elle équipera ou fera construire dans nos ports, soit qu'elles doivent être transportées ès lieux de sa concession.

13. Et quant aux marchandises de ladite compagnie destinées pour lesdits lieux, et pour les îles et colonies françoises de l'Amérique, elles jouiront de l'exemption des droits de sortie, conformément aux arrêts de notre conseil des 18 septembre 1671 et 25 novembre audit an ; même en cas qu'elles sortent par le bureau d'Ingrande, encore qu'il ne soit exprimé par lesdits arrêts.

14. Jouira en outre ladite compagnie de toutes autres exemptions, franchises, décharges et immunités que nous avons accordées à ladite compagnie des Indes occidentales, et à la compagnie du Sénégal, par notre édit du mois de mai 1664 et par les arrêts de notre conseil donnés en faveur de l'une et de l'autre compagnie, que nous voulons être exécutés comme s'ils avoient été accordés au nom de la compagnie de Guinée.

15. Ceux qui seront par nous choisis pour composer ladite compagnie de Guinée, fourniront à notre secrétaire d'état ayant le département de la marine et du commerce, leur soumission de faire porter sur leurs vaisseaux, par chacun an, durant le temps porté par ces présentes, dans nos îles et colonies de l'Amérique, la quantité de mille nègres de Guinée, que la compagnie ou ses commis pourra néanmoins traiter de gré à gré ès dites îles et colonies, et de faire pendant le même temps porter de la côte de Guinée dans notre royaume, savoir : chacune des deux premières années, la quantité de mille marcs de poudre d'or, et celle de douze cents marcs pour chacune des années suivantes.

16. Et pour donner moyen à ladite compagnie de soutenir son entreprise, nous voulons que conformément à ce qui s'est pratiqué jusqu'à présent, depuis le traité fait avec maître Jean Oudiette le 16 octobre 1675, il soit payé à ladite compagnie la somme de treize livres, par forme de gratification, pour chacune tête de nègre de Guinée qu'elle aura porté dans nos îles et colonies de l'Amérique, sur le prix de notre domaine d'Occident en la manière accoutumée, en conséquence des certificats de l'intendant des îles ou des gouverneurs en son absence, visés par les directeurs dudit domaine.

17. Et à l'égard de la poudre d'or qu'elle rapportera des pays de sa concession, nous voulons aussi et ordonnons être payé à la-

dite compagnie, par forme de gratification en la manière que dessus, la somme de vingt livres pour chaque marc de poudre d'or, en rapportant les certifications du maître et du garde du bureau de la monnoie de Paris, visés par les directeurs du domaine d'Occident.

18. Ne seront par nous accordées aucunes lettres d'état, de répit, surséance ou évocation, aux débiteurs de la compagnie; et si aucunes étoient obtenues de nous ou de nos juges, nous les avons dès à présent, comme dès-lors, déclarées nulles et de nulle valeur, faisant défenses à nos juges d'y avoir égard. Si donnons, etc.

N° 1141. — ARRÊT *du conseil portant que tous les auteurs, libraires, imprimeurs et graveurs qui ont obtenu des priviléges du roi depuis 1652 pour faire imprimer des livres ou graver des estampes, et qui n'en ont pas fourni des exemplaires pour la bibliothèque royale, seront tenus de les fournir au garde de cette bibliothèque, dans quinzaine, sous peine de confiscation de tous lesdits livres et estampes, et d'une amende de 1500 liv.*

Versailles, 31 janvier 1685. (Rec. cass.)

N° 1142. — ORDONNANCE *pour empêcher les officiers des troupes étant en garnison sur les frontières de se marier sans le consentement de l'inspecteur général dans le département duquel ils seront, sous les peines y contenues.*

Versailles, 1er février 1685. (Réglem. et ordonn. pour la guerre.)

N° 1143. — ARRÊT *du conseil qui enjoint aux religionnaires dont les charges de notaires sont remplies par des catholiques, de remettre leurs minutes aux greffes des justices royales.*

Versailles, 3 février 1685. (Hist. de l'édit de Nantes.)

Le roi ayant par arrêt de son conseil du 28 juin 1681, entre autres choses, ordonné à tous notaires de la R. P. R. de se défaire de leurs offices dans six mois du jour de la publication et enregistrement dudit arrêt; et à faute de ce faire, ledit temps passé, que lesdits offices pourroient être levés comme vacans aux parties casuelles, avec défenses à eux d'en faire aucunes fonctions. S. M. a été informée qu'aucuns de ceux qui étoient notaires dans le temps que ledit arrêt a été rendu, ont encore en leur possession les minutes des contrats et actes qu'ils ont passés, ce qui fait appréhender (lesdits de la R. P. R. pouvant s'en aller faire leur résidence en des lieux éloignés) que lesdites minutes ne s'égarent ou ne soient diverties, dont le public souffriroit un notable préjudice. A quoi étant nécessaire de pourvoir, S. M. étant en son conseil, a ordonné et ordonne que tous ceux de la R. P. R. dont les charges de notaires ont été remplies de personnes catholiques en conséquence dudit arrêt, ou qui sont encore à remplir, seront tenus, dans deux mois, du jour de la signification du présent arrêt, de remettre aux greffes des justices royales des lieux où ils faisoient leur résidence, ou de celles qui se trouveront les plus proches, les minutes en bonne forme et suivant l'ordre des dates des contrats et actes par eux passés pendant le temps qu'ils ont exercé lesdits offices, même celles qui pourroient leur avoir été remises par leurs prédécesseurs auxdits offices, desquelles les greffiers se chargeront par inventaire. Et en cas que dans la suite il en soit délivré des expéditions, ils seront tenus de tenir fidèlement compte des émolumens qui en proviendront à ceux de ladite R. P. R., à qui lesdites minutes appartiennent ; et à faute par eux de satisfaire au présent arrêt dans ledit délai, ils y seront contraints par toutes voies, même par corps, nonobstant oppositions et autres empêchemens quelconques.

N° 1144. — ARRÊT *du conseil faisant défenses aux seigneurs professant la religion réformée d'admettre à l'exercice de leur religion dans leurs maisons ou châteaux, ceux qui n'auront pas un an de domicile dans l'étendue des justices ou fiefs de haubert.*

Versailles, 5 février 1685. (Hist. de l'édit de Nantes.)

N° 1145. — DÉCLARATION *concernant les taxes d'office.*

Versailles, 12 février 1685. (Code des tailles.)

N° 1146. — ARRÊT *du conseil qui maintient les grands-maîtres, maîtres particuliers et officiers des eaux et forêts, capitaines des chasses, leurs lieutenans et autres officiers des capitaineries dans la connoissance et juridiction qui leur appartient sur le fait des chasses.*

Versailles, 17 février 1685. (Rec. de réglem. sur les eaux et forêts.)

N° 1147. — ÉDIT *portant des peines contre les ministres protestans qui reçoivent dans leurs temples ceux qui en sont exclus par les édits de juin 1680, mars et 17 juin 1683.*

Versailles, février 1685. (Ord. 24. 4 J. 285. — Hist. de l'édit de Nantes.)

LOUIS, etc. Quelques uns de nos sujets ayant été assez malheureux pour abandonner la religion catholique dont ils faisoient profession, nous aurions établi des peines contre eux par notre édit du mois de juin 1680, et contre les ministres de la R. P. R. qui les recevoient à en faire profession, ou qui les souffroient dans les temples, et ordonné que l'exercice de ladite religion demeureroit interdit pour toujours dans les temples où nos sujets pervertis auroient été reçus et soufferts. Mais la peine d'interdiction prononcée contre ces ministres n'étant pas assez forte pour les retenir, nous aurions été obligé d'ordonner, par notre édit du mois de mars 1683, que ceux qui contreviendroient aux dispositions de cet édit, seroient condamnés à faire amende honorable, et au bannissement perpétuel hors de notre royaume, avec confiscation de leurs biens; et nous aurions ensuite établi la même peine par notre déclaration du 17 juin 1683, contre ceux qui souffriroient dans les temples des enfans de 14 ans, dont les pères seroient convertis. Et comme quelques uns de nos officiers nous ont représenté qu'encore qu'il n'y eût pas lieu de présumer que les ministres ignorassent l'assistance aux exercices de la R. P. R. des catholiques pervertis, ou des enfans de ceux qui s'étoient convertis, et que le défaut de preuves qui se rencontroit quelquefois dans les procès que l'on instruisoit pour de semblables sujets, ne dût être regardé que comme l'effet de leurs précautions et non pas de leur innocence; néanmoins ils doutoient que notre intention fût que l'on condamnât lesdits ministres aux peines portées par nosdits édits et déclarations, lorsqu'il n'y avoit pas une preuve entière qu'ils eussent souffert volontairement et avec connoissance dans les temples, des personnes que nous avons défendu d'y admettre. Sur quoi désirant expliquer notre intention, en sorte qu'il ne reste aucune difficulté, et que les soins qu'apportent les ministres et les anciens des consistoires à cacher les contraventions qu'ils font à nos édits, ne l'empêchent pas au moins à l'égard des temples de la R. P. R. où elles se commettent. A ces causes, etc., voulons et nous plaît que nosdits édits des mois de juin 1680 et mars 1683, et notre déclaration du 17 juin ensuivant, soient exécutés selon leur forme et teneur; et en conséquence ordonnons que les ministres qui auront reçu depuis la publication de notre édit du mois de juin 1680, jusqu'à celle de notre édit du mois de mars 1683, aucun catholique à faire profession de la R. P. R., et ceux qui ayant eu connoissance de leur perversion et de leur assistance dans les temple, les y auront soufferts, soient interdits pour toujours de la fonction de ministres, suivant la disposition de cet édit ; que ceux qui auront reçu des catholiques à faire profession de la R. P. R., ou qui les auront soufferts avec connoissance dans les temples depuis la publication de notre édit du mois de mars 1683, ou qui les recevront et souffriront à l'avenir en la même manière, et ceux qui y auront pareillement souffert, depuis la publication de notre déclaration du 17 juin 1683, ou qui y souffriront à l'avenir des enfans au-dessous de 14 ans, dont les pères sont convertis, soient condamnés à faire amende honorable et au bannissement hors de notre royaume, avec confiscation de leurs biens : laissant à l'honneur et à la conscience de nos officiers de prononcer de moindres peines contre lesdits ministres, lorsqu'il n'y aura pas une preuve entière qu'ils aient su et souffert volontairement l'assistance aux exercices de la R. P. R. des personnes que nous avons défendu d'y recevoir. Voulons que les temples dans lesquels on aura souffert, depuis la publication de notre édit du mois de juin 1680, que des catholiques pervertis aient assisté aux exercices de la R. P. R., soit qu'ils eussent toujours fait profession de la R. C. avant que de se pervertir, soit qu'ils l'eussent embrassée après avoir abjuré la R. P. R., et pareillement ceux où l'on aura souffert des enfans au-dessous de 14 ans, dont les pères sont convertis, soient démolis, et que l'exercice de la R. P. R. demeure interdit pour toujours dans les lieux où l'on aura ainsi contrevenu à la disposition de nos édits et déclarations. Si donnons, etc.

No 1148. — ARRÊT *du conseil qui dépouille des priviléges de noblesse les descendans des maires de La Rochelle religionnaires.*

Versailles, 5 mars 1685. (Hist. de l'édit de Nantes.)

Le roi ayant ci-devant ordonné, par arrêt de son conseil d'état du 19 janvier 1684, à ceux qui faisoient profession de la R. P. R., lesquels étoient revêtus des charges de secrétaires de S. M. de s'en défaire dans trois mois en faveur de personnes catholiques, avec défenses d'en continuer aucunes fonctions, même à ceux qui étoient vétérans; et aux veuves dont les maris avoient acquis les priviléges de noblesse, et autres attribués à ladite charge, suivant les édits et déclarations, d'en jouir : et n'étant pas moins juste de priver de cette qualité de nobles ceux de ladite R. P. R., dont les auteurs l'ont acquise pour avoir été maires en la ville de la Rochelle, avant la suppression de cette charge, qui n'est pas si considérable que celle de secrétaire de S. M., vu même que les priviléges qui étoient attachés aux maires, ont été révoqués en plusieurs villes du royaume. S. M. étant en son conseil a fait et fait très expresses inhibitions et défenses à toutes personnes de la R. P. R. qui jouissent du privilége de noblesse, à cause que leurs auteurs ont été maires en la ville de la Rochelle, de continuer dorénavant à prendre la qualité de nobles : ce faisant les a exclus des priviléges qui y sont attribués; ordonne qu'ils seront imposés aux tailles, et sujets à toutes les autres impositions comme les roturiers, tant qu'ils feront profession de la R. P. R.

N° 1149. — ARRÊT *du conseil suivi de lettres-patentes portant que les engagistes, usufruitiers et possesseurs de bois dans le domaine du roi, ne pourront faire de coupes, même pour réparation, qu'en vertu de lettres-patentes enregistrées dans les parlemens et chambres des comptes, d'après l'avis des grands maîtres des eaux et forêts.*

Versailles, 24 mars 1685. (Archiv.)

PRÉAMBULE.

Le roi étant informé qu'au préjudice de son ordonnance sur le fait des eaux et forêts du mois d'août 1669 et de la disposition d'icelle, portée par les articles 5 et 6 du titre des bois tenus à titre de douaire, concession, engagement et usufruit, suivant laquelle les engagistes, usufruitiers et autres personnes qui jouissent à titre d'aliénation et d'engagement des bois des domaines de S. M., ne peuvent disposer d'aucune futaie, arbres anciens, modernes, ou baliveaux sur taillis, même de l'âge du taillis, ni des chablis, et arbres de délit, ni en faire couper aucuns par arpens, ou par pied, pour l'entretien et réparation des maisons, moulins, et bâtimens dépendans de leurs domaines, ou sous aucun autre prétexte, qu'en vertu de lettres-patentes registrées ès cours de parlement et chambre des comptes, sur les avis et procès-verbaux des grands maîtres, à peine de privation desdits domaines, de l'amende et restitution contre les possesseurs, et de condamnation, tant contre eux, et leurs fermiers, agens et receveurs, que contre les marchands et entrepreneurs qui les auront exploités, et d'interdiction contre les officiers qui en feroient la délivrance : la plupart desdits engagistes et usufruitiers font abattre et couper indifféremment toutes futaies et baliveaux anciens, modernes, et ceux de l'âge des taillis, dont ils disposent sous divers prétextes à leur profit. A quoi étant nécessaire de pourvoir, etc.

N° 1150. — CODE NOIR, *touchant la police des Iles de l'Amérique* (1).

Versailles, mars 1685. (Néron, II, 1104. — Valin, I, 428. — Moreau de Saint-Méry, I, 414. — Code de la Martinique.)

LOUIS, etc. Comme nous devons également nos soins à tous les peuples que la divine providence a mis sous notre obéissance, nous avons bien voulu faire examiner, en notre présence, les mémoires qui nous ont été envoyés par nos officiers de nos îles de l'Amérique, par lesquels ayant été informé du besoin qu'ils ont de notre autorité et de notre justice pour y maintenir la discipline de l'église catholique, apostolique et romaine et pour y régler ce qui concerne l'état des esclaves de nosdites îles; et désirant y pourvoir et leur faire connoître qu'encore qu'ils habitent des climats infiniment éloignés de notre séjour ordinaire, nous leur sommes toujours présent, non seulement par l'étendue de notre puissance, mais encore par la promptitude de notre application à les secourir dans leurs besoins. A ces causes, etc. voulons et nous plaît ce qui en suit.

ART. 1. Voulons que l'édit du feu roi, de glorieuse mémoire, notre très honoré seigneur et père, du 23 avril 1615, soit exécuté dans nos îles; ce faisant, enjoignons à tous nos officiers de chasser hors de nosdites îles tous les juifs qui y ont établi leur résidence, auxquels, comme ennemis déclarés du nom chrétien, nous commandons d'en sortir dans trois mois, à compter du jour de la publication des présentes, à peine de confiscation de corps et de biens.

2. Tous les esclaves qui seront dans nos îles seront baptisés et instruits dans la religion catholique, apostolique et romaine. Enjoignons aux habitans qui achètent des nègres nouvellement

---

(1) En vigueur.

arrivés, d'en avertir, dans huitaine au plus tard, les gouverneur et intendant desdites îles, à peine d'amende arbitraire ; lesquels donneront les ordres nécessaires pour les faire inscrire et baptiser dans le temps convenable.

3. Interdisons tout exercice public d'autre religion que celle de la catholique, apostolique et romaine ; voulons que les contrevenans soient punis comme rebelles et désobéissans à nos commandemens. Défendons toutes assemblées pour cet effet, lesquelles nous déclarons conventicules, illicites et séditieuses, sujettes à la même peine, qui aura lieu même contre les maîtres qui les permettront, ou souffriront à l'égard de leurs esclaves.

4. Ne seront préposés aucuns commandeurs à la direction des nègres, qu'ils ne fassent profession de la religion catholique, apostolique et romaine ; à peine de confiscation desdits nègres contre les maîtres qui les auront préposés, et de punition arbitraire contre les commandeurs qui auront accepté ladite direction.

5. Défendons à nos sujets de la religion prétendue réformée d'apporter aucun trouble ni empêchement à nos autres sujets, même à leurs esclaves dans le libre exercice de la religion catholique, apostolique et romaine, à peine de punition exemplaire.

6. Enjoignons à tous nos sujets, de quelque qualité et condition qu'ils soient, d'observer les jours de dimanches et fêtes qui sont gardés par nos sujets de la religion catholique, apostolique et romaine. Leur défendons de travailler ni de faire travailler leurs esclaves auxdits jours, depuis l'heure de minuit jusqu'à l'autre minuit, à la culture de la terre, à la manufacture des sucres, et à tous autres ouvrages, à peine d'amende et de punition arbitraire contre les maîtres, et de confiscation tant des sucres que des esclaves qui seront surpris par nos officiers dans le travail.

7. Leur défendons pareillement de tenir le marché des nègres, et de toutes autres marchandises auxdits jours, sur pareilles peines de confiscation des marchandises qui se trouveront alors au marché et d'amende arbitraire contre les marchands.

8. Déclarons nos sujets qui ne sont pas de la religion catholique, apostolique et romaine, incapables de contracter à l'avenir aucuns mariages valables. Déclarons bâtards les enfans qui naîtront de pareilles conjonctions, que nous voulons être tenues et réputées, tenons et réputons pour vrais concubinages.

9. Les hommes libres qui auront un ou plusieurs enfans de leur concubinage avec des esclaves, ensemble les maîtres qui l'au-

ront souffert, seront chacun condamnés à une amende de deux mille livres de sucre; et s'ils sont les maîtres de l'esclave de laquelle ils auront eu lesdits enfans, voulons, outre l'amende, qu'ils soient privés de l'esclave et des enfans, et qu'elle et eux soient adjugés à l'hôpital, sans jamais pouvoir être affranchis. N'entendons toutefois le présent article avoir lieu, lorsque l'homme libre qui n'étoit point marié à une autre personne durant son concubinage avec son esclave, épousera, dans les formes observées par l'église, ladite esclave, qui sera affranchie par ce moyen, et les enfans rendus libres et légitimes.

10. Les solennités prescrites par l'ordonnance de Blois, et par la déclaration du mois de novembre 1639, pour les mariages, seront exécutées tant à l'égard des personnes libres que des esclaves, sans néanmoins que le consentement du père et de la mère de l'esclave y soit nécessaire, mais celui du maître seulement.

11 Défendons très expressément aux curés de procéder aux mariages des esclaves, s'ils ne font apparoir du consentement de leurs maîtres; défendons aussi aux maîtres d'user d'aucune contrainte sur leurs esclaves pour les marier contre leur gré.

12. Les enfans qui naîtront des mariages entre les esclaves, seront esclaves et appartiendront aux maîtres des femmes esclaves, et non à ceux de leurs maris, si le mari et la femme ont des maîtres différens.

13 Voulons que si le mari esclave a épousé une femme libre, les enfans tant mâles que filles soient de la condition de leur mère, et soient libres comme elle, nonobstant la servitude de leur père; et que si le père est libre et la mère esclave, les enfans soient esclaves pareillement.

14. Les maîtres seront tenus de faire enterrer en terre sainte, et dans les cimetières destinés à cet effet, leurs esclaves baptisés: et à l'égard de ceux qui mourront sans avoir reçu le baptême, ils seront enterrés de nuit dans quelque champ voisin du lieu où ils seront décédés.

15. Défendons aux esclaves de porter aucune arme offensive, ni de gros bâtons, à peine du fouet, et de confiscation des armes au profit de celui qui les en trouvera saisis, à l'exception seulement de ceux qui seront envoyés à la chasse par leurs maîtres, et qui seront porteurs de leurs billets, ou marques connues.

16. Défendons pareillement aux esclaves appartenans à différens maîtres, de s'attrouper, le jour ou la nuit, sous pré-

texte de noces ou autrement, soit chez un de leurs maîtres, ou ailleurs, et encore moins sur les grands chemins ou lieux écartés, à peine de punition corporelle, qui ne pourra être moindre que du fouet et de la fleur de lys; et en cas de fréquentes récidives et autres circonstances aggravantes, pourront être punis de mort, ce que nous laissons à l'arbitrage des juges. Enjoignons à tous nos sujets de courir-sus aux contrevenans, de les arrêter et de les conduire en prison, bien qu'ils ne soient point officiers, et qu'il n'y ait contre eux aucun décret.

17. Les maîtres qui seront convaincus d'avoir permis ou toléré telles assemblées composées d'autres esclaves que de ceux qui leur appartiennent, seront condamnés en leur propre et privé nom, de réparer tout le dommage qui aura été fait à leurs voisins à l'occasion desdites assemblées, et en dix livres d'amende pour la première fois, et au double en cas de récidive.

18. Défendons aux esclaves de vendre des cannes de sucre, pour quelque cause et occasion que ce soit, même avec la permission de leurs maîtres, à peine du fouet contre les esclaves, de dix livres tournois contre le maître qui l'aura permis, et de pareille somme contre l'acheteur.

19. Leur défendons d'exposer en vente au marché, ni de porter dans les maisons particulières pour vendre, aucune sorte de denrées, même des fruits, légumes, herbes pour la nourriture des bestiaux et leurs manufactures, sans permission expresse de leurs maîtres, par un billet, ou par des marques connues : à peine de revendication des choses ainsi vendues, sans restitution du prix par les maîtres, et de six livres tournois d'amende à leur profit contre les acheteurs.

20. Voulons à cet effet que deux personnes soient préposées par nos officiers dans chaque marché, pour examiner les denrées et marchandises qui sont apportées par les esclaves, ensemble les billets et marques de leurs maîtres dont ils seront porteurs.

21. Permettons à tous nos sujets habitans des îles, de se saisir de toutes les choses dont ils trouveront les esclaves chargés, lorsqu'ils n'auront point de billets de leurs maîtres, ni des marques connues, pour être rendues incessamment à leurs maîtres, si leur habitation est voisine du lieu où les esclaves auront été surpris en délit, sinon elles seront incessamment envoyées à l'hôpital pour y être déposées jusqu'à ce que les maîtres en aient été avertis.

22. Seront tenus les maîtres de faire fournir, par chaque semaine, à leurs esclaves âgés de dix ans et au-dessus, pour leur

nourriture, deux pots et demi, mesure de Paris, de farine de Manioc, ou trois cassaves pesant chacune deux livres et demie au moins, ou autre chose équivalente, avec deux livres de bœuf salé, ou trois livres de poisson, ou autres choses à proportion; et aux enfans, depuis qu'ils sont sevrés jusqu'à l'âge de dix ans, la moitié des vivres ci-dessus.

23. Leur défendons de donner aux esclaves de l'eau-de-vie de cannes ou guildive, pour tenir lieu de la subsistance mentionnée au précédent article.

24. Leur défendons pareillement de se décharger de la nourriture et subsistance de leurs esclaves, en leur permettant de travailler certains jours de la semaine pour leur compte particulier.

25. Seront tenus les maîtres de fournir à chaque esclave, par chacun an, deux habits de toile, ou quatre aunes de toile, au gré desdits maîtres.

26. Les esclaves qui ne seront point nourris, vêtus et entretenus par leurs maîtres, selon que nous l'avons ordonné par ces présentes, pourront en donner avis à notre procureur, et mettre leurs mémoires entre ses mains; sur lesquels et même d'office, si les avis lui viennent d'ailleurs, les maîtres seront poursuivis à sa requête et sans frais; ce que nous voulons être observé pour les crimes et traitemens barbares et inhumains des maîtres envers leurs esclaves.

27. Les esclaves infirmes par vieillesse, maladie ou autrement, soit que la maladie soit incurable ou non, seront nourris et entretenus par leurs maîtres, et en cas qu'ils les eussent abandonnés, lesdits esclaves seront adjugés à l'hôpital, auquel les maîtres seront obligés de payer six sols par jour, pour la nourriture et entretien de chaque esclave.

28. Déclarons les esclaves ne pouvoir rien avoir qui ne soit à leurs maîtres; et tout ce qui leur vient par industrie ou par la libéralité d'autres personnes, ou autrement, à quelque titre que ce soit, être acquis en pleine propriété à leurs maîtres, sans que les enfans des esclaves, leurs pères et mères, leurs parens, et tous autres, y puissent rien prétendre par successions, dispositions entre vifs ou à cause de mort; lesquelles dispositions nous déclarons nulles, ensemble toutes les promesses et obligations qu'ils auraient faites, comme étant faites par gens incapables de disposer et contracter de leur chef.

29. Voulons néanmoins que les maîtres soient tenus de ce que

leurs esclaves auront fait par leur commandement; ensemble de ce qu'ils auront géré et négocié dans les boutiques, et pour l'espèce particulière du commerce à laquelle leurs maîtres les auront préposés, et en cas que leurs maîtres ne leur aient donné aucun ordre, et ne les aient point préposés, ils seront tenus seulement jusqu'à concurrence de ce qui aura tourné à leur profit; et si rien n'a tourné au profit des maîtres, le pécule desdits esclaves que leurs maîtres leur auront permis d'avoir, en sera tenu, après que leurs maîtres en auront déduit par préférence ce qui pourra leur en être dû; sinon que le pécule consistât en tout ou partie en marchandises, dont les esclaves auroient permission de faire trafic à part, sur lesquelles leurs maîtres viendront seulement par contribution au sol la livre avec les autres créanciers.

30. Ne pourront les esclaves être pourvus d'office ni de commission ayant quelque fonction publique, ni être constitués agens pour autres que pour leurs maîtres, pour gérer et administrer aucun négoce, ni être arbitres, experts, ou témoins, tant en matière civile que criminelle; et en cas qu'ils soient ouïs en témoignage, leurs dépositions ne serviront que de mémoires pour aider les juges à s'éclaircir d'ailleurs, sans qu'on en puisse tirer aucune présomption, conjecture, ni adminicule de preuve.

31. Ne pourront aussi les esclaves être parties ni citer en jugement en matière civile, tant en demandant qu'en défendant, ni être parties civiles dans les matières criminelles, sauf à leurs maîtres d'agir et défendre en matière civile, et de poursuivre en matière criminelle la réparation des outrages et excès qui auront été commis contre leurs esclaves.

32. Pourront les esclaves être poursuivis criminellement, sans qu'il soit besoin de rendre leurs maîtres parties, sinon en cas de complicité: et seront, les esclaves accusés, jugés en première instance par les juges ordinaires et par appel au conseil souverain, sur la même instruction, et avec les mêmes formalités que les personnes libres.

33. L'esclave qui aura frappé son maître, ou la femme de son maître, sa maîtresse, ou le mari de sa maîtresse, ou leurs enfans avec contusion ou effusion de sang, sera puni de mort.

34. Et quant aux excès et voies de fait qui seront commis par les esclaves contre les personnes libres, voulons qu'ils soient sévèrement punis, même de mort, s'il y échet.

35. Les vols qualifiés, même ceux de chevaux, cavales, mulets, bœufs ou vaches, qui auront été faits par les esclaves, ou

par les affranchis, seront punis de peines afflictives, même de mort, si le cas le requiert.

36. Les vols de moutons, chèvres, cochons, volailles, cannes à sucre, pois, maïs, manioc et autres légumes, faits par les esclaves, seront punis selon la qualité du vol, par les juges qui pourront, s'il y échet, les condamner à être battus de verges par l'exécuteur de la haute justice, et marqués d'une fleur de lys.

37. Seront tenus les maîtres, en cas de vol ou d'autre dommage causés par leurs esclaves, outre la peine corporelle des esclaves, de réparer le tort en leur nom, s'ils n'aiment mieux abandonner l'esclave à celui auquel le tort a été fait; ce qu'ils seront tenus d'opter dans trois jours, à compter de celui de la condamnation; autrement ils en seront déchus.

38. L'esclave fugitif qui aura été en fuite pendant un mois, à compter du jour que son maître l'aura dénoncé en justice, aura les oreilles coupées, et sera marqué d'une fleur de lys sur une épaule : et s'il récidive un autre mois à compter pareillement du jour de la dénonciation, il aura le jarret coupé, et sera marqué d'une fleur de lys sur l'autre épaule; et la troisième fois il sera puni de mort.

39. Les affranchis qui auront donné retraite dans leurs maisons aux esclaves fugitifs, seront condamnés par corps envers les maîtres, en l'amende de trois mille livres de sucre par chaque jour de rétention, et les autres personnes libres qui leur auront donné une pareille retraite, en dix livres tournois d'amende pour chaque jour de rétention.

40. L'esclave puni de mort sur la dénonciation de son maître non complice du crime pour lequel il aura été condamné, sera estimé avant l'exécution, par deux des principaux habitans de l'île qui seront nommés d'office par le juge, et le prix de l'estimation sera payé au maître; pour à quoi satisfaire, il sera imposé par l'intendant sur chaque tête des nègres payant droits, la somme portée par l'estimation, laquelle sera répartie sur chacun des nègres, et levée par le fermier du domaine royal pour éviter à frais.

41. Défendons au juge, à nos procureurs et greffiers, de prendre aucune taxe dans les procès criminels contre les esclaves, à peine de concussion.

42. Pourront seulement les maîtres, lorsqu'ils croiront que leurs esclaves l'auront mérité, les faire enchaîner et les faire battre de verges ou de cordes, leur défendant de leur donner la

torture, ni de leur faire aucune mutilation de membre, à peine de confiscation des esclaves, et d'être procédé contre les maîtres extraordinairement.

43. Enjoignons à nos officiers de poursuivre criminellement les maîtres ou les commandeurs qui auront tué un esclave étant sous leur puissance ou sous leur direction, et de punir le meurtre selon l'atrocité des circonstances; et en cas qu'il y ait lieu à l'absolution, permettons à nos officiers de renvoyer tant les maîtres que les commandeurs absous, sans qu'ils aient besoin d'obtenir de nous des lettres de grâce.

44. Déclarons les esclaves être meubles, et comme tels entrer dans la communauté, n'avoir point de suite par hypothèque, se partager également entre les co-héritiers, sans préciput et droit d'aînesse, n'être sujets au douaire coutumier, au retrait féodal et lignager, aux droits seigneuriaux et féodaux, aux formalités des décrets, ni aux retranchemens des quatre quints, en cas de dispositions à cause de mort et testamentaire.

45. N'entendons toutefois priver nos sujets de la faculté de les stipuler propres à leurs personnes et aux leurs, de leur côté et ligne, ainsi qu'il se pratique pour les sommes de deniers et autres choses mobiliaires.

46. Seront dans les saisies des esclaves observées les formes prescrites par nos ordonnances et les coutumes pour les saisies des choses mobiliaires. Voulons que les deniers en provenant soient distribués par ordre des saisies; ou en cas de déconfiture, au sol la livre, après que les dettes privilégiées auront été payées, et généralement que la condition des esclaves soit réglée en toutes affaires, comme celle des autres choses mobiliaires aux exceptions suivantes.

47. Ne pourront être saisis et vendus séparément le mari et la femme et leurs enfans impubères, s'ils sont sous la puissance d'un même maître; déclarons nulles les saisies et ventes qui en seront faites; ce que nous voulons avoir lieu dans les aliénations volontaires, sous peine, contre ceux qui feront les aliénations, d'être privés de celui ou de ceux qu'ils auront gardés, qui seront adjugés aux acquéreurs, sans qu'ils soient tenus de faire aucun supplément de prix.

48. Ne pourront aussi les esclaves travaillant actuellement dans les sucreries, indigoteries et habitations, âgés de 14 ans et au-dessus jusqu'à soixante ans, être saisis pour dettes, sinon pour ce qui sera dû du prix de leur achat, ou que la sucrerie,

indigoterie, ou habitation dans laquelle ils travaillent, soient saisies réellement; défendons, à peine de nullité, de procéder par saisie réelle et adjudication par décret, sur les sucreries, indigoteries et habitations, sans y comprendre les nègres de l'âge susdit, y travaillant actuellement.

49. Le fermier judiciaire des sucreries, indigoteries ou habitations saisies réellement conjointement avec les esclaves, sera tenu de payer le prix entier de son bail, sans qu'il puisse compter parmi les fruits qu'il perçoit les enfans qui seront nés des esclaves pendant son bail.

50. Voulons, nonobstant toutes conventions contraires que nous déclarons nulles, que lesdits enfans appartiennent à la partie saisie, si les créanciers sont satisfaits d'ailleurs, ou à l'adjudicataire, s'il intervient un décret; et à cet effet, il sera fait mention dans la dernière affiche, avant l'interposition du décret, desdits enfans nés des esclaves depuis la saisie réelle dans laquelle ils étoient compris.

51. Voulons, pour éviter les frais et les longueurs des procédures, que la distribution du prix entier de l'adjudication conjointe des fonds et des esclaves, et ce qui proviendra du prix des baux judiciaires, soit faite entre les créanciers selon l'ordre de leurs priviléges et hypothèque, sans distinguer ce qui est pour le prix des esclaves.

52. Et néanmoins les droits féodaux et seigneuriaux ne seront payés qu'à proportion du prix des fonds.

53. Ne seront reçus les lignagers et les seigneurs féodaux à retirer les fonds décrétés, s'ils ne retirent les esclaves vendus conjointement avec les fonds, ni l'adjudicataire à retirer les esclaves sans le fonds.

54 Enjoignons aux gardiens nobles et bourgeois, usufruitiers, amodiateurs et autres jouissans des fonds auxquels sont attachés des esclaves qui travaillent, de gouverner lesdits esclaves comme bons pères de familles, sans qu'ils soient tenus, après leur administration finie, de rendre le prix de ceux qui seront décédés ou diminués par maladie, vieillesse ou autrement, sans leur faute, et sans qu'ils puissent aussi retenir comme fruits, à leur profit, les enfans nés desdits esclaves durant leur administration, lesquels nous voulons être conservés et rendus à ceux qui en sont les maîtres et propriétaires.

55. Les maîtres âgés de vingt ans pourront affranchir leurs esclaves par tous actes entre vifs ou à cause de mort, sans qu'ils

soient tenus de rendre raison de l'affranchissement, ni qu'ils aient besoin d'avis de parens, encore qu'ils soient mineurs de vingt-cinq ans.

56. Les esclaves qui auront été faits légataires universels par leurs maîtres, ou nommés exécuteurs testamentaires, ou tuteurs de leurs enfans, seront tenus et réputés, les tenons et réputons pour affranchis.

57. Déclarons leur affranchissement fait dans nos îles, leur tenir lieu de naissance dans nos îles, et les esclaves affranchis n'avoir besoin de nos lettres de naturalité pour jouir de l'avantage de nos sujets naturels de notre royaume, terres et pays de notre obéissance, encore qu'ils soient nés dans les pays étrangers.

58. Commandons aux affranchis de porter un respect singulier à leurs anciens maîtres, à leurs veuves et à leurs enfans, ensorte que l'injure qu'ils leur auront faite soit punie plus grièvement que si elle était faite à une autre personne : les déclarons toutefois francs et quittes envers eux de toutes autres charges, services et droits utiles que leurs anciens maîtres voudroient prétendre, tant sur leurs personnes, que sur leurs biens et successions, en qualité de patrons.

59. Octroyons aux affranchis les mêmes droits, privilèges et immunités dont jouissent les personnes nées libres ; voulons que le mérite d'une liberté acquise produise en eux, tant pour leur personne que pour leurs biens les mêmes effets que le bonheur de la liberté naturelle cause à nos autres sujets.(1).

60. Déclarons les confiscations et les amendes qui n'ont point

---

(1) Le texte de cet article est celui que l'on trouve dans le *Code de la Martinique*, par Durand-Molard, édit. de 1806. Néron et Moreau de Saint-Méry rapportent ainsi l'art. 59 du Code noir :

« Octroyons aux affranchis les mêmes droits, privilèges et immunités dont jouissent les personnes nées libres ; *voulons qu'ils méritent une liberté acquise*, et qu'elle produise en eux, tant pour les personnes que pour leurs biens, les mêmes effets que le bonheur de la liberté naturelle cause à nos autres sujets. »

On aperçoit dans cette version une notable différence, car il sembleroit en résulter que la liberté ne seroit point acquise de plein droit aux affranchis, et qu'il faudroit qu'ils vinssent à la mériter pour qu'elle leur fût accordée. Le texte du Code de la Martinique, au contraire, leur accorde cette liberté sans restriction. Nous préférons ce dernier, non-seulement parce qu'il est plus libéral, mais encore parce qu'il est plus en harmonie avec le commencement et la fin de l'article. Nous avons dû toutefois ne pas passer sous silence une différence aussi importante. Nous faisons remarquer en outre que le texte de l'édit rapporté par Néron, Valin et Moreau de Saint-Méry, diffère en beaucoup d'autres points de

de destination particulière, par ces présentes nous appartenir, pour être payées à ceux qui sont préposés à la recette de nos droits et de nos revenus : voulons néanmoins que distraction soit faite du tiers desdites confiscations et amendes au profit de l'hôpital établi dans l'île où elles auront été adjugées.

Si donnons en mandement à nos amés et féaux les gens tenans notre conseil souverain établi à la Martinique, la Guadeloupe et Saint-Christophe, que ces présentes ils aient à faire lire, publier, enregistrer, etc.

N° 1151. — DÉCLARATION *concernant l'ouverture et la police des ateliers de mendicité.*

Versailles, 13 avril 1685. (Rec. cons. d'état.)

LOUIS, etc. La bonté que nous avons pour tous nos sujets nous engage à procurer les moyens de gagner leur vie à ceux qui ont la volonté de s'employer aux ouvrages dont ils sont capables, et le bon ordre que nous désirons maintenir dans notre royaume, obligeant de contraindre à travailler ceux qui, par fainéantise et par déréglement, ne veulent pas se servir, utilement pour eux et pour leur patrie, des forces qu'il a plu à Dieu de leur donner, nous avons fait commencer différens ouvrages dans les provinces de notre état, et nous avons appris avec beaucoup de plaisir le succès que ces entreprises ont eu jusqu'à cette heure; et comme il est juste que ceux de nos sujets de notre bonne ville de Paris et de ses environs qui n'ont pas de métier, reçoivent la même grâce, et que rien ne peut être plus efficace pour y entretenir une bonne police, que d'occuper ainsi les fainéans que sa grandeur y attire; nous avons ordonné à nos chers et bien amés les prévôt des marchands et échevins d'icelle, d'y faire continuer les ouvrages qui ont été commencés pour son embellissement et sa commodité; mais comme il seroit impossible que ce dessein pût réussir aussi avantageusement que nous le désirons, si nous n'établissons un ordre certain pour son exécution, et

---

celui donné par le Code de la Martinique. Quelquefois même ces quatre auteurs offrent quatre versions dissemblables entr'elles. Nous avons adopté celle du Code de la Martinique, parce que cet ouvrage fait, sous la protection du gouvernement de l'Île nous a paru donner le plus de garantie de la correction de son texte.

d'ailleurs, la paresse de ceux qui ne voudroient pas y travailler dans un temps où nous leur procurons les moyens de le faire avec utilité, méritant encore une punition plus sévère; nous avons estimé nécessaire d'y pourvoir par un règlement qui aura lieu seulement durant que les ateliers publics y seront ouverts; à ces causes, etc. Voulons et nous plaît que tous mendians valides, encore qu'ils aient un métier, et tous fainéans et vagabonds sans métier, sans condition et sans emploi, lesquels ne sont pas natifs de notre bonne ville de Paris, de ses faubourgs et de douze lieues aux environs, aient à en sortir dans trois jours après que la publication de ces présentes aura été faite par les carrefours d'icelle et autres lieux accoutumés, et de se retirer dans leurs pays pour y travailler dans les ateliers que nous avons fait établir, ou ailleurs, aux ouvrages dont ils sont capables, à peine d'être renfermés durant un mois dans les lieux qui sont destinés à cet effet, dans la maison de Bicêtre et de la Salpétrière, pour la première fois; et pour la deuxième des galères durant cinq ans, à l'égard des hommes; et du fouet et du carcan à l'égard des femmes qui seront âgés les uns et les autres de quinze ans et au-dessus; et du fouet et de plus longue détention dans lesdites maisons de Bicêtre et de la Salpêtrière, pour les garçons et les filles qui auront moins de quinze ans. Enjoignons à tous mendians valides, tant hommes, femmes, qu'enfans au-dessus de douze ans, natifs de notredite ville de Paris et de douze lieues aux environs, ou qui s'y sont habitués depuis trois ans, et qui auront la santé et la force nécessaire pour travailler aux ouvrages publics, soit qu'ils aient un métier, soit qu'ils n'en aient pas, d'aller travailler aux ateliers qui ont été ouverts, et de s'enrôler à cet effet sur le registre qui sera tenu en l'Hôtel-de-Ville par le greffier ou autre officier qui sera commis par le prevôt des marchands. Ordonnons au lieutenant criminel de robe courte, au chevalier du guet, commissaires, huissiers et sergens du Châtelet, de faire arrêter et d'arrêter tous ceux de la qualité exprimée ci-dessus, qui seront trouvés mendiant en notredite ville de Paris et ses faubourgs, pour être procédé, suivant la disposition de ces présentes, à la punition de ceux qui n'y seront pas nés ou habitués depuis trois ans, par le lieutenant de police; et par le lieutenant au bailliage du Châtelet, à l'égard de ceux qui seront arrêtés dans les cours, salles et galeries du palais, et ce sans aucune forme ni figure de procès, en dernier ressort et sans appel, et pour conduire à l'Hôtel de notredite ville ceux desdits mendians valides qui en seront natifs et de douze lieues aux environs, ou qui y seront habitués depuis trois ans, afin d'y être enrôlés pour travailler aux ouvrages publics ; comme aussi ordonnons aux directeurs de l'hôpital général d'envoyer aux prisons du Châtelet ou en la conciergerie du palais, ou audit bureau de l'Hôtel-de-Ville, les personnes desdites qualités qui seront prises mendiant, par les archers des pauvres, et même les enfans de douze ans et au-dessus qui sont dans ledit hôpital, et qui n'auront pas une grande disposition pour apprendre les métiers auxquels on a accoutumé de les instruire ; défendons très expressément à ceux qui seront enrôlés pour travailler auxdits ouvrages de vaquer par la ville durant les heures qui seront réglées pour le travail par le prévôt des marchands et échevins, et de quitter lesdits ateliers sans un congé exprès d'un officier qui sera préposé pour cet effet par lesdits prevôt des marchands et échevins, à peine d'être mis au carcan dans l'atelier, ou punis d'autres ou moindres peines, ainsi qu'il sera ordonné par lesdits prevôt des marchands et échevins, sur le rapport qui leur en sera fait par l'officier qui sera préposé pour la conduite des ateliers, sans aucune forme ni figure de procès, ni sans appel ; comme aussi défendons à ceux qui seront ainsi enrôlés, de mendier par la ville et faubourgs, à peine pour la première fois d'être enfermés durant un mois dans les maisons de Bicêtre et de la Salpêtrière, destinées à cette fin, et pour la deuxième fois des galères durant cinq ans à l'égard des hommes, et à l'égard des femmes du fouet et d'être rasées et enfermées pendant un mois dans ladite maison de la Salpêtrière, et du fouet par un correcteur à l'égard des garçons et filles au-dessous de quinze ans, et d'être enfermées et corrigées dans les maisons de l'hôpital général, durant le temps qui sera jugé convenable, le tout par le jugement du lieutenant de police et en son absence de l'un des deux lieutenans particuliers, à commencer par l'ancien, et du lieutenant au bailliage du palais, dans le cas ci-dessus exprimé, et ce sans autre forme ni figure de procès, que la représentation de l'acte de leur enrôlement, signé de l'officier qui l'aura reçu, l'extrait des registres de l'hôpital général et le procès-verbal de leur capture, signé et affirmé pardevant lesdits juges par deux officiers et archers qui l'auront fait, l'interrogatoire desdits mendians et les conclusions de notre procureur, et sans appel. Ordonnons que l'officier qui recevra les enrôlemens à l'Hôtel-de-Ville, fera lecture à ceux qui seront enrôlés des peines établies par les présentes, et qu'il en fera mention dans l'acte d'enrôlement, que l'on en fera pareillement lecture dans les maisons de Bicêtre et de la Salpêtrière à ceux qui auront été enfermés pour y avoir contrevenu, et qu'elles seront publiées dans notre ville de Paris une fois chaque mois durant que les ateliers seront ouverts, qu'il en sera affiché des copies dans lesdits ateliers, dans les prisons où l'on mènera lesdits mendians, et dans les maisons de Bicêtre et de la Salpêtrière, aussi bien que dans les autres lieux publics. Si donnons, etc.

N° 1152. — ARRÊT *du conseil sur la demeure des ministres de la religion réformée.*

Versailles, 30 avril 1685. (Hist. de l'édit de Nantes.)

Le roi ayant été informé que dans plusieurs lieux où l'exercice de la R. P. R. était interdit et les temples démolis, les ministres qui y avoient été établis y faisoient encore leur demeure, et que si quelques-uns en sortoient pour aller exercer leur ministère ailleurs, il en étoit envoyé d'autres à leur place par des ordres secrets des consistoires voisins, afin d'y continuer furtivement l'exercice de ladite religion; sa majesté, pour empêcher la continuation de cet abus, auroit, par arrêts de son conseil d'état des 13 juillet 1682 et 17 mai 1683, fait très expresses inhibitions et défenses à tous ministres et proposans de rester ou venir s'habituer à l'avenir dans les lieux où ledit exercice auroit été interdit; et à tous ceux qui y auroient été ministres ou proposans de faire leur demeure plus près desdits endroits que de six lieues, sous quelque prétexte que ce soit, à peine de désobéissance, trois mille livres d'amende, d'être privé pour toujours de leur ministère dans tout le royaume, et d'être procédé contre eux extraordinairement; mais comme ces arrêts n'ont été donnés que pour les lieux seulement où l'exercice de ladite religion est interdit définitivement, et qu'il a encore cessé en plusieurs autres endroits, soit en conséquence de décrets décernés contre quelques autres ministres pour des contraventions commises aux édits et déclarations de S. M., ou en vertu des jugemens rendus par les premiers juges, il est important que des ministres ne demeurent pas dans ces lieux qui sont en prévention par l'un ou l'autre cas, jusqu'à ce qu'il ait été prononcé définitivement, pour empêcher qu'ils ne continuent l'exercice de la R. P. R. qu'ils y font clandestinement, ce qui est formellement contraire aux déclarations de S. M.; à quoi étant à propos de pourvoir. S. M. étant en son conseil, a ordonné et ordonne que les ministres et proposans qui se trouveront dans les lieux où l'exercice public de la R. P. R. aura cessé, à l'occasion des procès mus pour raison des contraventions aux édits et déclarations de S. M., seront tenus de s'en éloigner au moins de trois lieues. Faisant S. M. très expresses inhibitions et défenses à tous ministres et proposans, de quelque province qu'ils soient, de faire leur demeure plus près desdits lieux que de cette distance, jusqu'à ce que sur lesdites contraventions il en ait été autrement ordonné définitivement par les juges, à qui la connoissance en appartient, à peine de désobéissance, trois mille livres d'amende, d'être privés pour toujours de la fonction de leur ministère dans tout le royaume, et d'être procédé contre eux extraordinairement.

N 1153. — Édit *qui supprime les chancelleries présidiales du Châtelet de Paris et règle plusieurs choses concernant ledit Châtelet.*

Versailles, avril 1685. (Rec. cass.)

N° 1154. — Édit *portant création d'un receveur général héréditaire du domaine en chaque généralité et province du royaume, et réglement sur ses fonctions, en 13 art.*

Versailles, avril 1685. (Ord. 24. 4 I.360. — Archiv.) Reg. C. des C. 23 mai.

PRÉAMBULE.

LOUIS, etc. Après avoir étendu les limites de notre royaume par les conquêtes dont Dieu a béni la justice de nos armes, et réuni plusieurs provinces à notre couronne, nous voulons apporter un soin particulier à la conservation et au rétablissement de l'ordre ancien de nos domaines, qui consistent en fonds, droits et redevances de diverses natures, lesquels pourroient être usurpés et abolis, si l'on négligeoit d'en conserver la mémoire, par des comptes rendus en détail. Et comme les rois nos prédécesseurs en ont prescrit la mémoire par diverses ordonnances, nos chambres des comptes en exécution ont obligé les receveurs de nos domaines de rapporter dans leurs comptes la consistance de tous les droits en dépendans, quoiqu'ils aient été aliénés ou affermés, et que la recette en fût modique, même de faire mention dans lesdits comptes des temps et des conditions des engagemens, et du prix des baux. Cet ancien ordre ayant été interrompu par lesdits receveurs, faute de maniement, nous aurions, par notre édit du mois d'août 1669, supprimé tous lesdits receveurs, et au lieu d'iceux créé des trésoriers généraux de nos domaines en chacune de nos chambres des comptes, et depuis, par autre édit du mois de mars 1673, des receveurs généraux provinciaux en chacune généralité du ressort de notre chambre des comptes de Paris, pour faire le paiement des charges locales seulement; lesquels offices n'ayant point été levés, il n'auroit été mis depuis plusieurs années aucuns titres ni enseignemens de nos domaines en nos chambres des comptes, nos fermiers généraux n'étant tenus que de compter du prix de leurs baux en notre conseil, et en notre chambre des comptes de Paris, sans aucune expression du détail desdits domaines; c'est pourquoi nous avons estimé que, pour conserver une parfaite connoissance de nos domaines, distinguer les droits qui ont été par nous affermés et engagés, et ceux qui ont été négligés et usurpés, et pour empêcher que les papiers terriers qui ont été faits en plusieurs généralités de notre royaume, ne deviennent inutiles par la suite, si les droits de cens et rentes, et autres redevances dont les reconnoissances ont été fournies, n'étoient rapportées dans les comptes avec les mutations des propriétaires, il étoit à propos de faire observer l'ancien usage, et à cet effet de rétablir des receveurs pour compter généralement de tous les droits dépendans desdits domaines, tant de ceux qui sont en nos mains et affermés, que de ceux qui sont aliénés, ainsi et en la manière qu'il est prescrit par les anciennes ordonnances; ensemble pour faire la recette et dépense des fonds des charges locales, et frais de justice assignés sur nosdits domaines, des réparations d'iceux, et des droits féodaux et casuels que nous nous sommes réservés par les baux de nos fermes, comme aussi du prix des ventes de nos bois et forêts, suivant les états qui en seront arrêtés en notre conseil. A ces causes, etc.

N° 1155. — ORDONNANCE *qui permet aux jeunes matelots de 14 à 15 ans de s'embarquer sur les vaisseaux anglois et hollandois, pour apprendre les langues des deux nations.*

3 mai 1685. (Bajot.)

N° 1156. — ORDONNANCE, *portant que les matelots qui quittent leurs bords, ou ne s'y rendent au temps prescrit, ou ne rapportent point de congés de leurs officiers ou commissaires, seront punis comme déserteurs.*

51 mai 1685. (Bajot.)

N° 1157. — DÉCLARATION *portant commutation de la peine de mort établie par l'édit d'août 1669, en celle des galères perpétuelles, contre ceux qui vont s'établir à l'étranger.*

Versailles, 31 mai 1685. — (Archiv. — Hist. de l'édit de Nantes.)

N° 1158. — *Déclaration sur les édits d'août 1669, 18 mai 1682 et dernier mai 1685, portant défenses aux pères de famille, tuteurs et curateurs, de consentir au mariage de leurs enfans et pupilles en pays étranger, à peine de galères perpétuelles contre les hommes, de bannissement à perpétuité contre les femmes et de confiscation de biens.*

Versailles, 16 juin 1685. (Néron, II, 199.— Archiv.— Hist. de l'édit de Nantes.)

PRÉAMBULE.

LOUIS, etc. Bien que par nos ordonnances, par notre édit du mois d'août 1669, et par nos déclarations des 18 mai 1682 et dernier mai de la présente année, nous ayons pourvu à ce que nos sujets ne puissent s'établir et demeurer dans les pays étrangers sur les peines y contenues ; néanmoins nous avons été informé que plusieurs de nosdits sujets mal intentionnés à notre service et à leur patrie, ou pour d'autres raisons et motifs, procurent le mariage de leurs enfans ou de ceux dont ils sont tuteurs ou curateurs hors de notre royaume, pour s'y établir et y faire leur demeure pour toujours, renonçant par ce moyen au droit qu'ils ont par leur naissance d'être nos sujets, et de jouir des avantages qu'elle leur donne, et ne voulant pas souffrir une licence si contraire à leur devoir naturel, si préjudiciable à cet état, et de si dangereux exemple, etc.

N° 1159. — DÉCLARATION *qui ordonne la démolition des temples où seront célébrés des mariages entre catholiques et religionnaires, et tenus des discours séditieux.*

Versailles, 18 juin 1685. (Hist. de l'édit de Nantes. — Archiv.)

LOUIS, etc. Par nos lettres-patentes en forme d'édit du mois de novembre 1680, nous avons ordonné que nos sujets de la R. C. A. et R. ne pourroient, sous quelque prétexte que ce pût être, contracter mariage avec ceux de la R. P. R. ; déclarant tels mariages nuls et non contractés, et les enfans qui en proviendroient illégitimes, et incapables de succéder aux biens meubles et immeubles de leurs pères. Et quoique notre intention ainsi clairement expliquée eût dû contenir nos sujets, néanmoins nous apprenons avec une extrême peine qu'on y contrevient assez fréquemment, et que les ministres fomentent cette désobéissance avec d'autant plus de liberté, que la peine regarde uniquement les contractans. Nous sommes encore bien informé qu'aux prêches qu'on fait dans les temples, il se tient souvent des discours séditieux, particulièrement sur les derniers édits et déclarations que nous avons estimé de faire, concernant ceux de ladite R. P. R., sans que les autres ministres ou les anciens qui sont présens tiennent compte de s'y opposer ou de les empêcher. Et jugeant important à notre autorité de donner moyen à nos officiers de réprimer par quelque châtiment sévère de telles entreprises, etc. Voulons et nous plaît que notre édit du mois de novembre 1680 soit exécuté selon sa forme et teneur; et y ajoutant, que les temples dans lesquels auront été célébrés des mariages entre nos sujets de la R. C. A. et R. et ceux de la R. P. R., soient démolis, et l'exercice interdit pour toujours dans les villes ou autres lieux dans lesquels on aura ainsi contrevenu aux dispositions dudit édit. Voulons en outre et entendons que les temples dans lesquels il sera fait des prêches séditieux, en quelque manière que ce soit, surtout au sujet des édits, déclarations ou arrêts qui ont été et seront par nous rendus concernant la R. P. R., soient pareillement démolis, et l'exercice interdit pour jamais dans les villes et lieux où lesdits temples sont situés; et ce lorsque les autres ministres et anciens qui auront été présens ou assistés auxdits prêches, ne s'y seront point opposés; pour se justifier de laquelle opposition, seront lesdits ministres et anciens tenus de rapporter l'attestation des catholiques qui pourroient avoir été présens auxdits prêches, et même d'en prendre acte des juges des lieux, auxquels, à cet effet, ils seront obligés de le dénoncer dans trois jours pour tout délai après lesdits prêches faits. Si donnons, etc.

N° 1160. — LETTRE *de cachet qui dessaisit le Parlement de Paris de la connoissance de toutes choses relatives à la personne des membres de la famille royale, et lui réserve la connoissance des scellés et inventaires et contestations y relatives.* (1).

Versailles, 28 juin 1685. (Registres manuscrits du Parlem. Biblioth. cass.)

(1) Ces lettres de cachet qui ne renferment d'ailleurs aucun principe de droit

N° 1161. — ARRÊT *du conseil qui interdit pour toujours l'exercice de la religion réformée dans la ville de Sedan.*

Versailles, 2 juillet 1685. (Hist. de l'édit de Nantes.)

Sur ce qui a été remontré au roi étant en son conseil, que les ministres et anciens de la R. P. R. de la ville et bailliage de Sedan, se voyant poursuivis à la requête du procureur de S. M. en icelui pour contraventions par eux faites aux déclarations de S. M., et appréhendant d'en courir les peines portées par icelles, si les faits dont ils sont accusés viennent à être justifiés, ils auroient cru ne pouvoir rien faire de mieux pour se mettre à couvert de toutes poursuites, ni de plus agréable à S. M., que de se résoudre à consentir à la suppression d'aucuns des lieux d'exercice de l'étendue dudit bailliage, et même à la translation du principal. Et pour cet effet, ayant convoqué leur consistoire extraordinairement le 14 juin 1685, en présence du sieur Jacquesson, président et lieutenant général dudit Sedan, commissaire nommé par S. M.; et par la permission du commandant audit Sedan, lesdits ministres et anciens, avec trente des plus notables desdits de la R. P. R. ainsi assemblés, auroient consenti à ce que S. M. disposât tant du temple de Sedan, que de ceux de Raucourt et Givonne, en leur assignant un lieu pour y faire ledit exercice pour tout le bailliage, et y ajoutant telle autre grace que S. M. estimera à propos pour leur sûreté particulière, et la liberté et facilité dudit exercice; et auroient à l'effet dudit consentement donné leur pouvoir spécial à des députés dudit consistoire. Vu par S. M. lesdits actes du consistoire dudit jour 14 juin : vu aussi le consentement donné par lesdits députés par devant Dionis et Gaudion, notaires au Châtelet de Paris, le 30 dudit mois de juin, tout bien et mûrement considéré : S. M. étant en son conseil, a interdit et interdit pour toujours l'exercice de la R. P. R. en la ville de Sedan, et dans lesdits lieux de Raucourt et Givonne; et en conséquence, a ordonné et ordonne que les temples desdits lieux de Raucourt et Givonne seront incessamment démolis : sera, et demeurera le temple de la ville de Sedan, en l'état auquel il est présentement, pour jamais affecté aux catholiques, pour servir selon et ainsi qu'il sera ordonné par le sieur archevêque

---

public, furent envoyées au parlement à l'occasion de l'arrêt qu'il avoit rendu le 17 avril précédent, sur l'état des personnes du duc de Montbazon et des dames de Rohan, ses sœurs.

duc de Rheims. S. M. voulant traiter favorablement lesdits ministres et anciens de la R. P. R. de la ville et bailliage de Sedan, en considération de leur soumission, leur a S. M. permis et permet de construire un temple dans le faubourg du rivage de ladite ville de Sedan, ensemble un petit logement à côté pour les personnes qui en auront la garde, même un mur de clôture pour environner le tout, et ce au lieu qui leur sera marqué par le gouverneur de Sedan, ou celui qui y commandera en son absence, assisté dudit lieutenant-général de Sedan, et en présence du syndic du diocèse de Rheims, pour être l'exercice de ladite religion fait et continué dans ledit nouveau temple, ainsi qu'il a été fait jusques ici dans le temple de ladite ville de Sedan, et ce jusqu'au dernier jour de décembre de la présente année seulement; sans néanmoins qu'il puisse être continué auxdits lieux de Raucourt et Givonne, voulant S. M. qu'il y cesse du jour de la signification du présent arrêt. Jouiront lesdits de la R. P. R. de Sedan de la maison où ils avoient accoutumé d'assembler leur consistoire en ladite ville de Sedan, dans laquelle S. M. leur permet de le continuer dorénavant, jusqu'à ce que par elle il en ait été autrement ordonné. Jouiront pareillement des places sur lesquelles sont bâtis les temples desdits lieux de Raucourt et Givonne, et des bâtimens et héritages en dépendans, ensemble de leurs autres effets, pour en disposer comme de leur propre chose; à la réserve des cloches desdits temples, qui demeureront pour l'usage de l'église catholique, et de la maison où logeoit le ministre de Raucourt, et l'enceinte et préclôture d'icelle, qui demeurera en l'état qu'elle est affectée à perpétuité au presbytère dudit lieu de Raucourt, sans qu'à raison desdites cloches, de ladite maison et dépendances, ni du temple de Sedan que S. M. affecte par le présent arrêt aux catholiques, lesdits de la R. P. R. puissent prétendre aucun dédommagement ni récompense. Pourront lesdits de la R. P. R. retirer du caveau du temple de Sedan les corps des personnes décédées qui y sont, ainsi que bon leur semblera, pour les transporter avec leurs cercueils dans leur nouveau temple. Continueront les habitans de la R. P. R. des lieux de Raucourt et Givonne d'enterrer leurs morts dans leurs cimetières, ainsi qu'ils ont fait jusqu'à présent; mais n'y pourra être tenue aucune école. A l'égard de la ville de Sedan, veut S. M. que lesdits de la R. P. R. n'en puissent tenir qu'une pour lire, écrire, chiffrer et calculer, et ce dans le faubourg du rivage seulement, sans qu'il en puisse être tenu dans la ville, sous quelque prétexte que ce soit. Quant aux ministres qui servoient auxdits lieux de Raucourt et Givonne, leur enjoint S. M. de s'en retirer, sans y pouvoir rester pour quelque prétexte que ce soit ; leur a néanmoins S. M. de grace permis de faire leur demeure en la ville de Sedan, à condition d'y vivre comme particuliers, et de ne pouvoir s'ingérer du ministère, le tout à peine de punition. A pareillement S. M. permis et permet aux nommés Gautois et Saint-Maurice, ministres de ladite ville de Sedan, d'y continuer leur ministère leur vie durant, et ce sans tirer à conséquence pour ceux qui leur succéderont dans leurdit ministère ; dérogeant S. M. à l'égard de tous lesdits ministres à tous réglemens à ce contraires ; et moyennant ce demeureront toutes poursuites et actions qui ont été faites et intentées jusqu'à hui, pour contravention aux édits et déclarations de S. M., de la part des ministres et anciens de ladite R. P. R. des ville et bailliage de Sedan, nulles et comme non avenues ; veut S. M. qu'ils n'en puissent être recherchés directement ni indirectement.

N° 1162. — DÉCLARATION *qui défend aux religionnaires d'aller à l'exercice hors du bailliage ou sénéchaussée où ils ont leur domicile.*

Versailles, 5 juillet 1685. (Ord. 25. 4 K. 112. — Hist. de l'édit de Nantes.)

LOUIS, etc. Nous avons été informé que depuis l'interdiction de l'exercice de la R. P. R. et démolition des temples dans plusieurs lieux de notre royaume, soit pour y avoir été établis au préjudice de l'édit de Nantes, ou pour raison des contraventions à nos édits et déclarations, nos sujets, faisant profession de ladite religion, viennent et abordent de différens bailliages et sénéchaussées aux temples qui subsistent, bien qu'ils en soient éloignées de plus de 30 lieues ; en sorte que cette affluence de peuple cause des attroupemens dans les lieux où l'exercice est permis, du scandale dans ceux où ils passent, par les irrévérences qu'ils commettent devant les églises, et des querelles avec les catholiques, par leur marche tant de nuit que de jour, pendant laquelle ils chantent leurs psaumes à haute voix, au préjudice des défenses qui en ont été faites par divers arrêts et déclarations : à quoi étant nécessaire de pourvoir pour empêcher la continuation de ces désordres, et les autres suites fâcheuses que ces assemblées tumultueuses pourroient produire. A ces causes, etc., voulons et nous plaît que dorénavant aucunes personnes faisant profession de la R. P. R., ne puissent aller à l'exercice aux temples qui se trouveront dans l'étendue des bailliages ou sénéchaussées où elles n'ont pas leur principal domicile, ni fait leur demeure ordinaire pendant un an entier sans discontinuation. Faisons très expresses défenses aux ministres et anciens de les y recevoir, à peine d'interdiction de l'exercice et démolition des temples où ils auront été soufferts, et contre les ministres d'être privés pour toujours des fonctions de leur ministère dans notre royaume. Si donnons, etc.

N° 1163. — DÉCLARATION *sur l'édit de novembre* 1573, *portant que les comptables paieront l'intérêt au denier vingt de tous débets excédant* 200 *livres, du jour de la clôture des comptes sans jugemens ni sommation.*

Versailles, 8 juillet 1685. (Archiv.) Reg. C. des C. 20 juillet. — C. des A. 29 novembre.

LOUIS, etc. La difficulté qui s'est souvent trouvée à obliger les officiers de finance, et autres comptables, de vider entièrement leurs mains des fonds dont ils ont eu le maniement, a engagé les rois nos prédécesseurs à établir de temps en temps différentes peines contre ceux desdits comptables qui retiendroient nos deniers par delà le temps porté par les ordonnances. Celles des rois François Ier et Henri II, des années 1532, 1545, et 1548, portant la peine du quadruple pour les débets excédans 200 l., laquelle auroit été réduite à la peine du double par autre ordonnance du même roi Henry II, du mois de décembre 1557, et enfin convertie en intérêt au denier douze par celle du roi Charles IX de l'année 1573; mais les comptables en ayant souvent éludé l'exécution jusqu'aux derniers temps que les officiers de notre chambre des comptes de Paris ont condamné quelques-uns desdits comptables à nous payer les intérêts des débets de leurs comptes, nous avons estimé nécessaire de renouveler et de faire observer généralement et exactement la disposition de ladite ordonnance. A ces causes, etc. voulons et nous plaît que ladite ordonnance du mois de novembre 1573 soit exécutée selon sa forme et teneur; ce faisant, tous comptables qui se trouveront redevables de débets clairs envers nous de sommes excédantes 200 l. par chacun compte, seront tenus de nous en payer l'intérêt à raison du denier vingt, à compter du jour et date de la clôture de leurs comptes jusqu'à l'entier paiement, sans qu'il soit besoin d'aucune signification, jugement ni sommation; défendons aux gardes de notre trésor royal de délivrer à l'avenir aucune quittance du principal d'un débet de clair, qu'il ne leur ait été auparavant fourni et mis ès mains par ceux qui sont obligés de le payer, des extraits en bonne forme de leur compte, pour en connoître la clôture, le débet et les intérêts à nous dus depuis ladite clôture jusqu'à l'actuel paiement dudit débet, dont ils feront mention dans la quittance qu'ils délivreront; défendons aux gens de nos comptes d'ordonner la décharge desdits débets, qu'il ne leur apparoisse du paiement du principal d'iceux et desdits intérêts; voulons que toutes les requêtes qui seront présentées par les comptables pour la décharge des parties indécises, tenues en souffrance pour débets de quittances, supercessions et débets de clair, soient communiquées à nos procureurs généraux en nos chambres des comptes, à peine de nullité des arrêts qui interviendront sans leurs conclusions, et que lesdits intérêts soient payés sans aucune distinction par tous comptables qui seront trouvés redevables de débets de clair non entièrement et valablement déchargés au jour de l'enregistrement des présentes. Ordonnons en outre aux gens de nos comptes, qu'en procédant au jugement des corrections, ils aient à rayer et rejeter de la dépense des comptes les parties qui s'y trouveront indûment employées, nonobstant que lesdites parties aient été passées par arrêts de nosdites chambres au jugement des comptes, ou sur requêtes même communiquées à nos procureurs généraux. Si donnons, etc.

N° 1164. — ARRÊT *du conseil qui défend aux imprimeurs et libraires religionnaires d'exercer leur profession.*

Versailles, 9 juillet 1685. (Hist. de l'édit de Nantes.)

EXTRAIT.

Le roi s'étant fait représenter en son conseil l'arrêt rendu en icelui le 14 mai dernier, par lequel S. M. auroit entr'autres choses fait défenses à ceux qui sont commis pour la réception des imprimeurs et libraires, d'en admettre à l'avenir aucun de la R. P. R. sur les peines portées par ledit arrêt, et ce, pour obvier à ce que les libraires de ladite R. P. R. ne puissent imprimer, vendre et débiter, ainsi qu'ils ont fait par le passé, plusieurs livres et autres écrits mêlés de discours scandaleux et diffamatoires, et même contre le respect dû à la R. C. A. et R.; considérant S. M. qu'il ne peut être entièrement remédié au désordre, tant que les imprimeurs et libraires de ladite R. P. R. qui ont été ci-devant reçus, continueront d'exercer la librairie, etc.

N° 1165. — ARRÊT *du conseil suivi de lettres-patentes portant défenses aux religionnaires d'avoir des cimetières dans les lieux où il n'y a plus d'exercice de leur religion.*

Versailles, 9 juillet 1685. (Archiv. — Hist. de l'édit de Nantes.)

Le roi étant informé qu'en plusieurs villes et lieux de son royaume, où il n'y a plus d'exercice de la R. P. R., ceux de ladite religion y ont conservé les cimetières, et y enterrent les corps morts, comme par le passé; et d'autant qu'ils ne peuvent faire lesdits enterremens sans y paroître publiquement assemblés, ce qui est contraire aux défenses de faire aucun exercice, et que d'ailleurs les peuples n'étant plus accoutumés à voir l'exercice de ladite religion ès-dits lieux, ces enterremens peuvent donner lieu à des émotions populaires, à quoi voulant pourvoir : S. M. étant en son conseil, a ordonné et ordonne, qu'ès-villes, bourgs et lieux du royaume où il n'y a plus d'exercice de la R.P.R., ceux de ladite religion ne pourront y avoir de cimetières, et qu'ils seront tenus de délaisser dans six mois ceux qu'ils y ont à présent, et s'en pourvoir d'autres hors desdites villes, bourgs et lieux où il n'y a plus d'exercice; et où ils ne pourroient trouver de lieux propres à cet effet; il leur en sera marqué par les juges royaux, et seront tenus de payer lesdits lieux aux propriétaires, à dire d'experts dont les parties conviendront, où qui seront nommés d'office par lesdits juges.

N° 1166. — DÉCLARATION *qui interdit aux religionnaires le service de domestiques catholiques.*

Versailles, 9 juillet 1685. (Ord. 25. 4 K. 32. —Archiv.—Hist. de l'édit de Nantes.)

LOUIS, etc. Nous avons été informé, de plusieurs endroits de notre royaume, que les catholiques servant ceux de la R. P. R., en qualité de domestiques, sont souvent empêchés par leurs maîtres de suivre ce qui est prescrit par les commandemens de l'église, pour l'observation des fêtes et des jours de jeûne et d'abstinence, et même que plusieurs de ladite R. P. R., après avoir perverti leurs domestiques catholiques, les obligent de passer dans les pays étrangers pour quitter leur religion et faire profession de la prétendue réformée, tombant par ce moyen dans les cas des peines portées par nos édits contre ceux qui se pervertissent, ou sortent de notre royaume sans notre permission; à quoi voulant pourvoir, et ôter à nos sujets catholiques les occasions de désobéir aux commandemens de l'église, et d'encourir les peines portées par nos édits. A ces causes, etc., voulons, et nous plaît qu'aucuns de nos sujets catholiques ne puissent, sous quelque prétexte que ce soit, servir en qualité de domestiques ceux de la R.P.R., faisant très expresses inhibitions et défenses auxdits de la R. P. R. de les prendre à leur service en quelque qualité que ce soit, à peine de 1000 livres d'amende pour chaque contravention; et pour donner moyen à nos sujets catholiques de se pourvoir, et auxdits de la R. P. R., de prendre d'autres domestiques que des catholiques, nous leur avons accordé terme et délai de six mois, du jour de la publication et enregistrement des présentes, après lequel temps voulons qu'il soit procédé contre lesdits de la R. P. R., qui se trouveront avoir des domestiques catholiques, et qu'ils soient condamnés à l'amende portée par la présente déclaration, à la requête de nos procureurs généraux et leurs substituts, chacun dans l'étendue de sa juridiction. Si donnons, etc.

N° 1167. — ARRÊT *du conseil qui ordonne que les religionnaires contribueront à la réédification et réparation des églises paroissiales et maisons curiales, à proportion des biens qu'ils possèdent dans les paroisses.*

Versailles, 9 juillet 1685. (Hist. de l'édit de Nantes.)

EXTRAIT.

Sur la requête présentée au roi étant en son conseil, par les archevêques, évêques et autres ecclésiastiques, députés à l'assemblée générale du clergé de France, tenue à Saint-Germain-en-Laye, contenant que toutes les communautés étant catholiques, ceux qui en sont membres et qui jouissent des priviléges des communautés, en doivent supporter les charges : que cependant, ceux de la R. P. R. prétendent, sous prétexte de l'art. 2 des particuliers de l'édit de Nantes, être exempts de contribuer aux réparations des églises paroissiales et maisons curiales, et d'autant que ceux de la R. P. R., ont acquis beaucoup de terres et biens qui étaient sujets à ces contributions, et qu'il ne seroit pas juste que lesdits biens pour avoir passé en leurs mains, en les aquérant, fussent exempts des charges auxquelles ils sont naturellement sujets, à ces causes, etc.

N° 1168. — ARRÊT *du conseil qui défend aux ecclésiastiques de donner leurs biens ecclésiastiques à ferme aux religionnaires, ou de les recevoir pour caution.*

Versailles, 9 juillet 1685. (Néron, II, 969.)

N° 1169. — DÉCLARATION *portant défenses à tous juges, avocats, notaires, procureurs, huissiers et praticiens, de se servir de clercs religionnaires.*

Versailles, 10 juillet 1685. (Ord. 25. 4 K. 27. — Archiv. — Hist. de l'édit de Nantes.)

LOUIS, etc. Ayant, par arrêt de notre conseil du 28 jour de juin 1681, enjoint à tous notaires, procureurs, huissiers et sergens faisant profession de la R. P. R. de se démettre de leurs offices en faveur des catholiques, et par notre déclaration du quinzième jour de juin 1682 renouvelé nos défenses auxdits de la R. P. R. d'exercer aucuns desdits offices, avec défenses aux catholiques qui acquerroient d'eux lesdits offices, de les associer, ni souffrir leurs enfans ou parens de la même religion travailler avec eux; nous avions cru que ces défenses empêcheroient ceux de ladite R. P. R. de se mêler directement ni indirectement d'aucunes affaires de judicature, ainsi que notre intention a été de les en exclure : cependant nous sommes informé que plusieurs de ceux qui possédoient lesdits offices de notaires, procureurs, huissiers et sergens s'étant placés près des juges, avocats et autres officiers de justice, en qualité de clercs, continuent sous ce prétexte leurs fonctions comme par le passé, et se mêlent journellement de plusieurs affaires et sollicitations dans nos cours et justices, à quoi voulant pourvoir. A ces causes, nous avons défendu et défendons très expressément à tous juges, avocats, notaires, procureurs, sergens, huissiers et praticiens de se servir d'aucuns clercs faisant profession de la R.P.R., à peine de 1,000 livres d'amende contre les contrevenans, applicables à l'hôpital du lieu, ou le plus prochain. Si donnons, etc.

N° 1170. — DÉCLARATION *portant que les religionnaires ne seront plus reçus docteurs ès-lois dans les universités, ni avocats dans les cours.*

Versailles, 11 juillet 1685. (Ord. 25. 4 K. 24. — Archiv. — Hist. de l'édit de Nantes.)

LOUIS, etc. Par nos édits et déclarations, et en dernier lieu par celle du 15 juillet 1682, nous avons pour bonnes considérations exclu de toutes charges de notaires, procureurs, huissiers et sergens, ceux qui feroient profession de la R. P. R., et considérant que les avocats ont beaucoup de part dans la poursuite des procès, en donnant aux parties leurs avis sur la conduite qu'elles ont à y tenir, nous avons cru qu'il n'étoit pas moins nécessaire d'exclure ceux de ladite R. P. R. des fonctions d'avocats, que des autres charges de judicature. A ces causes, nous avons dit et déclaré, disons et déclarons par ces présentes signées de notre main, voulons et nous plaît, qu'à l'avenir ceux de la R. P. R. ne soient plus reçus docteurs ès lois ès universités de notre royaume, ni au serment d'avocat en nos cours. A quoi nous enjoignons à nos avocats et procureurs généraux, et leurs substituts, de tenir la main. Si donnons, etc.

N° 1171. — DÉCLARATION *portant que les officiers catholiques des cours et des justices inférieures dont les femmes sont religionnaires, ne pourront être rapporteurs d'aucuns procès où les ecclésiastiques auront intérêt.*

Versailles, 11 juillet 1685. (Ord. 25. 4 K. 108. — Archiv. — Hist. de l'édit de Nantes.)

PRÉAMBULE.

LOUIS, etc. Plusieurs de nos sujets de la R. P. R., les plus obstinés et animés d'un faux zèle, traversant journellement les nouveaux convertis dans leurs affaires, afin d'ôter la pensée que plusieurs autres pourroient avoir de suivre leur exemple, et faisant éclater leur passion contre les ecclésiastiques, à cause qu'ils travaillent à ces conversions : pour y apporter un remède convenable, nous aurions estimé à propos, par notre déclaration du 24 janvier dernier, d'ôter aux conseillers de nos cours de parlement qui étoient encore de ladite religion, la connoissance des procès civils et criminels des ecclésiastiques, d'ordonner que lesdits conseillers ne pourroient être rapporteurs de ceux des personnes qui auroient abjuré ladite R. P. R., ni connoître des contraventions à nos édits et déclarations concernant ladite religion. Et comme nous sommes informé que quelques officiers catholiques, tant de nos cours que des siéges subalternes, qui ont leurs femmes de la R. P. R., favorisent dans lesdits procès les particuliers qui en font aussi profession, à cause de l'accès qu'ils trouvent auprès desdits officiers par le moyen de leurs femmes, aux prières et sollicitations desquelles se laissant souvent persuader, ils n'ont pas toute l'exactitude à laquelle leur devoir les engage pour faire exécuter régulièrement nosdits édits et déclarations, et soutenir l'intérêt de l'église catholique. A ces causes, etc.

N° 1172. — DÉCLARATION *portant que les enfans dont les pères sont morts religionnaires et dont les mères sont catholiques, seront élevés dans la religion catholique et qu'on ne pourra leur donner pour tuteurs des religionnaires.*

Versailles, 12 juillet 1685. (Ord. 25. 4 K. 51. — Archiv. — Hist. de l'édit de Nantes.)

N° 1173. — ARRÊT *du conseil qui déclare les veuves d'officiers de la maison du roi et des maisons royales, qui font profession de la religion réformée, déchus des priviléges attribués aux charges dont leurs maris étoient pourvus.*

Versailles, 12 juillet 1685. (Hist. de l'édit de Nantes.)

N° 1174. — DÉCLARATION *portant que les ministres religionnaires des châteaux et maisons des seigneurs, ne pourront exercer leur ministère plus de trois ans au même lieu.*

Versailles, 13 juillet 1685. (Archiv. — Hist. de l'édit de Nantes.)

N° 1175. — ARRÊT *de la cour des monnoies qui défend à tous orfèvres de vendre des jetons d'argent, et à tous autres marchands d'en vendre de cuivre, autres que ceux qui auront été fabriqués en la monnoie des galeries du Louvre.*

Paris, 14 juillet 1685. (Rec. cass.)

N° 1176. — ARRÊT *du conseil qui ordonne la démolition des*

temples dans toutes les villes ou il y a archevêché ou évêché.

Versailles, 30 juillet 1685. (Hist. de l'édit. de Nantes.)

Sur la requête présentée au roi, étant en son conseil, par les archevêques, évêques et autres ecclésiastiques députés à l'assemblée générale du clergé de France, tenue à Saint-Germain-en-Laye, contenant que dans les villes de Grenoble, Die, Saint-Paul-Trois-Châteaux, Gap, Nîmes et du Mans, l'exercice de la R.P.R. subsiste encore par un abus contraire à la volonté des rois prédécesseurs de S. M., ainsi qu'il paroît par l'art. 11 de l'édit de Nantes, dans lequel il est expressément fait défenses d'établir l'exercice des seconds lieux de bailliages dans les villes épiscopales; ce que S. M. semble même avoir déjà décidé en faveur du clergé, puisque, par l'arrêt de son conseil du 31 juillet 1679, elle a expressément défendu aux ministres de faire l'exercice de ladite religion dans les lieux où les évêques se trouveront faisant actuellement leurs visites : ce qui paroît et doit être tiré à conséquence pour les villes où le siége épiscopal est établi, dans lesquelles les évêques sont toujours censés présens, et dans les mêmes fonctions qu'ils ont accoutumé de faire dans leurs visites. A ces causes, requéroient qu'il plût à S. M. faire défenses auxdits de la R. P. R. de faire à l'avenir aucun exercice dans lesdites villes de Grenoble, Die, Saint-Paul-Trois-Châteaux, Gap, Nîmes et du Mans, et dans toutes les autres villes où il y a siége épiscopal, et en conséquence ordonner que les temples qui sont èsdites villes et faubourgs d'icelles seront démolis. Vu ladite requête, et tout considéré, S. M. étant en son conseil, a interdit pour toujours l'exercice de la R. P. R. èsdites villes de Grenoble, Die, Saint-Paul-Trois-Châteaux, Gap, Nîmes et du Mans, et en toutes les autres villes épiscopales, faubourgs desdites villes, et à une lieue à la ronde; ordonne à cette fin que les temples qui y sont construits seront incessamment démolis par ceux de ladite R. P. R. jusqu'aux fondemens; autrement et à faute de ce faire dans le temps de deux mois, permet S. M. aux syndics des diocèses de faire procéder à ladite démolition aux frais et dépens desdits de la R. P. R., lesquels frais seront pris par préférence sur la vente qui sera faite des matériaux, sauf auxdits de la R. P. R. à se pourvoir vers S. M. pour leur être assigné d'autres lieux à la place de ceux desdites villes où il y a archevêché ou évêché, après la représentation qu'ils seront tenus de faire de titres bons et valables, pardevant les intendans et commissaires départis pour l'exécution des ordres de S. M. dans les provinces où lesdits temples seront démolis. Fait au conseil, etc.

N° 1177. — DÉCLARATION *portant que les enfans dont les pères et mères sont morts dans la religion réformée, ne pourront avoir pour tuteurs que des catholiques, à peine d'amende arbitraire et de bannissement pour 9 ans.*

Versailles, 4 août 1685. (Hist. de l'édit de Nantes.)

PRÉAMBULE.

LOUIS, etc. Nous avons été informé que les enfans dont les pères et mères sont morts dans la R. P. R., ayant eu ordinairement des tuteurs, subrogés-tuteurs et curateurs faisant profession de ladite religion, plusieurs ont abusé de la puissance que cette qualité leur donnoit sur leurs pupilles pour les détourner des bons desseins qu'ils témoignoient avoir de se convertir à la religion catholique, les traitant sévèrement, et leur refusant même les choses les plus nécessaires, sous prétexte que l'état des biens ou des affaires de la succession de leurs pères et mères ne permettait pas qu'ils fussent élevés suivant leur condition; et nous avons eu avis que quelques uns desdits enfans n'ayant pas laissé nonobstant ces chagrins d'abjurer une religion où ils étoient persuadés de ne pouvoir faire leur salut, leurs tuteurs, subrogés tuteurs et curateurs ont, en haine de ce changement, embarrassé leurs affaires d'une manière que cela a été très préjudiciable pour leur avancement, lorsqu'ils sont devenus majeurs. Et comme il est nécessaire d'empêcher que cette puissance et autorité ne soient pas des obstacles à la conversion desdits enfans. A ces causes, etc.

N° 1178. — DÉCLARATION *portant qu'il ne sera plus reçu de religionnaires à la profession de médecin.*

Versailles, 6 août 1685. (Ord. 25. 4 K. 115. — Archiv. — Hist. de l'édit de Nantes.)

PRÉAMBULE.

LOUIS, etc. Ayant ordonné il y a quelque temps, pour bonnes considérations, qu'aucuns de nos sujets faisant profession de la

R. P. R. ne pourroient dorénavant être pourvus d'offices de notaires, procureurs, huissiers, sergens, et même entrer en aucunes charges de judicature, nous avons estimé à propos, par notre déclaration du 11 juillet dernier, de défendre de recevoir à l'avenir ceux de ladite religion docteurs ès lois, ni au serment d'avocat. Mais comme il nous a été représenté que la plupart des jeunes gens de la même religion se détermineroient à étudier en médecine pour y prendre les degrés, se voyant exclus de toutes autres fonctions; en sorte que le nombre des médecins faisant profession de la R. P. R. s'augmenteroit si considérablement, que peu de nos sujets de la R. C. A. et R. s'attacheroient dorénavant à cette science, ce qui seroit, dans la suite, très préjudiciable au salut de nos sujets catholiques qui tomberoient malades, parce que les médecins de la R. P. R. ne se mettroient pas en peine de les avertir de l'état où ils se trouveroient pour recevoir les sacremens auxquels il n'ont pas de foi : à quoi étant nécessaire de pourvoir. A ces causes, etc.

N°. 1179. — DÉCLARATION *portant défenses aux ministres de la R. P. R. de demeurer à 6 lieues près des lieux où l'exercice en est interdit.*

Versailles, 6 août 1685. (Ord. 25. 4 K. 184. — Rec. cass. — Archiv.)

N° 1180. — DÉCLARATION *portant qu'il ne sera point donné de tuteur, subrogé-tuteur où curateur faisant profession de la R. P. R., aux enfans des pères et mères qui faisaient profession de ladite religion.*

Versailles, 14 août 1685. (Ord. 25. 4 K. 185. — Archiv. — Hist. de l'édit de Nantes.)

N° 1181. — ORDONNANCE *qui défend aux officiers commandant les vaisseaux, de demander d'autres meubles qu'une table et un banc.*

16 août 1685. (Bajot.)

N° 1182. — DÉCLARATION *portant que la moitié des biens des religionnaires qui sortiront du royaume, sera donnée aux dénonciateurs.*

Versailles, 20 août 1685. (Ord. 25. 4K. 195.—Hist. de l'édit de Nantes.—Archiv.)

LOUIS, etc. Bien que par nos lettres de déclaration des 18 mai et 14 juillet de l'année 1682, nous ayons ordonné, que par les juges ordinaires des lieux, il serait procédé contre ceux de la R. P. R. qui sortiront de notre royaume sans notre permission, néamoins nous aurions été informé que, soit par la négligence desdits juges ou autrement, plusieurs de ceux de ladite R. P. R. sont sortis de notre royaume, sans que lesdits juges se soient mis en devoir de procéder contre eux selon qu'il leur est prescrit par lesdites déclarations, en sorte qu'ils ne laissent pas de jouir de leurs biens et revenus qu'ils y ont laissés, soit au moyen des contrats de vente, cessions ou transports simulés faits au profit de leurs parens et amis, ou autrement. A quoi jugeant nécessaire de pourvoir, savoir faisons que, pour ces causes, etc., voulons et nous plaît que si, au préjudice de nosdites déclarations des 18 mai, et 14 juillet 1682, aucuns de ladite R. P. R. viennent à sortir de notre royaume sans notre permission, et en dérobent la connoissance aux juges ordinaires des lieux, ceux qui les découvriront et dénonceront auxdits juges ordinaires, soient mis en possession de la moitié des fonds qu'ils auront dénoncés dans les pays où confiscation a lieu; et où elle n'a pas lieu, que la moitié des fruits et revenus des biens qu'ils découvriront, leur soit donnée, leur en ayant fait et faisant don dès à présent comme pour lors, par cesdites présentes, nonobstant ce qui pourroit être opposé au contraire de la part des parens et héritiers de ceux de ladite R. P. R. qui se seroient ainsi retirés, et nonobstant aussi tous édits, déclarations, arrêts et autres choses à ce contraires, auxquels nous avons dérogé et dérogeons en tant que de besoin. Si donnons, etc.

N° 1183. — *Déclaration concernant la nomination des collecteurs des tailles.*

Versailles, 28 août 1685. (Code des tailles.)

N° 1184. — LETTRES-PATENTES *portant établissement d'un conseil souverain et de quatre siéges royaux à Saint-Domingue*(1).

Versailles, août 1685. (Néron, II, 1108. — Moreau de Saint-Méry, I, 428.)
Reg. au conseil souverain du Petit-Goave, 4 mai 1686.

LOUIS, etc. Le zèle que les peuples qui habitent la côte de l'île Saint-Domingue dans l'Amérique ont témoigné pour notre service, et dont ils ont donné des marques en toutes occasions à nos sujets qui ont formé une colonie considérable, a mérité nos soins et notre application particulière à pourvoir à tous leurs

---

(1) Nous prévenons que dans Néron cette pièce est remplie de fautes.

besoins. Nous leur avons envoyé plusieurs missionnaires pour les élever à la connoissance du vrai Dieu, et les instruire dans la R. C. A. et R. : nous avons tiré de nos troupes des officiers principaux pour les commander, les secourir et les défendre contre leurs ennemis; ainsi ce qu'il nous reste est de régler l'administration de la justice par l'établissement des tribunaux et des siéges en des lieux certains, en la même manière, dans les mêmes formes, et sous les mêmes lois qui s'observeront par nos sujets, afin qu'ils puissent y avoir recours dans leurs affaires civiles et criminelles, en première instance et en dernier ressort.

A ces causes, etc., nous avons créé et établi, créons et établissons par ces présentes signées de notre main, dans la côte de l'île Saint-Domingue dans l'Amérique, un conseil souverain et quatre siéges royaux qui y ressortiront.

Savoir, ledit conseil souverain dans le bourg du petit Goave à l'instar de ceux de l'Amérique, qui sont sous notre obéissance, lequel sera composé du gouverneur, notre lieutenant-général dans lesdites îles, de l'intendant de la justice, police et finances dudit pays; du gouverneur particulier de la côte, des deux lieutenans pour nous, deux majors, douze conseillers, nos amés et féaux les sieurs, etc.; d'un notre procureur général et un greffier.

Donnons pouvoir audit conseil souverain de juger en dernier ressort tous les procès et différends, tant civils que criminels, mus et à mouvoir entre nos sujets dudit pays, sur les appellations des sentences desdits siéges royaux, et ce sans aucuns frais; lui enjoignons de s'assembler pour cet effet à certains jours et heures, au lieu qui sera par eux avisé le plus commode, au moins une fois le mois.

Voulons que le gouverneur notre lieutenant général auxdites îles, préside audit conseil, et en son absence, l'intendant de justice, police et finances; que le même ordre soit gardé entre le gouverneur particulier de ladite côte, les deux lieutenans pour nous, les deux majors, et les douze conseillers, pour y prendre leurs séances et présider, en cas d'absence les uns des autres, dans le même rang que nous les avons nommés, et que l'ordre de l'écriture leur tienne lieu de réglement entr'eux pour leurs honneurs.

Voulons néanmoins que l'intendant de justice, police et finances audit pays, lors même que le gouverneur, notre lieutenant général auxdites îles sera présent audit conseil et y présidera, demande les avis, recueille les voix, prononce les arrêts et qu'il ait au surplus les mêmes avantages, et fasse les mêmes fonctions que les premiers présidens de nos cours; et en cas d'absence de l'intendant, que le plus ancien de nosdits conseillers ait les mêmes droits, encore qu'il soit présidé par nosdits gouverneur, lieutenans et majors.

Seront les quatre siéges royaux, à l'instar de ceux de notre royaume, composés chacun d'un sénéchal, d'un lieutenant, d'un notre procureur et d'un greffier; et seront établis, un audit lieu du petit Goave, dont la juridiction s'étendra, sur le grand et petit Goave, le Rochelois, Nippes, la grande Anse et l'île à Vache; un autre à Léogane qui comprendra les établissemens de l'Arcahaye; un autre au port de Paix, contenant depuis le port François jusqu'au Môle-Saint-Nicolas, et toute l'île de la Tortue, et un autre au Cap, dont le ressort sera depuis le port François jusqu'à l'extrémité des quartiers habités par les François dans la bande du Nord tirant vers l'Est.

Si donnons en mandement au gouverneur, notre lieutenant général desdites îles, en son absence, au gouverneur de la Tortue et côte Saint-Domingue, qu'après lui être apparu des bonnes vie, mœurs, conversation et R. C. A. et R., de ceux qui devront composer ledit conseil souverain, et qu'il aura pris d'eux le serment en tel cas requis et accoutumé, il les mette et institue dans les fonctions de leurs charges, les faisant reconnoître et obéir de tous ceux et ainsi qu'il appartiendra. Mandons pareillement aux officiers dudit conseil souverain de faire de même, et installer les officiers desdits siéges royaux. Car tel est notre plaisir, etc.

N° 1185. — Édit *portant défenses aux religionnaires de prêcher et composer des livres contre la foi C. A. et R.* (1).

Versailles, août 1685 (Ord. 25. 4 K. 117.—Archiv.—Hist. de l'édit de Nantes.)

LOUIS, etc. Les députés du clergé de notre royaume, assemblés par notre permission en notre ville de Saint-Germain-

---

(1) Le parlement de Paris par un arrêt du 29 août, en exécution de cet édit, confia à l'archevêque de Paris le soin de faire un état des livres à supprimer. « Il semble, dit l'arrêt, que personne n'en peut mieux faire le discernement « que cet archevêque, lequel, outre les lumières et la connoissance que la na- « ture et l'étude peuvent donner, a l'autorité de juger dans son diocèse de tout « ce qui regarde la foi et la doctrine de l'église. »

en-Laye, nous ayant représenté qu'entre les moyens dont les ministres de la R. P. R. se servoient pour empêcher la conversion de quelques-uns de nos sujets qui font profession de cette religion, aucun ne leur réussissoit avec tant de succès que celui de donner par des impostures une fausse idée de la religion catholique; et nous ayant supplié en même temps d'empêcher la continuation d'un si grand mal, par les moyens que nous estimerions les plus convenables, nous avons fait examiner les erreurs que les ministres de la R. P. R., et quelques autres personnes qui en font profession, imputent à la religion catholique dans les prêches ou dans les livres qu'ils composent; et comme rien ne blesse tant le respect avec lequel nos édits les obligent de parler de la religion catholique, que de l'accuser ainsi de professer une doctrine qu'elle condamne, et qu'il n'est pas juste que leurs calomnies inspirent à nos sujets de l'horreur contre la vérité, qu'ils ne pourroient s'empêcher d'aimer et de suivre, si l'on ne leur en déroboit pas la connoissance par ces artifices ; et ayant d'ailleurs considéré qu'il doit suffire à des ministres d'une religion tolérée dans notre royaume par les édits des rois nos prédécesseurs et par les nôtres, d'en enseigner les dogmes, sans s'élever par des disputes contre la véritable religion dont nous faisons profession, et dont leurs prédécesseurs se sont malheureusement séparés dans le dernier siècle; nous avons estimé nécessaire d'arrêter le cours d'une licence qui produit des effets si funestes. Savoir faisons, etc., défendons aux ministres, et à toutes personnes, de quelque qualité et condition qu'elles soient, faisant profession de la R. P. R., de prêcher et de composer aucuns livres contre la foi et la doctrine de la R. C. A. et R., et de se servir de termes injurieux ou tendant à la calomnie, en imputant aux catholiques des dogmes qu'ils condamnent, et même de parler directement ni indirectement, en quelque manière que ce puisse être, de la religion catholique. Enjoignons aux ministres d'enseigner seulement dans leurs prêches les dogmes de la R. P. R., et les règles de la morale, sans y mêler aucune autre chose. Défendons en outre auxdits ministres, et à tous nos autres sujets qui font profession de ladite R. P. R., de faire imprimer aucuns livres concernant la R. P. R., à la réserve de ceux qui contiendront leur profession de foi, les prières et les règles ordinaires de leur discipline, et à tous imprimeurs et libraires de les imprimer et débiter. Voulons que tous les livres qui ont été faits jusqu'à cette heure contre la religion catholique par ceux de la

R. P. R., soient supprimés. Défendons à tous imprimeurs de les imprimer à l'avenir, et à tous libraires de les débiter. Ordonnons que les ministres et nos autres sujets de la R. P. R. qui contreviendront aux dispositions de notre présent édit, soient condamnés à faire amende honorable, et bannis à perpétuité hors de notre royaume, et leurs biens sujets à confiscation confisqués, et que l'exercice de cette religion soit interdit pour toujours, dans les lieux où les ministres auront prêché contre les termes de notre présent édit. Voulons pareillement que les imprimeurs et libraires qui imprimeront ou débiteront lesdits livres au préjudice de nos défenses, soient condamnés en 1500 liv. d'amende, et privés pour toujours de la faculté de tenir boutique ouverte. Si donnons, etc.

N° 1186. — Arrêt *du conseil qui défend à tous chirurgiens et apothicaires religionnaires l'exercice de leur art.*

Chambord, 15 septembre 1685. (Hist. de l'édit de Nantes.)

EXTRAIT.

Sur ce qui a été représenté au roi étant en son conseil, que des cours supérieures du royaume auroient rendu divers arrêts portant défenses à tous chirurgiens et apothicaires faisant profession de la R. P. R. d'exercer leur art, soit par eux-mêmes, ou par personnes interposées, afin d'empêcher les mauvais effets que produit la facilité que leur profession leur donne d'aller fréquemment dans toutes les maisons, sous prétexte de visiter les malades, et d'empêcher par là les autres religionnaires de se convertir à la religion catholique. A quoi S. M. voulant pourvoir, etc.

N° 1187. — Arrêt *du conseil suivi de lettres-patentes portant que les baptêmes et mariages des religionnaires seront célébrés par des ministres choisis par les intendans, à charge par lesdits ministres de ne pas faire de prêches ni exercices autres que ce qui est marqué dans leurs livres* (1).

Chambord, 15 septembre. (Archiv.)

(1) « Cet arrêt, dit Rulhière, signé le 15 septembre 1685, un mois seulement avant la révocation, fut rendu au conseil du roi : non pas au *conseil des parties*, présidé par le chancelier et auquel le roi n'assiste point, mais au conseil des

N° 1188. — ARRÊT *du conseil suivi de lettres-patentes portant que les gentilshommes nouvellement convertis reprendront dans les églises la place que leurs ancêtres y avoient avant leur perversion.*

Chambord, 23 septembre 1685. (Archiv. — Néron, II, 969.)

N° 1189. — ÉDIT *portant établissement d'un hôtel des monnoies à Lille, et réglement pour les espèces qui auront cours dans les provinces et villes conquises des Pays-Bas.*

Chambord, septembre 1685. (Rec. cass.)

N° 1190. — ORDONNANCE *qui réserve au commandant des armées navales le pouvoir d'interdire les officiers de marine.*

4 octobre 1685. (Bajot.)

N° 1191. — ORDONNANCE *qui interdit l'exercice de la religion réformée sur les vaisseaux de guerre du roi et sur ceux des marchands.*

Fontainebleau, 25 octobre 1685. (Hist. de l'édit de Nantes.)

N° 1192. — ÉDIT *portant révocation de l'édit de Nantes* (1).

Fontainebleau, octobre 1685. (Ord. 25. 4 K. 186. — Hist. de l'édit de Nantes.)

LOUIS, etc. Le roi Henry-le-Grand, notre aïeul de glorieuse mémoire, voulant empêcher que la paix qu'il avoit procurée à ses sujets, après les grandes pertes qu'ils avoient souffertes par la durée des guerres civiles et étrangères, ne fût troublée à l'occasion de la R. P. R. comme il étoit arrivé sous les règnes des rois ses prédécesseurs, auroit, par son édit donné à Nantes au mois d'avril 1598, réglé la conduite qui seroit à tenir à l'égard de ceux de ladite religion, les lieux dans lesquels ils en pourroient faire l'exercice, établi des juges extraordinaires pour leur administrer la justice, et enfin pourvu, même par des articles

---

dépêches, *Sa Majesté y étant*; il fut donc rendu par le roi, délibéré en sa présence par tous les ministres, par Louvois, Seignelai, Chateauneuf, par le vieux chancellier Letellier qui le signa. »

(1) Il faut voir dans les *Éclaircissemens historiques sur les causes de la révocation de l'édit de Nantes*, par Rulhière, les circonstances qui ont précédé, accompagné et suivi cette mesure, l'une des plus impolitiques qu'aucun souverain ait jamais adoptée, quand même elle n'eût point été l'une des plus iniques. — V. aussi l'histoire de l'édit de Nantes.

particuliers, à tout ce qu'il auroit jugé nécessaire pour maintenir la tranquillité dans son royaume, et pour diminuer l'aversion qui étoit entre ceux de l'une et l'autre religion, afin d'être plus en état de travailler, comme il avoit résolu de faire, pour réunir à l'église ceux qui s'en étoient si facilement éloignés. Et comme l'intention du roi notredit aïeul ne put être effectuée à cause de sa mort précipitée, et que l'exécution dudit édit fut même interrompue pendant la minorité du feu roi notre très honoré seigneur et père de glorieuse mémoire, par de nouvelles entreprises desdits de la R. P. R., elles donnèrent occasion à les priver de divers avantages qui leur avoient été accordés par ledit édit : néanmoins le roi, notredit feu seigneur et père, usant de sa clémence ordinaire, leur accorda encore un nouvel édit à Nîmes, au mois de juillet 1629, au moyen duquel la tranquillité ayant été de nouveau rétablie, ledit feu roi, animé du même esprit et du même zèle pour la religion que le roi notredit aïeul avoit résolu de profiter de ce repos pour essayer de mettre son pieux dessein à exécution ; mais les guerres avec les étrangers étant survenues peu d'années après, en sorte que depuis 1635 jusqu'à la trêve conclue en l'année 1684 avec les princes de l'Europe, le royaume ayant été peu de temps sans agitation, il n'a pas été possible de faire autre chose pour l'avantage de la religion, que de diminuer le nombre des exercices de la R. P. R., par l'interdiction de ceux qui se sont trouvés établis au préjudice de la disposition des édits, et par la suppression des chambres mi-parties, dont l'érection n'avoit été faite que par provision. Dieu ayant enfin permis que nos peuples jouissant d'un parfait repos, et que nous-même n'étant pas occupé des soins de les protéger contre nos ennemis, ayons pu profiter de cette trêve, que nous avons facilitée à l'effet de donner notre entière application à rechercher les moyens de parvenir au succès du dessein des rois nosdits aïeul et père, dans lequel nous sommes entré dès notre avénement à la couronne. Nous voyons présentement avec la juste reconnoissance que nous devons à Dieu, que nos soins ont eu la fin que nous nous sommes proposée, puisque la meilleure et la plus grande partie de nos sujets de ladite R. P. R. ont embrassé la catholique; et d'autant qu'au moyen de ce, l'exécution de l'édit de Nantes, et de tout ce qui a été ordonné en faveur de ladite R. P. R. demeure inutile, nous avons jugé que nous ne pouvions rien faire de mieux, pour effacer entièrement la mémoire des troubles, de la confusion et des maux que le progrès de cette fausse religion a causés dans notre royaume, et qui ont donné lieu audit édit, et à tant d'autres édits et déclarations qui l'ont précédé, ou ont été faits en conséquence, que de révoquer entièrement ledit édit de Nantes, et les articles particuliers qui ont été accordés en suite d'icelui, et tout ce qui a été fait depuis en faveur de ladite religion.

Art. 1er. Savoir faisons, que nous, pour ces causes, et autres à ce nous mouvant, et de notre certaine science, pleine puissance et autorité royale, avons, par ce présent édit perpétuel et irrévocable, supprimé et révoqué, supprimons et révoquons l'édit du roi notredit aïeul, donné à Nantes au mois d'avril 1598, en toute son étendue, ensemble les articles particuliers arrêtés le 2 mai ensuivant, et les lettres patentes expédiées sur iceux, et l'édit donné à Nîmes au mois de juillet 1629, les déclarons nuls et comme non avenus; ensemble toutes les concessions faites tant par iceux que par d'autres édits, déclarations et arrêts, aux gens de ladite R. P. R., de quelque nature qu'elles puissent être, lesquelles demeureront pareillement comme non avenues : et en conséquence voulons et nous plaît que tous les temples de ceux de ladite R. P. R. situés dans notre royaume, pays, terres et seigneuries de notre obéissance, soient incessamment démolis.

2. Défendons à nosdits sujets de la R.P.R. de plus s'assembler pour faire l'exercice de ladite religion, en aucun lieu ou maison particulière, sous quelque prétexte que ce puisse être, même d'exercices réels ou de bailliages; quand bien même lesdits exercices auroient été maintenus par des arrêts de notre conseil.

3. Défendons pareillement à tous seigneurs de quelque condition qu'ils soient, de faire l'exercice dans leurs maisons et fiefs, de quelque qualité que soient lesdits fiefs, le tout à peine contre tous nosdits sujets qui feroient ledit exercice, de confiscation de corps et de biens.

4. Enjoignons à tous ministres de ladite R. P. R. qui ne voudront pas se convertir et embrasser la R. C. A. et R., de sortir de notre royaume et terres de notre obéissance, quinze jours après la publication de notre présent édit, sans y pouvoir séjourner au-delà, ni pendant ledit temps de quinzaine faire aucun prêche, exhortation, ni autre fonction, à peine des galères.

5. Voulons que ceux desdits ministres qui se convertiront, continuent à jouir leur vie durant, et leurs veuves après leur décès, tandis qu'elles seront en viduité, des mêmes exemptions de tailles et logement de gens de guerre, dont ils ont joui pen-

dant qu'ils faisoient la fonction de ministres ; et en outre, nous ferons payer auxdits ministres, aussi leur vie durant, une pension qui sera d'un tiers plus forte que les appointemens qu'ils touchoient en qualité de ministres, de la moitié de laquelle pension leurs femmes jouiront aussi après leur mort, tant qu'elles demeureront en viduité.

6. Que si aucuns desdits ministres désirent se faire avocats, ou prendre les degrés de docteurs ès lois, nous voulons et entendons qu'ils soient dispensés des trois années d'étude prescrites par nos déclarations ; et qu'après avoir subi les examens ordinaires, et par iceux être jugés capables, ils soient reçus docteurs, en payant seulement la moitié des droits que l'on a accoutumé de percevoir pour cette fin en chacune université.

7. Défendons les écoles particulières pour l'instruction des enfans de la R. P. R., et toutes les choses généralement quelconques, qui peuvent marquer une concession, quelle que ce puisse être, en faveur de ladite religion.

8. A l'égard des enfans qui naîtront de ceux de ladite R. P. R., voulons qu'ils soient dorénavant baptisés par les curés des paroisses. Enjoignons aux pères et mères de les envoyer aux églises à cet effet-là, à peine de 500 livres d'amende, et de plus grande s'il y échet ; et seront ensuite les enfans élevés en la R. C. A. et R., à quoi nous enjoignons bien expressément aux juges des lieux de tenir la main.

9. Et pour user de notre clémence envers ceux de nos sujets de ladite R. P. R. qui se seront retirés de notre royaume, pays et terres de notre obéissance, avant la publication de notre présent édit, nous voulons et entendons, qu'en cas qu'ils y reviennent dans le temps de quatre mois du jour de ladite publication, ils puissent et leur soit loisible de rentrer dans la possession de leurs biens, et en jouir tant ainsi, et comme ils auroient pu faire s'ils y étoient toujours demeurés ; au contre, que les biens de ceux qui, dans ce temps-là de quatre mois, ne reviendront pas dans notre royaume, ou pays et terres de notre obéissance, qu'ils auroient abandonnés, demeurent et soient confisqués en conséquence de notre déclaration du 20 d'août dernier.

10. Faisons très expresses et itératives défenses à tous nos sujets de la R. P. R. de sortir, eux, leurs femmes et enfans de notredit royaume, pays et terres de notre obéissance, ni d'en transporter leurs biens et effets, sous peine, pour les hommes,

des galères, et de confiscation de corps et de biens pour les femmes.

11. Voulons et entendons que les déclarations rendues contre les relaps soient exécutées selon leur forme et teneur.

Pourront au surplus lesdits de la R. P. R., en attendant qu'il plaise à Dieu les éclairer comme les autres, demeurer dans les villes et lieux de notre royaume, pays et terres de notre obéissance, et y continuer leur commerce, et jouir de leurs biens, sans pouvoir être troublés ni empêchés, sous prétexte de ladite R. P. R., à condition, comme dit est, de ne point faire d'exercice, ni de s'assembler sous prétexte de prières ou de culte de ladite religion, de quelque nature qu'il soit, sous les peines ci-dessus, de corps et biens. Si donnons, etc.

N° 1193. — ORDONNANCE *qui défend à tous marchands, capitaines de leurs navires, maîtres de barques et autres, de contribuer directement ni indirectement à l'évasion des religionnaires, à peine d'amende et de punition corporelle en cas de récidive.*

Fontainebleau, 5 novembre 1685. (Delamare.)

N° 1194. — DÉCLARATION *portant que les religionnaires qui se sont retirés du royaume et qui y reviendront seront tenus de déclarer leur retour aux baillis.*

Fontainebleau, 12 novembre 1685. (Ord. 25. 4 K. 203. — Rec. cass. — Archiv.)

PRÉAMBULE.

LOUIS, etc. Par notre édit du mois d'octobre dernier, portant révocation de celui de Nantes, et interdiction de l'exercice de la R. P. R. dans notre royaume, nous avons entre autres choses ordonné que ceux de nos sujets de ladite religion qui se seroient retirés dans les pays étrangers, avant la publication dudit édit, rentreroient dans leurs biens confisqués, en cas qu'ils revinssent dans quatre mois, du jour de la publication dudit édit, ainsi que s'ils y étoient toujours demeurés ; et d'autant qu'il pourroit survenir quelques contestations entre ceux de qui les biens seroient confisqués, et ceux qui en prétendroient la confiscation, au sujet du temps de leur retour dans notre royaume et terres de notre obéissance, et qu'il est nécessaire de prévenir toutes difficultés à cet égard. A ces causes, etc.

N° 1195. — DÉCLARATION *qui fait défenses aux avocats religionnaires d'exercer leur profession.*

Fontainebleau, 17 novembre 1685. (Archiv. — Hist. de l'édit de Nantes.)

LOUIS, etc. Nous avons, par notre déclaration du 11 jour de juillet dernier, ordonné, pour les raisons y contenues, qu'il ne seroit plus reçu d'avocats faisant profession de la R. P. R., et ayant reconnu, depuis la publication du dernier édit, portant interdiction de ladite religion, que la plupart des avocats qui en font profession, se servant du crédit qu'ils ont sur ceux de la même religion, travaillent à les empêcher de suivre dans leurs conversions l'exemple de presque tous nos sujets, qui ont enfin heureusement reconnu leurs erreurs, et se sont réunis à la véritable église, nous avons résolu d'exclure des fonctions d'avocats ceux qui font profession de ladite R. P. R. A ces causes, etc. Voulons et nous plaît que notre déclaration du 11 jour de juillet dernier, soit exécutée selon sa forme et teneur, et en outre faisons très expresses inhibitions et défenses à tous avocats faisant profession de la R. P. R. de faire à l'avenir aucunes fonctions d'avocats en quelque cour et juridiction que ce puisse être, à peine de 1,500 livres d'amende pour chaque contravention; faisons pareillement défenses à nos cours et juges de les recevoir à plaider, et à tous nos sujets de les consulter, de les nommer pour arbitres et sur-arbitres; aux avocats catholiques de consulter ni travailler à des arbitrages avec eux, et aux procureurs de signer les écritures qu'ils auront dressées, le tout à peine de nullité. Si donnons, etc.

N° 1196. — ARRÊT *du conseil qui ordonne aux conseillers religionnaires du parlement de Paris de se démettre de leurs offices*

Versailles, 23 novembre 1685. (Hist. de l'édit de Nantes.)

Le roi ayant par sa déclaration du 20 janvier de la présente année ordonné que les conseillers de sa cour de parlement, faisant profession de la R. P. R. ne pourroient connoitre des procès civils et criminels auxquels les ecclésiastiques et les nouveaux convertis auroient intérêt, S. M. a été informée qu'à présent que la plupart de ses sujets de ladite religion sont rentrés dans l'église, il n'y a presque point de procès auxquels quelques nouveaux convertis ne soient parties principales ou intervenantes, ce qui rendra bientôt les fonctions desdits conseillers inutiles;

et d'ailleurs S. M. ne voulant pas que des officiers de cette qualité, qui devroient par leur exemple exciter le reste de ses sujets qui sont demeurés dans l'erreur à rentrer dans l'église, et qui cependant refusent eux-mêmes les instructions qui leur sont offertes pour reconnoître la véritable religion, demeurent plus long-temps constitués en dignité dans sa cour de parlement de Paris, et revêtus des offices de conseillers en icelle. S. M. étant en son conseil, a ordonné et ordonne, que dans quinzaine du jour de la signification du présent arrêt, les conseillers de sa cour de parlement de Paris, qui se trouveront encore faire profession de ladite R. P. R. seront tenus de remettre ès mains du receveur des revenus casuels leur procuration *ad resignandum* de leurs offices, qui leur seront remboursés par ledit receveur des revenus casuels sur le pied de la fixation : et à faute par lesdits conseillers de satisfaire au présent arrêt, passé ledit temps de quinzaine, il vaudra de procuration *ad resignandum*, et il sera pourvu auxdits offices de personnes agréables à S. M.; et demeureront lesdits conseillers interdits dès à présent des fonctions de leurs offices.

N° 1197. — ARRÊT *du conseil portant défenses aux religionnaires parisiens de se rendre dans les chapelles des hôtels des ambassadeurs des princes de leur religion.*

3 décembre 1685. (M. Dulaure, hist. de Paris.)

N° 1198. — DÉCLARATION *contenant règlement pour établir la preuve du décès des religionnaires.*

Versailles, 11 décembre 1685. (Ord. 25. 4 K. 215. — Rec. cass. — Archiv. — Néron, II, 970.) — Reg. S. P. 17 décembre.

LOUIS, etc. Nous aurions, par notre édit du mois d'octobre dernier, interdit à toujours l'exercice de la R. P. R. dans notre royaume, en conséquence duquel les temples qui restoient à ceux de cette religion ayant été démolis, et les consistoires où se tenoient les registres de leurs décès supprimés, le défaut desdits registres rend incertain le jour de leur mort, et nos sujets catholiques qui y ont intérêt demeurent privés de la preuve établie par nos ordonnances, et réduits à la preuve par témoins, qui ne se peut faire que par une longue procédure et beaucoup de frais. A quoi il est nécessaire de pourvoir. A ces causes, etc., voulons et nous plaît qu'à l'avenir dans les lieux où ceux de la R. P. R.

iendront à décéder, les deux plus proches parens de la personne
écédée, et à défaut de parens, les deux plus proches voisins se-
ont tenus d'en faire leur déclaration à nos juges royaux, s'il y
n a dans lesdits lieux, ou aux juges des seigneurs, et de signer
ur le registre qui en sera tenu à cet effet par lesdits juges, à
eine, contre lesdits parens ou voisins d'amende arbitraire, et
les dommages et intérêts des parties intéressées. Et à l'égard de
eux qui sont décédés depuis la publication de notre édit du mois
l'octobre dernier, voulons qu'incontinent après la publication
les présentes, les parens ou voisins soient tenus, sous les mêmes
peines, de faire leur déclaration auxdits juges en la forme ci-
lessus expliquée. Si donnons, etc.

N° 1199. — DÉCLARATION *portant règlement pour valider les actes passés devant les ecclésiastiques missionnaires dans les Indes Orientales.*

Versailles, 22 décembre 1685. (Ord. 25. 4 K. 225. — Néron, II. 200.)

N° 1200. — DÉCLARATION *sur l'édit d'août 1671 portant défenses d'aller en pèlerinage à l'étranger, sans permission du roi et approbation d'évêque diocésain, à peine des galères à perpétuité contre les hommes, et contre les femmes, de punition arbitraire.*

Versailles, 7 janvier 1686. (Ord. 25. 4 K. 231. — Rec. cass. — Archiv.) Reg.
P. P., 12 janvier.

PRÉAMBULE.

LOUIS, etc. Les abus qui s'étoient glissés dans notre royaume,
sous un prétexte spécieux de dévotion et de pèlerinage, étoient
venus à un tel excès, que plusieurs de nos sujets avoient quitté
leur parens contre leur gré, laissé leurs femmes et enfans sans
aucun secours, volé leurs maîtres, et abandonné leurs appren-
tissages, pour passer leur vie dans une continuelle débauche,
même, que quelques-uns se seroient établis dans les pays étrangers, où ils se seroient mariés, bien qu'ils eussent laissé leurs
femmes légitimes en France, nous aurions cru pouvoir arrêter
le cours de ces désordres, en ordonnant par notre déclaration du
mois d'août 1671, que tous ceux qui voudroient aller en pèlerinage à Saint-Jacques en Galice, à Notre-Dame de Lorette, et
autres lieux saints hors de notre royaume, seroient tenus de se

présenter devant leur évêque diocésain, pour être par lui examinés sur les motifs de leur voyage, et de prendre de lui une attestation par écrit, outre laquelle ils retireroient du lieutenant-général ou substitut du procureur-général du bailliage ou sénéchaussée, dans lesquels ils feroient leur demeure, ensemble des maires et échevins, jurats, consuls et syndics des communautés, des certificats contenant leur nom, âge, qualité, vacation, et s'ils étoient mariés ou non; lesquels certificats ne seroient point donnés aux mineurs, enfans de famille, femmes mariées, et apprentis, sans le consentement de leurs pères, tuteurs, curateurs, maris et maîtres de métier, et qu'à faute par lesdits pélerins de pouvoir représenter lesdites attestations et certificats aux magistrats et juges de police des lieux où ils passeroient, et d'en prendre d'eux en arrivant, ils seroient arrêtés et punis pour la première fois du carcan; pour la seconde du fouet, par manière de castigation; et pour la troisième, condamnés aux galères, comme gens vagabonds et sans aveu. Et d'autant que nous avons été informé que plusieurs enfans de famille, artisans et autres personnes, par une espèce de libertinage, ne laissoient pas d'entreprendre de faire des pèlerinages hors de notre royaume, sans avoir observé ce qui est porté par notredite déclaration, les uns évitant de passer dans les villes où ils savent qu'on leur demandera exactement des certificats, les autres se servant de fausses attestations, dans la confiance qu'ils ont que les personnes préposées pour les examiner, ne pourront pas s'en apercevoir, ne connoissant pas les signatures des évêques et juges des lieux où lesdits pélerins font leur demeure, et la plupart se flattant, que s'ils étoient arrêtés en quelques endroits, faute de représenter des certificats, ou ne leur feroit subir que la peine portée pour la première contravention, par l'impossibilité où se trouveroient les juges de les convaincre d'avoir déjà été repris de justice pour le même sujet. A quoi étant nécessaire de pourvoir pour l'intérêt public et police générale. A ces causes, etc.

N° 1201. — Déclaration *qui permet aux religionnaires convertis de rentrer dans la propriété des biens par eux vendus en remboursant le prix de la vente.*

Versailles, 10 janvier 1686. (Ord. 25. 4 K. 236.— Rec. cass.—Archiv.— Néron, II, 971.) Reg. P. P., 12 janvier.

Préambule.

LOUIS, etc. Nous avons été informé que plusieurs de nos sujets de la religion prétendue réformée convertis à la foi catholique, lesquels méditoient leur retraite hors de notre royaume avant leur conversion, ont depuis six mois vendu ou aliéné à vil prix leurs immeubles, et fait des baux à loyers de leurs biens, dont ils recevroient un notable préjudice, si lesdites ventes ou baux à loyers qu'ils n'avoient faits que dans la vue d'en tirer alors quelque argent comptant ou autre secours présent, avoient lieu; et comme, par notre déclaration du 14 juillet 1682, nous avons déclaré nuls les contrats de vente, et autres dispositions que nos sujets de ladite religion pourroient faire de leurs biens un an avant leur retraite hors de notre royaume, nous avons bien voulu, en la présente occasion, donner à ceux qui se sont convertis, des marques de notre bonté, en cassant et annulant lesdites ventes et aliénations qu'ils pourroient avoir faites en vue de leur retraite. A ces causes, etc.

N° 1202. — DÉCLARATION *portant défenses aux religionnaires de se servir de domestiques de leur religion.*

Versailles, 11 janvier 1686. — (Ord. 25. 4 R. 254. — Archiv. — Hist. de l'édit de Nantes.)

LOUIS, etc., Nous aurions par notre déclaration du 9 juillet 1685, et pour les causes y contenues, défendu à tous nos sujets de la R. P. R., de se servir de domestiques catholiques. Et comme l'attention continuelle que nous avons à ce qui peut entièrement achever le grand ouvrage de la réunion de nos sujets à la même foi catholique, nous fait connoître que ce qui étoit très utile alors pour empêcher la perversion de nos sujets catholiques, pourroit retarder à présent la conversion de ceux de ladite R. P. R., engagés au service du petit nombre de prétendus réformés, qui, nonobstant tant de moyens que nous avons mis en pratique, sont malheureusement restés jusqu'à présent dans leurs erreurs : que pareillement il est dangereux de laisser aux nouveaux convertis la liberté de se servir de domestiques de ladite religion, nous avons résolu d'y pourvoir; à ces causes, etc.; voulons et nous plait, qu'en attendant que les moyens efficaces dont nous continuerons de nous servir pour obliger ce qui reste de nos sujets de se réunir à l'église catholique, ayent eu l'effet que nous devons attendre, aucun de la R. P. R. de l'un et l'autre sexe ne puisse, sous quelque prétexte que ce soit, servir en qualité de domestique ceux de la même religion; faisons très expresses inhibitions et défenses auxdits de la R. P. R. de se servir de domestiques autres que catholiques, à peine de 1000 livres d'amende pour chaque contravention, dérogeant à cet effet à notredite déclaration du 9 juillet 1685; et à l'égard des domestiques de ladite R. P. R., voulons que ceux qui auront contrevenu à la disposition de la présente déclaration soient condamnés; savoir les hommes aux galères, et les femmes au fouet, et à être flétries d'une fleur de lys. Ordonnons pareillement et sous les mêmes peines, que les nouveaux convertis seront tenus de mettre hors de leurs maisons les domestiques de ladite R. P. R., sans qu'ils puissent s'en servir à l'avenir sous quelque prétexte que ce soit; et sera la présente déclaration exécutée, et les peines portées par icelle encourues, quinze jours après la publication et enregistrement qui en seront faits dans nos cours de parlement, et dans les siéges de leur ressort. Si donnons, etc.

N° 1265. — ARRÊT *du conseil qui permet aux étrangers protestans de venir en France.*

Versailles, 11 janvier 1686. (Hist. de l'édit de Nantes.)

Le roi ayant été informé que quelques agens mal intentionnés auroient répandu dans les pays étrangers, et fait entendre, que S. M. a donné des ordres pour empêcher les étrangers, qui ne sont point catholiques, d'entrer dans le royaume pour y continuer leur commerce, sous le prétexte de l'interdiction de la R.P.R. faite par l'édit du mois d'octobre dernier; et S. M. voulant faire savoir ses intentions à cet égard, et pourvoir par ses ordres à la sûreté des étrangers qui viendront dans le royaume, et leur donner moyen de continuer leur commerce avec toute liberté. S. M. étant en son conseil, a permis et permet à tous marchands, et autres étrangers protestans, de quelque religion qu'ils soient, d'entrer dans le royaume avec leurs femmes, enfans, domestiques et autres de leur nation, leurs hardes et marchandises, y séjourner, aller et venir dans les villes et lieux d'icelui, et en sortir avec la même liberté qu'ils ont fait par le passé : à la charge qu'ils ne pourront amener avec eux les sujets de S. M., ni faire dans le royaume aucun exercice de leur religion. Enjoint à cet effet S. M. à tous les gouverneurs et lieutenans généraux, intendans et commissaires départis dans les provinces et généralités de son royaume, et autres qu'il appartiendra, de laisser sûrement et librement passer et repasser lesdits étrangers, et les favoriser en toute rencontre, sans permettre qu'il leur soit fait ou donné aucun trouble ni empêchement; et sera le présent arrêt lu, publié et affiché dans toutes les villes et lieux du royaume, à ce qu'aucun n'en prétende cause d'ignorance.

N° 1204. — ARRÊT *du conseil portant que les nouveaux convertis ne pourront se servir contre d'autres nouveaux convertis, de la surséance portée par l'arrêt du 10 novembre 1680.*

Versailles, 12 janvier 1686. (Hist. de l'édit de Nantes.)

EXTRAIT.

Le roi ayant voulu traiter favorablement ses sujets de la R. P. R. convertis à la foi catholique, leur auroit, par arrêt de son conseil, du dix-huitième novembre 1680, accordé terme et délai de 3 ans, du jour de leur abjuration pour le payement du capital de leurs dettes, ce que S. M. leur auroit accordé, pour empêcher les poursuites que leurs créanciers de ladite religion auroient pu faire contre eux en haine de leur conversion; mais le dessein que S. M. a conçu de réunir tous ses sujets à la même foi, ayant eu un si heureux succès, qu'il en reste un très petit nombre à convertir, S. M. est informée que ses sujets nouveaux convertis se trouveroient lésés et incommodés en leur commerce, si ladite surséance avoit lieu dans les affaires qu'ils peuvent avoir les uns contre les autres; ce qu'elle n'a pas eu intention de faire lorsqu'elle a rendu ledit arrêt, n'étant pas raisonnable que le privilége accordé à l'un puisse préjudicier au privilége de l'autre; à quoi voulant pourvoir, S. M., étant en son conseil, etc.

N° 1205. — EDIT *portant que les femmes des religionnaires convertis, et les veuves qui persisteront dans la R. P. R., ne pourront disposer de leurs biens par testament, donations ou autrement, et seront déchues des avantages à elles faits par leurs maris, lesquels seront dévolus à leurs enfans catholiques.*

Versailles, janvier 1686. (Ord. 26. 4 R. 254. — Archiv. — Hist. de l'édit de Nantes.—Néron, II, 970.) Reg. P. P. 25 janvier.

PRÉAMBULE.

LOUIS, etc. Nous voyons avec déplaisir que quelques unes des femmes, dont les maris sont rentrés dans le sein de l'église

C. A. R., ne suivent pas leur exemple, et qu'elles s'obstinent à demeurer dans les erreurs de la R. P. R.; et comme cette opiniâtreté divise les familles, et empêche ou retarde la conversion de leurs enfans, nous avons estimé qu'il étoit nécessaire d'y pourvoir, même à l'égard des veuves qui ne sont pas encore rentrées dans l'Église ; à ces causes, etc.

N° 1206. — ORDONNANCE *au sujet de l'enrôlement des soldats à la demi-solde.*

26 janvier 1686. (Règlem. et ordonn. pour la guerre.)

N° 1207. — DÉCLARATION *sur les portions congrues des curés ou vicaires perpétuels, et les rétributions de leurs vicaires.*

Versailles, 29 janvier 1686. (Ordonn. 25. 4 K. 300. — Néron, II, 201.) Reg. P. P., 11 février.

N° 1208. — ORDONNANCE *pour l'établissement en titre perpétuel des curés ou vicaires dans les paroisses desservies par des prêtres amovibles.*

Versailles, 29 janvier 1686. (Ord. 25. 4 K. 303. — Rec. cass. — Néron, II, 202. — Archiv.) Reg. P. P., 9 février. — Aix, 19. — Grenoble, 28. — Besançon, 2 avril.

LOUIS, etc. La bonté de Dieu ayant fait rentrer dans le sein de l'église C., A. et R. plusieurs de nos sujets qui en étoient malheureusement séparés, nous sommes encore plus obligé d'employer notre autorité pour procurer que les curés qui ont soin de la conduite spirituelle de nos sujets, soient dignes par leurs mœurs et par leur doctrine de s'acquitter d'un ministère si saint et si important ; et comme nous avons été informé que dans quelques unes des provinces de notre royaume, dans lesquelles il y a un plus grand nombre de nos sujets convertis depuis peu de temps, plusieurs curés primitifs et autres à qui la collation des cures et des vicaireries perpétuelles appartient, commettent des prêtres pour les desservir pendant le temps qu'ils jugent à propos de les y employer, avec une rétribution très médiocre : nous avons estimé nécessaire de remédier à un abus condamné tant de fois par les saints canons, et qui empêche les ecclésiastiques qui seroient capables de s'acquitter utilement de ces emplois, de les pouvoir accepter. A ces causes, etc., voulons et nous plaît que les cures qui sont unies à des chapitres ou autres communautés ecclésiastiques, et celles où il y a des curés primitifs, soient desservies par des curés ou des vicaires perpétuels qui seront pourvus en titre, sans que l'on y puisse mettre à l'avenir des prêtres amovibles sous quelque prétexte que ce puisse être; enjoignons à ceux qui en ont commis de présenter aux ordinaires des lieux, dans trois mois après la publication de notre présente déclaration, des prêtres capables d'être pourvus en titre, et durant leur vie, desdites cures ou vicaireries perpétuelles; et à faute de ce faire, ordonnons qu'il y sera pourvu par les archevêques et évêques chacun dans leur diocèse, de personnes qu'ils en estimeront dignes par leur probité et par leur suffisance. Si donnons, etc.

N° 1209. — EDIT *portant que les enfans des religionnaires seront mis, à compter de 5 ans, entre les mains de leurs parens catholiques, et s'ils n'en ont pas, en celles des catholiques qui seront nommés par les juges pour être élevés dans la R. C. A. et R.* (1)

Versailles, janvier 1686. — (Ord. 25. 4 K. 229. — Archiv.)

LOUIS, etc. Ayant ordonné par notre édit donné à Fontainebleau au mois d'octobre dernier, que les enfans qui naîtront de nos sujets qui font profession de la R. P. R., seroient élevés dans la R. C., A. et R., nous estimons à présent nécessaire de procurer avec la même application le salut de ceux qui étoient nés avant cette loi, et de suppléer de cette sorte au défaut de leurs parens, qui, se trouvant encore malheureusement engagés dans l'hérésie, ne pourroient faire qu'un mauvais usage de l'autorité que la nature leur donne pour l'éducation de leurs enfans. A ces causes, etc., voulons et nous plaît que dans huit jours après la publication faite de notre présent édit, dans nos bailliages, sénéchaussées et autres siéges, tous les enfans de nos sujets qui font encore profession de ladite R. P. R., depuis l'âge de 5 ans jusqu'à celui de 16 accomplis, soient mis, à la diligence de nos procureurs et de ceux de nos sujets ayant haute justice,

---

(1) Il y avoit tant d'inhumanité dans cet édit qu'il ne fut pas possible de l'exécuter.

entre les mains de leurs ayeuls, aïeules, oncles, ou autres parens catholiques, s'ils en ont qui veulent bien s'en charger, pour être élevés dans leurs maisons ou ailleurs, par leurs soins, dans la R. C. A. et R., et instruits dans les exercices convenables à leur condition et à leur sexe. Voulons qu'en cas que ces enfans n'aient point d'ayeuls, d'aïeules, ou autres parens catholiques, ou que leurs pères et mères aient des raisons légitimes pour empêcher que l'éducation de leurs enfans ne leur soit confiée, ils soient mis entre les mains de telles personnes catholiques qui seront nommées par les juges, pour être élevés ainsi qu'il est ci-dessus expliqué. Ordonnons que les pères et mères de ladite R. P. R. paieront à leurs enfans une pension telle qu'elle sera réglée par les juges des lieux, eu égard à leurs biens et au nombre de leurs enfans. Voulons que les enfans de l'âge ci-dessus marqué, auxquels les pères et mères ne seront pas en état de payer les pensions nécessaires pour les faire élever et instruire hors de leurs maisons, soient mis, dans le même temps de 8 jours, à la diligence de nos procureurs, et de ceux des seigneurs ayant haute justice, dans les hôpitaux généraux les plus proches de la demeure de leurs pères ou de leurs mères, pour être élevés et instruits par les soins des administrateurs desdits hôpitaux, en des métiers convenables à leur état. Voulons que tout ce qui sera ordonné par nos juges, et ceux des seigneurs ayant haute justice, pour l'exécution du présent édit, soit exécuté nonobstant toutes oppositions ou appellations, et sans y préjudicier. Si donnons, etc.

N° 1210. — ORDONNANCE *qui enjoint aux capitaines de porter sur leurs rôles les passagers et engagés qu'ils embarqueront, et aux commissaires aux classes d'arrêter lesdits rôles.*

7 février 1686. (Bajot.)

N° 1211. — RÈGLEMENT *concernant la conduite des criminels condamnés aux galères.*

18 février 1686. (Bajot.)

N° 1212. — ORDONNANCE *qui enjoint à tous officiers de marine embarqués de faire leurs journaux.*

27 février 1686. (Bajot.)

N° 1213. — RÈGLEMENT *pour la levée, habillement, solde, entretien et discipline des soldats gardiens.*

10 mars 1686. (Bajot.)

N° 1214. — ORDONNANCE *concernant le jugement des matelots et soldats aux conseils de guerre de marine.*

21 mars 1686. (Bajot.)

N° 1215. — ORDONNANCE *pour remédier aux abus commis en la confection des poudres.*

Versailles, 4 avril 1686. (Réglem. et ordonn. pour la guerre.).

N° 1216. — ORDONNANCE *portant que les cavaliers dragons, sergens et soldats des troupes qui se marieront à l'avenir, seront déchus de leur ancienneté, qu'ils ne pourront plus prendre que du jour de leur mariage.*

Versailles, 6 avril 1686. (Réglem. et ordonn. pour la guerre.)

N° 1217. — ORDONNANCE *portant que tout cavalier, dragon ou soldat qui donnera avis d'un duel qui aura été commis, aura son congé, et qu'en outre il lui sera payé cinquante écus.*

Versailles, 8 avril 1686. (Réglem. et ordonn. pour la guerre.)

N° 1218. — DÉCLARATION *portant des peines contre les religionnaires qui, après leur abjuration, refuseront de recevoir les sacremens de l'église dans leurs maladies.*

Versailles, 29 avril 1686. (Ord. 26 4 L. 20.—Rec.— Archiv.) Reg. P. P., 24 mai.

LOUIS, etc. Quoique les soins que nous avons pris pour la conversion de nos sujets de la religion prétendue réformée aient heureusement réussi, par la bénédiction que Dieu y a donnée, la plus grande partie de ceux qui ont abjuré leur erreur ayant profité des bonnes instructions qui leur ont été données, et rempli les devoirs de bons catholiques, nous apprenons néanmoins avec regret qu'aucuns de ceux qui ont fait abjuration, ont refusé dans l'extrémité de leurs maladies, par des suggestions secrètes, de recevoir les sacremens de l'église, et après avoir déclaré qu'ils persistoient dans la R. P. R. qu'ils avoient abjurée, étoient morts dans leur erreur : et d'autant qu'il est nécessaire d'agir contre la mémoire de ceux qui ont abusé de la profession publique qu'ils avoient faite de se réunir à l'église catholique, et, qui été assez malheureux de mourir en cet état, nous avons estimé devoir prescrire à nos juges la manière dont ils doivent poursuivre et punir un tel crime, et les peines qui seront ordonnées contre ceux qui reviendront en santé, après avoir fait pareil refus et déclaration ; à ces causes, etc voulons et nous plaît, que si aucuns de nos sujets de l'un et de l'autre sexe, qui auront fait abjuration de la R. P. R. venant à tomber malades, refusent aux curés, vicaires et autres prêtres, de recevoir les sacremens de l'église, et déclarent qu'ils veulent persister et mourir dans la R. P. R., au cas que lesdits malades viennent à recouvrer la santé, le procès leur soit fait et parfait par nos juges, et qu'ils les condamnent à l'égard des hommes à faire amende honorable, et aux galères perpétuelles, avec confiscation de biens ; et à l'égard des femmes et filles, à faire amende honorable, et être enfermées, avec confiscation de leurs biens ; et quant aux malades qui auront fait abjuration, et qui auront refusé les sacremens de l'église, et déclaré auxdits curés, vicaires ou prêtres, qu'ils veulent persister et mourir dans la R. P. R., et seront morts dans cette malheureuse disposition, nous ordonnons que le procès sera fait aux cadavres, ou à leur mémoire, en la manière et ainsi qu'il est porté par les articles du titre 22 de notre ordonnance du mois d'août 1670 sur les matières criminelles, et qu'ils soient traînés sur la claie, jetés à la voierie, et leurs biens confisqués. Voulons que sur les avis donnés à nos juges par les curés, vicaires ou prêtres, auxquels les refus auront été faits, et sur la déclaration des malades de vouloir mourir dans la R. P. R., nonobstant leur abjuration, et qui seront morts en cet état, nosdits juges informent desdits refus et déclarations : et en cas qu'il n'y ait point de juge royal dans le lieu où ils seront décédés, que les juges des seigneurs ayant haute justice en informent, pour les informations être envoyées aux greffes de nos bailliages et sénéchaussées d'où ressortissent les juges desdits seigneurs, pour y être procédé à l'entière instruction et au jugement desdits procès, et en cas d'appel, en nos cours de parlement. Si donnons, etc.

N° 1219. — DÉCLARATION *concernant les possesseurs d'îles et atterrissemens du Rhône et de la Garonne qui les confirme dans leurs possessions, moyennant paiement du douzième de la valeur desdites possessions au jour de leur déclaration.*

Versailles, avril 1686. — (Rec. cass. — Néron, II, 202.)

N° 1220. — ÉDIT *portant règlement pour les greffes des élections et greniers à sel.*

Versailles, avril 1686. (Code des tailles.)

N° 1221. — LETTRE *circulaire du roi aux intendans.*

Versailles, 3 mai 1686. (Hist. de l'édit de Nantes.)

Monsieur de Ménars, j'ai été informé que plusieurs nouveaux catholiques négligent d'envoyer leurs enfans aux écoles du lieu de leurs demeures, et aux instructions et catéchismes qui se font dans leurs paroisses; en sorte qu'ils pourroient rester sans être instruits de leur religion, s'il n'y étoit pourvu; ce qui m'oblige de vous écrire cette lettre, pour vous dire que mon intention est que vous fassiez savoir à mes sujets nouveaux catholiques, que je veux qu'ils envoyent régulièrement leurs enfans aux écoles, et aux instructions et catéchismes qui se font dans leurs paroisses; et en cas qu'ils y manquent, mon intention est que lesdits enfans soient mis, de l'ordonnance des juges des lieux, savoir les garçons dans les colléges, et les filles dans des couvens, et que leur pension soit payée sur les biens de leurs pères et mères, et en cas qu'ils n'aient point de bien, qu'ils soient reçus dans les hôpitaux des lieux, ou les plus prochains, voulant que vous fassiez savoir à tous les juges de votre département mes intentions sur ce sujet, et que vous teniez la main à ce qu'elles soient exécutées. Sur ce je prie Dieu qu'il vous ait, monsieur de Ménars, en sa sainte garde.

N° 1222. — DÉCLARATION *contenant des peines contre les nouveaux catholiques qui seront arrêtés sortant du royaume, et contre ceux qui auront facilité leur évasion.*

Versailles, 7 mai 1686. (Ord. 26. 4 L. 18. — Rec. cass. — Archiv. — Hist. de l'édit de Nantes.)

LOUIS, etc. Nous avons été informé qu'entre le grand nombre de nos sujets de la R. P. R., qui par la miséricorde de Dieu se sont réunis à l'église C. A. et R., il y en a quelques-uns qui, ayant fait une conversion peu sincère, se sont retirés dans les pays étrangers pour y trouver la malheureuse liberté de continuer dans les mêmes erreurs qu'ils sembloient avoir quittées; et comme outre le crime de relaps qu'ils commettent, de pareilles entreprises sont encore contraires à la disposition de notre édit du mois d'août 1669, et de notre déclaration du 18 mai 1682, par lesquels il est fait défenses à tous nos sujets de s'établir dans les pays étrangers sous les peines qui y sont portées. A ces causes, etc. Voulons et nous plaît que nos sujets nouveaux catholiques qui seront arrêtés sortant de notre royaume sans permission, soient condamnés, savoir les hommes aux galères à perpétuité, et les femmes à être rasées et récluses pour le reste de leurs jours dans les lieux qui seront ordonnés par nos juges, leurs biens acquis et confisqués à notre profit, même dans les pays où par les lois et coutumes la confiscation n'a lieu, auxquelles nous avons dérogé et dérogeons. Voulons pareillement que ceux, qui directement ou indirectement auront contribué à l'évasion de nosdits sujets, soit de ceux encore engagés dans la R. P. R. ou des nouveaux catholiques, soient punis de la même peine. Si donnons, etc.

N° 1225. — DÉCLATION *sur les art. 4 et 6, tit. 5 de l'édit de mars 1673, portant que les 10 jours accordés pour le protêt de lettres et billets de change ne seront comptés que du lendemain de l'échéance, mais y compris le jour de protêt et des dimanches et fêtes.*

Versailles, 10 mai 1686. (Ord. 26. 4 L. 26. — Rec. cass. — Néron, II, 210. — Archiv.) Reg. P. P., 31 mai.

LOUIS, etc. Comme le commerce attire l'abondance dans les états, nous avons pris un soin particulier d'en faciliter la communication dans notre royaume, et de prévenir autant qu'il nous a été possible, par notre ordonnance du mois de mars 1673, toutes les occasions des différens et contestations qui pourroient y donner quelque trouble, principalement en ce qui concerne l'usage des lettres et billets de change, dont la pratique est pour ainsi dire l'âme du commerce, et le lien de la société d'entre les marchands, non seulement de notre royaume, mais aussi de toutes les parties du monde les plus éloignées.

C'est dans cette vue que par le titre 5, de notredite ordonnance du mois du mars 1673, nous avons prescrit en trente-trois articles auxquels il est distribué, toute la conduite qui doit y être observée pour empêcher qu'aucune personne pût tomber dans l'erreur, à faute d'en bien connoître la qualité, les conditions et les engagemens : néanmoins nous avons appris que quelques difficultés se sont mues sur l'interprétation des articles 4 et 6 du même titre. Le premier portant que les porteurs de lettres qui auront été acceptées, ou dont le payement échet à jour certain, seront tenus de les faire payer ou protester dans dix jours après celui de l'échéance : et l'autre que dans les dix jours acquis pour le temps du protêt, seront compris ceux de l'échéance et du protêt, des dimanches et des fêtes, même des solennelles. les uns prétendant que dans les dix jours accordés pour le protêt, celui de l'échance n'y doit point être compris, les autres soutenant le contraire.

A quoi étant nécessaire de pourvoir et de retrancher à nos sujets toutes les occasions de procès qui pourroient traverser le soin et l'application qu'ils doivent à leur négoce. A ces causes, de l'avis de notre conseil qui a vu les articles 4 et 6 de notre ordonnance du mois de mars 1673, etc. Voulons et nous plaît, en interprétant notre ordonnance, que l'article 4 d'icelle soit observé selon sa forme et teneur ; et ce faisant que les dix jours accordés pour le protêt des lettres et billets de change, ne seront comptés que du lendemain de l'échéance des lettres et billets, sans que le jour de l'échéance y puisse être compris : mais seulement celui du protêt. des dimanches et fêtes, même des solennelles, qui y demeureront compris. et ce nonobstant toutes autres dispositions et usages, même l'article 6, ci-dessus en ce qui seroit contraire, auxquels nous avons dérogé et dérogeons par ces présentes.

N° 1224. — EDIT *portant que dans le ressort du parlement de Rouen tous actes sous signatures privées ne pourront être faits que pardevant notaires, et qui défend aux tuteurs, créanciers ou autres de faire aucuns inventaires sous signatures privées.*

Versailles, Mai 1686. (Archiv.) Reg. P. Rouen, 20 mai.

N° 1225. — ORDONNANCE *portant que les militaires qui commettront blasphêmes, auront la langue percée d'un fer chaud.*

Versailles, 20 mai 1686. (Réglem. et ordonn. de la guerre.)

N° 1226. — EDIT *pour l'établissement d'une compagnie d'assurances et grosses aventures à Paris.*

Versailles, mai 1686. (Rec. cass. — Néron, II, 205. — Archiv.) Reg. P. P., 31 mai.

LOUIS, etc. Depuis le temps que nous nous sommes appliqué

au rétablissement du commerce maritime, dont nous avons fixé la jurisprudence par divers réglemens, et par notre ordonnance du mois d'août 1681, plusieurs de nos sujets ont fait des polices et contrats d'assurance avec beaucoup d'avantage, ayant évité de grandes pertes moyennant des sommes modiques qu'ils ont payées pour faire assurer leurs vaisseaux et marchandises. C'est ce qui nous a porté à exciter plusieurs négocians et autres personnes entendues au commerce de s'associer ensemble pour l'établissement d'une chambre générale d'assurance, en corps de compagnie, fonds et signatures communes, à condition de faire par eux un fonds considérable, afin que les négocians qui voudroient se servir de ce moyen pour diminuer les risques qu'ils courent dans leur commerce ordinaire, l'entreprennent et le continuent avec plus de facilité et de sûreté. A ces causes, etc. Voulons et nous plaît.

Art. 1. Qu'il soit établi une compagnie générale des assurances et grosses aventures en notre bonne ville de Paris, en tel lieu que les intéressés en icelle trouveront le plus convenable, pour en faire le bureau général des assurances, y faire les assemblées nécessaires, et traiter des affaires de leur société.

2. Elle sera composée de trente associés seulement; cinq desquels seront élus à la pluralité des voix, pour en être les directeurs pendant le temps qui sera fixé par la compagnie; et les noms de tous les associés seront inscrits dans un tableau qui sera posé et demeurera au bureau.

3. Six mois après la première élection, deux sortiront de charge, et les trois autres six mois après, et ainsi successivement de six mois en six mois; en la place desquels d'autres seront élus en pareil nombre, au lieu de ceux qui seront sortis : en sorte que dans la direction il reste toujours deux ou trois anciens directeurs, qui ne pourront être continués de suite plus de deux fois; et entre lesquels il y aura toujours trois négocians.

4. Le fond capital de la compagnie sera de trois cent mille livres, et réparti en soixante-quinze actions de quatre mille livres chacune, qui seront fournies par les associés au temps qui sera porté par leur société, conformément au réglement qui sera fait entr'eux; afin qu'incontinent après la publication des présentes, la compagnie puisse commencer d'assurer ceux qui se présenteront. Et durera ladite société six années du jour de l'enregistrement desdites présentes.

5. Si quelques uns des associés manquent de payer aux termes

qui seront réglés par la société, la part pour laquelle chacun d'eux devra contribuer à proportion de son intérêt au fonds des trois cent mille livres, ce qu'ils auront avancé leur tombera en pure perte, et demeurera au profit des autres associés, sans qu'ils puissent être déchargés des pertes qui pourront arriver sur les engagemens que la compagnie aura contractés, jusques y compris le jour qu'ils auront été en défaut de payer.

6. Les polices et contrats d'assurance et grosses aventures, lettres et billets de change, missives, procurations et autres actes concernant l'administration de la compagnie, seront signés par les directeurs, et en tout cas par trois d'iceux en l'absence des autres; et en ce cas ils valideront de même que si tous les associés les avoient signés.

7. Les directeurs qui auront signé les polices et contrats d'assurance, et autres actes concernant ledit commerce, non plus que les autres associés, ne seront réputés obligés, ni contraints solidairement au-delà de trois cent mille livres du fonds de la société. Pourront cependant lesdits directeurs et autres associés être contraints chacun au sou la livre, et à proportion de son intérêt dans ladite société, au-delà desdites 300,000 livres.

8. En cas que par les comptes qui seront faits par la compagnie dans les temps portés par la société, le fonds de 300,000 livres se trouve diminué par les pertes, il sera incontinent rétabli par contribution au sou la livre, et à proportion de la part que chacun des associés aura signée dans la société; à quoi faire ils seront tenus et obligés. Et en cas de refus par aucuns d'eux, les refusans demeureront exclus de la société de plein droit, huitaine après une sommation faite à leurs personnes, ou domicile élu, et perdront toutes leurs avances qui demeureront au profit des autres associés, entre lesquels les actions de ceux qui auront été exclus seront réparties à proportion de leurs intérêts.

9. La compagnie pourra établir des commis et correspondans dans toutes les villes qu'elle jugera à propos.

10. Toutes les polices d'assurance contiendront la soumission des parties à l'arbitrage en cas de contestation, sous telle peine qui sera convenue entre la compagnie et l'assuré.

11. En cas de contestation entre la compagnie et l'assuré, ils seront tenus de nommer, chacun de leur part, un arbitre marchand ou banquier non intéressé, et de signer sur le registre un compromis ou soumission d'en passer par leur jugement sous les peines dont ils conviendront, qui ne pourront être réputées

comminatoires : et s'ils ne peuvent convenir d'arbitres, ils seront nommés d'office par le lieutenant général de l'amirauté, à la première réquisition de l'une des parties. Lesquels arbitres rendront leurs jugemens dans le bureau de la compagnie, qui seront par eux prononcés aux parties, et expédiés par le commis au greffe.

12. Si pendant la contestation l'assuré demande d'être payé par provision de ce qui pourra lui être dû, la compagnie sera tenue de lui remettre la somme en deniers comptans, à la charge toutefois par l'assuré de rapporter le principal et les intérêts à six pour cent et d'y être contraint comme dépositaire de biens de justice, s'il est ainsi ordonné en fin de cause, dont il fera la soumission sur le registre, et donnera bonne et suffisante caution qui sera reçue avec les directeurs par les arbitres convenus ou nommés.

13. Les sentences arbitrales seront homologuées au siège de la table de marbre à Paris; et en cas d'appel, l'appelant sera tenu, auparavant qu'il puisse y être reçu, de payer la peine portée par le compromis, nonobstant qu'il prétendit qu'elle fût nulle et contraire aux ordonnances ; après quoi y sera fait droit.

14. Les appellations qui seront interjetées desdites sentences arbitrales seront jugées en dernier ressort par les sieurs lieutenant général de police, prevôt des marchands de notre bonne ville de Paris, et tel de nos conseillers en nos conseils et en notre conseil d'état qui sera par nous commis : et ce sur le rapport qui en sera fait par le lieutenant général de l'amirauté, et sur les piéces qui seront remises entre ses mains trois jours après la dénonciation et sommation qui en aura été faite à l'assuré, ou aux directeurs, sans qu'il soit besoin de la réitérer, ni du ministère d'aucuns avocats ni procureurs.

15. Attribuons pareillement comme dessus auxdits sieurs commissaires la connoissance de tous les différends qui pourroient naître entre les directeurs, associés, officiers et commis de la compagnie pour les choses où elle aura intérêt, circonstances et dépendances.

16. Ne pourront les actionnaires et associés de la compagnie s'y faire assurer, ni prendre les deniers à la grosse aventure d'elle directement ou indirectement sur aucun vaisseau ou chargement dans lequel ils auront quelque intérêt, à peine de nullité de la police, perte de la prime, au profit de la compagnie, restitution de l'argent qui aura été pris avec l'intérêt à dix pour cent, et autre plus grande peine s'il y échoit, si ce n'est qu'ils

aient auparavant déclaré par écrit, tant aux directeurs qu'au greffe, l'intérêt qu'ils y ont, et qu'ils en soient convenus avec eux.

17. Et d'autant que le fonds de la société doit être certain et assuré, il demeurera spécialement affecté aux polices et contrats d'assurance que la compagnie aura faits, sans qu'il puisse être saisi ni diverti pour aucunes autres dettes, non pas même pour deniers royaux, dont nous avons déchargé et déchargeons lesdits associés.

18. Ceux qui entreront dans ladite société et commerce ne dérogeront point à la noblesse.

19. Quand les places des directeurs viendront à vaquer dans la compagnie des Indes orientales, elles seront remplies de l'un desdits trente associés, en acquérant le nombre des actions porté par la déclaration du mois de février 1685.

20. Voulons en outre que l'un des associés négocians soit choisi et élu tous les deux ans à la pluralité des voix, pour entrer et être reçu dans le consulat de la ville de Paris.

21. Ceux desdits associés qui n'ont point droit de *committimus* par leurs offices ou autrement, auront leurs causes commises en première instance pardevant notre prevôt de Paris pour leurs affaires civiles et criminelles, tant en demandant qu'en défendant; et à l'égard de celles qui concerneront leur commerce et négoce particulier, pardevant les juges et consuls de ladite ville.

22. Nous avons accordé et accordons par ces présentes à ladite compagnie l'entière propriété du greffe des assurances, ensemble des droits et émolumens qui en proviendront, savoir : l'assuré payera pour le droit du greffe, un quart pour cent des sommes qu'il fera assurer, et l'assureur un sixième pour cent, lorsque les directeurs enverront signer les polices dans le public, suivant l'usage ordinaire. Celui qui empruntera de la compagnie à la grosse aventure paiera pareillement un quart pour cent des sommes qu'elle lui prêtera, suivant l'usage ordinaire. Pour l'acte et expédition de la police, l'assuré paiera vingt sous; pour l'enregistrement et signification d'une perte, abandon, ou avaries, quinze sous; pour tout autre acte de signification aux directeurs, dix sous; pour l'acte de remise des pièces justificatives au greffe, quinze sous; pour l'enregistrement de l'acte de soumission et compromis, quinze sous; pour l'enregistrement et expédition des sentences, lesquelles ne pourront être écrites qu'en papier,

cinq sous par rôle ordinaire; pour l'enregistrement et expédition d'un contrat à la grosse, cinq sous par rôle ordinaire; pour chacun extrait de délibérations, cinq sous; sans que lesdits associés soient tenus de nous en compter ni payer aucune finance, dont nous les avons déchargés et déchargeons, et en tant que de besoin, fait et faisons don.

23. Les associés pourront nommer et choisir un *commis* intelligent et de probité connue, pour remplir le greffe, le destituer et remplacer d'autres; ce qui toutefois ne se pourra faire sans cause légitime, et par délibération commune; lesquels commis seront tenus de prêter serment devant le lieutenant général de police.

24. Accordons à ladite compagnie le cachet de nos armes pour s'en servir aux expéditions qui la concerneront.

25. Il ne pourra être fait aucun commerce d'assurances ni grosses aventures dans notre bonne ville de Paris que par ladite compagnie, à peine de nullité, dépens, dommages et intérêts.

26. Néanmoins ladite compagnie pourra, après qu'elle aura signé ce qu'elle aura voulu sur les polices et contrats, les faire courir pour recevoir les signatures de tous les particuliers, sur lesquels il leur sera loisible de signer pour les sommes qu'ils voudront au gré des assurés.

27. Les marchands, négocians et autres particuliers des villes de Rouen, Nantes, Saint-Malo, La Rochelle, Bordeaux, Bayonne, Marseille, et autres villes qui font ledit commerce des assurances et grosses aventures, pourront le continuer comme ils ont fait avant la date des présentes, et non autrement, à peine de nullité des polices.

28. Permettons auxdits associés de faire entre eux des articles et réglemens pour le gouvernement des affaires de leur société, lesquels seront autorisés par arrêt du conseil.

29. Les réglemens par nous ci-devant faits touchant le commerce maritime, et notre ordonnance du mois d'août 1681, seront observés suivant leur forme et teneur, excepté en ce à quoi nous y avons dérogé par ces présentes, et nommément au réglement du 5 juin 1668. Si donnons, etc.

Suit l'acte de société en commandite.

FIN DU TOME TROISIÈME DU RÈGNE DE LOUIS XIV.

www.ingramcontent.com/pod-product-compliance
Lightning Source LLC
Chambersburg PA
CBHW070831230426
43667CB00011B/1752